牧田東一
MAKITA, Toichi

リベラルな
帝国アメリカの
ソーシャル・パワー

フォード財団と戦後国際開発レジーム形成

明石書店

リベラルな帝国アメリカのソーシャル・パワー

フォード財団と戦後国際開発レジーム形成

目 次

序　章　問題意識、先行研究　9

第1節　問題意識、研究の範囲と限界、研究の方法と性格　10
1-1　問題意識——研究の出発点　10
1-2　研究の範囲と限界——対象国と対象時期の設定、資料の性格と限界　12
1-3　研究の方法と性格　15

第2節　戦後国際秩序へのアメリカの国内社会秩序の影響に関する先行研究　16
2-1　海外援助と政治発展——リベラル・コンセンサス（Liberal Consensus）　18
2-2　embedded liberalism——戦後の貿易と通貨の国際レジームの規範　20
2-3　ニューディール複合（New Deal complex）——マーシャル・プラン　24
2-4　リベラル・コンセンサス批判　30
2-5　葛藤論的なアメリカ史の見方とリベラルと欧州社会民主主義の同盟
　　——ラムズデインの海外援助レジーム論　33
2-6　戦後アトリー合意——福祉国家と混合経済という文化的ヘゲモニー　39
2-7　まとめと考察　45

第3節　リベラルの主張（liberal causes）の政治学
　　——民間財団研究の意義　46
3-1　財団自らによる言説とニューレフトのグラムシ的批判　47
3-2　連合国家（associative state）論と非営利セクター、民間財団　51
3-3　まとめと考察　62

第1章　アメリカにおけるフォード財団
　　　　　——a liberal cause institution　65

第1節　フォード財団の設立、ゲイザー報告書、ホフマン理事長時代　66
1-1　財団設立経緯と資本関係　66
1-2　ヘンリー・フォード2世とフォード財団　69
1-3　ゲイザー報告書——調査実施の経緯　73
1-4　ゲイザー報告書の内容——フォード財団の活動を規定する文書的根拠　75
1-5　ポール・ホフマン理事長時代（1950年11月～1953年2月）　84

第2節　フォード財団の組織と人々——理事会とスタッフ　100
2-1　意思決定過程　100
2-2　理事会　103

第3節　フォード財団のliberal causes　107
3-1　共和国基金——マッカーシズムの時代の市民権擁護　108
3-2　教育振興基金、グレイエリア
　　——Great Societyの貧困との戦争（War on Poverty）へ　116

3－3　まとめと考察　123

　第4節　助成活動の概観——国際的活動を中心に　125
　　4－1　フォード財団の規模　125
　　4－2　1977年までの助成活動全体の概略　126
　　4－3　3つの国際的活動分野の概略　129
　　4－4　地域の優先順位　131
　　4－5　1950〜60年代のインドにおけるフォード財団とアメリカ政府援助の援助金額の比較　135
　　4－6　1950〜60年代のビルマにおけるフォード財団とアメリカ政府援助の援助金額の比較　139
　　4－7　1950〜60年代のインドネシアにおけるフォード財団とアメリカ政府援助の援助金額の比較　141

第2章　インドにおけるフォード財団　143

　はじめに——研究の範囲と構成　144
　　フォード財団のインドにおける活動分野　145

　第1節　インドにおける海外開発プログラムの始まり　150
　　1－1　ホフマン訪印前の米印関係　151
　　1－2　調査団の訪印の目的　153
　　1－3　中東とパキスタン訪問　154
　　1－4　ネルーとの会見　155
　　1－5　農業重視の合意　156
　　1－6　農村開発プログラムの提案　158
　　1－7　理事会の承認とインド駐在代表の選任　159
　　1－8　エンスミンガーの出発　160
　　1－9　予想されていた諸問題　162

　第2節　第1次5カ年計画（1951〜1955年）　163
　　2－1　インドの開発5カ年計画の概観　163
　　2－2　国家コミュニティ開発と農村の近代化　168
　　2－3　ポール・アップルビーと行政改革　195
　　2－4　教育の改革——チャンピオン・ウォードと中等教育、農村教育　201
　　2－5　まとめ　211

　第3節　第2次5カ年計画（1956〜1960年）　221
　　3－1　第2次5カ年計画前後のインドの国際関係　222
　　3－2　第2次5カ年計画　231
　　3－3　製鉄技術者養成　234
　　3－4　農村産業、小規模産業開発へのフォード財団の関与　242

3−5　インドの社会科学、経済学の強化　255
　3−6　まとめ　259

第4節　第3次5カ年計画（1961〜1965年）　268
　4−1　第3次5カ年計画前後のインドの国際関係　269
　4−2　集約的農業郡プログラム　277
　4−3　家族計画　301
　4−4　経営学分野への関与　313
　4−5　教育への関与——コンサルタント派遣から本格的な大学への関与へ　319
　4−6　まとめ　331

第5節　小　括　337
　5−1　平和と開発の合意　337
　5−2　異なる系譜の政治経済観の混在とアメリカの影響力——時代変化　338
　5−3　フィランソロピーの影響力の技法
　　　　——正統性の獲得、政策実験と研究、知識共同体形成　339
　5−4　国際フィランソロピーと諸政府との連合国家　341

第3章　ビルマとインドネシアにおけるフォード財団 … 351

第1節　ビルマにおけるフォード財団　353
　1−1　米緬（アメリカ・ビルマ）関係　353
　1−2　ビルマでの活動の開始——ビルマ・インドネシア調査団　357
　1−3　ビルマでのフォード財団の活動分野　360
　1−4　ヌ政権の国家開発8カ年計画（1952〜1958年）における活動　362
　1−5　ネ・ウィン選挙管理内閣とピダウンス内閣（1958〜1962年）における活動と
　　　　1962年3月2日、ネ・ウィンによる国軍のクーデター　369
　1−6　ビルマに関する小括　375

第2節　インドネシア——議院内閣制の時代（1950〜1957年）　391
　2−1　インドネシア国内政治の状況
　　　　——独立闘争の過程と不安定な議院内閣制の時代　392
　2−2　アメリカ政府の対インドネシア政策
　　　　——トルーマン政権からアイゼンハワー政権　400
　2−3　インドネシアでのフォード財団の活動の開始　407
　2−4　初期の成功——英語教育と技術教育　412
　2−5　失敗したコミュニティ開発　422
　2−6　ニューヨーク州立大学（SUNY）による中等教育教員養成　436
　2−7　まとめと考察　447

第 3 節 「指導される民主主義」の時代（1958〜1965年）と新秩序体制への伏線　456
- 3-1　左傾化するスカルノのインドネシアとアメリカとの関係悪化　456
- 3-2　インドネシア大学、ガジャマダ大学、ノメンセン大学の経済学支援　461
- 3-3　ハメンクブウォノ9世のアメリカ訪問支援　493
- 3-4　インドネシア科学院国立経済社会研究所とハーヴァード大学　498
- 3-5　新秩序体制での復活　505

第 4 節　インドネシアに関する小括　510
- 4-1　インドネシア社会党系知識人とはどのような人々だったのか　511
- 4-2　協力関係の意味するもの　514
- 4-3　協力関係における主導権──支配だったのか　518
- 4-4　「陣地戦」、あるいはアイディアをめぐる闘争におけるフィランソロピーの「力」　521
- 4-5　世代文化としての「陣地戦」　522
- 4-6　知識生産・再生産の制度・組織作り、開発知識人ネットワークの形成、「社会的な力」としての民間財団　524
- 4-7　フォード財団の活動の評価
　　　──知識の生産・再生産の制度・組織作りと未完のアメリカ化　529

第4章　日本におけるフォード財団 ……………………… **535**

第 1 節　日米の「和解」に向けて
　　　　──アメリカのフィランソロピー、ロックフェラー財団　536
　　戦後のアメリカ政府の国際文化交流、および情報活動　536

第 2 節　1950年代のフォード財団の日本における活動　540
- 2-1　1952年の事前調査報告書に見られる対日観　540
- 2-2　1950年代のフォード財団の日本での活動の概観　543
- 2-3　どのように助成に至ったのか──日本労働運動史の事例　547
- 2-4　フォード財団の助成活動がもたらした変化──プロジェクトの効果　549
- 2-5　箱根会議のインパクト　549

第 3 節　社会的介入の長期的影響──日本の事例を通しての考察　553
- 3-1　文化自由会議（Congress for Cultural Freedom）、日本文化フォーラム、日本文化会議＝言論界における保守派の台頭　553
- 3-2　日本地域開発センター　558

第 4 節　小　括　562

終 章　リベラルな帝国のソーシャル・パワー
──アメリカのフィランソロピーのパワー……………… **569**

- 第1節　リベラルな帝国アメリカ　570
  - 1－1　アメリカ帝国論　570
  - 1－2　「アメリカ」とは何か　575
  - 1－3　冷戦下の西側諸国におけるインフォーマル帝国システムはどのように作られたのか　576

- 第2節　マイケル・マンのソーシャル・パワー論から見たフォード財団　581
  - 2－1　軍事的、政治的、経済的、イデオロギー的な「社会的な力」の供給源　581
  - 2－2　歴史的変動と「社会的な力」──既存諸制度の間隙、または小穴　582
  - 2－3　「社会的な力」とは組織的、あるいは制度的な手段である　586
  - 2－4　アメリカのイデオロギー的な力　590
  - 2－5　フォード財団の力はイデオロギー的な力である　596
  - 2－6　フォード財団のイデオロギーとは何か　599
  - 2－7　イデオロギー的な力の組織化、制度化　604
  - 2－8　イデオロギーの同盟構築　605
  - 2－9　行政府との融合　608
  - 2－10　アメリカの大学等の知識生産・教育組織との協力・連携　610
  - 2－11　アメリカ人専門家の派遣と留学生受け入れ　611
  - 2－12　新しい政府機関、拠点大学、専門家協会の形成　612
  - 2－13　知識共同体の形成　614

参考文献　617
あとがき　625
索　引　631

フォード財団の内部資料の注記について

フォード財団の内部資料については、フォード財団文書館（The Ford Foundation Archives）の指定の表記方法に従った。
【例】
- Grant Files（助成案件ごとのファイル）
  Document Type and/or Title to Recipient from Author, date, page, PA##-###（プロジェクトの番号、前の数字が開始年）, Ford Foundation Archives（FFAと省略）
- Unpublished reports（未公刊の内部報告書）
  Author, "Title," date, page, Report ##（reportの分類番号）, Ford Foundation Archives（FFA）
- Oral History Transcript（1970年代に行われた初期の幹部のインタビュー記録）
  Interviewee's name, Oral History Transcript, date, page, Ford Foundation Archives（FFA）

序章

問題意識、先行研究

本章では、第1節で本研究に至った筆者の問題意識、研究の時代的、資料的な範囲と限界、研究の方法とそれらから導かれる研究の性格について述べている。第2節では、戦後のアメリカは援助などを通してアメリカの国内秩序を海外に投影させようとしたとする先行研究をまとめている。第3節ではアメリカにおける民間財団＝フィランソロピー研究の先行研究を概説し、本書における先行研究に対する立場を示している。

第1節　問題意識、研究の範囲と限界、研究の方法と性格

1－1　問題意識──研究の出発点

　本研究は、国際開発の周辺に関わった個人的な経験の中で感じたいくつかの疑問から出発している。その問題意識は本研究を通じて基底にあるものであるため、それを最初に示しておくことは、筆者が何を問おうとしているのかを理解する上で役に立つと思われる。

　筆者は日本のある民間財団のスタッフとして、1980年に初めてインドネシアの大学や研究機関を訪問した。財団は東南アジアの大学などの研究者に助成金を出すことを企画しており、インドネシアで学術・研究助成の活動を開始するためであった。そのときに、フォード財団に象徴されるアメリカの知的組織とインドネシアの知的世界のあまりに緊密な関係に、ある種の精神的圧迫感を感じた。インドネシアの有力な知的機関、知識人の多くはアメリカとのつながりの中にあり、その緊密な関係の象徴がフォード財団であった。指導的な立場の研究者、知識人の多くは何らかの形で過去にフォード財団の支援を受けたか、何らかの形でプロジェクトに関わっていた。さらに、所属する大学の学部や研究機関のそもそもの立ち上げがフォード財団の支援によって行われていたのである。その後、オランダやオーストラリア、また日本との知的関係が存在することも知ったが、やはり圧倒的な中心にあるのはアメリカであり、フォード財団はその中でも特別な存在であった。そのときに感じた心理的な圧迫、すなわちある種の「力」の感覚への反発感が本研究の最初の動機となっている。

　戦後、アジアのいくつかの国では、高等教育や社会科学研究など知的活動の多くの部分にフォード財団やロックフェラー財団などの民間財団やその他のアメリカ組織が関わってきたし、影響力の大きな知的機関のいくつかはそれらが作ったといっても過言でない。しかし、現在ではフォード財団とアジ

アの知的組織との関わりは、すでに歴史の領域、すなわち人々の記憶に属するものになっている。例えば、日本における東南アジア研究の中心の一つである京都大学東南アジア研究センターの設立時にフォード財団が大きな財政的援助を行ったことは、そのときに学生運動を中心に激しく巻き起こった反対運動の記憶とともに、もはや過去の歴史に属するものである。現在、同センターとフォード財団の間に何かの関係があると考える人はほとんどいない。当時の大きな反対理由は、フォード財団はアメリカ帝国主義の手先でありアメリカの東南アジア支配の手段としての地域研究の前線基地を日本に作ろうとしているというものであった[1]。あの激しい反対運動は何だったのだろうか。あのとき、フォード財団は、実際のところ、どのような意図で日本における東南アジア研究に関与しようとしたのか、それはどのように時代の変化に影響を与え、それがどのように現在とつながっているのだろうか。そうした問題意識が本研究の基底を流れている。

　第二の経験は1989年から同じ財団のベトナムの担当者となって、ベトナムの研究機関を回ったときの驚きである。ベトナムには他の東南アジア諸国に比べて非常に多くの研究者がいたが、その大半はソ連、東欧を中心とする社会主義圏の大学などに留学して学位を取得した人々であった。その当時、アメリカの援助機関はまったく存在せず、他にはスウェーデン国際開発庁（SIDA）が活動をしているだけであった。アメリカが圧倒的な影響力を持つインドネシアと「アメリカのいない」ベトナムの落差はあまりにも大きかった。筆者の前任者は、1985年からベトナムに入っていたが、まず直面した問題はベトナム研究者にはプロポーザル（申請書）を書くという習慣がなく、その意味が理解されなかったことである。無理に依頼して書いてもらった申請書には1ページに2、3行しか書いていなかった。当時、ベトナムに詳しいある日本のジャーナリストは、ソ連はベトナム人が橋が必要であると言えばソ連の機材と技術者を派遣して橋を建設してくれる。そこでは、ベトナム人がプロポーザルを書くということがまったく必要なかったのだと述べた。後にベトナム人研究者に聞いたところでは、ベトナムの研究機関では機関ごとにわずかの研究費が国から割り当てられ、それを皆で「公平」に分けていたらしい。

---

[1] このフォード財団の援助について、筆者は資料収集を行ったが、日本での情報収集が行えていないため、本書では詳しく触れない。フォード財団の意図については、第4章で簡単に触れている。

しかし、筆者が感じたのは、ベトナムが遅れているというようなことではなかった。むしろ、プロポーザルを書くという作業とそれが共通文化している欧米的秩序が、ある特殊な体制の産物なのであるという認識である。ベトナムはいわばアメリカを中心とする西側秩序を相対化する別の世界を示してくれたのである。この認識は、筆者が1980年にインドネシアで感じた圧迫感と表裏一体となっている。そのときに感じた漠然としたアメリカの「力」とは物理的、経済的な力ではなく、フォード財団に象徴されるアメリカとインドネシアの知的世界との間に出来上がっている関係の基底にあるルール、手続き、規範への違和感であり、そこにあるコモンセンスからの疎外感であるとも言えるだろう。ベトナムの事例はアメリカ的秩序の内と外の対比を通して、それがありえた一つの秩序に過ぎないことを示している。

　第三の問題意識は日本におけるフォード財団の活動がもたらした長期的な、しばしば予期されなかった影響である。筆者は前述の日本の財団に入社してすぐにフォード財団との共同助成で実施された国際文化会館が行っていた新渡戸フェローシップの担当となった。これは日本の社会科学者に欧米での2年間の研究活動を支援するフェローシップである。これは1980年代に始まったが2008年まで存続し、日本人社会科学者と欧米の研究機関をつなぐ重要な架け橋と考えられていた。さらに、フォード財団としては日本は大きな助成先ではなく散発的な助成が行われたに過ぎないが、その影響力の痕跡はいろいろなところに見られたのである。日本での助成であるため、それがどのように長期的な影響を与えるのかを観察することが出来る。

1－2　研究の範囲と限界
——対象国と対象時期の設定、資料の性格と限界

　フォード財団はアメリカでも最大規模の民間財団である。設立された1936年から40年代を通じて、デトロイトの小さな地方財団に過ぎなかった。しかし、1950年代初めにフォード自動車の創業一族からフォード自動車株の大半が財団に遺贈されアメリカ最大の財団が出現した。世界最大の財団として登場してからすでに70年以上が経つが、その間、大半の時期においてフォード財団は最大規模という地位を譲ったことはなかった。財団の規模を計るには、基本財産を構成する株式など多様なポートフォリオの評価が必要で、株式などの時価評価が変化するため技術的に難しいところがあり、順位にこだわる意味はそれほどない。確実に言えることは20世紀の後半の半世

紀を通じて、世界で最大規模の財団であり続けたということである。

　したがって、フォード財団の全てを対象にして実証研究することは一研究者には不可能であり、財団の全体について書かれた本はこれまで50年代と70年代の2冊しかない。いずれも貴重な資料ではあるが、学術的研究とは言えず、前者はジャーナリズム、後者は財団内部者による活動整理という性格の著作である。今日では、財団の活動の一分野に限定して研究が行われているのが通例である。

　本書ではフォード財団のアジアにおける活動の中でインド、ビルマ、インドネシアに関しては国際開発協力に相当する「海外開発（Overseas Development）」と呼ばれたプログラムに焦点を当て、日本については「国際問題（International Affairs）」と「国際訓練と研究（International Training and Research: ITR）」と呼ばれたプログラムを対象にしている。

1−2−1　インド、ビルマ、インドネシア、日本の4カ国という限定

　1950年代におけるフォード財団の国際開発協力の対象国は2つに大別出来る。第一が本書で取り上げるインド、ビルマ、インドネシアの非同盟運動の中心を担った諸国である。また、パキスタンでもインドと同時に開始しているが、当初インド代表がパキスタンもカバーしており、インドの付属物的な扱いであるため本書では対象にしない。第二が中東諸国である[2]。1958年から、アフリカ諸国での活動が部分的に始まっているが[3]、主要な活動は1960年代からである。ラテンアメリカ諸国での開始はずっと後の1960年代後半を待たなければならない。

　援助の量的な面で見れば圧倒的に多くがインド、そしてビルマ、インドネシアに向けられており、中東諸国は国の数が多いこともあって各国ごとの援助額は少ない。また、おそらく3カ国と中東諸国ではフォード財団の戦略的意図が異なり、中東を含めると議論が拡散することが予想される。また、何よりも筆者が中東諸国の基礎知識を欠くため、中東諸国は研究対象から除いた[4]。

　以上のように、開発途上国から3カ国が選ばれたのは筆者が意図的に選ん

---

[2] 1950年代末の時点で、エジプト、イラク、イラン、イスラエル、ヨルダン、レバノン、シリア、トルコである。
[3] 1958年には、タンガニーカとウガンダ、1959年には英領東アフリカ、ガーナ、ナイジェリア、ローデシア、スーダンで開始された（国名は当時のもの）。
[4] 中東諸国での活動のごく簡単な説明は、第1章、第4節で行っている。全体としての活動分野などは、3カ国とほぼ共通していた。しかし、その政治的文脈は異なっていたと思われる。

だというよりも、フォード財団が1950年代に選択した国々の中で、最も早くから援助を開始し、また援助額的に最も多く、したがって中心であった三国がインド、ビルマ、インドネシアであったということである。付け加えれば、この3カ国は政府開発援助を含めてみても、50年代の国際開発の中心的存在であった。フォード財団は国際開発の主戦場にごく早い時期から参入していったのである。

　この3カ国が非同盟運動の中心であったことは、当然ながら偶然ではない。国際的な活動を開始した1951年当時のフォード財団のスタッフにはトルーマン政権の政府から移ってきた人々が多かった。初代理事長のポール・ホフマンはマーシャル・プランの実施機関であるアメリカ経済協力庁（Economic Cooperation Agency: ECA）の長官であったし、その他にも国務省やECA、農務省などから多くのリベラルたちがホフマンを慕ってフォード財団に移ってきた。したがって、初期のフォード財団のスタッフの世界認識はトルーマン政権内のリベラルの発想そのものであったのである。

　日本の位置づけは担当した部署が異なり、他の3カ国とは明らかに異なっている。テーマとなるのは開発問題ではなく、研究者、大学、研究所などの知的生産システムのアメリカ的な秩序の形成であり、また文化学術の分野でのマルクス主義との闘争である。文化の分野での冷戦の闘争とも言うべきもので、欧州を主たる戦場にフォード財団が活動を続けてきた分野である。

1－2－2　資料的制約と限界

　本書で使用している資料は、フォード財団資料室（archives）に保管されている一次資料とその他の二次文献である。一次資料は助成に関する契約書や理事会資料、海外駐在代表と本部スタッフ、また助成を受けた各国の人々との間で交換された手紙、プロジェクトの評価が行われた場合にはその報告書などである。インドでの製鉄所労働者訓練に関するファイルの一部を除いて、全てアクセスが可能であり、存在が分かっていながら見ることが出来なかった資料はない。また、1970年代に行われた初期スタッフへのオーラル・ヒストリー・プロジェクトでのインタビュー記録も用いている。これも含めて、資料は最も新しいものでも1970年代のものであり、1950～60年代に行われたプロジェクトに関しては、それより新しい時代の資料はない。

　二次文献としては、当時の各国での政治情勢やフォード財団のカウンターパートとなった人々について知るために歴史や政治の研究書、伝記などを

使っている。1950年代については、最近の研究は少なく、多くが同時代か1970年代頃までに出版されたものである。

関係者のインタビューは、ごく少数の例外を除いて行っていない。当時のフォード財団側の主要な関係者はすでに物故しており、記録には現れるが、中心人物でない人々はその後の事情が不明である。また、プロジェクトが行われた主要な場所への訪問は一部を除いて行っていない。助成を受けた側の人々については、まだかなりの部分が健在と思われるが、そういう人々への体系的なインタビューも行っていない。

以上のように、フォード財団の内部資料に依存しているという資料的制約によって、本書はアメリカ側の見方を強くバイアスとして持っていると思われる。資料の中には、助成を受けた側の手紙なども含まれているが、比較的形式的なものが多く、どこまで幅広く本音の意見が拾い上げられているのかは疑問が残る。また、資料が1970年代半ばまでしかないため、1950年代のプロジェクトが今どうなっているのかという一番知りたい疑問に十分に答えることは出来ない。例外は、筆者が日本の財団に勤務していた当時に訪問し、直接面談した経験のある日本とインドネシアの一部の組織や人々だけである。

1－3　研究の方法と性格

本書の主要部分はフォード財団の特定の時期と国における活動を内部資料に基づいて叙述したものである。叙述は、財団が助成したプロジェクトが、どのような経緯で、何の目的で決定され、どのように実行され、その結果がどのように当事者によって評価されたのかを中心にしている。プロジェクトについての叙述をいささか詳細に過ぎるかもしれないほど行った理由は、以下の通りである。

フォード財団を含めて、アメリカの民間財団に関する研究は近年ようやく始まったという状況である。したがって、アジア諸国におけるフォード財団についての研究は筆者の知る限り1点しか見られない。フォード財団の名前が、これら国々のエリートたちの間で広く知られているのに反して、財団が具体的に何の目的で、何を、どのようにして行ったのかについて、体系的な説明は存在しないに等しい。以上のような状況であるため、今後の研究の発展のためにもまず叙述的な研究が必要であると筆者は考えた。

本書を構成するもう一つの大きな部分はフォード財団が活動した歴史的、

政治的文脈についての説明である。内部資料に基づく活動叙述だけでは、なぜそれらの課題が取り上げられ、特定の経過をたどったのかを解釈することは出来ない。助成されたプロジェクトは歴史的、政治的文脈に置いて見たときに初めて、その意味を解釈することが可能になるのである。本書では個々具体的なプロジェクトの経緯と意味を歴史的、政治的文脈の上で理解することが、一つの重要な作業となっている。

　フォード財団の活動の文脈は大きく言えば3つある。第一に活動した国の国内政治の文脈である。フォード財団は相手国政府や団体を相手にして活動を行った。したがって、国内政治の変動は財団の活動を大きく規定していた。第二にその国とアメリカとの国際関係である。アメリカの組織であるということから、両国関係によっても財団の活動は影響を受けている。また、アメリカ政府との対比を考える上でも政府の外交政策がどのようなものであったのかを見る必要がある。第三にアメリカ国内の政治・社会の文脈である。フォード財団はアメリカ国内での活動のほうが大きく、それはアメリカ社会の動向に影響を受けてフォード財団全体の方向性は変化していく。その変化は当然国際活動にも影響を与えている。

　本書を構成する最後の要素は、特定の時代の特定の国でのフォード財団の活動を詳細に再構築することで、より抽象的なレベルで何を理解し、どのような新しい知見を見出すことが出来るかという点である。これは、本書をどのような先行研究の流れの中に位置づけるかによって異なってくる。この点については、次節において述べたい。

第2節　戦後国際秩序へのアメリカの国内社会秩序の影響に関する先行研究

　インド、ビルマ、インドネシアを含む新興独立国への開発援助は、「自らに似せて世界を作り変える」という戦後アメリカが官民を挙げて取り組んだ国家プロジェクトの延長線上にあると筆者は考える。すなわち、ドイツ、日本の占領・民主化、マーシャル・プランによる西欧のアメリカ化の後に続く、新興独立地域のアメリカ化プロジェクトである。もちろん、ここで世界がアメリカに似せて作り変えられたと主張するわけではない。つまり、実際にはアメリカの思い通りになったわけではない。最後に行われ、広大な地域に投入された財政的、政治的資源が比較的低レベルであった国際開発はアメ

リカから見て最も上手くいかなかった、あるいは失敗したとさえ認識されたのである。しかし、アメリカ側の深く、強い働きかけは対象となった諸社会の変化に大きな影響を与えたこともまた間違いないであろう。

　サンフランシスコ講和条約以降の日本についてもさまざまな形でのアメリカ化への働きかけは続いた。極端な例はクリントン政権による日米構造協議であり、その後の日本社会の社会経済秩序のあり方に大きな影響を与えた。これはアメリカ政府が保護貿易を手段として日本政府に構造改革を迫ったものであるが、よりソフトな手段で影響力を行使した事例が本書で扱うアメリカの大型財団の助成を通じての働きかけである。総じて、フォード財団やロックフェラー財団などの助成という一見ソフトな影響力行使もまた効果的であったというのが筆者の考えである。

　本節では、こうした「自らに似せて世界を作り変える」という戦後アメリカのプロジェクトという視点から、先行研究を批判的に検討してみたい。この種の研究で最も重要な点はアメリカが世界に押しつけようとしたものは何かという点である。何人かの研究者はそれをリベラリズムの概念で説明しようとする。アメリカが外国と深く関わる際に強く現れてくる特徴をリベラリズムと概念化することが多いからである。しかし、リベラリズムの意味するところは研究者によってさまざまであるし、またリベラリズム概念の曖昧さを避けて別の概念を用いる研究者もいる。また、アメリカを単一のものと捉えない立場も存在する。

　ここでは、異なった立場からアメリカの国内における社会規範と国際社会の規範の関係について分析した4つの著作、論文を批判的に検討したい。第一は、ルイス・ハーツのリベラル・コンセンサス論に基づいて、アメリカにはその特殊な歴史的体験に基づくロック主義的リベラリズムの伝統があり、それがほぼ歴史的に不変の伝統として右から左までの政治思想に共通する基盤となっているというロバート・パッケンハムのリベラル・アメリカの観点である。第二は、戦後のアメリカには「アメリカの」と語ることの出来る一つのリベラリズムが存在するが、それはロック主義的、あるいはレッセフェール的なリベラリズムではないとするジョン・ジェラルド・ラギーのembedded liberalism論である。第三にはリベラリズムとは呼ばないものの、アメリカのある特徴的な政治経済の形態が西欧に押しつけられ、それに対する反応との複雑な作用で西欧型の政治経済が出来上がったとするミシェル・ホーガンのマーシャル・プラン研究である。ホーガンは1940年代後半から

1950年代のこの政治経済の形態をニューディール複合（New Deal complex）と呼んでいる。第四はそうしたリベラル・コンセンサスを前提とせず、むしろ葛藤理論の立場から、多様な物語をアメリカ史に見出す立場であり、ここではリベラル派と保守派の援助に対する考え方の対立を強調するラムズデインの援助レジーム論を取り上げたい。

第二のラギーと第四のデイヴィッド・ハロラン・ラムズデインは、戦後の国際レジームを論じており、二人ともレジームの規範として戦前のレッセフェール的自由主義とは異なった、より社会民主主義に接近したある種のコンセンサスが成立し、それがほぼ今日まで継続していることを指摘している。貿易と通貨の国際レジームを分析したラギーはそれをリベラリズムの妥協と呼び、海外援助レジームを分析したラムズデインは共有された福祉国家の観念をそこに見出している。第三のホーガンも戦前と戦後の間にアメリカと欧州において同様な政治経済の転換があったことを示唆している。

さらに、イギリス人のヤーギンとスタニスローは、アメリカという文脈を離れて、この戦後に西側世界全体と途上国の一部に共有された政治経済の合意を、世界全体に普及した福祉国家と混合経済理念として論じている。最後に、この二人の著作に触れて、少し別の角度からこの戦後コンセンサスを見てみたい。

最初に、アメリカのリベラリズムの伝統を出発点に考える、パッケンハムの著作[5]から検討してみよう。

2−1　海外援助と政治発展
—— リベラル・コンセンサス（Liberal Consensus）

パッケンハムは、ルイス・ハーツ、およびその他のアメリカ特殊論者（exceptionalist）の議論に依拠している。それは、アメリカの政治イデオロギーには、その非常に特殊な歴史的経験のために表面化していない諸前提があるとするものである。それをハーツはロック主義的リベラリズムの伝統（tradition of Lockean liberalism）と呼んだ。ハーツ自身はこの伝統がアメリカのコンセンサスとなっており、それゆえ社会主義などの他の政治哲学を受け入れなかったのだとする。全体としてほぼ画一的であるという意味でアメリカの政治哲学は逆説的に非ロック主義的であるとさえ述べている。このコン

---

[5] Packenham, Robert A., *Liberal America and the Third World: Political Development Ideas in Foreign Aid and Social Sciences*, Princeton University Press, 1973.

センサスがあったことを前提とする意味で、リベラル・コンセンサス論とも言われる。ここで言うリベラルとはロックの意味でのリベラルである。

　特殊な歴史的経験とはアメリカ国家が成立した時からアメリカが自由の国であった点であるとされる。欧州は封建制などのさまざまな歴史的経験を経て自由を獲得したのに対して、アメリカにはそうした経験が欠落しており、アメリカ人は「生まれながらに自由（born free）」であったとする。そこで、アメリカ人はロック的な自由状況を自然なものと考え、それ以外の政治哲学を理解出来ず、また自由が容易には達成出来ないことを理解出来ないのだとするのである。

　1950年代に出版されたハーツの著作[6]は1960年代半ばまで、非常に大きな影響力を持っており、しばしば1950年代はリベラル・コンセンサスの時代と言われる。しかし、1960年代後半になるとさまざまな反論が行われ、今日ではハーツの議論をそのまま受け取る研究者はほとんどいない。1973年に出版されているパッケンハムのこの著作は、ハーツの議論をさらに展開したサミュエル・ハンティントンの議論[7]に触発されたものであるとパッケンハム自身が述べている。

　パッケンハムはハーツとハンティントンの議論を受けて、アメリカの対外援助政策の基底には表面化しないロック主義的リベラリズムのコンセンサスがあり、それらは具体的には以下の4点の大前提となっていると述べる。

（1）変化と開発は容易である（Change and Development Are Easy）
（2）良いものは全て一緒に起きる（All Good Things Go Together）
（3）急進主義、革命は悪い（Radicalism and Revolution Are Bad）
（4）権力の分散は権力の蓄積より重要である（Distributing Power Is More Important Than Accumulating Power）

　パッケンハムはハーツの著作から自ら読み解いた上記4つのリベラル・コンセンサスによってアメリカの対外援助政策、および援助理論を分析出来るとしている。パッケンハムの分析の主たる対象は、途上国の政治発展に関す

---

[6] Hartz, Louis, *The Liberal Tradition in America: An Interpretation of American Political Thought Since the Revolution*, Harcourt, Brace and World, 1955.（有賀貞訳『アメリカ自由主義の伝統──独立革命以来のアメリカ政治思想の一解釈』講談社学術文庫、1994年）

[7] Huntington, Samuel P., *Political Order in Changing Societies*, Yale University Press, 1968.

る援助ドクトリンと理論の分析である。前提の（1）は、アメリカの対外援助政策担当者や理論家に共通する国際開発に対する楽観論として表面化し、（2）は経済開発が政治発展、すなわち民主化につながる、つまり経済的に良いことは政治的にも良いことにつながるという、因果関係が証明されていない信仰につながり、（3）は援助政策に顕著な反共主義の背景であり、（4）は途上国においてもアメリカと同様に権力が分散しているほうがよいという先入観として援助政策、理論に反映していると述べている。アメリカ特殊論の立場からは、アメリカの歴史がまさにこの通りであったから、途上国もこうなるのが自然である、あるいはこれが望ましいという先入主がアメリカ人にはあって、それが対外援助の失敗の原因であると説明されるのである。

　パッケンハムの主張を批判的に検討してみよう。彼の挙げる4つの前提は、確かに海外援助の政策と理論の歴史の中である特徴として見出されるかもしれない。しかし、多くの反例を示すことも出来る。また、ロックのリベラリズムの諸概念とこれらの4つの前提がどのように論理的につながるのかは明瞭ではない。つまり本来まったく別の要因から生じている4つの特徴をリベラル・コンセンサスという曖昧な概念で統一的に説明しているのではないかと批判出来るのである。さらに、本研究の対象に引きつけて言えば、パッケンハムの事例は南米の事例が多く、また海外援助政策の目が直接的に政治発展に向いたのは1960年代以降が中心であり（特に、ケネディのAlliance for Progress以降）、特殊な地域と時期の傾向を全体にやや強引にあてはめている傾向も指摘出来よう。

　次に、アメリカのコンセンサスはロック的なリベラリズムではなかったとするラギーの貿易と通貨の国際レジーム論を見てみよう。

2－2　embedded liberalism
——戦後の貿易と通貨の国際レジームの規範

　ラギーの論文[8]は貿易と通貨の国際レジームを扱ったものである。論文では、経済的ヘゲモンの存在によって国際レジームの変化を説明する力の構造理論に対して、それだけでは国際レジーム変化を説明しきれないことを論証している。国際レジームのヘゲモン安定論（hegemonic stability theory）は、単純化すれば経済的ヘゲモンが存在すると開放的あるいは自由主義的な経

8　Ruggie, John Gerard, "International Regimes, Transactions, and Change: Embedded Liberalism in the Postwar Economic Order," *International Organization*, Vol. 36, No. 2, Spring, 1982.

済秩序が現れ、ヘゲモンが存在しない状況では経済民族主義がはびこるとして、19世紀後半のパックス・ブリタニカと第2次世界大戦後のパックス・アメリカーナの時期に経済自由主義が現れたのだと説明する。

　ラギーは同理論のように力（power）だけで国際レジーム変化を説明しようとするのは不十分であるとし、力と正統な社会的目的（legitimate social purpose）の融合を理論的基礎とすることで、よりニュアンスに富んだレジーム変化の理論を提示しようとしている。力によって国際秩序の形成は説明出来るが、その内容は説明出来ないと述べる。仮に、第2次世界大戦でドイツが勝利していれば、第三帝国の「新経済秩序」論に基づく国際経済レジームが出来たかもしれないが、その内容はアメリカを中心とするそれとはまったく異なったに違いないとしている。力の構造変化によって国際レジームが変化することは予言出来ても、それがどのように変化するかは予言出来ないのである。

　国際レジームの分析概念を原則（principles）、規範（norms）、規則（rules）、手続き（procedures）とすると、前二者は社会的目的に関連した概念であり、後二者が力に関連した概念であるとする。前者が維持されて後者が変化するレジーム変化を規範維持的変化（norm-governed change）と呼んでおり、国際的な力関係の変化によっても規範が維持されたまま、規則や手続きが変化する可能性がありうるとしている。これは、1970年代以降、アメリカの経済的支配力が低下し、金兌換性の廃止、変動通貨制への移行という国際通貨体制の変化は、まさに規範が維持されつつも規則や手続きが変化した規範維持的変化であると述べている。

　そもそも、19世紀後半にイギリスの経済的支配力のヘゲモン化とともに国際レジーム化したとされるレッセフェール的な経済自由主義の規範の内容は、ヘゲモン化という力の構造変化からは説明出来ない。それは、当時の欧州全体の共通傾向であった国家の社会的役割、あるいは国家と社会の関係についての認識の変化、グラムシの本来の意味での文化的ヘゲモニーの変化に関係していたのだとする。すなわち国家の役割は自律統制的な市場を作り出し、それを維持することであるという認識への変化である。これが最も徹底したのがイギリスで、イギリスの経済ヘゲモン化によってこの観念が国際レジームの規範になったのだと説明している。しかしながら、この観念はイギリス固有のものではなく、速度や深度の差こそあれ欧州各国に共有されていた。本来国際レジームとは国家間関係のことであり、市場と直接関係するも

のではない。国家が果たすべき社会的役割についての認識が変化したこと、つまり、共通規範が変化したことがレジーム変化の原因であるとしている。

しかし、この国家の社会的役割認識は戦間期に大きな変化を遂げた。ラギーはカール・ポランニーの著作[9]を引用して、危機の20年の間に起きた以下のようなさまざまな歴史的出来事を挙げている。左翼と右翼による大衆運動の出現、中東欧での革命と反革命、1926年のイギリスでの大ストライキ、金本位制の放棄、ソ連の開発5カ年計画、アメリカのニューディールの開始、ファシストのイタリアでのコーポラティズム、ナチスドイツによる新経済秩序の国内および国際的な導入である。ポランニーはこれら一連の出来事に、市場の合理性に対する共通の否定的な社会的反応を見出している。これを、ポランニーは国家と社会の関係の「大転換」と呼んだわけである。

こうした大転換を経験した後の戦後世界には、国家が市場の力に広範で直接的な社会的統制を加えるべきであるという、国家と社会の関係についてのまったく異なった共通認識が成立していた。普通選挙権の普及による労働者の有権者化、労働者の政党、政権の出現といった要因もあって、社会的な保護を求める政治要求は欧州とアメリカを問わず普遍的な現象となっていたのである。こうした政治的要求は労働者階級からだけでなく、実際のところ伝統的な金融界を除く全ての社会階層の要求となっていた。この傾向は欧州とアメリカに共通していたが、アメリカのニューディールは各国の経験の中で最もイデオロギー的に曖昧で、不徹底であり、かつ国内に19世紀の自由主義的秩序を根強く信奉する保守派を抱えており、欧州と比べれば明らかにアメリカはより本来のリベラル的であった。

ニューヨークの金融界を中心とする自由主義的な国際主義、すなわち経済自由主義と多角主義（multilateralism）に対して、欧州からはほぼ普遍的に反対論が起こり、多角主義と国内的な経済安定化政策の妥協としてのembedded liberalismが国際レジームの規範として成立したとラギーは主張する。すなわち、多角主義を維持しつつも、各国政府の社会的安全保障を目的とした国内的な経済保護政策を許容するliberalismである。このembedded liberalism（社会に埋め込まれたリベラリズム）が国際レジームの規範であるとすれば、国内の社会政策上の必要から経済自由主義から逸脱するような保護的政策を例外的にとることは、規範への違反ではなく、当然の正当な行為で

---

[9] Polany, Karl, *The Great Transformation: The Political and Economic Origins of Our Time*, 1944.（吉沢英成ほか訳『大転換――市場社会の形成と崩壊』東洋経済新報社、1975年）

あるということになる。

　すでに述べたように、社会民主主義政権がしばしば成立した欧州に比較すれば、アメリカははるかに自由主義的であった。しかし、アメリカも embedded liberalism の合意に加わっていたことも事実である。アメリカ自身が国内弱者保護といった社会政策上の要請に基づいて、個別分野で保護主義政策を例外的適用として実施してきたことにそれはよく現れている。

　以上のようなラギーの embedded liberalism の概念をフォード財団が関わった国際開発で検討してみよう。第一に筆者はラギーの議論に基本的に同調しており、国際開発レジームにもほぼ同じような構造が見出されるのではないかと考えている。すなわち、国際開発もまたラギーが述べる19世紀的リベラリズムと20世紀的な社会政策の思想との妥協であると思われるのである。しかし、貿易と通貨の国際レジームの規範が妥協的ではあってもリベラリズムの範囲であるとすれば、国内政策とのアナロジーで言えば社会政策と見なされている国際開発レジームの規範は embedded liberalism よりは社会政策思想に近いと言えよう。したがって、embedded liberalism の概念を国際開発レジームにそのまま適用するのは適切とは言えないであろう。

　第二にラギーは明示的には述べていないが、アメリカ国内的にもニューディールの系譜を引く国家による市場介入を必要と考える修正リベラリズム（liberal revisionism）の系譜と伝統的な19世紀的リベラリズムを保存しようとする保守主義の妥協があり、embedded liberalism はアメリカと欧州の間の妥協だけでなく、アメリカ国内の妥協でもあるという二重構造になっている。国家の社会的責任を大きく考え、したがって社会政策の拡充を主張するリベラリズムの修正主義者がアメリカ国内的にはリベラル派と呼ばれ、伝統的リベラリズムを支持する伝統主義者が保守派と呼ばれるのである。リベラル派が国際開発を支持するのは国内政策の対外政策への投影であると言うことが出来よう。アメリカのリベラル組織であるフォード財団を対象とする本研究では、国内のリベラル派と保守派の葛藤は排除することの出来ない物語の一部である。

　第三に国際開発が貿易と通貨の国際レジームと異なっている点は、開発援助の出し手である欧米諸国だけでなく、援助の受け手である新興独立国の政府もまた、共通規範あるいはグラムシ的な文化的ヘゲモニー形成の参加者であったことである。もちろん、貿易と通貨に関しても途上国政府は参加者であったが、力の面で見ればその影響力が問題となってくるのは石油ショック

以降が中心となる。しかし、国際開発の場合には実際に開発が行われるのが途上国の国内、すなわち途上国の主権の下でのことであり、国際開発が本格的に始まった1950年代の当初から途上国政府はきわめて重要なレジーム形成の参加者であった。したがって、新興独立国政府がどのような政治哲学的規範を持っていたのかを問う必要があるのである。

2－3　ニューディール複合（New Deal complex）
——マーシャル・プラン

　embedded liberalismに近い議論をマーシャル・プランを事例に詳しく展開しているのがミシェル・ホーガンの著作[10]である。ホーガンの分析の鍵となる概念はニューディール複合（New Deal complex）である。ホーガンはアメリカの対外政策は基本的に国内政治経済秩序の対外投影であると考えている。マーシャル・プランの本質はイギリス財務省のロバート・ホールの「アメリカ人たちはアメリカ合衆国のように統合された欧州を望んでいる、つまり神自身の国アメリカである」という発言に象徴的に現れていると述べる[11]。筆者の言葉でいえば、自らに似せて世界を作り変えようとする意思である。したがって、アメリカの対外政策研究ではその時代の国内政治経済秩序やイデオロギーがどのようなものであるかが分析にとって重要となる。

　ホーガンは最近のアメリカ史研究の動向に従えば、従来反動の時代と考えられてきた1920年代のニューイラ（New Era）も1930年代のニューディールもいずれも、アメリカによる新しい経済政治秩序の模索の一部であり、その意味において連続していると述べる。アメリカ外交史の研究者はこうした視点を取り入れるのが遅れており、そのためマーシャル・プランの研究はそれ以前のアメリカ史の文脈から切り離されてしまっていると述べている。ホーガンは、この著作では、20世紀アメリカが国の内外において新しい経済秩序を模索する動きの文脈でマーシャル・プランを見ることを目指したとしている。つまり、これは第1次世界大戦以降の30年間を一つの分析枠組みで見ることであり、この枠組みはアメリカ史研究者の最近の業績を取り入れたものであると述べている。

　この枠組みとはアメリカの20世紀史を連合国家（associative state）、ある

10　Hogan, Michael, *The Marshal Plan: America, Britain, and the Reconstruction of Western Europe, 1947–1952*, Cambridge University Press, 1987.
11　*Ibid.*, p. 427.

いは「コーポラティズム新資本主義（corporative neo-capitalism）」などと呼ばれるものの形成と見る観点に立っている。連合国家、あるいはコーポラティズム新資本主義という概念でホーガンが意味するところは、アメリカ政治経済の特定の形態であり、それは自律的な経済グループを基盤とし、制度的な調整機構と通常の市場メカニズムの両方で統合され、政府と民間両方のエリートの協力によって率いられ、限定的だが建設的な政府権力によって育まれ、全員が裨益する経済発展に適合されている、そうした政治経済である。こうした政治経済の変化はそれ以前の地方化し、断片化した19世紀の政治経済に付随した伝統、すなわち個人主義、プライバシー主義、競争、反トラストなどから20世紀の規模の国民経済、政府計画、行政管理などで特徴づけられる組織的資本主義への転換を意味していた。第1次世界大戦後に現出したのはハイブリッド経済秩序とでもいうべきアメリカ的コーポラティズム新資本主義であり、古典主義のレッセフェール的な政治経済を超え、しかし国家主義的サンディカリズムには至らない中間的形態であったとホーガンは述べる。

　こうした国内政治経済秩序の変化に対応して、アメリカ政府は国際経済秩序を古典理論に表されている専業化・比較優位の原則、安定的通貨、固定相場制、非差別的貿易に基づく開放的で競争的な国際システムから、世界経済と開発の集団的運営のための経済計画、調整と制御のための諸機関、政府と民間エリートのパートナーシップという新しい体制に変革しようとしてきたと述べている。これらの新しい要素はアメリカが作ろうとしてきた国際秩序の多角的枠組みの構成要素であり、この多角的枠組みによって競争的ナショナリズム、市場の力、調整メカニズムに一定の制限を加え、それによって諸経済を統合して、安定的成長と国際的調和を導こうとしたのである[12]。

　こうした観点からは、アメリカ外交は第1次世界大戦からマーシャル・プランまで一貫した一つの過程であるとホーガンは指摘する。1920年代の共和党フーヴァーの連合主義（associationalism）は結局、異なるグループを結集することに失敗し、行き詰まりを招いたが、そこでニューディールの登場によって、コーポラティズム新資本主義へとさらに一歩前進したのだと見る。恐慌とニューディールの行動主義によって、資本集約的産業や巨大投資銀行などのスポークスマンはニューイラの政治経済を定義し直して、組織労

---

[12] Ibid., pp. 2–3.

働により大きく譲歩し、国家により大きな役割を与え、ケインズ主義的経済運営を採用したのだと述べる。スポークスマンの代表として、クラレンス・フランシス、エイヴェレル・ハリマン、ポール・ホフマン（フォード財団の初代理事長となる）、チャールズ・ウィルソンらの名前を挙げている。いわゆる産業界出身で共和党のリベラルと呼ばれる人々であり、アメリカの外交政策にも深く関わっていた[13]。

さて、マーシャル・プランにおいてアメリカ側が欧州復興に際して求めたものは、以上のような背景を持ったアメリカ国内秩序、すなわちニューディール複合の欧州への移植であった。ホーガンは、ニューディール複合の一つの中心的要素は当初アメリカ憲法に具現化され、その後行政国家化の傾向に沿ってニューディールの中で修正された連邦主義の原則であり、これが欧州の状況に当てはめられると、個別の経済主権を融合した一つの統合市場とそれに伴って超国家的な経済計画制度を形成するという政策に具体化すると述べている。第二にホーガンが計画者のアプローチと呼ぶ超国家主義がニューディール複合の2つめの成分であると述べる。第三の要素は彼が貿易商人のアプローチと呼ぶ伝統的なアメリカの自由経済メカニズムへの信仰であり、第二、第三の要素の両方による、すなわち行政的調整と市場メカニズム調整の両方によって市場統合を目指す戦略、あるいは混合資本主義経済のヴィジョンをアメリカ国内と同様に欧州においても実現しようとしたのだと述べている。

計画者のアプローチと貿易商人のアプローチを補完する方法として、ケインズ主義的マクロ経済運営手法、国内および国境を越えたコーポラティズム的協力のネットワークと政府と民間による権力共有、さらには生産増加のためのアメリカ的なエンジニアリング手法の導入が重要であったと指摘する。これらの目的は、生産性の向上によってパイを増やし、それによって再分配をめぐる階級闘争を緩和し、過激な政治活動の源泉を絶つことであった[14]。

以上のように、マーシャル・プランにあたって、アメリカ側指導者の考えは20世紀前半のアメリカ国内システムの新資本主義的再編を世界においても実現しようとするものであり、そのために西欧を「神自身の国」であるところのアメリカのイメージに沿って作り変えようとする営みであったとホーガンは述べる。では、一方の西欧諸国側の反応はどうであったのか、アメリ

---

13 *Ibid.*, p. 13.
14 *Ibid.*, p. 23.

カの働きかけと欧州の反応による相互作用の結果として、マーシャル・プランは何を欧州とアメリカにもたらしたのかという点についてホーガンは以下のように結論づけている。

まず、アメリカがマーシャル・プランで具体的に実施しようとしたことは、生産の近代化、ケインズ主義的マクロ政策の導入、行政制度の刷新、累進課税制度の導入、低価格住宅建設、およびその他の経済的、社会的改革であった。また、各地の生産センターの設立や生産性チームの派遣を通じて、組織労働、ビジネス、専門家集団の間の同盟構築を働きかけ、経済成長、穏健な社会改革、より平等な生産分配によって共産主義化の防止を図ったのである。

その結果、マーシャル・プランが国家予算制度の近代化、指標型経済計画の普及、生産の合理化、政府と民間の権力共有に向けたコーポラティズムの発達、経済成長信仰の普及などに貢献したことはほぼ間違いなく、それは主として技術協力プログラム、生産性チーム、国家生産センターなどのプログラムによって達成されたとホーガンは評価している。

しかしながら同時に、ホーガンはアメリカに起きたのとほぼ同じような過程が欧州においてもそれ以前から生じており、全ての欧州諸国は自由主義経済秩序から混合経済システム、あるいは組織的資本主義、あるいはコーポラティズム政治経済への変革へと動き始めていたとも述べている。経営者は科学的経営手法を導入し始めており、組織労働は賃金と生産性を結びつけることで再分配政治を放棄して、労働と経営のパートナーシップを志向し、政府は国家経済政策の調整に新たに責任を持つことになったのである。第2次世界大戦はこうした傾向に拍車をかけたが、過去の自由主義イデオロギーの要素が完全に消し去られたわけではないとも述べている。つまり、アメリカのニューディール複合とは異なるがよく似た欧州複合（European complex）とでも呼ぶべき政治経済が出現しつつあったとホーガンは認めている[15]。

目標や政策傾向の全体としては類似した状況にあったわけだが、個別政策においては相当な違いもあり、例えばイタリアとドイツでは保守的政府がアメリカのアドバイスを無視してケインズ主義的政策をとらず、財政支出抑制、消費抑制、インフレ防止の伝統的経済安定化政策を取り続けた。フランスでは税制改革が拒否され、政府とビジネスのテクノクラートが経済計画の

---

[15] *Ibid*., p. 432.

コーポラティズム的なメカニズムを支配し、高失業率、消費抑制、低賃金、富の分配の不公正などが支配的であり、政府とビジネスエリートによって、マーシャル・プランの社会民主主義的な諸側面が奪われてしまったとホーガンは述べている[16]。欧州は、半分アメリカ化（half-Americanized）されたのだと結論づけている。

　ホーガンは、したがって、マーシャル・プランを通じてのアメリカによる西欧の作り変えは、ニューレフトの歴史家の言うような「剝き出しの帝国主義」ではなく、「招かれた帝国」あるいは「合意の上のアメリカのヘゲモニー」であるとしている。また、欧州の史家はマーシャル・プランが根本的に各国の政治の将来に影響を与えたわけではなく、アメリカの援助が仮になかったとしても、共産党は少数派に留まり、結局は中道勢力がそれを圧倒しただろうとしていると述べている。つまり、共産主義勢力からは保守的にすぎると見え、アメリカからは国家主義的すぎ、社会主義的すぎると見える中道勢力が結局は政治権力を握っていたに違いないだろうとされている。各国の政治経済エリートは例えばフランスのように左の共産主義の脅威、右のドゴール主義の脅威を言い連ねることで、アメリカの社会改革要求を封じ込めることに成功したのである。これには、同時にアメリカ側が自助を原則としたこと、また柔軟性をもって原則の適用にあたったことも寄与している。こうして、ホーガンの結論は、アメリカはアメリカのモードに従って欧州を作り変えようとしたが、結果としてはニューディール複合の社会民主主義的要素が拒否されて、その他の要素は各国の伝統と必要に応じて吸収され、したがって欧州の伝統的な部分が大部分保持されたと述べている[17]。

　ホーガンの著作をここで検討してみたい。第一に指摘されるのはラギーと同様に、ホーガンも20世紀の前半にアメリカと欧州でほぼ同じようにレッセフェール的自由主義から国家による市場介入を許容する体制への変革が起きていたことを前提としていることである。さらに、両者とも国内の政治経済体制がアメリカの対外政策の枠組みを決めていること、したがってマクロ的な意味での国内政策と外交政策が歴史的な、あるいは巨視的なレベルではリンクしていることを前提としている。筆者もこれらの点については同意するものである。

　第二にホーガンもラギーも左右の対立が厳しかった欧州の状況に比べれば

16　*Ibid.*, p. 436.
17　*Ibid.*, p. 444.

アメリカにはよりコンセンサスがあったことを前提としており、embedded liberalism あるいはニューディール複合というような一つの概念でアメリカを語ることが可能であるという前提に立っている。その意味では、両者ともコンセンサス理論に近いと言えよう。しかしながら、ホーガンが間接的に認めているようにニューディール複合には社会民主主義的要素とそうでない要素、すなわち自由主義的要素があった。そもそも複合という概念自体が異なるものが一体となっていることを示唆しており、後に述べるコンセンサス理論批判が指摘するアメリカ史における葛藤的な諸要素の存在を暗黙裏に認めている。内部での葛藤を認めながら、同時にコンセンサス的なまとまりを認めるという解釈の立場にホーガンは近いと言えよう。

　第三にホーガンがマーシャル・プランをそれ以前からの歴史的文脈の上に理解しようとしている点である。これは、マーシャル・プランを冷戦戦略の始まりとして分析しようとする他の多くのマーシャル・プラン研究と明らかに異なるアプローチである。筆者も、1950年代の国際開発を例えばガブリエル・コルコのようにベトナム戦争の破綻に至るアメリカと第三世界関係史の始まりとして見るのではなく、ホーガンと同様にニューディールやそれ以前のアメリカ史からの継続として見る視点を重視している。特に指摘しておきたいのは1950年代の初期国際開発は多くの面でマーシャル・プランの延長線上に考えることが出来るという点である。フォード財団の最初の理事長で、その海外開発プログラムを立ち上げたのがマーシャル・プランの実施責任者であったポール・ホフマンであったのは決して偶然ではなく、アメリカ史の文脈においてはマーシャル・プランのアイディアの途上国への適用として始まったのが国際開発であり、事実初期の国際開発はECAが最初の実施機関であり、国際開発に関わったアメリカ人の非常に多くはECAに関わった人々であったのである。少なくとも1950年代の国際開発はマーシャル・プランとは切り離せない密接な関係にある。

　第四に指摘出来ることは、したがって、1950年代のアメリカによる国際開発はマーシャル・プランと同様に、アメリカ側の意図としては「自らに似せて世界を作り変える」営みの一部であった。そして、アメリカ側が新興独立国の変革の青写真としたのは国内の政治経済秩序であり、この語彙を採用するかは別として、ニューディール複合という概念でホーガンが言おうとした内容とほぼ同じものであったことは間違いないであろう。つまり、さまざまな異質要素が混在した実験主義的なニューディールの経験である。また

マーシャル・プランと同様に、その実施にあたっては途上国側の主権が存在したし、また自助の原則によって途上国側に大きな主体性が存在し、アメリカ側も政治的配慮を含めて柔軟に対応したのである。その結果、マーシャル・プランと同様に、アメリカの多大な影響は認められるものの各国の独自性や伝統的要素も多く保持されたのである。

　次に、以上の3つの研究がある意味で依拠しているリベラル・コンセンサス論に対するさまざまな批判について触れた後に、むしろ葛藤論的立場から海外援助レジームを支持するのはアメリカのリベラル勢力と欧州の社会民主主義勢力であるというラムズデインの議論を見てみたい。

2－4　リベラル・コンセンサス批判

　初めにハーツのリベラル・コンセンサス論への批判を概観しておきたい。アメリカをどこまで一括りにして議論が可能なのか、アメリカはリベラルであるという言説がどこまで許容可能なのかについて一定の見通しを得るためである。アメリカにおけるリベラリズムについては莫大な量の研究、出版物があるが、ここでの目的はあくまでもリベラル・コンセンサス論への反論を概観することであるので、比較的最近出されたロバート・ファウラーの著作[18]がハーツ以降のリベラリズム論を詳しく分析していて便利であるため、これに依って検討したい。

　ファウラーによればコンセンサス理論への反論は1960年代後半に始まり、70年代に入ると同理論はすでに1950年代の遺物と見なされるようになった[19]。反論の共通点は、コンセンサス理論がコンセンサス部分のみを過大に扱い、アメリカ史における葛藤の歴史を過少に扱っていること、さらに、コンセンサスの中身があまりに抽象的で、曖昧であること、誰がコンセンサスを共有していたのかが明確でないことなどである。コンセンサス理論は実証的研究によってはっきりとその基盤が崩されていった。

　カレン・オレンはアメリカに封建制がなかったというコンセンサス理論の主張は間違いであり、封建的主従関係はニューディールによって集団交渉権が確立されるまでアメリカ文化に根強く残っていたと主張する。ニューレフトの歴史家たちは、コンセンサス理論はアメリカ史における重要な経済的葛

18　Fowler, Robert Booth, *Enduring Liberalism: American Political Thought Since the 1960s*, University Press of Kansas, 1999.
19　*Ibid*., Chapter Three.

藤を無視しており、労働や資本の歴史は葛藤に満ちていると批判した。さらに、コンセンサス理論がアメリカ史における勝者のみに焦点を当てているに過ぎないのではないかという批判も生まれた。アメリカ史におけるネイティブ・アメリカン、あるいはラテン・アメリカ出身者、アジア系移民などの少数者の歴史もまたアメリカ史の重要な一部であるという主張も強くなされた。アメリカ史における暴力の問題も大きく見逃されている課題であるとも指摘された。これらのアメリカ史における葛藤の問題に焦点を当てる歴史家は、こうした葛藤のほうがコンセンサスよりもはるかに重要であると主張したのである。

　ファウラーによれば、今日の歴史家の主流はアメリカ史を葛藤の歴史として見る立場にあるが、コンセンサス理論に代わる何かの大理論に基づく葛藤理論ではなく、より柔らかい批判になっている。彼が挙げているのは、コンセンサスがかなり幅広く存在した一方で葛藤もまた多く存在したとするバーナード・スターンシャーなどの議論である。また、デイヴィッド・グリーンストーンもまた、アメリカ史に存在したかなり幅広いコンセンサスを無視することに反対している。グリーンストーンはリベラル・コンセンサスの代替としてリベラリズムの類概念（genus liberalism）を提示し、この類概念の中にしばしば葛藤を起こすリベラリズム類概念の2つのバージョンがあるとする。彼はこれを、ヒューマニスト・リベラリズム（humanist liberalism）と改革リベラリズム（reform liberalism）と呼び、前者が個人の嗜好の実現に焦点を当てるのに対して、後者は全個人の道義的発展にむしろ注目すると述べている。こうしたタイプの議論をファウラーは、「コンセンサスの中での葛藤（conflict within consensus）」の解釈と呼んでいる。

　別のタイプの柔らかい葛藤理論は、アラン・ドゥリーの「連続性の中の変化（change-within-continuity）」のタイプの議論であるとファウラーは述べている。ドゥリーは、革新主義の時代からアメリカはリベラル規範を修正し続けてきたが、リベラリズムを放棄したわけではないとしている。つまり、アメリカはリベラリズムの範囲内で平等の割合を増やし続けてきたのだと解釈している。ドゥリーが期待するような広範で持続的な平等をアメリカは達成していないが「社会的な顔を持ったリベラリズム（liberalism with a social face）」になったとも述べている。

　葛藤理論の中で弁証法的アプローチをとっている研究の最も一般的な見方は、アメリカ史におけるなコミューナルなものと個人主義的なものとの衝突

であるとファウラーは指摘する。ウィリアム・マクウィリアムスやロバート・ベラーらによってコミュニティの言説と個人の言説の衝突として描かれている。さらに、ミシェル・サンデルは、その著作[20]の中でアメリカ国民の歴史的経験は2つの伝統の競争であったとする。すなわち、(1) 市民的共和主義の伝統 (civic republican tradition) あるいは、共通善と義務、約束、人間の関係性に方向づけられた自由と自治の伝統と、(2) 自由主義の伝統 (liberal tradition)、あるいは個人の権利と何ものにも邪魔されない自由な自己と「大きな善」の拒否の伝統である。

今日の状況についてファウラーは第一に多文化主義の状況においてはアメリカにおける民族やジェンダーなどさまざまな流れを認める方向性が強いこと、第二にポスト・モダン理論の流布によって異なる分析者が再構築したアメリカ像のそれぞれが正しいとされ、コンセンサス理論は拒否される傾向にあると述べている。しかし、前述のパッケンハムがしばしば引用するハンティントンはその著作[21]の中でハーツ的なリベラル・コンセンサス論に影響された理論を展開しているとも述べている。

筆者自身はリベラリズムのアメリカ史における連続性は認めるものの、連続性の範囲内において葛藤論的であり、かつ歴史的に特殊形態のリベラリズムが存在したという立場をとりたい。アメリカの大型の財団、すなわちロックフェラー財団、カーネギー財団、フォード財団などは全てリベラルな財団であると一般に考えられている。常に議会保守派からは目の敵にされてきたし、リベラルであると評価される人々を指導者に仰ぐことが多かった。穏健ではあるが持続的に社会変革を追求し、貧困や公民権問題、教育の平等、ジェンダーなどの課題に取り組んできた。これらの課題はしばしばコントラヴァーシャルな課題であると認識され、現実に厳しい反対論にも遭遇してきたのである。したがって、アメリカの大型財団の文脈で考える限り、国内的にリベラル派と保守派の間の葛藤があったことは前提とせざるを得ない。

すでに述べてきたように、対外政策においてもリベラル派と保守派は国際社会の秩序観、政府の経済的役割認識において大きな違いがあった。特に1950～60年代において国際開発はその違いが際立つ課題であった。国際

20　Sandel, Michael, *Democracy in Discontent: America in Search of a Public Philosophy*, Harvard University Press, 1996.
21　Huntington, Samuel, *American Politics: The Promise of Disharmony*, Harvard University Press, 1981.

開発の推進がリベラル派の主張であったことはすでに述べてきた通りである。アメリカ政府の場合、国益を梃子に両者の妥協を通じて折衷的な政策が立てられてきたことも明らかである。しかし、民間団体である大型財団が国益に強く縛られることは民間優位のアメリカの政体を考えると考えにくいことであり、また内部に反対派を有しない民間団体が妥協する相手はその外部にしか考えられないのである。したがって、アメリカのリベラルな民間財団は基本的には自由にその理念を追求しており、それに反対する勢力、すなわち保守的な方向に傾いた時代の政府、あるいは時代に支配的な保守的イデオロギーに直面したとき、さらには相手国政府のイデオロギーが異なる場合などに妥協すると考えるのが妥当であろう。そこでは同盟と妥協の政治が働くのであるが、国際主義の枠組みの中では同盟は国境を越えて成立する。国内の反対勢力よりも、海外の同盟勢力と手を結ぶことが十分に考えられるのである。つまり、現実主義的な国際秩序観と相容れない部分を民間財団は強く持っている。

そこで、次に、コンセンサス理論的な見方、すなわちアメリカを一つのものとして語るアプローチをとらずに海外援助レジームを分析するラムズデインの研究を検討したい。

2－5　葛藤論的なアメリカ史の見方とリベラルと欧州社会民主主義の同盟——ラムズデインの海外援助レジーム論

ラムズデインの著作[22]は、国際関係論研究の主流である現実主義に対して、海外援助レジームにおいては、援助国側の国益追求で各国の行動を説明することが困難であり、道義による解釈が最も適切であることを示そうとしたものである[23]。海外援助レジームに関するラムズデインの分析に本書は多くの部分で賛成し、かつそれをさらに展開することになるが、本題に入る前にラムズデインの現実主義批判を簡単に押さえておきたい[24]。

---

[22] Lumsdaine, David Halloran, *Moral Vision in International Politics: The Foreign Aid Regime, 1949–1989*, Princeton University Press, 1993.
[23] ラムズデインは、海外援助（foreign aid）という用語を用いており、著作には開発途上国側のアクターは一切登場しない。本書は国際開発という概念を使うことで、ラムズデインが分析している先進国による途上国援助だけでなく、途上国側をも含めた開発のレジームに研究対象を拡大していることになる。ラムズデインの研究はOECD-DAC加盟国を対象としており、アメリカと欧州が中心になる。本書はアメリカとアジアの開発途上国であり、相互補完的であるとも言える。
[24] *Ibid.*, Chapter 1.

ラムズデインの理論的問題意識は、道義的ヴィジョンやそれへのコミットメントがグローバル・システムの形成に貢献することが可能かどうかという点である。現実主義が主流の国際関係論においては、答えは否定的であるか、あるいは問いそのものが無視されていると述べる。彼は現実主義のさまざまな重要な洞察を否定するわけではないが、人間の利己主義や退廃、力のダイナミズムを制御するように働く人間の同情心や理想主義が国際政治にもたらす重要な役割について、現実主義は不当に否定するか、あるいは無視していると批判するのである。

　ラムズデインは現代アメリカの代表的現実主義者であるケネス・ウォルツの第三イメージ論[25]を取り上げて、その極端な構造決定論は誤りであると批判している。ラムズデインの反論は以下の5点である。その詳細を述べる余裕はないが、本書も現実主義に対しては批判的な立場をとるため、ラムズデインの議論の概略を示しておきたい。

　第一はウォルツの言う国際システムの要請にもかかわらず、国家が国益追求ではなく公共の精神に基づいて行動することは可能であるとする。国際システムはウォルツがいうほど国家を厳しく規制するわけではないと述べる。第二に国際システム自体が変化することもありえるとする。ウォルツは無秩序状況では諸国家は自助的、現実主義的行動をとることが国際システムから要請されるとするが、それは間違っており、国家間の協力行動が個々の国家、および全体により大きな利益をもたらす場合も理論的に存在すると述べる。第三には国際レジームを複数の国家が共同で形成することによって、協力行動がより利益をもたらす可能性が高くなると述べる。その場合でも、利己的、自助的行動をとる可能性は排除されず、国家には自己保存につながる複数の戦略的選択肢があり、その中で協力的行動をとるかどうかは、その国家の国内政治上のエートスによると述べる。

　第四にラムズデインは国力はその国家の強い理想によって強化されると述べる。強い理想は国民統合を強化し、志の高い理想に燃えた有能な官僚を形成するのに寄与し、国家の合理性と国力はしばしばその道義的気質によってもたらされると結論づけている。第五に国家の合理性はその哲学的能力にも依存すると述べる。通常、力の関係は現実主義者が述べるようには明瞭でも利害計算は簡単でもなく、国益をどうしたら実現出来るかという判断さえ、

25　Waltz, Kenneth, *Man, the State and War*, Columbia University Press, 1959.

その国家が何を考え、何を信じ、何に価値を置くかという社会哲学的能力に依存する。さらに、世界をどう見るかという認識論において国民にも政治家にも異なる意見が存在するとする。学者、政治家や国民にとって、現実に存在する国家の合理性とは、不完全で、想像的でイデオロギーが注入された印象論以上のものではないと述べる。

　ラムズデインが海外援助への道を開いたアイディアとして挙げているのは19世紀後半から明確な形をとった欧州の福祉国家の概念と、主として1940年代のアメリカの国際主義である。欧州では国内の経済的援助、社会福祉、国家計画の概念が海外援助につながるアイディアであった。社会的連帯の社会哲学に基づく福祉国家の概念は源泉をたどれば長い歴史があるが、具体的な形をとってきたのは19世紀から20世紀前半の労働運動と社会民主主義政党の出現によると述べている。例えば、ドイツでは1883年から1889年の間に事故、老齢、保健の保険が制度化され、労働者の包括的保障制度が出現した。スカンジナビア諸国においても19世紀後半にはイギリスのユートピア思想や功利主義の影響を受け、伝統的な教会活動の伝統の上に包括的な社会福祉制度が作られていった。イギリスでは19世紀に労働条件、公的な教育、保健、住宅の制度が始まり、1897年の労働者補償法（Workmen's Compensation Act）によって社会保障制度が始まっている。1942年のイギリス労働党のベヴェリッジ報告書（Beveridge Report）において著名な「ゆりかごから墓場まで」の福祉国家が具体的に示され、1945年から48年の労働党政権によって関連法案が成立した。

　この福祉国家に向けてのさまざまな動きの中で基本的であったのは社会的連帯、平等へのコミットメント、貧困と正義への関心であった。また、ミュルダールを引用して[26]、貧困国への譲与制度の成立過程は福祉国家の成立と同様に2つの要素、すなわち道義的説得と下からの政治圧力の奇妙な混合によって進められたと述べている。同じくミュルダールは譲与への要求がなされ、その要求の背後に力が集積されていると認識すると初めて、富者の間に道義的な理想主義が生まれると述べている。そして、第2次世界大戦以前には豊かな国が貧しい国を支援することは考えることさえ出来なかったが、それが次第に当然の責任と認識されるようになったと述べ、そのことは福祉国家の中で次第に実現されてきた自由、平等、博愛の古い理想が急速に地球に

---

[26] Myrdal, Gunner, *Against the Stream, 1973; Beyond the Welfare State*, 1960, quoted in Lumsdaine, *op. cit.*, p. 186.

普及したこと以外の何ものでもなく、さらにそれは非常に緩慢にではあるが「世界福祉（welfare world）」という認識へと拡大して行っていると述べているのである。

　他方で、国際主義の流れであるが、ラムズデインはまず欧州の社会主義がその本来の性質からして普遍主義的であり、国際主義ときわめて密接に結びついていると述べる。社会主義者はトランスナショナルなつながりに常に関心を払っており、この連携を制度化することに常に熱心に取り組んできたとも述べる。さらに国際赤十字などの民間団体やNGO、教会やアメリカの民間財団などの国境を越えた人道主義、ILOとして国際制度化した国際労働運動、戦間期の国際主義運動などを経て、1930〜40年代に国際主義が国際制度に統合されていったと述べている。

　この間には国連の設立、ブレトンウッズ機関の設立、ドイツと日本の民主化、マーシャル・プランと一連の国際主義的な活動がアメリカを中心に行われていった。そこでは世界中の全ての人々にとって国際協力を通じて平和と繁栄を達成する好機であるという認識があったとラムズデインは述べている。と同時に、この時期には先行して始まっていた福祉国家への動きが一層確実に各国に定着していった。大恐慌の経験と戦時中のケインズ主義的経済運営の成功によって、レッセフェール的自由主義経済は過去のものと見なされ、保守主義者たちでさえ社会福祉を推進する政策に反対を唱えなくなっていたのである。

　こうした中でアメリカの指導者たちの間で戦後構想として「世界福祉」的言説が語られるようになる。ウォーレス副大統領は1942年に世界中の全ての人々は毎日牛乳を飲む権利を持つべきだと述べ、共和党大統領候補のウィルキーは世界中を訪問してより近代的な産業を技術的に遅れた地域に普及すべきだと述べている。1941年にはルイス・ローウィンが世界ニューディール構想を打ち出している。その青写真として、国際救援社会援助委員会、世界経済開発機構、世界植民地運営機関などの設立を訴えた。1940年代前半にハーヴァード大学のカートリー・メイサーとアルヴィン・ハンセンはそれぞれ国際教育機関や低開発地域への援助を訴えている。後者は、国際政府の下で資本と技術を低開発地域に提供すべきだと述べている。このコストはアメリカが進んで引き受けるべきであり、それは再び世界大戦に陥るより遙かに安いと主張した。この1940年代前半には、こうした考え方はリベラル派、保守派にかかわらず広範なコンセンサスを得ていたとラムズデインは述べて

いる。

　ラムズデインは国際機関の設立、国内での福祉へのコミットメント、広範でリベラルな国際主義が相互にリンクしていたことは明瞭であると述べ、国際的救援活動と経済協力を主張していったアメリカ政府関係者はニューディーラーとウィルソン主義的国際主義者たちであったと述べている。すなわち、コーデル・ハル、ヘンリー・ウォーレス、ハリー・デクスター・ホワイト、そしてルーズヴェルト大統領とトルーマン大統領である。イギリスでの主唱者は労働党の指導者たちとケインズであったと述べている。

　ラムズデインの主張を整理してみると、海外援助を支える規範的道義は欧州を中心とした福祉国家の概念の影響を受け、さらに20世紀前半の欧州社会主義の国際主義とアメリカのリベラルな国際主義の支持を得ながら、「世界福祉」における世界市民の連帯と責任の規範として成立したということになろう。これを政治勢力で言えば、欧州の社会民主主義勢力とその支持母体である労働運動、平和運動、教会活動など、アメリカの福祉国家的社会改革を進めようとしたニューディーラーとウィルソン主義的な国際主義者やそれを支持した労働運動、NGOや教会活動などの同盟が、海外援助とそれが目指した国際開発の推進母体であったと言うことが出来よう。筆者が度々用いているアメリカのリベラル派とは、このニューディール国内改革とウィルソン主義的な国際主義の後継者たちのことである。国際開発への冷戦的動機は二次的なものに過ぎず、国際開発の規範の本質は「世界政府の社会政策としての国際開発」という理想主義の理念であったのである。

　最初に述べたように、筆者はラムズデインの議論に基本的に賛成しているが、本書に関連していくつかの批判点も述べておきたい。

　第一にラムズデインの著作が海外援助に限定していることに明瞭に現れているように、先進国による途上国援助の問題を先進国であるアメリカと欧州諸国の問題に還元してしまっていることである。ラムズデインも度々言及しているように、欧州社会民主主義勢力もアメリカのリベラル勢力も途上国の独立に関しても大きな支援勢力であった。つまり、独立問題と開発問題はある意味でリンクした課題だったのである。だとすれば、独立したアジア、アフリカなどの諸国の政府や国民が登場しない物語を描くことは欧州社会民主主義勢力とアメリカリベラルの主張やアイディアを描くのにふさわしくないプロットと言わざるを得ないのではないだろうか。彼らの主張に則して言えば国際開発はアメリカ・欧州と第三世界の対話と協力の場であったはずだか

らである。筆者が国際開発の概念を用いて、援助だけでなく途上国自身の開発努力をも含めた物語と考えようとするのは以上のような理由による。

　第二の問題は援助の現場や実態との関係が薄い点である。援助の実態に関する情報はほぼ経済協力開発機構の開発援助委員会（OECD-DAC）の報告書に依っており、統計的、全体的なものに留まっている。それによって、あたかも海外援助が成功してきたかのような前提に立って議論が進められている印象が拭えない。しかし、海外援助の実態は失敗の連続であると認識されている。これは、途上国の現場を叙述の対象に含めていないことが間接的に導いた問題であり、紙の上に書かれた理想主義的な援助像をミスリードする危険性がある。

　第三に欧州の社会民主主義勢力とアメリカのリベラル勢力の協力がどのように行われたのかについて分析が希薄なことである。すでに述べたように、海外援助が開始された1950年代には圧倒的にアメリカを中心にして海外援助が進められていった。イギリス、フランスを除く欧州各国が本格的に海外援助に乗り出すのはOECD-DACが作られた1960年代以降のことである。したがって、海外援助の形成期である1950年代に欧州の社会民主主義勢力とアメリカのリベラル勢力が協力したということは具体的には限られている。そして、1960年代以降はアメリカの海外援助へのコミットメントは次第に低下していっているのである。すると、国際開発における福祉国家の理念とアメリカのリベラルな国際主義が出会ったのはいったい何時のことになるのだろうか。

　本書はまさにこの点について論証しようとするものである。1950年代にアメリカのリベラルな国際主義、ニューディールの影響を残した改革主義が国際開発における福祉国家の理念と出会うのはインド政府などの国家開発計画においてなのである。そこでは、欧州の社会民主主義や福祉国家の理念の影響を強く受けてはいるが、新興独立国政府自らの意思による開発計画が開始されており、それに対してアメリカの開発援助が供与された時に、国際開発における福祉国家の理念とアメリカの国際主義が出会ったのである。国際開発においてアメリカ人たちがミュルダールと出会うのは、スウェーデンやOECD-DACの場ではなく、インド政府による国家開発の現場であり、そこはネルーの率いるインド政府が主権者として大きな意思決定能力を持っている場なのである。インド政府がもし、議会制民主主義を守りながら開発を進めるという路線を選択せずに中国型の開発政策をとっていたら、あるいは

レッセフェール的な自由主義経済による開発路線をとっていたら、ミュルダールに象徴される欧州の社会民主主義勢力とアメリカのリベラル勢力が同盟を組むことはなかったかもしれないのである。

　もちろん、インド政府が議会制民主主義を守りながら、国家開発計画による混合経済路線を選択することには大きな蓋然性が存在した。福祉国家は戦後の西側諸国におけるある種のコンセンサスになっていたからである。しかしながら、そこにはインド政府の選択の余地がまったくなかったわけではなく、実際さまざまな選択肢がありえたし、インドの開発に適用された福祉国家の理念は欧州とは異なった結果を生んだと言うべきであろう。1950年代におけるコンセンサスであった福祉国家はあくまでも理念であり、現実の福祉国家はその後に各国で異なる発展を遂げていったのである。1950年代にはインドのみならず欧州諸国もまた福祉国家の実際について暗中模索を続けていた。1950年代における福祉国家の理念とは冷戦が進行し第3次世界大戦の危機すら実感され、第2次世界大戦の経済的荒廃から立ち直り、かつ行き詰まった資本主義をどう建て直すか、あるいは乗り越えるかという問題に直面し、また新興独立国では近代国家を新たに建設しようとする中で飢饉や極端な貧困が存在するという、非常に不確実性の高い状況において道程、地図となるようなアイディアであったのである[27]。

2−6　戦後アトリー合意
──福祉国家と混合経済という文化的ヘゲモニー

　本節の最後にアメリカと欧州という文脈を離れて、戦後世界に経済運営に関するコンセンサスが存在したことを論じたダニエル・ヤーギンとジョゼフ・スタニスローの著作[28]を紹介したい。ヤーギンはピュリツァー賞受賞のジャーナリスト、スタニスローはケンブリッジ大学教授で、それぞれケンブリッジ・エネルギー研究所の会長と所長である。この著作は一般向けのジャーナリスティックな本で、またサッチャーの保守革命の立場から書かれており、単純化、一般化しすぎの面もあるが、ある意味では戦後史の分かり

27　Goldstein, Judith and Keohane, Robert, *Ideas and Foreign Policy: Beliefs, Institutions, and Political Change*, Cornell University Press, 1993.
28　Yergin, Daniel and Stanislaw, Joseph, *The Commanding Heights: The Battle between Governments and the Marketplace That Is Remaking the Modern World*, 1998.（山岡洋一訳『市場対国家──世界を作り変える歴史的攻防　上・下』日本経済新聞社、1998年）

やすい構図を描いている。ここでは、戦後の合意の部分に限って検討したい。

ヤーギンとスタニスロー（以下、ヤーギンと略）は、第2次世界大戦後に西欧に混合経済に向けた合意が形成されたと述べる。その原因の第一は未曾有の戦争被害とそれからの緊急な回復の必要性である。第二には大恐慌から戦争へと続いた一連の歴史的体験の中で資本主義への信任が著しく揺らいでいたことである。第三にソ連型経済モデルが成功しているように見え、その影響を強く受けたことであったとしている。

ヤーギンはまずイギリスで起きたことから概説している。大戦終了直前に政権をとった労働党は、元官僚でロンドン大学経済・政治学部長であったウィリアム・ビヴァレッジを長とする委員会が政府に提出した報告書を労働党の政策の基本とした。報告書は欠乏、疫病、無知、不潔、失業という5つの悪を根絶する社会政策を訴えており、記録的な大ベストセラーになっていた。労働党政権は同報告書の勧告を実行に移し、国民医療制度、新しい年金制度、教育と住宅の政府事業を開始し、これらの政策全体を福祉国家と呼んだ。同時に、労働党はレーニンの言葉とされる経済の管制高地（commanding heights）、すなわち石炭産業、鉄鋼、鉄道、電力・水道、国際電気通信などの基幹産業の国有化を開始した。国有化の根拠は、資本不足の解消、効率性の向上、規模の追求などであり、国家による基幹産業経営によって経済開発と成長、完全雇用、公平と公正という国家目標が達成出来ると信じられていた。最終的には労働力の約20％が国営産業で働くこととなったが、戦争による破綻に近い経済危機と深刻化した冷戦によって、労働党の国営化政策は当初の計画から見れば中途半端なまま終わった。

この労働党の政策は厳しい経済状況の中でも成果を上げたとヤーギンは評価している。特に失業率は1930年代の12％から1940年代後半には1.3％にまで低下し、その後も失業率が政府の経済政策の最も重要な指標的目標となったと述べている。この混合経済と福祉国家を重要な基礎として、「戦後の和解」あるいは、アトリー首相の名前から「アトリー合意」などと呼ばれるコンセンサスとなり、イギリスだけでなく世界中に大きな影響を与えたと述べている。

フランスでも生産設備の老朽化、生産性の低さなどに象徴される経済体制の後進性、戦後復興への指導力、また多くの企業がナチとビシー傀儡政権に協力してきたことなどから、右派から左派までの政治勢力の大部分で、市場経済が弱体であり、政府の役割拡大が必要との合意が成立していたとヤーギ

ンは述べる。ドゴールは経済を民間、規制対象、国有化の3つのセクターに分け、国有化セクターでは投資の促進、産業の近代化、技術の進歩、独占の排除、産業統合を進めることが図られた。

　フランスに特徴的であったのは経済の計画化であったが、強制的で硬直的なソ連型の中央計画とは異なり、経済の焦点を定め、優先順位を規定し、方向性を指し示すフランスの国家経済計画は誘導的計画と呼ばれた。自由市場経済と社会主義の中間の道が強く意識されていたとヤーギンは指摘している。この中間の道を打ち立てたのは資本主義者の銀行家であり、社会党を支持したジャン・モネであった。欧州統合を主張して欧州連合の前身の創設に尽くし、「ヨーロッパの父」と呼ばれている。モネは1919年に弱冠31歳で国際連盟の事務次長を務め、アメリカを含む世界中に広範な人的ネットワークを持っていた。第2次世界大戦中はフランス亡命政府で補給・再建の調整と、経済問題でのアメリカ政府との交渉にあたった。戦後ドゴールから依頼されて作成した有名なモネ計画は、国家開発の優先順位を定め、投資目標を設定し、投資資金を配分していた。基幹産業とされたのは国有化された電力、石炭、鉄道と非国有化の鉄鋼、セメント、農業機械であった。このモネ計画はマーシャル・プランでアメリカが各国に要求した経済復興計画とフランス版となり、同援助を受けながら実施された。全てが目標を達成したわけではなかったが、戦後フランス経済復興の象徴となった。フランスは1950年代に奇跡の経済復興を遂げたのであるとヤーギンは述べている。

　他方、大企業の多くがナチに協力していたドイツでは、欧州のどの地域よりも資本主義への信頼が失われており、戦後直後ドイツは社会主義への道を歩むと見られていた。ナチへの非協力を貫いたドイツ社会民主党はイギリス労働党とほぼ変わらない政策で、資本主義経済を国有化と中央計画経済に移行させようとしていた。中道右派のキリスト教民主同盟ですら、こうした路線を支持していた。しかし、1947年にドイツの英米共同統治地域の経済管理担当者がアメリカからの食糧支援のトウモロコシを鶏の餌と呼んだ舌禍事件を起こし、バイエルン州の経済相を務めた経験のあったルードビッヒ・エアハルトが占領軍政によって後任に選ばれた。エアハルトはネオ・リベラリズム（オルドー派リベラリズム）を標榜する経済学派の一員であり、自由市場を擁護する立場の経済学者であった。フライブルグ学派とも呼ばれるネオ・リベラリズムの経済学者たちは、自由競争の市場経済を統制すべきではないとし、価格の自由変動に制限を加えることにも混合経済にも反対していた

が、レッセフェールに戻ることを主張していたわけでもなかった。経済を社会、政治、倫理の強固な枠組みの中に置くことを説き、社会的安全網の構築を同時に進めることを主張して、自由市場を補完する役割として政府の社会政策を認めたのである。エアハルトの上級顧問の一人であったミューラー・アルマックが主唱した社会的市場経済という概念が、戦後の西ドイツの経済モデルを示す言葉となったとヤーギンは述べている。

　戦後初代首相を選ぶ選挙で、キリスト教民主同盟のコンラート・アデナウアーが社会民主党のクルト・シューマッハーを僅差で破って当選すると、73歳の新首相はエアハルトを経済相として社会的市場経済の構築に向かったのである。この最初の選挙の争点は、まさに計画経済か社会的市場経済かの選択であった。この社会的市場経済は混合経済にさまざまな点で類似している。例えば、1969年の段階で連邦政府が25％以上の株式を所有している企業は650社に及び、州政府や地方自治外が保有する企業は運輸、電話、電信、郵便、マスメディア、電気、ガス、水道などの広範囲に及んでいたとヤーギンは指摘する。しかし、イギリス、フランスとは異なり、ドイツでは国家が経済の管制高地を国有化で支配することを行わず、市場が効率的に機能するように、限定的な範囲で国家が市場に関与し、政府、経営、労働の三者の協力による協調主義体制がとられた。その象徴が、この三者で構成される経営協議会である。こうして、社会的市場経済の政策をとったドイツは、目覚ましい経済復興を遂げ、欧州経済の中心となっていったとされている。

　一方で、アメリカについては、ヤーギンは戦前に遡って市場と国家の関係について概説している。1910年代はルイス・ブランダイスに象徴される反トラストの時代であると説明し、連邦準備制度、連邦取引委員会などの巨大企業監視、競争阻害の制限、不公正な取引慣行の防止などの政府による市場規制の時代の始まりであるとする。しかし、1920年代は共和党政権の下で、産業内の連合や協調が奨励され、企業と市場が正しいと見なされる時代が、1929年の大恐慌の開始まで続いた。

　1933年に大統領に就任したルーズヴェルトは緊急の大型経済対策を実施すると同時に、産業界との協調と国家による経済計画を柱とする政策を産業再建局（NRA）を中心に実施した。しかし、NRAの事業は失敗し、最高裁で違憲と判断され解体された。ここからニューディールは国有化から規制へ、集中と合理化から反トラストへ、経済計画ではなく権限分散へと変化したとヤーギンは述べている。市場の失敗と独占による弊害が主要なテーマ

となり、証券取引委員会 (SEC) が重要な機関として市場規制に乗り出していった。SEC設立の中心となったジェイムズ・ランディスは1938年にSECを辞すと、国家規制に関する古典的名著を著した。単純な三権分立ではなく、第四の政府機関として準立法、準行政、準司法の役割を果たし、法律が確実に執行されることを保障する独立した行政管理機関の必要性を説いた。こうした考えを反映して、SECの他にも連邦通信委員会、民間航空局、全国労働関係局などの独立した行政管理機関が設立されたのである。

　しかし、1930年代の後半になると市場規制への熱意は失われ、新たに登場した経済戦略であるケインズ主義がアメリカを席巻することとなったとヤーギンは述べている。ケインズの『一般理論』は1936年に出版されたちまち大西洋を渡った。最も強力な橋頭堡はアルヴィン・ハンセン教授が率いるハーヴァード大学経済学部であり、同教授の財政政策セミナーには学者と政府高官が集まりアメリカにおけるケインズ主義政策研究の中心となった。経済への介入を主張する理論の中で国家統制主義の危険性を持たないとして広く受け入れられるようになり、1938年から40年にかけて、アメリカ政府はケインズ主義に基づいた財政政策がとられるようになった。

　イギリスと同様、戦後のアメリカでもさまざまな種類の混合経済政策が検討された。完全雇用法案をめぐる議会での論争にそれがよく現れているとヤーギンは述べている。1943年に全国資源計画局が発行した報告書「安全、雇用、救済政策」は42年のビヴァレッジ報告書と内容や結論が似通っており、アメリカでも混合経済体制を構築しようとする主張がかなり強かったことを示している。最終的にアメリカでは自由市場に固執する保守派の強さや戦時統制の失敗によって混合経済への動きに歯止めがかかり、完全雇用法は単なる雇用法に修正され46年に議会を通過した。アメリカは他の西側諸国に比べると市場の力を重視したが、ニューディールの規制の枠組みは変わらなかった。1960年代になると、市場の規制からケインズ主義的な財政政策を通じた経済規制へと変化していったが、今日に至るもニューディール的な政府による市場規制が残っていることは周知の通りである。

　以上が、欧米の戦後の状況であったが、ヤーギンの著作が興味深いのは日本やその他の地域についても同時代的に国家と市場の関係に関する合意が流布していたことを述べている点である。開発途上国も同じであった。ここではインドについて述べられている部分を紹介する。ヤーギンによれば、インドではガンディとネルーの間で経済についての意見が分かれていた。ガン

ディはスワデシ（独立独行）を理想とし自給自足型の経済を考えていた。一方のネルーは工業化と製鉄所による経済を目指したとヤーギンは述べている。経済政策の第一目標は国民が極度の貧困から抜け出すことであり、そのために技術、進歩、機械化、工業化を信奉していた。ヤーギンはネルーの考え方にはアトリー合意の影響が見えると指摘している。管制高地、混合経済、計画の必要を何度も説いたところを見れば、イギリス労働党の方針や考え方を採用したのは明らかであるが、同時にソ連型モデルにも影響を受けており、5カ年計画と中央計画をも賞賛していた。

　つまり、実際にインドが目指したのは欧州型モデルとソ連型モデルを取り入れた混合経済であり、フランスと同様、経済は3つのセクターに分けられたが、フランスよりはるかに政府の役割が大きかったと述べられている。国家が英知と公正を保障しエリートが開発過程を管理し、利益集団でなく国家のニーズを充足させることが目指された。インドは欧州のどの国より複雑な計画システムを作り上げ、開発は物理実験のような正確さで計測可能で合理的に管理出来るものと考えられていた。このインド型モデルは経済開発の最先端であり、多大な影響力を第三世界の開発に与えたと述べている。しかしながら、インド経済は計画されたようには成長せず、量的規制、割当制、関税、複雑な許認可、ライセンスなどきわめてやっかいな政府規制によって経済は実際には停滞したのである。

　しかし、他に選択肢があっただろうかとヤーギンは問うている。独立直後のインドにはあまりに大きな政治経済問題があり極端に貧しかった。資本市場はないに等しく、中産階級も多くはなかった。ネルーは過去は神秘主義の泥沼であり、未来は合理性の上に築かれなければならないと述べ、科学技術を育成するように努めたが、インド指導層は100年も待つわけにはいかなかったとヤーギンは述べている。民間資本家は信用出来なかった。自由主義市場経済が信用出来ないならば他にどのようなモデルがありうるのか。その答えが西欧型混合経済とソ連型の司令統制型モデルの組み合わせであり、開発5カ年計画と工業化であったと述べている。さらに、このモデルはガンディの自給自足経済の理想の一部を引き継ぎ、大英帝国の官僚制とインド固有の強い国家の伝統を融合して出来たものであるとも述べている。そして、現実を考えれば経済の将来を国家に委ねる以外に方法がないという考え方が支配的だったとしている。

　コントラヴァーシャルであることを承知しつつも、筆者自身は戦後世界は

第三世界を含めて同時代世界であるという前提に立ったヤーギンの語り口は、少なくともエリートのレベルでは妥当な方法であると考える。ネルーをはじめとするインドの指導層はイギリスやその他欧州諸国、またアメリカの同時代の議論についてはほとんど時差なく理解していただけでなく、その主要な参加者でもあった。こうした状況は決して戦後に起きたことではなく、おそらく20世紀に入ってからは明瞭に存在し、次第に加速化したアイディアのレベルでのグローバル化であったと思われる。イギリスの福祉国家と混合経済の理念がインドの政治経済に強い影響を与えただけではなく、戦後独立を果たしたことで、開発経済学のディスコース形成においてマハラノビスに象徴されるインド人研究者が欧米の開発経済学者に与えた影響も計り知れないものがあるのである。

2-7　まとめと考察

　最後にこの節で扱った先行研究から本研究は何を受け継ぎ、何を新たに展開しようとしているのかを簡単にまとめておきたい。

　第一に指摘したいのは、多くの先行研究が国際開発の歴史のナラティブとして冷戦を基本に置いているのに対して、本節で扱った先行研究はむしろ、戦前から継続されてきた国家と社会の関係に関する支配的な観念、あるいは国際合意を基本的なテーマとしている点である。前者の立場に立てば、国際開発は冷戦という戦後の国際社会の変化をめぐるナラティブのコロラリーに過ぎない。後者の立場に立てば冷戦もまた戦前から続いている国家と社会の関係をめぐる葛藤の歴史の一部であり、国際開発とは人類社会における平等の問題であると認識され、そして、冷戦の終結は物語の終わりにはならない。

　本書ではアジアの国際開発の歴史を戦前から今日まで連続的に続いている国家と社会の関係、国際社会における平等の問題を考察する歴史的ナラティブの一部とする立場をとる。しかし、冷戦を無視するわけではない。冷戦が国際開発に与えたポジティブな影響、ネガティブな影響は非常に大きなものであった。冷戦があったからこそ西側も東側も過大とも思われる資源を開発協力に投入し、冷戦によって開発途上国は暴力と騒乱に巻き込まれ開発に重大な支障をきたしたのである。そうではあっても、冷戦と国際開発の関係はそれまでのことであり、それ以上には決してならないという立場が本書のとるところである。

　第二に取り上げたいのは先行論文がさまざまな形で表出させようとした国

家と社会の関係についての戦後の国際合意についてである。本書が提示したいと考えていることの一つは、この合意の範囲は先行研究が対象としたような欧米社会に留まるものではなく、旧植民地からの新興独立国をも含む戦後の国際社会全体にも及ぶものであったという点である。

　第三に本書で注目する課題は上記のような国際的合意がどの程度まで共有され、あるいはどこに限界があり、反対勢力はどのようなものであり、国内的葛藤と妥協の過程がどのように進んだかという点である。欧州やアメリカと同様に国際的合意を支持した穏健な改革勢力、あるいは中道左派勢力は政治的に右の伝統主義的勢力、またよりラディカルな左翼改革勢力との葛藤的関係にあったという一般的枠組みはほぼ適用出来るであろう。ラディカルな左翼改革勢力の中心が共産主義勢力であったことも共通している。他方で、右の伝統主義勢力の中味は国によって異なっており、宗教的な保守勢力、ガンディのような近代化批判勢力、またファナティックな国粋主義勢力というように多様であった。政治勢力ということを超えて、こうした議論の大前提となる近代化がどこまで拡がっていたのかも問題となる。一部のエリートや都市部ではさほど問題にならないであろうが、民衆や農村の言説が支配的な分野でこうしたことを考えることがどこまで現実的なのだろうか。

　戦後直後のアメリカ・リベラルは左翼に対して寛容であり、未来に対して楽観的で、新しい事態に対してオープンであり、差異に対して柔軟であり、政治的妥協に対して寛容であった。欧州の社会民主主義者もアジアの政治指導者たちも教条主義的でなく、事態に現実的、柔軟に対応しようとし多様性に寛容であった。多元性を基盤とする議会制民主主義を信奉し、柔軟かつ現実的に事態に対処しようとする穏健な改革主義に共通の特徴が国境を越えた協力を可能にしたのである。しかし、それぞれが異なった政治経済秩序観を持っていたことも事実である。したがって、三者の同盟と協力の存在をまず第一に強調したいが、同時に、そこには同床異夢の現実があったことも重要な点である。

第3節　リベラルの主張（liberal causes）の政治学
　　　──民間財団研究の意義

　本節ではアメリカにおける民間財団研究の先行研究を簡単に紹介し、そこから得られる見通しについて触れておきたい。

3-1　財団自らによる言説とニューレフトのグラムシ的批判

　アメリカの民間財団に関する著作はニューレフトの研究者による批判的な研究が現れる1970年代までは、ほとんどが民間財団活動に関わった関係者による当事者の記述であり、しばしば自己礼賛、自己弁護的であり、学術的にはあまり見るべきものはなかったと言ってよい。現在、民間財団研究をリードしているエレン・レイグマンは「特定の財団について直接知っている人以外には、財団の歴史はあまりに堅苦しく、あまりにつまらないものであったため、アメリカの社会史、政治史に真剣に取り組んでいる学者を惹きつけなかった」[29]と述べている。

　民間財団の多くが、民間であることを理由に情報公開に積極的ではなかったことも研究が進まなかった大きな理由であるとレイグマンは述べている。大型の民間財団は1950年代と1970年代の2度にわたって、リベラルな財団への嫌がらせにもとれるような議会共和党保守派による議会調査を受けており、それ以降、必要以上に財団が防衛的になったこともその原因の一つであるかもしれない。

　財団関係者の著作の多くに見られるのは、多元主義に基づくアメリカ社会の民主主義の正統な構成員としての民間財団である。公共の意思決定は国家中央集権的に行われるべきではなく、多様な利益集団やセクターの交渉の過程でなされるべきであり、民間財団は政府から独立した研究、政策実験、政策提言の道を確保するという重要な役割を果たすと説明される。歴史的存在としての民間財団は、人間社会に普遍的に存在する富者が貧者を救済する利他的無償行為、フィランソロピーの歴史的発展形として位置づけられる。アメリカにおけるフィランソロピーは、トクヴィルの政治的多元主義の言説に直接的に結びつけられ、連邦主義やボランタリズムの伝統の中で育まれたと説明される。連合国家論にもつながる議論であるが、それについては後に触れたい。

　アメリカの民間財団のモデルとなったのはカーネギー財団とロックフェラー財団であるが、特に民間財団の概念を独自に作り上げる上で重要であったのはロックフェラー財団とその創設者のジョン・ロックフェラーその人であった。彼は、いくら援助しても切りのない慈善を嫌い、悲惨な社会の根本原因を究明し、社会改革のための社会投資としてのフィランソロピーの概念

---

[29] Lagemann, Ellen Condliffe, ed., *Philanthropic Foundation: New Scholarship, New Possibilities*, Indiana University Press, 1999, p. x.

をアメリカにおいて定着させた。もちろん、後の批判者が指摘するようにロックフェラーが改革したのは社会主義の脅威から資本主義を防衛するためであり、革命的な変革ではなく穏健な社会改革に留まったが、この路線こそが20世紀アメリカの主流となった政治社会思想であったと言わなければならない。

　1970年代には、ニューレフトの社会学者、教育学者が支配階級の文化的ヘゲモニー形成における民間財団の先導的役割を批判する一連の論考を出した。当時、財団の内部資料の公開は進んでおらず、彼らの依拠した資料は不十分であり、理論先行の実証不足との批判は免れなかったが、従来の財団に関する「堅苦しく、つまらない」研究に刺激を与えたことは間違いない。

　ニューレフトの民間財団批判におけるグラムシ理解について、現在の財団研究の先駆者と見られているバリー・カールとスタンリー・カッツの論評[30]によって、ここで簡単にまとめておきたい。マルクスが市民社会を下部構造、国家を上部構造として、ブルジョア社会である市民社会が国家を支配し、その強制力を通じて階級支配を維持するとしたのに対して、グラムシは市民社会に生産関係だけでなく構造的な社会関係を見出すことで市民社会もまた上部構造を含むとした。市民社会の社会関係は文化的、イデオロギー的、知的な関係であり、この社会関係において支配階級がヘゲモニーを維持することで階級支配が維持されると考えるのである。支配階級は政治的、道義的、知的指導力を発揮して、社会の基本的な世界観を自らに有利なように描き、この世界観は当該社会の「常識」になるのである。グラムシはヘゲモニーの概念を用いることでマルクスにはなかった支配における合意的要素を導入した。

　さらにグラムシはこの文化的ヘゲモニーは安定的ではなく常に葛藤状況に置かれており、支配階級はその支配的地位を維持するために、受動的革命（passive revolution）を継続するとした。文化的ヘゲモニーの再生産、および社会関係の新しい均衡のための生産において非常に重要な役割を果たすのが知識人であり、グラムシによれば、支配階級は自らの中から知識人をリクルートするだけでなく、被支配階級からもリクルートすることで一定の譲歩をしながら、基本的には階級支配構造を維持していくとしたのである。こうしたグラムシの文化的ヘゲモニー論からは、産業・金融資本家が創設し、高

30　Karl, Barry D. and Katz, Stanley N., "Foundations and Ruling Class Elites," *Daedalus* 116: 1–40, Winter 1987.

等教育などの知識人生産に関わり、しかも穏健な社会改革を標榜する民間財団は市民社会における社会関係をまさに体現する存在に見えるのである。

具体的なニューレフトの民間財団批判を見てみよう。

ロックフェラー財団を研究したドナルド・フィッシャーは、1920年代の同財団による社会科学の革新を次のように分析している。同財団は全米の10の大学をセンター・オブ・エクセレンスに指定して、大規模なブロック・グラント（包括的な助成）を行い、従来の哲学的、理論志向の社会科学を自然科学をモデルとする「科学的」、実際的、応用志向の実証的学問に革新したと述べる。この頃のロックフェラー財団の社会科学関与で重要であったのは社会科学研究評議会（Social Science Research Council）であり、文化的ヘゲモニーを構築する装置として重要であったと考えている[31]。また、同財団は一連の社会科学関係の助成を通じてprofessionalism、science、academyを信奉する支配的イデオロギーの再生産を行ったと同時にefficiency、planning、practicalityという新しいアイディアの生産を行い、これが資本主義体制と支配階級の維持の新たな文化的ヘゲモニーとしてニューディール政策の基本イデオロギーとなったと述べている[32]。

エドワード・バーマンはアフリカに対する教育援助を分析し、当初は、職業教育に著しく偏ったアメリカの黒人教育がイギリス植民地当局によって英領アフリカの植民地教育に悪用されたと批判し、独立後はフォード財団を含む民間財団がアメリカの価値観、行動様式、諸制度と結びつけるような、親西側資本主義の枠組みの中で働くエリートの養成を目的とした教育援助政策をとったと批判している[33]。バーマンの分析は典型的な文化帝国主義の批判となっている。

ロバート・アーノヴは民間財団の国際的な教育援助を分析し、フォード財団などがしばしば反米感情の強いラテン・アメリカなどでアメリカ政府の先

---

[31] Fisher, Donald, *Fundamental Development of the Social Sciences: Rockefeller Philanthropy and the United States Social Science Research Council*, The University of Michigan Press, 1993; "American Philanthropy and the Social Sciences: The Reproduction of a Conservative Ideology," in Arnove, Robert F. ed., *Philanthropy and Cultural Imperialism: The Foundations at Home and Abroad*, Indiana University Press, 1980.

[32] Fisher, Donald, "The Role of Philanthropic Foundations in the Reproduction and Production of Hegemony: Rockefeller Foundation and the Social Sciences," *Sociology*, Vol. 17, No.2, 1983, pp. 206–33.

[33] Berman, Edward, "The Foundation's Role in American Foreign Policy: The Case of Africa, post 1945," in Arnove, *op. cit.*, pp. 179–202.

導役を務め、地域センターの形成などによって専門家のネットワーク作りを行い、留学生のプログラムを通じて、イデオロギー的でなく実用的な学問を普及し、アメリカ国内で形成された文化的ヘゲモニーを国際的に拡張する上で重要な役割を果たしたと述べている。グラムシは社会の合意形成、および一定の社会秩序の合理化と正統化にとって知識人と学校が決定的に重要であるとしていると述べ、アメリカの教育投資の重要な部分を担っている財団の文化的ヘゲモニー形成への大きな影響力の問題性を指摘している。フォード財団などの巨大な民間財団は知識の生産や普及を行う学者や研究機関の国際的ネットワークの設計者であると述べている[34]。

　今日では、以上のようなグラムシの文化的ヘゲモニー論に基づく財団批判が明瞭な形で現れることはないが、いわば隠された形で財団研究の基本的視点の一部になっている。本書でもグラムシの文化的ヘゲモニーの概念を階級支配の文脈ではなく、アメリカ的秩序を世界に広めるという観点から民間財団の活動の説明に使う。

　例えば、前述のレイグマンはジェンダー論の視点から同様な支配的イデオロギー形成をカーネギー財団の助成に見出している。同財団は設立者である鉄鋼王カーネギーの存命中に全米に図書館設立の助成を大規模に行ったが、同時に司書の養成にも熱心に取り組んだ。パラ・アカデミックである司書のprofessionalizationの全米普及であるが、そこには圧倒的に男性の学者と圧倒的に女性の司書という性役割分担があり、司書が学者を助けるという暗黙の権力関係があったとする。さらに、ロックフェラー財団と同様にカーネギー財団も1920年代の社会科学改革に熱心に取り組んだが、そこでも性別による職業分化が行われ、男性のアカデミックな社会科学者と女性の実務志向のソーシャルワーカーに分離するのを結果的に助長したと述べている。

　当時、セツルメント運動におけるコミュニティ活動や弱者扶助活動の中から、ラディカルで非常に知的な知識の体系が生まれつつあったが、カーネギー財団はこうした知識生産に関わっていた地方大学の女性教師たちからの多数の援助要請を断り続け、経済研究ナショナル・ビューロー（National Bureau of Economic Research）を中核に、男性中心の有名大学の社会科学者支援に助成を集中することで、そこから生み出される言説を支配的イデオロ

34　Arnove, Robert F., "Foundations and the Transfer of Knowledge," in Arnove, *op. cit.*, pp. 305–330.

ギーにするのに決定的な影響力を持ったとしている[35]。社会科学とソーシャルワークという、一方は男性中心の上からの知識の組織化、他方は女性中心の下からの知識革新の間の競争において、同財団は前者を支援し、それによって前者がアメリカの知識社会において中心となり、後者が周辺化されたということである。

　財団関係者を中心とするインサイダー的な叙述が多元主義イデオロギーに基づく財団擁護論なのに対して、ニューレフトやフェミニストなどは民間財団とそれを支配する知的エリートたちが既存の体制、それは資本主義体制であり、男性優位の体制であるが、それを維持するために支配的なイデオロギーの再生産を行うと同時に、体制維持のためのいわば小手先の改革を行い、そうした穏健で微温的な改革によって生産された新しいイデオロギーを普及させることで、新しい支配的な文化的ヘゲモニーを生産、維持するという機能を担っていると批判するのである。このように、民間財団はある種のアメリカの正統的伝統に依拠するとする議論と、その伝統ゆえに批判する議論に分かれているのである。

3-2　連合国家（associative state）論と非営利セクター、民間財団

　本項で検討する民間財団理解はアメリカの社会史、政治史の枠組みの中に民間財団を位置づけようとするものである。それは必然的にアメリカに固有の制度や文化との関連で説明される部分が出てくるが、巨大な民間財団の存在とその果たした役割は一見してアメリカにユニークなものであり、それほど奇異なことではない。

　最初に、こうした立場の先駆者と見られている前述のバリー・カールとスタンリー・カッツの共著論文から検討してみよう。この論文はニューレフトのグラムシ的手法による財団批判に答える形で書かれている。グラムシの理論がアメリカの民間財団研究に一定程度は適用可能であることを認めた上で、カールとカッツはグラムシ理論に限らず、欧州の社会理論をアメリカの文脈に適用する場合の共通の問題点はアメリカにおいては社会エリートと政党政治の間に距離があることであるとする。民間財団の設立者となった大富豪たちは産業、経済分野で成功を収め、社会エリートの仲間入りをした人たちである。彼らは共通して政党政治を理解出来ず、また政治から孤立してき

35　Lagemann, Ellen Condliffe, *The Politics of Knowledge: The Carnegie Corporation, Philanthropy, and Public Policy*, The University of Chicago Press, 1989, chapter 3.

た。政党政治は腐敗の象徴であり、ビジネスにおいて信義、合理性、効率性を最も重要に考える経済エリートにとって大衆民主主義は非合理で非効率に見えた。

3－2－1　社会エリートと民間財団

　社会エリート、知識人エリートと大衆政治の対立は1787年にワシントンをはじめとするエリートがアメリカ憲法を起草した時に掲げた共和国主義の理念と、その後のジャクソン主義革命による政党政治の導入によって生まれたアメリカ・リベラリズムの2つの伝統にまで遡るものであるとカールとカッツは述べる。社会エリートたちはジャクソン主義の流れを汲む政党も政治家も彼らが構成する議会も、それに縛られる行政府も国民の問題を解決出来るとはまったく思っておらず、自らとその信頼する有徳の人々だけで国民の問題に対処しようとしてきたのである。

　社会エリートの中で、彼らの認識する国民のニーズに自分流のやり方で応えようとした人々がフィランソロピスト（philanthropist）であり、フィランソロピストと議会や政治との交渉の中で生まれたのが民間財団というフィランソロピーの一形式であると述べている。ロックフェラーやカーネギーのフィランソロピーが初めて国民的課題として医療、保健の問題、教育施設の問題を取り上げ、ナショナルなレベルで活動を行ったのである。連邦政府は医療や教育の問題を国民共通の課題として自ら取り組む責任を認知しなかった。教育、医療、福祉の課題を最初にナショナルな形で取り上げたのは社会エリートに率いられた民間財団であったのである。これらの活動は基本的にアメリカの政党政治の外側で行われ、しばしばそれと敵対的な関係にすらあった。

　例えば、ロックフェラーの当初の財団構想は今日のものと相当に異なっていた。ロックフェラーとそのアドバイザーたちは財団を政府機関にしようと考えていた。構想では、その運営にあたる理事は大統領、連邦最高裁長官、上院議長、下院議長、およびハーヴァード、イェール、コロンビア、ジョーンズ・ホプキンス、シカゴの5大学の学長による多数決で承認されることとしていた。さらに議会には、この財団の活動目的に制限を加える権限が与えられていた。しかし、議会はこの提案を拒否し、ロックフェラーらを怒らせたばかりか、財団運営への議会関与の権利を一切放棄したと見なさせたのである。

カールとカッツはロックフェラーとカーネギーの二人の事例を詳しく取り上げて、彼らがフィランソロピー活動を開始した経緯を述べている。彼らの段階では、フィランソロピー活動を開始した動機には強い宗教的契機が見られる。ロックフェラーは敬虔なバプティストであり、フィランソロピー活動における最大の相談相手はバプティストの牧師であったフレデリック・ゲイツである。カーネギーの父はスウェーデンボルグの神秘思想の信奉者であった。カーネギー自身は父の信仰に否定的だったが、後年の神秘思想への傾倒や学校へのオルガンの寄贈、またミッションスクールの教師への年金授与の拒否などに彼の宗教的こだわりが見られるという。産業資本家たちによる財団設立と財団が社会事業に取り組んだことには、当時の社会主義流布への恐怖も一定の役割を果たしたが、一般に考えられるほどではなく、彼ら自身また彼らのアドバイザーたちはアメリカが社会主義化する危険性はほとんどないと考えていた。むしろ社会主義や労働運動を露骨に圧迫することによる反発のほうを恐れていて反社会主義活動からは一定の距離を置いていた。

　彼らの生前も後期になると、さらに没後は一層、財団活動は彼らが見込んで後継者とした人々によって実質的に経営されるようになる。後継者の多くは大学の学長、政府の高級官僚、社会活動の指導者、経験を積んだ弁護士などであり、社会的問題をいかに経営するかの専門家であった。カーネギー財団の理事長となった、セオドア・ルーズヴェルトの国務長官であった弁護士のエリフ・ルートなどは典型例である。両財団と並んで20世紀初頭のフィランソロピストとして重要なラッセル・セイジ財団（Russell Sage Foundation）を創設したマーガレット・セイジは、大富豪のラッセル・セイジと結婚する以前から青少年教育や困窮した女性の問題に関わっており、女性問題について後に国民的指導者となるメアリー・ファンクリーク、メアリー・リッチモンド、キャサリン・レンルートなどが財団のアドバイザーや研究ディレクターなどになっていた。こうして、産業資本家の宗教的動機などによって設立された民間財団は、設立者一家の代が変わる頃には大学、政府、社会活動などの経営に携わるエリートによって運営され、ある種の官僚制を備えた組織的フィランソロピー（organized philanthropy）に姿を変えるのである。

　政府とフィランソロピーの関係は、我々の目から見ると奇妙なものであった。すでに述べたように、議会とフィランソロピーの間は冷たい関係でしばしば敵対的であった。他方で、大統領に率いられる行政府とフィランソロ

ピーの関係は時に親密と言うべきものであった。

　カールは別の単著論文[36]の中で、アメリカは国民社会（national society）の経営に常にアドホックな手法で対処してきたと述べている。社会秩序の維持は民間の宗教、教育、慈善団体が主として担ってきた。20世紀に入って、科学技術の進歩とともに社会が高度に技術化、産業化するに伴って最低限の社会的計画の実施に迫られ、それを担える民間、および政府の経営エリートが必要となってきた。しかし、組織化された経営エリート、すなわち官僚制は伝統的にアメリカの民主主義の敵と見なされていたのである。巨大な官僚制を必要とした第1次世界大戦ですら、アメリカ政府はボランティア参加の人々によって戦争を経営したのである。

　フィランソロピーは、しかし、国民レベルでの社会政策の必要性を認識しており、連邦政府が手を出さない医療保険、教育などへの社会投資を独自に進め、社会秩序の綻びをカバーする社会経営を行ってきていた。彼ら社会エリートたちは政党政治と敵対関係にあったために、公的な政治過程を経ずにどのように政府の公共政策に影響を与えるかが、フィランソロピストの側の戦略であった。このような市民的道義性の文化を担ったフィランソロピストの中から、実は何人もの大統領が生まれているとカールは指摘している。フーヴァーと二人のルーズヴェルトが典型的な、伝統的な意味でのフィランソロピック・エリートであるが、ケネディ一族、ロックフェラー一族、スクラントン一族、スティーヴンソン一族もまた、フィランソロピーに関わった社会エリートから「階級の裏切り者」として政治の世界に入った人々であるとしている。彼らは、フィランソロピーの世界、その中で育まれた社会計画の文化、手法と政治過程をつなぐ役割を果たしたとカールは分析している。

　彼らは、フィランソロピストの社会エリートに共通の社会改革の志向性を強く持っており、道義性と知識や合理性へのコミットメントが深かった。フィランソロピストと行政の関係を見るときに、例えば、ニューディール政権における社会活動家であったエレノア・ルーズヴェルトやイッキーズの果たした役割を過小評価してはならないとカールは指摘している。産業界の経営者であったフーヴァーも1940年代前半になると、公共政策に活動の中心を移しており、フィランソロピーの資金提供者から実践家に転身している。1932年の大統領選挙においてフーヴァーは社会的責任論という新しい産業

36　Karl, Barry D., "Philanthropy, Policy Planning, and the Bureaucratization of the Democratic Ideal," *Daedalus*, Vol. 105, No. 4, pp. 129–149.

界の近代化路線を代表しており、一方のルーズヴェルトはイギリスにおいてヴィクトリア朝の富と繁栄からフェビアン主義者たちが人気を得ていた時代の雰囲気を体現していたと述べている。

　このようなフィランソロピーと関わりを持って大統領となった人々は知識人や大学とのつながりを行政に持ち込んでいった。政策ブレーンを政治に導入した最初の大統領はセオドア・ルーズヴェルトであるが、このときのブレーンは無償であるか民間財団などの助成によるものであった。議会はこうした知識人のサービスに税金をあてることを最後まで好まなかったのである。委員会には著名な市民がボランティアで参加し、彼らは1年1ドルの報酬で働くと言われたが、実際は有給の研究者や大学の専門家が委員会を動かしていた。著名な市民はこうした委員会スタッフを自腹で雇うことが期待されたのである。

　フーヴァーは彼の創設した社会トレンド委員会（Committee on Social Trends）を任命するときに、著名な市民を指名せずに直接学会の指導者を任命することで、大統領の諮問委員会を制度化したが、それでも委員会の費用はロックフェラー財団が支弁していた。フランクリン・ルーズヴェルトは大規模に学者を彼の政権に導入しようとした。彼は大きな困難に直面したが、タグウェルを農務省に、モーリーを国務省に持ってくるのに成功し、当初国家計画委員会（National Planning Board）として始まり、最終的に国家資源計画委員会（National Resource Planning Board）となった委員会から、10年間にわたって学術的なアドヴァイスを得ることが出来た。しかし、同委員会も社会科学研究評議会や中心的な学者が個人的に費用負担をしたり、大学の資金や民間財団の助成を受けて支えたものであり、連邦政府は費用の一部しか負担出来なかった。ニューディールの多数の委員会には連邦予算がつくようになっていたが、それでも行政クリアリングハウス（Public Administration Clearing House）のようなフィランソロピー資金で出来た機関からの補助を受けていた。

３－２－２　大学知識人と民間財団

　行政府に加わっていった大学知識人たち、またそれを資金的に支えたフィランソロピーの経営者たちは社会エリートの伝統を受け継ぎ政党政治から距離を置いていたが、政府と政治は別であると考え、政党政治には中立的にあるいは非政治的（apolitical）に国家運営に参画しようとした。カールは伝統

的にアメリカでは新しくコントロヴァーシャルな社会政策の分野はフィランソロピーが先駆となり、後に行政府が大規模に参入してきたと述べる。この先見的、実験な社会事業の実施と行政府における制度化への橋渡しをしているのがフィランソロピーであり、両方を具体的に担っているのが大学を中心とする知識人なのである。これは、エリートが非合理的で腐敗していると考える議会政治をバイパスする社会変革の手法であり、その意味で非民主主義的である。そこには、合理的で効率的な社会変革とエリート主義的で大衆参加を制限する非民主主義的手法の二律背反があり、矛盾を内包しており、したがって「政治的」である。

カールは20世紀における技術社会、産業社会の急速な発達によって、好むと好まざるとにかかわらず、社会計画を実施する専門家による社会運営が必要となっており、それはすなわち社会運営に合理性、効率性、科学性をもたらす官僚制の必要性であるとする。しかし、一方でアメリカの伝統的な草の根の大衆民主主義はエリート支配につながる官僚制を本能的に忌避してきた。アイゼンハワーがその離任演説で防衛産業による支配の危機を訴えたことは知られているが、演説の後半で科学技術エリート支配による民主主義の危機も訴えたことは忘れられているとカールは指摘する。しかし、そのアイゼンハワーが、1958年の国家防衛教育法（National Defense Education Act）によって、国家による研究開発助成を開始し、組織された学術（organized academia）が国家経営に制度的に関わる道を開いたとも述べている。

カールの結論は20世紀アメリカにとって避けようもなく必要であった社会計画とそうした国家の運営を担う官僚制、そして、その人材養成制度の成立をフィランソロピーは市民的、共和主義的な価値観を持った社会エリートの組織として中心的に担ってきたが、一方で、そうした国家のあり方を嫌う議会に代表されるジャクソン主義的な政党政治と草の根の民主主義の伝統と対立的な緊張関係にあり続けているということであろう。したがって、そこに成立したアメリカの官僚制はウェーバーの考えたような非政治的、科学的、合理的な制度ではなく、きわめて政治的な存在となったのである。

カールとカッツの結論は社会エリートによって創設され運営されてきた民間財団は、アメリカ社会が全体として必要とする制度や組織を公式の政治過程を経由せず独自に作り上げてきた。その背景には非常に限定された連邦政府の役割がある。社会的ニーズと政府の果たせる役割の間の大きな間隙を埋めることが、伝統的に社会エリートの公共に対する責任であり、民間財団

はその一つの手段であった。連邦政府が認知するより先に国民的な社会ニーズに対応したという意味で、民間財団は民間ではありながら公益を担うという民間と公共の間の曖昧な領域に生まれ存在し続けたのである。このような国家のあり方、あるいは公共 (public) のあり方はアメリカに特徴的なものであり、その一つの概念化が連合国家である。次に、こうした視点から民間財団を分析した研究をいくつか紹介したい。

3-2-3　新制度主義における民間財団

前述のレイグマンは近年民間財団が研究者の関心を集めるようになってきたのは、財団側の資料公開が進んできたことと、思想史、文化史、教育史の研究者が知識の組織化の問題に興味を持つようになり、その観点から財団研究を始めたことが一つの要因であるとする。加えて、1970年代以降に社会学者、経済学者、組織論研究者などが新たな制度論研究を開始したことにも依っていると述べている。ここから始まった新制度主義 (neo-institutionalism) は、"bringing the state back in"の観点から、それまで政治学が政治を利益集団と政府の交渉に還元しすぎていたのに対して、政治体制や国家を構成する行政、司法、官僚制、強制力の全てに関心を寄せる。民間財団は公的セクターと私的セクターの間のグレイゾーンにあって、両者の間の権利、責任、権力の移転に活発に関わるため、国家機能の変化への関心から民間財団研究に取り組む人が出てきたと述べている[37]。

デイヴィッド・ハマックはロックフェラー、カーネギー、フォードなどの多目的財団を取り上げて、それらの活動は6項目に分類出来るとしている[38]。

1. 科学的、学術的な研究に直接支援する。
2. 特定の問題に関する研究を支援することを通じて、世論を形成し、特定の政策を推進する。
3. モデルとなる活動や人物を支援、表彰する。
4. 特定の政策を立案し、促進させる。
5. 健康、社会福祉、教育、文化のサービス提供の非営利組織や政府機関からサービスを購入する、あるいはサービス提供に補助金を出す。

37　Lagemann, Ellen Condliffe, *op. cit.*, 1999, Introduction.
38　Hammack, David C., "Foundations in the American Polity," in Lagemann, ed., *op. cit.*, pp. 43–68.

6．既存のサービス提供組織を方向転換、再編させたり、あるいは新しいサービス組織を作る。

　その上で従来の財団研究は5と6の財団が非営利組織にもたらした影響についてほとんど手を触れていないとしている。ハマックによればアメリカにおいては社会サービスのかなりの部分が政府ではなく、こうした非営利組織によって伝統的に提供されており、民間財団はそうした無数の非営利組織の集団の組織化、再組織化に大きな役割を果たしてきたと述べている。彼が特に重要と考えているのは、それまでプロテスタント宗派に依存していた非営利組織を世俗化することに大きな影響力を持ったことである。典型的な影響力はカーネギーの創設した大学教授の年金基金であり、宗派の支配下にある学校の教員に基金参加資格を認めなかったため、多くの大学が宗派との正式な関係を絶って世俗化するのに多大な影響力を発揮した。この非営利組織の世俗化は19世紀末の移民の増加によるカトリック、東方正教会、ユダヤ教などの流入によって「権威の危機」と呼ばれた状況において、社会サービスを宗教から切り離すことで、政教分離と国民の統合に大きな意味を持っていたのである。

　また、すでに述べたように民間財団は多数の私立大学に大規模な援助を行い、それを通じて従来の教育中心の大学からドイツ型の研究中心の大学へとアメリカの大学を転換していく上で中心的な役割を果たした。ハマックは民間財団は資金を提供しただけでなく、民間財団の事務所が大学改革の作戦司令部になっていたと述べている。

　以上のようにアメリカにおいては社会サービスのかなりの部分が大学、病院、慈善団体などの非営利組織によって担われており、これらの団体が作るネットワークの場が公共圏の一部を構成している。民間財団はそうした非営利組織全体の世俗化、またその重要な一部である大学の全体としての方向転換などの重要な政策転換に深く関わり、かつそれをリードしてきたのである。

　ヤコブスは20世紀になるとアメリカは伝統的な連邦制度の欠陥を補い、近代的社会秩序を模索する必要に迫られるようになったと述べている[39]。こうした中で政府と民間のエリートの協力によるコーポラティズム的な国家形態である連合国家が登場し、それと表裏一体となって大衆民主主義や国民の

---

[39] Jacobs, Meg, "Constructing a New Political Economy: Philanthropy, Institution-Building, and Consumer Capitalism in the Early Twentieth Century," in Lagemann, ed., *op. cit.*, pp. 101–118.

政治参加の度合いが低下していった。民間財団は社会科学研究の革新の中心を担い、新たなテクノクラート層を生み出し、政党政治や大衆参加のジャクソン主義的伝統とは一線を画した、行政国家（administrative state）の設計に加わっていったと述べている。彼女はカールとカッツと同様、国家が工業化に伴う社会問題に対応出来ないという状況の中で民間財団は必要性を背景に台頭し、公共の再定義という非常に重要な問題を提起したと指摘している。しかし、同時に、詳しく見てみると民間財団も一様であったわけではなくさまざまな葛藤を内部に内包していたと述べている。

３−２−４　民間財団界の内部での葛藤

　20世紀の大衆消費社会の到来においては、いかに個人、特に労働者階級に信用を供与するかが非常に重要な問題であった。商業銀行は個人金融を行わず、高利貸しがはびこり大きな社会問題となっていた。そうした状況で、ラッセル・セイジ財団と20世紀基金の2つの民間財団がこの問題に取り組んだが、両者はまったく異なる方向でこの問題の解決を考えていた。前者は倹約を重んじるプロテスタント的伝統的価値観を体現し、労働者の債務を社会問題と考え、コミュニティの道徳秩序を脅かすものと解釈した。そこで、高利貸しに関する大衆教育を進め、法律によって貸付機関を規制する活動を進め、労働者階級の家計を監督すべきと考えてさまざまな大衆教育活動を実施した。ラッセル・セイジ財団の活動はニューディールにおける母子扶助の制度化につながっていった。

　他方の20世紀基金は労働者階級の消費活動や生活水準の向上がアメリカ民主主義のコアであると考え、信用問題を社会問題ではなく経済問題と考えた。大量生産を維持するためには、より公平な国家収入の再配分と労働者の信用アクセスが必要であるとした。信用組合のような自助的、民主的制度を通して力を付与された消費者のみが、国家の政治経済を効率的に再構築すると信じていたのである。こうして、20世紀基金は労働者の信用アクセスの改善や、団体交渉を通じて労働者の賃金を高め、消費力を増大することを目的とした国家労働関係法（National Labor Relations Act）の原案作りで中心的な役割を担った。

　ラッセル・セイジ財団は道徳主義を掲げ、公共をコミュニティと結びつけて解釈していた。これに対して、20世紀基金は消費主義を掲げ公共を国家規模で考えていた。そして、産業民主主義を支持すると同時に、全米商工会

議所、国際商工会議所などの組織を作り、最終的には市民を集合的な消費者と再定義することで、労使間の利害の調整を図ったのである。このように、ある種の伝統主義と改革主義の両方をフィランソロピーは内包しており、この2つの異なる思想がニューディール国家の基本に流れているとヤコブスは結論づけている。消費社会という20世紀アメリカの生み出したまったく新しい政治経済の形成にも、民間財団はそのアイディアの形成と普及で大きな役割を果たしていた。そして、民間財団が一枚岩であったわけではなく、実はかなり異なる方向性を内部に包含していたのである。

3－2－5　アメリカ社会の統治と民間財団——連合国家論

　民間財団を含む非営利組織の統治（governance）の歴史的発展の観点から、ピーター・ホールはアメリカ社会全体の統治の問題を考究している[40]。アメリカ憲法修正条項第1条によって、言論、宗教、新聞、集会の自由が認められたが、これらの権利が個人を超えて集団に与えられるのかどうかは大きな問題であった。ワシントンらのエリートはいかがわしい正体不明の集団が公共の秩序を乱すことを恐れていたし、またジェファーソン自身もこの点については不明確であったとホールは述べている。ジェファーソンは設立会員が存命の間は集団が財産を持たないなら危険性はないだろうとしていたが、ジェファーソン支持者の間にもこうした集団が利害対立から互いに暴力化することを恐れる論調もあった。

　ホールによると19世紀の初頭には、国家と個人の間にある団体の必要性が認められるようになり、次第に議論はどのようにしたら団体を公共の利益に服すものと出来るか、少なくとも公共の福祉に被害を与えないようにするかに移っていった。ボストンの富裕階級は資産を信託するようになり、ハーヴァード大学やマサチューセッツ総合病院が莫大な基金を持つようになった。すると基金の運営を信託される被信託人（trustee）の法的責任の範囲が問題となってきた。経済発展が続いていたが、信託財産を企業株式に投資してよいのかどうかが不明確であったのである。そこで1820年代にテストケースとしてマサチューセッツ州最高裁に訴訟が出された。判決はイギリスの判例に基づき、また投資内容のリスクを実際的に検討したもので、収益とリスクを慎重に検討すれば投資内容は問わないとするものであり、Prudent

---

[40]　Hall, Peter Dobkin, "Resolving the Dilemmas of Democratic Governance: The Historical Development of Trusteeship in America, 1636–1996," in Lagemann, ed., *op. cit.*, pp. 3–42.

Man Ruleと呼ばれ、その後の被信託人の行動原理となった。これは一つの事例であるが、このように歴史的に非営利組織の統治に関する原理が出来上がっていったのである。

1920年代のフーヴァー大統領の時代に、大企業の経営者が政府の運営に大規模に参加するようになった。「協力」「社会的調和」「経済政治秩序」といったテーマを掲げて、企業経営者出身の人々は、社会主義に反対すると同時に、制約されない競争のもたらす無政府状態にも反対した。彼らは企業リベラル（corporate liberal）と呼ばれ、個人主義、自助、自由企業、反国家主義の伝統と、コーポラティズム資本主義と科学技術の進歩が要請する秩序、安定、社会的効率の調和を図ろうとした。政府機関、商工会議所や労働組織、あるいは経済研究ナショナルビューロー、ブルッキングス研究所、国家産業会議委員会（National Industrial Conference Board）などの研究機関を通じて、経済を調整しようとしたのである。

企業経営者の公的活動は、第1次世界大戦での動員で一気に活気づいた。工業生産、輸送、食料、金融などの戦時動員の重要な分野で、1年1ドルの報酬のボランティア（dollar-a-year man）として企業経営者が半官の委員会を動かし、官民協力の成果を上げたのである。彼らは伝統的な慈善事業にも加わり、そうした非営利団体の経営にも指導的立場をとるようになっていった。

フーヴァーは1922年の著作の中で彼の「ニューイラ（New Era）」の理念を掲げ、それまでの半世紀のビジネス改革者の社会思想を総括したと、ホールは述べている。フーヴァーは、アメリカ社会には近代産業によって生み出された大きな不公平と不公正が存在することを認め、伝統的な民主主義とキリスト教の価値観と高度な資本主義の現実とを和解させる「進歩的個人主義（progressive individualism）」の概念を提示したのである。また、企業株式の一般公開による企業の社会的所有と公共精神を持った専門経営者の登場で資本主義の性格が変化してきているとし、大量生産と流通に基づく新しい経済は高賃金、教育の機会、十分な余暇を通じての大衆が力をつけることを必要としていると述べた。

フーヴァーは、こうした連合国家の成功には、コミュニティにおける相互協力と経済的目的達成を推進する商工会議所、業界団体、労働組合、また銀行家、農民などによるさまざまな新設組織に基盤をおいた新しい公共の概念が重要であるとした。さらに、経済協力を推進する諸組織は社会福祉、教育、文化活動など他のボランティア組織とも共同することで、彼の理念で

あるコミュニティでの自発的協力に基づく、「政府によらない自己統治（self-government by the people outside of government）」を訴えた。

こうした連合国家の理念の影響を受けて、非営利組織では評議員（trustee）や理事会（board）の機能改革が進んだと、ホールは指摘する。説明責任（accountability）、利益相反（conflict of interest）、被信託人の慎重性（fiduciary prudence）、忠誠義務（duty of royalty）などの課題について評議員の公的責任が問われるようになったのである。これは一般企業にも当てはまったことであるが、特に第１次世界大戦後には民間の社会サービス組織や図書館などにも拡がっていった。こうした組織はフーヴァーの連合国家を構成する他の多くの民間組織と同様に、公共と私的領域の境界に跨っていたからである。

3－3　まとめと考察

本書にとって、分析の視覚として重要なのはフォード財団が1950年代のアジアにおける国際開発においても、このようなアメリカの国家機能の一部を私的に担うという役割を果たしたのかどうか、果たしたとすればどのような国家機能であったのか、公共政策において政府を先導するというフィランソロピーの伝統的役割を果たしたのかどうかといった点であろう。さらに興味深いのは海外での活動にはアメリカ政府と相手国政府という2つの政府が存在する。民間財団が連合国家のイメージにおいて活動をしたとすれば、そのときにはどちらの国家機能の一部をどの政府との協力において実施したのか、そこに矛盾は生じなかったのかといった点である。もし仮に国境を越えたフィランソロピーが2つの政府と国家の一部として機能したならば、それは国際関係にどのような影響を与えたのだろうか。

さらに、フォード財団を含む大型財団の多くは伝統的にリベラルな組織であった。しかし、民間財団が全てリベラル派なわけではなくイデオロギー的に保守派の財団も存在する。南部で人種主義の支援を行った財団もあるし、また1980年代のレーガン政権の成立には少数ではあるが非常に効果的に保守主義のイデオロギーの普及と文化的ヘゲモニー化を行った保守財団が大きく貢献している。イデオロギー的に保守主義であるが、当時はリベラルに傾いた社会の意識変革という意味で革新勢力であったのである。新自由主義の言説と政策は彼らによってもたらされた部分は大きい。

1950～60年代のフォード財団はニューディールの左からの社会改革的リベラリズムの影響を強く残し、しかもアメリカ史で最も国際主義が強い時代

のリベラルな国際主義を体現した財団であった。このような性格の民間財団であったフォード財団は国際開発の形成期にどのような役割を果たし、それにどのような影響を与えたのであろうか。すなわちリベラル派としての機能、役割と私的に国家的機能を果たす民間財団としての機能、役割の二重構造を見ていくことになる。特に後者については、政府ではない私的組織の影響力の技法（technique of influence）が重要な点となる。また、政府ではないがゆえの限界と同時に、独自の影響がありえたのではないかとも思われる。特に技術協力を通じての社会と社会の接触と相互影響において、公的な仕事を私的に行う民間財団は国家間関係とは異なった国境を越えた関係を作りえたのではないかとも思われるのである。つまり、トランスナショナルな非公式の公共領域の形成である。

　民間財団研究の先行研究から上記のような視点を得て、アメリカでの活動を見た後に、インド、ビルマ、インドネシア、日本におけるフォード財団の活動を見ていきたい。

第1章

アメリカにおける
フォード財団
——a liberal cause institution

本章はアメリカにおけるフォード財団の姿をごく簡単にスケッチすることを行っている。フォード財団は世界最大の財団であり、活動の範囲は非常に広く、またすでに半世紀以上を経ており、歴史的にもかなりの厚みを持っている。そこで、本章の目的は、アメリカにおけるフォード財団を本格的に論じようとするものではなく、第2～4章で述べるインド、ビルマ、インドネシア、日本でのフォード財団の活動を理解する上で必要な、アメリカにおけるフォード財団に関する最低限の知識を提供することである。

　第1節では設立の経緯、特に重要な初代理事長ホフマンの時代について述べている。第2節ではフォード財団の理事会やスタッフについて概説し、第3節ではリベラルな財団であることを如実に示すアメリカ国内での活動を事例から説明している。第4節では本書で主として扱うアジア以外も含む海外での活動の全体像を示している。

第1節　フォード財団の設立、ゲイザー報告書、ホフマン理事長時代

　本節は、フォード財団がフォード自動車、あるいは資本家であるフォード家の利益追求の手段であるというフォード財団に関する最も一般的な誤解を解くと同時に、それでは世界最大の民間財団フォード財団はどのように経営されていたのかを明らかにすることを目的としている。

　どのような経緯でフォード財団が設立され、そして、ヘンリー・フォード2世が財団の運営をスタッフとして招いた知識人や産業人たちにほぼ完全に委ねるようになったのかをまず初めに概説したい[41]。

1－1　財団設立経緯と資本関係

　フォード財団は1936年にフォード自動車本社のあったデトロイトの一地方財団として誕生した。財団創設当時、フォード自動車はアメリカ最大の民間企業であった[42]。しかし、その株式の全ては創業者ヘンリー・フォード

41　本節はほぼ、牧田東一「フォード財団と戦後国際開発知識人ネットワークの形成」東京大学修士論文、1999年、第2章、の要約である。
42　この節は特に別途注記のない限り、Macdonald, Dwight, *The Ford Foundation: The Men and the Millions*, pp. 130–137 および Sutton, Francis X., "The Ford Foundation: The Early Years," *Daedalus*, Winter 1987, pp. 42–43 参照。

(Henry Ford) とその息子エドセル・フォード (Edsel Ford) が所有していた。つまり、アメリカ最大の企業でありながら株式が公開されておらず、1955年までは貸借対照表も年度収益すら公表されないきわめて私的な存在であったのである[43]。ヘンリー・フォードはほとんど慈善活動に興味を持っていなかった。しかし、1935年にルーズヴェルトが議会に提出した相続税の増税案は1935年内国歳入法となって実現し、5000万ドル以上の相続財産については税率が70％に累進化された。一方で、慈善、宗教、教育団体への寄付を相続税の免税対象とすることは1935年内国歳入法でも相変わらず認められていた。

そこで、1936年、ヘンリーの息子エドセル・フォードが2万5000ドルの寄付をして、寄付行為がわずか3頁のデトロイトの小さな地方財団としてフォード財団は始まった。その後、ヘンリーとエドセルは3000万ドル以上を財団に寄付したが、フォード財団が地方財団であったこの時代にはエドセル・フォードが好んだデトロイト・シンフォニーやヘンリー・フォード病院などのフォード一族に関連した地元デトロイトの慈善活動に専念していた。典型的な家族財団（family foundation）の運営パターンであった[44]。

それが大きな変化を迎えたのはエドセル・フォードが1943年に、そしてヘンリー・フォードが1947年に相次いで死去したことに始まる。エドセルとヘンリーの遺言により、フォード自動車の株式全体の10％程度がエドセルとヘンリーの未亡人、およびエドセルの4人の子どもたちに遺贈された。そして、残りの90％以上の株式がフォード財団の所有となったのである[45]。もし、二人の遺産である株式が全て相続人に渡っていたとすると、約77％の相続税、あるいは固く見積もっても3億2100万ドルが相続税として課税されたのではないかとされる。そうなっていれば、相続人は実質的にほとん

---

[43] 1916年にドッジ兄弟が起こした配当金支払いを強制する訴訟で、ヘンリー・フォードは敗訴しそうになった。フォードはこれに対抗して株式の買収を行い、全ての株式をフォード一族で買い占めてしまった（Sutton, Francis X., "The Ford Foundation: The Early Years", *Daedalus*, Winter 1987, p. 42)。

[44] アメリカでは通常、個人や一族の寄付によって創設された財団を家族財団（family foundation）、企業の寄付によって設立された財団を企業財団（corporate foundation）、特定の地域住民や自治体の寄付によって設立された財団をコミュニティ財団（community foundation）と分類する。家族財団が最も純粋な財団の形態であるとされ、アメリカの大型財団の多くは資産家によって設立された家族財団である。対照的に日本では大型財団のほとんどが企業財団である。

[45] 1948年にエドセルの遺産から115万3809株が、1950年にヘンリー・フォード1世の遺産から2万6099株がフォード財団に遺贈された（Ford Foundation, "A Selected Chronology of the Ford Foundation", 1980, p. 2)。

ど全ての株を売り払って相続税を支払わねばならず、一族によるフォード自動車の支配がおびやかされる恐れが非常に高かった。

さらに、1930年代の初めにはフォード自動車の株式は95％のＡクラス株式（株主総会の投票権のない株式）と5％のＢクラス株式（投票権あり）に変換されており、5％のＢクラス株式は全て相続人たちに遺贈され、フォード財団の受け取る90％は投票権がなく配当だけが受け取れる株式とされていた。相続人たちによる会社の経営支配はまったく不動であった。こうして、世界最大の民間財団であるフォード財団はいわばフォード一族の相続税逃れの方便として誕生したのである。

しかし、フォード一族がフォード自動車を支配するための手段として財団制度を利用することは次第に困難になっていった。第一に1950年に議会は一企業の株式に多大に依存する財団は免税措置を失うことを定める。この措置が実際に実施に移されることはなかったが、フォード財団は常に免税特典喪失の危険性にさらされることになった。第二に財団にとっては収入を一企業の業績に完全に依存することはリスクが大きすぎた。企業業績によって配当が変動し、財団の収入が安定しないからである[46]。第三にフォード自動車は収益に対する配当率がジェネラル・モーターズの半分程度しかなく、これは一般株主による配当圧力がないためであり、競争上不当に有利な地位を占めているという批判が他の自動車会社から噴出した。第四に巨大財団となったフォード財団は後述するように当初から多くの批判に直面し、フォード自動車の側から見てもフォード財団と資本関係を持たないほうがよいという意見も出されたのである。

こうした事情から、財団幹部の間でフォード自動車の株式を売却する検討が続けられ、1955年11月にゲイザー理事長の下で財団の所有するフォード自動車の株式の15％を売却することが発表された。その直後の12月にフォード自動車はアメリカ証券取引委員会の規定に従って年間収益と利益を初めて

---

[46] 現実に、ヘンリー・フォードの最晩年にはフォード自動車はヘンリーが個人に使っていた秘密警察的なグループの長であったハリー・ベネットらのギャングに牛耳られており、毎月1000万ドルもの赤字を出していた。エドセルの妻と孫のフォード2世が協力して、1947年にようやくベネット一味を追い出すのに成功し、会社は2年後から黒字化し莫大な利益を上げ始めた。この間、フォード財団は配当金を得ることが出来ず銀行からの借金で運営されていた。1947年にはフォード自動車の株式を担保にナショナル・シティ銀行から3100万ドルを借り入れている（ワルデマー・Ａ・ニールセン『アメリカの大型財団――企業と社会』p. 90およびSutton, Francis X., op. cit., p. 45）。

発表した。1956年1月にはフォード財団が株式を売り出し、その対価の総額は6億4300万ドルとなった。

次に財団の幹部を悩ませたのはフォード自動車の株式を売却して得た資金で他の株を購入する方法であった。その資金額である6億4300万ドルというのは当時最大の投資会社であるMassachusetts Investors Trust社の総資産の半分よりも大きかった。この資金が株式市場に向かうと株式相場を非現実的な高値に押し上げる可能性が高かった。そこで、1995年12月に財団理事会はこの資金のうち5億ドルを1957年半ばまでに、全米の民間病院、民間医学校、民間文系大学に無選別で寄付することを決定したのである[47]。

フォード財団はその後もフォード自動車の株式の逐次売却を進め、売却資金を他の金融資産や不動産などの購入にあてて、機関投資家としての定法である分散投資を行っていった。この結果、1974年には全てのフォード自動車株が売却、贈与、交換され、42億ドルと引き替えにフォード財団とフォード自動車との資本関係はまったくなくなったのである[48]。

人的関係について見てもほとんど関係が存在していないことが分かる。1951年まではフォード財団理事会にフォード自動車の役員が1〜2名入っていたが、株式の遺贈を受けてフォード財団が巨大財団として活動を開始した1952年以降は理事会にフォード自動車関係者は1名もいなくなった。フォード財団とフォード自動車をつなぐものはフォード財団理事会の初期の議長、理事長、そして後には理事を長年にわたって務め、同時にフォード自動車の社長でもあった創業者の孫、ヘンリー・フォード2世だけであった。そのフォード2世も1976年には理事を辞任し、それ以降フォード財団はフォード一族ともフォード自動車とも、資本的にも人的にもまったく無関係の存在になるのである。

1−2　ヘンリー・フォード2世とフォード財団

フォード財団では1970年代初めにオーラル・ヒストリー・プロジェクトとして財団草創期の主要な理事、理事長、スタッフへのインタビューを行った。ヘンリー・フォード2世へのインタビューもこのときに行われている。

---

[47] この決定の背景には、当時右翼や議会保守派から厳しい攻撃を受けていたフォード財団が、コントロヴァーシャルなイメージを払拭しようとした広報戦略もあった。
[48] Maget, Richard, *The Ford Foundation at Work: Philanthropic Choices, Methods, and Style*, New York and London: Plenum Press, 1979, p. 32.

フォード財団の資料の中にはフォード2世の手になる資料はほとんどなく、このインタビュー記録が唯一彼の考え方を直接に知る資料である。このインタビューでフォード2世はきわめて率直に意見を述べている。彼の述べる事の経緯は要約すると以下のようなものである。

　20代の若さで財団の理事会議長となり巨大な資金を使わなければならなかったフォード2世は当時唯一の学術界からの理事でマサチューセッツ工科大学学長であったカール・コンプトンの推薦で知己を得た弁護士ローワン・ゲイザーにフォード財団の助成金の使い道を考える調査を委託した。出来上がった報告書は膨大なもので内容的にはよいものであった。そして、報告書の提言を実行するのは自分たちではとうてい無理だと思い、これもある理事の推薦でマーシャル・プランの統括責任者として成功していたポール・ホフマンを理事長に選び、彼が必要と主張した3人の副理事長もまたスタッフに雇用するのを認めた。このように大学や政府の経営に加わった経験者を雇用して、彼らに運営を任せるのがよいとゲイザー報告書は提言していたし、ヘンリー・フォード2世自身もそれに賛同していた。

　有能な者を集め、彼らに明確な仕事の分担と権限を与えて仕事をやらせるというのはフォード2世が父エドセルから受け継いだ経営方法だった。1945年にフォード自動車の社長となったフォード2世が行ったのはライバル社から人材を引き抜いて彼らに権限を与えるという方法だった。こうしてフォード2世は倒産状態だったフォード自動車の再建に成功するのである。フォード2世はワンマンだった祖父ヘンリー1世と異なり、その道の専門家を選んで彼らに権限を委譲するという経営手法をとったのである。この方法がフォード財団の運営に当たっても用いられた[49]。

　20年ほどの間に財団は多くのよいことをしてきたとも総括している。賛否両論を巻き起こした黒人教育への支援、人口問題への支援、芸術・人文科学への支援、海外援助などほとんどについて彼は基本的によいことであると肯定している。個別の助成案件の中には彼が賛成出来ないものもあるが、プログラムとしてこれらの問題を取り上げたことは正しかったとしている。イェール大学を卒業出来なかったフォード2世は財団が雇用した大学や政府の経営に加わった経験のある知的なエリートたちとは違ったタイプの人間であった。しかし、1940年、44年の大統領選挙ではフォード一族は共和党リ

---

[49] Sutton, op. cit., pp. 43–44.

ベラルの代表的人物であるウィルスキーを支持している。また、1952年の選挙では同じく共和党リベラルと見られていたアイゼンハワーの支持者であった[50]。基本的な考え方がリベラルであったことは明らかである。

70年代に入ると、フォード財団の理事会には黒人、労働運動指導者、外国人、女性が招かれ、アメリカ人、白人、男性だけのクラブであった理事会が大きく変化していく。フォード2世は、インタビューの中でこれにも答え、女性以外については彼自身賛成しており、理事会が多くの異なった人々によってアメリカ社会をよりよく反映することはいいことであると述べている。女性についても彼自身は反対であったが他の理事の支持で結局女性理事の誕生を彼は受け入れている。つまり、彼とリベラルなスタッフの思想傾向は大枠では一致していた。それでも、理事長をはじめとするスタッフにフォード財団がコントロールされてしまったことで彼が不満を持っていたのは3点あった。

第一はフォード一族、あるいは出身地でありフォード自動車の本社のあるデトロイトに関連する慈善事業へのフォード財団の助成がスタッフの反対で出来にくかったことである。フォード2世が祖父、父親からその責任を受け継いだ非営利事業はフォード財団だけではなく、ヘンリー・フォード病院、エジソン研究所もその運営を彼が何とかしなければならない立場にあった。病院と研究所から運営資金の要請が出されたときにフォード財団から資金を出そうというのは彼にしてみれば当然の発想である。しかし、病院などへの助成は最終的には実現したものの、その過程でプログラム運営上これら2つを特別扱いしないというスタッフの強硬な原則論的反対にあった[51]。ここにもはっきりとフォード財団はフォード一族、およびフォード自動車とはまったく別の存在であるというスタッフの明確な姿勢があり、それがフォード2世の悲憤慷慨にもかかわらず貫かれたことが示されている。

第二のフォード2世の不満は財団を取り仕切ってきたリベラルなスタッフたちの傲慢さである。フォード2世は財団は基本的にはよいことをしているのに、スタッフが強引なやり方でさまざまな批判を浴びていると考えていたようである。インタビューのときの理事長はマクジョージ・バンディであ

---

50 安藤次男『アメリカ自由主義とニューディール――1940年代におけるリベラル派の分裂と再編』法律文化社、1990年、154頁。
51 フォード病院、エジソン研究所へのフォード財団からの助成は、第4節の図1および表2の注を参照。

り、バンディは東部エリート出身のアロガントなリベラルの典型であった。中西部出身のフォード2世はニューヨークやワシントンの東部エスタブリッシュメントに対しても不満を持っていた。しかし、彼は同時に、財団を動かしているスタッフに対してある種の尊敬とコンプレックスを持っていたようでもある。フォード2世はbest and brightestのエリートに辟易する一方で、彼らの知識への尊敬と専門家に任せたほうが良い結果が生まれるという信念を持っていた。

　彼が財団を好まない第三の理由は彼の言う「熱狂的なリベラルな主義主張（nutty liberal cause）」のために財団スタッフが「傲慢な」やり方で助成することで、そこら中で物議をかもし、そうしたフォード財団への批判が彼に集中したということにある。外部からは最高責任者と見られたヘンリー・フォード2世には財団が熱心に取り組んだ諸事業への反発と批判が集中した。財団が南部で黒人教育などの黒人向けの事業に積極的に取り組んだために、フォード自動車の販売店に苦情が殺到し、販売店からフォード自動車に圧力がかかった。しかし、フォード2世は財団活動に介入しようとはしなかった。理事会後のあるパーティーの席で大きな箱に詰まった販売店や一般の人からの苦情や批判の手紙を暖炉の火の中に投げ込んだという逸話が残っている。

　つまり、ヘンリー・フォード2世が資本家、実業家としてフォード財団の活動に介入することはまったくといってよいほどなかった。彼は、彼自身の信条に合うリベラルな知識人を財団のスタッフとして集め、彼らにほとんど財団の運営を任せ、外部からの批判はむしろ彼が一手に引き受けて財団にその圧力を伝えることはなかったのである[52]。

　以上のように、ヘンリー・フォード2世は財団を経営することはなかった。むしろ、彼は基本的にはゲイザー報告に従い、財団に雇用されたリベラル知識人であるスタッフにほとんどを任せる方針をとっていたのである。彼が財団に強力に介入したのは、筆者の調べた限りでは、1952年のポール・ホフ

---

[52] この点については、当時のスタッフの多くが賛辞を送っている。1952年にフォード財団に入り、ゲイザー理事長時代に病気がちなゲイザーに代わって理事長補佐を務め、後に財団批判をも含めた*Big Foundations*を書いた辛口の財団批評家として知られるニールセンは、インタビューの中で理事会で最も積極的に評価出来たのはヘンリー・フォード2世であったと述べ、財団に批判が殺到した困難な時期にフォード自動車の彼のスタッフからの圧力にまったく屈しなかったことを最大の功績としている（Waldemar A. Nielsen, Oral History Transcript, October 5, 1972, pp. 13–14. FFA）。

マン理事長の事実上の解任とフォード病院などのミシガンでの慈善事業への財団の助成だけである。オーラル・ヒストリーとして残されている初期のスタッフや理事の証言もこれを裏づけている[53]。彼は初代理事長ポール・ホフマンを解任したが、それは彼が独断で行ったものではなく、ホフマンは理事会全体と対立していた[54]。ミシガンでの慈善事業への助成もフォード財団の活動全体から見るとごく限られた範囲のことでしかない。

　ヘンリー・フォード2世が重要なのは、それが彼の言うように若気の至りなのか、あるいは信念に基づくものなのかは別にしてフォード財団をフォード一族もフォード自動車もまったく関与しない独立財団にしたことにあるのである。この点は今日までロックフェラー一族が理事会の長を務めるロックフェラー財団と著しく異なる点である。

1-3　ゲイザー報告書——調査実施の経緯

　フォード2世は巨大な財団となったフォード財団の活動指針を定めるために1948年にサンフランシスコの弁護士ローワン・ゲイザーに調査を依頼した[55]。ゲイザーに調査を依頼するに至る経緯は以下の通りである。

　それまで、フォード財団の理事はヘンリー・フォード2世とフォード自動車のバート・クレイグとフランク・キャンプセイルの3人だけであったが、1945年にNational Citibank of New Yorkの会長でフォード2世の祖父とも父とも親しかったゴードン・レントシュラーが理事に招かれる。彼は当時の各界の指導者に知己が多く、自身マサチューセッツ工科大学の終身理事を務めていた。彼の推薦でマサチューセッツ工科大学の学長であったカール・コンプトンが1946年に理事に就任した。初めて学界から理事が誕生したわけである。

　1948年にはフォード2世は明確にフォード財団を地方財団から全国規模の財団へ、そして国際的な財団にする意思を示し始める。フォード自動車は1911年にはイギリスに1913年にはフランスに工場進出しており、フォード自動車の社長であったフォード2世が財団を国際的なものにしようとしたの

53　John Howard, Oral History Transcript, February 15, 1973, p. 89. FFA.
54　理事の中で、最も強くホフマン路線に批判的だったのはコンプトンであった。コンプトンはホフマンの副理事長であったハッチンズを危険人物と見ており、ハッチンズが就任するならば自分は理事を辞任するとしていたが、翻意され、ホフマン＝ハッチンズの解任に主導的役割を果たしたとされる。彼はホフマン、ハッチンズの解任とともに責任をとって理事を辞任した。
55　以下のゲイザー委員会については、Sutton, Francis X., op. cit., pp. 44-53を参照。

はごく自然な発想であった。すでに、1946年に財団はワイマン・フィスクに類似財団の目的と活動に関する調査を委託していたが、その報告に飽きたらず、コンプトンの推薦で理事会はゲイザーにより広範な調査を委託することを決定した。

ゲイザーは当時サンフランシスコで弁護士をしていたが、それ以前にはニューディールの農業信用局（Farm Credit Administration）に勤務し、戦時中はマサチューセッツ工科大学の放射線研究所の事務局長として高い評価を得ていた。この戦時中の活動を通じてコンプトンとゲイザーは旧知の仲であった。ゲイザーはマサチューセッツ工科大学の事務責任者の一人として戦時期の電子工学研究の進展に大きな功績があり、マンハッタン・プロジェクトに参加した物理学者たちとも親しかった。その後、国家防衛研究委員会（National Defense Research Council）のコンサルタントを務め、その縁で1948年にランド・コーポレーション（Rand Corporation）が軍から民間に移った際には法人設立者、評議員、理事長を務めた。ランド・コーポレーションが今日に至るまで有力なシンクタンクの一つであることは言うまでもない。

調査を引き受けたゲイザーは委員会と事務局スタッフを選んだ。委員に選ばれたのはトーマス・キャロル（ハーヴァード大学とシラキュース大学の経営学教授）、ピーター・オデガルド（カリフォルニア大学の政治学者）、ドナルド・マルキス（ミシガン大学の心理学者）、チャールス・ローリッセン（カリフォルニア工科大学の物理学者）、フランシス・スポールディング（ニューヨーク州立大学学長）、ドゥケット・ジョーンズ（ハーヴァード大学医学部）、ウィリアム・デヴァイン（イェール大学人文科学）であった。

フォード2世は広く全米の人々の意見を聞きたいと主張し、委員会はこれを忠実に履行して1000人以上の専門家の意見を聴取した。委員会に対してフォード2世は調査の内容についてまったく制約をつけず、これが逆に委員会を途方に暮れさせ、ゲイザーは6カ月の調査の後に調査の事務局スタッフに報告書原案の作成を依頼せざるを得なかった。スタッフはゲイザーの法律事務所の同僚たちで、ダイク・ブラウン（元イェール大学法学部副部長）、ウィリアム・マクピーク（元戦争省情報教育・研究部課長）、ドン・プライス（行政クリアリングハウス副理事長、元フーヴァー委員会委員長補佐）、ポール・ボクスラー（アンティチョーク大学図書館長）、および委員を兼任したトーマス・キャロルの5人であった。

ゲイザー調査委員会報告書は1949年11月にまとめられ、財団理事会で満

場一致で採択され、1950年9月には公表された。多くの新聞から好意的に受け入れられ、これ以降このゲイザー報告書はフォード財団の助成を決定する際の正当化のためのバイブルとして使われ続けることになった。この報告書に示された理念や活動分野などはフォード財団の不変の原則となり、リベラルな財団という性格を今日まで維持し続ける根本となった。

1−4　ゲイザー報告書の内容
―フォード財団の活動を規定する文書的根拠

　ヘンリー・フォード2世による報告書の前文に、委員会に対する財団理事会からの調査依頼の内容が述べられている[56]。調査委員会には「人類福祉の増進」という非常に一般的な目的を具体的、個別的な諸目的に展開することが任じられ、かつ高度な自由裁量権が与えられた。しかし、同時にここに示唆されている調査委託の重要な terms of reference として指摘すべき点は、人類一般が直面する諸問題の解決を財団活動の目的とすること、既存の組織の活動を調査した上でさらに何が必要かを考えること、アメリカの多くの知識人の意見を聞くことであり、これらがいわば調査の大前提となった。これによってフォード財団の基本的性格が決まった面がある。すなわち、問題解決志向の財団であり、それまでのアメリカの民間財団の経験やイデオロギーの伝統の上に作られ、かつ当時の知識人のコンセンサスを反映する理念を持つようになったのである。

1−4−1　理念――リベラルな信条（Liberal Causes）

　報告書の第1章は「人類福祉」と題して、調査委員会に与えられた課題である人類福祉をどのように解釈するかを述べている。人類福祉を考える際に最も基礎的なことは人類の生存であり、そのために長寿化、疾病の撲滅、栄養障害や飢餓の予防、暴力的な事件の原因の除去、そして何よりも戦争の防止が重要であるとする。さらに、物理的な生活水準の改善は明らかに人類福祉の一部であるが、同時に人間の尊厳、個人の自由と権利、政治的自由と権利、社会的責任などの民主主義的価値もまた人類福祉の重要な一部であると述べている。人間の尊厳の中でも特に注意を引くのは、全ての人間がその能力を発展させるために平等の権利と機会が得られる社会でなければならない

---

[56] 本項はFord Foundation, *Report of the Study for the Ford Foundation on Policy and Program*, The Ford Foundation November 1949を参照。

という主張が明確にされている点である。

　続けて、人類福祉の概念と民主主義の理想は密接に関係していると述べ、人間の尊厳、個人の自由、諸権利・正義・機会の平等、表現・宗教・結社の自由、自治などの民主主義的価値を列挙している。ここでもう一つ興味深い点は個人の自由は社会秩序の中でしか実現しないと述べ、複雑な近代世界では個人の自由を保障するための社会的、経済的条件を提供する大規模で複雑な諸制度が必要であると述べていることである。人間は相互に依存しており、好むと好まざるとにかかわらず人間は一緒に生きており、政治的・経済的・社会的な諸関係の無数のネットワークの中に生まれてきているとも述べている。人間の関係性、あるいは社会性が重視されており、アトム的個人の集合という古典的リベラリズムの自由観とは明らかに異なっているのである。

　さらに多数者は少数派の問題や態度に関心を払って慎重に権力を行使せねばならないと述べ、少数派保護への強い意思を示していることも注目される。また、別の箇所ではアメリカの政治制度が生き残るためには、無数の非政治的なアソシエーションや人間と諸組織の関係が民主主義の精神に命を吹き込むような政治制度でなければならないとしている。すなわち、市民社会によってその政治制度の一部が担われているような多元主義的政治文化を守ることが強く支持されているのである。

　以上のようなアメリカの民主主義の理想と条件を述べた後に、そうした民主主義が危機に瀕していると報告書は主張し、フォード財団はアメリカの民主主義が危機を乗り越え、理想を実現するように援助すべきだとしている。民主主義の危機として挙げられているのは冷戦の始まりとともに共産主義への恐怖が民主主義の原則を捻じ曲げ、また、それを看過してしまう民主主義原則への人々の無関心や無力感、政治参加の低下などに見られる当時の国内状況である。マッカーシズムが吹き荒れる前夜の状況を民主主義の危機であると認識しているのである。

　そして、共産主義への恐怖、全体主義の戦術への反応、戦争回避への緊急対応だけに基づいた国家的行動は弱気であり後ろ向きであると批判している。フォード財団は戦争の根本的原因を除去し、広範な戦線での民主主義の振興、そして民主的制度と手続きの強化のために行動すべきであると述べている。

　ソ連との軍事的対決という目先の政策だけでは、恒久平和の理想は達成されず、またマッカーシズムに見られるような共産主義への不安を煽ってアメ

リカの民主主義制度の原則を無視することを許してはならないという強い主張が報告書には頻繁に現れる。冷戦に対応した短期的な軍事的、外交的手段を講じつつも、同時に戦争の根本原因を除去するような長期的な取り組みを進めるべきであると主張しているのである。

こうしたリベラル派の主張は、報告書第2章の「人類福祉の諸問題」でより具体的に展開される。第2章は「戦争の脅威」「民主的社会の統治、経済、教育」「民主的社会の個人」の3項目で構成されている。戦争の原因として挙げられているのは貧困と疾病、生活水準の不平等と経済の不安定から生ずる緊張、政治的抑圧と社会理論と信条の対立によって生ずる力である。世界の半分が飢えと食糧不足に苦しんでおり、疾病の被害は広範であるとしている。こうした状況が騒擾と社会的不安定を作り出し、さらに無知と誤情報が加わると対立を生み出す環境が生ずると述べている。

こうした世界情勢の中でアメリカはこれらの悪条件の緩和を援助出来る幸運な立場にあると述べている。さらに、もしアメリカが伝統的な孤立主義外交に留まろうとしても、この深く相互依存した世界ではいかなる安全も確保出来ず、いかなる場所の平和への脅威も全体の安全保障を危機に晒すと述べている。また、自由主義の人々が全体主義に抗して平和の諸条件を獲得するためには民主的諸目標にむけて不断の前進を遂げることが必要であるとも述べている。

このように世界の相互依存認識と不断の民主化の必要性を前提として、アメリカが世界の恒久平和のために行動しなければならないというのが報告書の一つの基本的論調であり、その具体的な行動内容として3点が挙げられている。第一にはアジアと欧州での共産主義の伸張の状況ではアメリカが自由主義の人々を強化するコストを支払う必要があり、特に低開発地域の人々のニーズは巨大で際限がないように見えるが、彼らの未来の経済向上はアメリカの安全保障に必須であると述べている。そして、この緊急に必要とされる援助の一部であれ、それを提供出来る国はアメリカだけであるとも指摘する。すなわち、国際開発協力を第一の具体的に可能で望ましい活動であるとしている。

第二に無知と誤解が物質的欠乏から生ずる社会不安を大いに助長していると指摘し、さらにアメリカ人自身の他国民に関する無知が国際協力の障害となっているとも述べる。そして、世界の多くの場所で政治的制限によって情報や思想の自由な交流が妨げられており、それによって無知と誤解が助長さ

れていると考察している。ここで主張されているのは自由な情報や知識の国際交流の必要性である。

　第三に世界には諸国民間の関係を統治し、かつ全ての国を侵略から守るための法の支配を確実なものとするような国際的な装置が欠けており、国際安全保障を達成する諸制度はまだ十分に強力ではないと指摘している。ここで示されているのは国連などの諸国際制度の強化であり、法に基づく国際秩序の構築への希求である。

　以上が国際的領域における具体的活動内容であるが、報告書はさらに国際平和のためのアメリカ国内問題をも取り上げている。それは、アメリカ自身の民主主義を強化しなければならないという点であり、特に、国際緊張が高まるにつれ、猜疑心、ヒステリー、便宜主義が蔓延り、表現の自由や正義と自治の諸過程といった民主主義原則が妥協の犠牲にされてしまっていることへの危機意識である。

　本書の主題に直接関わる問題への言及は以上であるが、報告書はさらにさまざまなアメリカ社会の問題点を指摘する。簡単に列挙すれば、利益集団が跋扈する政治過程、有能な人材が政治を職業としない問題、政治的問題への無関心や無知、政府の非効率などの自治をめぐる諸問題が一つのグループとして挙げられている。フィランソロピーに伝統的に見られる政党政治、利益誘導政治への不信感がここにも表明されている。経済問題としては景気循環から生ずる経済不安定の問題、雇用の創出と平和的な労働関係、個々の企業活動の自由と政府の計画と経済活動管理の間の適切なバランスの問題を挙げている。これなどは、前章で述べたコーポラティズム資本主義、あるいはニューディール複合などと呼ばれているアメリカ独自の政治経済のあり方と密接に関係していると言えるであろう。

　教育問題も重要な問題群として頁を割かれており、そこでは人種や経済的地位による教育機会の不平等の問題、成人教育の必要性、専門化しすぎた高等教育と一般教養のバランスの問題、初等中等教育における教師の質の問題、メディアの教育活用の可能性などである。より一般的な社会問題としては青少年犯罪、急速に増えつつある余暇時間、都市化・産業社会化への人々の不適応、大量生産社会と仕事のやりがいの問題などが取り上げられている。

１－４－２　プログラム領域——目的の具体化

　以上のような問題認識の下に、報告書はフォード財団のプログラム領域と

して以下の5つを選択した。

(1) 平和の確立
(2) 民主主義の強化
(3) 経済の強化
(4) 民主主義社会における教育
(5) 個人の行動と人間関係

　プログラム領域の選択にあたってはいくつかの要素が考慮されている。第一にフォード財団の財源は限られているため、最も進歩を約束すると思われる上記の分野に戦略的に集中すること、そしてブレイクスルーが見られたらその後のフォローは他の組織に譲って、フォード財団は次のフロンティアを探すことである。こうした考え方は先輩のロックフェラー財団などの経験に学んだ方法である。ロックフェラー財団が名声を獲得した公衆衛生の分野での活動はまさに同財団が開拓した分野に後に連邦政府や世界保健機関などが参入、模倣することで世界的に普及していった。
　さらに、フォード財団の活動について重要な規定が置かれた。それは、これらの諸目的を達成する方法として、研究、実践、教育の3つが特定されたことである。新しい知識の創造を行う研究、新しい知識を問題解決に適用する実践、そして新しい知識を普及し、次世代を作る再生産のための教育である。このようにしてきわめて明示的にフォード財団は知識の生産、適用、普及、再生産の組織であると定義されたのである。
　報告書はさらに5領域の個々について詳しくより具体的な活動内容やフォード財団の貢献可能な分野などを論じていくが、ここでは国際的な活動が含まれる「平和の確立」の分野についてのみ、さらに報告書の内容の紹介を続けたい。後の章で詳しく述べるフォード財団の国際開発協力の具体的活動は、相当忠実にゲイザー報告書の提言に従っているからである。
　「国際平和の確立」の章の最初には、まず初めに以下の命題が提示されている。

　　　　フォード財団は、世界平和と法と正義の世界秩序の確立に意義ある貢献を約束する諸活動を支援しなければならない。
　　　　フォード財団は下記の諸活動を支援しなければならない。

A. 世界平和の脅威となっている緊張の緩和
B. 恒久平和に不可欠である、世界の人々の理解と諸条件の発展
C. 国連と関連する国際機関の改善と強化
D. 合衆国政府と合衆国の民間グループが世界問題に参与するための構造と過程の改善

　当面のフォード財団が貢献可能な取り組みとして、第一にアメリカ政府および国連の政策研究とその実施への支援が挙げられ、第二にそうした政策実施に必要な一般の知識と理解の促進が挙げられている。政府と国連の政策研究能力には限界があり、また大学や民間の優れた政策研究が補完的役割を果たすことで、両者の政策作成能力が向上する可能性が高いとされている。行政府の政策研究は立法府からの介入や官僚的自己保身などの理由で必ずしも客観的中立にはならず、そうした制約のない非政府組織による政策研究が必要である述べている。

　国連に関する政策研究には国連軍の問題、軍縮管理のシステム、国際核エネルギー管理、拒否権問題、国連への一層の主権移譲問題などさまざまな複雑で困難な課題があり、大学や民間研究機関の研究は国連にとって非常に貴重であり、かつ歓迎されるであろうとしている。

　非常に印象的なのは、国連中心主義が当然のこととして考えられていることである。「国連と平和の維持」という項に明瞭に示されている。そこでは「世界平和の維持は国連を改善し強化しようとする諸国民の意思と能力に多くを依存しており、そうした改善、強化は、国連が実際に世界の法と正義の秩序の構造となるまで行われなければならない」とされているのである。しかし、そのためには主権概念などの伝統的な諸概念の再検討と再定義といった非常に大きな仕事が必要であるとも述べている。フォード財団は国連を作り上げた1940年代アメリカの国際主義のまさに申し子なのである。フォード財団の本部ビルがニューヨークの国連ビルの近くにあるのが象徴的である。

　以上のように、冷戦の危機に対して調査委員会が示した方策は当時のリベラル派の考え方を代表するものであったと言えよう。すなわち、将来の世界政府の創設を展望した国連や関連国際機関の強化、そのための研究や研究者の養成、低開発地域への援助、すなわち国際開発、そして諸国民の相互理解の促進のための国際交流であり、同時に、アメリカ国内的には共産主義の恐怖によって民主主義の諸制度をないがしろにするのではなく、一層の民主主

義の強化であった。

　残りの4つのプログラム領域は直接に本書のテーマに関連はしないが、ある意味でフォード財団の基本的考え方を示すものでもあるため、各章の冒頭に述べられている目的について簡単に触れておきたい。

- 領域2：民主主義の強化
　　フォード財団は、永続的に変化する社会の顕著な諸問題の解決において、自由と民主主義の基本的諸原則への一層強い信義が確保されるような諸活動を支援しなければならない。
- 領域3：経済の強化
　　フォード財団は、全ての人々の経済的福祉の進展と民主的諸目標のよりよい実現のための経済諸制度の改善を目的とする諸活動を支援しなければならない。
- 領域4：民主的社会における教育
　　フォード財団は、諸個人がその知的、市民的、精神的潜在能力をより完全に実現することを可能にする教育制度と方法の強化、拡張、改善のための諸活動、および、教育機会の平等を一層促進し、また知識の保全と増加、および文化を豊かにするための諸活動を支援しなければならない。
- 領域5：個人の行動と人間関係
　　フォード財団は、人間の行動を決定する、あるいは影響を与える諸要因に関する知識を増加させ、その知識を個人と社会の最大利益のために活用することを目的とする科学的諸活動を支援しなければならない。

1－4－3　活動の方法

　以上のように、フォード財団の活動の目的と内容を定めた後に、報告書は目的達成のためにフォード財団がどのように行動するか、その方法について述べている。この部分は、他の民間財団の経験から得られた教訓が財団関係者のインタビューを通して取り込まれて、以下の2つの原則が定められた。

（1）内部の事務的問題に妨げられて、新しい諸課題を扱うことが困難にならないように、活動の柔軟性を維持すること。

(2) 全体としての判断を代表する理事会は可能な限り一般的にプログラムを指導すること。したがって、理事長とそのスタッフには高度の自由裁量権を与えること。理事会は個々の案件に個別的にかかわらず、全体の方針の検討に集中すること。

　報告書のこの提言によって、理事会は個別案件には口を挟まず、全体の方針にのみ関わり、個別案件は主として理事長およびその他のスタッフに大きな自由裁量権に委ねられることとなった。この原則はフォード財団の歴史を通してほぼ守られたが、同時に理事会とスタッフの対立、緊張の要因ともなったのである。
　次に重要な点は研究、実践、普及・教育の間のよりよいバランスを保つために、フォード財団は自ら事業を実施する事業財団ではなく、他の組織や個人が事業を実施するのを財政的に支援する助成を主たる活動とすべきであるとされたことである。特定の事業を実施する組織が他に見つからない場合に限って、財団自らが事業を実施することは例外的に認められたが、基本的にフォード財団は助成財団となったのである。
　さらに研究助成については、選考を外部の専門家に依頼するのではなく、財団のスタッフが外部の専門家の意見を参考にしつつも自ら意思決定することを提言した。
　「知識の実践的適用」の項では、アメリカの民間財団の歴史は財団が研究助成による知識の蓄積に留まることなく、新しい知識を用いた政府や企業の政策立案にまで関与することについて臆病になる必要がないことを示していると述べる。同時に、いかなる民間財団の資源も新しい知識を全国的に適用するような大規模な事業を実施するには不十分であり、したがって、知識の実践的適用では以下の2点に留意すべきであるとしている。

　(1) 可能な最大の規模で他の組織の政策や実践に影響を与えるような仕事を支援する。
　(2) 新しい専門家集団、技術体系、実践基準を作ることにつながるような仕事を支援する。

　可能な最大規模の影響を与える他の組織は当然ながら政府であり、民間財団が少ない資源を研究やデモンストレーションなどに投資して、その成果を

政府の公共政策に取り込ませ、公共政策に影響を与えようとするという帰結につながる考え方である。この考え方はセオドア・ルーズヴェルトのブレーン・トラストの活動にロックフェラー財団が支援して以来の伝統的なエリート・フィランソロピーと政府の関係を示している。後者の新しい専門家集団、技術体系、実践基準の創造という点はクーンのパラダイム形成とほぼ同じ知的体系の形成過程を指しており、パラダイム形成に強い影響力を発揮することを目指していると言えよう。いずれも、強い社会工学的発想であり、民間財団という知識における私的権力のあり方の問題としてコントラヴァーシャルな部分である。

1－4－4　組織原理

　最後に、フォード財団の内部管理について、報告書は理事会とスタッフの両方について提言をまとめている。理事会については、個別の案件の細部に口出しをせずに全体の方向性や財団の関心領域、分野の特定といった全般的政策に特化するべきであると繰り返し述べている。全ての案件は理事長を長とするスタッフによって理事会に推薦され、理事会の承認を得るという正式の手続きを踏んで実施さなければならないとされ、理事が個人的な利害や関心で個別の案件の採否を左右するようなネポティズムや不正の生じないよう配慮されている。つまり、理事会はスタッフの推薦への拒否権は持っているが、個別案件を推薦する権限は持っていないという構造である。

　次に、スタッフであるが、主要なプログラム・オフィサー[57]が財団の成功を左右する人々であるとしている。プログラム・オフィサーの雇用は理事長に全権が与えられ、優れた人を雇用出来る程度のよい給与が与えられるべきであるが、同時に雇用の流動性が確保される程度にほどほどの給与であるべきとも述べられている。他の財団の先例を見ると、優れた仕事をしたプログラム・オフィサーは必ずしもその分野の専門家でない場合があり、むしろ幅広い経験と興味が重要であると指摘されている。カーネギー財団のエイブラハム・フレクスナーとロックフェラー財団のウィクリフ・ローズの二人の名前が挙がっている。

　ドン・プライスによって書かれたプログラムの運営方法についての最終章では、知識の生産、適用、普及、再生産がフォード財団の中心的な仕事とさ

---

[57]　プログラム・オフィサー（Program Officer）は1960年代に財団内の職階名となるが、当初はプログラムに権限を持つオフィサーという普通名詞program officerとして使われていた。

れた。このことはリベラリズムのもう一つの基本的信条を示している。すなわち、より優れた科学的知識とその効果的な適用が公共政策とその実施を改善し、また専門家精神（professionalism）と技術的能力の普及が社会問題の解決に必要であるという信条である。この専門知識・専門家信仰はエリート主義につながるが、20世紀初めの革新主義の時代からフォード財団の思想的土壌となったニューディールを通じてアメリカのリベラリズムの伝統における中心的な信条の一つであった。

　第五の領域である行動科学は前述のように1956年に撤廃されたが、他の4領域は文言を少しずつ変えながらも本質的には変化することなく、フォード財団の関心領域として今日まで存続している[58]。すなわち1940年代末の知識人や産業人の声を集約したゲイザー報告書はフォード財団の設立趣意書として1世紀近くを経てなお生き続けている。そして、フォード財団のアイデンティティの内奥にはニューディールの改革主義、そして、当時の強烈な国際主義が脈々と息づいているのである。

1－5　ポール・ホフマン理事長時代（1950年11月～1953年2月）

　ゲイザー報告を受けて、1950年に理事会は財団にスタッフを雇用し、その長として外部から理事長を招くことを決め4人の理事長候補を検討していた[59]。第一の候補はColumbia Broadcasting System（CBS）の会長であったフランク・スタントンだったが、彼に断られて、マーシャル・プランの実施責任者として非常な成功を収めていたポール・ホフマンに理事長就任要請を行った。ホフマンは共和党リベラルとして知られていた。当初ホフマンは興味を示さなかったが、フォード2世が読ませたゲイザー報告を読んで気が変わり、いくつかの条件つきながらも要請承諾の意向を示した。1950年9月に経済協力庁（ECA）長官を辞職したホフマンは11月6日の理事会でヘンリー・フォード2世の後を次いで理事長に就任した。

58　1998年の財団の目的（mission）は、1. Strengthen democratic values, 2. Reduce poverty and injustice, 3. Promote international cooperation, and 4. Advance human achievementとされている（フォード財団ウェブサイト、1998年1月18日）。1が民主主義の強化、2が経済の強化、3が平和の確立、4.民主主義社会における教育、に対応している。
59　この節は、主としてSutton, Francis X., "The Ford Foundation: The Early Years", pp. 53–76を参照。

1−5−1　ホフマンが集めたスタッフ

　1951年1月にパサデナに落ちついたホフマンはフォード2世との約束に基づいてさっそく理事会に相談もせずに副理事長[60]たちを任命し始めた。最初は、ロバート・ハッチンズとチェスター・デイヴィスの二人であった。特にハッチンズは高等教育界におけるアンファン・テリブルとして知られたシカゴ大学学長であり、以降財団における最大のトラブルメイカーとなった。しかし、その非常にリベラルな発想と行動力はホフマンと相通ずるところがあり、この時代はホフマン＝ハッチンズ体制であったとも言われる。

　ハッチンズは非常な秀才で若くしてシカゴ大学の学長に就任し22年間学長を務めたエリートであるが、その急進的な改革志向は尊敬と嫌悪の両方を周囲から集めていた。ホフマンはシカゴ大学の理事を1937年から務めており、ハッチンズと意見が一致しないことも多かったが強い印象を得ていたようである。ハッチンズは早口で有無を言わせない議論の仕方、不遜で傲慢な態度で物議をかもし、理事会では理事たちを子ども扱いして理事会とホフマン体制の対立の最大の原因を作った。

　彼はアメリカの高等教育の大きな改革を唱え、巨額の資金で多くの実験的試みを行ったがそのかなりの部分は失敗に終わったとされる。当時フォード財団は巨大すぎるため、その目的に応じて新たに特定目的の財団を作ろうという考えがあった。そこで、教育振興基金（The Fund for the Advancement of Education）、成人教育基金（The Fund for Adult Education）、共和国基金（The Fund for the Republic）が設立されたが、3つともハッチンズが指導力を発揮したものである[61]。

　ハッチンズは特に国際的な活動の専門家ではなかったが、リベラルな平和主義者で戦争の主要な原因の一つは互いに相手をよく知らないことだと信じていたことは、フォード財団の国際的活動の形成に大きな意味を持っていた。

　チェスター・デイヴィスは国際活動を担当したため、フォード財団の国際的活動の形成により直接的に参加した。デイヴィスは当時はセントルイス連邦準備銀行の頭取であったが、それ以前はニューディールの農業調整

60　ホフマンの時代にはスタッフのトップをdirector、次席をassociate directorと呼んでいたが、後の時代のPresidentとVice Presidentと実質的に同じであるため、便宜上、どちらも理事長、副理事長と訳す。
61　Macdonald, Dwight, *The Ford Foundation- The Men and The Millions*, pp. 50–60.

庁（Agricultural Adjustment Administration）の長官を務めていた。元来は地方新聞の記者であった。デイヴィスはどちらかと言うと無口でハッチンズなどに比べると目立たなかったが、実務能力に優れ、ホフマンとのコンビで国際的活動の骨格を作っていった。彼もまた国際主義者で実際的な途上国の開発ニーズに敏感であった。財団の幹部スタッフの中で唯一、特に途上国の開発の泥臭い現場を理解していたのが長年政府で農業問題に関わっていたデイヴィスであった。彼はフォード財団の海外開発プログラム創設の責任者であった。フォード財団が後々まで農業関連の事業に関わり続けるのはこのデイヴィスとデイヴィスを選んだホフマンの遺産であろう。

1-5-2　当初のプログラム計画

　1951年1月3日に3人はパサデナで会い、すぐにも財団の新しいプログラムについての議論を始めた。ホフマンは4月にも新しいプログラムを立ち上げると宣言し、猛烈なスピードで作業が進められていった。1月29日の理事長として迎えた最初の理事会でホフマンは以下の4点を今後のプログラムの方向性として打ち出した。

1．世界平和を脅かす緊張の緩和
2．恒久的平和に関する世界の人々の理解促進とその基本的条件の進展
3．国連とその専門機関の強化と改善
4．アメリカ政府およびアメリカの民間グループが世界問題に参加する構造と手続きの改善

そして、以下の具体的なプロポーザルの提案を行った。

(1) ジョージ・ケナンの行うソ連とアメリカの国際関係についての研究
(2) 既存の機関の行う人物交流プログラム
(3) 国連の強化としてミルトン・カッツを中心として国連の活動、また世界法の研究を行う機関の創設。もう一つの提案としてウィリアム・ランドの行うユネスコの評価
(4) 異文化間関係の研究を行うセンターの創設

いずれも、ホフマンとハッチンズの理想主義的な国際主義の考え方をよく

示している。特に（4）では極東、近東の研究機関がアメリカには一つもないことを挙げ、西洋と東洋の共通要素を発見し、西と東の知識人の交流を仕掛ける機関としてのセンターを打ち出しており、上述のように二人の国際文化交流への傾倒がよく示されている。

国際的活動のプログラムは1951年のうちに急速に展開されていく。ホフマンは大きな夢を抱いており同僚の言によればフォード財団から世界を動かそうと考えていた。しかし、まだ彼の周囲には国際問題の専門家がいなかった。そこで、彼はジョージ・ケナン、ミルトン・カッツ、リチャード・ビッセル、ジョン・マックロイらのECAでの同僚を財団のスタッフに加えようとした。

1－5－3　冷戦を指導した人々とのつながり

ゲイザー報告書における「平和の確立」と題された第1領域では、アメリカ政府や国連の恒久平和のための政策研究を支援することが一つの重要な項目とされていた。ホフマンはマーシャル・プラン等で知己を得た、冷戦において指導的な役割を果たした人々をこのために呼び寄せようとした。マーシャル・プランの中心的企画者であり、後に「封じ込め戦略」で有名となるジョージ・ケナン、ECAの副長官としてホフマンと親しく後にCIA副長官となるリチャード・ビッセル、駐独大使であったジョン・マックロイらに政策研究を指導することを期待した。

マックロイは「平和の条件」を研究するプロジェクトを引き受け、これが後にフォード財団の国際問題プログラムに展開していった。マックロイはウォールストリートの弁護士だったが、ヘンリー・スティムソンに認められて戦争省（War Department）で彼を助けると、戦後は世界銀行総裁、駐ドイツアメリカ大使（正式にはHigh Commissioner）などを歴任した。トルーマンからジョンソンまで歴代の大統領のアドバイザーとして知られた最も著名な社会エリートである。アメリカ政府の大臣職の誘いが何度もあったにもかかわらず、最も影響力のある一市民として過ごしたことで有名である。1953年初めにマックロイはチェイス・ナショナル銀行の頭取となり、直後にフォード財団の理事となり、1958年から1966年まで理事会議長を務めた。マックロイは冷戦を主導したエリートの中心人物の一人であった[62]。

62　Isaacson, Walter, and Thomas, Evan, *The Wise Men: Six Friends and the World They Made*, Simon & Schuster, 1986, p. 23.

ECAの副長官であった経済学者のリチャード・ビッセルもグループに加わるよう要請された。ビッセルは1951年中は政府とマサチューセッツ工科大学の仕事で忙しかったが、1952年にはグループに加わった。しかし、関わりはコンサルタント的で短期間滞在の後、マサチューセッツ工科大学のプロジェクトを立ち上げて同大学内に事務所を持ってフォード財団を離れた。その後CIAへ転身し副長官になっている。ビッセルもまた冷戦戦士（Cold War Warrior）であった[63]。

　また、ホフマンはアメリカのNATO大使およびマーシャル・プランの欧州代表であった元ハーヴァード大学法学部教授のミルトン・カッツを副理事長に迎え、欧州に対するプログラムを任せる考えであった。しかし、カッツは欧州プログラムには否定的でありこの構想は実現しなかった。彼は開発協力が世界平和につながるかどうかに懐疑的であり、ホフマンよりは安全保障問題や戦略問題に精通していた。しかし、ホフマンの要請を受け入れ1951年の7月30～31日の理事会で副理事長となってグループに加わった。カッツはグループの中では現実主義的なタカ派と見られたが、ホフマンの進めるハト派的活動を強いて変えようとはしなかった。

　ケナンは当時、国務省を辞してプリンストン大学高等研究所でアメリカ外交政策の研究を行っていた。ホフマンは研究所でのケナンの仕事に助成しただけでなく、彼を常勤のスタッフとして財団に雇用して米ソ関係のプログラムを任せたいと考えていた。ケナンのソ連研究に助成した他、彼にフォード財団の米ソ関係プログラムの指導を期待した。また、ケナンはフォード財団が基金を出して設立した、東欧からの難民への支援を行う東欧基金（East European Fund）の設立・運営に関わった。

　ケナンの考え方のある部分はホフマンと一致していたが、また異なる部分もあった。ケナンはフォード財団は冷戦的活動に関わるべきでなく、アメリ

63　ビッセルはBay of Pigs事件の中心的人物の一人であった。国務省からホフマンを慕ってフォード財団に移ってきた、ジョン・ハワードは国務省でマーシャル・プランを担当していた時にECA副長官であったビッセルと対立していたとも述べている（John Howard, Oral History Transcript, February 13, 1973, p. 47）。また、ハワードはアイゼンハワー政権の国務長官となるダレス（John Foster Dulles）の考え方を嫌っていたとも別の箇所で述べている（ibid., pp. 19–20）。国務省内でハワードのようなリベラルがどのような立場だったのか、そしてなぜ国務省を離れて、ホフマンのいるフォード財団へやってきたかをうかがわせる証言である。当時、マッカーシズムの影響で国務省内では急速に冷戦派の発言力が増し、心有る人々は口をつぐむようになったとケイヒンは述べている（Kahin, Audrey R. and George McTurnan, *Subversion as Foreign Policy: The Secret Eisenhower and Dulles Debacle in Indonesia*, University of Wisconsin Press, 1995, pp. 4–5）。

カ自身の強化や他国での表現や学問の自由の振興などの長期的な活動に従事すべきだと発言していた。財団はその特質から見て冷戦活動に関わるのは不適切だし、財団が世界危機やソ連に何らかの短期的影響を与えることは不可能だと考えていた。この点はホフマンも同調したが、ケナンは途上国の開発、すなわち貧困、無知、病気の減少、あるいは国連などの世界組織の強化によって平和を維持出来るかどうかについては懐疑的で、この点ではホフマンと明らかに意見を異にしていた[64]。

経済的困窮が、ホフマンが信じているように共産主義化の原因だとは考えておらず、教育の向上も良い面はあるにしろ、新たな問題と危険性を引き起こす面もあると考えていた。ケナンは戦争の原因を主として国内要因に求めており、国連や集団安全保障にはきわめて懐疑的だった。

このようにケナンの考え方はより現実主義的でホフマンのユートピア的平和主義とはかなり異なっていたが、ホフマンはその点は意に介さず、ケナンはフォード財団の一つのプロジェクトであった東欧基金に深く関わることになった。しかし、それも長くは続かず1951年末にはトルーマン大統領の要請で駐モスクワアメリカ大使として赴任していった。

1－5－4　フォード財団と冷戦、CIAとの関係

以上のようなホフマンのECA人脈はマーシャル・プランの冷戦戦略の側面を強く示している。マーシャル・プランは欧州経済の復興と同時に、西欧とソ連圏の境界を引く、鉄のカーテンを引くことをねらったものであった。人間関係の達人であったホフマンはこれらの人々全てと個人的に親しかった。しかし、リベラル志向のホフマンと現実主義的な彼らとには冷戦戦略に大きな相違があった。

例えばケナンは、ホフマンはフォード財団の巨額の資金をうまく使えば、その金で世界平和が買えると考えていたが、自分はその考えには賛成出来なかったと述べている。また、パサデナのフォード財団事務所でハッチンズ副理事長らを中心に議論されていた世界平和の議論はあまりに抽象的、理論的で彼はついていけなかったとも述べている。世界平和のためにフォード財団が出来ることは政府の政策に関する研究を助成する程度であるとケナンは考

---

[64] この点が、ホフマンらのリベラル左派的な考え方と、ケナンらのリベラル右派（冷戦リベラル）の考え方の決定的な差であった。国連への信頼、途上国への開発協力の2点において、ホフマンはウォーレスらのリベラル左派の考え方に近かったのである。

えていた[65]。

　カッツも同様の理由で、フォード財団が平和問題で欧州プログラムを持つことに反対していた。欧州の冷戦は民間財団が何か貢献出来るようなものではなく、基本的に国家の軍事的対応以外に効果的な政策はあり得ないと考えていたのである。ケナンやビッセルなどが短期間でフォード財団を離れていったこと、またカッツが副理事長としてたいした仕事が出来なかったという事実、そしてホフマンが敷いたインドなどの非同盟諸国への開発協力という路線が最終的にフォード財団の永続する政策となったことは、フォード財団においてリベラル路線が採択されたことを示している。

　しかし、その初期にフォード財団がアメリカの冷戦を運営したこうした知識人や国家的指導者たちと一時期とはいえ関わったことから、冷戦史観に基づいてフォード財団と冷戦の関係、特にCIAとの関係に言及する書物が存在している[66]。特に、1950～60年代にCIAが民間財団や民間組織を使って秘密のプロパガンダを実施したため、こうした著作ではフォード財団もそうしたCIAのカバーとなった民間組織と同一視されている。

　この件に関しては後に財団の理事会議長となったマックロイの証言が最も全体の事情をよく示していると思われる。マックロイはアレン・ダレスCIA長官らから執拗にフォード財団がCIAの企画を財政支援すること、また、フォード財団のスタッフや助成対象者をCIAの諜報員として使うことへの要請を受けた。財団幹部の間で何度か議論が持たれたが、CIAと関わることで財団の国際的信用を失うリスクが重視され、ドン・プライスがダレスらと何度か会って関与を断っている。それでも度重なるダレスらの働きかけがあり、マックロイはCIAのアプローチは全てマックロイを議長とする理事会の執行委員会が受けることとし、CIAからの話の中でフォード財団の整合性を失わせないと判断され、かつ財団の国際的信用を失わせないものに限って助成するという便宜策をとったのである[67]。

　CIAからの圧力に対して最大限フォード財団の独立性、整合性を守ったと

65　George Kennan, Oral History Transcript, March 29, 1972, pp. 3–4, FFA.
66　Saunders, Frances Stonor, *Who Paid the Piper?: The CIA and the Cultural Cold War*, Granta Books,1999; Pisani, Sallie, *The CIA and the Marshall Plan*, University Press of Kansas, 1991; Bissell, Richard, *Reflections of a Cold Warrior: From Yalta to the Bay of Pigs*, Yale University Press, 1996.
67　Bird, Kai, *The Chariman John J. McCloy: The Making of the American Establishment*, Simon & Schuster, 1992, pp. 426–429.

言うべきであろう。実際、CIA関与を示唆する研究が具体的な事例として挙げているのは、欧州の文化自由会議（Congress of Cultural Freedom）への助成だけである。同評議会はその2年前に国際共産主義運動が開催した世界知識人会議（World Congress of Intellectuals）に対抗して、1950年にドイツで開催された同名の会議（Kongress für Kulturelle Freiheit）に端を発している。この会議はCIAが欧州の文化問題に介入した最初の事例であるとされている。フォード財団はCIAの秘密支援が終わった後の1950年から約10年間にわたって、同評議会を支援した。

文化自由会議は欧州における社会民主主義勢力の知識人の集まりであり、アメリカの民主党リベラル派の協会である「民主的行動のためのアメリカ人協会（Americans for Democratic Action: ADA）」の左派の知識人たちをカウンタパートとしていた。CIAの意図は欧州の共産主義者に対抗するために社会民主主義の知識人を支援することであったが、フォード財団が助成を開始してからはデタント時代における欧州の社会民主主義者とアメリカのリベラル知識人の交流に事業の中心は移っていった。そして、ケネディが政権につきリベラルの復活がなされると、同評議会を通じての欧州とアメリカの穏健左派知識人の交流は高揚した[68]。つまり、文化自由会議への助成もリベラルな財団としてのフォード財団の一貫性を損なうものではないのである。

1－5－5　国務省からやってきた国際活動のスタッフたちと外国地域訓練フェローシップの形成

初期の国際活動、特にアジア、中東地域での国際開発の活動で重要な役割を果たしたのは部長、副部長クラスの人々であり、彼らは国務省のスタッフや大学からやってきた。彼らはチェスター・デイヴィスの下で具体的な国際開発の開始を担い、かつホフマンがフォード財団を事実上解任され、デイヴィスも財団を離れた後、ホフマンの敷いた路線を維持、発展させる上で最も功績が大きかったと思われる。中でもジョン・ハワードとカール・スペスが重要である。

1951年のホフマンの理事長就任後、彼を慕ってジョン・ハワードがニューヨーク事務所に採用される。ハワードは財団の3人の理事長交代を経て生き

---

[68] Gemelli, Giuliana, ed., *The Ford Foundation and Europe (1950's –1970s): Corss-fertilization of Learning in Social Sciences and Management*, European Interuniversity Press, 1998, pp. 145–160.

残り、国際的活動を最も長期的に形成したスタッフの一人となる。そして、プログラムの形成、維持の上でホフマンと同様に重要な人物となるのである。ハワードは元々はハーヴァード大学で物理化学の学位をとった自然科学者であったが、方向転換し、シカゴ大学で法律の学位をとった。その後国務省に入り、アメリカの対外軍事援助の先駆けとなった武器貸与局、海外経済局、マーシャル・プラン、ポイント・フォー・プログラム、ギリシャとトルコへの援助、相互安全保障援助と、アメリカの海外援助に関する全て政策の立案に加わり、アチソン国務次官の特別補佐官をも務めた[69]。

　後に総額3億ドル以上の助成に拡大していった地域研究への関与は1951年4月にスタンフォード大学の行った全米のアジア研究の実状調査への3万5000ドルの助成が始まりであった。アメリカのアジア研究が人材面からも組織面からも、その他のインフラの面からもきわめて脆弱であることを明らかにした調査報告が7月には提出され、ここからフォード財団のアジアおよび中近東研究への資源投入が始まる。この調査を企画したのがスタンフォード大学法学部長であったカール・スペスである。

　スペスは戦前イェール大学で法律を教えていたが、その後ベネズエラで民間の開発関係の仕事をし、そのときにネルソン・ロックフェラーに見出されて彼の会社で1年ほど働いた。第2次世界大戦の勃発でロックフェラーについてアメリカに戻り、ワシントンで後発発展途上国援助を中心に戦時経済問題の仕事を行った。戦後は国務省に入って国連憲章の社会経済開発の部分の起草や地域調整の仕事をした。その後、国務省を離れスタンフォード大学法学部長となっていた。ホフマン、ゲイザー、デイヴィスらと面識があったスペスはアジア研究の調査の後、彼らに誘われて、1952年の初めにスタンフォード大学から2年の休暇を得てフォード財団の海外活動部門の部長となった。2年後、彼は慰留を振り切ってスタンフォードに戻った。

　スペスが海外活動部長となるとすぐにアジアと近東を対象とした外国地域訓練フェローシップ（Foreign Area Training Fellowship）が開始される。このフェローシップは数多くのアメリカ人のアジア研究者を育てたプログラムで、フォード財団のアジア関係事業の主要なものの一つである。

---

[69]　John Howard, Oral History Transcript, February 13, 1973, pp. 1–2. FFA.

１－５－６　ホフマンの海外調査団と海外開発プログラムの形成

　1951年8月に近東、ドイツ、インド、パキスタンへホフマン理事長を代表とする調査団が赴くことになる[70]。最初に立ち寄ったベイルートではデイヴィスが農業大学への支援を決め、ドイツではベルリン自由大学への建物寄贈式典に参加し、そこにはヘンリー・フォード2世も参加する。それから、パキスタンに赴きグラー・モハメッド首相らパキスタン政府首脳と会談しいくつかの助成の可能性を話し合った。

　数日後にはインドに移動し、ジャワハルラル・ネルー首相らインド政府の首脳とも数回会談する。そこでインド政府は農村コミュニティ開発の案件を打診し、ホフマンはすぐにこれに反応した。このときに、その後20年間のフォード財団のインドでの活動の中心となるコミュニティ開発プログラムがスタートする。ホフマンは香港を経由して、日本に立ち寄って帰国した。この出張から戻った一行はハード・スケジュールで疲労困憊していたとされる。帰国するやいなやエンスミンガーがインド・パキスタン代表に採用され、ハワードはエンスミンガーを連れて11月には再びインドを訪れて、8月の訪問のフォローアップを行った。このように猛烈なスピードで海外活動が形成されていった。

　フォード財団の国際的活動、特に海外開発と国際訓練と研究のプログラムにおける地域の優先順位はこのホフマンの最初の海外調査団の際にすでに決定していた。すなわち、近東、インド・パキスタンに優先順位を置くという点である。ハワードの理解ではホフマンは中国の下腹部としてインド、および海外調査には含まれなかったが東南アジアを選んだとされる[71]。欧州での活動ではドイツに優先順位が与えられた。このように地域別の優先順位はホフマンの当時の世界についての冷戦的理解によって決められた。直前までECA長官であったホフマンには国務省やECAから情報がもたらされていたと思われるし、この海外調査でもECAの海外駐在員との接触があった。インドでは新たに着任したアメリカ大使チェスター・ボウルズとハワード、エンスミンガーは何度か話し合いを行っている。エンスミンガー＝ボウルズ時代と呼ばれるようにインドでの事業ではフォード財団とアメリカの政府開発援助を担当するECAの協力関係が続いた。フォード財団の海外開発は特に、

70　1951年8月のホフマン調査団についての記述はJohn B. Howard, Oral History Transcript, February 13, 1973, pp. 5–17. FFA.
71　Ibid. p. 5.

ホフマンのマーシャル・プランにおける声望と人脈を十分に活用して形成されていったのである[72]。

1－5－7　フォード財団の国際活動の骨格の完成

　1952年9月末にホフマンが理事会報告を行ったときには、フォード財団の国際活動の骨格はすでに出来上がっていた。それはゲイザー報告から2年後、ホフマンが理事長に就任してから22ヵ月後であった。報告の中で第1領域である平和問題は以下の3つの分野に分けられていた。国際活動はほとんど全て平和問題の中に含まれていた。

　（1）　緊張緩和
　（2）　諸国民の間の理解の増進
　（3）　国連の強化

　平和問題の領域では2823万7380ドルの助成が提案されたが、そのうち73％が緊張緩和に分類され、中でも「低開発地域での緊張の緩和」が1275万5000ドルと最大の割合を占めた。これが急速に発展して海外開発プログラムとなり、フォード財団の歴史を通じて最大の国際的プログラムとなるのである。前述のホフマン一行の1951年8月の近東とインドの海外出張、そして1951年11月の理事会でのこの結果提案された諸プロジェクトへの600万ドルの助成決定に続いて、1952年の10月にはフォード財団インド・パキスタン代表が着任しており、近東代表もベイルートに向かっていた。1953年前半には、ビルマとインドネシアにそれぞれ代表が派遣されることになっていた。

　他の平和問題領域の助成はこれに比べるとそれほどの進展は示していなかった。対ソ関係が重視されたにもかかわらず、1952年9月理事会の時点

---

[72] ハワードは訪問当時のインドでは、アメリカの国務省と民間財団とは別であることを理解してもらうことが難しく、アメリカの大学は全てCIAの手先だとする冊子が出回っており、インド人一般の懐疑心は強かったと述べている。しかし、ネルーをはじめとする政府の首脳レベルは別で、非常な歓迎を受けたと述べている。こうした反米的世論状況で、インド政府関係者に好感を抱かせたのはホフマンのマーシャル・プランでの国際的な声望であり、ホフマンの評判はフォード財団の活動の開始にあたってきわめて重要な要素であったとしている。人々はホフマンがマーシャル・プランで欧州復興のためにしたような活動を、アジアの開発のためにもするのではないかと期待していたと述べている（ibid. p. 11）。

ではわずか3つのプロジェクトが企画されただけであった。第一はケナンの対外政策プロジェクトであったが、ケナンは駐モスクワ大使として赴任中であった。第二は著名な弁護士であったグレンヴィル・クラークの行う全面的軍縮の研究で、第三がジョン・マックロイの指導による平和の条件についての研究であった。1952年当時マックロイの駐独大使任期が終わりかけており、ホフマンはマックロイに定期的かつ活発に接触してフォード財団へ関与するよう働きかけた。1952年9月の理事会で「平和の条件」プロジェクトを彼が正式に引き受け、このプロジェクトが後の国際問題プログラムへと展開することになる。彼はドイツでの公共問題責任者であったシェパード・ストーンを連れてきたが、ストーンは国際問題プログラムの中心スタッフとなった。

前述の平和問題の3つの分野の(1)「緊張緩和」の中には欧州を対象とする助成も含まれていた。総額は743万2500ドルで最大の部分は第2次世界大戦の難民問題にあてられていた。東欧基金を含めて難民問題は563万6000ドルであり、最大の助成は国連難民高等弁務官事務所の290万ドルであった。他の助成はドイツに集中しており、中でも130万9500ドルがベルリン自由大学の校舎建設にあてられたのが目立っている。マックロイとストーンがフォード財団に関わることによってドイツへの継続的な関与と欧州統合へのフォード財団の関心が形成されることになった。

平和問題の(2)「諸国民間の理解の増進」は、さらに以下の5つの範疇に分類されていた。

(a) 人物交流
(b) 国際訓練と研究
(c) 異文化間出版社（Intercultural Publications, Inc.）
(d) 他のプロジェクト
(e) 自由社会の本質

多様な人物交流事業にメルヴィン・フォックスが当初はコンサルタントとして、後にはスタッフとして関与した。国際教育研究所（Institute of International Education）へ200万ドルが助成され、組織の強化とフォード財団のさまざまな人物交流事業が同研究所を通じて行われた。同研究所は、民間組織であるが政府関係の留学生なども引き受ける人物交流の専門機関

であり、フォード財団に限らず多くの財団が自らの人物交流、留学生プログラムなどの実施代行機関として使った。このように人物交流はホフマンの時期には独立した助成の範疇と位置づけられていた。ここにホフマンとハッチンズの異文化間関係あるいは国際文化関係への強いコミットメントが示されている。彼らはこのために異文化間出版社をアメリカに設立し、*Perspective U.S.A.* をアメリカ文化を世界に紹介する雑誌として創刊し、また各国の事情を紹介する記事を作成して *The Atlantic Monthly* の付録として無料配布した。

　ホフマン、ハッチンズが去ると数年後には国際文化交流は目的ではなく手段に過ぎないと考えられるようになり、他のプログラムの中に統合されていった。国際文化交流の主張はフォード財団の表面からは比較的初期の段階に消えたのである。

　「国連強化」の範疇では国連記念日のための全米市民委員会への助成と1952年の租税措置に関する国連決議をめぐるハーヴァード大学の研究への助成であった。ユネスコへの批判はまだ高まっていなかったが、国連支援に対しては理事会に批判が多くホフマンと理事会の緊張点の一つであった。

1－5－8　ホフマン解任——急進リベラルと冷戦リベラルの対立
　ホフマンと理事会の間には理事会の承認を得ずにホフマンがハッチンズを任命した時から緊張があった。ホフマン解任の最大の理由はそこにあったとされる。しかし、国際的活動の内容についても理事会、特にヘンリー・フォード2世とホフマンの間に意見の相違があったことも理由の一つとされる。ホフマンの国連を援助しようとする姿勢に対して理事会の中には国連に否定的な意見が強かった。また、途上国援助についても摩擦があった。

　理事長に就任してから数カ月でホフマンは当初の熱意を失っていったと言われる。1951年末には彼はしばしば欧州にアイゼンハワーを訪ねるようになる。そして、1952年のアイゼンハワーの共和党の大統領候補指名選挙戦に加わり、1952年3月から7月まで財団を休職する。この間、フォード2世が財団の運営を代行するが、個性の強い副理事長たちが担当や権限がはっきりしない中で衝突する状況を目の当たりにする。ホフマンは類稀な人心掌握術で彼らをまとめていったが、彼が不在の際には財団の内部はほとんど無秩序状態に陥っていた。特に厳しい対立はハッチンズとカッツの間に生じていた[73]。1953年2月4日の理事会後、フォード2世はマスコミにホフマンの

辞任を告げた。後任にはゲイザーが選出され3月1日から後任理事長に就任した。

　このホフマン解任劇はホフマンがあまりに強い個性の知識人を集めすぎ、ホフマンなしでは彼らがまとまらなかったこと、そしてホフマンがしばしば不在であったこと、そしてハッチンズを中心とする財団幹部スタッフが理事会を馬鹿にした態度をとったことなどが理由であると財団関係者の間では通説となっている。しかしながら、マクドナルドが皮肉を込めて述べるように、ホフマン＝ハッチンズ路線が実施したことはゲイザー報告の実現に他ならなかったのである[74]。つまり、ゲイザー報告の調査が行われた1948年からホフマン解任の1952年の間に冷戦の高まりと、それを反映したリベラル知識人内部での冷戦リベラル派の意見の主流化が生じ、それはフォード財団の理事会にも大きな影響を与えたのである。ゲイザー報告の正統的リベラルの主張に共鳴して財団スタッフとなりその実現に務めたホフマン、ハッチンズに対して、彼らから見れば「変節」した財団理事会は朝鮮戦争や国内のマッカーシズムによる反共の体制化に伴う冷戦の主張の体制化に同調する冷戦リベラルの立場に転じたのである。

　例えば、ハッチンズはフォード財団が設立した共和国基金のプレス・カンファレンスで敵対的な記者たちから同基金が短期間元共産党員を雇用したことを問いつめられて、その人間が仕事に合っているならば共産党員であろうと雇用することに何の躊躇もないと言い返したとマクドナルドは述べている[75]。こうしたハッチンズの考えはリベラル左派の象徴的な存在であるウォーレス商務長官の47年のインタビューでの発言「私も共産主義者は攪乱要員だし、反民主的だと考えている。私が共産主義者の進歩的な運動への参加を望んでいるというものがいたら、それは赤狩りの人であり隣人にFBIをけしかけるような人なのだ。共産主義者を見分けることは出来ないし、そもそも共産主義的な信条の持ち主だからといって差別するのは民主的とは思われな」[76]と相通ずるものがあるのは明らかであろう。つまり、ウォーレスもハッチンズも共産主義支持者ではなかった。しかし、反共と思想言論の自由という基本的人権を秤にかければ基本的人権をとるべきであるというリベ

73　Waldemar A. Nielsen, Oral History Transcript, October 5, 1972, p. 5. FFA.
74　Mcdonald, Dwight, op. cit., p. 71.
75　Ibid., p. 77.
76　安藤、前掲書、179頁。

ラル思想の持ち主であった。この考え方がニューディール期のリベラリズムの正統的な考え方であることは明らかであろう。つまり、彼らがリベラリズムから逸脱したのではなく、冷戦リベラルのほうがニューディールの伝統を離れたのである[77]。

一方で、ホフマンの後を引き継いだゲイザーは軍との関係が強かったことなどもあり、はるかに冷戦派に近かった。また、ホフマンと入れ替わるように理事となり後には理事長となるマックロイは直線まで駐独大使を務め、ケナンなどとともに冷戦を演出した中心人物の一人と目されている。

このように見てくると、このホフマン解任劇の本質はホフマンの財団の運営上の失敗などではなく、国際活動においては国連支援、国際文化交流、国際開発というリベラル国際主義の主張を推し進めようとするホフマンと国内において教育や公民権などの問題で急進的リベラル改革を進めようとしたハッチンズを、冷戦リベラルの主張が主流となりつつあった理事会が拒否した事件であったと言うことが出来よう。

1−5−9　ゲイザー理事長体制──1953年3月1日

ホフマンが財団に連れてきた副理事長たちは皆財団を去った。行きどころのなかったハッチンズは彼自身が作った共和国基金の理事長に転出した。デイヴィスはニューヨーク事務所に移ったが職務を与えられず7月には辞職した。カッツはハーヴァード大学法学部に戻った。

そして、ゲイザーはゲイザー報告書を作成した事務局メンバーを引き連れてきた。第1領域の平和問題はドン・プライス、第2領域の民主主義の課題はダイク・ブラウン、第3領域の経済問題はトーマス・キャロル、第4領域の教育問題と第5領域の行動科学はウィリアム・マクピークが、それぞれ副理事長として担当することになった。

財団の幹部スタッフが総入れ替えされたわけだが、ハワード、スウェイジーらのそれより下のスタッフは残り、彼らがホフマン時代からの継続性を保つ力となった。事実、ゲイザー理事長の下で財団活動の整理統合が行われたが、国際的活動に関する限りホフマンの敷いた路線はほとんどそのまま踏襲されたのである。

ホフマンがフォード財団の国際的活動に残した遺産の第一は平和問題への

---

[77] 安藤は、「トルーマンをルーズヴェルトの『地位の継承者』とするなら、ウォーレスはルーズヴェルトの『遺産の相続人』といってよい」と述べている（安藤、前掲書、199頁）。

関与である。その後に設立された民間財団のどれもフォード財団ほど国際的な平和問題に関与していない。それには、フォード財団が巨大財団として活動を始めたホフマンの時代のアメリカの知的状況が大きく寄与している。50年代初めはアメリカ史の中でも最も国際的な事柄への関心が高かったし、またアメリカの力への楽観的な自信と国際状況への野心に溢れた時代はその後再び現れなかった。

　第二は発展途上国の開発問題への強いコミットメントである。開発問題のその後の一般の関心の引き方から見ると初代理事長がホフマンでなかったとしても、フォード財団は何らかの関与をしていたことは間違いないであろう。しかし、フォード財団がこれほど早い時期から確固たる関心を国際開発問題に持ち続けてきているのはまさにホフマンの遺産である。

　第三は海外事務所の代表への権限の移譲と分権的意思決定構造である。元来ビジネスマンであったホフマンや理事会を構成するビジネス界出身理事たちにとって当然であったかもしれないが、中央集権的なロックフェラー財団などの他の財団と比較すると、海外事務所代表が権限と主導権を持ってプログラムを開発していくというスタイルはフォード財団の特徴となった。

　ゲイザーが引き連れてきた新しいチームの中で国際活動担当となったのはドン・プライスであった。彼は元々は新聞記者であったがローズ奨学金を受けてオックスフォード大学に学び、帰国後は政府のさまざまな役職についた。特に、1946年から53年までは行政クリアリングハウス（Public Administration Clearing House）の副理事長を務め、アメリカの地方から中央までの行政の質の向上に貢献した。プライスは経験もなく専門知識もない国際的な分野の担当を任されたことに驚いたが、ゲイザーの説得でこれを引き受けた。プライスのその後の仕事はホフマンが始めた多くの国際的な事業を財団内部の機構を整備することで固めていくことであった。

　1953年の初め、プライスは平和の諸条件プロジェクトのコンサルタントであったシェパード・ストーンを正規のスタッフに雇用し、国際問題プログラムの担当とした。ストーンの後見人であるマックロイは同年に理事に就任した。後のフォード財団を最も悩ます問題となった欧州での自由文化同盟への1955年から1975年までの長期の助成はドイツから帰国したマックロイとストーンがフォード財団に持ち込んだものである。

　スペスが2年の契約期間を終えてスタンフォード大学に戻ると、プライスはジョン・ハワードを国際活動部門（Division of Overseas Activities）の部長

に引き上げた。プライスは「海外開発」のプログラムと基本的にアメリカ内で行われる「国際訓練と研究」の諸事業が同じ部門で扱われていることに問題を感じ、1954年6月に国際活動部門を国際訓練と研究と海外開発に分割した。

こうして国際訓練と研究（ITR）、海外開発（OD）、国際問題（IA）の3部門体制が整い、各部門の分担も次第に明確化した。例えば、担当が不明確であったアメリカ大学における国際関係論研究はIAではなく、ITRの担当とされた。また、国際法研究プログラムもITRの担当とされた。フォード財団の国際的活動は、以上のように形成され、発展しつつ、分化していったのである。

第2節　フォード財団の組織と人々——理事会とスタッフ

本節では、フォード財団を構成する人間の面からフォード財団がliberal cause institutionであることを考えてみたい。そのために、フォード財団内部の意思決定過程について概説し、次に重要な意思決定の構成要員である理事会、および理事長以下の常勤のスタッフについて、特に国際関連のスタッフを中心に彼らがどのような人間であったのかを概観する。そして、なぜフォード財団がリベラルな組織であり続けることが出来るのか、リベラル性の再生産の仕組みを考えてみたい。

2−1　意思決定過程

フォード財団を人的に構成しているのは理事会とスタッフの2つである。理事会は無給であり、アメリカを代表する市民、知識人であり、アメリカ社会を代表してボランティアでフォード財団の統治にあたるという理念型が想定されている。スタッフは有給の専従職員であり、何らかの分野で専門家として雇用されていると考えられている。

理事会は議長（Chairman of the Board of Trustees）と執行委員会（Executive Committee）を持っている。理事会は通常1年に3～4回開催され、1回にほぼ3～4日間を費やす。財団の最高意思決定機関であり対外的にフォード財団を代表するものである。ゲイザー報告書提言にあるようにフォード財団の助成領域の決定を含む全般的な方針を定めることが理事会の最大の任務である。また、理事会はスタッフの最高責任者である理事長を選任、罷免する権

限を持っている。

　フォード財団が助成するほとんど全ての案件は理事会の承認を得なければならないが[78]、末端の担当者であるプログラム・オフィサー[79]からスタッフの階層ごとの承認を得て、最終的に理事長が承認して理事会に対して推薦した案件が拒否されることはほとんどない。理事会は拒否権を持っているが、それを発動することはほとんどないということである。

　理事会が実質的に審議して決定する重要事項とは理事長の選任や罷免、財団の資産の投資方針、議会調査などの対策、連邦政府との関係、プログラム間の予算の割り振り、プログラム領域の見直しなどである。初期には共和国基金、成人教育基金などの別基金をフォード財団が基金を拠出して作っていったが、こうした政策も理事会が決定する。

　プログラムについてはゲイザー報告書に相当に詳しく活動領域や方法について提言されており、特に1950年代はそれをかなり忠実に実施しようとしたため、理事会の仕事はゲイザー報告書提言の具体的実現の方法や優先順位に関するものであった。しかし、理事会はゲイザー報告書の範囲内ではかなり濃淡をつけて政策の方向性を示している。例えば、国際開発については、理事会は当初ホフマン理事長の急速な展開に懸念を示したが、後にドン・プライスが国際部門担当副理事長として理事会の支持を得ることに成功すると、その後はほぼ一貫して国際開発の展開を支持した。しかし、第5領域である行動科学は当初から理事会の理解を得られず、ついに1956年にはプログラム領域からはずされてしまう。

　以上のように理事会がフォード財団の全体の方針を定めるのを主たる任務としているのに対して、理事長以下のスタッフは具体的に個々の助成を実施するのを主たる任務としている。スタッフの中で最も重要なのは言うまでもなく理事長である。フォード財団の歴史はほぼ理事長の就任時期で区切られる。フォード財団が巨大財団として活動を開始した1950年からほぼ半世紀の間に理事長となった者は6名しかいない。ポール・ホフマン、ローワン・ゲイザー、ヘンリー・ヒールド、マクジョージ・バンディ、フランクリン・

---

[78] 例えば、海外事務所の場合、一定の金額以下の助成は、海外代表（Representative）の承認で正式決定され、理事会への事後報告というような例外もあるが、重要で大きな助成は全て理事会の事前承認が必要である。

[79] Program Officerという財団内部の職階が出来たのは、1966年のバンディ理事長体制以降である。これ以前は、プログラムに関わる権限を持つオフィサーという意味でprogram officerという小文字の一般名詞として使われている。

トーマス、スーザン・ベレスフォードである。

　視点によってそれぞれの理事長の重要性は異なってくる。黒人弁護士であったトーマス、女性のベレスフォードは市民権運動やフェミニズムの立場からは非常に重要な人物である。しかしながら、国民的な認知度を持った人物は初代のホフマンと4人目のバンディであると言ってよいであろう。ホフマンはマーシャル・プランの最高責任者であったし、国民的人気も高く、アイゼンハワー政権の国務長官の下馬評もあった。バンディはケネディ政権とジョンソン政権の安全保障担当大統領補佐官として知られ、キューバ危機などで活躍している。また、プログラム面でもこの二人のときに大きな進展が見られるし、また政府から多くのリベラルがフォード財団にやってきたのもこの二人の国家的指導者のときである。ホフマンはフォード財団の今日まで続く基本路線を敷き、バンディは対抗文化運動などでリベラルの合意が疑われた時代以降の路線を敷き直したと言えよう。ホフマンは古いliberal causesをバンディは新しいliberal causesを具体的プログラムに展開したとも言えるであろう。

　理事長の下には部門ごとに副理事長が置かれる。国際部門担当副理事長といった具合である。さらにその下に部長（Director）が置かれ、現場担当者であるプログラム・オフィサー（Program Officer）がいるというのが基本的なスタッフ階層である。プログラム・オフィサーは個別の助成案件を推薦する権限を持っており、それが下から理事長まで承認されていくのが助成決定の意思決定プロセスである。最終的に理事長が理事会に推薦するのはすでに述べた通りである。逆に、全体の政策は理事会を決定者として、理事長から逆に下へとプログラム・オフィサーに降ろされ、オフィサーは全体方針に従ってプログラムの開発を行うという構造になっている。

　副理事長以下のスタッフの雇用、罷免の権限は理事長が持っており、実際フランクリン・トーマスは就任後、半数程のスタッフを解雇した。フォード財団はプログラム・オフィサーのレベルでは人の移動はかなり激しい。プログラム・オフィサーは通常4年の契約制で1回目の更新はほぼ自動的に行われるが、それ以上は管理職に進まない限り認められない。大学や弁護士などの専門職、あるいは政府や非営利組織との間での人材の交流が行われるように考えられているのである。ロックフェラー財団はより家族主義的経営のため人の移動は非常に少ない。

　ゲイザー報告書にあるように、フォード財団は助成の意思決定にあたって

外部の専門家からなる委員会を採用していない。理事会の方針、それをさらに理事長以下の幹部がより具体化、個別化した政策を受けて、個々の領域の専門家として雇用されたプログラム・オフィサーがその分野の専門家や潜在的助成対象者と話し合いながら、プロジェクト企画を作っていくのが通常である。

大きなプロジェクトで特に国際開発の場合など外国政府機関が関与する場合には、プログラム・オフィサーが非公式な合意の段階で推薦文を理事会に対して提出し理事会が全般的な企画の了承と予算承認を行った上で、再度プログラム・オフィサーが相手側と話し合い、政府の援助受け入れ窓口からの正式の依頼書、正式の合意文書を作成し、予算も詳細見積もりを行って、再度理事会から助成執行の承認を得るという手続きがとられる。ただし、1950〜60年代にはプログラム・オフィサーの制度はなく、海外駐在代表がプログラム・オフィサーの仕事を務めている。

助成が決まると、財団の事務局長（Secretary）から助成対象者にグラント・レター（grant letter）と呼ばれる助成通知書、兼承諾書が送られる。助成の内容や条件が記されており、それを受け入れる場合には、助成対象者が手紙にサインをして返送することで助成に関する合意が成立したと見なされ助成金が送られることとなる。助成対象者は定期的に報告書を提出し、会計についても報告が義務づけられる。助成の期間は通常1〜3年程度であり、その期間中に予定の事業を終了出来ない場合には期間の延長を財団に要請する必要があり、認められないと使い残しの助成金は返却しなければならない。

以上が、フォード財団内部の意思決定の過程と助成対象者との関係の概略である。次に、フォード財団の全体方針を定める理事会がどのような人々によって担われてきたのかを概観してみたい。

2-2　理事会

表1は、1936年から1980年までのフォード財団理事を一覧表にしたものである。この表から以下のようなことが言えるであろう。

(1) フォード一族の関係者は、ヘンリー・フォード2世と弟のベンソン・フォードの2名だけであり、二人とも長年理事を務めたが、1976年に一緒に辞任してからはフォード一族の理事は一人もいなくなる。

表1　フォード財団理事の推移（1936〜1980年）

姓名	所属分類	所属	地位
Edsel B. Ford	フォード家		
Henry Ford II	フォード家		
Benson Ford	フォード家		
Burt J. Craig	フォード自動車		Vice President and Treasurer
Clifford B. Longley	フォード自動車	Counsel	
Frank Campusall	フォード自動車		
Paul G Hoffman	財団理事長	President	
H. Rowan Gaither, Jr.	財団理事長	President	
Hery T. Heald	財団理事長	President	
McGeorge Bundy	財団理事長	President	
Franklin Thomas	財団理事長	President	
Gordon S. Rentschler	産業界	Hoover-Owens-Rentschler Company	President
James B. Webber, Jr.	産業界	J. L. Hudson Company	Vice President
Charles E. Wilson	産業界	W.R. Grace and Company	Chairman of the Board
Frank W. Abrams	産業界	Standard Oil Company (N.J.)	Chairman of the Board
James F. Brownlee	産業界	Minute Maid Corporation	Chairman of the Board
James B. Black	産業界	Pacific Gas and Electric Company	Chairman of the Board
Robert B. Anderson	産業界	Ventures, Ltd.	President
J. Irwin Miller	産業界	Cummings Eugine Company, Inc.	Chairman, Executive and Finance
Stephen D. Bechtel	産業界	Bechtel Corporation	Chairman of the Board
John H. Loudon	産業界	Royal Dutch Petroleum Company	Chairman of the Board
Edwin H. Land	産業界	Polaroid Corporation	Chairman, CEO
Walter A. Haas, Jr.	産業界	Levi Strass & Co.	Chairman of the Board
Adrew F. Brimmer	産業界	Brimmer & Company, Inc.	President
Donald Perkins	産業界	Jewel Companies, Inc.	Chairman of the Board
Irving S. Shapiro	産業界	E.I. Du Pont de Nemours & Company	Chairman of the Board
Edson W. Spencer	産業界	Henywell Inc.	Chairman, CEO
Karl T. Compton	大学	Hassachusetts Institute of Technology	Chairman of the Board
Donald K. David	大学	Harvard School of Business Administration	Dean
Julius A. Stratton	大学	Masachusetts Institute of Technology	President
Laurence M. Gould	大学	Carleton College	President
Alexander Heard	大学	Vanderbilt University	Chancellor
Vivian W. Henderson	大学　黒人	Clark College	President
William H. Donaldson	大学	Yale University	Dean
Dorothy N. Marshall	大学　女性	University of Massachusetts	Commonwelath Professor
Ralf Dahrendorf	大学	London School og Economics and Political Science	Director
Nina G. Garsoian	大学　女性	Princeton University	Dean
Harriet S. Rabb	大学　女性	Colombia Law School	Assistant Dean
Kermit Gordon	シンクタンク	Brookings Institute	President
John Cowles	マスコミ	Minneapolis Star and Tribune Company	President
Frederick Lewis Allen	マスコミ	Harper's	Editor-in-Chief
Mark E. Ethridge	マスコミ	Courier-Journal and Louisville Times	Chairman of the Board
Roy E. Larsen	マスコミ	Time Inc.	Chairman, Executive Committee
Hedley Donovan	マスコミ	Time Inc.	Editor-in-Chief
Charles E. Wyzanski, Jr.	判事	United States Distric Court	Senior District Judge
Johen J. McCloy	弁護士	Milbank, Tweed, Hadley & McCloy	Partner
Bethuel M. Webster	弁護士	Webster & Sheffield	Partner
James R. Ellis	弁護士	Preston, Thorgrimson, Ellis, Holman & Fletcher	Partner
Patricia M. Wald	弁護士　女性		Attoney
Eugene R. Black	国際機関	International Bank for Reconstruction and Development	President
Robert S. McNamara	国際機関	International Bank for Reconstruction and Development	President
Soedjatmoko	非米人		
Rodrigo Botero	非米人		
Blenn E. Watts	労働組合	Communications Workers of America	President

```
       36 37 38 39 40 41 42 43 44 45 46 47 48 49 50 | 51 52 53 54 55 | 56 57 58 59 60 61 62 63 64 65 | 66 67 68 69 70 71 72 73 74 75 76 77 78 | 79 80
           ×  ×  ×  ×  ×  ×  ×
                       ×  ×  ×  ×  ×  ×  ×  ×  ×  ×  | ×  ×  ×  ×  ×  | ×  ×  ×  ×  ×  ×  ×  ×  ×  ×  | ×  ×  ×  ×  ×  ×  ×  ×  ×  ×  ×
                                   ×  ×  ×  ×  ×  ×  | ×  ×  ×  ×  ×  | ×  ×  ×  ×  ×  ×  ×  ×  ×  ×  | ×  ×  ×  ×  ×  ×  ×  ×  ×  ×  ×
           ×  ×  ×  ×  ×  ×  ×  ×  ×  ×  ×  ×  ×  ×  | ×
           ×  ×  ×  ×  ×  ×  ×  ×
                             ×  ×  ×
                                                 ×  | P  P  P
                                                    |    P  P  P        P  ×  ×  ×  ×  ×
                                                    |             P  P  | P  P  P  P  P  P  P  P
                                                    |                                                | P  P  P  P  P  P  P  P  P  P  P
                                                    |                                                |                            ×  | P  P
                       ×  ×  ×  ×  ×
                             ×  ×  ×  | ×  ×  ×
                                ×  ×  | ×  ×  ×  ×  ×
                                      | ×  ×  ×  ×  ×
                                      |    ×  ×  ×  ×  ×
                                      |       ×  ×  ×  ×  ×
                                      |             ×  ×
                                                    | ×  ×  ×  ×  ×    ×  ×  ×  ×  ×  ×  ×  ×  ×  ×  | ×
                                                    |             ×  ×  ×  ×  ×  ×  ×
                                                    |                   ×  ×  ×  ×  ×  ×  ×  ×  ×
                                                    |                      ×  ×  ×  ×  ×  ×  ×
                                                    |                               ×  ×  ×  ×  ×  ×  | ×  ×
                                                    |                                        ×  ×  ×  | ×  ×  ×  ×  ×
                                                    |                                                | ×  ×                         | ×  ×
                                                    |                                                | ×  ×  ×                      | ×  ×
                                                    |                                                | ×  ×  ×                      | ×  ×
                          ×  ×  ×  ×  × | ×
                                      | ×  ×  ×  ×  | ×  ×  ×  ×  ×  ×  ×  ×  ×  ×  ×  ×  ×       | ×
                                                    | ×  ×  ×  ×  ×  ×  ×  ×  ×  ×  | ×  ×  ×  ×  ×  ×
                                                    | ×  ×  ×  ×  ×  ×  ×  ×  ×  ×  ×  ×  | ×
                                                    |                                                | ×  ×  ×  ×  ×  ×  ×  ×  ×  ×  ×  | ×  ×
                                                    |                                                |    ×  ×  ×  ×  ×  ×  ×  ×
                                                    |                                                |       ×  ×  ×  ×  ×  ×  ×  ×  ×  | ×  ×
                                                    |                                                |          ×  ×  ×  ×  ×  ×  ×  ×  | ×  ×
                                                    |                                                |                ×  ×  ×  ×  ×     | ×  ×
                                                    |                                                |                   ×  ×  ×        | ×  ×
                                                    |                                                |                      ×  ×  ×     | ×  ×
                                                    |                                                |          ×  ×  ×  ×  ×  ×  ×  ×  ×
                                      | ×  ×  ×  ×  | ×  ×  ×  ×  ×  ×  ×  ×  ×  ×  ×
                                                    | ×  ×
                                                    |    ×  ×  ×  ×  ×  ×  ×  ×  ×  ×  ×  ×  ×       | ×
                                                    |                ×  ×  ×  ×  ×  ×  ×  ×  ×  ×     | ×  ×  ×  ×
                                                    |                                                |             ×  ×  ×  ×       | × ×
                                      |          ×  ×  ×  ×  | ×  ×  ×  ×  ×  ×  ×  ×  ×  ×  ×  ×  ×  ×
                                                    | ×  ×  ×  ×  ×  ×  ×  ×  ×  ×  ×  ×
                                                    |             ×  ×  ×  ×  ×  | ×  ×  ×  ×  ×
                                                    |                                                |          ×  ×  ×  ×  ×  ×  ×  ×  | ×  ×
                                                    |                                                |             ×  ×  ×  ×  ×  ×
                                                    |                                           ×  ×  ×  ×  ×  ×  ×  |  ×  ×  ×
                                                    |                                                |       ×  ×  ×  ×  ×  ×  ×  ×  ×  ×  ×  | ×
                                                    |                                                |                      ×  ×  ×  ×  ×  | ×  ×
                                                    |                                                |                                  ×  | ×  ×
                                                    |                                                |                               ×  ×  | ×  ×
```

第1章　アメリカにおけるフォード財団

（2）フォード自動車の関係者は1951年を最後に一人も財団理事会からいなくなる。
（3）理事会の構成は産業界出身者と大学、弁護士などの知識人を中心に構成されている。1950年代から60年代にはジャーナリストも数名入っていた。
（4）1970年代に入ると理事の構成に大きな変化が生ずることが分かる。黒人、女性、非アメリカ人、労働組合出身者が理事に任命されるようになることである。白人男性という支配的な層以外の少数者を理事に入れて、財団の統治機構である理事会そのものをより民主化することを意味していると言えよう。

70年代の理事構成の改革は1960～70年代の対抗文化運動によって生み出されたリベラリズムへの批判を受け入れて、フォード財団自身が自ら改革を行ったと解釈するのが妥当であろう。この時期の理事長はマクジョージ・バンディであり、国際部門担当の副理事長はケネディ・ジョンソン政権の国際開発庁長官、予算局長を歴任したデイヴィッド・ベルであった。バンディ理事長時代はケネディ政権下のリベラル知識人の復活とともにフォード財団と政権の関係が親密化し、フォード財団が再び世間の注目を浴びた時期でもある。それと同時に、ヴェトナム反戦運動、ニューレフトの運動などの左翼運動、また対抗文化運動から、政権と一緒にフォード財団が鋭い批判を浴びた時期でもあった。

それまでコンセンサスと考えられていたリベラリズムはブラック・パワーなどのラディカルな黒人運動、ウィメンズ・リブ運動、ニューレフトの左翼運動からその偽善性が指弾されることとなったのである。バンディらはこれらのラディカルな批判の正当性を認めフォード財団の統治機構の改革に取り組んだと言えよう。

女性の最初の理事であるドロシー・マーシャルが1971年に理事会に迎えられたのは一人のアシスタントの女性がバンディに出した手紙を契機としていた。1970年5月に国内部門のアシスタントであったジャネット・コリアスが外部の女性解放運動の影響を受けてバンディに手紙を書き、フォード財団の理事会に女性が一人もいないのはおかしいと批判したのである。6月に入ると、別の女性アシスタントのゲイル・スパンゲンバーグが同様の手紙を書き、理事会に女性を入れるよう要求した。その後バンディは事務担当副理

事長のトロッテンバーグを中心にフォード財団における女性の役割を検討する内部委員会を立ち上げ、トロッテンバーグ委員会の提言を受けて翌年に初めて女性を理事にしたのである[80]。

このエピソードはバンディに代表されるオールド・リベラルが若いスタッフの批判を受け止め、フェミニズムなどの新しいliberal causesを受け入れていったことをよく示している。オールド・リベラルたちは新しい考えに対してオープンであったし、合理的な主張であると認めればそれを受け入れたのである。

1979年から理事長は黒人の弁護士であったフランクリン・トーマスとなり、アファーマティブ・アクションが重要な主張となってくる。フォード財団に申請するプロジェクトでは実施する人々が多様な人種、性別、国籍、文化によって構成されることが要件とされるようになっていった。1997年からは理事長は女性のスーザン・ベレスフォードとなった。ちなみに、1998年1月18日現在の理事構成は非アメリカ人5名、産業界2名、大学2名、NGO/NPO2名、ジャーナリスト2名、弁護士1名、ネイティブ・アメリカン1名と理事長である。

以上のようなフォード財団の理事会の構成の変化を見てくると、フォード財団を支配階級、資本家の利益の代弁者であると言うことは困難であると言わざるを得ない。理事の構成を決めていたのはリベラリズム思想の中で何が道義的に正当とされていたかというアイディアの問題であった。理事構成の変遷に見えるのは、むしろアメリカのリベラルのたどった歴史であると言えよう。

第3節　フォード財団のliberal causes

本節では、フォード財団がliberal cause institutionであるということの具体的意味を明らかにするために、フォード財団が助成活動を通じて追及したアメリカ国内でのliberal causesとそれらの課題に財団がどのように取り組んだのかを、主として2次文献に拠りながら概説するつもりである。

80　Susan M. Harmann, *The Other Feminists: Activities in the Liberal Establishment*, Yale University Press, 1998, pp. 138–139.

3－1　共和国基金──マッカーシズムの時代の市民権擁護

　共和国基金[81]はアメリカ憲法修正条項第1～10条（権利章典）に定められた市民権の擁護だけを目的とした基金であった。ゲイザー報告書に含められてはいたがきわめてコントラヴァーシャルなテーマであり、どのような方法で進めるかが非常に問題であった。フォード財団は共和国基金を創設した1950年代から今日に至るまで市民権をめぐるさまざまな研究や市民による活動に助成を行っているが、1950年代は特に激しい反対派との闘争を繰り広げた。同基金は1979年にカリフォルニア大学サンタバーバラ校に吸収され、ロバート・メイナード・ハッチンズ民主的制度研究センター（Center for the Study of Democratic Institutions）となっている。

　1950年2月20日のマッカーシー下院議員の6時間に及ぶ大演説から始まったマッカーシズムの嵐はアメリカ社会のさまざまな層を恐怖に陥れ、言論の自由は封殺され、心有る人々も災いに巻き込まれるのを避けて口をつぐんでしまった。そんな中で議会保守派、ハースト系新聞に代表される右翼的な大衆メディア、新聞などの右寄りのコラムニストと徹底的に闘ったのが共和国基金であり、その象徴であったハッチンズである。

　ハッチンズとホフマンは1951年1月頃から国際紛争の時代における民主的原則を擁護する国民的委員会の発足を目指して、ヘンリー・フォード2世とその他のフォード財団理事の説得工作を開始した。皮肉なことにこの説得が成功したのは、ホフマンの理事長解任を正式に決定した1953年3月の理事会であった。ホフマンは共和国基金の理事会議長に転出することになった。同基金の理事にはハーヴァード大学法学部長のアーウィン・グリスウォルド、ハッチンズの18年来の友人で一緒に天文台を作ったジュベイル・パーテン、そしてホフマンのマーシャル・プラン時代のアシスタントの一人であった産業人のウィリアム・ジョイスの3人に加えて、フォード財団の理事たちが安心するような著名人が加わった。フォード財団は共和国基金のために1500万ドルを拠出することを決定した。

　新聞の論調は概して好意的であったが、基金の最初の助成であるアメリカ弁護士協会特別委員会による国家安全保障が個人の権利にもたらす諸問題に関する調査はすぐにマッカーシーらの議会保守派を強く刺激した。この調査は議会非アメリカ活動委員会による思想調査が個人の権利を侵害していない

---

[81] 共和国基金については、Kelly, Frank K., *Court of Reason: Robert Hutchins and the Fund for the Republic*, The Free Press, 1981.

かという調査であり「調査の調査」と呼ばれ、議会の権限を侵すものであると保守派は激怒したのである。マッカーシーはすぐにホフマンに基金に関する資料請求を行い、ニクソンも基金に目をつけていた。

ホフマンらの基金の理事会は、5月18日の理事会で下院議員のクリフォード・ケイスを常勤の理事長とすることを決定した。ケイスも8月には議員を辞職して、共和国基金の理事長の職に就くことを約束した。一方で共和国基金は次々と最初の助成を決定していった。アメリカの自由の伝統に関する夏季コース、ハーヴァード大学社会学教授による一般の人がどれほど共産主義の現実の脅威を感じているかの調査、ハーヴァード大学法学部教授による議会委員会、共産主義者の裁判、共産主義者の告白に関する調査、クエーカーの「アメリカフレンズ奉仕団（American Friends Service Committee）」による人種関係の活動など、さまざまな市民権に関する調査や活動への助成である[82]。

議会保守派との最初の闘いはキャロル・リース下院議員を議長とする免税財団調査委員会の発足であった。下院は共和国基金が南部の人種問題で大規模に支援を行うと聞きつけた南部民主党議員の支持を受けて、1953年7月に同委員会の設置を賛成多数で可決した。リースは下院での委員会設置を求める演説の中でフォード財団、ロックフェラー財団、民主的行動のためのアメリカ人協会、全米教育協会などのリベラル組織への敵意を剥き出しにしていた。

1953年には上院、下院のさまざまな委員会でエレノア・ルーズヴェルト、トルーマン、ジェイムズ・バーンズ元国務長官らが、共産主義者に甘い対応をとったと非難され委員会の査問に応じて左翼的傾向の同僚を申告しなかった教師たちは解雇された。リベラルと見なされていた新聞のコラムニストや知識人たちがマッカーシー、マッカラン、ニクソンらにねらい撃ちされていた。こうした状況の中で基金は当初目立たずに行動していたが、1954年1月に財務省から共和国基金に完全な免税資格が与えられ、マッカーシズムを巻き返す準備が整った。

しかし、理事長ケイスはアイゼンハワー大統領からニュージャージー州上院議員選挙に出馬を依頼されやむなく共和国基金を去った。理事会議長ホフマンはケイスの決断を理解した。共和党内の保守派とリベラル派の闘争が決

---

82 *Ibid.*, Chapter 1.

定的に重要であると考えられたからであった。こうして衆目の一致する後任者としてハッチンズが共和国基金の理事長に選出されたのである[83]。

　1954年6月の理事会で、ハッチンズはアメリカフレンズ奉仕団のコミュニティにおける人種関係のプロジェクト、外国人の法的権利擁護の活動への助成の承認を求めた。さらに、9月の理事会でブラックリスティング（blacklisting）[84]の調査、教育界における恐怖の実態調査、映画とテレビプログラムの製作、権利章典に関するコラム記事のコンペへの助成が決定した。

　1954年の終わり頃になると中間選挙で民主党が勝利して議会の多数派を獲得し、またアール・ウォーレン主席判事の下で連邦最高裁が憲法判断にリベラルな姿勢を取り戻した。アイゼンハワーとニクソンはマッカーシーが政権の高官を非難するようになると彼らから一線を画すようになっていた。財団調査を行ってきたリース委員会は1954年12月に416頁の報告書を提出し、フォード、ロックフェラー、カーネギーなどの財団は過去数十年にわたり、政府に付随するブレーントラストとして非公式だが統合された政府の一部として機能し、政策決定に相当程度加わり、急進的な研究や教育機関を通じてマルクス主義や国際主義者がアメリカで支配的になるようにする「悪魔的な陰謀」を企んだと決めつけた。しかし、委員会に加わった2名の民主党メンバーは報告書をショッキングで野蛮であると評して署名を拒否し、多くの新聞は馬鹿げたでっち上げであると酷評したのである。

　共和国基金は11月の理事会で新たに3名の理事を迎えることを決定した。雑誌編集者で黒人の学校教育問題で本を出版していたハリー・アシュモア、多くの賞を受賞した劇作家のロバート・シャーウッド、そして元インド大使のチェスター・ボウルズである。ボウルズはインド大使としてアメリカ政府の大規模な開発協力を推進した人物であり、後のケネディ政権でも国務次官として開発援助の推進に努めた。

　同じ理事会で連邦安全保障政策に関する市民委員会の設立、コロンビア大学と協力しての右翼過激グループに関する調査、研究者・法律家・ジャーナリストへのフェローシップ、キリスト教教会関係組織による人種問題に関する教師へのカウンセリング、連邦人事安全保障システムに関する法規規定の調査、国家忠誠確認問題への弁護活動、など多くのプロジェクトへの助成が決定された。

83　*Ibid.*, Chapter 2.
84　元共産党員やシンパのリスト。このリストに載ると多くの職場で就職を拒否された。

中でも重要であったのは少数派特に黒人の住居問題についての全国調査の開始である。住宅開発が進んでいたが、それに伴って黒人と白人の住み分けが進んでいた。ハッチンズは学校の人種分離を否定した1954年5月のウォーレン判事率いる最高裁判決を大きな勝利と見なしていた。しかし、ハッチンズはこうした動きは人種主義者の活動によって大きな効果を上げ得ないだろうと判断しており、共和国基金は可能な限りの支援を南部やその他の地域で人種間暴力の防止や人種関係改善のために活動している人々を助けなければならないと考えていた。1954年の時点で人種関係という爆弾的問題で活発に活動している大型財団は共和国基金だけだったのである。
　逆に、潤沢な資金を持った右寄りの過激組織は無数に存在した。テキサスのハントに代表される多くの富豪が何百もの右翼系財団に多額の資金を提供していた。薬品大手の企業所有者であるリリーはアメリカ市民教育財団（National Foundation for Education in American Citizenship）に何十万ドルも寄付しており、ハントは民主党指導者や共和国基金を攻撃している右寄りの出版物 *Facts Forum* に20万ドルを支援していた。こうした共和国基金に向けての保守派、右翼の攻撃は1955年になると一層明確に的を絞ってきており、同基金の存続は一層不透明になっていた。クエーカー教徒、アメリカ市民的自由ユニオン（American Civil Liberty Union）、アメリカ復員軍人委員会（American Veterans Committee）、女性投票者リーグ（League of Women Voters）など、同じ原則のために闘っている組織もあったが、共和国基金は中でも最も著名な人々によって構成されており、異端狩りの標的は共和国基金の解散と理事長ハッチンズの失墜に定められてきたのである[85]。
　1955年の前半を通じて、ハッチンズへの個人攻撃が新聞や雑誌を通じて行われたが彼は毅然として逐一反論を行った。同時に、共和国基金は着実に助成事業を展開していった。先の調査に基づいて5月に人種と住居委員会（Commission on Race and Housing）が設立され全米各地で活動を開始した。同委員会には『タイム』『ライフ』『フォーチュン』誌の主幹編集者のヘンリー・ルースなど多数の著名な市民が理事として加わっていた。カトリック系週刊誌の編集者であったジョン・コグリーを代表とする研究チームによるブラックリスティング調査は200名を超える人々のインタビューを行っていた。また、クエーカーのアメリカフレンズ奉仕団による良心の自由に関する

---

[85] *Ibid.*, Chapter 3.

裁判への支援のプログラムも実施されていた。良心の自由には良心に基づく軍役拒否、忠誠宣言の拒否、友人の活動についての報告要請の拒否、良心に基づいて差別されない雇用などが含まれていた。

　基金の助成によってスタンフォード大学法学部は共産主義者裁判における政府側証人の証言分析を行い、ペンシルヴァニア大学法学部は郵便局による検閲の実態調査を行った。さらに、中西部のメキシコ人契約労働者の市民権問題、労働組合に対する忠誠・安全保障審査制度の影響、陸軍の人事安全保障政策における不公正の問題などの調査研究が助成された。バルティモアの弁護士ワッツの報告は軍がイデオロギー調査で個人の権利を侵害する不当な裁判なしの監禁や懲罰を実施していることを明らかにした。復員軍人委員会はこの調査結果を支持した。アダム・ヤルモリンスキーの調査報告書は政府の国家忠誠・安全保障政策がアメリカの伝統的な正義の基本的概念に違反していることを示した。また、この頃にいくつかの新聞や雑誌の国民意識調査によって、普通のアメリカ人は共産主義のアメリカへの浸透について現実の脅威を感じていないこと、また個人の思想信条にかかわらず個人の正当な権利は擁護されるべきだと考えていることが明らかになった。

　1955年9月、共和国基金は140万ドルの助成を決定したが、その多くは人種分離問題と少数派の権利に関するプロジェクトであった。南部地域委員会、学校人種分離問題、アメリカ先住民、人種と住居委員会、ヒスパニック・アメリカンの協会などであった。しかし、最も物議をかもしたのはアメリカ退役軍人会（American Legion）と市民的自由に関するプリンストン大学歴史学教授のエリック・ゴールドマンの研究であった。これを聞きつけた退役軍人会は共和国基金への攻撃を開始した。

　1955年10月、フォード財団の理事会は共和国理事会に親展書簡を送り、共和国基金の助成活動はフォード財団から同基金への1500万ドルの助成の趣旨に沿ったものであるという承認を与えた。しかし、アメリカ共産党の指導者であったアール・ブロウダーが同基金の共産主義研究からコンサルタントとして給料を得ていること、共産主義者嫌疑の査問の際に憲法修正第5条（黙秘権）の適用を求めた元新聞記者のアモス・ランドマンを広報スタッフとして同基金が雇用していることが明らかになると、ハースト系新聞が一斉に基金の攻撃を開始した。

　これを受けて理事の一人が辞任したが、残りの理事は団結して事態の収拾にあたった。しかし、11月7日にハッチンズが20人のジャーナリストに取

り囲まれて2時間にわたってこの問題を追及された。彼は過去にアメリカ共産党員であったこと、あるいは尋問で黙秘権を要求したことが、直ちにそれらの人間の雇用拒否につながるべきではないと強硬に反論した。このハッチンズの発言は多くの新聞が取り上げ、いったん沈静化したかに見えた問題が再び基金の理事たちを悩ませることとなったのである。内国歳入庁は共和国基金の免税特典についての調査を開始し、全米退役軍人会の会長はスピーチで共和国基金がアメリカの敵に手を貸していることを正式に非難すると述べた。基金理事の一部にもハッチンズに対する不満が少しずつではあるが広がりつつあった[86]。

　こうした共和国基金に対する右寄りのマスコミなどの攻撃は基金だけでなく、その原資を拠出したフォード財団、そしてヘンリー・フォード2世にも向けられていた。そうした攻撃に耐えかねて、フォード2世は共和国基金の理事のグリンウォルトを通じてハッチンズを理事長から退任させる工作を行った。グリンウォルトはホフマンに手紙を書き、そのコピーを他の理事全員に送った。その手紙の中で彼はハッチンズがあまりに多くの敵と広大な戦線で戦おうとしていること、共産主義の脅威を過少評価しすぎていることなどを批判した。ホフマンはハッチンズに反論の機会を与え、1956年1月6日の理事会を迎えた。ハッチンズの更迭を要求したのはグリスウォルトとジョイスであった。一方で、ローパー、パーテン、スティーヴンソンの3人は強くハッチンズを支持した。

　ホフマンを議長とする共和国基金理事会はまるまる1日をこの議論に費やし、結局翌日ハッチンズの留任を決定した。この後、民主党政権で広報担当を務めたフランク・ケリーが副理事長として基金に入り、基金の広報活動全般を監督することとなった。彼は、フォード2世の手許に寄せられた多数の抗議の手紙を読み、それらが共和国基金の活動を阻害するに足る内容ではないことを理事会で報告した。ケリーはマスコミや議会、政府関係者の幅広い人脈をフルに活用して、基金攻撃に対する有効な反撃を企画していくことになった。

　ケリーはハッチンズに会い、元共産主義者であっても雇う場合がありうるとした彼の前言を撤回するよう依頼した。ハッチンズははっきりと断った。ケリーは心の底ではハッチンズが断ることを望んでいたし、報告を受けたホ

---

[86] *Ibid.*, Chapter 4.

フマンもほっとしたように見えた。ケリーが広報の専門家として、ハッチンズの前言撤回は彼にとっても基金にとってもマイナスであるとホフマンに述べると、ホフマンはあっさりとこれを受け入れた。ホフマン自身本気でハッチンズに前言撤回をさせるつもりはなかった[87]。

　ブラックリスティングの問題は共和国基金と非アメリカ活動委員会の闘争において、非常に重要な役割を果たした。ハリウッドや放送業界では第2次世界大戦中に同盟国ロシアに親近感を抱いた人々が多く、また共産主義思想に共鳴する人々もかなり存在していた。映画やテレビの著名人を査問することで大きな宣伝効果が得られることに非アメリカ活動委員会は着目した。こうしてフランク・シナトラやジュディ・ガーランドなどの著名人の議会査問が行われたのである。ハリウッドの側は28人の発起人によって権利章典委員会が結成され、議会に要望書を提出した。こうした中で著名な映画人10人が1947年に議会調査での質問への回答を拒否する事件が起きたのである。非アメリカ活動委員会はこの10人を議会侮辱罪で告発し、346対17の大差で下院議会は告発を可決採択し10人は投獄されてしまった。この事件以降、ハリウッドの映画産業にはニューヨークの金融界から強い圧力がかけられるようになり、左寄りの嫌疑がかけられた映画関係者は職を得られなくなった。右寄りのコラムニストや団体が作ったブラックリストが出回り、そのリストに載ると仕事が得られなくなったのである。これが共和国基金が調査助成を行ったブラックリスティングの問題であった。

　コグリーを代表とする研究チームは多数の人々のインタビューを通じて、ブラックリスティングが実際に存在することを明らかにし、そのシステムを白日の下にさらした。特に、ブラックリストに載った人々が復権するためには階層化したクリアランス・マンの私的審査の過程を経なければならないこと、その頂点には右翼ハースト系新聞のコラムニスト、編集者、保守派議員、退役軍人会がいることが白日の下に曝されたのである。コグリー報告書は多くの実例を挙げて、いかに大きな権力をブラックリスターが持っているか、また放送局、宣伝会社やスポンサー企業が退役軍人会の圧力にいかに弱いかを実証的に示した。この報告書を基に被害者たちが法廷の場でブラックリスターに挑戦し敗北に追い込んでいったのである[88]。

　1956年6月は共和国基金にとって画期的な月となった。この月にブラッ

87　*Ibid.*, chapter 5.
88　*Ibid.*, chapter 6.

クリスターの調査報告書が出版され、また541万ドルあまりを使った3年間の共和国基金の活動概要を伝える報告書が出版され、非アメリカ活動委員会のウォルター委員長が共和国基金を名指しで非難し、ブラックリスター調査の代表であるジョン・コグリーを同委員会の秘密会で査問すると発言したのである。ハッチンズは友人を介して議会に対し共和国基金の自己弁護の機会を与えるよう要請した。しかし、非アメリカ活動委員会はこれを受け入れず、コグリーの査問を全米にテレビ中継する形で行ったのである。

　コグリーの査問でウォルター委員長は情報源を明かすよう要求したが、コグリーは言論活動の自由を盾に取材源を明かすことを拒否した。ウォルターは調査で名指されたブラックリスターたちを証人として呼んだが、その証言の過程でウォルターをはじめ委員、また証人たちも報告書を読んでいないことが次第に明らかになった。ブラックリスティングの存在を自ら認める証言人まで現れた。傍聴席の最前列には共和国基金の理事が座り、ハッチンズは何度か同基金についての説明の機会を求めたがウォルターから拒否された。ウォルターの作戦は共和国基金側に発言の機会を与えず、非アメリカ活動委員会に都合のよい情報だけを査問で表に出すことであった。しかし、査問を続けていくうちにブラックリスティングが実在することが次第に誰の目にも明瞭になっていったのである。

　結局、ホフマン、ハッチンズをはじめ共和国基金の理事は誰一人として査問されず、また発言の機会も与えられなかったが、コグリーの調査の正しさは誰の目にも明らかになった。非アメリカ活動委員会が批判出来ない資本主義の権化のようなウォルストリート・ジャーナルでさえ、コグリーに情報源を明らかにするよう迫ったウォルターを批判したのである。こうして、ウォルターは完全に敗北した。コグリーの査問は無期限に延期された。さらに、内国歳入庁による調査も共和国基金の免税資格保持を認めたのである[89]。

　共和国基金の事例が示しているのは、この時期のアメリカでおそらく最も純粋で妥協を知らないリベラルであったハッチンズと最もダイナミックな国際主義者のホフマンの姿である。彼らによってフォード財団はリベラルで国際主義的な財団として歩みを始めたのである。

89　*Ibid.*, chapter 7.

3−2　教育振興基金、グレイエリア
——Great Societyの貧困との戦争（War on Poverty）へ

　次に、リベラルなアクティヴィズムをよく表している事例として、学校教育における人種非隔離（desegregation）を目指した教育振興基金の活動の開始と挫折、さらにポール・イルヴィサカの下で都市部の青少年非行問題から始まり、戦後都市の中心部に新しく生まれた新移民問題を扱ったグレイエリア（Gray Area）プログラムが、ジョンソン政権のGreat Society構想の中で連邦政府の「貧困との戦争」政策につながっていく過程を見てみたい。そこでは、プログラムの展開とともに問題が新しく再定義されていく過程、当初の社会工学的アプローチが現実のコミュニティでの政治過程の壁にぶつかり限界を示す経緯、そして何よりもフォード財団のプログラムが連邦政府の巨大な政策に展開、吸収されていく過程、つまりフォード財団とリベラルな政府の蜜月の時代が描かれる。リベラルなエリートのネットワークを通じてアイディアが両者を自由に行き交い、民間財団の政策実験が連邦政府の政策をリードしていくという典型的な連合政府の一局面が現出するのである。このフォード財団の黄金時代はレーガン大統領の登場と保守革命によって終わりを告げ、小さな政府、市場優位、マネタリズムなどのアイディアを推進するヘリテージ財団など保守系財団の大活躍が始まるのである。

　教育振興基金はホフマンとハッチンズがフォード財団の理事長と副理事長であった時期に、彼らの主導の下でゲイザー報告書に示されたリベラルな教育改革を実施するために作られた単一目的の独立財団である[90]。1951年フォード財団は教育振興基金のために5000万ドルを拠出し、52年には独立した理事会を持ち活動を開始したが、そのときにはすでに同基金が教育における人種非隔離問題に深くコミットしていることが明らかとなった。それを、象徴的に表していたのが理事となったラルフ・バンチェである。

　バンチェはカーネギー財団がグンナー・ミュルダールに依頼して実施した、アメリカにおける人種関係調査の中心的研究者であった。調査報告書は *An American Dilemma* として1944年に出版され、アメリカにおける人種差別の実態を初めて包括的に示した名著の地位を確立していた。バンチェは少し前に国連事務次長に就任しており、イスラエル・パレスティナ平和協定の締結に功績があったことで1950年にノーベル平和賞を受賞していた。確

---

[90] 教育振興基金については、Raynor, Gregory K., "The Ford Foundation's War on Poverty," in Lagemann, Ellen Condliffe, ed., *op. cit*., pp. 195–228.

立した学者であり、黒人の指導者であったバンチェを理事に指名したことで教育振興基金は教育における人種間平等の問題に取り組むことを間接的にだが、はっきりと表明していた。

　基金の最初の助成は黒人指導者や組織の間の情報交換や人種非隔離運動の戦略について交流する活動を行っていた南部地域委員会（Southern Regional Council）、全国奨学金サービス（National Scholarship Service）や黒人学生基金（Fund for Negro Students）を通して黒人の優秀な学生に奨学金を出す事業であった。これらの助成団体は黒人は学習能力に劣るといった南部に支配的な考えに挑戦することで、白人支配を脅かすことで彼らの反発のリスクを負っていた。1952年になると教育振興基金とその資金を拠出したフォード財団は南部の議員、フォード自動車販売店、また一般コミュニティから激しい反対運動を起こされた。人種分離主義者はフォード自動車のボイコット運動も開始していた。

　フォード財団と教育振興基金への攻撃はフルトン・ルイス、ウェストブルック・ペグラー、ジョージ・ソコルスキーといった一連の右翼的コラムニスト、ラジオコメンテイターなどによって行われた。財団や基金は共産主義の脅威のデマゴギーとともに語られ、また退役軍人会は地域出身の議員に手紙や電話でフォード自動車に圧力をかける陳情攻勢を行った。こうした激しい攻撃を受けたことも一因でフォード財団の理事会は次第にホフマンとハッチンズに距離を置くようになり、1953年初めにホフマン解任に至ったわけである。

　1953年になると連邦最高裁が公教育における人種隔離問題について審議を始め、これが市民権運動とそれを支えたフィランソロピーのアクティヴィズムに大きな推進力を与えた。教育振興基金は人種問題で広く知られた評論家のハリー・アシュモアを雇用して、人種問題の調査を実施した。アシュモア報告書 *The Negro and the Schools* は連邦最高裁が人種隔離を違憲とした画期的判決の少し前に発表され、教育振興基金の目的を明確に示すとともに、人種問題を全国的な討論のアジェンダに載せることに成功したのである。

　アシュモア報告書は人種問題がもはや南部に限定された問題ではなく、全国的問題であることを明らかにした。南部における農業技術の発達とアグリビジネス化により職を失った農村部出身の黒人たちが大量に都市に移動し、大都市の中心部にスラムを形成するという「新しい移民の時代」がやってきたのである。教育振興基金は1953年にニューヨーク市教育委員会と共同で、

新移民を迅速に都市に適応させるための試行的プロジェクトを開始していた。基金は教育における人種関係を移民政策と社会的同化の2つの政策で考えていた。そこには教育と社会サービス機関はコミュニティでの摩擦を軽減する上で決定的に重要な役割を果たすべきだという、フォード財団が当初から持っていた前提があった。そこで基金はソーシャルワーカー、精神保健の専門家、医学心理士、公衆衛生専門家を使って、学校とコミュニティの関係を改善するように市教育委員会をプッシュしたのである。

教育振興基金がニューヨークでのプロジェクトの対象にしたのは、南部農村部から失業して移民してきた黒人とプエルトリコからの移民による新しい少数派居住地となっていたニューヨークの Lower East Side の地域であった。そこには政府が低所得者用の大規模アパートを建設していた。同基金は4校の高校と3校の中学校を実験校として、プエルトリコ出身者のための二言語教育や通文化カリキュラムなどを実施し、新移民の同化を支援するプログラムを行っていた。マッカーシズムの嵐が吹き荒れる中で新移民のために何かをしようとするエリートパトロンも議員もいなかった。Lower East Side での人種暴動を恐れるコミュニティにとって教育振興基金はほぼ唯一の希望であったのである。

しかしながら、教育振興基金にもフォード財団にとっても挫折が訪れる。1954年を通じての議会リース委員会調査、右翼の攻撃に耐えかねて、ホフマンの後を襲ったゲイザー理事長はニューヨーク市の住居問題にこれ以上関与するのを制限し、教育振興基金を再びフォード財団に吸収することを決めたのである。教育振興基金のリベラルで独立した強力な理事会は解散させられ、フォード財団理事会が教育振興基金の手がけた仕事の管理権限を取り戻した。

教育振興基金と協力していたニューヨーク市教育委員会がプエルトリコ系住民の教育問題についての画期的調査報告書、*The Puerto Rican Study* を出版した1958年、正式に同基金は解散した。アシュモアの *The Negro and the Schools* と *The Puerto Rican Study* はその後の都市部における少数民族問題に関する先駆的業績となったが、フォード財団は自らその業績を否定してしまったという意味で教育振興基金の解散は同基金にとっての挫折であっただけでなく、フォード財団にとっても挫折であった。

しかし、ホフマン、ハッチンズによって注入されたフォード財団のリベラルなアクティヴィズムはこれで途絶えたわけではなかった。国内プログラム

は強い反動に恐れをなした理事会と指導力を欠いた経営スタッフのために方向性が定まらずにいたが、1955年にその後のフィランソロピー界で名を馳せるポール・イルヴィサカが財団に加わったのである[91]。ルター派牧師の息子であったイルヴィサカはハーヴァード大学で社会学の博士号を取得した後、フィラデルフィアの改革派市長ジョー・クラークの助手として市の改革の現場で働いた。公共サービス、合理的計画、行政中心の政府といった基本的なアプローチはこのときに学んだものである。

フォード財団に入るとイルヴィサカは人種や移民といった政治的に微妙な問題を恐れる理事会に対して、中立的なグレイエリアというシカゴ学派社会学の用語を用いて、その政治性を巧みに覆い隠し彼らの支持をとりつけることに成功した。グレイエリアが直接的に意味していたのは都市部の青少年非行問題であったが、それは人種、移民、貧困の問題と密接に関係していた。

青少年非行の問題は1950年代に初めて国民的問題と認識されるようなっていた。イルヴィサカをはじめとするフォード財団のスタッフは非行問題を従来のように個人の精神的病理と位置づけることをせずに、1920年代のシカゴ学派社会学者たちの理論である機会理論（opportunity theory）を用いて、コミュニティの問題であると読み替えコミュニティの再生と再組織化を目指したプログラムを進めていったのである。

イルヴィサカの契機となったのは1959年にシカゴの教員グループからフォード財団教育プログラムへ出された助成打診であった。都市貧困層の教育問題に興味を示していなかった教育プログラムに批判的であったイルヴィサカは自らの公共プログラム（Public Affairs Program）でこれを扱おうと決意し、教育プログラムとの軋轢を覚悟の上でヒールド理事長に直談判して、都市内学校改善イニシアティブを開始することを認めさせた。このイニシアティブは少数派移民のための広範な家族、社会福祉のために学校をコンタクト・ポイントとするもので、そのために学校に行政との協力を強いるねらいであった。

1960年にフォード財団は教育と公共プログラムの共同事業として、大都市学校改善プログラム（Great Cities School Improvement program）を開始した。最初の1年は10の都市に学校のカリキュラム見直し、教員訓練とプログラム開発の助成を行った。このプログラムでは当初から事業実施と並行して評

91　グレイエリアについては、O'Connor, Alice, "The Ford Foundation and Philanthropic Activism in the 1960s," in Lagemann, Ellen Condliffe, *op. cit.*, pp. 169–194.

価作業が行われるよう計画に組み込まれていた。この学校改善プログラムを実施しながら、イルヴィサカは彼の当初からの考えであったより包括的な行動と改革のプログラムを提唱していったのである。学校は入り口に過ぎず、住宅、社会サービス、貧困者の雇用に至る広範な機関のネットワークの問題であり、新しい制度的形態を作り上げていくことが最終的な目標であった。そして、フィランソロピーのような外部者の役割はコミュニティに新しいアイディアを提供したり触媒機能を果たすことであると位置づけていた。

グレイエリア・プログラムでは後に媒介組織（intermediary organizations）と呼ばれる手法が初めて用いられた。フォード財団の助成を受けて、選挙で選ばれた公職者、住民代表を含む運営母体を持った民間非営利組織が作られ、地域の活動の調整、計画、資金作りが行われたのである。例えば、Action for Boston Community Development、Philadelphia Council for Community Advancement などの半公的組織を作ることで、フォード財団は社会サービス提供の方法を改革するという政府自身では出来ないことを可能にしようとしたのである。そして、媒介組織が政府と住民ニーズを結ぶまさに媒介となることを期待し、また媒介組織のプログラムがモデルとなって全国に拡がることを考えていた。また、イルヴィサカは市の行政職員にもまたワークショップを実施し、連邦予算の複雑な仕組みの中から市が巧みに資金を得る役割を果たすことを推進しようとした。

こうした中でケネディ政権が誕生すると、連邦政府自身が強いリベラル・アクティヴィズムの傾向を持つようになり、イルヴィサカは連邦政府とフォード財団が直接連携することを模索し始めたのである。連携のコアとなったのはリチャード・クロウォードとロイド・オーリンがシカゴ学派理論を発展させた機会理論であった。公共プログラムのデイヴィッド・ハンターと副理事長のダイク・ブラウンが機会理論を広めるのに大きな役割を果たした。

さらに重要な契機は教育振興基金が当初手がけながら中途で終わっていたニューヨークの Lower East Side で行われたデモンストレーション・プロジェクトであった Mobilization for Youth（MFY）である。フォード財団の助成は少額であったが、それによって市と連邦政府から200万ドルの予算がついた。クロウォードとオーリンも MFY に深くコミットした。フォード財団のハンターとブラウンは、ケネディが創設した青少年非行大統領委員会（Presidential Committee on Juvenile Delinquency）の専務理事デイヴィッド・ハケットと会って MFY を直接売り込んだ。ハケットは MFY の構想とその背

景となっている機会理論の整合性に納得し、オーリンをMFYの研究ディレクターから大統領委員会に引き抜いたのである。さらに、フォード財団のスタッフのリチャード・ブーンも同委員会に加わった。また、グレイエリア・プログラムのコンサルタントであったクリフォード・キャンベルは同委員会の評価委員会で地方からの補助申請の審査にあたったのである。このようにして、フォード財団、MFY、青少年非行大統領委員会の間に人的ネットワークが形成された。

グレイエリア・プログラムの他の政策実験もまた連邦政府と密接に結びついていた。イルヴィサカは住宅家計庁（Housing and Home Finance Administration）の長官ロバート・ウィーヴァーの事務所で毎月ブリーフィングを行った。というのも、ウィーヴァーは長官就任前にはグレイエリアのコンサルタントを務めていた。ブリーフィングには連邦政府の高官が参加し、中でも国防省アナリストのアダム・ヤルモリンスキーは後に、マクナマラの子飼いとなり、ジョンソン政権の「貧困との戦争」政策の中心人物の一人となった。会合でイルヴィサカはフォード財団のグレイエリアで行っているさまざまな政策実験の結果は連邦政府の政策に取り込まれるべきであると力説した。連邦政府は政策実験を行うには巨大すぎるとし、民間財団による政策実験が行われ、そこで確実に成果が出る見通しが立ったところで連邦政府にバトンタッチするという協力と役割分担の典型例がここに見られたのである。大統領委員会はロバート・ケネディ司法長官の直轄下にあり、ホワイトハウスとの連携も存在していた。ケネディ大統領の時期、イルヴィサカのグレイエリア・プログラムを通して、フォード財団は政権の中枢と深くつながり黄金期を迎えているように見えたのである。

しかし、デモンストレーション・プロジェクトはさまざまな困難な問題に直面し始めていた。地域での改革計画は当初考えていたよりずっと時間を要し、かつ非常に政治的な過程であることが明らかになりつつあった。連邦政府予算をめぐる政治的な駆け引きがあり、またコミュニティ活動の手法の中には利害対立を利用していくような過激なものも現れてきた。借家人ストライキ、学校のボイコット、大衆デモなどまでもが使われるようになっていった。イルヴィサカが避けようとしていた人種政治もまた始まっていた。

実際のコミュニティで生じた現象は社会科学者が予想したり、合理的判断で監督出来るようなものではなく、また人々は調査の結果を待っていてはくれなかった。協力的で合理的な計画という理念は政治的闘争と官僚的抵抗と

いう現実の前に挫折を余儀なくされたのである。科学的に研究された計画、実験、評価、連邦政府の政策採用という合理的な順序で社会変化は達成可能であるという社会工学的発想は、研究者と実務家の対立、連邦政府の硬直性という大きな障害にぶつかってしまった。しかしながら、この困難な過程の中で関係者は次第に青少年非行やグレイエリアと呼ばれた問題群は、実はより大きな問題の症状の一つなのではないかと考えるようになっていた。それは、1963年にジョンソン政権が打ち出した「貧困との戦争」という形で明確化された「貧困」の概念であった。

ケネディは次の大統領選挙の争点に貧困問題を据えるべく、経済諮問委員会（Council of Economic Advisors: CEA）に非公式の省庁横断的タスクフォースの形成を命じた。同時に、コミュニティ・ワーカーたちも自分たちの本当の課題が貧困であることに気づき始めていた。6月、MFYは非行を食い止めるには貧困の低減が必要であるとミッション・ステイトメントを書き改めた。9月、イルヴィサカもまた貧困の循環こそがフォード財団の公共プログラムの基本的関心事であると宣言した。

ケネディ暗殺後、急遽大統領職についたジョンソンはその政策の核を探していた。ホワイトハウスのアシスタントであったソレンソンの机には、ケネディが残したCEAの貧困問題調査の報告書が上がってきていた。1964年1月の演説でジョンソン大統領は貧困を撲滅するための政策を打ち出すことを宣言したのである。

こうして、コミュニティ活動は突然、政治と国家計画の中に放り込まれた。1964年8月、経済機会法（Economic Opportunity Act）が成立し、デモンストレーション・プロジェクトはモデルプログラムとされ、連邦政府の訪問者が引きも切らなかった。ニューヘヴンのグレイエリア・プログラムの見学地には新しい広報事務所が設置された。フォード財団のコミュニティ活動実験は連邦政府の貧困との戦争の流れをつかみ、そしてそれに飲み込まれていった。科学的で合理的に計画された社会変化の可能性を試験する余裕はなくなり、評価活動が完了する前に実験から行動へと移らなければならなくなった。グレイエリアの評価を担当したキャンベルは地元プロジェクトが当初の目的から逸脱し始めていると警告を発していた。アイディアが、その正しさが証明されないうちに流行してしまったのである。

コミュニティ活動のこの明白な政治的勝利はフォード財団の機構をも変えることになった。ヒールドは連邦政府との窓口組織として政策計画部を

作り、政府の重要な政策担当者との定期的連絡を保つ政策を取り始めた。1965年春には、ヒールド理事長は政策計画部長のマクニール・ロウリーとともに、ワシントンでハンフリー副大統領を筆頭に予算局長、教育長官、経済機会局長、労働長官らと会談し、グレイエリアを先例として連邦政府とフォード財団の間に新しい関係を構築することが話し合われたのである。

1966年にケネディ政権の大統領補佐官であったマクジョージ・バンディがフォード財団理事長に就任すると、財団のアクティヴィズムは頂点に達した。バンディは財団と政府の仕事の間に境界線を引くことを好まず、1969年にはロバート・ケネディの元スタッフに研究助成を出すというスキャンダルを起こし、その後も政権と財団の間に密接な関係が続いた。バンディはフォード財団をリベラルな社会改革の先頭に置き、自らニューヨーク市長ジョン・リンゼイの顧問となり、市の教育の分権化を進め、財団は人種問題の解決に完全にコミットしていると宣言したのである。彼はリンゼイ市政の官僚であったミッチェル・スヴィリドフを副理事長としてイルヴィサカの上に置いて、人種問題に全面的にコミットする姿勢を示した。こうして、政府と財団のパートナーシップの黄金期が続いたのである。

しかし、リベラルな政府との蜜月的関係ゆえに、1980年代になってレーガンの保守主義が吹き荒れるとフォード財団の立場は一転して悪化し、保守主義が打ち出すイデオロギー的挑戦に適切な対応をとることが出来なかったのである。

グレイエリアの経験は今日でもある種の黄金期の記憶となっている。しかし、そこで得られた経験が示すのは成功だけではない。実際には、政府との円滑なパートナーシップによって政治的闘争とイデオロギー的葛藤を排除し、草の根の組織化によって有効に社会政策に影響を与えられるという前提は間違っていた。上からの科学的に計画された社会変革のアイディアはあまりに理想主義的であり、社会変化をコントロールすることは容易ではなかったのである。そして、連邦政府との協力を重視すればするほど、社会実験は連邦政府の政策枠組みに適合した安全な方法だけをとるようになり、連邦政府の枠組み自体を問う試みが成されなくなったことも事実であった。

3－3 まとめと考察

ここで取り上げた2つの事例はフォード財団の国内における liberal causes の典型例と思われるものである。市民権、人種差別、貧困、女性差別などの

アメリカ社会の基本的問題に直接的に関与していったと言えよう。基本理念は社会的平等であり、人権である。その取り組みの過程で2つの面白い現象が見られる。第一はすでに指摘したことであるが、フォード財団の理事会はやや保守的であり、スタッフがよりリベラルであることである。そして、理事会はスタッフが進める liberal causes を制約しようとするが、ある程度の邪魔は出来ても本質的にはスタッフに引きずられるように物事が進んでいくことである。したがって、フォード財団を動かしているのは必ずしも理事会などの統治機構上のトップではないので、財団を考察する時にはスタッフのレベルをも含めて観察の対象にする必要がある。むしろ、フォード財団の liberal causes は下のレベルが推進力となっている。

　第二にリベラル組織としてのフォード財団は時の政府がどれほどリベラルであるかという点によって、政府との距離が非常に異なってくることである。トルーマン政権で始まり、ホフマンを含めて同政権で活躍したニューディーラー的なリベラルたちが、フォード財団の最初のスタッフであった。共和党アイゼンハワー政権の1950年代は、アイゼンハワー自身は共和党リベラルと見られていたが議会保守派の強い時期であり、前半はマッカーシー主義がはびこった時代である。この時期のフォード財団はどちらかと言えば議会からの攻撃など防戦に努めた時期であって、政府との関係は親密とはいえなかった。しかし、1960年代のケネディ・ジョンソン政権時には連邦政府の政策と一体と言えるほどの親密さで、マクジョージ・バンディやデイヴィッド・ベルに象徴されるように政権の中枢にいた人々がフォード財団のトップになる、いわゆる「回転ドア」システムの一環に組み込まれていたと言えよう。レーガン時代には政府との関係は冷却し、いわば疎外された存在となったのである。

　こうしたアメリカ国内でのフォード財団の政治的立場や政府との関係の変化は当然、国際関係のプログラムにも影響を与えていたはずであり、したがって国際関係の活動を考える際にも基調として理解しておく必要があろう。また、アメリカ国内の文脈でリベラルであることがどういう意味であるか、その liberal causes とはどのようなものか、そしてフォード財団が助成を通じて知識を生産し、組織化することが、社会や社会運動にどのような影響を与えるのかについても述べてきたつもりである。

第4節　助成活動の概観——国際的活動を中心に

4-1　フォード財団の規模

　助成活動の内容に入る前にフォード財団の規模について触れておきたい。財団がどのような助成活動を行えるかは、ひとえに助成金の規模にかかっているからである。

　ヘンリー・フォードとエドセル・フォードの遺言によって、フォード自動車の株式の90％以上がフォード財団に遺贈された当時、フォード自動車の業績は最悪で赤字続きであった。ヘンリー・フォード2世が自動車会社を再建し、数年の後には大きな利益を上げるようになったが、それまではフォード財団はむしろ銀行から巨額の借金をする状況であった。1947年にはまだフォード自動車の配当金はゼロ、1948年になって1540万ドル、1949年には1390万ドルの配当金が財団にもたらされた。1950年にはそれが6800万ドルに急上昇し、1951年には5100万ドルに低下した。1951年時点における、財団所有のフォード自動車株の評価額総額から税金と銀行からの借金を引いた正味の財団の資産評価額は4億1700万ドルであった[92]。配当金収入が5100万ドルであり資産の12％以上になってしまうことから見るとこの評価額は過小評価であった。それでも、この資産評価額と以下の他の諸機関の資産総額と比較してみるとフォード財団の大きさが分かる。

　ロックフェラー財団の当時の基金総額は1億2200万ドル、カーネギー財団が1億7000万ドルであり、フォード財団の規模は先達の大型財団の3～4倍であり、より正確な資産評価を行えば実際にはもっと大きかった。1960年にはフォード財団の総資産は30億ドルを超えており、当時の高等教育機関の基金全体の総額が54億4000万ドルであったことからすると、全米の大学などの高等教育機関全体の半分以上の大きさであった[93]。

　1950年の国連本部通常予算は4370万ドルでユネスコが780万ドルであり、国連本部と全国連専門機関の予算の合計ですら2800万ドルであった。つまり、1950年のフォード財団の収入である6800万ドルは、国連本部と全ての国連専門機関の予算をまかなってもまだあまりあるほど巨額であったのである。1960年においても、国連本部と全専門機関の合計予算が1億3050万ドルであったのに対して、フォード財団の支出総額は1億6300万ドルであっ

92　Sutton, Francis X., "The Ford Foundation: The Early Years," *Daedalus*, Winter 1987, p. 52.
93　Ibid., p. 52.

第1章　アメリカにおけるフォード財団　125

た[94]。

この規模の巨大さがフォード財団関係者をして、アメリカの高等教育の抜本的改革や世界平和の実現、貧困の撲滅などの壮大な計画を真剣に考えさせた最大の理由であり、右寄りの新聞や共和党保守派がその影響力を恐れた理由であり、場合によってはアメリカ政府にも比肩しうる国際的な役割を果たしえた理由でもある。

4－2　1977年までの助成活動全体の概略

次頁の図1は、フォード財団の広報部長であったリチャード・マゲット（Richard Maget）の1977年の著作[95]からの抜粋である。

全体の傾向として、特別事業を除くと通常事業支出は1965年まではほぼ一貫した増加傾向にあり、それ以降は1977年まで一貫して減少傾向にあることが分かる。ヒールド理事長の時代にかなり財政規模を拡大し、そのせいで後を継いだバンディ理事長時代に緊縮財政を余儀なくされたということである。1956年に通常事業支出が1億ドルを超え、それ以降は1億ドルから2億5000万ドルの間を行ったり来たりという展開であったといってよい。1977年以降の推移を参考までに述べると、ほぼこの時期を底に回復基調をたどり、特に90年代にはアメリカ株式市場の好況にのって年間収入、事業支出ともに大幅に増加した。ちなみに、1997年度は評価総資産が約94億ドル、年間事業支出が4億3300万ドルである[96]。

表2（128頁）はマゲットの事業分類による1936年から1977年までの分野

---

[94] Sutton, Francis X., "Transaction Introduction" in Macdonald, Dwight, op.cit., viii および Sutton, Francis X., "The Ford Foundation: The Early Years" in *Daedalus*, Winter 1987, pp. 52–53.
[95] Richard Maget, *The Ford Foundation at Work: Philanthropic Choices, Methods, and Styles*, Plenum Press, 1979.
[96] 1997年度の年次報告書によると、資産評価額は94億3280万ドルで内67.2％が株式、22.3％が債券等の固定利回り投資、7.2％が低市場性投資、3.3％が短期流動資産である。投資収益は、10億500万ドルで前年度の8億9900万ドルからの大幅増加を記録し、助成金等の事業支出が4億3300万ドル（6600万ドル増）、間接経費が2040万ドル（2.6％増）、投資経費が2300万ドル（11.1％増）である。以上から分かるように、投資の大部分は株式に向けられており株式市況に大きく依存している。もちろん専門家が運用しており状況によって資産ポートフォリオは見直されるが、いずれにせよ市況が好調の場合には財団の資産は大きく増える。また、年度収益の半分程度しか支出しておらず、この意味でも資産は増えることになる。法律で収入の一定割合を助成金等として支出することが免税特権維持のための条件となっているが、それでも収入の全てを支出せずに基金に積みましていくことが、インフレ対策として定着している。つまり、運用成績に依存するが、少なくともインフレによる実質価値の低下に見合う程度には財団資産が増加していくことがアメリカの財団運営の基本政策になっているのである。

図1　年別支出（1949〜1977年）

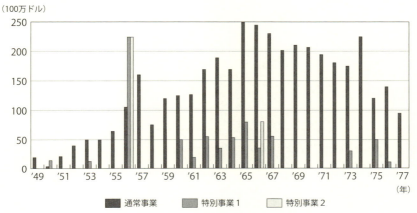

【注】
・1956年の特別事業1と2は、フォード自動車の株式売却益を全米の人文系大学の教師の給与補塡と全米の私立病院へ寄付したものである。
・1950、53、73、75年の特別事業1はヘンリー・フォード病院への寄付である。
・1960〜1967年の特別事業1は大学へのchallenge grantである。
・1966年の特別事業2はシンフォニー・オーケストラ助成である。
出典：*The Ford Foundation at Work*

別の累積事業支出である。

上記の分類を財団の4つの領域（平和、民主主義、経済、教育）に仮に当てはめてみると表3（129頁）のようになると思われる。

以上から分かることは、

1. 教育の領域での助成事業が全体の半分近くを占めており、その中でも大学等の高等教育への助成が33.2％と助成事業全体の3分の1近くを占めている。フォード財団と大学との関係は非常に密接である。
2. 次に続くのが平和の領域であるが、その大部分は発展途上国への開発協力である。フォード財団の全体を通して、また特に国際活動での特徴が国際開発にあることが分かる。国際開発は全体の18.7％を占めており項目としては高等教育全般に次いで2番目に大きい。
3. 3番目は民主主義の維持、発展に関わる諸問題への助成であり、こ

表2 分野別累積事業支出（1936〜1977年）

分 野	累積支出 （単位：100万ドル）	%
Higher Education (General)	1,100.0	22.3
University-Based Programs: 　International Training and Research 　Engineering Education 　Humanistic Scholarship 　Business Education	 335.8 71.7 75.4 55.3	 6.8 1.5 1.5 1.1
Early Learning and Secondary Education	389.6	7.9
Public Television	292.3	5.9
The Arts	286.4	5.8
Government Performance	126.7	2.6
Law and the Administration of Justice	121.3	2.5
Poverty and the Disadvantaged	220.8	4.5
Civil Rights, Civil Liberties, Race Relations	96.0	1.9
Women's Programs	16.5	0.3
Resources and the Environment	92.0	1.9
Economic and Social Research in the U.S. and Europe	87.6	1.8
International Affairs	121.4	2.5
The Less-Developed Countries	919.2	18.7
Limited Programs: 　Journalism 　Aging 　Science 　Hospitals and Medical Education 　Michigan Philanthropies* 　Drug Abuse 　Philanthropy	 10.6 7.5 31.9 300.0 157.9 9.1 1.5	 0.2 0.2 0.6 6.1 3.2 0.2 0.0
合 計	4,926.5	100

＊注：ヘンリー・フォード病院、エジソン研究所などのフォード一族関係の慈善事業
出典：The Ford Foundation at Work

　　　れは11.8％と一定の程度を占めているが、経済発展に直接関係した分野は3.7％と非常に少ない。
　4．教育の中で明らかに国際的な活動であるInternational Training and Researchを含めると明示的に国際的な活動は全体の27％を占めており、フォード財団の助成の約4分の1は国際的活動である。その他の助成でも部分的に国際的な活動を含むものもあると思われる。

表3　4つの領域ごとの事業の割合（1936〜1977年）

四領域	分　野	割合（%）
1．平和の領域	International Affairs The Less-Developed Countries	21.2
2．民主主義の領域	Government Performance Law and the Administration of Justice Poverty and the Disadvantaged Civil Rights, Civil Liberties, Race Relations Women's Programs	11.8
3．経済の領域	Resources and the Environment Economic and Social Research	3.7
4．教育の領域	Higher Education (General) University-Based Programs International Training and Research Engineering Education Humanistic Scholarship Business Education	47.0
その他	The Arts Limited Programs	16.3

出典：*The Ford Foundation at Work* のデータを基に筆者作成

　フォード財団の国際的活動は主として、海外開発[97]（OD：全体の18.7%）、国際訓練と研究（ITR：全体の6.8%）、国際問題（IA：2.5%）の3つのプログラムであり、フォード財団の活動の約28%の部分である。

4−3　3つの国際的活動分野の概略

　上述の3つの国際的活動分野に分類された助成の目的をマゲットの記述に従って見てみよう[98]。

　　海外開発（Overseas Development）
- 農業研究支援、および政策の改善を通じての食糧生産増進
- 政府および民間の開発プログラムの計画作りと実施の能力向上
- 過剰人口を制限する諸活動への支援
- 教育システムと言語教育の強化
- 農村の生活水準の向上と農村共同体の生産性向上
- 工業、商業の発展の刺激

---

[97]　*The Ford Foundation at Work* では The Less-Developed Countries と言い換えられているが、本書では1950〜60年代に使われていた Overseas Development を用いる。
[98]　Maget, *op. cit*., pp. 178–189.

- 行政サービス訓練と政府組織の改善
- 開発問題に関する経済、社会研究の強化
- 国際法および法と開発の関係についての研究の強化と法律教育の改善
- 海外技術援助のためのアメリカの大学の資源の開発

国際訓練と研究（International Training and Research）
- 国際研究（地域研究を含む）を大学院、専門家教育に統合する
- 非西欧研究（アジアなどの地域研究）、国際研究の学部教育を強化する
- 留学生交換の専門化と改善
- ソ連・東欧との学術交流の振興
- 外国語教育の改善
- 外国の大学に対するアメリカの大学の協力の改善

国際問題（International Affairs）
- 国際平和と理解の促進
- 欧州と大西洋諸国間の財政、経済、政治協力の強化
- 軍備管理、軍縮についての研究と一般の理解の促進
- 工業社会共通の諸問題、および国際経済秩序に関する研究の支援
- 政治難民の定着支援、および人権と知的自由の促進
- 国際的な報道と放送の水準の改善
- 諸国家間の交流と協力の促進

　「海外開発」はいわゆる開発協力であり、農業、開発計画、コミュニティ開発、工業・商業開発、人口問題、教育、途上国行政など国際開発協力のメニューのほとんどが揃っている。国際稲作研究所の高収量米の開発による緑の革命や、インドでのコミュニティ開発の先駆的事例、人口問題への取り組みなど国際開発協力の分野でフォード財団が世界的なイニシアティブをとった事例も多い。

　「国際訓練と研究」はアメリカを中心にした国際研究、地域研究の振興、外国語教育の振興、留学生や学術交流の振興を目的とした、主としてアメリカが国際社会を運営していく上で必要な国際的能力の向上を目指したものである。あるいは、アメリカの国際化を促進することが目的であったとも言えよう。

「国際問題」は主として西側先進工業国と社会主義圏を対象とし、軍縮などの平和維持の問題と西側の国際協力強化、人権等の西欧民主主義的価値の国際的な強化などを通じて、アメリカ的な価値に基づく世界秩序の維持と発展を目指したものと言えよう。

フォード財団は戦後のごく早い時期から上記のような助成活動を開始しており、それぞれの分野でのパイオニア的業績も多いのである。そこでは、これらが分化、専門化していない混沌とした初期の試行錯誤の時期を経て、国際的活動のさまざまな専門分野が枝分かれしていく過程を垣間見ることが出来る。また、専門特化してしまった今日では見えにくくなっている分野間の関連やアメリカを中心とする世界秩序、あるいはその中に埋め込まれた思想としてのニューディール的リベラリズムとの関連が見えるのである。例えば、日本では分化して相互の関連性を見失ってしまった「国際文化交流」（留学生受け入れ、学術交流）と「開発援助」が、戦後直後のアメリカのリベラリズム思想の中では国際平和に貢献するための整合的一体として認識されていたことが分かる。

フォード財団の1950～60年代の国際活動はアメリカのリベラル知識人の戦後世界秩序形成における知的構築を映し出す鏡のような存在である。それは、フォード財団が当時のリベラル知識人エリートの集まる一つの場であり、彼らはアメリカ政府、国際機関、フォード財団を飛び渡りながら、基本的に一つの同じ仕事をしていたからである。政府と比べると、フォード財団ははるかに小さく、議会の保守派のような反対派が内部に存在せず自由に行動出来たこと、政府とは違って政権交代がなく継続性があったことなどから、彼らの活動はフォード財団を通して見ると、見えやすいのである。

4－4　地域の優先順位

1953年初めと思われるフォード財団の内部資料[99]により、ホフマンによって作られた国際的活動の地域に関する優先順位、および活動内容の優先順位を整理しておきたい。

4－4－1　優先順位をアジアと近東に置く

ホフマンらの1951年の中東と南アジアへの海外出張までには、アジアと

---

[99] "Program for Asia and the Near East" (no date). International Training and Research, box 3, folder "Establishment of BOTR," FFA.

近東、アフリカ、ラテンアメリカを含む低開発地域が世界平和にとってきわめて重要であるという定式化がなされていた。そこで、世界平和にとっての緊急性、フォード財団が効果的な活動を行えるかどうかの2点によって、フォード財団はアジアと近東に活動の優先順位を置き、さらにその中でもインドなど数カ国に重点を置くことが決められた。

アジア・近東が選ばれた理由はソ連共産圏の周辺部に位置し、朝鮮やインドシナやチベットに見られるように共産圏からの浸透が激しく、各国内でも共産勢力の体系的な圧力がかかっている点が第一に挙げられている。これらの国々での民主的過程の確立は自由世界の平和にとってきわめて重要であり、もし民主的過程の確立に失敗すると、共産主義世界が強化されて第3次世界大戦の危険性が増すというように、開発と世界平和の間の因果関係が想定されている[100]。

アジア・近東の諸国は独立を達成したばかりで、未熟な政府と諸制度の未整備のために貧困、無知、疾病が野放しにされており、これらの国々では市民の福祉改善のために工業化と現代的な技術の適用に対する大きなニーズがあるとされている。仮に、ソ連の脅威がなかったとしても経済的・政治的な崩壊の可能性があり、それによって全体主義体制に陥る危険性があると考えられていた。

またアジア・近東諸国におけるナショナリズムはよい方向に向かえば新興国家の凝集性を高めるが、間違った方向に向かうと世界平和にとって有害であるとされている。この地域の非同盟主義についても触れており、これらの地域の多くが西欧の植民地であったことから西側への不信が強く、将来的に反欧米のアジア・近東ブロックを形成する危険性があると認識されている。

アメリカの影響力はそれが賢明に効果的に実施されるならば、アジア・近東の人々にとっての最大の外部からの資源となりうるが、アメリカ自身のこの地域の人々、諸条件、伝統、諸制度に関する無知のために、彼らの信頼を得て、低開発地域の開発と強固で平和な自由世界にアメリカが共通利害を持っていることを彼らに納得させることに失敗しているとする。アフリカ、

---

[100] 経済開発と世界平和の問題を因果関係で考えるのは典型的なリベラルの主張である。経済問題の深刻化が社会不安を生み共産主義の温床となるという論理である。仮に共産主義にならなくとも、その他の全体主義的政体を生み、世界平和の脅威となるという考え方である。したがって、根本的な問題は途上国の経済発展でありそれに伴う社会の近代化であるとされる。逆に、典型的な保守派の考え方は途上国の固有の問題としてではなく、途上国の全ての急進主義の背後にソ連の拡張主義的介入を想定する。

ラテンアメリカはソ連の活動が比較的活発でないこと、アフリカの多くはまだ西欧の植民地であることなどの理由でアジア・近東に比べて優先順位が低いとされた。

ここに見られる論理は地域の優先順位のつけ方に冷戦的枠組みを受け入れると同時に、政治的・イデオロギー的な対立だけでなく、経済開発を本質的問題として捉えており、全体としては冷戦を受け入れたリベラルの考え方であると言えよう。また、途上国の民族主義に対しても一定の理解を示し、非同盟運動も欧米植民地主義との関連で説明しており、またアメリカの途上国全般についての無知を指摘している点も注目すべきであろう。おそらく、この世界情勢認識は政府内部のリベラル派、あるいはECAなど海外援助機関のスタッフの考え方とほぼ一致しており、アメリカの国家的視点を持っているのである。連合国家の議論を彷彿とさせるものがある。

4-4-2 アジア・近東地域の中での国別優先順位

アジア・近東の中でも国によって状況が相当に異なることから、国ごとにさらに優先順位がつけられた。重要な点は国単位で事業実施を決めるフォード財団の伝統がこの当時に作られた点である。つまり、事業を行う国と行わない国が戦略レベルで決められており、どんなに優れた個別のプロジェクトがあっても、それが事業実施国でない場合には助成しないという原則が建てられたのである。事業を実施する国には代表を置いて、相手国政府と恒常的な連絡を保つことになる。これはロックフェラー財団などと比べるとかなり特徴的な点である。ここでも、国際社会との関係に対するフォード財団の考え方が政府に近いことが表れている。民間機関にしてはフォーマルな関係を基本に考えている。フォード財団の初期のスタッフに国務省やECA出身者が多かったため、国際的活動の手続きやインフラストラクチャーに関して、政府機関をモデルにすることとなったのかもしれない。

第一に優先順位を置かれたのはインドとパキスタンである。両国は世界最大人口の民主主義の実験を行っており、政府に優れた人材がいて、英語の使用と欧米的な伝統と諸制度を持ち、フォード財団の助成によって大きな成果を上げる可能性が高いとされている[101]。また、中国に続いてインドが共産化

---

[101] フォード財団のインドにおける活動の規模は他の国を圧倒している。フォード財団のニューデリー事務所は国連関係機関などのある一等地であるが、これら国連機関の土地はフォード財団が貸している。

すると全アジアが共産化しかねないと懸念している。第二の優先順位は近東諸国である。近東は東と西の交差点という戦略的重要性、世界最大の産油地、列強の影響力の競争の地、イスラム世界の中心といった地域の重要性、およびイスラエル問題というアメリカにとって見過ごせない懸案を抱えている点が評価された。第三の優先順位はビルマとインドネシアに与えられた。ビルマはインドとの関係およびソ連共産主義の脅威との関係によって戦略的に重要であり、また共産中国と自由世界のインド、日本への最大の米の輸出国であることも挙げられている[102]。

インドネシアは世界第6位の人口と豊かな資源、地政学的重要性を持ち、インドネシアの指導者は革命闘争の中から出現し、かつ自由で独立した国家としてインドネシアの発展に献身していると述べられている。当時のインドネシアは議会制民主主義の時代であり、最初の首相が欧米協調路線をとった社会主義者のシャフリルであったことなど、アメリカとしては好意的に許容出来る体制がまだ続いていたことを窺わせる。また、アメリカ政府と国連による支援がうまくいっていないこと、インドネシアが外交の自主性について極端に敏感であり、アメリカ政府援助の受け入れにきわめて慎重である一方、フォード財団はアメリカの民間代表として比較的温かく受け入れられているため財団として独自の貢献が可能であるとしている。

4番目の優先順位を与えられているのは日本とフィリピンである。日本の戦略的重要性はアメリカにとって最も大きく、日本の工業力がソ連圏に入ることは何としても避けなければならないとされている。日本では民主主義の道義的、知的な基盤の強化が最大のニーズであるとしている。同時に、日本には他のアジア諸国にない高度な人材、技術、情報があり、これらは他のアジア諸国の開発にきわめて有効であるとしている。アメリカの人材などを使うよりも、日本のそれを使うほうが効果的である場合があるとも述べている。フィリピンについても、日本と同様人材などの供給地としての役割が期待出来るとしている。

他のアジア諸国については、台湾は比較的豊かでアメリカ政府援助を多く

---

102 ハワードによると、財団スタッフは東南アジアではインドネシアが最も重要と考えていたが、当時東南アジアの検討をするチームとして選ばれた、ゲイザー調査のメンバーの一人で当時は財団のコンサルタントだったダイク・ブラウンとECAで東南アジアを専門としていたエドウィン・アーノルド（Edwin Arnold）のうちアーノルドが一部主観的な理由でビルマを入れないならば、自分は関わらないと主張したため、ビルマを入れることになったと述べている（John B. Howard, Oral History Transcript, pp. 26–27）。

受けており、韓国とインドシナは戦争状態で民間財団の活躍の余地がなく、タイは他国より財団の援助を必要とする度合いが低く、マラヤはイギリス植民地で、アフガニスタンは戦略的重要度が低く、セイロンはタイと同様必要度が低く、ギリシャは近東ではなく欧州に入れるとの理由でフォード財団は助成を行わないと決定された。

4－5　1950～60年代のインドにおけるフォード財団とアメリカ政府援助の援助金額の比較

　次に、政府間援助で最大規模であるアメリカ政府援助とフォード財団援助を比較したのが表4（次頁）である。

　表4からは、フォード財団は、第1次～第2次5カ年計画の期間を通じて、ほぼ200～600万ドル程度をコンスタントに助成しており、第3次5カ年計画期に400～700万ドル規模へと増えていることが分かる。アメリカ政府援助との比較では、時期ごとに以下のような点が指摘出来よう。

1. トルーマン政権期：第1次5カ年計画期、特に、アメリカにおいてはトルーマン政権であった最初の1951、52年においては、フォード財団の助成金額はアメリカ政府援助とほぼ拮抗する規模である。アメリカ政府は約束額に比して執行額が非常に少ない。1952年はフォード財団のほうが大きい。
2. アイゼンハワー政権期：アイゼンハワー政権期（1953～59年）を通じて、フォード財団助成金額はアメリカ政府援助のほぼ10分の1から20分の1程度である。
3. ケネディ政権期：ケネディ政権への移行が始まる1959～60年前後を境にして、アメリカ政府援助は急増し始める。特に、アメリカ政府国際開発庁（USAID）が作られて、今日まで続く政府開発援助の体制が整う1962年以降は、約束額との比較でいえば、ほぼ100分の1程度と大差がつくようになる。
4. ジョンソン政権期：ジョンソン政権の時期（1963年～）には無償協力の著しい減額が行われており、フォード財団の助成は無償協力に相当することを考えると、アメリカ政府の無償協力とフォード財団の助成金額はほぼ拮抗しており、1964年はフォード財団のほうが多い。

表4　インドにおけるフォード財団とアメリカ政府援助（PL480を除く[103]）の数量的比較

アメリカ政府援助体制　←――― Marshall Plan ―――→←――――― Mutual Security Act

インド国家開発計画　　　　　　　　　　　　←――――― 第1次5カ年計画 ―――――→

	1948	1949	1950	1951	1952	1953	1954	1955
フォード財団[1]				1.7	2.4	1.8	1.9	4.5
アメリカ政府 grants[2]				4.5	52.8	44.3	87.2	40.7
Loan[3]								45.0
obli. & auth. total[4]				4.5	52.8	44.3	87.2	85.7
expend. total[5]				4.3	1.4	27.3	27.5	58.0

Mutual Security Act ―――――――――――→←――――― Foreign Assistance Act

←――― 第2次5カ年計画 ―――→←――― 第3次5カ年計画 ―――→

1956	1957	1958	1959	1960	1961	1962	1963	1964	1965
2.0	4.1	5.7	4.0	9.5	5.3	4.3	4.2	7.4	6.9
22.5	17.8	14.8	17.8	23.3	20.7	19.6	4.6	5.9	8.8
37.5	47.5	75.0	120.0	171.3	180.1	445.9	392.3	330.6	255.8
60.0	65.3	89.8	137.0	194.6	200.8	465.5	397.2	336.5	264.6
81.4	64.6	90.6	66.0	106.2	99.2	111.1	361.5	370.5	323.5

（単位：100万ドル）

注1：フォード財団の助成金支出額の年度合計[104]
　2：アメリカ政府の無償開発援助の約束額の年度合計
　3：同有償協力の承認額の年度合計
　4：2と3の合計
　5：執行された無償・有償援助の年度合計
出典：フォード財団年次報告書1952～1965年、USAID Office of Statistics and Reports, *U.S. Economic Assistance Programs Administered by the Agency for International Development and Predecessor Agencies*, 1972

次に、インドに対してどのような政府間援助が行われていたのかを見てみ

103　PL480の援助額は巨額であり、アメリカ政府通常援助の総額130億3850万ルピー（契約額ベース、1966年3月まで）よりはるかに多い、182億8700万ルピー（1965年8月まで）にのぼっている。
104　フォード財団の助成金額の算定は、年次報告書に発表された助成決定時の予算額を単純に合計したものである。政府間援助の契約額に相当する。実際には、途中で追加助成が行われたり、あるいは予算を使い残す事例もあるが、契約額と支出済額が大きく異なることはあまりない。フォード財団が雇用するコンサルタントの経費は、年次報告書に報告される助成金に含まれている場合と報告書には現れない場合がある。したがって、後者を含めた最終的な合計額は表4より若干多い。

たい[105]。

　アメリカ、ソ連、西ドイツ、イギリス、日本が上位5カ国であり、第2グループとしてカナダ、フランス、イタリア、チェコスロバキアなどが続いている。アメリカとその影響下にあると思われる世界銀行、第2世界銀行を合わせると、約束額で52.7％、契約額で55.9％、支出済み額で58.6％と半分以上を占めている。

　第2位のソ連の援助では、インドは全体の23.3％を占める最大の被援助国である。また、インドを含む非同盟諸国の優先順位が高く、またアジア地域、特に南アジア・中近東が圧倒的なシェアを占めていると言えよう。つまり、冷戦下において第三世界の支持を得ようとする東西援助競争の主戦場は南アジア・中近東であり、なかんずくインドとアラブ連合（エジプト）であった。

　インドにおけるソ連の援助の特徴は、鉄鋼所建設、石油開発、水力発電所建設、化学工場建設、機械生産という工業化支援に重点が置かれていたことである。これは、アメリカの援助が食糧援助、農業援助を中心としていたことと大きな対比を示している。インド政府はソ連の援助でビライ（Bhilai）とボカロ（Bokaro）の2カ所の国営製鉄所を建設した[106]。こうした大規模な建設工事をいくつもソ連が手がけたわけだが、ソ連援助のもう一つの特徴として納期やコストといった西側で最も重要な経済要素に対する認識が薄く、ソ連政府が援助を約束しても実施されない、あるいはなかなか完成しない案件がかなりあったことである。これが表5（次頁）におけるソ連援助の契約額と支出済額の大きな差となって現れている。

　フォード財団の助成額をアメリカをはじめとする各国の政府間援助と量的比較をしてみたい。年次報告書に現れない外国人コンサルタント費用を含めると1951〜1965年の助成金の累計額は約6940万ドルとなる。これは同時期におけるアメリカ政府援助の約束額累計の約2.8％であり、同支出済額の3.9％である。フォード財団助成金の累計額6940万ドルは、約3億900万ルピーとなり[107]、表5の政府間援助ランキングの中に仮に入れてみると、契約額で見るとスイス政府より多い程度、支出済額で見るとカナダ政府より若干

105　民間援助では、諸ミショナリーに加えて、ロックフェラー財団もインドで活発に活動していた。しかし、量的には圧倒的にフォード財団が大きい。
106　アラブ連合においても同様である。同国のシェアが高いのはアスワンハイダム建設への援助のためである。
107　旧レートの1ドル＝4.76ルピー。

表5　インドの受け取った政府間外国援助（1947年独立から1966年3月31日まで）

(単位：100万ルピー)

	契約額		発注済額		支出済額	
アメリカ（PL480を除く）	13,038.5	33.6%	11,877.3	36.3%	10,424.3	37.6%
ソ連	4,843.1	12.5%	3,136.8	9.6%	2,820.8	10.2%
西ドイツ	4,573.7	11.8%	3,989.0	12.2%	3,448.1	12.4%
イギリス	3,646.3	9.4%	3,520.8	10.8%	2,922.7	10.5%
日本	1,735.3	4.5%	1,590.9	4.9%	1,128.8	4.1%
イタリア	813.2	2.1%	332.4	1.0%	116.5	0.5%
チェコスロバキア	631.0	1.6%	261.5	0.8%	126.1	0.5%
フランス	571.3	1.5%	382.2	1.2%	209.8	0.7%
カナダ	466.8	1.2%	554.7	1.7%	272.5	1.0%
ポーランド	413.0	1.1%	137.0	0.4%	113.4	0.5%
スイス	245.0		142.6		60.4	
オランダ	219.0		183.8		95.1	
ユーゴ	214.3		179.8		97.1	
ベルギー	114.2		114.2		48.9	
オーストリア	84.9		71.9		47.0	
デンマーク	24.1		15.0		6.0	
スウェーデン	22.1		14.0		―	
世銀（IBRD）	4,629.3	11.9%	3,964.1	12.1%	3,800.6	13.7%
第2世銀（IDA）	2,785.5	7.2%	2,470.8	7.5%	2,014.6	7.3%
合計	38,773.7		32,727.0		27,758.0	

出典：Public Opinion Institute, *Monthly Commentary on Indian Economic Condition*, 1966. 斎藤吉史「変容する経済開発の理念――インド5カ年計画のもたらしたもの」朝日新聞調査研究室報告、1968年、100頁

多い程度である。契約額ランキングの高いイタリア、チェコスロバキアなどの支出済額が極端に少ないため、実質的な支出ベースで考えるとフォード財団はカナダ、フランスなどの第2グループトップの国々とほぼ同じ程度と考えてよいのではなかろうか。

　もう一つ指摘しておきたいのは、フォード財団の助成事業の開始時期が1951年からと非常に早かったことである。フォード財団がインドで事業を開始した時にすでに開始されていた援助プログラムの数は限られていた。アメリカ政府のポイント・フォー技術協力プログラム、国連の技術協力プログラムなどが小規模に行われていた程度であり、英連邦によるコロンボ・プラ

ンも始まったばかりであった。したがって、1950年代、特にその前半においては多くの国の援助が始まっておらず、その時期のフォード財団の存在感は非常に大きかったであろうと思われる。

第二に1951年はインド政府の開発5カ年計画がちょうど開始された年であり、フォード財団はインド国家開発に最初から関わった数少ない機関の一つである。比喩的に言えば、インド政府にとってフォード財団は「糟糠の妻」的な存在であり、後発の多くの政府間援助に対してフォード財団は長く先行者利益を保っていたと考えられる。

フォード財団の援助は国際開発の国際援助レジームがまだ整っていなかった1950年代においては特に、アメリカ政府援助を含む政府間援助と十分比較可能な、注目に値する量的インパクトを持っていたと言えよう。1960年代に入ると巨大化する政府間援助によって、少なくとも量的にはフォード財団の助成の意義はその前の10年との比較では急速に低下したのである。

4－6　1950～60年代のビルマにおけるフォード財団とアメリカ政府援助の援助金額の比較

次にビルマについて概略をおさえたい。ビルマに対するフォード財団とアメリカ政府援助の援助額を年度別に比較したのが、表6（次頁）である。

1950年代から1960年代前半にかけてのアメリカの対ビルマ経済援助を、主要な援助の出し手であったアメリカ政府とフォード財団について比較しているわけであるが、3点ほどの重要な点が指摘出来る。第一に、この時期を通じて、アメリカ政府もフォード財団も金額的にはインドなどと比べると少額であったが、両者の援助規模はほぼ同じレベルにあったことである。インドと比べても両者の規模は拮抗していると言えるであろう。

第二に、ビルマ政府がアメリカ政府援助受け入れを一時見合わせた52年と、援助を拒否した53年6月30日以降、新たな米緬経済協力協定が結ばれる57年3月まで、表6でいえば54、55、56年度については、アメリカ政府の援助はマイナス、つまりビルマ側から援助金の返却があったと思われる状況が続いており、後者の期間はアメリカの組織としてはフォード財団だけがビルマで国際開発協力を行っていたことである。

第三に、こうした政治関係の大きな変化を原因として、アメリカ政府の対ビルマ政府援助は波が大きく、援助の現場は大きく混乱したと思われるのである。これに対してフォード財団の援助は比較的安定しており、57～61年

第1章　アメリカにおけるフォード財団　139

度はほぼ毎年100万ドル規模となっていた。援助案件がどれも3年程度の期間で行われていたことを考えると、援助総額規模が安定していたことは援助事業の実施にとって大きなプラスであったと思われる。

以上の点を考えれば、ビルマ政府にとって、規模、安定継続性の両面で、フォード財団のほうがアメリカ政府よりも優れた援助機関であったことは容易に想像出来る。この時期のビルマに関しては、フォード財団を中心にアメリカの開発協力は動いていたと言っても過言ではないであろう。

表6　ビルマにおけるフォード財団とアメリカ政府開発援助の数量的比較

	←――― Marshall Plan ―――→					←――― Mutual Security Act		
	1948	1949	1950	1951	1952	1953	1954	1955
フォード財団[1]						0.02	0.2	0.5
アメリカ政府 grants[2]				10.4	-0.2	12.8	-1.8	-1.1
Loan[3]								
obli. & auth. total[4]				10.4	-0.2	12.8	-1.8	-1.1
expend. total[5]				0.3	10.0	2.9	5.3	1.0

Mutual Security Act ―――→					←――― Foreign Assistance Act				
1956	1957	1958	1959	1960	1961	1962	1963	1964	1965
0.5	1.0	1.4	1.1	0.8	1.0	0.4	0.1		
-0.6	0.1	―	1.0	1.1	0.4	0.9	10.4	-7.8	0.3
		24.2	7.3	-3.8	-0.2	-2.0	4.8	―	3.5
-0.6	0.1	24.2	8.3	-2.7	0.2	-1.1	15.2	-7.8	3.7
0.2	0.1	0.3	6.3	3.9	1.9	5.0	2.0	4.9	4.8

（単位：100万ドル）

注1：フォード財団の助成金支出額の年度合計
　2：アメリカ政府の無償開発援助の約束額の年度合計
　3：同有償協力の承認額の年度合計
　4：2と3の合計
　5：執行された無償・有償援助の年度合計

出典：フォード財団年次報告書1952～1965年、およびUSAID Office of Statistics and Reports, *U.S. Economic Assistance Programs Administered by the Agency for International Development and Predecessor Agencies*, 1972 から筆者作成

4-7　1950～60年代のインドネシアにおけるフォード財団とアメリカ政府援助の援助金額の比較

　最後にインドネシアを見てみたい。以下の表7から両者の量的比較が行える。

　フォード財団がインドネシアでの活動を開始した1952年から1965年の期間、フォード財団の援助規模は最初の数年を除いて、アメリカ政府開発援助の約10～20％を占めていると言うことが出来る。ビルマよりはその相対的規模は小さく、ほぼインドと同じような政府との量的関係にある。それでも、相当なインパクトを持ちうる規模であったと言えるであろう。

　より細かく見ていくと、フォード財団の場合、初代代表のエルマー・ス

表7　インドネシアにおけるフォード財団とアメリカ政府開発援助の数量的比較

	1948	1949	1950	1951	1952	1953	1954	1955	1956	1957	1958	1959	1960	1961	1962	1963	1964	1965
フォード財団[1]					0.2	0.2	0.4	0.3	0.8	1.2	2.0	1.2	1.6	1.5	1.0	1.2	1.4	1.2
アメリカ政府 grants[2]		44.4	39.8	7.8	-1.9	13.2	4.4	7.0	10.1	10.3	9.7	11.1	10.8	13.9	18.9	18.4	7.4	-3.9
Loan[3]		17.2									0.7	14.3	9.0	-0.7	0.5	2.7	16.9	-2.4
obli. & auth. total[4]		61.7	39.8	7.9	-1.9	13.2	4.4	7.0	10.1	11.0	24.0	20.1	10.1	14.4	21.6	35.3	7.4	-6.3
expend. total[5]		50.5	50.0	1.1	5.9	2.8	5.3	5.4	7.4	8.3	10.7	9.1	13.1	11.5	24.9	22.4	30.3	11.8

1948–1951: Marshall Plan / 1952–1960: Mutual Security Act / 1961–1965: Foreign Assistance Act

（単位：100万ドル）

注1：フォード財団の助成金支出額の年度合計
　2：アメリカ政府の無償開発援助の約束額の年度合計
　3：同有償協力の承認額の年度合計
　4：2と3の合計
　5：執行された無償・有償援助の年度合計

出典：フォード財団年次報告書1952～1965年、USAID Office of Statistics and Reports, *U.S. Economic Assistance Programs Administered by the Agency for International Development and Predecessor Agencies*, 1972

ターチの任期時期は概して低調である。1955年に2代目のミシェル・ハリスが着任して、彼が立ち上げたプロジェクトが始まる56年頃から助成規模が増えていき、57年以降は100万ドルから200万ドルの間でほぼ安定していることが分かる。

　他方で、インドネシアにおけるアメリカ政府開発援助の特徴はオランダ領という位置づけでマーシャル・プラン援助の一部がインドネシア（当時蘭領インド）への医薬品、食糧援助に回されたため、1949、50年に非常に大きな援助が行われている。また、ビルマと同様、1952年の相互安全保障法による援助の紐つき化によってインドネシアにおいても開発援助の停滞が起こったことが現れている。このときに、フォード財団がインドネシアで活動を開始したのはビルマと同様、政府とのある種の連携であると見ることが出来る。援助体制が整った56年以降、両国関係が悪化する64年頃まではアメリカ政府開発援助も安定しており、無償援助はほぼ1000～2000万ドルとフォード財団の約10倍で推移している。スカルノの好意を得る外交政策をとった62～62年には、援助規模がほぼ2倍に増えている。

　要約すれば、インドネシアへのアメリカ政府開発援助は相当程度まで両国間関係に左右されるものであったのに対し、フォード財団の援助の規模は政府の約10～20％程度であったが、両国間関係の影響を受けることなく安定しており、インドネシアにとって一定程度のインパクトを持ちうる援助機関であったと言うことが出来るであろう。

第2章

インドにおけるフォード財団

本章では、「はじめに」でインドに関する研究の範囲と構成について述べ、第1節ではフォード財団のインドでの活動開始までの経緯、第2節では第1次5カ年計画（1951～1955年）におけるフォード財団の助成活動、第3節では第2次5カ年計画（1956～1960年）、第4節では第3次5カ年計画（1961～1965年）の時期について概説している。最後に小括で活動の意味について考察を加えた。

はじめに──研究の範囲と構成

　本章では、フォード財団がインドでの活動を開始した1951年の最初の助成プロジェクトから、1965年までに開始されたプロジェクトの中で、国際開発の分野と思われるものを全て対象としている。対象から除いたのは、アメリカへのインド紹介のような文化交流に分類出来るごく少数のプロジェクトだけである。

　プロジェクトは、通常2～3年計画で開始されるが、当初の予定通り終了するものは少なく、ほとんどの場合、2～3年間の継続助成が1～2回さらに実施されている。したがって、全体としては4～10年間程度継続する。その間に時代は変化していくが、フォード財団の助成の目標は長期的な制度・組織作りを目指すものが多く、プロジェクトを通して、当初設定された目的が大きく変更されることはほとんどない。したがって、プロジェクトの性格と内容を決めるのは、プロジェクト開始時点の目的設定であり、そこが最も重要である。

　本章では、第1次（51～55年）、第2次（56～60年）、第3次（61～65年）までのインド政府による開発計画をフォード財団の活動の時代区分として用いて、叙述の構成が組み立てられている。どの開発計画期に開始されたかで、プロジェクトが分類されているわけである。各次の開発計画にはそれぞれ特徴があり、インド政府と緊密な協力関係にあったフォード財団の活動は国家開発計画とある意味では一体化しており、国家開発計画をフォード財団の活動の時代区分とすることは妥当と思われる。ただし、一度開始された助成プロジェクトは、開発計画の時代区分と無関係に継続されていくため、個々のプロジェクトの叙述は時代区分を超えてプロジェクトの終了まで完結されている。

フォード財団のインドにおける活動分野

　フォード財団海外開発のプログラムの中で、インドは最も早く活動を開始した国の一つであり、また活動の量の面でも最大の国である。したがって、助成の数、内容も多岐にわたっており、全体を詳細に把握するのは容易ではない。幸いなことに、1992年にフォード財団ニューデリー事務所は活動開始40周年を記念して、元インド代表（1976～81年）であったユージン・ステイプルスに依頼して40年史と言えるような出版物を出している[108]。フォード財団の活動を概観するために、まずこの40年史を見てみよう。
　ステイプルスは、フォード財団の助成活動を大きく以下の5つに分類している。

　　ステイプルスの活動の大分類
　　（1）食糧生産、農村貧困、持続可能な農業（Food Production, Rural Poverty and Sustainable Development）
　　（2）教育・文化、権利と統治（Education and Culture, Rights and Governance）
　　（3）計画と経営（Planning and Management）
　　（4）人口、幼児生存、リプロダクティブ・ヘルス（Population, Child Survival and Reproductive Health）
　　（5）国際的関係（International Connections）

　ステイプルスの大分類の個々には、それぞれいくつかの活動分野が含まれている。
　また、フォード財団の初代インド代表で1951年から1970年までの19年間という長期にわたってインドにおける活動を率いたエンスミンガーは、1973年前後に行われたフォード財団のオーラル・ヒストリー作成事業において、以下の個別の活動分野について口述記録を残している。これらは、ある意味で、1951年から70年まで時期についてエンスミンガーが考えていた活動分野分類を示していると思われる。

---

[108] Staple, Eugene S., *Forty Years: A Learning Curve, The Ford Foundation Programs in India, 1952–1992*, [New Delhi], The Ford Foundation, 1992.

エンスミンガーの分類[109]
- 人口・家族計画（Population and Family Planning）
- 農村・小規模産業（Village and Small Industries）
- 食糧増産（Food Enough for its People）
- 行政（Public Administration）
- 経営教育（Management Education）
- 経済学組織強化（Institutional Strength of Economics）
- 外国人インド駐在員オリエンテーションセンター（Delhi Center for the Orientation of Foreigners taking up with Assignments in India）
- 応用政治学センター（Center for Applied Politics）
- 芸術・文化プログラム（Art and Culture Programs）
- 教育テレビ・マスコミ（Educational Television and Mass Communication）
- 法・法律教育（Law and Legal Education）
- 人材計画（Manpower）
- 都市化（Urbanization）
- 家政学（Home Economics work）
- 社会科学（Sociological Sciences）
- コミュニティ開発（Community Development）
- 農村電化・水道プロジェクト（Village Electric and Water Project）
- 教育（Education）
- 公務員フェローシップ（Public Service Fellowship Program）

以上に加えて、「なぜフォード財団が関わったのか」と題して、以下の4つのプロジェクトについて口述記録が残されている。これらは、説明を要する特殊な事情を含んでいるとエンスミンガーが考えていたと言えよう。

- インド鉄鋼技術者養成（Training of India's Young Engineers in Steel Making）
- 銀行国営化（Nationalizing its Banks）
- カルカッタ地域長期計画（Long Range Plan for the Greater Calcutta Area）
- 手工芸・手織り機産業（Handicrafts and Handloom Industries）

---

[109] Ensminer, Douglas, Oral History Transcript, "Table of Contents, Section B: Topics Related to Specific Projects," FFA.

40年間（1952〜92年）の活動についてのステイプルスの分類と、最初の約20年間（1952〜70年）についてのエンスミンガーの分類を重ね合わせたのが表8である。ステイプルスの小分類中、下線のある部分は、エンスミンガーの時代にはなく、後半の20年間に現れた新しい助成分野である。

　表8から分かるように、ステイプルスの40年間の活動史はエンスミンガーの活動分野分類を大きく5つにまとめることから出発している。さらに、エンスミンガー以降の20年間の活動において、5つの大分類に収まらないまったく新しい活動分野が登場したことはなく、何らかの意味でエンスミンガー時代の活動の延長線上に位置づけることが出来ると考えられていると言えよう。つまり、時代の変化に応じて新しい概念や問題が登場したものの、大分類に象徴される基本的な関心においては変化がなかったということである。上記「(5)国際的関係」という分野は、アメリカにおけるインド紹介などの国際文化交流に類する活動が中心である。そこで、本章ではこの分野を除いて、(1)から(4)の分野を扱う。

　次に、(1)から(4)の大分類の中で助成プロジェクトの数が多く、したがって主要な関心領域であったと思われる分野、すなわち、エンスミンガーの分類による、(1)コミュニティ開発、食糧増産、家政学教育、(2)教育、(3)行政、経営、経済学組織強化、人材計画、社会科学、農村・小規模産業、(4)人口・家族計画、の諸分野について、それに含まれる個々のプロジェクトを、1951年から1965年まで、年別に模式的にまとめたのが表9である。

表8　フォード財団の活動分野の分類──ステイプルスの40年とエンスミンガーの20年

ステイプルスの大分類	ステイプルスの小分類	エンスミンガーオーラル・ヒストリーのトピック
(1) 食料生産、農村貧困、持続可能な農業	コミュニティ開発、食糧増産(IADP)、農業教育・研究、稲研究、資源管理・持続可能農業、NGO支援、女性の雇用	コミュニティ開発、食糧増産、家政学、農村電化・水道プロジェクト
(2) 教育・文化、権利と統治	中等教員訓練、農業大学、言語問題、大学、女性研究、文化、法・権利と統治	教育、芸術・文化プログラム、教育テレビ・マスコミ、法・法律教育
(3) 計画と経営	行政、社会科学、経営、小規模産業、都市・地域計画	行政、社会科学、農村・小規模産業、経営教育、経済学組織強化、応用政治学センター、人材計画、都市化
(4) 人口、幼児生存、リプロダクティブ・ヘルス	人口、保健・栄養、AIDS	人口・家族計画
(5) 国際的関係	外部世界理解、インド理解促進	外国人インド駐在員オリエンテーションセンター

表9　1951年から1965年までの大分類ごとの助成プロジェクト分布[110]

〈第1次5カ年計画の期間〉

	1951	1952	1953	1954	1955
(1) 農業	◎	◎○	○○○○○○○	○○○○○▼	○○○
(2) 教育・文化			○	○○○○ ▼▼▼▼▼	◎○
(3) 計画・経営		x[111]		▼▼○○	○○○○○
(4) 人口					

〈第2次5カ年計画の期間〉

	1956	1957	1958	1959	1960
(1) 農業	○○○○	○○○ ▼▼▼	○○○○○ ○▼▼▼	○○○○▼	●○○○○○ ○○○▼▼
(2) 教育・文化	○○○	○○○▼▼	○○○▼	○○○ ▼▼▼	
(3) 計画・経営	○○	○○○○○▼▼	○○○○▼▼	○○○○	○○○○ ▼▼▼
(4) 人口			○	○	○

〈第3次5カ年計画の期間〉

	1961	1962	1963	1964	1965
(1) 農業	◎	○	○	○○○	
(2) 教育・文化	▼			○○○○○	○○
(3) 計画・経営	○○○▼	○○○○○ ○		○○○○○	○
(4) 人口		○○○○○○○▼	○○○○○○	◎○○○○	

○：助成プロジェクト　　　　　　　　　◎：100万ドル以上の大型助成プロジェクト
●：500万ドル以上の超大型助成プロジェクト　▼：FAP（Foundation Administered Project）[112]
出典：フォード財団各年度の年次報告書を用いて筆者作成

　表9から、第1次から第3次5カ年計画までの15年間のフォード財団の活動を非常に大まかに言うと、以下のように言えるであろう。

110　活動の初期は、助成管理制度が未発達であり、財団自身のスタッフ、財団雇用コンサルタント、助成プロジェクトに雇用されたコンサルタント、などの分類上の区別がはっきりしていない。また、年次報告書への記載等も未整備である。したがって、特に第1次5カ年計画の部分には、この表に収録されていないFAP、助成が存在するかもしれない。本表は、あくまでも全体の傾向を大まかに捉えるためと理解いただきたい。
111　年次報告書に記述がなく、助成プロジェクトであったのかFAPなのか判別出来ないが、この年に1名コンサルタントが派遣されている。
112　適切な助成対象が存在しない場合に、財団が自らに助成するという解釈でフォード財団自身が管理経営するプロジェクト。表に現れるFAPは、ほとんどの場合フォード財団がコンサルタ

1. 農業の分野が、一貫してフォード財団の活動の中心であるが、第1次5カ年計画の当初から大規模に始まり、その後フォローアップされた「コミュニティ開発」と、第2次5カ年計画の終盤から第3次5カ年計画にかけて、さらに大規模に行われた「食糧増産」の2つのピークがある。
2. 教育の分野[113]は、農業より3年ほど遅れて始まり、1955年と1957年[114]に大規模な助成が行われたが、それ以降はあまり大規模な助成はなく、1964年に一つひとつはそれほど大きくないが一連の助成が行われた。
3. 計画・経営の分野は教育より1年早く1952年に始まり、大規模な助成としては1957年のインド鉄鋼技術者養成と1958年の農村・小規模産業開発への助成が行われ、また、定常的に一定程度の数の助成がほぼ毎年行われた。
4. 人口の分野は他より遅れて第2次5カ年計画の半ば頃にようやく始まり、第3次5カ年計画の後半に大規模な助成が行われた。

以上のような大まかな助成の歴史的変遷を踏まえて、第2節（第1次5カ年計画期）から第4節（第3次5カ年計画期）では、以下の分野について、それがなぜ、どのようにして助成分野として採択されたのか、事業実施の経緯、その後の評価についてやや詳しく説明したい。

 第2節（第1次5カ年計画）　コミュニティ開発、教育、行政
 第3節（第2次5カ年計画）　鉄鋼技術者養成、農村・小規模産業、社会科学・経済学
 第4節（第3次5カ年計画）　食糧増産、人口・家族計画、経営学

特に、筆者の関心は、そのテーマがなぜ、どのようにして採択されたのかという点に強く置かれている。それは、フォード財団の活動をアイディアの

ントを雇用して、インド政府に派遣したもの。コンサルタントは助成プロジェクトの中で雇用される場合も多いが、その場合、コンサルタントはインド政府に雇用される。FAPを用いるのは、事業の実施前段階でのフィージビリティ調査、調整、政策検討などで、事業の実施段階でのコンサルタントは助成プロジェクトに含まれることが多い。
113　第1次から第2次5カ年計画の時期には、文化領域の助成は非常に少ない。
114　英語教育研究所への685万ドルの助成。英語教育は本書では取り上げない。

闘争と考えるため、アイディアがどこから来て、どのような政治的、社会的、思想的文脈に置かれ、どのような異なるアイディアとの闘争だったのかという研究課題が、本書全体を通しての基調をなしているからである。したがって、通常の開発研究で最も中心的な課題である評価の問題に対しては、筆者は個々の助成分野やプロジェクトに対して必ずしも筆者自身による評価を下してはいない。評価の問題に対しては、むしろ後の時代にフォード財団自身が、あるいは外部の評価者がどのような評価を与えたかを紹介するように努めた。なぜならば、次の時代の人々がどのように評価したかは、追及された理念が放棄されるのか、一層発展するのか、変化するのかを決めるという意味において重要だからである。

第二に、フォード財団の開発協力とそれが行われた文脈との関係が重要である。なぜ、どのようにという問いは文脈との関係なしには成立し得ない問いである。そこで、アメリカの民間財団がインドで活動する時に基本的に重要であると思われる政治的、国際関係的な当時の状況について、必要と思われる範囲内でなるべく簡潔に説明を付した。これらは、いくつかの既存基本文献の内容を本書の論点の立場から要約、再整理したものである。

　　第1節　ホフマン訪印前の米印関係
　　第2節　インドの開発5カ年計画の概観
　　第3節　第2次5カ年計画前後のインドの国際関係
　　第4節　第3次5カ年計画前後のインドの国際関係

第1節　インドにおける海外開発プログラムの始まり

本節では、フォード財団のインドにおける活動がどのようにして始まったのかをやや詳しく述べたい。インドを含む、フォード財団の海外開発プログラムは、ホフマン理事長率いる代表団の1951年8月の中東、南アジア、フィリピン訪問に始まった。このときの6度にわたる会合を通じて確認されたホフマンとネルーとの二人の国際平和への考え方の一致が、その後のフォード財団のインドでの活動の基本を定めるきわめて重要なものとなったのである。この二人の出会いは、アジアの新興独立国の民主的社会主義とやや時代遅れとなりつつあったニューディール的アメリカ・リベラルの国際主義の出会いを象徴している。フォード財団がインドで具体的に取り組んだ国際開発

協力とは、文学的表現を用いれば、この2つの理想主義的な思想の共同作業の上に開花したと言えると筆者は考える。

1－1　ホフマン訪印前の米印関係

　ホフマン一行はネルーとインド政府から大歓迎を受けた。それは、戦後の米印関係の中でも何度目かの危機の時期だったからである。ホフマンの訪問は関係改善のきっかけを求めていた米印両国政府にとって、まさに時宜を得ていた。非同盟中立主義を掲げるネルーの外交はトルーマン、アイゼンハワー、ケネディ、ジョンソンの政権を通じて、冷戦の枠組みの中で模索を続けるアメリカ政府の対南アジア政策、およびそれにとどまらず対途上国政策全般の中でも最大の懸案であった。ホフマン訪問の前年の1950年には、非同盟主義のインドがアメリカの安全保障政策に初めて表立った抵抗を試みた朝鮮戦争が勃発し、また米印外交の中心課題であり続けた経済援助、特に食糧援助の動きが始まった[115]。

　国連安全保障理事会の非常任理事国の中心的存在で、かつ非同盟諸国の指導者を任じるネルーは朝鮮戦争の当初においては国連の北朝鮮軍撤兵勧告に賛成したものの、アメリカの対決姿勢にはなびかず、むしろ中国加盟問題でボイコットしているソ連の安全保障理事会復帰を促すこと、そのために台湾に代わって中国の国連参加を認めることをアメリカに強く働きかけた。そして、中国を含めた全ての大国間の話し合いによる朝鮮戦争の平和的解決の道を探り続けた。ネルーは朝鮮戦争が米中さらにはソ連を含めた東西間の戦争に発展することを恐れ、反攻に転じた国連軍が38度線を越えて北上し始めた時には、それに明確に反対する外交を展開した。こうしたネルーのガンディ主義的な紛争の平和的解決を求める外交政策は、アメリカ政府のみならず反共に燃えるマスコミや一般大衆の目には非現実的な馬鹿げたものにしか見えなかった。アジアの独立運動の英雄としてのネルーの評判は急速に地に落ち、アメリカの議会や世論にネルーに対する反感が急速に高まっていった。このとき以降、ネルーはアメリカ議会の中に保守派を中心とする根強い敵対者を持つことになる。

---

[115]　以下の記述は、McMahon, Robert J., *The Cold War on the Periphery: The United States, India and Pakistan*, [New York]: Columbia University Press, 1994, pp. 80–102 および Merrill, Dennis, *Bread and the Ballot: The United States and India's Economic Development, 1947–1963*, [Chapel Hill and London]: The University of North Carolina Press, 1990, pp. 47–74 を参照。

一方で、1950年の後半にはインド国内で食料危機の影が急速に色濃くなっていっていた。夏の洪水と引き続いての旱魃が260万トンの穀物減収をもたらしているとの極秘の情報が11月には農業大臣ムンシからヘンダーソン大使に伝えられていた。ほぼ同時に、財務大臣デシュムクは、ついにそれまで渋っていたネルーが外国援助の必要性を認め、現状で援助出来る能力を持つのはアメリカだけであるという閣僚の主張をようやく受け入れたと、大使に伝えていた。数日のうちに、ネルー首相の妹のヴィジャヤラクシュミ・パンディット駐米大使は国務省に対して、ネルーは政治的な紐つきでない限り、アメリカの経済援助を受け入れる用意がある旨通報した。そして、12月16日に同大使は正式にインド政府が200万トンの穀物援助を要請すると伝えた。
　1951年1月になると、インドの食料援助要請はアメリカのマスコミや知識人の間での強い同情を集めることになる。それまでのネルー外交への強い反発にもかかわらず、飢餓と政治は別だという論調が中心的となり、エレノア・ルーズヴェルト、パール・バックなどの著名人やYMCA、全米教会協議会などが中心となってアメリカ対インド緊急援助委員会がすぐに結成された。そして、全米教会協議会、YMCA、全米ルーテラン評議会、アメリカフレンズ奉仕団などの宗教系NGOによる緊急食糧援助が開始された。ポール・ホフマンのネルーへの最初のアプローチもこの時期に始まっている。したがって、フォード財団のインドへの関与もまた、リベラル派知識人やNGOによるインド食糧救援運動と、どこか本質的な理念、あるいは動機において重なる部分があったと言うことも出来よう。
　こうした世論を受けて、アメリカ議会でもインドへの食糧援助法案の審議が開始されたが、議会内の反ネルー派の抵抗や、この際に食糧援助によってインドへの政治的梃子を獲得しようとする思惑が錯綜し、法案の審議は停滞した。この間にはソ連と中国の緊急援助決定の報がもたらされ、議論は一層混乱した。審議の過程ではアメリカ政府援助の対象国はアメリカの同盟国に限るべきだという保守派の意見が強く出され、当初190万ドルの無償援助案が、最終的にその半分が借款とされた。また、援助条件をめぐって上院、下院でそれぞれ異なった修正案が審議されるという混乱した事態が続いた。さらに問題となったのは、食糧配給を援助実施機関であるアメリカ経済協力庁（ECA）が監視するという条項であった。ネルーはインドの主権侵害であり、インドの開発計画にアメリカが介入する口実を与えると怒りを発した。ついに、4月29日のインド議会演説でアメリカ議会が援助に関して付与した条

件は受け入れられないと、事実上の援助受け入れ拒否宣言を行うに至った。他方で、こうした反応を見越していたかのように5月2日には上院、下院は援助法案の審議延期を決定した。駆け引きの勝者は初めから見えていた。ますます深刻化する飢饉の前に、ネルーは折れざるを得なかった。5月10日、上院、下院のいずれの条件をも受け入れるとインド議会で発言したのである。こうして6月には、上下両院とも援助法案を通過させ、その後長く続くアメリカによるインドへの食糧援助が開始された。

しかしながら、長引いた援助法案審議と餓死者とを引き換えにインドから政治的、経済的妥協を引き出そうとするようなやり方は、ネルーとインド世論全般に深いアメリカ不信を植えつけるに十分であった。アメリカの経済援助はネルーを非同盟主義から自由主義陣営に引き入れるという当初の戦略的目的を果たすどころか、ソ連寄りの非同盟主義へと追いやってしまったのである。この年、ネルーはアメリカを中心とする対日講和案に反対し、後のサンフランシスコ対日講和会議にもインド代表は欠席した。

1−2　調査団の訪印の目的

1951年1月、ホフマンはパンディット駐米大使に書簡を送り、インドを訪問してネルーとインドにおけるフォード財団の活動の可能性に関する話し合いを持ちたい旨連絡した[116]。前年11月に初代理事長に就任し、ホフマンが行ったほとんど最初の仕事が、このネルーへのアプローチであった。ネルーはすぐに好意的に反応したが、ホフマンの訪問が実現したのは政府援助をめぐるアメリカ政府・議会とネルーとの一連の対立と駆け引きが収まった8月であった。

ホフマンはインドへの援助の必要性を強く認識していた。インド援助の必要性は同年10月末に着任することになるニューディーラーの新任大使、チェスター・ボウルズにも典型的に見られるように、当時のリベラル派に共通の認識であった。49年の国共内戦での中国共産党の勝利はアメリカの指導層に強い動揺を与えていた。民主主義のインドを守ること、民主的な手段によって貧困が解決出来ることを独立間もない他のアジア諸国に示すこと、それによってアジアへの共産主義の伝播を防ぐこと、そしてそのためにアメリカが経済援助を行うことが、リベラル派に共通のインドへのアプローチであった。リベラルたちは、保守派が忌み嫌っていたネルーの社会主義と非同

116　Letter to Vijayalakshmi Pandit from Paul Hoffman, January 1951. PA , FFA.

盟中立主義に対しては比較的寛容であった。そして、ダレス国務長官に代表されるような、冷戦を敵味方という単純な割り切りで見る短視眼的な冷戦戦士とは対照的に、インドが議会制民主主義を堅持し、かつ経済発展を遂げること自体が、世界から重大な平和への脅威を取り除き、長期的にアメリカの政治的、経済的国益につながるというハト派的・理想主義的アプローチをとっていた。

1－3　中東とパキスタン訪問

　代表団は、8月8日にまずベイルートに到着した。中東は湾岸の石油資源確保の面から、インドと同様ソ連の脅威からどうしても守らなければならない地域として認識されていた[117]。ベイルートのアメリカン大学への支援などについて関係者と懇談すると、その日のうちに一行はカラチへと向かった。パキスタンではリアクアット・アリ・カーン首相、クワジャ・ナジムディン総督をはじめとする、財政経済大臣、商業教育大臣、食料農業大臣、産業大臣、保健労働大臣などのパキスタン政府要人、および全パキスタン女性協会（All Pakistan Women's Association）代表を務めるベグン・アリ・カーン首相夫人などとの会合を重ね、またウォーレン大使、およびアメリカ大使館スタッフ、国連技術協力プログラムのパキスタン駐在代表やアメリカ技術協力プログラム駐在代表などの技術協力担当者との会合も持たれた。イギリスで教育を受けた親欧米派のエリートによるパキスタンの政権は、当時開発6カ年計画を策定しており、コロンボ・プランによる英連邦諸国援助、アメリカのポイント・フォー技術協力、および国連技術協力プログラムがスタートしつつあった。

　パキスタン政府要人、および技術協力関係者などから、記録されているだけでも9件の技術者養成、病院・医療研究・保健施設建設、灌漑施設建設、アメリカとの交流事業などの援助プロジェクトの打診がなされたが、ホフマン代表団が特に関心を示したのはパキスタン政府の要請した職業教育のためのポリテクニックの創設と、ベグン首相夫人の提案した女性のための訓練センターの建設であった。前者は、ホフマンらが当初から中級レベルの技術者の養成に、後者は開発への女性の参加に強い関心を持っていたことを示して

---

[117]　以下のホフマン代表団の記述は、Howard, John, "Detailed Report on Visit to Near East, South Asia, and Far East," October 1, 1951, Report #002576, FFA.

いる[118]。この2つの関心は、50〜60年代を通じてフォード財団の国際開発において中心的ではないが継続するテーマとなった。

1−4　ネルーとの会見

　4日間のパキスタンでの日程を終えた代表団は、8月12日にニューデリーに到着した。ヘンダーソン・アメリカ大使とパティル・ボンベイ市長との昼食を終えたホフマンらは、日曜日にもかかわらず、その夜、第1回のネルーとの会合を持った。これを含めてネルーは3回の単独公式会合に加えて、国家計画委員長などの立場での会合にも参加し、わずか5日間に合計6回にも及ぶホフマンらとの会合を持った。第1次国家開発5カ年計画を策定したばかりのネルーは、ホフマンの国家開発計画に関する知識と経験に大きな期待を持っていた。それは、彼がマーシャル・プランの実施機関である経済協力庁の長官として、大成功を収めた欧州復興計画の実施面におけるアメリカ側最高責任者であったからである。他方で、ホフマンはネルーの世界平和実現のための外交政策に興味を持ち、インドをはじめとする新興独立国の貧困撲滅と経済発展が世界平和実現のための重要な要素であるという理念において、二人は一致したのである。そして、ネルーの夢に沿ってインドを発展させるためにフォード財団が有意義な役割を果たせるとホフマンは構想し、ネルーはインドの発展の援助者としてフォード財団が適切であることを受け入れた[119]。この二人の合意はインドにおけるフォード財団の活動を規定する上で決定的に重要で、かつ永続する意味を持っていた。このとき以降70年代に至るまで、フォード財団はインドにおける多くの援助機関の中で、実質的にネルーとインド政府のアドヴァイザーとして、その国家開発計画の策定に助言を行うという特別な地位を与えられ、またそうした非常に親密な関係に応えるべく、フォード財団は民間財団としては破格の大規模な協力をインドの開発に注ぐことになったのである。

　代表団はネルーに引き続き、国家計画委員会（National Planning Commission）、食料農業大臣、商業産業大臣、保健大臣、財務大臣、教育大臣らの政府高官と

118　この当時、開発過程における女性の役割に注目していたことは、1970年代以降にアメリカ国内でのフェミニズム運動に対応して活発化したフォード財団の問題意識とは異なると思われるが、萌芽的な関心を示していた点で注目される。
119　Ensminger, Douglas, Oral History Transcript, A.7, "The Foundation's Objective and Reasons for Its Presence in India," November 18, 1971, pp. 1–2, FFA.

会合を重ね、また、アメリカ大使と大使館スタッフとの儀礼的会合も持った。ホフマンはフォード財団がアメリカ国務省の単なる代理人と見なされ、アメリカとインドの外交関係に巻き込まれることを恐れ、民間財団としての自由度を確保するようにきわめて注意深く対処していた[120]。前年までマーシャル・プランの実施最高責任者であったホフマンはアメリカ史上最大規模の巨額援助を扱ってきており、その彼から見ると、いかに巨大とは言え一民間財団の援助規模は政府援助と比べても、またインドの必要とするニーズと比較しても、きわめて限られたものであることを熟知していた。したがって、フォード財団の比較優位はアメリカ議会や官僚機構に縛られない自由度にあることを深く認識しており、その意味でもアメリカ政府援助とは明確に区別される必要がどうしてもあったのである。

1－5　農業重視の合意

　インドでの最も実質的な会合は1950年にネルーによって設立され、この年の7月に第1次国家開発5カ年計画の草稿案を発表していた国家計画委員会との間で持たれた。委員長はネルーが兼務しており、委員会の実質的な最高責任者は副委員長で、このときはグルザリラル・ナンダが務めており、彼を筆頭に、後に後任の副委員長となる V. T. クリシュナマチャリ（Krishnamachari）、デシュムク財務大臣、メータ、パーティルが委員であった。第1回のホフマン代表団との会合で、国家計画委員会はいくつものプロジェクトの提案を行った。農村開発プログラム、砂漠化防止、農村大学、民衆大学、デリーの中央教育研究所強化、大学の国際関係論等の強化、大学図書館援助、大学の理系学部発展、全インド医療研究所設立、アメリカへの留学奨学金、教育心理学の中央研究所設立、開発研究所の設立のプロジェクトが提案され、また太陽光エネルギー開発なども討議されたと記録されている。これらのインド側提案のいくつかはその後もフォローされて、フォード財団の助成の対象となったものもあるが、この会合の際には議論は農村開発プロジェクトに集中的した。

　第1次5カ年計画は確かに農村開発に重点が置かれているのが特徴であった。ネルーはインドの伝統的な農村の近代化に強い関心を持っており、また食糧危機は緊急の課題で、そのための農業生産の拡大は政府の最大関心事の

---

[120]　Howard, John, Oral History Transcript, op. cit.

一つであった。一方で、ホフマンもフォード財団の国際開発の中心に農業技術協力を考えていた。国際プログラム担当の副理事長に農業金融の専門家であるデイヴィスを迎えたのは、そうしたホフマンの方針の現れである。ニューディールの農業調整庁（Agricultural Adjustment Agency: AAA）の長官を務めた経験のあるデイヴィスは、農業に関する幅広い知識と経験を持っていた。ホフマンが農業技術協力を中心にしようと考えていた理由は、記録からは判然としないが、当時の新興独立国家では飢饉の危険が常在し、アメリカの農業技術協力へのニーズが高かったこと、またアメリカが伝統的に高度の農業技術を有した農業大国で農業分野の国際的な技術協力の蓄積があったことなど、農業技術協力は需要と供給が一致した分野の一つであったことが考えられる。また、中国共産党が農民の支持を得て国共内戦に勝利した教訓から、共産主義の浸透を防ぐには農村の安定が決定的に重要と考えていたのではないかとも想像される[121]。

　国務省からフォード財団に転じてきたハワードは、調査団派遣の準備作業として、フォード財団の国際プログラムで何をすべきかについて国務省、経済協力庁、国連食糧農業機関などの関係者および、ネルソン・ロックフェラーや農務省のハワード・トーリーなど専門家の意見を聴取していた。ロックフェラーはインドとパキスタンでの時間をかけ、資金を潤沢に使った、包括的な農村開発プロジェクトを示唆した。一時は、ロックフェラーを代表とする国際開発組織を新たに作って、インドとパキスタンでの開発協力にあたろうという構想も出された。その構想は実現しなかったが、ロックフェラーのアイディアはフォード財団調査団が持っていった最も重要な提案であった[122]。デイヴィスもインドでの活動の中心が農業となると考えており、同行したハワードの推測では、インド側と事前交渉を行っていたようである[123]。5日間の日程を終えて、ホフマンとコウルズはインドを離れたが、デイヴィスとハワードはさらに7日間インドに滞在し、アメリカ政府の技術援助プログラムであるポイント・フォー・プログラムによってインド政府の農業普及アドバイザーを務めていたホレイス・ホームズの案内で実験的なコミュニティ開発プロジェクトが行われていたウッタル・プラデシュ州のエタワー郡の見学を行った。6月の事前調査

---

121 Francis Sutton。筆者によるインタビュー、2000年10月18日。
122 Rosen, George, *Western Economists and Eastern Societies: Agents of Change in South Asia, 1950–1970*, [Baltimore and London]: The John Hopkins University Press, 1985, p. 9
123 John B. Howard, Oral History Transcript, February 13, 1973, pp. 8–9, FFA.

の際に、ヘンダーソン駐印大使がハワードにホームズを紹介していた[124]。

1-6　農村開発プログラムの提案

　ニューデリーに戻ったデイヴィスは、国家計画委員会との最終会合で、農村開発支援に関する全般的な合意を具体化して、エタワーのようなデモンストレーションと訓練のためのプロジェクトをインドの15カ所で実施すること、農業普及員の訓練のためのセンターをインド全土で5カ所に設立すること、またより高度な農業技術の訓練のためにアラハバード農業研究所（Allahabad Agricultural Institute）とそれに類似する高等教育研究機関への支援を行うことの3つの骨子からなる、プロジェクトの提案を行った。国家計画委員会は5カ年計画に明示されている農村開発の重要性、また農業普及員を大規模に養成する必要性に同意した。しかし、同時に、州政府のプロジェクト実施能力への疑問から、こうした体系化されたプロジェクトがすぐに実施出来るかどうかに不安を示した。

　農業生産を拡大することはインドにとってきわめて重要であり、そのために耕地拡大、ダモダル渓谷計画などのダム建設、灌漑設備の拡充、新設プロジェクト、また化学肥料生産などの大規模でコストのかかるプロジェクトも構想、開始されていた。しかし、このときに国家計画委員会とデイヴィスらのフォード財団がとった考えは、こうしたコストも時間もかかる方法ではなく、既存の簡単な知識の普及によって短期間に農業生産が拡大出来るという発想に基づいた、農業技術普及活動の振興であった。その背景には、小麦にしろ米にしろインドの耕地あたりの生産性が非常に低いという点があった。インドに豊富にある労働力をうまく投入すれば、生産性を高めることは十分に可能であり、それによってコストをかけずに農業生産を高められると考えた。工業生産能力が未発達のインドでは、灌漑にしろ肥料生産にしろ工業製品を輸入する必要があり、貴重な外貨をそれに使うよりは農業技術普及をとるべきだと判断した。農業技術普及を中心として、教育や衛生普及も含めた農村の近代化に向けた農村開発は1950年代にインド開発の中心的テーマの一つとなったが、農村の全般的な意味での近代化などの効用は差し置いても、農業生産の飛躍的拡大には必ずしも十分に結びつかなかった。この点は、フォード財団内部でも農業技術普及をとるか、灌漑や品種改良をとるか

124　Memorandum to Paul G. Hoffman from John B. Howard, June 25, 1951, pp. 1–5. PA52-61, FFA.

で、後に内部対立の原因となる。純粋に農業生産拡大という点に限って言えば、歴史的な評価は後者に有利である。すなわち、緑の革命という形で実現した、高収穫品種の導入によって初めて、飛躍的な農業生産の拡大が見られたのである。そういう意味では、大きな岐路となる判断がこのときにデイヴィスによって行われていた。

もう一つ重要な点は、この時点で土地改革と人口増加抑制が農村開発の成否を決める決定的要因であることがはっきりと認識されていたことである。しかし、両方ともインド政府にとって政治的に容易でない課題であり、フォード財団にとっても関わり方が微妙な課題であった。この2つの課題はインド政府が責任を持つものとされ、フォード財団は現実的に可能な範囲で協力することが合意された[125]。

以上のような討議を経て、おおよそ固まりつつある最初の協力プロジェクトの案を双方が持ちかえって検討することを決めて、デイヴィスとハワードはインドを後にした。二人は、その前にボンベイでタタ（J. R. D. Tata）とビルラ（G. D. Birla）というインドを代表する企業家で、また財団や研究所などを通じて独自に社会貢献を行っている人々との会合なども行っていた。企業家たちは、政府官僚が中心となる開発の成功に強い疑念を示した。このときには、企業家たちから家族計画の民間組織設立などの提案もあり[126]、インドの企業家たちの提案も一考の余地のあるものであった。しかし、現実にはフォード財団はインド政府との協力に向かっていき、企業家たちの提案は1960年代半ばまでフォード財団に省みられることはなかったのである。

二人はフィリピンへと移動した。フィリピンでは、地元のYMCAからの援助要請の検討を行って、各国での過密スケジュールに疲労困憊しつつ、帰国の途についた。

1−7　理事会の承認とインド駐在代表の選任

帰国したホフマンは理事会に対して報告を行い、51年10月の理事会で、インドに対してはデイヴィスの提案に沿って、農村開発プロジェクトを中心に3年間で350万ドルを上限とし、パキスタンに対しては職業技術訓練と女

125　"Summary Guides for the Use of Ensminger, Moyer and Howard in India and Pakistan," October 22, 1951, p. 5, Report #012093, FFA.
126　McCarthy, Kathleen, "The Ford Foundation's Population Program in India, Pakistan and Bangladesh, 1959–1981," 1981, FFA.

性の社会福祉と家政学の訓練センターの2つを中心に3年間で200万ドルを上限とする助成予算が承認された[127]。

デイヴィスはインド側と合意したフォード財団インド駐在代表のリクルートに着手した。デイヴィスは農業分野で傑出した二人の専門家に適任者の推薦を依頼した。二人ともアメリカ農務省のスタッフで、一人は農業技術普及の第一人者とされていたウィルソン、もう一人は農業経済局長のトーリーであった。二人は、農村社会学者のダグラス・エンスミンガーを推薦した。彼は、農務省で農業普及活動の調査や指導、およびアメリカ政府の技術協力プログラムでインド・パキスタンなどから農業研修生の受け入れの仕事をしていた。早速、デイヴィスはエンスミンガーに接触したが、彼にはまったくその気がなく、デイヴィスの度重なる懇請は空回りした。

エンスミンガーがもはやこの話は終わったと考えていたある日、ホフマン自身から電話があり、その日の晩にワシントンに着くので、翌日の朝食を一緒にしないかと誘われた。ホフマンはそのためだけにカリフォルニア州パサデナからワシントンに来るという。さすがのエンスミンガーも断りきれず、朝食をともにすることとなった。朝食の席で、ホフマンは彼の欧州復興計画での経験を話した後、なぜ彼がインドを活動の対象に選んだのかを説明した。そして、「ダグ、君が世界平和に貢献する気持ちがあるならば、君はインドに行かないなどと言うことは出来ないはずだ」「これは、君の道徳的義務だ。承知するまで、君が行かなければならないと、私は言い続ける」と口説いた。エンスミンガーはこの説得に打たれ、初めて真剣に妻とインド行きを検討してみると答えた。エンスミンガーには1歳半の幼児を含めて5人の子どもがいた。年長の子どもにも相談した上で、エンスミンガーはとりあえず1年間のインド行きを決意した[128]。このようにして、初代インド駐在代表に就任した彼は、結局1970年まで19年もの間、フォード財団インド駐在代表としてインドでの活動の中心であり続けたばかりでなく、財団の開発協力プログラム全体をリードしていく役割を果たすこととなったのである。

1－8　エンスミンガーの出発

51年11月、エンスミンガー、ハワード、そして台湾で農村開発の仕事に

---

[127] Ibid.
[128] Douglas Ensminger, Oral History Transcript, A.1 "Introduction," October 17, 1971, pp. 10–13, FFA. および、John B. Howard, Oral History Transcript, February 13, pp. 14–15, 1973, FFA.

あたっていたモイヤーがアドバイザーとして、インドを再訪した。彼らが驚いたことに、予想に反してインド政府は着々と準備を進めており、15カ所の農村開発パイロットプロジェクトと5カ所の訓練センターの設置場所選定について各州政府との話し合いを開始していた。全ての候補地を見学し、ニューデリーに戻ってから、国家計画委員会との間での細部の協議、およびインド政府とフォード財団との間の全般的合意書の作成などを行った[129]。

インドへの出発にあたって、彼らはホフマンからそれまでの交渉結果に縛られることなく、彼らが最善と思う内容と方法でインド政府との交渉を進める権限を与えられていた。このホフマンの組織経営スタイルが、分権的な意思決定というフォード財団の組織文化を作り上げた。後々、エンスミンガーは、このときにホフマンとデイヴィスから、「もし時間があったら電報で知らせるように。もし時間がなかったら自分の判断で前に進んで構わない。こちらには後で報告すればいいから」と指示を受けたと、ノスタルジックに語るのが常であった[130]。ホフマンから、世界平和のためにインドでの開発協力活動を委任されたということが、19年間の在任期間を通じて変わらないエンスミンガーの自己規定であった。ホフマンの後、より保守的な理事長が就任し、また組織の拡大に伴って官僚化が進んだが、エンスミンガーはこの自己規定を変えることはなかった。その証として、彼はフォード財団の終身雇用のスタッフとなることを拒否し続け、保身のために上司に逆らうことを躊躇したり、組織利益の立場から事に対処することなく、理念に純粋に邁進出来るよう自らを律した。インドでの助成活動は彼によって拡大の一途をたどり、それを押しとどめようとするニューヨーク本部スタッフとの間に度々軋轢が生じた。しかし結局、在任期間中彼の首に縄をつけることは誰にも出来なかったのである。

もう一つ、ホフマンがエンスミンガーに影響を与え、したがってインドでの活動に影響を与えたことがあった。エンスミンガーは、一時は100人近くの多数のアドバイザー、コンサルタントをニューデリー事務所に抱えて、インド政府のさまざまな諮問に応じた。これらのアドバイザーを迎えるにあたって、彼は必要とされる特定分野で最も優れたと思われる人物を選び、三

---

[129] Moyer, Raymond, et al., "Report by Raymond Moyer, Douglas Ensminger and John Howard Relating to Their Visits to India and Pakistan During November and December 1951," Report #000525, FFA.
[130] Ward, F. Champion, "Memoirs", 1985, p. 7, Report#, FFA.

顧の礼をもって手厚く迎えたのである[131]。ホフマンが彼にしたのとまったく同じ方法であった。彼らの多くは、エンスミンガーと同様に、海外で国際協力の仕事につくことを考えたこともないような人々だった。当時インドにはアメリカ政府などによって多数の技術協力専門家が送られたが、その中には高給が目当ての不適格者も多かった。そうした中で、フォード財団がアメリカ国内でも著名な人々を雇用していたことはフォード財団の名声と影響力を高める一つの大きな要因となったのである。そして、事の是非は別として、インド政府はフォード財団によって同時代のアメリカの最先端知識と経験を入手出来たのである。

1-9　予想されていた諸問題

　本節で確認しておかなければならないのは、農業開発支援を開始する時にすでにその成否は土地改革と人口抑制の2つの要因に依存することをフォード財団は十分認識していたことである。フォード財団が認識していたということは、政府を含むアメリカ側関係者がこの認識を共有していたことを意味するであろう。この意味でデニス・メリルがアメリカの開発援助が土地改革を軽視したために、農村の貧困解消に貢献出来ず失敗したと評価する[132]のは不正確であると言わざるを得ない。フォード財団は、この問題がインド政府にとって政治的に容易でない課題であり、フォード財団としても関わり方が微妙であると判断して正面から関与することを避けた。しかし、後に述べるようにエンスミンガーは日本や台湾の土地改革で活躍したウォルフ・ラデジンスキーをインド事務所に招いて、インド政府に土地改革のアドバイスをさせたり、また赴任当初から家族計画をインドに導入しようと苦心の末、1960年代にようやく成功している。このことが示すように、少なくともフォード財団は土地改革と人口抑制の重要性については十分理解していたし、可能であれば介入することを常に考えていた。

　ではなぜ、この2つの課題にその重要性に相応しい優先度と緊急性で対応しなかった、あるいは出来なかったのだろうか。それは偏にこの問題の高度の政治性とそれに介入した場合の政治的反発への警戒であろう。土地改革問題は地主やその利益を代表する国民会議派の一部の反発だけではなく、おそ

131　Ensminger, Douglas, Oral History Transcript, A.38 "Recruiting Program Advisors and Consultants," October 25, 1972, FFA.
132　Merrill, Dennis, *op. cit.*, p. 207.

らくこの問題で最も急進的な共産党やそのシンパを利することになる可能性をも考慮しなければならなかった。家族計画についてはガンディ主義者の人工的手法による避妊への反対が問題であった。ネルーは韜晦していた。家族計画ではエンスミンガーはネルーを口説き続けたが、土地改革についてはネルーとのやり取りについて明確な証言を残していない。誇り高いネルーである。それでなくともダレス外交との衝突で反米感情の爆発が間欠的に起きていた時期である。無理押しすればネルーの機嫌を損ねるだけでなく、インド全体で民族主義的反発が起こるのをエンスミンガーは十分承知していた。

　ネルーが土地改革を成し遂げられなかったことへの批判は、BHN（Basic Human Needs）へのインドのスリニヴァサンとインドネシアのスジャトモコの反論を思い出させる。それはBHNの主唱者が言うような大規模な富の再配分や社会構造の変化が、外国による占領や革命以外に達成されたことが歴史上あったかという、現実政治を無視した机上論への冷静な反論である。土地改革はまさに革命を必要とするほどの大規模な富の再配分であり、しかし、ネルーは革命ではなく議会制民主主義を信奉していた。もし、エンスミンガーが日本占領時のマッカーサーのような権力を持っていたら、躊躇なく土地改革を実施していたであろう。現実には主権はインド国家にあり、議会制民主主義の手の中にあったのである。

第2節　第1次5カ年計画（1951〜1955年）

　第2節では、第1次のインド国家開発5カ年計画の期間にフォード財団が関わった、コミュニティ開発、行政改革、教育の3つの主要なテーマについて、なぜ、どのようにしてフォード財団がインド政府の国家事業に関わるようになったのか、個別のプロジェクトはどのような経緯をたどったのか、そしてその成果は後の時代にどのように評価されたのかを見ていきたい。

2−1　インドの開発5カ年計画の概観

　エンスミンガー時代（1951〜1970年）のフォード財団のインドでの活動はインド政府の開発5カ年計画への深い関与が最大の特徴である。フォード財団は外国援助機関というよりもインド政府のインサイダーとして扱われ、現実に5カ年計画の策定にも深く関与していた。そこでまず、インドの開発5カ年計画の歴史を簡単にたどってみたい。

表10 インドの開発5カ年計画の概略

	計画年次	支出計画規模 (単位:1000万ルピー)	特徴	計画中心者
前史				
第1次	51/52〜55/56	2,378	農業、灌漑の計画 寄せ集め	
第2次	56/57〜60/61	4,500	工業化の計画 貿易軽視、都市偏重	マハラノビス
第3次	61/62〜65/66	7,500	工業重視継続と農業重視の両立 援助依存	パント
単年度	66/67〜68/69	15,902	新農業政策 食糧危機(66年、67年)	
第4次	69/70〜73/74	15,902	新農業政策の継続 緑の革命	ガドギル
第5次	74/75〜78/79	39,426	純援助の終結と貧困の撲滅	チャクラヴァルティー
単年度	79/80	97,500		
第6次	80/81〜84/85	97,500	BHNへの傾斜	
第7次	85/86〜89/90	180,000	工業生産性向上 経済自由化への方向性	

出典:Chakravarty, Sukhamoy, *Development Planning*, Oxford University Press, 1987. S.チャクラヴァルティー、黒澤一晃・脇村孝平訳『開発計画とインド』世界思想社、1989年を基に筆者作成

　表10は、第1次から第7次までの開発計画の概略をまとめたものである。

2-1-1　前史

　戦後の国際開発全般に大きな影響を与えたインドの開発5カ年計画の起源についてはさまざまな指摘がなされている。おそらく最も古く国家開発計画が発案されたのは、1938年に国民会議派大会でチャンドラ・ボースがネルーを議長とする国家計画委員会を指名した時とされる。同委員会は、1934年に出されていたビスベスバラヤの「インド計画経済」を参考に独自の案を探った。ビスベスバラヤの案はソ連の第1次5カ年計画(1928〜32年)の成功に刺激されたもので、10年の計画期間中に国民所得を倍増させる、農業生産を50億ルピー増加させる、工業生産を40億ルピーから200億ルピーに増大させるなどという内容で、資本主義の枠組みの中で国家の経済への介入を求めたものであったとされている。同時代のアメリカのニューディール、およびケインズ理論による国家の市場介入の正当化などに影響された[133]。

---

[133] 斎藤吉史「変容する経済開発の理念——インド5カ年計画のもたらしたもの」朝日新聞社調査研究室、1968年、11–12頁。

こうした国民会議派の動きに対して、インド政庁は1941年には商務長官を議長とする同種の委員会を設置し、これが後にインド総督が参加する再建委員会に改組され、さらに1944年にはダラルが統括する計画開発部となった。
　インド政庁と競争するように、1944年に民間から3つの計画案が出された。しばしば、後年の開発計画との比較対象とされるのは、タタ、ビルラなど有力な8人の企業家が作ったボンベイ・プランである。同プランは、ビスベスバラヤの案の線に沿っており、資本主義的な工業優先案であった。ボンベイ・プランの発表に刺激されて、当時共産主義から転向していたロイとインド労連が作ったのがピープルズ・プラン（People's Plan）で、民間部門を犠牲に公共部門の拡大を説いており、混合経済型よりはソ連型に近いが、それよりは穏健な内容であった。第三の案は、アガルワルのガンディ・プラン（Gandhian Plan）で、経済計画というよりはガンディの経済思想を集約したものという性格であった[134]。
　植民地政庁という主体の問題を除いて、実際に諸事業を開始したという実態面を見る限り、インド政庁によって1945年以降に計画、実施された開発事業も重要である。ネルーの第1次5カ年計画が引き継いだものは、まさに政庁が開始した諸計画と事業だったからである。復興委員会の提出した復興計画報告は、「官製とは思えないほど大胆かつ社会主義的な内容」で、「1950年代の5カ年計画の基本目標や方法は見事にこの文献に予見されている」[135]との評価もある。政庁の政策には、明らかにイギリス労働党の政策の影響が見られる。
　第2次世界大戦終了時には、諸委員会、専門家の報告書が多数政庁に寄せられた[136]。1946年にネルー首相の下でネオギ（K. C. Neogy）を議長とする計画諮問委員会が組織されて、政庁の諸計画の目的、優先順位、計画作成機構についての調整が行われた。46年末の同委員会の報告書では、計画の根本的目的は、全般的な生活水準の向上と完全雇用にあるとされた。同委員会

---

[134] 同、14–16頁。
[135] Hanson, Albert. H., *The Process of Planning: A Study of India's Five Year Plans, 1950–1964*, Harvard University Press, 1966.
[136] Kharegat Plan on Agricultural Development, Dr. Burns の Report on Techonological Possibilities of Agricultural Development, the Gadgil Committee の Report on Agricultural Credit, Reports on Irrigation Projects, the Adarkar Committee の Report on Sickness Insurance of Industrial Workers, Krishnamachari の Report on Satilisation of Agricultural Prices など（Wadia, P. A., and Merchant, K. T., *The Five-Year Plan: A Criticism*, [Bombay]: The Popular Book Depot, 1951, pp. 5–6）。

は、中央政府に国家計画委員会の設置を提言した。しかし、1947年8月のパキスタンの分離独立によって、計画は一からの見直しが必要となったのである[137]。

一方で、1944年頃からインド政庁および独立インド政府の指導の下で各州は独自の計画を作成し、一部は実施していた。また中央政府も独自の開発事業を実施し始めていた。主だったものとしては、アメリカのTVAをモデルとしたダモダル渓谷プロジェクト、トゥンガバドゥラ・プロジェクト、バクラ・ダム・プロジェクトなどがある。

インドの開発計画は、イギリス労働党的社会主義・福祉国家論、アメリカのニューディール的な修正資本主義、またソ連の5カ年計画などの影響を認めることが出来ると言うべきであろう[138]。あるいは、人々は「計画の気分の中に生きていた」[139]という同時代性を指摘すべきかもしれない。そして、中でもイギリス労働党の政策の影響が最も大きかったのは[140]、当然といえば当然である。フェビアン主義的な社会民主主義を出自としつつ、ネルー独自の第三の道としての社会主義を中心としながら、その時々の国際関係の状況に応じて、ソ連、中国型の計画経済、またアメリカ的な修正資本主義の影響を受けながら展開していったと言えよう。その意味で、開発計画の性格と国際関係は微妙にリンクしていた。その結節点には常にネルーがいた。そして、ネルーとアメリカ型修正資本主義とを結ぶ重要なチャネルの一つがフォード財団だったのである。

2-1-2 第1次5カ年計画

初めに、簡単に第1次5カ年計画の概要を以下の表11で示したい。

第1次5カ年計画(1951年4月～1956年3月)は、当時すでに中央、地方で進行していた各種計画を寄せ集め、調整・統合したものに過ぎない[141]、何ら明確な統一目標を持つことのない諸プロジェクトのリストに過ぎない[142]、などと評価されているように、先行した中央、州レベルの諸開発計画の調整と

---

137 Wadia, P. A., and Merchant, K. T., *op. cit.*, pp. 6–7.
138 栗本弘編『インドの経済開発計画と実績の検討』アジア経済研究所、1962年、2頁。
139 "We Are Living To-Day in an Atmosphere of Planning." (Ibid., p. 1)
140 栗本、同書、16頁。
141 斎藤吉史、前掲書、18頁。
142 第2次5カ年計画の中心となったマハラノビスによる批判(絵所秀紀「マハラノビスの遺産――『計画と市場』をめぐるネルー時代の経済思想」東京大学東洋文化研究所、2000年、21頁)。

表11　投資配分から見た第1次5カ年計画

(単位：1000万ルピー)

	草案		最終修正案		実績	
農業・農村開発	191.7	12.8%	354.3	14.9%	299.6	14.8%
灌漑・発電	450.4	30.2%	647.5	27.2%	585.	29.1%
鉱工業	101.0	6.7%	188.2	7.9%	99.8	5.0%
運輸・通信	388.1	26.1%	570.0	24.0%	531.5	26.4%
社会サービス	254.2	17.0%	395.9	16.1%	325.6	16.2%
その他	107.6	7.2%	221.7	9.3%	171.6	8.5%
合計	1,492.9		2,377.7		2,012.6	

出典：Hanson, Albert. H., op. cit., p. 110

パキスタン分離によって生じた新たな課題に対応することに重点が置かれていた。

　先行した諸開発計画についてはすでに述べたが、パキスタン分離の影響も大きかった[143]。すなわち、インドには分離以前の人口の85％が残されたが、灌漑地の69％、小麦作地の65％、米作地の68％を引き継いだだけであり、パキスタンとなった東ベンガルと西パンジャブは、小麦、米、ジュート、綿花の主要産地だったのである。この不均衡がインドの度重なる食糧危機の一つの基本的要因であった。また、綿紡織工場の95％、ジュート工場の全てがインド側に残されたが、綿花生産の30％、ジュート生産の80％がパキスタン側にあり、それまでインド最大の工業であった繊維工業は大打撃を受けた。

　以上のような状況で始まった第1次計画は、当初から「農業の計画」あるいは「灌漑と発電の計画」と呼ばれたが、それは計画書に「灌漑と発電を含む農業に最大の優先順位を置く」[144]と明言されていることからも明らかである。しかしながら、多大の投資と成果が現れるまでに長時間を要するダム建設などの大規模灌漑と発電には、賛否両論があり、第1次計画のプランナーたちは批判な立場をとっていた。実際、インド政府は1949〜50年の間に2度にわたってこうした大規模灌漑・発電諸計画の支出の大幅削減と復活を繰り返したのである[145]。このように大規模灌漑と発電がむしろ先行事業の

143　栗本弘編、前掲書、20頁。
144　Government of India Planning Commission, *The First Five Year Plan: A Summary*, [New Delhi], 1952, p. 13.
145　アジア経済研究所『インド開発と資金問題』丸善、1960年、36–44頁。

追認的色彩が濃かったとすると、第1次計画独自の特徴の一つとして農村開発を挙げることが出来よう。この部分には、フォード財団とアメリカ政府の技術協力が深く関わっていた。そのきっかけとなったのは、あるアメリカ人のボランティアによって、1947年に始まったウッタル・プラデシュ州エタワー郡での農村開発パイロット・プロジェクトであった[146]。エタワー・プロジェクトは、第1次5カ年計画のコミュニティ開発構想の基礎となり[147]、またフォード財団およびアメリカ政府の農村開発援助の出発点となった非常に重要なモデル事業である。

2-2　国家コミュニティ開発と農村の近代化
2-2-1　エタワー・パイロット・プロジェクト

　第2次世界大戦中の3年間、アメリカ陸軍工兵としてインドに滞在していたアルバート・メイヤーは1945年、帰国を間際にして、当時釈放されたばかりのネルーを自宅に訪ねた。そして、多忙なネルーが仕事から解放された夜更けに、インドの諸問題について二人は話し込んだ。建築家で地域計画の専門家であったメイヤーは、独立直後のインドにとってはさまざまな農村開発のパイロット・プロジェクトを実施することが重要で、そこから得られたインド自身の経験からその後の政策を形成していくべきだとネルーに語った[148]。

● メイヤーの農村開発の構想

　メイヤーは、インドでの農村開発を3つの段階を追って進めることを構想した。第一の段階は経済的な側面での目に見える改善であり、具体的には農業、畜産、灌漑、マーケティング、道路、養魚、地域産業などでの増産と収入向上である。この経済的向上によって村人の信頼を獲得し、他の目的実現のための足がかりとしようと考えた。第2段階は、すぐには理解しにくい目

---

[146] エタワー・プロジェクトの説明は、Mayer, Albert, and associates, *Pilot Project, India: The Story of Rural Development at Etawah, Uttar Pradesh*, University of California Press, 1958.
[147] インド政府は公式文書の中で度々、エタワー・プロジェクトをコミュニティ開発のモデルとして言及している。例えば、Press Note, "Indo-U.S. Technical Co-operation. Agreement Signed in New Delhi. America's Contribution of 50 Million Dollars," January 5, 1952. PA52-61, FFA. Letter to All State Governments from Secretary, Planning Commission, January 12, 1952. PA52-61, FFA.
[148] 以下のエタワー・プロジェクトの説明は、Mayer, Albert, and associates, *Pilot Project, India: The story of rural development at Etawah, Uttar Pradesh*, University of California Press, 1958.

的を村人が受け入れ、要求するようになるための準備段階と位置づけ、発生してくるさまざまなニーズに対応しながら教育的手法で次の段階の準備を行うとした。第3段階は、農村における生活の質の向上に関わる健康、衛生、住宅、コミュニティ施設などの社会サービスに関する整備であり、これらは村人が自ら要求するようにならなければならないと考えた。彼の観察では、村の建造物の物理的な配置、構成はしばしば不経済、不衛生の原因となっており、それらの相当抜本的な改善が必要であった。

　1946年11月に、メイヤーは以上のような内容のプロジェクト案をパント州政府首相に示し、承認を得た。メイヤーは、自分自身が農村開発の素人であること、また最も重要な熱意あるスタッフが見つかるかどうかに不安を抱いていた。しかし、彼のアイディアや提案を受けて、すでに類似のさまざまな農村開発プロジェクトが州政府のさまざまな部局で実施されつつあった。彼は、慎重に計画してきたパイロット・プロジェクトをまず実施し、そこから得られた知見をもって、より広範囲に農村開発を開始するべきだと考えていた。州政府が拙速にも始めてしまった多くの農村開発プロジェクトが失敗することは容易に予想出来た。彼はそれらに関わることは避けて、パイロット・プロジェクトに集中しようとしていた。1947年2月にウッタル・プラデシュ州議会はパイロット・プロジェクト予算を承認した。

　メイヤーはアメリカに一時帰国してさまざまな関連文献の調査を行った。農村開発についてはルーミスの欧州、アメリカ、南アメリカの農村社会組織の比較研究[149]、エンスミンガー等の農業普及活動に関する著作[150]、またレイトン[151]のナヴァホ族および戦時中の日系人隔離収容所での活動記録など社会科学者の研究を集めた。また、インド社会や文化に関する欧米文献やガンディの著作、インド各地で類似の活動をした先人たちの活動記録を調べた。さらに、ギリシャでの難民救援活動や中国での国連救援定住機構（United Nations Relief and Rehabilitation Agency: UNRRA）の活動の記録も読んだ。アメリカ

---

[149] Loomis, Charles P., *Studies of Rural Social Organization in Europe, the United States and Latin America*. 後にルーミスは、フォード財団の農村開発コンサルタントとしてインドに招聘された。

[150] Brunner, Edmund de S., Sanders, Irwin T., and Ensminger, Douglas, eds., *Farmers of the World: The Development of Agricultural Extension*, [Freeport New York]: Books for Libaries Press, 1945. 著者の一人のエンスミンガーは、フォード財団のインド駐在代表となるエンスミンガーである。

[151] Alexander Leighton.

農務省のウィルソン、テイラー、エンスミンガーからは、農村開発の実際的な知識と方向性についての感覚を得たと述べている。

● 招聘されたアメリカ人農業専門家

1947年8月にウッタル・プラデシュ州に戻ったメイヤーは、4人の専門家が必要だと考えていた。都市・農村計画、農業技術普及、農業土木技術、そして農村産業の専門家だった。1948年の春から、それぞれトラジェット、ホームズ、コリンズが州政府に雇用された。農村産業の専門家は見つからなかった。後に、農村産業に関わったフォード財団はアメリカに適任者を見つけられず北欧から招いている。1948年6月にウッタル・プラデシュ州を回って、3つの候補地の中から最終的にエタワー郡をパイロット・プロジェクト実施地に選定し、1948年9月にエタワー・パイロット・プロジェクトが開始された。

● 4年後の成果

4年後の1952年にはパイロット・プロジェクトは明らかな成果を上げていた。特に当初焦点を当てた農業では小麦は収穫量の多いPunjab 591という品種への転換が進み、在来種の栽培はまったくなくなった。改良種の種子は毎年300から600トンを他地域へ種籾として出荷するにまで至った。改良種に必要な堆肥利用が一般化した。豆類の増収は一層目覚ましく、Pea163という品種は在来種の44％増収をもたらした。

畜産は、エタワーには他地域にある家禽類、羊はなく、ほとんど牛に限られたが、疫病治療と予防では既知の療法でほぼ対応出来た。牛の屠殺が宗教上の理由で禁じられているため、過剰な牛の飼料が大問題で短期間での解決は難しく、プロジェクトの開墾地を秣生産あるいは放牧地にすることが検討されていた。

公衆医療、衛生、その他公共工事はそれらの必要性が村人にとって差し迫ったものに感じられていないこと、また共同事業の性格が強いため、特に村人の参加を得るための準備が必要であった。それまで劣悪であったエタワー郡の道路は大幅に改善された。プロジェクト実施地区の全てを幹線道路と結ぶという当初の目的は完全に達成された。村の道路に沿った下水溝の設置によって村の公衆衛生状況は大きく改善された。100カ所以上の従来の開放型の井戸は、より衛生的な手押しポンプによる閉鎖型井戸にほとんど切り替わった。

また、ポンプの普及によって200カ所以上に新しい飲料水用井戸が掘られた。公衆衛生分野で成功しなかったのはトイレの普及であった。農村におけるトイレの普及は後にフォード財団も苦闘する永遠のテーマであった。

　公衆医療の分野では移動眼治療はプロジェクトの当初から多くの村人の参加があった。50～60の村の薬箱はプロジェクトの2年目から普及した。しかし、こうした治療から予防への村人の意識の切り替えには時間がかかった。人の少ない州医療部に協力してプロジェクトの村レベルのワーカーが予防接種にあたった。それ以前に行われた家畜への接種の成功の結果、村人は自らへの接種にも抵抗を示さなかった。

　エタワー・プロジェクトによる農村産業振興策の多くは失敗した。ほとんど唯一の成功例が煉瓦工場であった。1948年にプロジェクトによる最初の炉が竣工したが、ウッタル・プラデシュ州全体で1953年には520の炉と4万2000人を直接的に、10万人を間接的に雇用し、年間10億個の煉瓦を生産し、1000万ルピーの投資に対して、2000万ルピーの収益を上げ、炉1カ所あたり年間5000～1万ルピーの利益を上げる一大産業に短期間で成長した。

　プロジェクトにおける女性の果たしうる役割の重要性、特に公衆衛生や子どもの問題については、当初から認識されていたが、政府や農村での女性に関する保守的な文化は強固で、プロジェクトではほとんど成果を上げることは出来なかった。プロジェクトのインド人ワーカー自身が、全て男性でありこうした伝統的文化に大きな制約を受けていた。女性の参加問題もまた、フォード財団によって後に再び取り上げられたのである。

● パイロット・プロジェクトの評価

　1953年にメイヤーはパントへの手紙でプロジェクトの収支推定を行った。小麦、ジャガイモ、豆類の増産量を市場価格で合計し、プロジェクトのために州政府が投入した資金の何倍になったかを見ると、降雨条件が異例に良かった1952～53年には、それは約6倍であり、豆類の新品種への転換がさらに進むと予想される1953～54年には10～12倍にも達すると推定された。メイヤーはこの数字をもって州政府の投資の見返りは十分であり、投資を継続していくことは十分正当化出来るとした。先進国ではこの程度の政府の農村投資は普通であり、インドでも継続していくべきだと述べている。1953～54年の投資収支は実際には、メイヤーが予期しなかった穀物価格の下落によって9～10倍程度となった。

メイヤーが観察したウッタル・プラデシュ州の状況は全国的な傾向と一致していた。農業を中心とした第1次5カ年計画の期間中に穀類と豆類を合わせた生産が約5200万トンから6600万トンへと増加し、当初目標の142％という成果を上げていた。自信を得たインド政府とネルーは工業重視の第2次5カ年計画へと進んでいった。しかし、後になって見るとこの増産の主要な要因は1953〜54年の順調なモンスーンであった。さらに、アメリカの食糧援助に頼って消費者価格を抑える政策をとったために、農産物価格は低迷し、農民の生産意欲を減退させることとなった。人口が急増し続けるインドにあっては農業投資を継続していくべきであった。インド政府の農業軽視政策は第3次5カ年計画でも十分に改善されることはなく、1965年、66年と続いたモンスーン不順による食糧危機という深刻な事態を迎えることになるのである。

２−２−２　フォード財団とアメリカ政府のコミュニティ開発への関与

　1952年10月2日、ガンディの誕生日に合わせてコミュニティ開発の国家プロジェクトの開始がネルーによって宣言された。彼の関心は、第1次5カ年計画当初のダム開発などの大規模プロジェクトから、農村産業育成とコミュニティ開発によって農業生産力と購買力を同時に高めるという新しい試みに移っていた。この頃のネルーにとって、経済開発の最優先課題は農村部を中心とする大多数の国民の社会福祉であった。この日から、全国1万7000の村を対象とする55のコミュニティ開発プロジェクトが始まった。「ねらいはインド農村の全貌を変えることであり、インド人口の大多数のレベルを上げることである」とネルーは述べた[152]。

● フォード財団とインド政府の合意内容

　エンスミンガー、ハワード、モイヤーの3人のインド再訪を間近に控えた1951年11月初め、インド政府からフォード財団に正式の援助要請が出された[153]。インド政府食糧農業省がモデルプロジェクトの詳細および予算の詰めを行ったことを通知すると同時に、エタワー型のパイロット農村開発プロ

---

[152] Gopal, Sarvepalli, *Jawaharlal Nehru, A Biography, Vol. 2: 1947–1956*, [London]: Jonathan Cape Ltd., 1979, pp. 198–199.

[153] Letter to Director of the Ford Foundation (Paul Hoffman) from O. K. Ghosh, October 25, 1951. PA52-61, FFA.

ジェクトを全国15カ所で実施すること、また農業普及員訓練センターを5カ所に設立すること、そのためにアメリカ政府のポイント・フォー技術協力プログラムに5名の農業普及訓練専門家と5名の農業普及専門家の派遣を依頼した旨通知している。そして、州政府が無償提供する土地以外の初期投資とスタッフ給与などの経常経費を含めて、1カ所の訓練センターあたり2万5000ドルの必要経費を見積もっている。

　エンスミンガーらの一行は1951年11〜12月に、インド食糧農業省次官のダムレの案内で約1カ月かけてプロジェクト予定地を全て回り、全てのプロジェクト・サイトを承認した。それを受けて、12月17日、ホフマンはネルーに120万ドルの助成決定を通知した。その内容は、マイソール、マッドヤ・プラデシュ、ボンベイ、ウッタル・プラデシュ、西ベンガルの5州に農村開発ワーカーの訓練センターを設立すること、全28州中15の重要な州でエタワー型の農村開発パイロット・プロジェクトを実施することであった。5カ所の訓練センターの中で1カ所は女性ワーカーの訓練センターとされた。こうしてフォード財団の農村開発への関与が始まったわけであるが、実は、ほぼ同時期に新任大使チェスター・ボウルズによって、アメリカ政府の約5000万ドルのコミュニティ開発援助が開始されていた。

● ボウルズとアメリカ政府によるコミュニティ開発援助

　ボウルズ大使は、エンスミンガーらがインドに到着した数日後にニューデリーに着任した。ボウルズはきわめて精力的で、理想主義的国際主義者、ニューディール共和党員であった。戦時中は、ニューディールの価格局（Office of Price Administration）の長官を務め、その後ユネスコのアメリカ代表、コネティカット州知事を経て、トルーマンによってインド大使に任命された。ボウルズの大使指名は、上院では共和党保守派の反対で、43対33という僅差で承認された。しかし、彼は食糧援助問題で冷却化していた米印関係を一夜にして一変させたと言われるような大きな成功を収めた。ネルーとの個人的友好関係をたちまち作り上げ、アメリカ政府による巨額のインド援助政策の支持者として精力的に国務省・議会に働きかけた。アイゼンハワー政権になると大使を解任されるが、インド支援ロビーとして活動を続け、リベラルの復活と言われたケネディ政権の国務次官として返り咲き、同政権の大規模なインド経済援助を推進することとなる。

　ホフマンはボウルズと親しかった。インドから帰国したホフマンはアメリ

カの各界にインドへの経済協力推進を働きかけていた。ホフマンはアメリカの援助によってエタワー型の農村開発をインド全土に展開すれば、インドの農村に大きな経済的な進歩が生まれ、それによって共産主義の浸透に有効に対抗出来ると主張した。ホフマンは、ボウルズへの手紙の中で、台湾での経済協力庁の農村再建プログラムの成功を見ると、1945年の段階で中国に年間200万ドル程度の農村開発援助をしていたら、中国共産党の農村浸透に有効に対抗出来たと述べ、今のインドは1945年の中国なのだと書いている[154]。

　ボウルズは着任2～3週間後にはエタワーを訪問し、その成果に強い印象を受けた。彼は、蔣介石政権の教育大臣だったジェイムズ・イェンの中国での農村開発の実験に強い関心を持っていた。イェンは、農業専門家、医療関係者、教育者がチームを作るという農村開発の手法で200万人以上を対象とする農村開発を手がけて成功させていた。1945年にイェンは蔣介石にこの農村開発を国家的に行うことで、貧困にあえぐ農民たちへの毛沢東の影響力を有効に防げると主張したが、蔣介石は武力による共産党との対決を選んで破れた。エタワーでは、アメリカ農務省の農業普及の技術が適用され、イェンの提唱した総合的農村開発があった。ボウルズはインドの未来への鍵はここにあると考えた。

　1951年の技術協力援助プログラムのインド割り当ては、議会によって削りに削られて5400万ドルになっていた。ボウルズはエタワーから戻ると、ネルーに会見を求めた。ネルーが外国援助に慎重なのを熟知していたボウルズは、この援助は経済的、政治的な紐つきではないことを確約して、5000万ドルの農村開発支援を提案した。ネルーは、植民地主義から独立したばかりの国が自由を維持しながら、同時に経済資源を組織し開発することが可能かどうかの挑戦をインドは行っていると述べた。3週間後の1952年1月5日、米印両国政府は米印技術協力合意に調印した[155]。

　アメリカ政府が5000万ドル、インド政府が同額のルピーを拠出してインド・アメリカ技術協力基金を設立し、両者の合意したコミュニティ開発事業へ支出するというのが米印合意であった。基金は、第1次5カ年計画に則り、中央政府、州政府と緊密に協力しながら、農業と食糧生産を中心とした開発プロジェクトに支出されることと決められた。ネルーとボウルズは、エタワーに加えてパキスタンからの難民を対象としたコミュニティ開発プロジェ

154　Rosen, *op. cit.* p. 11.
155　Bowles, Chester, *Ambassador's Report*, [New York]: Harper & Brothers, 1954, pp. 196–200.

クトとして成功を収めていた、パンジャブ州のニロケリとファリダバードの3つをモデルプロジェクトとした。全国で55のエタワーをモデルとした農村開発、あるいはニロケリ、ファリダバードをモデルとした都市開発プロジェクトが設定され、開発単位は500平方マイル、300村、20万人規模とされた。地域の選定は大規模灌漑開発の行われている地域とされた。また、プロジェクト実施のために中央委員会を設置し、そこにアメリカ政府技術協力庁（Technical Cooperation Agency: TCA）のインド代表であるウィルソンがコンサルタントとして加わるとした[156]。ウィルソンはコロラド川開発公社で開発プロジェクトの経験を積んでいた。ウィルソンに加えて、住宅開発の専門家であるロシュボウが、ボウルズのチームに加わっていた[157]。彼らのようにニューディール期にアメリカ国内開発行政に関わったニューディーラー的な人材が、当時の国際開発には多数加わっていた。

　一方で、フォード財団のプロジェクトは食糧農業省をカウンターパートとして進捗していっていた。52年1月31日には、フォード財団支援の最初の訓練センターがアーナンドに開所し、エンスミンガーが開所式に参加した。当初フォード財団の計画に消極的だった各州は、印米協力協定の調印もあって急に積極的になり、食糧農業省には訓練センター設立の要請が殺到した[158]。

　他方で、ネルーは印米協力協定を受けて、デイ（S. K. Dey）をコミュニティ開発の最高責任者に任命した。デイはミシガン大学を卒業後、General Electric社に入社したインド人技術者で、アメリカとインドでのGE操業に関わり、相当な地位に登った人物だった。デイは数年前からGEでの地位を捨てて、パキスタン難民のためのニロケリ・プロジェクトを個人で始めて大きな成功を収めていた。ネルーに高く評価されたデイは新設のコミュニティ開発庁の長官に任命され、同庁は後にコミュニティ開発・協同組合省に格上げされた。

　国家コミュニティ開発計画は、フォード財団が支援する15のパイロット・プロジェクトの実施組織構成をそのまま援用して、55のコミュニティ開発ブロックをインド全国に設けた。ブロックは前述の通り、500平方マイル、300村、20万人の大きな単位で、そこに一人のブロック開発オフィサー、農

156　Press Note, "Indo-U.S. Technical Co-operation. Agreement Signed in New Delhi. America's Contribution of 50 Million Dollars," January 5, 1952. PA52-61, FFA.
157　Bowles, Chester, *op. cit.*, p. 201.
158　Letter to John Howard from K. R. Damle, February 6, 1952. PA52-61, FFA.

業、畜産、農村産業、公衆衛生、社会教育のオフィサーが置かれた。その下に100名の多目的の村落レベルワーカー（Village Level Worker: VLW）が現場での実際のコミュニティ開発の仕事にあたった。後に全国展開に至った際にこの単位は縮小され、ワーカーの数も減った。

● コミュニティ開発プロジェクトへのフォード財団の対応

　このようなインド政府のコミュニティ開発の急速な進展は、フォード財団のプログラムに2つの大きな変更を迫ることとなった。第一は訓練すべきVLWの数の急増である。55カ所のブロックで当面必要とされるVLWの人数は5500人、その監督者は1200人であった。さらにより大規模な全国展開が計画されており、各訓練センターが半年の訓練期間で40名ずつを訓練する当初計画ではとても需要に追いつきそうもなかった。印米技術協力プログラムでは訓練センターが予定されておらず、またインド政府もすぐに予算を確保することは不可能だった。デイ、ボウルズ、エンスミンガーの中で、柔軟に必要資金を確保するための一番大きな権限を持っていたのはエンスミンガーであった。彼は1952年3月、少なくとも25カ所の訓練センターの追加に必要な経費の助成を理事会に推薦し、4月には理事会は187万3485ドルの追加助成を決定した。この迅速な意思決定はフォード財団の状況変化への対応力と、エンスミンガーの大きな権限に対するインド政府の信頼を勝ち取ることにつながった。実際には追加訓練センターの数は29カ所となり、そこでは40人ずつの2交代制で大量のVLWが養成されていった。さらに、助成金の利子で9カ所の訓練センターが新設され、最終的に43カ所のセンターがフォード財団の助成で設立され、1956年までの5年間で1万3000人のVLWが養成された[159]。これらの訓練センターの多くには、TCAからアメリカ人アドバイザーが派遣されて、インド人VLWの訓練にあたった。

　第二の変更点は、フォード財団が助成した15カ所のパイロット・プロジェクトであった。前述のようにこれらのプロジェクトは食糧農業省が管轄し、52年夏までには全て開始されていたが、他方で、コミュニティ開発庁が主管する全国55カ所のコミュニティ開発プロジェクトも始まり、さらにそれが拡大して全国の全ての村を対象にすることが構想されていた。そこで1953年11月に財務省、食糧農業省、コミュニティ・プロジェクト庁、国家

---

[159] Sussman, Gerald E., "Report Number Two: Rural Village Development and Extension Training Centers," February 8, 1965, pp. 7–8. PA52-76, FFA.

計画委員会とフォード財団の会合によって、15のパイロット・プロジェクトは54年3月31日をもってコミュニティ・プロジェクト庁に移管、国家農業普及サービスに統合され、助成金の未使用分は追加訓練センターの設立に転用されることが決まった[160]。

● コミュニティ開発の現場
　全国規模のコミュニティ開発は伝統的なインド農村に訪れた近代化の最初の波であり、また、それは普通のインド人たちがアメリカ人とアメリカの知識や発想に触れる最初の機会でもあった。ボウルズとエンスミンガーが記録したコミュニティ開発の現場の風景は次のようなものであった。
　フォード財団が設立援助した訓練センターで訓練を受けたVLWが村に入ると、最初村人は近寄ってこず、むしろ逆にしばしば村人によって追い出された。村人の信頼を勝ち取るまでには相当な時間がかかった。VLWたちは若者だった。長幼の序が重んじられる農村で、若者がその新しい知識を示す機会を得るまでは、なかなか村人は信用しなかった。それでも次第にワーカーたちは、改良品種の苗床作り、新しい耕起方法、堆肥作り、鉄製の農具の製作、鉄鍬の導入、家畜の防疫、家庭菜園の振興などを村の中で進めていった。やがて、彼らは村人を説得、組織して村の公共施設の建設へと進んでいった。政府から送り込まれたワーカーたちへの信頼が深まるにつれて、政府への要求も高まった。道路を作って欲しい、学校を建てて欲しいなどの要望が出された。ワーカーたちは、政府は技術者の派遣、改良品種の種や肥料の提供などの援助はするが、実際の事業は自分たちでやらなければならないと説得した。こうした説得が全般的に成功したのは、農村に広く知られていたガンディ主義の自助哲学の影響が大きかった[161]。
　ワーカーたちが最初に村に入る時の困難は、しばしば命の危険を感じるほどだった。ハイデラバードの訓練センターでの一コマをエンスミンガーが記憶している。州の開発最高責任者である開発コミッショナーが訓練生に講演を行い、村では敵対者に会うことはあっても命の危険はないと述べた。そして、敵対者を強調するあまり、ガンディもキリストも敵対者に出会ったと口を滑らせた。すると、訓練生の一人が立ち上がって、ガンディもキリストも彼らが奉仕した民衆によって殺されたではないかと反論した。エンスミン

160　Ibid., pp. 2–5.
161　Bowles, Chester, *op. cit.*, pp. 205–207.

ガーによれば、若いワーカーたちが村人から信頼出来る情報源と認知されるまでには数年かかったという[162]。

インドの全国に散らばってコミュニティ開発事業にアドバイザーとして関わった100人以上のアメリカ人たちは、共産主義者たちの厳しい抵抗に出会った。彼らの多くは、アメリカ農務省の郡農業普及員（county agent）であるか、農業職業校の教師であった。1952年の秋には、*American Shadow over India*と題する336頁のハンドブックが出版され、アメリカは開発予算の8分の1しか拠出しないのに、コミュニティ開発を牛耳っており、アメリカ人農業技術者は、帝国主義者のスパイであると批判した。あるアメリカ人技術者はボウルズに手紙を書き、雇った調理人が共産党指導部からアメリカ人を監視するよう依頼されていると述べた。また、南インドのトラヴァンコアーコーチン州では、二人のアメリカ人技術者が、インド議会の共産党シンパの議員から、道路建設現場で尋問された事件が報告されている。彼女は道路建設予定地周辺の村に出かけて、「この道はアメリカのソ連侵略に使われる道だ。ボランティアで働くな。土地を道路に提供するな。アメリカ人に搾取されるな」と扇動した。道路建設作業の当日、数百名の村人が労働奉仕に集まると、彼女は100人ほどの支援者を連れて現場に現れ、反米デモを始めた。建設作業に集まった村人は、これに対して、コミュニティ開発はインドのものであり、インド人によって経営されているもので、アメリカ人はその協力に来ただけだと抗議した。村人の多くはそれに同調したため約200名の村人がその一日ずっと労働奉仕を続けたと言う[163]。アメリカ大使の見聞であるから、やや一方的で誇張もあろうが、共産主義者を中心に激しい反対運動があったことは事実である。

アメリカの貧しい小作人の家庭に育ったエンスミンガーは、農民の「鼓動が聞こえる」という表現で、彼がインドの農民と容易に親密な人間関係が築けたと述べている。同時に、インドの食糧農業省の役人や農業大学の教員が農村出身者ではなく、しばしば工学部などに入れずにやむなく農業を学んだ人間たちばかりで、農村のことを何も知らないと述べている。ある村では、アメリカ人の技術者とVLWが鋤で耕起するのを見て、村人が「ズボンを履いた人間に鋤が使えるとは知らなかった」と述べた。政府や大学の農業関係者だけではなかった。志願してきたVLWたちも、当初はほとんどが都市出

---

[162] Ensminger, Douglas, op. cit., pp. 117–118.
[163] Bowles, Chester, *op. cit.*, pp. 203–204.

身の若者で農村をまったく知らなかった。まず、農村を知ること、肉体労働への差別意識をなくすことが、VLW訓練センターの教育の第一歩だった。

● 村落レベルワーカー訓練センターのカリキュラム

ボパール（Bhopal）訓練センターのカリキュラムは以下のような内容であった[164]。

訓練の目的は7項目である。(1) 訓練生の考え方を変えて、進歩的な農村生活を指導出来るよう訓練する、(2) 村人と上手くやれるように、村人の意見に耳を傾けるように、人間らしく、高慢さを完全になくすように、訓練生の人柄と能力を発達させるよう援助する、(3) 農業と関連分野の知識を訓練生に導入する、(4) 最新の農業普及の方法と技術を習得させる、(5) 訓練生を多目的の人間、人格に変える、(6) 訓練生に労働の尊厳を教え込む、(7) 訓練生に民主的に協力して生活するよう訓練する、であった。

農業普及サービスについて、以下のような項目が挙げられている。(1) 農業普及サービスの意味と範囲（定義、教育としての普及活動、政策としての普及活動、実験室から現場と家庭へ、個人の農場と家庭から全コミュニティへ）、(2) 農業普及サービスの目的（村人に完全に自由になること学習させる、より良い生活のための自助努力を援助する）、(3) 農業普及サービスの哲学と原則（農村成人の教育と人類への奉仕）、(4) 他国での農業普及サービスの歴史（アメリカ、メキシコ、ギリシャ、中国）、(5) インドにおける類似事例の歴史、(6) 農村の人々の生活における農業普及員の役割：同種活動の経験から（エタワーとゴラクプール、インド農村サービス〈Indian Village Service〉、ガンディ主義学校ワーカー）、(7) 普及員の資質（正直さ、仕事への誠実さ、農村諸問題への知識、同情心、勤勉、質素な生活）、(8) 普及員の仕事（農業、家政学、他の普及、村の行事や祭りへの参加と組織、成人識字キャンペーンの組織と実施、その他の社会教育活動の組織、古い社会悪の段階的な除去と新しい価値の導入、パンチャヤットとその他の協同組合の組織化援助）、(9) 陥りやすい過ち、(10) 普及員のやり甲斐、である。

さらに、農村の社会科学的な知識、農村文化、習慣やマナーについて学んだ後に、普及活動の具体的な方法論を学ぶ。すなわち、アプローチ（個人、グループ、コミュニティの違い）、ニーズ確定方法（農村調査、家計調査、個人

---

164 "Curriculum and Lesson Breakdown of Ford Foundation Extension Training Course, Bhopal," [Bhopal]: State Press, April, 1953.

アプローチによるニーズ調査、グループ・アプローチ、コミュニティ・アプローチ)、社会教育の方法(デモンストレーション、見学、フィルム製作、ラジオ・録音、演劇、総会、グループ・ダイナミクスによる会合、大衆広報、個人訪問、指導者養成、農村フェアー・展示会、コンペ、印刷媒体)、対象別の組織化(男性、女性、青年、子ども)、農民の自主的協力を引き出す方法(民主的同盟、文化伝統、繰り返し、祭りなどへの参加)である。

　農村開発に必要な準備作業として次のような項目を学んだ。(1)地域の調査(質問紙準備、データ収集の方法、データのテストと確認、調査結果の解釈)、(2)ニーズの決定と優先順位(プログラムの作成方法、優先順位のつけ方、プログラムの調整方法)、(3)集中の方法(大衆広報とプロパガンダ、個人的コンタクトによる説得、キャンペーンの実施)、(4)現実的目標設定(実質的目標設定の必要性、目標設定の要因、目標の計画化、目標の評価)、(5)年次活動プログラムとスケジュール作成(年次農事暦、その他の職業、社会習慣・祭りなど、特定期間中の達成目標、スケジュール細目作成)、(6)補給の確保(事前計画、予備の確保、不測の事態に備えた余分の確保、一時的な評価と変更)である。さらに、部下のワーカーを監督するための方法も学んだ。

　カリキュラムを見る限り、それまでのさまざまな経験や知識を集約し、あるまとまった枠組みに組み立てていると言えるだろう。こうした訓練を受けたインド人の若者1万3000人が1952年から4年の間に、インド全国の農村に散らばっていったのである。それが、インドの農村社会の変化に及ぼした影響は決して小さくなかったと言えよう。今日に至るまでコミュニティ開発の先進国であるインドはここから始まった。国家によるコミュニティ開発が一段落を迎えた後には、NGOによるコミュニティ開発が続き、インドはNGO大国とも言われるようになった。こうしたインドのコミュニティ開発の歴史的展開は、このときに大量に養成されたVLWの存在を抜きにしては考えられない。また、どの程度であったかは別として、コミュニティ開発を通じて、インド農村が「アメリカ的な考え方」の影響を受けたこともまた間違いなかった。

２－２－３　フォード財団によるコミュニティ開発のフォローアップ

　フォード財団のインドのコミュニティ開発への関与の中では、この最初のVLW訓練センターが最も大きな影響を及ぼした。その後の同分野への助成は、この最初の巨大な試みの部分的補強、修正という性格であった。表12

に、同分野のその後の助成一覧を示し、どのような経緯をたどったかを簡単に述べたい[165]。

● デイとエンスミンガー

以下に述べるように、フォード財団は1950年代を通じて一貫してインド政府のコミュニティ開発事業に深く関与していった。外国機関であるフォード財団がインド政府の事業にどのようにして、またなぜそこまで深く関与出来たのかは、エンスミンガーとインド政府のコミュニティ開発事業の総責任者であったS. K.デイの間の密接な関係を抜きにしては、理解しにくい。そこで、エンスミンガーの回想に描かれた二人の関係についての箇所を紹介したい。

表12　コミュニティ開発分野の助成リスト

1952年	農業における公教育プログラム アラハバード農業研究所：パイロット農業普及事業と普及員指導者の訓練 コミュニティ開発プロジェクトと訓練センタープログラムの評価
1953年	社会教育訓練センター 新識字者のための文学執筆者の訓練ワークショップ 村のコンサルタントのための農業ジャーナル出版 5つの農業大学に農業普及学科設置 医療教育訓練センター コミュニティ・プロジェクトと農業普及サービスブロックの管理者訓練 コミュニティ開発プロジェクトと訓練センタープログラムの評価
1954年	インドの農村教育者のデンマーク・スタディ・ツアー 全国社会福祉大会：第7回国際ソーシャルワーク会議 農村開発、農村信用、農村開発フィルム、家政学、環境衛生の専門家（FAP）[166]
1955年	村の青年活動の指導者養成と組織化 村落開発要員の組織内訓練 農村開発普及訓練のフィルム作成
1956年	学生と教師のための農村開発研修 都市部のコミュニティ開発のパイロット・プログラム 農村開発地域内の村落教師の役割強化

165　一覧の出典は、Ensminger, Douglas, op. cit., Appendix C.
166　FAP: Foundation Administered Projectは、財団が財団自身に助成するという解釈によって、財団自身が実施経営するプロジェクトである。当該分野に適切な実施組織がないという理由で実施される。エンスミンガーの場合多くは、財団自身が雇用するコンサルタントである。通常は、インド政府に助成して、コンサルタントはインド政府に雇用される形式をとるが、種々の事情でそれが難しい場合、財団自身がコンサルタントを雇用して実質的に特定の省庁のコンサルティングにあたる。インド政府がアメリカ人コンサルタントを雇用することへの左翼からの、あるいは民族主義的な批判を避けるためにとられた。これは、インドにかなり特殊な使われ方で、一般的なFAPのあり方ではない。

表12　コミュニティ開発分野の助成リスト（続き）

1957年	インドの政策指導者のコミュニティ・プロジェクトと開発地域のスタディ・ツアー 青年活動の組織化と協力の手法に関する農村普及員の訓練 インド識字委員会（Indian Literacy Board）：新識字者のための読み物作成訓練 農業普及とコミュニティ開発コンサルタント（FAP） 農業普及訓練アドバイザー（FAP） 農業ミッション：インド農村に関する素材の準備 農村開発専門家と研究助手（FAP）
1958年	農業普及活動教育と訓練サービス コミュニティ開発専門家（FAP） ガンディグラム：農村保健サービスのパイロット・プロジェクト 農村開発コンサルタント（FAP） 農村の家政学訓練のコンサルタント（FAP） 農村計画と住宅の研究と訓練センター
1959年	国立コミュニティ開発調査研究所 優良農村レベルワーカーへの奨学金 農村部の住宅と計画の専門家（FAP）
1960年	農村経済の技術デヴァイス改善の専門家（FAP） ガンディグラム：農村衛生の訓練、研究、サービスプログラム ヴィドゥヤ・バワン協会（Vidya Bhawan Society）：農村衛生の訓練、研究、サービスプログラム
1969年	ガンディグラム：インドの家族計画プログラムの指導的立場の農村保健・家族計画研究所への支援
1970年	成長センターにおけるパイロット研究プロジェクト

　その構想段階からネルーの死のときまで、インドのコミュニティ開発の責任者であったS. K. デイは、コミュニティ開発に関する重要な決定をネルーと相談せずに行うことは稀であった。ネルーはコミュニティ開発の構想企画に関わりたがったし、デイのパートナーであった。常に緊密に相談し合い、その意味でコミュニティ開発の頭脳とでも呼べる3人がいた。それは、ネルー首相、国家計画委員会副委員長V. T. クリシュナマチャリ、そしてS. K. デイであった。

　インドにおけるコミュニティ開発の考察と実施に関わった機関の中で、インドの機関であれ外国機関であれ、フォード財団と私（エンスミンガー：筆者注）ほど深く関わった機関は他になかった。自分とネルー、デイ、クリシュナマチャリとの親しい関係のせいで、コミュニティ開発に関する全ての局面と事柄について、彼ら3人は、ほとんど全ての新しい局面、主要な新しい企画をコミュニティ開発に導入するのにフォード財団の援助を求めた。（中略）

　ネルーが、財団の助成金を新しいプログラム・アプローチを試すため

の基礎を政府に対して提供するものだと見ていたことは非常に重要である。特に50年代には、タイミングという重要な問題があった。この時期を通じて、財団は比較的内部の官僚制から自由で、コミュニティ開発の時期の調整や新しインプットに対して迅速かつ柔軟に対応出来た。少数の例外を除いて私はネルー、デイ、クリシュナマチャリの財団の支援に対するプロポーザルに対して、ニューヨーク本部から迅速な反応、しばしば1週間から10日以内の反応を得ることが出来た。(中略)

　当時は、ネルー、デイ、クリシュナマチャリと私はコミュニティ開発で一緒に働いており、一つのアイディアが誰の発案であるのかを同定するのは困難であった。我々は非常に親しかったので、相互の意見交換の中から我々のグループの思考としてアイディアが生み出されたと言うべきであった。(中略)

　私は19年間、インドでコミュニティ開発の一コンサルタントとして機能し続けたわけだが、S. K. デイと私が、計画中の新しいインプットの実施のためには相当のフォローアップが必要だと考えたときには私は特定領域のコンサルタントを求めた。財団が雇った全てのコミュニティ開発のコンサルタントはS. K. デイのコンサルタントであり、またコミュニティ開発が進展していく中で、私がその長所と短所を概観し継続的に評価していくのを助けることにもつながっていた[167]。

ネルー、V. T. クリシュナマチャリ、S. K. デイというインドの国家コミュニティ開発の中核をなす人々の懐に飛び込んで、濃厚な人間関係を築き上げ、コミュニティ開発を外部から援助するのではなく、正にインサイダーとして企画、実施していくという立場をエンスミンガーとフォード財団が担っていたと言うべきであろう。

● その他のコミュニティ開発関連のプロジェクト（1952年～）
　1952年のアラハバード農業研究所はアメリカのミショナリーが設立した研究所で、当時最も有力な農業の高等教育研究機関であった。この助成は同研究所に設立されたばかりの農業土木学科への支援である。フォード財団全般に高等教育機関、特に大学への助成が多く、またコミュニティ開発以外の

---

[167] Ensminger, Douglas, Oral History Transcript B.21, op. cit., pp. 1–5.

分野ではインドでも大学への助成が行われているにもかかわらず、この分野では高等教育機関への助成が少ない。それは、インドの農業大学が期待される機能を果たせる状況ではないというエンスミンガーの判断によるところが大きかった。

　農業大学の活用問題は、国家コミュニティ開発構想の中でエンスミンガーとTCA派遣のアメリカ人アドバイザーの意見が大きく食い違った点でもあった。アメリカの農業普及活動の中心は、州立農業大学（land grant agricultural college）であった。各地にある州立農業大学で新しい品種や栽培方法、その他の農村開発の新知識や技術が開発され、それを郡農業普及員が普及するというのが、1914年の共同農業普及法、通称スミス・レーバー法以来アメリカの制度の基本的骨格である[168]。TCAの農業アドバイザーは、インドでもスミス・レーバー法のような制度を作って、農業大学を中心に農業普及事業を進めるべきだとした。エンスミンガーは、こうしたTCAの態度をインドの事情を無視したアメリカ制度の押しつけであるとして、食糧農業省、保健省、教育省といった既存の省庁から独立したコミュニティ開発庁（後に、省）が主管するというインドの新しいやり方を支持した。

　それは、植民地政庁の伝統を受け継いだ保守的な既存官庁では、改革を目指すコミュニティ開発に大きな支障をきたすというネルーその他のインド側の判断に同調したからである。また、前述のようにインドの農業大学への不信があった[169]。植民地時代のインドでは農業大学の地位が低く、農学を志望して入学する学生は少なかった。また、大学進学者のほとんどは都市部の出身者で農村の実態を知るものは少なかったし、ただ官僚になるのだけが目的で、農村の問題に本気で取り組む意思のあるものもほとんどいなかった[170]。

　同じく52年から開始されたコミュニティ開発の評価事業は、1952年1月のフォード財団とインド政府の合意に含まれていた事項である。これは、国家計画委員会の中に独立機関として事業評価機構を設置したもので、当初5年間の全費用をフォード財団が負担した。アメリカ農務省で同種の評価機構の長を務めたことのあるエンスミンガーが、アイディアを出して推進したものであった。エンスミンガーは、政治的上昇気流を受けていた農村開発も、

---

168 Brunner, Edmund de S., Sanders, Irwin T., Ensminger, Douglas, *Farmers of the World: the Development of Agricultural Extension*, [Freeport and New York]: Books for Libraries Press,1945, p. 183.
169 Ensminger, Douglas, op. cit., pp. 54–56, pp. 93–97.
170 Ibid., pp. 96–97.

10年も経てば、反対派からインド農村の問題を解決出来なかったと批判されるのは目に見えており、そのときに具体的なデータで反論出来るような評価事業を最初からビルトインしていく必要があると主張した。同機構は、しばしば政府に批判的な内容の報告をも出し、中立的機関として野党からも信頼された。この機構をフォード財団がアイディアと資金を出して設立したことは、あまり公にならず、したがって外国支配という批判は受けなかった。

初めはフォード財団が助成した15の農村開発プロジェクトの評価を目的としていたが、国家コミュニティ開発プログラムが始まると、その全事業の評価を、後には農村に関わる全ての政府事業の評価を行うように拡大していった。機構の長には、経済学者で協同組合の専門家で、一時はインド中央銀行の副総裁を務めたG. D. カーブが就任した。エンスミンガーは、同機構のコンサルタントとして二人の若いアメリカ人学者を呼んだ。農業経済学者のジョーンズと文化人類学者のオスカー・ルイスである。ルイスは後に、貧困の文化論で一世を風靡するが、このときは病原菌感染ノイローゼになってしまい、やむなくエンスミンガーは9カ月でルイスを帰国させた。エンスミンガーは、コミュニティ開発を経済問題だけでなく、文化の問題としても考えていたため、ルイスの帰国は大きな痛手であった。しかし、エンスミンガーとカーブは、同機構の中立的な評価機関という評判をえることに成功し、後にはアメリカ農務省でエンスミンガーの上司であり、農業普及事業の第一人者と言われたウィルソンをして、「コミュニティ開発のオープンな評価と批判を維持しているのはインドだけだ」と言わしめた[171]。

● 社会教育オーガナイザー（1953年〜）

1953年には、社会教育オーガナイザー（Social Education Organizer: SEO）養成のために5カ所の訓練センターをアメリカ政府TCAと共同で設立するための約23万ドルの助成を行った。西ベンガル州サンティニケタン、マドラス州ガンディグラム、パンジャブ州ニロケ、アンドゥラ・プラデシュ州ハイデラバード、ウッタル・プラデシュ州アラハバードであった。1954年には追加助成を行ったが、インド政府の要請でグジャラート州バローダとビハール州ランチに追加センターを設立した。前者は、女性のSEOに家政学を訓練するセンター、後者は少数民族地域のSEOのためのセンターであっ

---

[171] Ensminger, Douglas, op. cit., pp. 142–147.

た。その後、さらに2つのセンターが西ベンガル州ベルルマス、ラジャスタン州ウダイプールに追加され、最終的に9カ所のセンターが作られた。SEOは各コミュニティ開発ブロックに一人配置され、3ブロックごとにチーフSEOが置かれた。SEOの一般的な機能は、成人識字教育、村人の共同活動を組織するVLWのサポートであったが、コミュニティ・センターの設立、識字キャンペーン、社会教育の教員養成、健康教育、図書館設立、ラジオや視聴覚機材を使ってのコミュニティ開発の広報、余暇・文化活動の組織であった。

バローダの女性のための訓練センターでは、5カ月の通常訓練の後で3カ月間、家庭の生活条件改善活動の訓練がバローダ大学の家政学科の支援で行われた。フォード財団はバローダ大学家政学科にも助成している。1959年までに、3006名の男性SEO、1235名の女性SEOが訓練センターを卒業している。しかし、コミュニティ開発プロジェクトの現場ではSEOはブロック開発オフィサーの助手のように扱われ、目に見える成果を急ぐ政治家や政府官僚によって無用の長物であると批判された。このようにSEO養成は十分な評価を得られなかったが、コミュニティ開発における農村の人間性や制度への働きかけとして一定の意義を持っていた。1959年にインディラ・ガンディを長とする委員会によってSEO訓練センターの改組が行われた。女性センターは以降、別カリキュラムのセンターとなり、女性SEOはムキヤ・セヴィカスという呼称となった。1965年4月の時点で、12のオリエンテーション・学習センター、4つの少数民族地域センター、8のSEO訓練センター、10のムキヤ・セヴィカス・センターが存在し、それまでに2万7381人のSEOがセンターで訓練を受けた[172]。

● 保健教育訓練（1953年〜）

同じく1953年には健康教育訓練センターを3カ所に作るための約35万ドルの助成を行った。フォード財団の助成金でカルカッタ近郊のシングール、マドラス近郊のプーナマレー、デリー近郊のナジャフガールに訓練施設の建設が行われた。この訓練センターはインド政府保健省とコミュニティ開発庁、およびフォード財団の協力プログラムで、コミュニティ開発における公衆衛生普及ワーカーの養成を当初の目的としていた。エンスミンガーはこの

---

[172] Sussman, Gerald E., "Report Number Five: Social Education Organizer Training Centers," June 3, 1965. PA53-45, FFA.

助成の前に、1952年5月から2カ月間ユター大学の医学部長のボワースをインドに招いて、インドの公衆衛生事業の調査と提言をまとめてもらった[173]。この提言に基づいて、3つの訓練センターが企画されたのである。この3つのセンターでは、1960年までに2000名以上のワーカーが訓練された。しかし、3つのセンターの活動は期待に反して低調であった。一つの理由は、保健省が力の弱い省であったため、インド政府内部や各州から十分な協力が得られなかったからである。さらに問題だったのは、アメリカ政府技術協力ミッションと世界保健機構に3つのセンターへの外国人専門家の派遣を依頼したが、官僚機構の中での手続き遅延によって1955年になっても外国人専門家が派遣されなかったからである。

　ボワースの提案で、アメリカでも最も途上国での公衆衛生に関心があり、経験も深いハーヴァード大学公衆衛生学部の学部長シモンズとリーヴェルの二人の南アジア、東南アジア訪問調査の一部をフォード財団は助成し、ハーヴァード大学公衆衛生学部がそれ以降インドの公衆衛生に関わるようになる。TCMとWHOから外国人専門家を得ることは不可能と判断したエンスミンガーは、フォード財団自らが外国人専門家をコンサルタントとしてセンターに派遣することを決意し、1955年に29万5000ドルの追加助成を決定する[174]。リーヴェルがリクルートした二人のアメリカ人保健教育専門家のガリヤーとチャンプリン、公衆衛生技術者のドナルドソンが3つのセンターに派遣された。リーヴェル自身はフォード財団のコンサルタントとなり、全体を保健省等にアドバイスを行った。追加助成ではハーヴァード大学側のコンセプトを取り入れて、環境衛生の研究兼実施（Research cum Action: RcA）プロジェクトとされた。

　RcAプロジェクトの最大のテーマはインドの農村にどのようにトイレを導入するかであった。エタワー・プロジェクトでもトイレの導入は容易に解決出来ない問題とされていた。調査では、トイレがないことが感染病や回虫汚染の最大の原因であるとされ、フォード財団はトイレ問題に集中して取り組んだ。研究チームはトイレ設備の研究とトイレを使う習慣をどのように導入するかをそれまでの事例を集めて研究した。それによって、その後各州で採用される標準トイレ設備の開発に成功したが、使用普及では非常に限られ

---

[173] Bowers, John Z., "Village Health and the Community Development Program in India: A Report to the Ford Foundation," July, 1952. PA53-76, FFA.
[174] Memorandum to Central File from Parker, Harrison, December 5, 1955. PA53-76, FFA.

た成功しか収めることが出来なかった[175]。回想の中でエンスミンガーは、唯一の成功はVLWなどのコミュニティ開発ワーカーの訓練センターでVLWにトイレ使用を普及させたことであると述べている[176]。トイレ普及を進めるVLW自身がトイレを使う習慣を持っていない限り、村での普及は不可能だからであった。トイレが普及しない理由は、エンスミンガーによれば、水洗に必要な水の不足、衛生観や秩序観の違いといった文化的問題、トイレに集めた排泄物処理が不可触民以外の農民には出来ないといったカースト問題などであった。

● 識字教育、農業普及学科、管理者訓練（1953年〜）

1953年には、「新識字者のための文学執筆者の訓練ワークショップ」「5つの農業大学への農業普及学科設置」「コミュニティ・プロジェクトと農業普及サービスブロックの管理者訓練」も行われた。識字教育によって識字者となった人々に適当な読み物を提供することは、識字教育の一つのネックであった。そこで、作家の卵を集めてのワークショップを開催した。この延長線上で、1957年にはラクナウに訓練センターを設立する助成を行った。しかし、エンスミンガーは少なくとも農村近代化にとって、成年識字は必ずしも必要不可欠ではないとしている。文字は読めなくとも農民は、憲法、ネルーの演説など最新の情報によく精通しており、新しい技術やアイディアの受容と識字は必ずしも関係がないとエンスミンガーは気づいた。そこで、彼は後には識字よりも基礎教育に重点を置くようになる[177]。

コミュニティ開発ブロックの責任者であるブロック開発オフィサー、あるいは国家農業普及サービスのブロックオフィサーとVLWとの間には常に対立があった。そこから、コミュニティ開発あるいは国家農業普及サービスの管理者訓練の必要性が生じてきた。管理者側は、例えば道路の新設などで一定の数値目標を実施することを最優先し、VLWに押しつけてくる。VLWは、コミュニティ開発が基本的には村人の自助プログラムであるという訓練を受けてきているので、農民たちが自発的に村の道路建設の必要性を認識し、無償労働提供を申し出るように、時間をかけて説得していく。そこで、

---

175 Ensminger, Douglas, "The Ford Foundation Program Letter, Report No. 110," March 28, 1960. PA53-76, FFA.
176 Ensminer, Douglas, op. cit., p. 112.
177 Ibid., pp. 127–129.

管理者側と VLW の間での摩擦・衝突が生じていた。管理者訓練はコミュニティ開発の理念を教え、管理者の役割を教えるためであった。管理者には3つのタイプがあった。第一は Indian Civil Service（ICS）出身の官僚、第二は食糧農業省などの技術官僚、第三は新規採用者で主として難民を対象とした再建プロジェクトなどの経験者だった。エリートのジェネラリスト官僚である ICS 出身者は、訓練を受ける必要性そのものをなかなか認めず、技術官僚は専門以外のコミュニティ開発領域へのバイアスを持っており、再建プロジェクト出身者が最もコミュニティ開発管理者に向いていた[178]。

● 農村教育、農村青年活動（1954年～）

1954年以降で、比較的注目されるのは、1954年にインドの農村部での教育関係者をデンマークへのスタディ・ツアーに派遣した助成、1955年の青年活動への助成、1956年の農村部の教師への助成である[179]。コミュニティ開発によって農村部に新しく学校が多数建設されるにつれて、農村部の学校が従来の都市志向・学術志向の教育内容からより農村の生活に密着した内容にと改革されるべきだという意見がインドの教育関係者の間で高まった。それを受けて、フォード財団はニューデリー事務所教育アドバイザーのチャンピオン・ウォード（Champion Ward）のアレンジで、18人のインドの農村教育関係者がデンマークへのスタディ・ツアーを行った。デンマークの民衆高校（Folk High School）、民衆大学（People's College）は農閑期に3～4カ月の教育を農村の青年男女に提供することで、農村の活性化に成功したとされていた[180]。この農村部に適切な教育内容と制度の問題は、ガンディの主張以来、底流としてインドに強くあった問題意識であり、フォード財団も当初から関与しようとしてきた。このデンマークへのスタディ・ツアーはその一つの試みであった。全体として見ると、教育省の保守的性格などから、結局フォード財団は効果的な関与が出来なかった。

農村青年活動は、主としてアメリカの4Hクラブなどの農村青年活動との交流事業として行われた。農村部の学校教師のコミュニティ開発への活用は当初から重要な課題として認識されてきたが、教育省がコミュニティ開発へ

178　Ibid., pp. 59–61.
179　農村教育については、「2－4－4　農村教育と中等教育」参照。
180　Ensminger, Douglas, "India Program Letter Number 46," September 1, 1954 および Memorandum to Rowan Gaither from staff, December 17, 1954. PA54-54, FFA.

の参加に消極的であったこと、給与の低さから教員のなり手がなく質が低かったことなどから、十分な活用は困難であった。この助成の目的は、教員養成学校のカリキュラムに農村開発を入れることであり、そのために小規模な図書館を作り、一人の教員を農村開発ワークショップ担当に訓練した。また、移動チームを編成して全国321カ所のコミュニティ開発地域を巡回して、各地で2週間程度の村落教師のためのコミュニティ開発キャンプを実施した[181]。

● ガンディ主義農村開発への助成（1958年〜）

　1958年以降では、1958年のガンディグラムへの助成、1959年のコミュニティ開発中央調査研究所設立、同年の優良農村レベルワーカーへの奨学金が注目に値しよう。ガンディグラムはフォード財団が助成したほとんど唯一のガンディ主義農村開発組織である。エンスミンガーは農村開発や教育におけるガンディ主義者たちの運動に批判的であったが、彼自身がガンディの思想に疎遠であったわけではない。ミズーリ大学の学生時代、ジョゼ・ビュローが始めたビュロー聖書クラスで毎日曜日、ホルト女史の講義に参加した。彼女は聖書講師になる前にインドでガンディと3カ月一緒に暮らし、ガンディの哲学を直接彼から学んでいた。ホルト女史を介してであったが、エンスミンガーはガンディの思想に馴染んでいたのである。エンスミンガーのガンディ主義者批判は、彼らの保守性にあった。彼から見ると彼らは、ガンディの一言一句をそのまま実践することがガンディ思想の実践であると誤解しているように見えた。例えば、ガンディの経済自立思想はあくまでもイギリスへの抵抗運動であり、独立後のインドの状況においてガンディは決して農村の自給自足を主張しなかっただろうとエンスミンガーは思うのだった。具体的には農業協同組合の性格をめぐって意見の相違があった。ガンディは全ての村に多目的の協同組合を作ることを進めた。しかし、エンスミンガーから見ると、協同組合は自給自足的な閉鎖的共同性を志向しており、ダイナミックな開発のニーズに応える有能な経営者の指導する共同のビジネス組織になっていないのである。協同組合は農民の信用供与のニーズに対応出来ず、肥料やその他の資材の効率的な配給が出来なかった。エンスミンガーは保健大臣のラジクマリが自らもガンディ主義者でありながら、彼と同じような考

---

[181] Ensminger, Douglas, op. cit., pp. 124–125.

えを持っているのを知ると、彼女に他のガンディ主義者とどのように付き合うかの指南を仰いだ。

　マドラス州にあるガンディグラムを主宰するラマチャンドランとの最初の出会いは、農村開発の会議がガンディグラムで開催されて、それにS. K. デイの紹介で参加した時であった。ラマチャンドランは、進歩派、改革派のガンディ主義者として広く知られていた。20〜30人の会合で農村開発の直面するさまざまな問題が話し合われた。エンスミンガーはその話題がアメリカで彼が親しんできた農村開発の諸問題とまったく同じであったため、リラックスして率直に彼の所感を述べた。会議が終わるとそれまで黙っていたラマチャンドランがエンスミンガーに抱き寄り、エンスミンガーの発言はガンディが生きていたら主張したであろう内容だと語った。貧しい小作人の家庭に育ったエンスミンガーは農民をよく知っていた。ガンディグラムの質素な生活と精神性にエンスミンガーはまったく抵抗感を持っていなかった。農民的世界の価値観と常識を彼は身につけていた。こうして、ラマチャンドランに受け入れられ、それによってエンスミンガーはガンディ主義者から一定の評価を受けるようになった。これ以降、彼は農村開発の主要勢力であったガンディ主義者たちに率直に批判的意見も言えるようになった。エンスミンガーは回想の中で、この会合は彼のインドでの19年間の中で最も重要な会合の一つだと述べている[182]。

● 国立コミュニティ開発調査研究所（1959年〜）

　国立コミュニティ開発調査研究所（National Institute of Study and Research in Community Development, Mussoorie）の設立は、エンスミンガーとS. K. デイの共同のアイディアであった。二人は各州の開発コミッショナー、州政府首相、国家計画委員会の賛同をとりつけ、フォード財団が図書館、外国人コンサルタント、インド人の海外留学費用を負担して同研究所の設立にこぎつけた。図書館に備える図書、資料、報告書の選定では、世界的に見ても第一人者のウィルソンが全面的に協力し、当時可能な最も優れたコレクションを作った。エンスミンガーは研究所に非常に著名な研究者をコンサルタントとして招いた。中でもイギリス人の政治学者マッディック、アメリカ農務省農業普及サービスの評価訓練部長であったギャラップ、当時アメリカで最も著

---

[182] Ensminger, Douglas, Oral History Transcript, "A 13, Need for Understanding the Gandhian Philosophy and Different Interpretations Expounded by Gandhian Followers," December 16, 1971, FFA.

名な農村社会学者であったルーミスの3人が抜きん出ていた。マディックは2年間滞在し、パンチャヤットについての論文を研究所から出版した。ギャラップはVLWの活動についての同研究所最初の調査研究を行い、その中からVLWの活動の定義を導いた。それによって、それ以降の活動評価はこの定義に基づいて行われるようになった。このように同研究所は、デイがコミュニティ開発大臣であった期間はコミュニティ開発の知的センターとして機能したが、デイが大臣を辞任し、省が解体されてコミュニティ開発が食糧農業省に吸収されるとモメンタムを失い、次第に同省内のありふれた研究所となってしまった[183]。

● 優秀な農村レベルワーカーへの奨学制度（1959年〜）

 S. K. デイは、コミュニティ開発の構想の当初からVLWは業績に応じてインド政府の中での昇進が可能であると発言してきた。しかし、しばらくすると行政機構の中では業績以上に学位が重視され、学士を持たないVLWに昇進の芽はないという現実に気づいた。そこで、デイとエンスミンガーは優良な成績を上げたVLWに2年間の休暇を与えて、学位をとらせる制度を作ることを考えた。エンスミンガーは教育省や高等教育機関の長との面識があったので、4年間の最初の2年分の単位を免除する制度を要求して大学などとの交渉を行った。しかし、全ての大学から拒否されて構想はいったん挫折する。しかし、パントナガール農業大学の副学長D. P. シンの勇断によってようやく2年分の単位を免除する大学が現れた。シンは農村開発計画委員会のアドバイザーを務めたことがあった。彼は、食糧農業省の中の半公的組織であるインド農業研究評議会（Indian Council of Agricultural Research）と教育省の許可をとらずに一方的に35〜50名の受け入れを宣言した。結局、教育省も評議会も反対しなかった。こうして、フォード財団が奨学金制度を公表してから5年後にようやくVLWの大学進学が可能になったのである。2年後の卒業時には、最初のVLWたちは優れた成績を収めて大学を卒業した。卒業生成績上位5名のうち、1位、3位、5位がVLWであり、VLW全員が上位20％に入っていた。後年には、初期のVLWの中からフォード財団の奨学金を得て博士号をとる者も出てくるようになり、インド中央政府あるいは州政府の官僚機構の中に農村の本当の実態を知る元VLWが現れることが期待さ

---

183 Ensminger, Douglas, op. cit., July 11, 1972, pp. 133–137.

れた[184]。

2−2−4　コミュニティ開発の限界、成果

　ここでは、後の時代のコミュニティ開発への評価とその最大の阻害要因であった土地改革の失敗について、フォード財団の関わりを概説する。

● 1960年代におけるコミュニティ開発の低調

　1960年代になるとフォード財団の農村開発、コミュニティ開発への関与は低下し、1970年の成長センターでのパイロット・プロジェクトまでほとんど休止状態となる。これは、S. K. デイが長を務めたコミュニティ開発庁の同省への昇格、彼の退職、同省の解体と食糧農業省への吸収という、インド政府のコミュニティ開発へのコミットの消長と一致している。

　ネルーの肝入りで第1次5カ年計画の目玉の一つとして始まったコミュニティ開発は、結局インドの食糧問題解決に貢献することが出来なかったとして批判を浴び、技術革新による食糧増産へと道を譲ったのである。

　コミュニティ開発が低調となった原因の一つは、ネルー自身が第1次5カ年計画の食糧増産計画達成を過大評価して、第2次5カ年計画では工業発展重視の政策を掲げ、農村開発への資源配分が低下したことが挙げられる。コミュニティ開発自体の問題点、あるいは批判への弁解、さらにはより積極的に農村開発が何を成し遂げたのかについて、エンスミンガーは以下のように回想している[185]。

　第一にエンスミンガーは、第1次から第3次までのネルー指導の5カ年計画全般に目標達成が出来ずに失敗したという批判に対して、むしろ計画者が高すぎる目標設定をしたために、それが公約となり、あたかも失敗したかのように批判されているとしている。農村開発も同様であり、それでインド農村の全ての問題がたちまち解決されるかのような幻想を人々が抱いていたに過ぎないとする。第二に貧困緩和に役立たなかったという批判に対して、彼は2つの政策上の失敗を挙げている。一つは土地改革の失敗であり、2つめは農村自助の原則を硬直的に適用したために、農村の公共工事に土地なし農民や失業者も無償労働を強いられた点である。しかし、こうした困窮者の低賃金の農業労働力に依存していた自作農の反対で、公共事業は実現しなかっ

184　Ensminger, Douglas, op. cit., July 11, 1972, pp. 86–93.
185　Ibid., pp. 12–18, pp. 155–164.

た。この反省は、1960年代の農業開発支援では政策提言として取り入れられた。

● 土地改革とラデジンスキー

　土地改革については、会議派の一部の反対論とネルーの慎重姿勢ではかばかしい進展が見られなかった。エンスミンガーは国家計画委員会の要請に応じて、占領下日本や台湾での農地改革のプランナーとして活躍したウォルフ・ラデジンスキーを1954年夏に招き、インドでの土地改革法制のアドバイスをさせた。彼はそれに先立つ1952年にもボウルズの要請でインドを訪れ、パンジャブ、マドラス、カシミールで調査を行っている。ラデジンスキーの滞在中ネルーは彼と親しく接し、国家計画委員会の土地改革部門が密着して、報告書と提言を国家計画委員会に提出した。しかし、ラデジンスキー報告書は各州の首相の怒りを買い、国家計画委員会はラデジンスキー報告書を公表することが出来なかった[186]。結局は国民会議派内で強い影響力を持っていた大土地所有者の反対で土地改革ははかばかしい進展を見なかったのである[187]。

　ラデジンスキーは1945年まではアメリカ農務省の海外農業関係事務所で各国の農地改革を研究しており、戦後ではあるがエンスミンガーも同事務所に勤務していたため、二人は近い関係にあった。ラデジンスキーは1961〜64年までフォード財団に在籍しニューデリー事務所でネパール、インドネシア、英領マラヤ、フィリピンの土地改革の調査研究、政府への助言を行った。彼はその後世界銀行へと移り、そのニューデリー事務所でインドの土地改革に関する調査研究、政策提言を行っている[188]。インドでの土地改革の実現には直接貢献出来なかったが、開発問題のコアが農村部の貧困の解決であるという彼の指摘はインドの開発関係者の永続する課題となり、1970年代の社会正義プログラム、また第5次5カ年計画の政策目標「貧困の撲滅」へとつながった。「貧困の撲滅」政策は1970年代半ばのILO、世界銀行の提唱した人間の基本的ニーズ（Basic Human Needs）戦略の先駆けとなったとされる[189]。実際、ラデジンスキーは世界銀行のこのときの政策転換に直接的に影

---

[186] 報告書の一部は、Walinsky, Louis, J. ed., *Agrarian Reform as Unfinished Business: The Selected Papers of Wolf Ladejinsky*, Oxford University Press, 1977 に掲載されている。
[187] Ensminger, Douglas, op. cit., July 11, 1972, pp. 39–40.
[188] Walinsky, *op. cit.*, pp. 5–7.
[189] 脇村孝平「スコモイ・チャクラヴァルティーとインド経済分析」S.チャクラヴァルティー、黒澤一晃・脇村孝平訳『開発計画とインド』世界思想社、1989年、205頁。

響を与えていた[190]。

● パンチャヤット自治への貢献

　多くの問題や失敗にもかかわらず、エンスミンガーは、コミュニティ開発が霧散したとはまったく考えていない。何よりも、コミュニティ開発の全国組織が残り、VLWが残った。以前のように人々の注目を浴びることはないが、インド農村のありふれた風景の一部となったのである。さらに、彼がコミュニティ開発の最大の功績と考えるのは農村の人々の民主的な政治意識を覚醒させたことである。特に、重要なのは村の自治共同体であるパンチャヤットに国政の一部が移譲されたことで、村人の選挙によるパンチャヤット議会で自治に関わるさまざまなことが決められるようになったことだとしている。

　コミュニティ開発・協同組合省はグジャラート州の首相であったメータを委員長とする委員会を作り、そこでパンチャヤット近代化のために必要な法制度の提言をまとめさせた。このメータ委員会報告は農村開発の計画・経営責任を州政府からパンチャヤットに移譲することを勧告し、ネルーらの圧力でラジャスタン、グジャラート、マハラシュトラ、アンドゥラ・プラデシュの4州を皮切りに、最終的に全ての州が勧告を受け入れた。このようにコミュニティ開発はインド農村の伝統的パンチャヤットの近代化に成功し、これがインド民主主義の基礎を固めることに役立ったと彼は考えていた。

2-3　ポール・アップルビーと行政改革

　フォード財団がその活動のごく初期から関わり、小規模ではあるが非常に長期間にわたって関与した分野の一つに、行政の分野がある。事柄の性質からして、目立たないがきわめて根本的な影響を与えた分野である[191]。

2-3-1　ポール・アップルビーとインドの行政改革

　行政分野への関与は1952年にネルーが、ポール・アップルビーを招いて、インドの行政に必要な改革についてのアドバイスをもらいたいのでフォード

190　Walinsky, *op. cit.*, p. 21.
191　この項は主として、Staple, Eugene S., *op. cit.* pp. 44–45. Geithner, Peter, "Toward a Program in Public Planning and Management", February 16, 1976, FFA.、Ensminger, Douglas, Oral History Transcript B.6, "The Ford Foundation's Involvement in Public Administration," February 11, 1972, FFA.

財団で援助してもらえないかと直接エンスミンガーに要請したことに始まった。アップルビーは、フランクリン・ルーズヴェルト政権の農業次官補、予算局副局長を務めたニューディール行政の非常に著名な人物で、1952年当時はシラキュース大学マックスウェル行政大学院の学部長であった。イギリス植民地統治の行政機構を引き継いで出発した独立インドの行政はその保守的な体質をも受け継いでいた。議会制民主主義を維持しながら、近代化と開発を迅速に進めようとするネルーにとって、次々と大胆な改革、開発事業を進めたニューディール期の行政には学ぶところが大きいと考えたのかもしれない。

ネルーは具体的には3つの行政上の課題についてアップルビーの助言を得たいと考えていた。第一は中央政府と州政府における大臣の役割と機能である。第二はインド行政の最高位置にあるIndian Civil Serviceと呼ばれた高級官僚たちの役割と機能をきちんと定義づけることであった。彼らは植民地時代にはイギリス人の下にあって法と秩序の維持を最高規範として機能してきた。しかし、独立インドの開発の時代にあって各省の官房部門の機能を明確に規定すべきだとネルーは考えていた。第三は大臣と次官の関係であった。つまり、政治的リーダーシップと官僚機構のあるべき関係である。

このネルーによるアップルビー招聘の要請が、インド政府がフォード財団に対して行った最初の技術協力の要請、すなわち外国人コンサルタントの派遣要請であった。最初の技術協力要請が、ネルー自身によってフォード財団に対して行われたことはその後に大きな意味を持った。すなわち、フォード財団は非政治的な組織であり、相当に微妙な問題であってもコンサルタント派遣を依頼しても構わないのだという通念がインド政府内部に広く行き渡り、またフォード財団はインド政府のコンサルタント派遣要請には応じるという慣行が出来上がったのである。一時は100人近いフォード財団派遣コンサルタントがインド政府の各省でアドバイザーとして働き、フォード財団はあたかもインド政府のインサイダーであるかのように扱われたが、それらは全てこのときのネルーのアップルビー派遣要請から始まったのである。

1952年9月3日、アップルビーは、フォード財団派遣のコンサルタントとしてインドに到着した[192]。彼は、ネルー首相、および公式の引き受け先であるデシュムク財務相をはじめとするインド中央政府閣僚との面談に始

---

[192] Ensminger, Douglas, "Ford Foundation Program Letter for India and Pakistan, Report No. 17," November 12, 1952, Report #001731, FFA.

まり、各省の高級官僚とのインタビューを行い、関連資料を読破し、質問紙を作って官僚からの意見をまとめるなどの調査を行った。その後、約6週間にわたってインド各州政府の行政の視察を行った。調査と報告書執筆の過程で、アップルビーは何度かネルーに会見を求め、彼の意見を確認しつつ作業を進めた[193]。ネルーとの綿密な調整を経て報告書を作成したため、ネルーは自ら報告書をインド中央政府、州政府、議会に必読書として薦めていった。

　アップルビー報告書は全体としてのインドの中央、州政府行政はイギリス統治の遺産を引き継いで、国内秩序維持、徴税、国防という基幹的部分において良好であると評価した。他方で、開発行政の分野においては、個別専門知識を持った行政官の欠如により開発行政の実態は計画案作りの会議、文書作成等に大半の時間を費やしており、現場での具体的事業の実施に容易に至らず、人々の不満や失望が広がっている点も指摘した。また、中央政府と州政府の関係については、現状では国民会議派の一党体制が続いており中央と州の間に大きな問題は生じていないが、将来的に共産党を含む野党の連合が進めば二大政党体制や多党体制も予想され、中央と州の支配政党が違った場合に、どのように中央・州関係を維持するかの検討も必要であるとした。報告書[194]は、1953年5月には議会に提出され、3000部印刷されて中央、州の政府に広く配布された[195]。

　アップルビー報告書の主要提言は次々とネルーらによって実施されていった。継続的に現れる開発関係の新しい行政需要に対応して行政システムを変更していくために、改革を担当する部署を常設すべきとした提言に対して、中央政府と州政府に組織・方法部門（Organization and Methods units）が創設された。さらに、行政官の専門化を進めるために、行政官同志が特定の問題について意見交換出来るような行政専門職のソサエティの必要性を訴えたが、これは1954年にフォード財団の助成金によって行政研究所（Institute of Public Administration）の設立として実現した。同研究所は行政専門職の職業的ソサエティであり、現職の行政官、行政学の学者等のメンバーシップ組織として、研究、出版、ワークショップの実施、若い行政官への資格コースの

193　Ensminger, Douglas, Oral History Transcript A.8, op. cit., pp. 6–7.
194　Appleby, Paul A., "Public Administration in India: Report of a Survey," May 1953.
195　Ensminger, Douglas, "Ford Foundation Program Letter, India, Report No. 28," May 20, 1953, Report #001741, FFA.

提供などが目的とされた。

　1954年にアップルビーは再びネルーの要請で訪印し、第2次5カ年計画の工業化において決定的に重要や役割を担うはずの国営企業に関する行政システムの調査と提言を行った。アップルビーは開発事業を実施する国営企業行政においては、何よりも迅速な意思決定過程が重要であり、そのためには権限の移譲、伝統的に強い政府監査官の役割の見直し、議会のより積極的な役割の重要性を指摘した。報告書は1955年に公表された[196]。

　第2回の調査でも、アップルビーは多数の中央・州の官僚たちと会合を持ち問題の掌握に努めた。大小の会合に参加した官僚の数は1000名にものぼったとされる。会った官僚のほとんどは第1回調査の報告書を読んでおり、直面している行政上の課題についてアップルビーに直接質問しアドバイスを求めた。第2回の調査を総括して、アップルビーは「これらの事例、そして他のさまざまな事柄においても、成されつつある事業はインドの活力、インドの思考、インドの能力を反映している。全ての問題が過去の歴史がもたらした今日のニーズと関係していることを認識するならば、インド政府以上の評価を与えられる政府を私は知らない」と述べている[197]。

2-3-2　行政研究所

　アップルビーの第2回訪印中の1954年3月29日に、フォード財団の35万ドルの助成を受けて行政研究所が正式に発足した。パトナ大学の行政学科長のV. K. N. メノン教授が初代の所長に就任した。研究所の図書館はアップルビーの助言を得ながら、図書や資料の購入、カタログ化を進め、後に行政学関係の中核的図書館となった。開所から2年後の1956年の時点で、研究所の会員数は532名、15名の終身会員、28の企業会員を持つに至り、これはアメリカの同種組織の最初の2年よりよい成績であった。研究所はイギリス、オーストラリアから5名の行政官や行政学者を招いてセミナーを開催し、研究所ジャーナルは行政専門家の間で非常に高く評価され、イギリスやアメリカでも注目を集めた。支部がボンベイ、パトナ、カルカッタと次々と開設され、ネパール人の会員も現れるようになり、インド亜大陸におけるセンター

---

[196] Appleby, Paul A., "Re-examination of India's Administration System with Special Reference to Administration of Government's Industrial and Commercial Enterprises," 1955.

[197] Ensminger, Douglas, "Ford Foundation Program Letter, India, Report No. 42," May 10, 1954, Report #001460, FFA.

としての地歩を固めつつあるかに見えた[198]。

しかしながら、こうした表面上の成功とは裏腹に研究所は次第にアップルビーとネルーの当初構想からずれていった[199]。インドには、アメリカのような官界と学術界の人事交流は存在しなかった。そこで、インド政府の実務者が一時研究職についたり、あるいは研究者が政府の役職につくための人事交流の窓口として研究所は構想されていた。また、研究所は高度に応用的性格の強い研究活動を行うことが構想されていた。したがって、行政上のさまざまな具体的問題についての政府からの諮問や助言の要請に応えることも研究所の使命の一つとアップルビーは考えていた。実際の研究所の活動は歴史研究や理論研究に力点を置き、修士号を出すことを目的とした純粋の学術機関の性格を強めていった。その結果、応用的、実際的な研究を必要とする政府から諮問を受けることはなく、行政改革に貢献するという目的からはずれていってしまった。

フォード財団は研究所創設時に35万ドルの助成を行ったが、1961年の助成期間終了の時期になっても約10万ドルの未使用の助成金が残されていた[200]。この機会に、エンスミンガーは2代目の所長であったコスラ（J. N. Khosla）と話し合ったが、研究所側はそれまでの歴史・理論研究中心、修士号付与機関の性格を変えることには強く抵抗した。そこで、エンスミンガーは助成を終了し、助成金残の10万ドルは財団が引き上げるという通告を行った。研究所側はパニックに陥り、理事会が国家計画委員会のバルヴに研究所の評価を依頼した。エンスミンガーはバルヴと長時間話し合いを持ち、研究所が修士号付与機関であることを止めること、歴史・理論研究から実際的な問題に研究・訓練の焦点を移すことの必要性について合意した。研究所は、バルヴの提案を受け入れ、研究所の方向性を変えることを了解した。

ちょうどその頃、内閣レベルに行政改革委員会を設置することが決まり、委員長には元財務相のデサイが就任した。エンスミンガーは、デサイに委員会の専門技術的スタッフとして行政研究所を指名してもらえないかと依頼した。デサイは行政研究所には必要な専門技術的能力がないのではないかと否

198　Ensminger, Douglas, "Ford Foundation Program Letter, India, Report No. 79," July 7, 1956, Report #001779, FFA
199　以下は、Ensminger, Douglas, Oral History Transcript B.6, op. cit., pp. 4–15.
200　エンスミンガーのオーラル・ヒストリーでは40万ドルとされているが、1960年の年次報告書には、9万7628ドルの助成金残が報告されており、61年年次報告には同研究所の項目が削除されていることから、61年時点での助成金残はこの金額であったと思われる。

定的であった。エンスミンガーは、行政改革委員会のスタッフを務めることで、研究所を政府の実際的な問題の解決に役立つような組織に作り変えることが目的であることを説明し、フォード財団が新たに行政研究所に助成を行って外国人専門家を雇い、行政改革委員会に派遣することを提案した。こうして、1962年にフォード財団は研究所に行政改革委員会の必要とする研究を行う目的で70万ドルの助成を行い、研究所は行政改革委員会のスタッフ機能を務めることとなった。

若い有能な行政官であったエドワード・キーロッフが雇用され、研究所に派遣された。彼は、研究所と改革委員会、内務次官、内閣次官などのキーとなる人々の間を上手くつなぎ、行政改革委員会の活動の中で研究所は外部から高く評価される仕事を行うことが出来た。エンスミンガーは、研究所が旧来の学術志向に戻ってしまわないために、行政改革委員会のフォローアップ事業として、行政改革実施の評価作業を研究所に割り当てることに成功し、研究所は具体的、実際的な事例研究型の研究・訓練機関として継続していくこととなった。

2－3－3　その他の助成

行政改革委員会の仕事に行政研究所を通じてコンサルタントを派遣したことから、フォード財団は内閣次官と内務省次官から、財務省に財務経営部門と内務省に人事部を創設するためのコンサルタント派遣を依頼された。この2つの非常にセンシティブな行政部門に外国機関が関わることの重大さを考えれば、フォード財団のそれまでの国家行政分野での実績への評価と信頼のほどが推し量られる。

また、1962年に、行政改革委員会が発足して作業を進めていくと、内務省の管轄下にある国家行政アカデミーの弱点が次第に明らかとなってきた[201]。そこで、アカデミーの要請を受けて、同年に6万2500ドルの助成を行って、行政改革委員会の仕事のために訪印していたアメリカ人の行政コンサルタント・グループをアカデミーの仕事にも振り向けた。

1967年にはラジャスタン州のジャイプールにある州立行政研究所に9万5400ドルの助成を行っている。フォード財団は若いコンサルタントのパーキンスを派遣した。州立研究所はスタッフを海外に研修させ、図書館を拡張した。

---

[201] 以下は、Ensminger, Douglas, ibid., pp. 15–23.

同じく、1967年には憲政・議会研究所（Institute of Constitutional and Parliamentary Studies）の創設のために20万ドルの助成が行われた。60年代の半ば頃から、エンスミンガーは政府の主要指導者たちと話し合い、インド議会が同国の抱えるさまざまな問題により積極的に責任を持つべきだとの認識を共有していった。こうした話し合いを通じて、議会内部から同研究所の設立の提案が出てきた。エンスミンガーは内容が国家の根幹に関わる微妙な問題なだけに、慎重に首相、財務相、国家計画委員会の意向を探り、またニューヨーク本部の反応も非公式に打診した。同研究所は国民会議派に限らず全ての国会議員にサービスを提供すること、行政府からは完全に独立していることという原則と、フォード財団の助成が行うことに対して財務相の承認が得られ[202]、助成に至った。

さらに、1950年代の終わり頃から、財団はインド政府の官僚に対して、ハーヴァード大学やウィリアムス大学で経済開発や行政学を学ぶ個人フェローシップを提供し始め、後の時代のプログラムで留学した官僚を含めて、数百名のインド政府高級官僚がアメリカその他で、経済開発、社会開発のディシプリンを学んだ。彼らはしばしば留学先の同期の中でトップの成績を収めている[203]。こうして、財団はインド政府の機構改革だけでなく、長期的な行政人材の養成にも多大な貢献と大きな影響を与えたと言うべきであろう。

以上のように、ネルーによるアップルビー派遣要請に始まり、中央政府の財務、人事に関わる機構整備、さらには議会の能力向上のための研究所作りなど、インド国家の中枢部の改革にまでフォード財団は深く関わることとなったのである。この行政への関与は、それ自体で非常に重要であっただけでなく、これを通じてフォード財団が中央政府、州政府のほとんど全ての官僚機構に知られ信用を築いたことは、農村開発、保健、産業開発、教育など他の分野での開発協力をスムーズに実施する上でもかけがえのない資源となったであろうことは想像に難くない。

2-4　教育の改革——チャンピオン・ウォードと中等教育、農村教育

高等教育はフォード財団がアメリカ国内では最も力を入れた助成分野であるが、インドでは高等教育の優先順位は低かった。それはインド政府の低い優先順位、またエンスミンガーのインド高等教育に対する否定的な見方を反

202　フォード財団の正式の窓口は財務省となっており、助成の最終承認は財務大臣が行う。
203　Staples, Eugene S., *op. cit.*, p. 45.

映していた。そこで、1950年代前半のフォード財団の教育への関与は中等教育と農村教育ににほぼ限定されていた。この2つの分野はインド政府の教育問題の認識をほぼ反映したものでもあった。

この時期のフォード財団の活動はシカゴ大学のリベラルな教育哲学者であったチャンピオン・ウォードによって実質的に運営されていた。そこにはインド教育省のリベラルな教育者たちとの深い人間的関係が存在していた。

2-4-1　エンスミンガーのインド教育観

フォード財団のアメリカ国内活動では、大学などの高等教育機関への関与が全体の3分の1程度を占めており、また海外開発プログラムの中で見ても大学等への助成は比較的大きな部分を占めていて、全般的にフォード財団は大学との関係が深い[204]。それにもかかわらず、インドにおける活動では高等教育機関の占める割合が不釣合いに低い。その理由について、エンスミンガーは以下のように述べている[205]。

第一の理由は、イギリス植民地期に出来上がったインドの高等教育の伝統が非常に強固であったためである。カルカッタ、ボンベイなどの大学はすでに100年を超える歴史を持っていた。第二にガンディ、ネルーをはじめとして、ほとんどの国家指導者、また500名のICSの高級官僚たちが部分的であっても全てイギリス本国での高等教育を受けたエリートであり、彼らは植民地の下級官僚養成を目的としたインド国内の大学教育の根本的矛盾に大きな注意を払わなかったからであった。イギリス型教育が本質的に疑われることはなかったし、大きな政治的課題となることもなかった。1950年代はむしろ、ガンディ主義の影響もあって農村での基礎教育や初等中等教育、つまり民衆の教育のほうがより優先度が高いと指導者たちは考えていた。第三にインドの大学教員の給与は非常に低く、彼らのモラルは低く、学生は学位を得て政府に職を得ることだけを考えている状態であった。教員給与等の基礎的インフラの問題が解決されない限り、フォード財団が活動する余地は少なかった。

それでも、20年近いインド代表期間中、エンスミンガーはインドの教育

---

[204] Maget, Richard, *The Ford Foundation at Work: Philanthropic Choices, Methods, and Styles*, [New York and London]: Plenum Press, 1970, p. 193.
[205] Ensminger, Douglas, Oral History Script B23, "The Ford Foundation's Interest and Involvement in Indian Education," August 23, 1972, pp. 1–6, FFA.

改革の機会をうかがい、小規模ながらさまざまな働きかけを行った。それは、彼自身の言葉を借りれば、「何のための教育なのか」「誰のための教育なのか」という根本的な問いを教育者や政策担当者、政治家に投げかける営みであった。教育分野の助成はいずれも小規模なものであり、アメリカ人を中心とする教育関係の専門家をアドバイザー、コンサルタントとして招いた事例が多いのが特徴である。招かれた人々はいずれも同時代的に著名な人々であり、エンスミンガーがそれなりに大きなインパクトを期待するに十分な顔ぶれであった。

2−4−2　教育アドバイザー、チャンピオン・ウォード

　50年代初期、フォード財団の教育分野の関与は主としてエンスミンガーの最初の教育分野アドバイザーであったチャンピオン・ウォードが中心となって、インド教育省の二人の官僚、カビールとサイイダインをカウンターパートとして進められた。ウォードはインドでの教育アドバイザーの職の後、フォード財団のスタッフとなってアフリカの代表を務めた後、ニューヨークの本部に戻り、国際部門担当副理事長補となった。いわば、エンスミンガーの直属の上司となったのである。

　ウォードは哲学者でシカゴ大学で学部長としてロバート・ハッチンズ学長の下、リベラルで改革志向の強い教育の革新を担った。しかし、ハッチンズがフォード財団に転出した後、その反動ともいうべき学内対立の当事者となり、鬱々たる学園生活を送っていた。そこへエンスミンガーが現れ、彼の常套の口説き文句である、「インドの民主主義を守るためインドへ来て欲しい」と懇請された。ちょうど滞米中のインド教育省次官カビールも直接シカゴに彼を訪ねてインドの教育問題を説明した。こうして、典型的なニューディール期の革新的教育者であるウォードがインドに赴いたのである[206]。

　ウォードがインドに到着した1954年3月にはアメリカ、ヨーロッパ、インドの中等教育を6カ月にわたって見学した8名の国際調査団がデリーで報告書作成のために会議を開いている最中であった[207]。調査団は、前年に出された教育省の中等教育評議会報告書のフォローアップとして、各国の専門家が集まって具体的なインドの中等教育の改革方針を出すためにフォード財団

---

[206] Ward, F. Champion, "Memoirs," 1985, FFA, pp. 1–3.
[207] Ensminger, Douglas, "Ford Foundation Programme Letter Report No. 41," April 21, 1954, Report #001459, FFA.

が助成したもので、1953年のこの助成が教育分野の最初の助成である。インドから4名、イギリスとフィンランドから1名ずつ、アメリカからはハーヴァード大学教授シンプソンと教育振興基金のネルソンが加わっていた。調査団は約6カ月をかけてヨーロッパとアメリカの中等教育機関を訪問し、その後インド各地で同様の訪問調査を行って報告書を作成した。報告書は教授内容、方法、中等教育組織の近代化、および教員の養成、給与、地位の改善を具体的に提言した。シンプソンとネルソンは準備不足の調査団報告書には批判的であった[208]。しかし、調査団とその報告書はフォード財団と教育省が、中等教育を教育改革の中心的アジェンダの一つとするという政策決定の道筋を確実なものとする意味で重要であった。

2-4-3　カウンターパート

　教育分野での活動のインド側カウンターパートであったのは、教育省の官僚や現場の教育者たちであった。フォード財団のスタッフとインド側関係者の関係を知るために興味深いと思われるので、ウォードの回想録からウォードの見た彼らの姿を引用してみたい。

> 　独立時、教育大臣の椅子は、ガンディ側近の中で代表的なイスラム教徒であったマウラナ・アザドに与えられ、教育省の主要ポストのほとんどはイスラム教徒が握った。フマユン・カビールが教育次官、教育諮問官というトップの地位にいた。彼は東ベンガル出身の作家、学者、そして自称「労働運動の扇動者」であった。頑健、色黒で、肌色と体型からドラヴィダ系、ベンガルのライオンと呼ばれたファズルル・ハクの甥で、オックスフォード大学に絶大な信頼を寄せつつもアメリカの教育の中にインドに役立つものを見出していた。しかし、彼はインド固有の文化、ニーズ、熱望が外国制度輸入の成功の成否を握ることを決して忘れなかった。カビールと後任のサイイダインが教育省における私の主要なホストとなり、私たちは互いに協力者であると同時に友人となり、私のほうでは彼らの頭を飛び越してアザドや首相へ行くことを遠慮するようになっていった。（中略）
> 　サイイダインはいくつもの点でカビールと異なっていた。西部出身で

---

[208] Memorandum to John Howard from Lester N. Nelson, May 18, 1954. PA53-134, FFA.

ウルドゥ語を話し、痩身、明るい肌、虚弱でペルシャ人が愛するような巧みで婉曲な言いまわしを好んだ。サイイダインの都会性と不釣合いに融合していたのは、当時すでにほとんど死にかかっていた「進歩的教育」の主義主張への感傷的とも思える執着であった。（中略）

　さらに二人のヒンドゥ教徒の教育者に触れなければならない。マドラスのブラーミンで南インド教員組合の長年の指導者であったS.ナタラヤンは最も高潔で粘り強い教育者である。彼の同僚で、陽気で精力的なボンベイ出身のイスラム教徒教育者のダウドとともに、ナタラヤンは全インド中等教育評議会の最初の輝かしい3年間をスタートさせた。その後、マドラスに戻ったが、我々は連絡を保ち60年代になって私がインドを再訪した際には、すでにほとんど失明し甥に手を引かれてではあったが、マドラスからはるばるデリーまで会いにやってきてくれた。

　J.P.ナイクは、インドに限らず私がこれまでに出会った中で最も刺激に富んだ教育思想家である。デリーでは彼は農村地域の教育の実験家として知られ、時々特定の課題について政府の諮問を受けてデリーにやってきていた。（中略）休むことなく精力的で、素晴らしく想像力に富んだナイクは教育、保健サービス、農村開発、社会科学研究組織などで貴重な貢献をしたが、私の見るところ彼の最大の貢献は、他の人々に教育と開発を「違った」形で考えさせたことにある。彼の特別な才能は私の表現能力を超えている。陽気で質素であり、彼は政府から給料を一切もらわず、粗末な彼の事務所の簡易ベッドで眠った。（中略）

　ジャワハルラル・ネルーは私たちの家から200〜300ヤードのところに住んでいて、首相府の行き帰りに彼の小さな灰緑色の車で出入りするのをほとんど毎日見かけた。彼自身がやらない限り、何事も上手くいかないのだという首相の信念はすでに神話になっていた。ある時、私たちは大統領官邸の裏で翌日国会議員に大統領騎馬警護隊が見せるショウのドレス・リハーサルを見ていた。そこへ、首相が車でやってくると席順を決め、自分でマイクのテストをして、それから夕食へと向かっていった[209]。

　ウォードのユーモアに富んだ人物評から垣間見られる、フォード財団の教育関係スタッフとインド人教育関係者の間の関係にはいくつかの特徴を指摘

---

[209] Ward, Champion F., op. cit., pp. 12–16.

することが出来よう。第一にある意味で対等の専門家同士の関係であったことである。援助のドナー＝レシピアント関係、あるいはアメリカ人とインド人という異なる文化や歴史によって隔てられた人間の関係ではなく、むしろ同じ教育の専門家集団に属する側面が強く見える。第二にそれと密接に関連しているが、インド人教育関係者がイギリスのオックスフォード、ケンブリッジといった大学で高度の高等教育を受けており、それを通じてウォードらとほぼ同等かそれ以上の知識水準、教養の程度にあったという点である。ウォードの場合、哲学者であって、いわゆる古典的教養のあるアメリカ人であったからまだよかったが、開発協力のために送られてくるアメリカ人技術者の中には明らかにインド人カウンターパートより教養、知識の面で劣っているケースは少なくなかった。第三にフォード財団のスタッフとカウンターパートは、インドの教育改革の上での同志的連帯の意識が垣間見られるのである。第四にイスラム教徒、ヒンドゥ教徒、あるいは出身地域などさまざまに異なる教育者たちと、教育改革の一点で共通の目的を持てればフォード財団は協力したが、いわばこれらのさまざまな人々は最終的にネルーの思想と指導の下で一括りに出来るという点である。フォード財団と彼らの関係は広い意味でのネルーの指導と庇護の下で可能であった関係であると言えよう。

2－4－4　農村教育と中等教育——2つの優先分野

　ウォードはカビールやサイイダインなどの教育省の官僚、現場の教育関係者などとの会談や会議への参加を通じて、インド教育の現状の問題点を把握し、フォード財団の教育分野への関与のいくつかの優先分野を提案する。まず、教育の量的改善と質的改善の2つの課題の中でも、フォード財団の限られた資源からして、質的改善しかも改革の初期段階に絞るという助成方針を立てた。独立後、インドでは学校教育が急速に普及し、量的改善はインド政府の手で着実に進められた。しかし、急速な就学者の拡大は教育水準の低下を伴っていた。ウォードは、ハッチンズが問うた「全ての人が劣悪な教育を受ける権利を持っているということなのか？」という、教育の民主化と教育水準の維持のディレンマが、特にインドのように教育整備のための資源に乏しい独立直後の国々においては、常に彼を悩ませた最大の問題であると回想している[210]。

210　Ward, Champion F., op. cit., p. 19.

フォード財団はアメリカ国内での一つの重要なテーマであった教育の民主化、すなわち、全ての人々に教育を普及させようという方向ではなく、むしろ独立インドに相応しい新しい教育内容を作ろうとする、質的な改革への支援を戦略的に選択したのである。そうした判断の最も基本的根拠は量的改革を行うには財団の資源はあまりにも少なかったし、量的拡充の面ではインド政府が責任を負うべきと考えたからである。

　そして、カビールらのインド教育省革新官僚の意見を受け入れて、中等教育の質的改革に焦点を当てようとした。独立後のインド教育は初等教育において最も大きな改革、改善が見られ、高等教育が最も旧態然としていた。そして、中等教育改革の遅れによって初等教育改革の一層の展開にも支障を来していた。中等教育は、初等教育の一層の改革を促進し、かつ高等教育改革の端緒をつけるという意味で戦略的に選ばれたのである。第二の優先分野は農村における中高等教育であった。これはむしろガンディ主義的な農村教育運動の影響を受けつつ、それとはやや異なった方向性で、すなわち農村の近代化につながるような農村高等教育を模索していたネルーの意見を反映していた。

　1954年にフォード財団は前者の優先分野に対応して全国の中学校の校長、教員養成機関の教官、州の教育監督官を対象とした一連の中等教育開発セミナーの開催に助成した。後者に関してはインドの農村教育関係者のデンマークへのスタディ・ツアーへの助成となった。ネルーらはデンマークの民衆高校運動に興味を持っており、1954年2～3月にデンマークのエルシノアの国際民衆研究所（International People's Institute）の所長で、*Living Democracy in Denmark*の著者であるピーター・マニッシュがネルーの招待でインドを訪問していた。マニッシュはフォード財団を訪れて、マニッシュを案内役にフォード財団の助成で農村教師の養成大学の校長20人がデンマークのスタディ・ツアーを行ったのである[211]。

　1954年には、もう一つの農村高等教育に関する調査団がフォード財団によって組織された。これは当時副大統領で、後に大統領となるラダクリシュナンとエンスミンガーの会合の中から生まれた構想であった。ラダクリシュナンを長とする委員会がインドの高等教育に関する報告書をまとめていたが、その中でごく簡単に農村高等教育の必要性に言及していた。ラダクリ

211　Memorandum to John Howard from Douglas Ensminger, April 14, 1954. PA54-53, FFA.

シュナンはこの農村高等教育機関についての提言を具体化するのは、農村開発にコミットしているフォード財団がふさわしいのではないかと薦めた。エンスミンガーとウォードはこのラダクリシュナンの推薦を受けて国際調査団の組織を行った。調査団は4人で構成され、1954年11月から55年1月まで約3カ月の調査と報告書作成を行った。メンバーは黒人大学として著名なタスキギー大学学長のフォスター、イギリス人でタゴールが作ったシャンティニケタンのヴィシュワバラティで働いていたエルムハースト、インド側からは非公式教育機関で有名であったウダイプールのヴィドゥヤ・バワン訓練センターの学長のK. L. シュリマリとビハール州教育次官のマーサーであった。ビハール州は基礎・農村教育で成功を収めていた。調査団は、1955年1月にはデンマーク・スタディ・ツアーの調査団とも会合を持ち、インドに相応しい農村高等教育機関の構想をまとめていった[212]。

2－4－5　1955年の大規模な教育への助成

　こうして2つの調査団と一つのデンマーク・スタディ・ツアーによって、中等教育改革と農村高等教育の2つの優先分野での方向性が固まり、1955年にフォード財団はやや大規模な助成を行った。第一は中等教育の教員養成機関に周辺の中学校に普及活動を行う学科を作ることであった。教員養成機関は教育の現場から乖離しており、教員養成課程に現場の問題をフィードバックさせて内容を改善することが企てられた。全国31校の教員養成機関に要員、教材、中学校を巡回するための交通手段を提供することとなった。プロジェクトを効率良く進め、官僚機構での遅延を出来る限り排除する目的で、全インド中等教育評議会が設立され22万5000ドルの助成が決まった。同評議会は全国レベルの情報クリアリングハウスの機能を担うとされ、そして同評議会が普及学科を直接設立するはずであった。評議会は注目を集め、中等教育の多くの人材が集まった。

　評議会の目的は政府の教育官僚や資源と全国から集まった教育者の代表者を、教育改革を目的として一つに融合させることであった[213]。マドラスのナタラヤンやボンベイのダウドなど現場の教育者指導者たちが全国から集まった。同評議会議長には農村高等教育機関調査のメンバーであり、当時教育副

212　Request for combined allocation and grant action, June 17, 1954, PA54-128, FFA. Ensminger, Douglas, "The Ford Foundtion Program Letter Report No. 54," February 24, 1955, Report #001755, FFA.
213　Ward, Champion F., op. cit., p. 28.

大臣になっていたシュリマリが就任した。同評議会は最初の3年間は非常によく機能した。しかし、シュリマリが教育大臣になると、フォード財団に相談なく評議会を改組して教育省に組み込むという暴挙に出たのである。彼は教育大臣の地位を利用して、評議会委員の選任権を得ようとしたとエンスミンガーは述べている[214]。これによって、ナタラヤンらを含む評議会委員の多くは辞任し、普及活動は継続実施されたものの、官僚的硬直性のため円滑には進まなくなってしまった。

　第二はインドの中等・高等教育という名称でのインド政府教育省への234万6500ドルという大規模な助成であるが、この助成は実際には中等教育、農村教育、大学教育、海外研修の4つの組み合わせであった。中等教育では13のセミナー、ワークショップの開催に加えて、前述の教員養成機関による周辺の中学校への普及活動が4年間にわたって支援されることとなった。大学教育はカルカッタ大学の学生を農村開発の現場で実習させるという内容で、大学教育というよりは農村開発の一環としての意味合いのほうが強い。海外研修は教育省関係者のスタディ・ツアーである。

　農村教育は、農村高等教育調査団の提言に基づく2つの異なった事業から成っていた。一つはデンマークの民衆学校のインド版でロック・ヴィドゥヤピート、すなわち「民衆の学習場」と名づけられた機関で、これを調査団提言に基づいて約325のインドの全ての郡に各1つずつ設立することを目指した。この助成では、すでに2カ所を州予算で1カ所を中央政府予算で開始していたマイソール州の全郡にロック・ヴィドゥヤピートを開設する実験を行おうとした。2つめは、ロック・ヴィドゥヤピートより一層高度な農村教育を行うことを目指した機関で、将来的には農村大学と呼べるような教育機関の設立を目指したものである。約7郡から成る51の行政単位に各1校ずつを設立することを将来の目標として、当面同調査団が選定した将来的に農村大学となる可能性を秘めている既存の10組織にフォード財団が助成することとした。

2－4－6　限られた成功

　マイソール州のロック・ヴィドゥヤピートへの助成はほぼ失敗に近い形となった。1968年のフォード財団の評価によると、当初の計画であった8郡でのロック・ヴィドゥヤピートの設立と、女子用の1カ所の設立のうち、度

---

[214] Ensminger, Douglas, op. cit., August 23, 1972, pp. 9–11.

重なる期間延長にもかかわらず、2校が新設されただけであった。最終的に1967年にプロジェクトが終了したが、助成金の一部は返還された。用地取得の遅れ、パキスタンとの紛争などが理由とされたが、主たる原因は中央政府教育省、州政府教育省、実際に担当する同州成人教育委員会の間での報告、許可などの遅延と責任の所在の不透明性にあった。フォード財団の側でもプロジェクトを立ち上げたウォードが転出するとフォローアップする体制がなかった[215]。

　農村大学構想に関しては、限定的ではあったが一定の成功を収めることが出来た。当初教育省はシュリマリ大臣を委員長とし、選ばれた10校の校長を委員とする委員会を作り、フォード財団の助成金は10校に画一的に配分すると決定した。しかし、教育省から10校への助成金の支払いが煩雑な手続きのために遅れ、計画に基づいてすでに事業を開始したこれらの教育機関は深刻な財政問題に直面せざるを得なかった。また、そのほとんどがガンディ主義者であった10校の校長は農村大学の具体的なイメージを持てなかった。

　そこで、立て直しのためエンスミンガーはケンタッキー州のベレア大学学部長のルイス・スミスをコンサルタントとして、ベレア大学をモデルとして農村大学構想を進めた。同校は農村青年が働きながら学ぶ大学で、学費を払えるような豊かな家庭の子弟は入学させないという方針で、地域に残る農村青年の養成を目的としていた。10校の代表団がベレア大学を訪問、見学し、ベレアから二人の教員がコンサルタントとして10校を指導し、10校から若い教員がベレアに留学した。農村高等教育機関の発展にとって、最大の難関は教授スタッフのレベルアップであった。ガンディ主義に則った農村教育機関では、科学的な知識は軽視され、きわめて低い給料を甘受するガンディ主義者だけが教師を務めていた。教育機関の近代化には不適切な教員をアメリカ留学などで専門知識を身につけた若い教員と入れ替えることが必要であったが、そのためには長い時間を要した。また、学位を出せる教育機関となるためのさまざまな基準を満たすこと、また財政基盤を整えることなど多くの問題があった[216]。それでも、この10校のうちの優良な3校が学位機関となり、他の7校はこの3校に付属するという形式で学位問題は解決された。数校はその後も発展したが、中でも最も成功したのはタミールナドゥ州のガン

---

[215] Memorandum to Files from Worrall, Robert P., August 19, 1968, PA55-92, FFA.
[216] Ensminger, Douglas, op. cit., August 23, 1972, pp. 20–27.

ディグラム研究所で、後には2つの大学の大学院教育付属施設となった。ガンディグラムからは9人のスタッフがアメリカで修士号、博士号を取得して、頭脳流出せずにガンディグラムに戻って教官となった[217]。

2−5 まとめ

本節では、第1次5カ年計画期に開始された重要な活動分野として、農村・コミュニティ開発、行政改革、教育の3つの分野を取り上げた。以下では、それぞれの重要な課題にフォード財団が関与した意味について考察を加えたい。

2−5−1 コミュニティ開発
——アイディアの融合、知識の普及、国家とフィランソロピー

1951年8月のネルーとホフマンの会合で合意された国家コミュニティ開発への援助は1950年代を通じてフォード財団のインドにおける活動の中心となった。ここでは、コミュニティ開発のアイディアはどこから来たのか、事業はどのような方法で実施され、援助の方法はどのようなものであったのか、代替政策はありえたのか、そして事業はどのような結果、あるいは影響を残したのかについて考察してみたい。

● アイディアはどこから来たのか

初めにアイディアの系譜である。農村部の国家コミュニティ開発のアイディアにはアメリカ人ボランティアのメイヤーがウッタル・プラデシュ州エタワー郡で行ったパイロット・プロジェクトが大きな役割を果たしている。メイヤーがコミュニティ開発のアイディアをネルーに持ち込み、そしてエタワーでの成功がホフマン、そしてボウルズにコミュニティ開発に興味を持たせ、フォード財団とアメリカ政府援助の両方をネルーの国家コミュニティ開発に橋渡ししたのである。個人のボランタリーな創意工夫がインド国家と外国援助を動かしたという、このあまりにアメリカ的な成功物語をどのように解釈すべきであろうか。

メイヤー自身がその著書で認めているように、1940年代後半にはすでに各州でコミュニティ開発的な事業が州政府主導でいくつも行われていた。つまり、コミュニティ開発というアイディア自身は決して目新しいものではな

---

[217] Staples, Eugene, *Forty Years: A Learning Curve, The Ford Foundation Programs in India, 1952–1992*, The Ford Foundation New Delhi Office, 1992, pp. 33–34.

かったのである。重要なのはメイヤーがそれをエタワーで巧みに経営し、かつ本格的な展開へのデモンストレーションとしてのパイロット・プロジェクトというアイディアを持っていたことである。新しかったのは政策実験の概念であり、その結果を国家政策に注入して国民的に展開するという社会工学の発想であった。そのために調査や記録、評価がきちんと行われていた。むしろそこがパイロット・プロジェクトの本質であることをメイヤーは理解していた。そして、国家政策への注入のメカニズムは最高指導者への直接のインプットである。この政策実験、国家的展開、行政の最高指導者の直接関与という一連の過程はまさにニューディール行政の仕組みを彷彿とさせるものであり、メイヤーが体で理解していた社会計画のあり方であったのである。

　この当時、少なくともアメリカにおいて最もよく知られていた途上国でのコミュニティ開発の事例は、中国の晏陽初（英名James Yen）が北中国の定県で行った農村開発であろう。メイヤーも当然、定県のことは知っていたであろう[218]。晏は1893年に湖南省に生まれた[219]。1918年にイェール大学を卒業し、YMCAのメンバーとして第1次世界大戦のフランスで塹壕掘りの中国人労働者の救済活動を行い、21年に中国に帰国し、26年に定県で農村開発事業を開始する。当初は識字活動から開始したが、次第に医療、教育、貧困対策に手を広げていった。蒋介石の下で農村開発を継続したが、蒋からは十分な援助が得られず、アメリカ議会を説得して1948年に農村再建中米合同委員会を設立し、国民党が台湾に逃れる1949年までアメリカの援助で農村開発事業を実施した。

　晏と毛沢東は同年の生まれであり、毛は定県で教師として農村開発事業に参加している。その後、毛は晏と袂を分かち共産主義に向かったが、バートランド・ラッセルは彼らが奇妙によく似ていると述べ、晏のYMCAとロシアのボルシェヴィキ主義は進歩の教義において共通点を持つと述べたとされている[220]。晏はアメリカで教育を受けたリベラルであり、フィランソロピーの延長線上での農村開発でそれなりの実績を上げていた。晏が蒋から十分な支援を得ていれば、国共内戦は違った結果になっていたかもしれないとアメリカ人たちは思っていた。晏は共産主義と競争するリベラルの象徴的存在に

218　メイヤーが研究した中国での国連救援定住機構の活動は晏の影響を受けている。
219　Hayford, Charles W., *To the People: James Yen and Village China*, New York: Columbia University Press, 1990.
220　*Ibid.*, p. xii.

見られていたのである。ボウルズには明確に、そしておそらくホフマンにも、エタワーは蒋に見殺しにされた定県と二重写しになっていた。

　アイディアがどこから来たのかを単純に語ることは出来ない。それは単純な輸入ではなかった。晏の中国での活動は1920年代からという先行事例であり、これが大きな枠組みとしての影響を持っていたことは間違いないであろう。また、メイヤー、エンスミンガー、そしてアメリカで学んだデイといった主要人物を考えれば、アメリカの農村開発、特に州政府による農業技術普及活動が大きな影響力を持っていたことを否定することも困難であろう。

　しかし、3人ともアメリカのモデルをそのままインドに適用することには反対していた。その大きな文化、伝統の違いについて感受性を欠いていたわけではない。アメリカ側の発想を比喩的に言えば、アメリカ国内開発とアメリカの主要な海外フィランソロピーであった中国などの事例を参照基準に、インド独自の文化伝統、社会制度の中に新しい形を探ったと言えよう。彼らにしてみれば、ぎりぎりの「客観的」態度であり、「押しつけ」を避けようという強い意識は確かにあったのである。しかしながら、いかに配慮しようともそれがアメリカ的色彩の強い近代化路線であったことは否定出来ない。

　一方で、ネルーはアメリカ人たちにそれ以上を望むことが無理難題であることは十分に承知していたであろう。ネルーにとって、フォード財団に象徴されるアメリカのニューディール的開発手法はとりうる選択肢の一つではあったが、それに全面的に依存する意図はなかったのである。ネルーに国家コミュニティ開発政策をとらせた要因は一つではないであろうが、その一つはやはりエタワーの社会実験の成果であり、またデイが指導したニケロリの難民居住地域の開発プロジェクトであったと思われる。パイロット・プロジェクトでの政策実験を基に全国展開するという政策手法がいかに施政者にとって魅力的であるか、特に合理的であったネルーにアピールしたかを示している。しかし、第2次5カ年計画ではネルーはむしろソ連型の工業開発中心の計画に比重を移していった。アメリカ的アイディアの影響力は決して支配的ではなかったのである。

● コミュニティ開発の目的と方法、援助の方法

　次に、コミュニティ開発の目的を考えてみたい。アメリカ側の目的は基本的には食糧増産にあったと考えるべきであろう。飢饉に対する人道的援助を支援する国内の宗教団体や知識人の声はリベラル派の援助主張の根底にある

道義的要因の政治的表現であり、全ての人に最低限の生活水準が保たれるようにならなければ彼らの規範的主張は充足されない。ネルーはむしろ、人々の意識改革を含む農村コミュニティの全体的な近代化というより大きな目的をコミュニティ開発に付与していた。それは彼の著作『インドの発見』で描かれているようなインド農村の後進性を打破し、彼自らに似たインド人を未来に向けて作っていくことがインド国家の未来像の基礎であると考えていたからである。こうした農村社会の社会構造や価値観を含む全体的な社会の近代化が目標であった場合、食糧増産はその全体的プロセスの結果として位置づけられる。しかし、前者のプロセスは農村部の貧困の根本的な治療策ではあるが、歴史的過程であって短期間に達成することはそもそも不可能である。このいわば、眼前の道義的要請と長期的な目標との間の時差がコミュニティ開発の抱えていた本質的問題であった。

　国内的な援助支援グループからの強い圧力を受けていたアメリカ政府とは異なり、エンスミンガーはむしろネルーの考え方に同調していた。フォード財団においてもコミュニティ開発の目的は農村の全般的な近代化だったのである。そのことはフォード財団のコミュニティ開発の援助が社会教育、保健教育、識字教育、農村教育、農村青年活動というように広義の教育分野に非常に手厚いことがよく示している。これらの活動が農業生産の増大などの経済指標的な効果を見せるためには数世代かかることは明らかである。

　第一に指摘すべきなのは、国際開発において主権者は途上国政府であるという点である。途上国政府の意思が不透明で弱い場合には援助側の意図が直接間接に強く反映することはありうるが、ネルーの政府のように強い意志を持っている場合、意見が異なった場合に妥協しなければならないのは当然ながらフォード財団の側であった。

　第二にはエンスミンガーに代表される当時のスタッフが持っていた強いリベラル・ラディカリズムの傾向である。この要因は、より積極的な意味でフォード財団とネルーを近づけていた。それを自由主義体制と呼ぶか資本主義体制と呼ぶかは別にして、体制崩壊への危機意識を強く持って社会改革に邁進したニューディーラーの世代文化である。世代文化を冷戦が刺激していた。エンスミンガーらの危機意識の対象は共産主義との競争であり、それを平和的にかつアメリカに有利に経営しなければ第3次世界大戦につながるというものであった。つまり、共産主義者の主張する革命的な社会変化に対抗出来る社会改革でなければ意味がなかったのである。革命によらずに平和的

手法で大きな社会変化をどのように起こすかが課題であり、単に食糧増産だけでは済まなかった。そして、その方法が社会計画的な農村社会教育を通じた知識の普及による、国家規模で計画された社会変化だと考えられていたのである。つまり、力による社会改革ではなく、知識の普及を通した「同意」に基づく社会改革である。大量の人材の養成センター方式はエンスミンガー時代のフォード財団の特徴的な手法の一つである。時間をかけて既存の大学等の組織を改善したり、新しい大学や研究所を作ったりするのではなく、訓練センターで社会変革を直接担う人材を促成栽培的に大量に養成していったのは、やはり危機意識を抜きにしては理解しづらいことである。

　近代化が農村コミュニティ開発の目的であったとしても、インドの場合、中国の事例とは異なって近代化＝欧米化とそれへの反発という広い意味での民族主義的言説の中で語られることは少ない。例えば、どちらもアメリカの大学で教育を受けた晏とデイを比較すると、晏の場合には彼が欧米の模倣者であったのか、あるいは真の創造者であったのかという問いかけがなされる。つまり、欧米対中国という文明の二項対立構図の中で語られる。しかし、デイの場合そうした議論はあまり魅力的ではない。それはなぜだろうか。

　それは、ネルーという文脈においては欧米的という以上に、国際的であるという側面が強く出るからである。ネルーの国家開発はアメリカ、イギリスはもとよりソ連、東欧の援助も受け入れ、日本、世界銀行さらに国連も援助に加わっていた。主立った援助国だけでも20カ国に近い。さらにアジア・アフリカ会議を通じて南南協力が提唱され、インドは被援助国であると同時にアフリカなどの国々への援助国でもあるのである。インドの国家開発はまさに国際プロジェクトであった。戦前の東洋対西洋という近代化をめぐる言説の座標軸から、東西対立と非同盟主義、さらには第三世界主義へという新しい座標軸に転換しているのである。ガンディのような重要な例外はあったにしても、知識人を中心にした東洋対西洋という文明の二項対立から、大衆の物質的、非物質的要求をいかに満たすかに議論はもはやシフトしていた。絶対の基準であった文化的・文明的相違は背景に後退し、大衆の物質的欲求という文化的相違を超えて普遍的なものが正統性を持った政策課題となって浮上したのである。

　次に、国家コミュニティ開発の方法について考えてみたい。アメリカ政府のポイント・フォー技術協力で派遣されたアメリカ人コンサルタントたちは州政府が中心となり、州立大学農学部を知識の生産と供給の拠点とし、郡レ

ベルの農業普及員が新しい知識を指導、普及するという伝統的なアメリカの農業普及活動をインドも採用すべきだと主張した。これに対して、ネルーとデイは中央政府が指導力を持って新たな訓練センターを作り、全国一律的にコミュニティ開発を推進する方式をとった。エンスミンガーもこのインド方式に賛成していた。結果的に中央集権的に国家コミュニティ開発事業が実施されたのである。この発想の基礎には2つの要因があるように思われる。

　第一は独立インドの国家機能を強化しようとする意図である。エンスミンガーも認めているように、コミュニティ開発は州政府を飛び越えて中央政府が直轄したためにコミュニティ開発の全国組織が出来上がり、近代化されたパンチャヤットに州政府を飛び越えて農村開発の計画・運営責任という国家機能の一部が移譲された。伝統的統治単位と国家が直接結びつくことによる国家機能の強化、国民国家の統合基盤の強化である。第二の要因はインドの社会主義の規範である。全ての国民に遍く平等に社会サービスを国家が提供するという福祉国家の理念が、その実態は別として、諸政策に影響を与えていたことはほぼ間違いないであろう。このことは1960年代に入って、農業開発においてフォード財団が一部優良地域への集中投資に政策を変更しようとした時に直面した、中央政府、地方政府からの画一的平等の要求に明瞭に現れている。

　他方で、エンスミンガーがインド方式に賛成した理由は、イギリス統治時代の旧弊から抜け出せていない州政府を含む既存の行政機構と植民地時代の下級官僚養成機関としての役割から踏み出すことが出来ない大学への不信であった。おそらく彼の考えは濃淡の別はあったにせよ、ネルーとデイにも共有されていたであろう。彼らも新しい政策を既存の行政機構の外側に新しく作る行政機構で実施しようとしていたのである。

　最後に、フィランソロピーとしてのフォード財団の関与手法はどうであっただろうか。フィランソロピーの連合国家の一部としての機能、フォード財団のアメリカ国内での活動を思い起こして欲しい。連合国家におけるフィランソロピーは党派政治、議会制民主主義をバイパスして、国家指導者あるいは国家のトップマネジメントと直接つながることによって正統性を確保しつつ、国民的ニーズに私的に応えることで実質的に国家機能の重要な一部を担うものであった。アメリカ国内でもフォード財団は、コンサルタント、委員会委員などの知的エリートのネットワークを通じて、ケネディ・ジョンソン政権と緊密な関係を築き、グレイエリア・プログラムを「貧困との戦争」政

策と実際上の線引きが難しいほど一体のものとして経営した。この時代がフォード財団の黄金時代と考えられているが、このようなフィランソロピーの黄金期をまさにネルー時代のインドにも見出すことが出来る。

ネルーと彼のリベラル派の閣僚ときわめて親密な関係を築き、インド政府計画委員会、その他の中央行政機構に多数のアメリカ人コンサルタントを派遣し、この知識人のネットワークを通じて影響力を発揮し、インド政府の国家コミュニティ開発事業にフォード財団のプロジェクトが完全に一体となって実施されたのである。共産党をはじめとする左派も強い議会や州政府の党派政治をバイパスしている点もまさに酷似している。グレイエリアのイルヴィサカと同様、エンスミンガーがフォード財団において最も成功したプログラム・オフィサーとして記憶されているのも、このフィランソロピーの理想型を形成するのに成功したからである。以下の、エンスミンガーの回想を採録したい（2-2-3参照）。

　　当時は、ネルー、デイ、V. T. クリシュナマチャリ（国家計画委員会副委員長）と私はコミュニティ開発で一緒に働いており、一つのアイディアが誰の発案であるのかを同定するのは困難であった。我々は非常に親しかったので、相互の意見交換の中から我々のグループの思考としてアイディアが生み出されたと言うべきであった。

まさに、国家機能の一部に私的なフィランソロピーが融合している状況を証言していると思われる。

● コミュニティ開発事業の評価と影響

ここでは、当事者の目的に則して評価を考えてみることと、ある種の副産物について考えてみたい。まず、インド農村の近代化にコミュニティ開発がどの程度貢献したのかという点である。鉄道などの交通、灌漑などの技術、貨幣経済の浸透などの近代化指標から考えて、農村部においても近代化がすでに始まっていたことは明らかである。したがって、コミュニティ開発がどの程度近代化のどのような側面で変化を加速化させることに貢献したのかが問われるべきであろう。

最も重要と思われるのは、エンスミンガーがパンチャヤットの近代化に貢献したと述べていることに現れているように、コミュニティ開発の行政の全

国ネットワークが成立したことで、中央政府の政策が農村に直結したことである。このことは国家的統合に貢献したと同時に、ある種均質の政策がとられることによる利点と弊害をもたらした。社会主義的発想に基づく経済の協同組合化が全国規模で進められ、また農業開発に必要な灌漑設備、肥料、品種などの生産と流通が国家計画に組み込まれることで、実質的に農業のインド的社会主義経済化が相当に進んだ。実際には肥料生産の遅れ、運輸整備の遅れ、流通を独占した協同組合の効率化の遅れなどによって、開発計画の特定セクターの遅れが全体の非効率につながるという弊害を生んだ。

肯定的な面で重要なのは、インドのほとんどの農村地域で、衛生、保健医療、教育などの社会開発の分野でかなり大きな第一歩が踏み出されたことであろう。カースト制に象徴される悪い意味で伝統的なインド農村が大きく変化する一つのきっかけとなったと思われる。フォード財団やアメリカ政府の援助によって、コミュニティ開発にアメリカ人たちが加わったことは、インド人だけで行った場合に比べて、一定の追加的な力になったことは間違いない。また、アメリカ的な思考方法、方向性が加わったことは、それが支配的であったという意味ではなく、コミュニティ開発がある広がりのある可能性を孕みつつ進展したという意味で肯定的に評価出来ることではないだろうか。

第2次5カ年計画以降、ネルーとインド政府が工業化に重点を移し農業問題への関心を薄めていった中でフォード財団が一貫してコミュニティ開発に関与し続けたことは、農業、農村問題の重要性を示し続け、継続的な取り組みによる知識、経験、人材の蓄積を続けていったという点で高く評価されるべきであろう。これは、60年代後半から70年代の緑の革命の基盤を作ったというだけでなく、国際開発の核心の一つが農村部の貧困であることに人々の注意を傾けさせ、70年代のBHNに見られるような国際開発の関心の農村の貧困への回帰を用意したという意味でも高く評価されるべきではないだろうか。

フォード財団は70年代以降は政府よりはいわゆるローカルなNGO（国際的なNGOではなく、途上国の人々による民間の開発支援団体）によるコミュニティ開発に重点を移していった。こうしたローカルNGO発展の基盤も50年代の国家コミュニティ開発が用意したと思われる。大量に養成された村落レベルワーカーという人材、農村がそうした外部のワーカーを受け入れた経験は、インドが「NGO大国」[221]となるのに不可欠の要素であったに違いない。

---

[221] 斉藤千宏編著『NGO大国インド——悠久の国の市民ネットワーク事情』明石書店、1997年。

これは非常に重要な国家コミュニティ開発の副産物であると考える。

比喩的に言えば、インドの国家コミュニティ開発は戦前の事例の集約点であり、戦後のコミュニティ開発の出発点なのである。その意味において50年代のネルーの国家コミュニティ開発プログラムとそれへのフォード財団、アメリカ政府の深い関与は、今日的意味を持つものとして再評価されてもよいのではないかと筆者は考える。

2-5-2　行政改革——政府の作り変え、アメリカの影響

植民地から独立した新興国家では、どこでも新しい政府をどのように作るかが非常に重要な問題であった。本書の対象とするインド、ビルマ、インドネシアではイギリス、オランダが下級官吏として当該国のエリートを養成してきた長い伝統があり、課題は植民地支配の道具としての政府をどのように独立国の政府に作り変えるかであった。植民地時代に下級行政官であった当該国人が新政府の官僚とならざるを得ず、独立によって政治指導者は入れ替わっても官僚は継続した場合が多かったのである。

インドの場合、イギリスの大学で教育を受けた非常に優秀な Indian Civil Service 出身の官僚たちがいた。おそらく新興国の中で最も優れた官僚組織を持っていたと言っても過言ではない。彼らの知的水準は欧米先進国と並ぶものであった。ただ、植民地政庁の役割は秩序維持、徴税、国防に限定されていたが、新しい政府は国民へのサービス提供、国家開発の経営という新しい機能を持つ必要があった。ネルーが求めたのは秩序維持型の静的な政府機能ではなく、社会変化を起こし、近代化と開発を進めるダイナミックな政府機能であった。そうした変化する状況に柔軟に対応する政府、社会工学的な政策手法で意図的に社会変化を起こす政府として手近にあったのがニューディール政府のモデルであったのではないだろうか。

言うまでもなく行政は国家の根幹であり、外国政府の影響力が加わることは当然ながら微妙な政治的問題であった。したがって、行政改革支援は国連に要請されることが多かったが、ここでフォード財団に依頼がなされたことは、ニューディールの経験には学びたいがアメリカ政府の介入は困るというネルーのディレンマと、非政府組織としてのフォード財団の非政治性への信頼があったことが指摘出来よう。

アップルビーはインドの行政が全般的には優れていることを認めた上で、開発という新しい事態に対応するためには行政需要に対応してシステムを変

更していく装置を行政の中に埋め込むことを提言し、ネルーはこれを受けて組織・方法部門を中央・州政府に新設した。ニューディール的な変化する政府の仕組みを取り入れたのである。さらに、科学技術の進歩や急速に変化する社会に対応出来るよう行政官の専門化を進める仕組みとして、行政専門職のソサエティの必要性を指摘した。これも非常にアメリカ的な professional association の仕組みである。アップルビーは2度目の訪印では第2次5カ年計画の中心的役割を果たさなければならない、管制高地を占める国有企業行政について指導を行っている。ニューディールでもTVAなどで国営企業体とも言える経験があり、アップルビーを呼ぶ意味はあった。

　こうしたアメリカ的行政システムのインプットは、果たしてインド行政に永続的影響を与えたのだろうか。アメリカ的な実際的で簡便な行政ではなく、むしろ、インド行政は高度に複雑な手続きと知的に堅牢ではあるが実際的でないシステムとして悪名高いからである。行政研究所も次第にネルーやアップルビーの構想から逸脱して保守化していき、エンスミンガーはその再活性化に苦労している。

　この一見すると矛盾する印象は、一方でイギリス植民地時代の行政文化の影響、インド社会固有の階層性や権威主義の影響、また巨大な人口、文化的多様性などの行政上の困難が存在し、他方でそれとはまったく異なった平等志向社会の実際的なアメリカ的行政の影響の両方を受けて現実のインド行政が形成されたと理解出来るであろう。つまり、それは欧米の基準で言えば、エリート主義的、権威主義的で実際的ではないが、アメリカの影響があったからこそその程度で済んだのであり、他の多くの問題を抱えた途上国の行政に比べれば、はるかに欧米的な意味で公正、信頼性のおける行政でもあるのである。

2−5−3　高等教育──イギリス的伝統との葛藤

　アメリカのフィランソロピーと高等教育は歴史的にもきわめて密接な関係を保ってきたことはすでに何度も述べたところである。フォード財団もその例に漏れず、アメリカ国内、また海外でも大学等の高等教育機関への助成の割合は非常に高い。それにもかかわらず、インドにおいては当初高等教育への助成は非常に限られており、大学への関与が本格化するのはようやく1964年頃からである。それはなぜだろうか、ここではこの点を考察してみたい。

第一にネルーがインドの高等教育に問題を見出さなかったため、彼が援助要請に関心を示さなかったことを挙げるべきであろう。第二の理由として考えられるのは、インドの大学が強いイギリスの伝統の下にあり、アメリカ的なものへの拒否反応が強かったことである。エンスミンガーはインドの大学が保守的であり、実用的、実際的な知識を与えるアメリカ的大学観から見ると理論志向、知識詰め込み志向が強すぎるとしている。インドの大学はエリート選別機関としての性格が強く、社会の需要に応えようとする姿勢が弱かった。

　また、もう一つ考えなければならないのは、イギリスの伝統を受け継いでインドでも大学は左翼的傾向が強かった点である。フォード財団が初めて本格的に大学と接点を持ったデリー大学でもカルカッタ大学でもエンスミンガーは共産党系教授たちの反対に直面している。この傾向はインドに限ったことではなく、ラテンアメリカでも、そして日本でも京都大学東南アジア研究センターへの助成に見られるように、左翼系教授や学生の強い反対運動に直面している。彼らは、フォード財団が直接的な影響力を行使しなくとも、その助成を受けることはアメリカの知的影響力を受けることを意味することに本能的に気づいていたのである。

　フォード財団がインドにおいて長く高等教育の関与に困難を感じていたのは、比喩的に言えば、ネルーの頭の中をも含めて、イギリス的な知的伝統をアメリカ的なものに変えるのが容易ではなかったことを物語っている。インドを舞台にした知的分野のヘゲモニーがイギリスからアメリカに交替するのには数十年の歳月を必要としたのである。イギリスの知的影響力は強固に存在したし、現在もまだ根強く残っていると言えよう。

第3節　第2次5カ年計画（1956～1960年）

　本節では、重工業発展を目指した第2次5カ年計画とフォード財団の活動の関係を探っていきたい。第1次5カ年計画で農村のコミュニティ開発という国家プロジェクトに関わったフォード財団が、工業化の国家開発計画にどのように関わったのだろうか。例外的な工業化の事例が、鉄鋼技術者養成である。

　もう一つ取り上げるのは、農村産業、小規模産業の支援である。こちらは、農業・農村関連の事業と近い部分が多く、フォード財団も比較的力を入

れやすかった分野である。最後に、社会科学、経済学への助成を取り上げる。どちらも、国家開発計画を作成する上でのインドの知的基盤を強化しようとしたものである。

3-1　第2次5カ年計画前後のインドの国際関係

　重工業発展を重視した第2次5カ年計画は同時代の多くのアジア・アフリカ諸国の開発に大きな影響を与えた。第2次計画はよりソ連型に近い開発計画と言われており、またこの時期に実際にソ連の対インド経済援助がかなりの規模で開始され、共産圏と西側の間の援助競争がインドを舞台に繰り広げられた。第2次計画のこのような性格は、ネルーとインドを取り巻く国際関係の変化と密接に関係していた。1954年夏頃から、ネルーはアメリカ寄りからソ連、中国寄りへと明らかに外交政策を変更していった。それは、ネルーの主体的選択であるよりは、アメリカの対南アジア政策の揺れ、特にダレスのソ連封じ込め外交とネルーの非同盟外交の衝突、またパキスタンとの相互防衛協力条約締結と軍事援助に見られるように、アメリカの外交政策が大きくパキスタン寄りに振れたことの影響であった。

3-1-1　1950年代のアメリカの対南アジア政策

　1950年代のアメリカの対南アジア政策は、2つのまったく異なった冷戦戦略の間で、そしてそれに対応してインド重視とパキスタン重視の間で揺れていた[222]。第一の戦略はインドの人口、資源とそれに基づく南アジアの大国としての重要性とネルーの第三世界への政治的影響力を重視する立場で、インドの共産化を防ぐために経済援助を行い、経済的・政治的安定によってインドの民主主義を守るというリベラル派の戦略であった。チェスター・ボウルズが典型的論者であるが、ホフマンとフォード財団も基本的に同じ認識に立っていた。外交政策としては経済援助重視であり、国の大きさの違いから相対的にはインド重視になるが、パキスタンにも国の規模に見合った経済援助を供与することを否定するものではなかった。第二の戦略はソ連封じ込め戦略の一環としての南アジア政策であり、軍事協力と基地提供を重視し、より安全保障・軍事重視の戦略であった。もし、米ソ戦争になった場合、アメ

---

[222] この項は主として、McMahon, Robert J, *The Cold War on the Periphery: The United States, India and Pakistan*, 1994および、Merrill, Dennis, *Bread and the Ballot: The United States and India's Economic Develepment, 1947–1963*, 1990.

リカとその同盟軍がパキスタンからソ連のウラル、シベリアの工業地帯に侵攻出来るという優れた地政学的位置を占めていること、ソ連を軍事偵察する適切な基地を提供出来ることなど、軍事戦略上の地理的条件から、パキスタンにより多くの価値を見出すものであった。また、この立場に立つ限り、アメリカの封じ込め戦略に明確に協力の意思を示したパキスタンと非同盟主義のインドとでは明らかにパキスタンに分があった。この戦略を主導したのが、ダレス国務長官であったことは言うまでもない。

　この2つの戦略とも重要な欠点を持っていた。それは、インドとパキスタンのどちらか一方に肩入れすることにつながり、当然冷遇されたほうの強い反発を買うというトレードオフの関係を持っていたのである。そこで、第三の戦略として地域主義戦略、すなわちどちらにも肩入れせずに、両者の対立を緩和する調停機能を果たそうとする戦略が考えられた。旧宗主国であり、インドとパキスタンの対立の深刻さを十分理解していたイギリスは地域主義戦略をとり、当初はアメリカに対して同様の立場をとるように働きかけた。

　アメリカの南アジア戦略の最大の失敗はこの3つの戦略の全てを恣意的に用い、一貫性を欠いていたことであった。トルーマン政権の1948〜49年には地域主義的政策をとって、国連を通じてのカシミール問題の調停を積極的に支援した。それが容易でないと知ると1951〜52年にはインドへ多額の経済援助を開始した。しかし、1953年以降のアイゼンハワー政権下のダレス外交では中東防衛機構（Middle East Defense Organization: MEDO）の形成を目的として、1954年にパキスタンと相互防衛協力条約を結んで軍事援助を与えた。このパキスタンへの軍事援助は当然ながらインドの猛反発を招き、ソ連、中国寄りの政策へとインドを押しやることにつながった。しかし、1962年10月の中印国境紛争後には中国への対抗からインドにも軍事援助を与え、逆にパキスタンのソ連、中国への接近を誘発させた。そして、1965年のインド・パキスタン紛争で両軍がアメリカの軍事援助による武器で戦うという愚を犯したのである。共産主義の脅威に対抗する目的のはずであった巨額の経済援助も軍事援助も、冷戦とはまったく無関係のインド、パキスタン間の地域紛争のために浪費され、インドとパキスタンの間で無節操に揺れた一貫性のない政策によって、両国に根強い反米感情を植えつけるという最悪の結果を招いたのである。そして、対南アジア冷戦戦略の大前提であったはずの、ソ連による南アジアの共産化支援という脅威は、その存在自体がきわめて蓋然性の低い、根拠薄弱な前提だったのである。

3−1−2　第2次5カ年計画とインドの国際関係

　コミュニティ開発プロジェクトが開始された翌月の1952年11月には、アメリカはパキスタンを中東防衛機構の一員として加えるらしいという噂がニューデリーに広まっていた[223]。親インド派のボウルズ大使の赴任によって一時的に改善していた米印関係が、再び悪化の方向へと転げ落ちる予兆であった。彼はパキスタンとの軍事協力の話し合いの進展について何も知らされていないと、ワシントンに抗議した。11月のアメリカ大統領選挙でアイゼンハワーが選ばれ20年ぶりに共和党政権が成立しようとしていた。そして、非同盟主義を不道徳と詰ることになるダレス外交が始まろうとしていた。しかし、アメリカとパキスタンとの軍事協力の話し合いはトルーマン政権の頃からすでに始まっていた。インドとの決定的な軍事力格差に国家安全保障の脅威を感じ続けていたパキスタン政府は外部からの軍事援助を国家の死活問題だと考えていた。最も有力な同盟相手としてアメリカを想定したパキスタンの歴代政権は、アメリカの冷戦政策に積極的に追従することで、アメリカから軍事援助を引き出す外交政策を一貫してとっていた。インド政府当局者はトルーマン政権とはしばしば衝突したものの、それでもアメリカ議会内の民主党リベラル派がインド援助を支持しており、インドへの経済援助を増やそうと努力しているのを熟知していた。それに対して、アイゼンハワーは議会共和党保守派を支持基盤としており、過剰に軍事主義的で危険であると感じていた。ダレス国務長官は「諸国は立ち上がって（西側につくのか共産側につくのか）手を挙げるべきだ」とさまざまな機会に発言していた。座ったままの態度、すなわち、西側にも共産圏にも属さない非同盟主義は道徳的に許されないとしていた。彼から見ると、パキスタンは明確に西側につくことを挙手で示していた。一方、ネルーはこうしたダレスをアジアの民族主義運動に鈍感な、反共主義のイデオローグだと危険視していた。ダレスの側では、彼がまとめたソ連抜きの対日講和にネルーが反対し、サンフランシスコ講和条約に調印しなかったことにわだかまりを持ち続けていた。

　こうした状況で、ボウルズ大使のまとめた総額2億ドルの1953年度の対インド経済援助案は議会に提出される前にダレスの手で6000万ドル削減された。52年選挙で議会は上院、下院とも共和党が過半数を握っていた。下院はインド援助をさらに3000万ドル削減し、当初のボウルズ案はほとんど

---

[223]　McMahon, Robert J., *op. cit.*, p. 121.

半分に削減されてしまった。そして、インド政府が心配した通り、アイゼンハワーとダレスは親インド派リベラルの代表的人物であったボウルズをインド大使の座から遠ざけたのである。失意のボウルズは3月24日にインドを離れた。後任のアレン大使はキャリア外交官であり、ボウルズのような個人的信念に基づく行動派ではなかった。1953年を通じて、パキスタン寄りの政策形成がダレス、国防長官ウィルソン、副大統領ニクソンらを中心に進められ、1954年1月にはアイゼンハワーは原則的にパキスタンに軍事援助を与えることを了解した。このときにはトルコとパキスタンを中心に中東をソ連の脅威から守る地域軍事同盟を作っていくことが目的とされた。こうしたパキスタンに傾斜した外交政策にはアレン大使や国務省の南アジア副局長らから強い反対意見が出されたが、それらはダレスらによって無視された。2月にはアレン大使からネルーにアメリカ政府のパキスタン軍事援助の決定が通知された。4月2日にパキスタンとトルコの相互協力協定が結ばれ、5月19日にアメリカとパキスタンの相互防衛協力協定が調印されたのである。当然ながら、このアメリカ・パキスタン軍事同盟はソ連、中国の反発を招き、アメリカ政府内の親インド派が予想した通り、インド、アフガニスタンでは反米感情が高揚し、インドでは反米デモが繰り広げられた[224]。

　このような大きなコストを支払って結んだ軍事同盟であるが、この後、アメリカ政府当局者はパキスタン政府の巨額の軍事援助要求に手を焼くようになる。アメリカ軍事顧問の試算では、パキスタン政府の要求する軍事力を維持するための経済力がパキスタンにはなく、アメリカは拡大された軍事力の維持だけのために巨額の経済援助を継続的に実施しなければならくなってしまうのであった。経済力に見合った軍事力へのスケールダウンをパキスタン側に示唆するものの、それはパキスタン政府の不満を昂じさせるだけであった。こうして、アメリカ政府は中東に軍事的脅威が迫ったときには、パキスタン軍が一時的にもソ連軍の侵攻を食い止める軍事支援を行うという、当初の軍事援助の基本構想がまったく絵空事であったこと認めざるを得ない状況に追い込まれた。パキスタンの経済力で維持可能な軍事力は対インドの自衛目的に限定され、海外派兵などはまったく不可能であった。アイゼンハワーはしばらくして、軍事同盟が完全なる失敗であったことに気づいたのである[225]。

224　McMahon, Robert J., *op. cit.*, pp. 154–176.
225　*Ibid.*, pp. 189–208.

アメリカとパキスタンの軍事同盟締結が公式に発表された頃、ニューデリーのフォード財団事務所では、アメリカ人スタッフやコンサルタントが不安な日々を送っていた。インドの反米感情が激しく高まる中でスタッフの安全上の問題はないか、フォード財団の事業が継続出来るのかの疑問の声が出されていた。エンスミンガーは全員を集めて、彼が収集したアメリカ大使館とインド政府内部の見解をスタッフに伝えるとともに、明確にパキスタンとの軍事同盟はアメリカ政府の誤った政策であると述べた[226]。軍事同盟正式発表の直後はアメリカ大使館とインド政府の間の連絡が途絶え、エンスミンガーは両者からコミュニケーションの媒介役として頼られた[227]。リベラル派が圧倒的多数派のフォード財団スタッフの間では共和党保守派を支持基盤とするアイゼンハワー政権、とりわけダレス国務長官の評価は最低だった。ウォードは、インド人たちはフォード財団スタッフがアメリカ政府の政策に批判的なのを知っており、彼らの前で平気で、「ダル、ダラー、ダレス（愚鈍、もっと愚鈍、最低に愚鈍）」("Dull, duller, Dulles") と口ずさんだと回想している[228]。

３－１－３　第三世界との国際関係

アメリカとの関係が悪化してもネルーはすぐにソ連に接近しなかった。まず、中国であった。1954年10月彼は北京を訪問した。北京では周恩来が出迎え、100万人の群集が彼を歓迎した。中国国民の熱烈な歓迎は彼に強い印象を与えたが、周との会談では在外中国人や現地共産党を通じての内政干渉の問題を取り上げ、台湾問題を議題とすることを拒否し、またアメリカ認識では中国とは一線を画した。インドと中国の国境問題についてもインド領の一部が中国の地図では中国領となっている問題などを率直に正した。周は古い地図を再版しているに過ぎないと述べ、ネルーはそれを受け入れた。しかし、後に中国側はこの国境問題を再び持ち出し、中印紛争の火種となったのである。毛沢東との会談ではインドと中国の友好、協力が体制の違いを越えて可能であることを確認したが、核戦争は通常戦争が拡大したに過ぎないと

---

[226] Ensminger, Douglas, Oral History Transcript A.12, "The Importance of Understanding India's Foreign Policy to the Foundation's Operations in India," December, 15, 1971, FFA.
[227] Ensminger, Douglas, Oral History Transcript, A.15, "How Were the Relations Defined between the Ford Foundation as an American Institution working in India and the American Embassy," April 18, 1972, FFA.
[228] Ward, Champion, op. cit., p. 9.

いう毛にネルーは異論を唱えた。しかし、核戦争が誰の利益にもならないことで一致し、毛は朝鮮戦争の頃から中国とアメリカの間の調整役であったネルーに、アイゼンハワーに戦争に訴えないよう働きかけては、と語った。ネルーはこの訪問を通じて、新中国が順調に成長していることを実感したが、同時にむしろインドの発展が中国に決して負けていないことに自信を深めた。それは、彼が進めてきたインドにおける社会民主主義路線の正しさであり、中国的な権威主義アプローチをとることはインドでは不可能であるし、また必要もないという信念の再確認であった。彼は議会制民主主義と個人の自由を信じていたが、同時に急速な経済成長が必要であるとも認識していた[229]。議会制民主主義を守りつつ経済成長を遂げること、これがネルーの目指したインド固有の開発であった。第2次5カ年計画はそのための最も重要な政策となるはずであった。

　インドネシアがコロンボ会議で提案したアジア・アフリカ会議に当初、ネルーは乗り気ではなかった。しかし、インド、ビルマ、インドネシアが中心となって、イデオロギーの違いを越えて広範囲なアジア諸国が会議を共同開催することによって、ダレス外交の地域軍事同盟によって分断されつつあるアジア・アフリカ地域が、冷戦に巻き込まれるのを防げるかもしれないという考えに傾いていった。北京で周から参加の意向をほのめかされたことも重要な要素であった。こうして第三世界の共同行動のシンボルともなった1955年4月のバンドゥン会議がネルーの根回しで開催された。会議では彼は裏方に徹し、スポットライトは周にあたった。しかし、バンドゥン会議の開催を仕切ったことで、アジア諸国の指導者としてのネルーの地位は一層確実なものとなった[230]。

3-1-4　ソ連の援助攻勢

　ネルーはソ連との関係改善、ソ連からの経済援助のとりつけに動いていった。第2次5カ年計画は従来以上に多くを外国援助に依存する計画であり、アメリカとの関係が冷え込んでおり大きな援助増額が期待出来ない以上、ソ連の援助を期待せざるを得ない面もあった。1955年2月ソ連の援助によって、マドゥヤ・プラデシュに年産100万トンのビライ製鉄所を建設する合意が成立した。ソ連は年率2.5％の20年払いという条件で1億1200万ドルの

---

[229]　Gopal, Sarvepalli, *op. cit.*, pp. 226–231.
[230]　Gopal, Sarvepalli, *op. cit.*, pp. 232–243.

援助を約束し、さらに、ソ連の工業設備とインドの原材料、ルピーの交換を含む貿易の拡大も同時に合意された。1955年7月ネルーはソ連を訪問し、かつてない大歓迎を受けた。ソ連は明らかに前年の中国の歓迎を上回るよう配慮していた。ソ連指導部はネルーの非同盟主義がソ連にとって有利に働いてきたことを理解しており、アメリカのインドへの態度との対比を鮮明に示そうとしていた。ネルーはソ連の経済発展には大いに感銘を受けたが、同時に労働キャンプが存在することも知っていたし、市民的自由が制限されていることも理解していた。また、ガンディ主義的な平和主義の伝統から見ると、暴力肯定の哲学は受け入れがたいものであった。暴力、強制、市民的自由の抑圧を伴った経済発展というソ連型の開発はインドの諸問題の解決に役立つのだろうかと彼は疑問に感じていた。しかし、同時に民衆の生活水準が向上し、読書習慣が広まり、科学的思考が広く受け入れられていることにも感銘を受けた。こうした民衆の知的水準の向上は、いずれ権威主義体制の深刻な脅威となるとネルーは感じた。

　フルシチョフ書記長とブルガーニン首相との会談では、ソ連側のインドを6番目の常任理事国へという提案を退け、中国の国連復帰が優先であると述べた。アメリカ認識では強硬なソ連指導部に対して、ネルーは、マッカーシズムの沈静化、強硬派ダレスとより穏健なアイゼンハワーの意見の相違など、アメリカ情勢の肯定的な側面を指摘した。ソ連側の大歓迎にもかかわらずネルーは冷静であり、非同盟主義の立場を堅持した。インド側が草案を作成した最終コミュニケでは平和5原則、バンドゥン会議宣言、核軍縮へのソ連の合意をとりつけた。また、内政不干渉の原則が確認され、ソ連側は実質的にコミンフォルムの放棄を示唆した。ソ連が国際共産主義運動から離脱し、平和共存へとはっきりと路線転換しているのをネルーは確認した。

　その年の11～12月の3週間、ブルガーニンとフルシチョフがインドを訪問し、カルカッタでは200万人の大群衆が彼らを歓迎し、安全のためパレードはオープンカーから囚人護送車に切り替えられた。ネルーとの会談では初めてインド共産党問題が言及され、ソ連からのインド共産党への財政支援などを質すネルーに対して、ソ連側はコミンフォルム解散によってソ連共産党は国際共産主義運動の指導的立場を放棄したとし、ソ連共産党とインド共産党の関係を明確に否定した。また、ソ連側はカシミール問題とゴア問題でインド支持を明確にし、対インド経済・軍事援助をインド側提案の線で交渉することを約し、インド共産党支援をしないと確約したのである。これによっ

て、インド共産党の政治的立場は混迷した[231]。

3－1－5　アメリカの援助も獲得

　こうしたソ連の援助攻勢に対して、アメリカ側の対応は粗末に過ぎた。ソ連首脳部のインド訪問中にバグダッドで中東防衛機構の会合が開かれ、英米が推進する地域軍事同盟であるバグダッド条約が締結された。東南アジア条約機構（Southeast Asia Treaty Organization: SEATO）にもパキスタンは加盟しており、パキスタンによるインド包囲軍事同盟が成立したかのように見えた。また、ダレスはポルトガル外相との会談の中で、ゴアがポルトガルの領土であることを認めたと受け取れる発言を行って、インドの猛反発を買った。他方、アイゼンハワーは次第にアメリカの対南アジア政策をインド寄りに再修正する必要を強く感じていた。彼は1955年12月8日の国家安全保障会議で、ハンフリー財務長官が前年に打ち出した援助対象を西欧、中東、日本に限定するという財政緊縮案を翻して、インドへの経済援助増額の検討を指示した。しかし、国務省と議会の反対は根強く、アイゼンハワー提案は実現が困難であった。マスコミのネルーへの批判的論調もまた強かった[232]。

　こうした中で、アイゼンハワーはネルーとの直接会談を模索したが果たせず、代わってダレスが1956年3月にカラチで開かれた第2回のSEATO年次総会の帰路、ニューデリーにネルーを訪問した。これは最悪の時期に行われた会合で、両者がいかに意見を異にしているかを確認するだけの結果に終わった。5時間半にわたった率直な意見交換で、両者は地域安全保障条約の必要性、ソ連の政策変化の評価、植民地主義・共産主義・民族主義に関する解釈で埋めがたい見解の相違を顕わにした。以前ボウルズのスタッフとしてアメリカ大使館で働き、当時はエンスミンガーの下でフォード財団にいたジョイスはダレス訪問は誰の目にも米印関係改善に貢献したとはまったく思えず、唯一の成果らしい成果は、インドがいかにパキスタンへの軍事援助に強く反対しているか、それはなぜかをダレスが理解する機会となったことくらいだろう、とボウルズに書き送っている[233]。

　こうしていったんは、共産圏側に傾きかけたように見えたネルーであったが、1956年のスエズ紛争でアメリカが一貫して英仏軍の派遣へ反対したこ

231　Gopal, Sarvepalli, *op. cit.*, pp. 250–255.
232　McMahon, Robert J., *op. cit.*, pp. 223–224.
233　*Ibid.*, pp. 225–226.

と、ソ連のハンガリー動乱、中国のチベット反乱弾圧と中印国境問題によっ
て1956年後半にはネルーの非同盟外交は再度西側へと軌道修正された。ア
イゼンハワー主導の対インド政策の見直し、そしてアメリカの援助を必要と
する国内情勢も影響した。天候不順による食糧不足と第2次5カ年計画の実
施に伴う外貨準備の急減によって、アメリカの援助増額がどうしても必要
な状況に追い込まれていた。1956年12月にネルーはアメリカを訪問して、
アイゼンハワーとの直接会談が実現した。それに先立つ1956年8月29日に
は、アメリカの余剰穀物をアメリカ政府が買い上げて援助にまわすPL480
(Public Law 480)制度[234]に基づく食糧援助が合意され、3年間にわたって合
計3億6000万ドルの援助が行われることとなった。援助穀物売上の一部は、
アメリカ政府機関のインドでの活動などに使われるが、大部分はインド政府
の歳入となり、それは第2次5カ年計画による財政赤字補填に使われること
となった。

　第2次5カ年計画の前半はインドをめぐる激しい国際関係の変化の時期で
あり、米ソ援助競争の始まりの時期でもあった。この間、フォード財団の
ニューデリー事務所は米印関係の波に飲み込まれることなく、一貫してイン
ドの経済開発に専念する姿勢を保ってきた。インド政府の国家計画委員会、
食糧農業省、教育省、保健省などに多くのコンサルタントを派遣し、またネ
ルーをはじめとして、歴代の大統領、大臣、計画委員長などときわめて親し
い関係を保っていたエンスミンガーとフォード財団は外国機関でありながら
インド政府のインサイダー的地位を維持していた。フォード財団のスタッフ
やコンサルタントは政府各省の部外秘資料を自由に閲覧することが出来たた
め、開発計画関連の資料や情報をアメリカ大使館やアメリカ援助機関に見せ
ないよう配慮していた。インド政府は米ソ間の援助競争を巧みに操って最大
の利益を引き出そうとしていたし、アメリカ政府にとっても援助が有力な外
交手段である政治状況では開発関係の情報は重要な外交、諜報情報であった
からである。また、アジア財団がCIAの資金を得ていることを知っていた
エンスミンガーは、アジア財団の事務所を訪問しない、パーティーなどに出

---

[234]　余剰穀物の売上代金（ルピー）の80.4％が、贈与（27.1％）と借款（53.3％）としてインド政府に供与される。残りの12.4％は在印アメリカ政府機関の経費にあてられ、7.2％はクーレー基金（Cooley Fund）に積み立てられて、在印米企業、その子会社、米社と提携する印会社、米農産物の販売に役立つ会社に貸しつけられる。64年末までのPL480の売上代金は合計107億5300万ルピーに上った（斎藤吉史、前掲書、106-107頁）。

席しないなど慎重な対応を取り続けた。細心の注意を払って、フォード財団とアメリカ政府機関との関係を、友好的ではあるが独立したものとなるよう維持するよう努めた[235]。インド政府の開発政策に効果的に関与し、かつ貢献するにはインド政府のフォード財団とエンスミンガーへの信頼を維持し、インド政府のインサイダー的地位を確保し続けることが何にもまして重要であると判断したからである。

3－2　第2次5カ年計画

　1955年1月に第2次5カ年計画策定作業の一環として、国家計画委員会の下に経済学者パネルが設置され、デシュムク財務大臣の下に21人の経済学者が集められた。この異なった立場の経済学者が集まったパネルでの議論をリードしたのは、内閣統計顧問であったP. C. マハラノビスであり、彼のマハラノビス・モデルを基礎として重工業化優先の開発計画が採用された。彼はノルウェー、ポーランド、フランス、イギリス、ソ連などの経済学者を彼が所長を務めるインド統計研究所に招待し、インドの状況に適合するモデルを探った。雇用創出・失業解消という短期的問題と、持続的成長達成という長期的問題を同時に解決するモデルを求めていた。

　彼のモデルを基礎とした第2次5カ年計画の特徴は、生産財生産部門を国家主導の下で強力に進めることで長期的な経済発展の基礎を確保する一方で、消費財生産部門に雇用創出の役割を与え、そのため消費財生産に関しては資本節約的・労働集約的な小規模工業、および家内工業を集中的に奨励したことである。小規模工業は農村部において育成し、重工業を中心とする都市と農村部での工業の分散を図った。これによって、独占資本の金融力の集中による弊害を防ぎ、官僚化された行政組織の硬直性から逃れ、その結果、政治的・経済的民主主義が達成出来ると考えられた。彼の描いたインドの将来像は、全ての大規模企業を政府統制下に置き、中規模企業を協同組合で、小規模生産は家内産業でというように構成されていた。また彼は、外貨節約と経済ナショナリズムの観点から資本財の輸入代替工業化を提唱した。さらに、計画実施のための重要な要素として人材の育成・訓練を重要視したので

235　Ensminger, Douglas, Oral History Transcript A5, "The Delicacy of the Ford Foundation's Relationships with other Foreign Aid Giving Agencies Working in India," November 15, 1971および、Oral History Transcript A12, "The Importance of Understanding India's Foreign Policy to the Foundation's Operations in India," December 15, 1971, FFA.

ある[236]。

　ネルー独自のインドの社会主義、すなわち自由放任主義でも共産主義でもなく、その中間の第三の道として政治的民主主義を守りつつ急速な経済発展を達成する試みは、第2次5カ年計画の中心的な骨格となっていた。1955年1月の国民会議派アワディ年次大会でインドが社会主義的パターンの社会（socialistic pattern of society）を目指すことが決議され、この頃にはネルーの社会主義ははっきりと定式化されてきていた。それは、イギリス労働党の社会民主主義路線によく似ていた[237]が、成熟した資本主義のイギリスと独立間もない開発途上のインドではおのずから課題は大きく異なっていた。重機械、重電、鉄鋼、非鉄、エネルギーなどの重工業への集中投資と国家統制、同時に農村産業の振興と小規模工業育成という2つの産業政策によって、長期的な経済成長と、人口の大多数を占める農民への雇用創出による福祉向上の両方を目指したものであった。また、科学技術の発展によってのみ長期的な経済発展が可能になるとネルーは考えており、科学技術分野の人材養成に非常に熱意を持って取り組んだ。また、開発計画に合わせて、必要な技術者を養成・訓練する合理的な計画作りもまたネルーがインドの開発計画に注入したユニークな要素であった[238]。

　第2次5カ年計画の投資配分を第1次計画と比較すると表13のようになる。
　一見して明らかなように第1次計画に比べて農業軽視、工業重視の計画である。また、支出規模が2倍以上に拡大している。この結果、第2次5カ年計画が実施され始めた56年4月の直後には食糧不足、インフレ、外貨不足の3つの問題が生じ、56年末には計画の危機が叫ばれるほどになっていた。

　第2次計画期に入るとすぐに食糧価格は急激に騰貴し始め、政府の食糧投機抑制の政策が実施された。しかし、農業生産は56、57年と続いた旱魃と洪水の結果、天候が順調だった1953、54年の生産高を上回ることが出来なかった。この食糧不足はアメリカ政府のPL480援助による余剰穀物の輸入によって何とか乗り切った。しかし、これ以降インドは安く食糧を輸入出来るPL480制度の中毒となってしまい、価格の低迷による食糧増産インセンティブの欠如から、食糧自給への道が遠のくこととなった。このため、農業

---

[236]　絵所秀紀、前掲論文、pp. 29–33.
[237]　その翌年（1956年）に出された、クロスランドのイギリス労働党路線とよく似ている（C. A. R. Crosland, *The Future of Socialism*, London, 1956）。
[238]　絵所、前掲論文、pp. 34–35.

表13　第1次5カ年計画と第2次5カ年計画の投資配分の比較

(単位：1000万ルピー)

	第1次5カ年計画		第2次5カ年計画	
農業・農村開発	290	14.9%	549	11.8%
灌漑・発電	583	39.7%	882	18.8%
鉱工業	97	4.9%	1,125	24.1%
運輸・通信	518	26.4%	1,261	27.0%
社会サービス	472	24.1%	855	18.3%
合計	1,960		4,672	

出典：S.チャクラヴァルティー、前掲書、166-167頁

分野におけるフォード財団の活動の主要目標はどのようにしてPL480中毒から抜け出して、食糧自給を実現するかに移っていった。

　第2次5カ年計画にとって、一番大きな痛手は急激な外貨の減少であった。最初の1年間で外貨準備は30億ルピー減少し、IMFからのクレジット6億700万ルピーを得たものの、インド準備銀行の外貨手持ちは24億ルピーも減少したのである。この30億ルピーは5カ年計画全体での外貨準備引き出し予定額の20億ルピーをはるかに超えていた。これは第2次計画が赤字財政と外国援助を期待して立てられたことと、公共部門の輸入需要が見積もりを大幅に上回ったこと同時に、民間部門の工業活動が異常に活発になったこと、輸入食糧の増加、過去の輸入自由化政策の累積的帰結などが言われている。輸入推定が低すぎたことは、特に、「鉄鋼の5カ年計画」と言われたように第2次計画の象徴的存在であった新設の公営製鉄所3工場の外貨所要額の推定が低すぎたことによっている。ルールケラ製鉄所、ビライ製鉄所、ドルガプール製鉄所の合計で、所要外貨総額は30.9億ルピーとなり当初見積もりの1.5倍になってしまった。

　こうした外貨不足から第2次5カ年計画は縮小を余儀なくされる状況となり、1958年5月の国家開発審議会において30億ルピーの棚上げが決まった。そして、同年8月にはアメリカ、イギリス、西ドイツ、カナダ、日本の5カ国からなる対インド債権国会議がニューヨークの世界銀行本部で開かれ、これ以降は、この債権国会議がインドへの開発援助の一つの重要な交渉舞台となった[239]。

239　斎藤吉史、前掲書、38-40頁。

農業部門における第2次5カ年計画の実績は、例えば食糧生産の当初目標が7500万トンであったのに対して、1960-61年実績が7960万トンというように非常に不満足なものであった。これに対して、工業生産の成長率の大きさは計画者の予想を超えて印象的であった。一般工業生産指数は1955-56年度の139（基準年度1950-51年度）から1960-61年度には194に上昇し、機械生産指数は1955-56年度の192から1960-61年度には503に増大した。しかし、この工業生産増加は公共部門ではなく民間部門でより著しかった。公共部門の象徴であった鉄鋼生産が目標の430万トンにはるかに及ばない240万トンにとどまったし、それもタタ鉄鋼とインド鉄鋼という民間部門の2大工場の拡張によるところが大きく、3つの公営製鉄所は貢献出来なかった。もう一つの問題は、電力、運輸の遅れによるボトルネックであった[240]。

3－3　製鉄技術者養成

　第2次5カ年計画における2つの象徴的事業にフォード財団は深く関わった。第一は、3カ所の公営製鉄所新設と民間のタタ製鉄所の拡張に伴って必要となった、大量の製鉄技術者のアメリカ民間製鉄所における現場訓練である。アメリカ国内のさまざまなセクターと機関の複雑な調整を行って、500名という大量の製鉄技術者の訓練を実現したのである[241]。

3－3－1　人的資源開発への要請とアメリカ国内の反応

　第2次5カ年計画が工業発展を中心に据えたことから、国家計画委員会では工業発展に必要なさまざまな種類の技術者を一定の期間内に必要な人数だけ養成しなければならないことを認識していた。もし、適当な養成機関がインドに存在しない場合には、そうした教育機関の新設をも考えなければならない。ちょうど農村開発のワーカーを計画的に養成したように、工業やその他の分野でも人材養成を国家が計画的に行う必要があったのである。第2次5カ年計画の開始前後に、ネルーはフォード財団に人的資源開発計画への支援を要請した。

　1955年12月2日クリシュナマチャリはエンスミンガーに、工業大学卒

---

[240] 同、41–43頁。
[241] フォード財団文書館所蔵の本プロジェクトに関するプロジェクト・ファイルのマイクロフィルム5巻のうち2巻は現在も非公開である。以下は、公開されている3巻の資料に基づくものである。

業したての若いインド人技術者にアメリカの工場で3年間実地訓練を施してもらえないかと打診した。また同時に、商工省に人的資源局（Manpower Directorate）を設立するためのコンサルタント派遣も要請した。この要請に積極的に対応することを決めたエンスミンガーはニューデリー事務所のロシュボーを一時帰国させ、インド人技術者の実地訓練受け入れの可能性と問題点の調査、および人的資源計画のコンサルタントの人選にあたらせた[242]。

ロシュボーはワシントンで国防動員庁、国際協力庁、商務省の海外経済開発スタッフを訪問して情報収集を行った。国防動員庁では人的資源計画担当の局長補代理のヒリアードが数人の部下とともにロシュボーを迎えた。ヒリアードはインド人若手技術者現場訓練のプログラムに、アメリカ産業界は好意的に協力するだろうと述べ、協力に前向きであろうと思われる4名の産業人を挙げて、彼らとの会合を用意してもよいと述べた。他方、国際協力庁ではスタッフは外国人技術者の現場訓練は経営陣と労働組合の両方の支持をとりつけなければならず、近年困難が増してきていると悲観的見解を述べた。商務省の担当者は提案のプログラムは望ましいし実行可能であると楽観的であった。また、訓練の一部に会計、資材調達、産業関係などの経営に関する訓練を含めたほうがよいこと、また工場の所在地域の大学でのセミナーをプログラムに組み込むと一層効果的であることも示唆した[243]。また、ロシュボーはこの種の交換プログラムを実施していた国際教育研究所の担当者にもインタビューを行った。

インドではエンスミンガーがプログラムの詳細を商工省と具体的に詰め始めていた。毎年300人の工学部卒業生を3年間にわたってアメリカの工場の現場で実地訓練する、研修生の選抜は商工省が特別の委員会を設置して行う、インド政府は帰国後の就職を保障する、産業の種類は商工省が開発計画の将来ニーズに合わせて決定する、3年間の1年目は研修生として企業が受け入れるが、2年目以降は企業が雇用して滞在費を賄えるだけの給与を支払う、インドとアメリカに各一名のコーディネイターをフォード財団が雇用するなどであった。これに対して、ニューヨーク本部のアイヴァーソン国際部長からは、いくつかの問題点が指摘された。特にアジア人を対象とした未熟練外国人技術者の訓練プログラムはこれまであまり成功していないこと、帰国後に相当に異なった職場環境に置かれるためアメリカでの訓練が役に立た

---

[242] Letter to Kenneth Iverson from Douglas Enminger, December 23, 1955, PA57-210, FFA.
[243] Memorandum to Central Files from Bernard E. Loshbough, February 14, 1956, PA57-210, FFA.

ないことが多いこと、したがって産業界へのアプローチは慎重な準備の上で行う必要があり、また大規模な広報活動が必要となることなどであった。そこで、アイヴァーソンは手順として、まずインド産業界の経営者を数名アメリカに招いて、アメリカで実施するのが最も望ましい産業分野と訓練内容を明らかにし、次にアメリカのトップクラスの産業人をインドに送って実情を把握してもらい、彼らの支持を梃子に産業界の協力をとりつけること、インドから数名の熟練インド人技術者を招いて訓練プログラムの内容を固めること、などを逆に提案した[244]。産業界と労働界の両方の支持をとりつけなければならないこと、事業内容からして当然関係の出てくるフォード自動車、特にヘンリー・フォード2世の意向がどうかなど、慎重にならざるを得ない不確定要素が多かった。これだけ大規模な事業をフォード財団自身が経営するのは無理であり、他に経営母体となる組織を探す必要もあった。他方、クーパー駐印大使らの働きかけもあり、また全米自動車労働組合（UAW）のウォルター・ロイサー議長がインドを訪問して、このプログラムに賛意を示しているなどの推進要因もあった[245]。

3-3-2　ヒリアードとインドの人的資源計画

　ニューヨーク本部の慎重姿勢に対して、エンスミンガーは積極的に話を進めていた。まず、ロシュボーが相談した国防動員庁のヒリアード局長補代理をフォード財団コンサルタントとして採用し、インド政府の人的資源計画のアドバイスにあたらせることに成功した。ヒリアードは第2次世界大戦におけるアメリカ政府の人的資源計画の中心人物であった。彼は、1956年半ば頃にインドに到着すると、早速ネルーや国家計画委員会に対するアドバイスを行った。ネルーはヒリアードのアドバイスを受けていくつもの制度改革を行い、その結果インドは世界でも有数の人的資源計画を持つ国となった。最も早い時期から人的資源計画の結果として作られていったのが、工業高等専門学校（engineering college）、工科大学（institute of technology）、農業大学（agricultural university）である[246]。人的資源計画の分野でのインド政府へのフォード財団の協力はその後も継続された。ヒリアードに続いて、ワーツ、

244　Letter to Douglas Ensminger from Kenneth Iverson April 11, 1956, PA57-210, FFA.
245　Memorandum to Rowan Gaither from F. F. Hill, June 1, 1956, PA57-210, FFA.
246　Ensminger, Douglas, Oral History Script B.23, "The Ford Foundation's Interest and Involvement in Indian Education," August, 23, 1972, pp. 12–15, FFA.

クラーク、トゥビアスというアメリカ政府で人的資源計画の最重要ポストにあった人々が、フォード財団のコンサルタントとしてインド政府の人的資源計画に協力した[247]。

　ヒリアードが着任する以前には、国家計画委員会に人的資源・雇用部門があるだけであったが、ヒリアードのアドバイスを入れて、1956年10月にはネルーを議長とする人的資源に関する閣僚評議会が設立され、同時に内務省の中に人的資源局が出来た。同局設立のための訓練と研究にフォード財団は3万4000ドルの助成を行っている。各省に人的資源担当オフィサーが置かれ、人的資源局との調整にあたった。また、各州でも人的資源計画組織が作られるようになった。国家計画委員会の中には科学技術人的資源部門が作られて、第2次5カ年計画以降の人材養成計画にあたることとなった[248]。ヒリアードのアドバイスで受け容れられなかった提案もあった。彼は、アメリカの産業界で働く技術者の中で工業大学卒の学位が必要な仕事をしているのはわずか15％で、残りの85％は2年間のポリテクニック教育で十分であるとして、インドにおいてもポリテクニック教育の推進を勧めた。しかし、インド政府はこれを受け容れず、全てに大学教育を授けた。また、工業発展が計画目標を達成出来なかったため、1970年の時点で6万5000人の職のない工業大学卒業者を生み出してしまった[249]。このように人的資源計画は、融通の利かない面もあったが、第2次5カ年計画実施を人的資源の面から支える重要な役割を果たしたことは間違いない。

3－3－3　鉄鋼技術者養成での東西競争

　当初の第2次5カ年計画で必要とされるさまざまな技術者をアメリカで養成したいというインド政府の要請は、ヒリアードとクリシュナマチャリ商工相の話し合いの中から、新設される3公営製鉄所の製鉄技術者の実地訓練へと絞られ、具体化されていった。インド政府は第2次5カ年計画で4カ所の公営製鉄所の新設を計画していた。アメリカ政府に対しても公営製鉄所の建設への協力が依頼され、アメリカ政府はアメリカ鉄鋼業界の代表からなる調

---

[247] Ensminger, Douglas, Oral History Script B.16, "The Foundation's Role in Assisting India in Its Manpower Planning and Employment Programs," June 26, 1972, FFA.
[248] Hilliard, John, "The Ford Foundation Program Letter, Report No. 93," May 18, 1957, Report #001793, FFA.
[249] Ensminger, Douglas, op. cit., Oral History Script B.23, p. 15.

査団を派遣したが、最終的にアメリカ政府は公営製鉄所援助を断った。これはアメリカ鉄鋼業界に将来的に競争相手となる可能性のあるインド公営製鉄所建設への協力への反対があったこと、ネルーの社会主義の中心的テーマである、経済の管制高地を公営化するという政策の象徴である公営製鉄所建設へのイデオロギー的な反発、またインドには製鉄所を経営する経営、技術能力が不足しているという実際的理由であった。アメリカが援助要請を断ろうとしていた時、インドを公式訪問していたブルガーニンとフルシチョフがインド公営製鉄所建設へのソ連の援助を表明したのである。アメリカ政府は、ソ連指導部に援助攻勢の華々しい始まりの格好の舞台を与えてしまった。

　ソ連に対抗して製鉄所建設協力が出来ないアメリカに代わって、西ドイツとイギリスがそれぞれ1カ所の公営製鉄所建設への協力を引き受け、ソ連がビライ製鉄所、西ドイツがルールケラ製鉄所、イギリスがドルガプール製鉄所の建設に協力することとなった。西ドイツはルールケラ製鉄所建設費17億ルピーのうち7.5億ルピーを年利6.5％で1964年までの返済条件で融資したのに対して、採算を度外視して政治プロパガンダを目的としたソ連は、ビライ製鉄所建設費用13億ルピーに対して6億ルピーを12年返済、2.5％の低利で融資した。西ドイツはクルップ＝デマグの企業連合が受注して、ドイツ人技術者を派遣して建設にあたらせた。ソ連も同様にロシア人技術者を派遣して西ドイツと製鉄所建設を競った。インドの政府、マスコミが注目する中でイギリスが出遅れたため、ソ連と西ドイツがまさに自由主義と共産主義のいずれの体制が優れているかのプロパガンダ競争として製鉄所建設を競争したのである。それは、最初の銑鉄の生産がルールケラで1959年2月3日、ビライでは2月4日というようにまさに体制の威信をかけた競争となった[250]。

　製鉄技術者の要請もインド政府は各国に依頼した。1956年9月の時点で、西ドイツが80名を自国で訓練しており、最終的に200名を引き受ける予定、ソ連が当時50名を引き受けており最終的には686名、イギリス、カナダ、オーストラリアがそれぞれ250名、14名、14名の引き受けを要請されていた。全体で2000名の製鉄技術者が必要とされており、差し引き約900名が不足すると予想された[251]。この900名の不足を埋めることが何よりも優先された。そこで、クリシュナマチャリとヒリアードが、フォード財団が原則前

---
[250] *Der Spiegel*, No. 14, March 30, 1960.
[251] Memorandum to Douglas Ensminger from John Hilliard, September 11, 1956, PA57-210, FFA.

向きに検討していた技術者訓練プログラムで、まずこの不足分を少しでも解消しようとしたのは当然であった。また、インド政府はソ連が大量の製鉄所技術者のソ連での養成を強く勧めていることに、警戒感を抱いていた。公営製鉄所の大半の技術者がソ連の直接、間接の影響を受けることは、後々の製鉄所経営に不安を残したのである。そこで、なるべく多くをアメリカでも訓練したいと望んでいた。ここでもインド政府は西側、共産圏のどちらにも偏らない中立主義を維持しようとしていたのである[252]。

３－３－４　アメリカ国内調整の進展

この頃アメリカ側ではインドを訪問してエンスミンガーに説得された全米自動車労連のロイサーが、６月にはフォード２世に会ってフォード自動車の賛成を得ることに成功した。しかし、訓練プロジェクトの規模と複雑さから慎重姿勢をとるニューヨーク本部の国際担当副理事長ヒルやアイヴァーソン国際部長、ガント同副部長らと、製鉄所開設に間に合うように必要数の技術者を要請しなければならないインド政府の事情から切迫した状況にあったエンスミンガーの対立が深まった。エンスミンガーの強い姿勢に押されて、ニューヨーク本部は全米鉄鋼労連のマクドナルドの協力が得られないことを遅延の口実とした。業を煮やしたエンスミンガーは急遽帰国し、ゲイザー理事長、ヒル副理事長を引き連れてピッツバーグにマクドナルドを訪問し、彼の協力をとりつけることに成功したのである[253]。

こうしてアメリカ側でも国内調整が動き出した。10月には、訓練プロジェクト全体の管理組織候補としてカーネギー工業大学との連絡がとられ、引き受けに前向きの姿勢が確認された。労働側の了解が得られたため、次は経営側の協力をとりつける必要があった。フォード財団はアメリカ鉄鋼協会を鉄鋼業界の窓口として交渉を行った。そして、その冬に会長のフェアレスをイ

---

[252] オーラル・ヒストリーでは、エンスミンガーはこのときのクリシュナマチャリの説明を以下のように述べている。「インドは民主的方法と制度で国家開発を行おうとしており、その観点からは、あまりにも多くの若い技術者が共産主義に染まるリスクを犯したくない。したがって、ソ連には最小限の人数を送りたい。西ドイツは伝統的にトップダウンの経営を行っており、インドのカースト制と合わせると、西ドイツでの訓練は技術者を一層トップダウン志向にし、労働側と協議する姿勢が育たない。イギリスは経営が時代遅れになっているのは明らかで、イギリスは若い技術者を訓練に送るのに最良の場所ではない」（Ensminger, Oral History Transcript B9, April 24, 1972, p. 4）。

[253] Ensminger, Oral History Transcript B9, "Why Did the Ford Foundation Get Involved in Training Five Hundred of India's Young Engineers in Steel Making," April 24, 1972, p. 5.

ンドに派遣し、政府関係者、現地鉄鋼関係者との会談をアレンジしたのである。フェアレスを通じて鉄鋼業界の全体的な了解が得られると、さらにアメリカ政府、国務省の支持を鉄鋼業界に対して明確に示すために、1957年3月にはマーフィー国務次官補からアメリカ鉄鋼協会に手紙が出された[254]。また、カーネギー工業大学との具体的なプログラム内容の詰めも同月に進められた。そして、3月25日にはフォード財団で前年の9月から理事長に就任していたヒールド理事長の主催による夕食会が開かれ、鉄鋼業界からフェアレス、U.S.スチールとベツレヘム・スチールの担当者、アメリカ鉄鋼協会の副会長、カーネギー工業大学の副学長が招かれ、ここで全ての関係者が揃ってインド人若手技術者訓練プログラムの体制が固まった。

　実施可能な計画作りがカーネギー工業大学を中心として進められていった。4月10〜11日に同大学にU.S.スチールとベツレヘム・スチールの教育訓練担当者、およびフォード財団スタッフが集まって、具体的な実地訓練計画案が作成された。訓練計画に参加する製鉄会社は上記2社に加えて、リパブリック、ジョーンズ・アンド・ローリン、ヤングスタウン、ナショナル、インランド・アンド・アームコの合計7社であった。鉄鋼所のある地域の工業大学として、カーネギー工業大学の他に、クリーブランドのケイス工業大学、イリノイ工業大学、レハイ大学、ヤングスタウン大学が訓練生の宿泊施設、および講義を受ける教育機関として選ばれた。

3−3−5　インド人鉄鋼技術者の研修内容

　インド商工省、内務省などによって学業成績、思想傾向などを基準にして選ばれたほとんどが20歳台の若いインド人技術者の第一陣、115名がU.S.スチール（75名）、ベツレヘム・スチール（40名）で実地訓練を受けるために1957年8月にニューヨークに到着した。第2陣85名は他の5製鉄会社に割り振られ、同12月に到着することとなっていた。こうして1957年度分として200名の技術者訓練プログラムが開始されたのである。研修生たちは、インドでの事前研修を受けた後に、ニューヨークとワシントンの見学を行い、ピッツバーグのカーネギー工業大学で約2週間のオリエンテーションを受けて、ピッツバーグに残ってU.S.スチールの4つの工場で実地訓練を受ける者、シカゴに移動してイリノイ工業大学に居を構えてU.S.スチールのシカ

---

[254] Letter to Max D. Howell from Robert Murphy, March 5, 1957, PA57-210, FFA.

ゴ工場で訓練を受ける者、ペンシルヴァニア州ベツレヘムに移動して、レハイ大学に住んでベツレヘム・スチールでの訓練を受ける者に分かれた[255]。

こうしてインド鉄鋼訓練教育プログラム（Indian Steel Training and Education Program: IN STEP）が開始され、最終的にフォード財団は約500名の技術者養成を支援することとなった。IN STEPはアメリカ側では非常に高い評判を得、アメリカ鉄鋼業界も非常に喜ぶプログラムとなった。当初、官僚制度的複雑さや議会などの政治的困難から関係者が否定的であったアメリカ政府国際協力庁の参加も実現し、次第にフォード財団の手を離れるようになっていった。当初、ヒリアードが予言したようにアメリカ国内にはインドの民主的経済発展に協力しようとする人々が各所にいた。鉄鋼業界をはじめとして、協力者たちが一様に重視したのはまさに訓練プログラムの広義の政治的側面であった。そのため訓練生たちには狭義の技術だけでなく、産業経営、すなわち会計、品質管理、労働関係、資材調達などの産業経営に関わる知識の学習にも重点が置かれた。特にアメリカにおける労働組合の活動と労使関係の理解が重要とされた。また、アメリカ社会を広く理解してもらうことにも重点が置かれ、アメリカ社会の自由と開放性を身をもって体験出来るよう配慮されていたのである。明らかにソ連への派遣との対比が考えられていた[256]。

ところが、1959年になり帰国した研修生がインド公営鉄鋼会社であるヒンドゥスタン鉄鋼に勤務するようになると、ヒンドゥスタン鉄鋼からアメリカで学んだ知識がインドの現場で役に立たないので訓練プログラムの内容を変更して欲しいとの要請が出るようになる。アメリカ側受け入れ機関では非常な困惑が広がった[257]。アメリカ国内では、このプログラムの政治的側面に目が向いていたが、現実の訓練の現場ではインド新設工場の細かい設備や技術の内容が把握出来ずに、研修生たちの細かい要望に対応出来なかったのである[258]。そこで、徐々にニーズに合致したプログラム内容の改善が図られていった。

ヒンドゥスタン鉄鋼の3つの外国援助による鉄鋼所はさまざまな問題を抱え、最終的には第2次5カ年計画の鉄鋼生産の当初目標を達成出来ずに終

255　Letter to trainees from Carnegie Institute of Technology, July 3, PA57-210, FFA.
256　*Indiagram*, No. 72, "Generous Grant from Ford Foundation 200 Engineers to Be Trained," April 23, 1957, PA57-210, FFA.
257　Letter to Douglas Ensminger from George Gant, May 22, 1959, PA57-210, FFA.
258　Letter to Carl Burness from Stephen Blickenstaff, June 25, 1959, PA57-210, FFA.

わった。アメリカ鉄鋼業界関係者の当初の悲観的見通しはある意味で正しかったと言えよう。しかし、鉄鋼所や製鉄技術者が役に立たなかったということではなく、インド政府が予想したよりはるかに多くの時間が必要であったということであった。

今日インドは中国に次いで世界第2位の鉄鋼生産国であり、日本とアメリカを凌いでいる。アメリカで訓練を受けて帰国したインド人技術者はアメリカ社会を高く評価し、アメリカでの生活を懐かしみ、ソ連研修の技術者たちに対して強い対抗意識を持っていたとされている[259]。

開発援助による東西両陣営への取り込み戦略の象徴的存在であったインド公営鉄鋼所建設をめぐる、ソ連と西側の援助競争は全般的にはソ連が有利であった。しかし、技術者養成の面では少なくともアメリカは完全な敗北を喫せずに済んだと言えよう。フォード財団の例外的な援助は、窮地にたったアメリカ政府の支援という意味を結果的に持つことになった。しかし、それ以上に、西側と共産圏のどちらにも一方的に荷担しないというネルーとインド政府の非同盟主義政策への協力という意味があったと言えよう。

3－4　農村産業、小規模産業開発へのフォード財団の関与

インド政府による農村産業、および小規模産業[260]政策へのフォード財団の関与は、インド人鉄鋼技術者の養成や農村開発ワーカー養成のような大規模な知識普及・移転型のプロジェクトではなく、政府の政策形成を援助していくというタイプの助成である。インドにおけるフォード財団の活動の中ではインド政府の開発政策形成支援が最も量的にも多く、かつ重要と考えられていた。農村産業政策の基礎となる調査と政策案作りを通称フォード財団国際専門家調査団が実施し、ここで敷かれた路線が第2次計画で展開されたのである。

---

[259] Howell, Max D., "A Helping Hand for a Friendly Nation," News Bulleting, Institute of International Education, November, 1959, pp. 9–10.
[260] 農村産業は、農村部で行われる家内工業や小規模工業のことで、その工業がどこにあるかで定義される概念である。具体的には、農産品の加工、織物、木工など農村で入手可能な天然材料を用いた加工が中心となる。養蚕、養蜂、精米、砂糖製造などである。小規模産業は規模で分ける概念であり、第2次5カ年計画では投資額が50万ルピー以下、従業員50人未満の企業を指す。小規模産業は当然都市部や都市周辺に多いが、農村産業も小規模産業に規模的には含まれるケースが多い。

3－4－1　農村産業、小規模産業開発への関与の始まり

　元来、農村産業の重視の考え方は戦前からのガンディの思想に遡り、単に経済的課題というよりはある種の草の根の政治運動の側面を持っており、第1次5カ年計画の中でも重要な政策目標とされていた。フォード財団の農村産業への協力要請は、1952年11月の会合でネルーから直接エンスミンガーに打診された。ネルーは建設的で前向きなアプローチと政策が現状の農村産業に欠如していることを憂慮し、フォード財団に農村産業技術研究所の設立への協力を打診した[261]。この研究所設立の構想は第1次5カ年計画の中にも明示されていた。

　ネルーから直接要請がなされた時、エンスミンガーは農村産業また小規模産業において路線対立があるように見えると述べた。すなわち、農村・小規模産業の近代化路線と手動機械や糸繰り車重視に象徴されるガンディ主義的な農村自給路線の間の対立があるのではないか、また、後者が次第に力を得ているのではないかとネルーの意見を求めたのである。フォード財団が関与出来るとすれば、近代的技術や経営手法の導入による農村産業の近代化を措いて他にないからである。ネルーは彼の政府は農村産業の近代化を指導していくことで一貫しているが、近代化指導において手工芸と伝統産業を排除するのではなく、これらも同時に支援していく必要があると述べた。近代的産業だけではインドのあり余る労働力を吸収しきれないため、政府は雇用機会を創出する努力であれば全てを支持しなければならない。大量の失業者は社会不安や紛争の原因となるとも述べた[262]。この会談でエンスミンガーは2つの重要なポイントを確認した。第一はネルーとインド政府が農村産業の近代化を志向しているという点であり、第二にはガンディ主義者たちの手工業、伝統産業を守るという主張をも尊重しなければ、近代化路線が政治的に維持出来ないこと、そして近代化路線とガンディ主義を合理的につなぐ鍵は雇用創出であるという点であった。

　エンスミンガーは小規模産業、伝統工芸が盛んであるスカンディナビア諸国、日本、およびアメリカから専門家を集めて調査団を結成し、インドの農村産業技術研究所の企画案を作ることを提案した。ネルーは農村産業の近代

---

261 Ensminger, Douglas, "Ford Foundation Program Letter for India and Pakistan, Report No. 17," November 12, 1952, FFA.
262 Ensminger, Douglas, Oral History Transcript B.2, "The Ford Foundation's Contribution in the Field of India's Village and Small Industries," November 5, 1971, pp. 1–2, FFA.

化を図りつつ同時に、手工芸や手動機械をも支援することを条件にエンスミンガーの案に賛同した。エンスミンガーはフォード財団が関わった多くの事業分野の中でも、コミュニティ開発と並んで、この農村産業・小規模産業の分野はインド政府の反応が最も素早かったと述べている[263]。つまり、インド政府の特定の政策分野に対する温度差によってインド政府の対応が明らかに違った。援助側と被援助側の間の微妙なドナー＝レシピアント関係の中でインド政府の主体性が保たれていたことをよく示している。

３－４－２　ガンディ主義者たちとの交渉

　国家計画委員会からの正式要請は1952年12月にフォード財団に対して出されたが、1953年2月インド政府は第1次5カ年計画の中で提言されていたカーディー・農村産業評議会（Khadi and Village Industry Board）を設立し、併せて手工芸委員会と手織機委員会も設立した。15人のカーディー・農村産業評議会委員の全員が民間の農村産業に関わるガンディ主義者であった。技術ディレクターは、化学技術者でありカルカッタ郊外でカーディー・プラティスタンという農村産業運動の農場を指導するダス・グプタという人物であった[264]。

　3月のある日、フォード財団ニューデリー事務所をグプタが突然訪問し、エンスミンガーとの面会を求めた。グプタは、外国人専門家にはインドの農村産業の問題は解決出来ないとして、国家計画委員会のフォード財団への協力要請は認めないと言い出したのである。エンスミンガーはネルーの示唆を深く心に刻んでおり、雇用問題と伝統産業も支援するという2点を強調して説得した。インドの6000〜8000万人とも、1億人とも言われる失業者数を考えると、農村・小規模産業が就業機会をもたらすためには、生活必需品の需要だけでなく、嗜好品や贅沢品の需要にもまた応える必要があるのではないかと問いかけた。そうなれば、嗜好品や贅沢品の市場を満たしている外国製品に負けない品質を確保する必要があり、そのためには技術や経営の改善が必要だと述べた。そして、この研究所は新たな小規模産業を起こすだけでなく、既存の伝統産業、手工芸の再活性化も重要な目的としているとした[265]。

263　Ibid.
264　Ensminger, Douglas, "Ford Foundation Program Letter, India, Report No. 28," May 1953, Report #001741, FFA.
265　Ensminger, Douglas, Oral History Transcript, B.2, op. cit., pp. 4–5.

このような説明を受けてグプタは納得し、国家計画委員会のフォード財団への外国専門家調査団派遣の依頼を承認した。エンスミンガーは当時副所長として財団に加わったばかりのロシュボーをグプタの農場に派遣し、さらに詳しくグプタと交渉を持った。グプタは彼の評議会は農村産業技術研究所の設立に協力し、他の2つの評議会と商工省と連携を保って、フォード財団外国人専門家チームに協力し、国家農村産業政策の活性化を行うと言明した。また、研究所は当面第1次5カ年計画に示されている12の特定小規模産業から始めることになるだろうとも述べた。搾油、石鹸、精米、椰子糖、グル（含蜜糖）、皮革、毛布、手漉き紙、養蜂、マッチ、カーディー（手紡ぎ手織りの布）、コイルの12種類である。また、グプタは外国人専門家について評議会が憂慮しているのは、彼らが農村産業の全面的機械化を考えるのではないかという点で、それによって雇用が失われるのを案じていると述べた。調査報告を示してそうした意図はないことを納得させたのである。

3−4−3　国際調査団の派遣

最初に選ばれたのは、ニューヨークの地域開発のコンサルタント会社であるリチャードソン・ウッド社であった。同社は、アメリカの全国計画協会によって選ばれて、同協会最初のアメリカ企業による海外事業の事例研究であるメキシコに進出した小売業シアーズ・ローバックの調査を行っていた。シアーズ・ローバックはメキシコでの店舗展開にあたって、現地の流通機構や商品開発を成功させており、フォード財団はシアーズ・ローバック自体からのスタッフの参加も期待していた。開発途上国における流通やマーケティングのノウハウに期待した。

アメリカ人の二人目はアメリカ協同組合研究所の理事長を務めていたレイモンド・ミラーで、協同組合の権威の一人として国際的にも認知されていた。ミラーは特に、インドにおける協同組合活動とその農村、小規模産業への貢献の可能性についての調査を担当した。3人目はスティーヴンスといい、ビジネス経営のコンサルタントでハーヴァード大学ビジネス経営スクールのコンサルタントをしていた。彼は個別小規模企業の経営と組織の分析担当として調査団に加わった。4人目はアレクサンダーで、彼はアメリカの非営利組織である工芸開発社の最高責任者として7年間イタリアに滞在し、革製品などの手工芸品の製作支援、マーケティング、デザイン改良などを行って、アメリカへの輸出を大いに振興することに功績があった。インド手工芸の担

当となった[266]。

　当初は日本からも専門家を招聘するはずであった。アメリカ帰国途中で日本に立ち寄ったエンスミンガーは何人かの日本人と会ったが、適任者が見つからず、日本からの招聘は断念した。他方、スウェーデンには1953年8月に2日半滞在し、スウェーデン政府のアレンジで6人の専門家と面談した。彼はスウェーデンでは200万人の産業労働者の約半分が農村手工芸や小規模農村産業に従事しており、彼らの生活水準は大企業従事者とほぼ変わらず、また政府の税制面での支援や補助金なしに小規模産業が自立しており、商品の価格面でも大企業と十分に競争していることに驚いた。政府は小規模産業に最新の技術を提供し、また産業は市場志向であり、デザインの重要性をよく認識していた。技術がどのように小規模産業に行き渡るのかを見ると、国立の小規模産業研究所と協同組合が大きな役割を果たしていることが分かった。研究所は新しい技術の研究開発と小規模産業への適用を研究しており、また市場調査やデザインについての助言や相談にものっていた。さらに、小規模産業からの技術者訓練を引き受けていた。協同組合は小規模産業への信用供与、新素材の購入、製品のマーケティングで大きな役割を果たしていた。まさにスウェーデンの方式がインドに最も適していると思った[267]。そして、二人の専門家を国際調査団にリクルートした。一人はハグバーグでスウェーデン国立商業・工芸高等教育研究所の校長代理を務めており、同研究所は職人たちの訓練を主に行っていることから、調査団では小規模産業の技術支援面、すなわち調査研究、技術訓練、工場操業、情報普及などの面を担当した。もう一人は、グルンドストゥルムでスウェーデン職人・小規模産業協会の専務理事を務めていた。彼は同協会の雑誌の編集を続けてきており、小規模産業の地域、および国家レベルでの組織の問題、資材調達と金融を担当した[268]。

　インド政府側は商工省の次官補であり商工相お気に入りの若手官僚のナイールを国際調査団担当に任命し、全行程に同行させた。ナイールとフォード財団のロシュボーは調査団の視察地を全て事前調査し、調査日程や事前説明資料を整えた。国際調査団は先に現地入りして本隊の準備調査を行った

266　Ministry of Commerce and Industry, "Visit of the Ford Foundation Team for Advising on the Development of Village & Small-Scale Industries," PA53-135, FFA.
267　Memorandum to Carl Spaeth from Douglas Ensminger, September 2, 1953, PA53-135, FFA.
268　Ensminger, Douglas, Oral History Transcript B.2, op. cit.

リチャードソン・ウッド社のチームを除くと、1953年12月2日に現地入りし、翌年2月までウッタル・プラデシュ州、ビハール州、西ベンガル州、パンジャブ州など9州で現地調査を行い報告書を作成した。同報告書は3月末に調査団から商工省に提出され、6月6日公にされた。

3-4-4　調査報告書

　報告書は、インドの農村、小規模産業が深刻な停滞に陥っていると指摘し、その原因は技術が失業をもたらすという広く信じられている恐怖にあるとした[269]。こうした恐怖は根拠のないもので、時代遅れの非効率な方法が失業をもたらしており、近代化はむしろ全体として雇用を創出すると主張した。小規模産業の全ての過程で必要な合理化は、数年の幅をもって起こる段階的なプロセスであり、その間に機械化などで一次的に生ずる失業は、近代化のもたらす新しい雇用機会の創出によって吸収され、全体として雇用は増えるのだと述べている。合理化の間の一次的な失業に対しては、政府が公共事業等によって支援すべきであるともしている。手作業や手工芸技術が不要になるわけではなく、将来とも残っていくが、自己目的化した手作業重視は不健全であると断じている。

　さらに、小規模産業の過度の政府依存は撤廃されるべきで、民間の主導性が促進されなければならず、政府は小規模産業の立ち上がりの一時期に指導力を発揮すべきであるものの、なるべく速やかに民間に移譲し、むしろ研究開発や教育、技術普及に事業を限定していくべきであるとした。また、インド各地でさまざまな有意義な試みが行われているものの、それらは皆孤立した部分的な実験に留まっており、体系的なアプローチが欠如しているとした。以上のような、現状把握、問題分析を行って、報告書は以下のような具体的提言を行った。

　第一に小規模産業のための多目的技術研究所の設立である。これは、元来国際調査団が委託された主要な調査目的であるが、当初考えられていた1カ所の研究所ではなく、インドの地理的な広大さから見て少なくとも4カ所必要であるとした。研究所は、技術に関わる広い分野、すなわち道具の改良、機械化、手法、原材料、高級品、マーケティング、信用、金融などの現状調査と新しい方法の開発にあたる。また、支部による短期教育研修、情報・相

---

[269]　以下の報告書の内容については、Ensminger, Douglas, "Ford Foundation Programme Letter, India, No. 40," April 2, 1954, Report #001448, FFA.

談サービスなどを通じて新しい手法や研究成果の普及に努めるとした。

報告書はさらに、手工芸、美術工芸、などの特定の小規模産業部門についても提言を行い、インドの手工芸は適切な近代的生産手段と素材が提供されればインド国内また海外の高級品市場で活躍する潜在的可能性を持っているとし、(1)優れたデザインと技術的質、(2)素材供給の信頼出来る組織、(3)インド内外での計画的な販売促進活動が必要であるとした。具体的には国立デザイン学校の設置、インド製品の国内外のバイヤーへのサービス組織としてのカスタマー・サービス会社の新設、北米とヨーロッパに輸出振興事務所の開設の3つを提案した。

また、インドの小規模産業にはその名に値する金融制度が存在しないと指摘し、資本と金融の欠如が深刻な問題となっていると述べている。近代化を進めるためには、機材の導入などで資本が必要であるため、金融制度の改革のために9項目の提言を行った。商業銀行には支店へより大きな貸しつけ権限を与え、また地域諮問委員会を設置して、積極的に地域小規模産業への融資を促進させること、協同組合銀行に産業分野への進出を促すこと、不動産担保融資を発展させること、ベンチャー・キャピタルの育成を図るために5カ年計画の開発予算の一部をベンチャー・キャピタルに融資し、また一部を州金融公社に割り当てることも提言した。また、当時一部の州にしか存在しない州金融公社を全国に普及させ、小規模産業による同公社への貸しつけ申請を支援するような現場組織を迅速に設立すべきとした。さらに、設備投資金融のシステムを開発することも提言した。金融部門の提言に対しては、調査団の報告書執筆に参加出来ずに、後に草稿へのコメントを寄せたリチャードソン・ウッド社は、こうした事業金融においては個別審査が最も微妙かつ難しいところで、規則で一律に経営は出来ず、したがって政府の官僚的組織には馴染まないとして、報告書の提言による金融問題の解決はなかなか難しいだろうとしている[270]。この指摘は正鵠を得たもので、後の時代にもこの金融制度の不適切さに対する批判が残った[271]。

報告書は次に商工会議所の振興と協同組合の改革を取り上げた。協同組合についてはその政府依存体質を改め、人々の下からの運動としての本来の姿に戻って、人々自身が感じるニーズから出発することを提言している。そして、現実に存在するさまざまなニーズに積極的に対応する必要を指摘し、原

---

[270] Memorandum from Richardson Wood to Douglas Ensminger, March 4, 1954, PA53-135, FFA.
[271] Staples, Eugene S., *ibid.*, p. 52.

材料の購入、最終製品のマーケティング、信用供与など多目的の協同組合となることを提言した。そのために政府は徐々に協同組合の直接的な設立から撤退し、教育活動に重点を移すべきとした。

報告書は産業化のプロセスを漸進的に進めるために3つの事業を提案した。第一は小規模産業公社を中央政府に設立し、政府自身の需要を満たすための製品購入部門とすることである。政府需要の少なくとも25％はこの公社を通じての小規模産業からの製品購入とし、これによってインセンティブを与えること、また産業への直接金融の機能を持った独立機関を付置することも提案した。第二は大量生産の技術訓練の問題を解決し、同時に深刻な電力需要を満たすために、農村で使うディーゼルエンジンによる発電装置の生産プラントを作ることを取り上げた。これはかなり大規模なもので2000〜3000人規模のプラントである。第三にはより小規模なデモンストレーション・プラントの設置も提言した。

最後にマーケティングを取り上げ、農村の自給制度は衰退しており、農村部の購買力は高まっていて貨幣経済が浸透しつつあり、女性が消費ファクターとして登場しつつあると現状を分析し、第一にインド製の製品の質の均一的な向上をまず確立し、次に消費者が感じるニーズに合致した生産、デザイン、マーケティングを行うようにし、第三に農村部の潜在的に巨大な市場の活性化を行うべきであるとした。そのために、具体的には独立したマーケティング・サービス公社をまず小規模に設立し、後には多目的研究所に吸収すること、第二に同公社にマーケティング・ニュース・サービスの部門を設立し、第三に主要輸出品目ごとに全産業規模の会議をすぐにも開催して、新しい技術や既存商品の新しい用途に関する知識の普及と海外市場の動向を共有することを指摘した。

この小規模産業の商品の需要を農村部に求めた基本方針は、リチャードソン・ウッド社のコメントで最も強い批判を受けた箇所である。ウッドは先進国であれ途上国であれ、最も大きな需要は都市部にあり、農村部の需要を政策の主要な前提とするのは間違っているとしている[272]。このような農村産業の需要者が農村自身であるというような、都市部と農村部の経済関係を軽視した発想は当時の開発計画全体に見られる特徴の一つである。そこには、ガンディ主義的農村自給論の伝統の影響と同時に、いわば都市と農村の関係を

---

[272] Richardson Wood, ibid.

絶つことで農村部から都市部への大量の人口移動とそれによる都市貧困層の急拡大、社会不安の創出を抑えようとする政治的意図もあったと思われる。全体として近代化、合理化の強調が目立つ報告書の中にあって、インドの状況を反映した特異な部分であった。

　報告書は好意的に受け止められ、特にインド政府の反応は素早かった。6月7日には報告書の提言を受けて4カ所の小規模産業技術研究の設置、マーケティング・サービス公社の設置、小規模産業公社の設置を決定したことを官報で公にした。4カ所の研究所は小規模産業サービス研究所と命名されて、デリー、マドラス、カルカッタ、ボンベイに設置された。小規模産業公社は国家小規模産業公社として実現した。商工省は報告書の提言の全てを承認し、提言の実施に向けて財務省や関係省庁との協議に入った。ナイール次官補が調査団に随行して、報告書作成に深く関与したことが実施面において大きな力となった。さらに、インド政府は中央および州政府の関係省庁の代表者からなる小規模産業評議会を設置し、体系的な小規模産業振興に乗り出すことを示した。商工省は国立デザイン学校の設立に強い関心を示し、同校は1960年代初めにフォード財団の協力によって実現し、今日でも世界有数のデザイン研究所としてインドの誇る知的資産となっている。

　1956年5月に議会に提出された第2次5カ年計画案の農村、小規模産業の項目には明らかにフォード財団国際調査団報告が組み込まれていることが分かる。特に、手工芸と小規模産業の項目はフォード財団調査団報告の提言をほとんどそのまま取り入れている。しかし、農村産業の部分ではグプタらのカーディー・農村産業評議会の意見が反映されており、新技術導入が引き起こす失業問題が相変わらずのテーマとされている[273]。国民会議派内部における近代化志向のネルーやインド政府と、ガンディ主義者たちの妥協であったと言うべきであろう。

3－4－5　報告書提言を実現するためのその後の助成

　これ以降、農村産業、小規模産業開発に関連するフォード財団の助成は国際調査団報告書の提言の実現を主たる目的として、第2次5カ年計画のほぼ全期間にわたって実施され、1960年代前半まで継続的に行われた。以下の表14のリストを用いて、ごく簡単に説明したい。

---

[273] Government of India, Planning Commission, "Second Five Year Plan, Summary," [New Delhi]: Government of India Press, 1956, pp. 134–144.

表14　農村産業、小規模産業、デザイン分野の助成リスト[274]

1953年	インド政府による農村産業化政策の計画作り支援のための専門家チームの調査 インド政府による都市部、農村部の市場調査
1954年	インド政府による約20カ所の農村農具改良訓練センターの設立支援 農村、小規模産業の専門家のインド政府への派遣 インド政府による農村、小規模産業開発
1955年	インド政府による農村、小規模産業開発 インド政府の4カ所の小規模産業研究所への建築サービス
1956年	インド政府の産業普及ワーカーの訓練：履物技術の訓練 インドの織物デザインに関する書籍とフィルム
1957年	小規模産業開発のアドバイザー（FAP） ニューヨーク現代美術館による第3回国際現代美術展 工業デザイン展示会
1958年	ロディプール研究所における産業訓練コース 農村および小規模産業地における訓練とデモンストレーション 手工芸産業に関する国際研究チーム派遣 国立デザイン研究所設立の調査
1959年	小規模産業のアドバイザーとコンサルタント 国立デザイン研究所の計画を支援するコンサルタント 小規模産業普及訓練センターによる学校のための科学機材の生産
1960年	カリフォルニア大学による建築デザインの調査と展示会の準備 建築教育の調査と建築高等教育の形態の提言を行うコンサルタント
1961年	国立工業デザイン研究所：工業デザインの訓練と研究 インド政府による小規模産業普及員訓練研究所の設立支援
1963年	小規模産業普及訓練研究所：コンサルタント、所員訓練、所員拡充プログラム

　1954、55年には4カ所の小規模産業サービス研究所を開設するために機材購入、海外研修のための130万ドルの助成を行い、コンサルタントを派遣した。コンサルタントはボストンの技術訓練学校であるウェントワース職業訓練校、クリーブランドの自転車工場で39年間働いた自転車生産の専門家、ドイツから靴製造と学楽器製造の専門家などであった。主にヨーロッパからさまざまな職種の20名が派遣された。また、小規模産業公社の組織案作りのためにアメリカ政府予算局でアメリカ政府の小規模産業支援政策に詳しい専門家と、アメリカ議会小規模産業委員会のスタッフで小規模防衛生産施設公社と小規模産業局の設立に加わった専門家、およびアメリカ軍で民間資材調達を担当していた専門家の3名が招かれた[275]。サービス研究所への支援で

274　Ensminger, Douglas, Oral History Transcript B.2, ibid., Appendix C. ただし、プロジェクト名の一部は、他の資料を用いて分かりやすいように筆者が表現を変えた。
275　Ensminger, Douglas, "The Ford Foundation Program Letter, No. 49," November 29, 1954, Report #001752, FFA.

は、引き続きデンマークとスウェーデンから協力を得た他、スタンフォード研究所がフォード財団の財政支援でインド政府と契約を結び、サービス研究所に経済・マーケティング分析部門を設立した。スタンフォード研究所から国際経済学者として著名なユージン・ステイリー[276]が招かれ、同部門の設立を指導した。

　1954年にはコミュニティ開発における一つの事業として、農具改良の訓練センターを約20カ所の既存の農村レベルワーカー訓練所に併設する約40万ドルの助成を行った。村の鍛冶屋に改良型農具の作成や修理の技術を訓練するセンターで、コミュニティ開発プログラムの枠内で実施された。1965年までに2821人の村の鍛冶屋を訓練した。このプログラムには、コロンボ・プランによって日本政府が派遣した農業工学技術者も参加し、1960年にはアメリカ政府のポイント・フォー・プログラムで指導員の日本スタディ・ツアーも実施されている[277]。

　1956年には農村レベルワーカーをモデルとして、産業普及ワーカーを養成する訓練センターを設置するための46万5000ドルの助成が行われた。1958年には14の全ての州に技術、金融、マーケティング・サービスを行う研究所を設立し、産業普及ワーカーの訓練所を60カ所設置し、2カ所の小規模産業経営者訓練センターを設立する目的で216万ドルの大きな助成が行われた。1961年にはインド政府によるハイデラバード小規模産業普及員訓練研究所の設置に60万ドルの助成を行って協力し、国際公募したコンサルタントを派遣している。

3−4−6　デザイン分野への助成

　国立デザイン研究所のアイディアは、その他の提案に比べるとやや遅れて取り上げられていった。二人の著名なアメリカ人専門家のインド招聘が、いずれもデザイン分野の重要性を強く印象づけ、これが研究所設立への具体的な動きにつながっていった。最初はインド公営の農村産業品市場（Cottage Industry Emporium：以下、エンポリウム）のマーケティング改善の要請である。1950年代初めの頃のエンポリウムは売れ残った商品が山積みで、手作

---

[276] 序章で触れた、アメリカにおける国際開発推進の上で大きな影響力を持った経済学者のステイリーである。
[277] Sussman, Gerald E., "Rural Development Category I, Report Number Four: Village Artisan Workshop Wing," April 26, 1965, PA54-4, FFA.

りであれば人々は買うという仮説が非現実的であることはあまりにも明らかであった。フォード財団の評議員のドナルド・デイヴィッドがニューヨークの有名な百貨店メイシーズの親会社のメイシー・アンド・カンパニーの社外役員であったため、彼の紹介でメイシーズの国際調達担当副社長であったマルティヌッツィがフォード財団の招聘でインドを訪問した。エンポリウムを訪問したマルティヌッツィは、とにかく今後は売れるもの以外は一切仕入れないという固い原則をまず立てるよう助言した[278]。

　エンポリウムの指導と同時に、インドの消費財産業の潜在的可能性に強い興味を持ったマルティヌッツィはマーケティングのためのデザインの重要性を訴え、これを受けてフォード財団は1958年に手工芸産業に関する国際研究チーム派遣を行った。マルティヌッツィの指示でフランスから二人のデザイナー、またスイスのデパート・チェーン経営者の3人が招かれた。また、マルティヌッツィの手足となってエンポリウムのマーケティングを実際に指導する若者、ビッセルを派遣した。フランス人のモデルは夫人用ハンドバッグのデザイナーで、ニューデリーのオクラ工業団地に現代的なバッグの生産工房を作り、フランスから道具を持ち込んでインド人に新しいハンドバッグのデザインを指導した。もう一人フランスから招かれたマダム・グレは「デザイナーのデザイナー」と呼ばれた非常に著名なファッションデザイナーで、彼女の訪印は大きなセンセーションを巻き起こした。彼女はフランスファッションの模倣を勧めず、むしろ織物におけるデザインの重要性に対する意識を高めることに大きなインパクトがあった。スイス人のデパート・チェーン経営者のカウフマンには、マルティヌッツィはヨーロッパの彼の店でのインド商品の販売、流通、展示を期待して招いた。エンポリウムのマーケティング改善のために招かれたビッセルはエンポリウムの購買担当者と協力して、売れる商品の仕入れを指導し、またエンポリウムの商品棚から売れる見込みのない商品を撤去し、店作りの指導を行った。こうして、エンポリウムは人々の集まる場所となり、商品が売れ始め、エンポリウムは売れる商品を生産者に発注するようになった。ビッセルは後にインド人と結婚し、繊維製品の輸出会社を起こして成功した[279]。

　マルティヌッツィの手工芸品のデザイン強調を受けて、フォード財団は

---

[278] Ensminger, Douglas, Oral History Transcript B.2, op. cit.
[279] Ensminger, Douglas, Oral History Transcript B.2, ibid., pp. 24–27, Staples, Eugene S., ibid., p. 51, Memorandum to J. Wayne Fredericks from Carl G. Burness, March 13, 1959, PA59-464, FFA.

ニューヨーク現代美術館に依頼して、小規模産業や手工芸品のデザイン展示会を企画し、ニューデリーの中心地コンノート・サーカスの近くに特別テントを張ってデザイン展覧会を開催した。インド政府は他の大都市でも巡回展覧会を実施し、展示品は後に国立デザイン研究所の永久展示品となった。また、手工芸評議会の要請を受けて、フォード財団によってオランダから人形デザイナーが招聘され、バンガロールに訓練センターが設置され、多くの人形デザイナーが養成された。インド各地の手工芸エンポリウムでオランダ人デザイナーのデザインによるさまざまな種類の木製人形が売られるようになった。

　ちょうど、マルティヌッツィの手工芸産業に関する国際研究チームが招かれた1958年の1〜4月に、ネルーの直々の推薦を受けて、エンスミンガーはアメリカで最も著名なデザイナー、イームズ夫妻をインドに招いた。イームズはネルーと娘のインディラと非常に親しい関係を築き、またアーメダバードの実業家のサラバイやインド芸術界の大物ジャヤカールらと議論を重ね、国立デザイン研究所の構想をまとめて、報告書として提出した。彼の案では、研究所は訓練、研究、産業サービスの3つを柱とし、訓練は主として建築学科卒業生を対象に大学院レベルの教育・訓練を行うこととし、卒業生は研究所に残ってデザインの研究をしたり、研究所が引き受ける工業製品のデザインサービスに携わったり、あるいはデザインコンサルタントや建築家として働くことを期待した。研究活動は最も重要な機能と位置づけられ、どのような製品が必要とされているのか、インドの諸条件の下で製品がどのように使われているのかなどの基本的問題を製品の形状、重さ、色、素材などのさまざまな要素を含めたデザインと言う総合的な概念で研究するとされた。サービス活動の分野では、研究所は展示会やセミナーを通じて、モデル、プロトタイプ、コストデータなどを発表し、研究成果を普及すると同時に、企業や政府機関のデザイン相談業務を行うとされた。政府からは郵便局、学校、病院などの建物や備品のデザインなどさまざまなサービスが期待された[280]。1959年にはイームズ案を具体化するためにコンサルタントが派遣され、1961年に20万ドルの助成金がアーメダバードの国立デザイン研究所の開設支援に支出された。同研究所は、それから約60年を経た今日でも世界有数のデザイン研究所として発展している。

---

[280] Ford Foundation New Delhi Office, "Summary of Eames' Report: A National Institute of Design Research and Service," April, 1959, PA59-464, FFA.

3−5　インドの社会科学、経済学の強化

　本項では、第2次5カ年計画の時期を中心に助成が本格化した、社会科学と経済学の土着組織作りの助成を検討してみたい。どちらも、インドでは例外的に小規模な助成分野であったが、ある意味では最も民間助成財団らしい活動分野であり、助成規模の割には大きな影響を後まで残している。

3−5−1　社会科学への助成

　エンスミンガーの回想によれば、彼の社会科学への最初の関心は、1951年の最初のインド訪問時に、インド政府と農村開発について話し合い、そこで開発プロジェクトの中に評価部門をあらかじめ組み込もうとした時から始まっている[281]。元来、アメリカ農務省で農村開発の評価事業において農村社会学的な研究を行ってきた研究者であるエンスミンガーは、インドにおける農村開発が必然的にインド農村の社会変化を伴い、その社会変化をどのようにして好ましい方向に向けるかが、開発の成否を握るという信念を持っていた。いわば、社会変化をいかに予測し、好ましい変化を計画し、伝統的社会から近代的社会へと移行させるかというのが、彼自身の研究テーマでもあったのである。

　こうした背景から、彼は文化人類学に大きな期待を持っていた。国家計画委員会の農村開発の事業評価機構に文化人類学者のオスカー・ルイスをコンサルタントとして派遣したのも、こうした期待の現れの一つであったが、1953年には、より本格的にコーネル大学社会学・文化人類学科に26万ドルの助成を行って、インドの農村開発プログラムの文化人類学的なフィールド調査に基づく評価を行った。コーネル大学はラテンアメリカでの社会変化の調査で実績を上げており、著名な文化人類学者のオプラーが招かれ、コーネル大学と以前から関係のあったラクナウ大学との5年間の共同プロジェクトへのフォード財団の助成が決定した。

　エンスミンガーの期待に反して、オプラーは共同調査を純粋学術的、理論的な内容に限定し、開発計画へのフィードバックという応用研究にはまったくならなかった。また、コーネル大学はラクナウ大学のスタッフを単なる調査員として扱い、対等の立場で研究企画に参加するのではなく、単に利用するだけという結果に終わった。開発計画やその実施が、社会の文化的価値に

---

[281]　この項は主として、Ensminger, Douglas, Oral History Transcript B.19, "The Ford Foundation's Interest and Assistance in the Development of the Sociological Sciences in India," July 10, 1972.

どのように敏感でなければならないかという最も重要な課題には、コーネル大学プロジェクトは答えを出せなかった。エンスミンガーはコーネル大学プロジェクトが当初彼が期待したような方向性を持っていれば、その後のインドの国家開発計画に大きな影響を与え、文化的価値と開発の問題がより早く注目されたであろうと述べている。

しかしながら、コーネル大学プロジェクトを通じて多くの若いインド人社会学者、文化人類学者が訓練を積むことが出来たことはプロジェクトの一つの成果であった。オプラーは社会学、文化人類学の研究方法論について厳格で、かつ知識も豊富であり、彼の指導によってその後のインドの同分野を支えるような幾多の人材がプロジェクトを通じて生み出されていった。

このコーネル–ラクナウ大学共同プロジェクトの失敗から、国家計画委員会とフォード財団はインドの開発のための社会科学の振興にあたってはインドの大学側に主導権を持たせた形で助成を行うという方針転換を行った。そして、1955年にインドの5大学の応用社会科学研究の方法論訓練のために4万ドルから8万5000ドルの一連の助成を行った。デリー経済大学、パンジャブ大学、ボンベイ大学、マドラス大学とプーナにあるゴカール政治経済研究所の5カ所である。ゴカールだけは国家計画委員会の推薦ではなくフォード財団の考えで加えられた。同研究所は所長のD. R. ガドギルの指導の下で、インド社会に奉仕する目的で設立された民間の研究、教育機関であり、フォード財団は同研究所をしばしば助成している。ガドギルは後に、国家計画委員会に加わり第4次5カ年計画（1969/70〜1973/1974）の中心的立案者となった。

このときの助成の目的は社会学などの社会科学と経済学の両方の強化であったが、実際には社会学・人類学への関心は低かった。当時、社会学は国家開発計画との関係があまりなかったため、人材の需要も少なく研究への資金供給も少なかったのである。次節で述べる1960年代半ば過ぎの国家家族計画プログラムの普及において社会学、社会心理学、文化人類学などはフォード財団の活動の中では初めて本格的に開発目的に動員され、一定の成果を上げたのである。

インドにおける開発協力の諸分野の中で、社会科学の分野は最も微妙な分野の一つであった。このことがフォード財団の社会科学分野での助成があまり活発とは言えない理由の一つであった。というのも、CIAが資金を出して密かに政治・軍事諜報活動を行っていた事例が社会科学の分野では多く、各国政府が神経質になっていたからである。例えば、ミシガン州立大学の南ベ

トナムでの社会科学調査がCIA資金による情報収集活動であったり、カリフォルニア大学バークレイ校社会学科のインド先住民族地域での調査活動がCIAの資金を得て行われていたり、あるいはアジア財団がCIA活動の隠れ蓑に使われたりという事例が明らかとなっていた。アジア財団の活動はインドでは社会科学の分野に著しく偏っていた。

1960年代に明らかとなった社会科学への外国援助のCIA関与問題を受けて、国家計画委員会とフォード財団では、外国援助機関からもインド政府からも独立した社会科学の助成基金を作ろうという動きが60年代末から始まった。国家計画委員会が主導して、フォード財団の2万4700ドルの助成を受けて1969年に社会開発評議会（Council for Social Development）が創設され、これが後にインド社会科学評議会（Indian Council of Social Science Research）となった。フォード財団はこれ以降15年間にわたり総額112万ドルの助成を同評議会に対して行い、さらに全国システムを形成する20カ所の地域社会科学研究所の中で6カ所の地域社会科学研究所[282]の初期段階への助成として185万ドルを提供した[283]。

インド社会科学研究評議会と一連の地域社会科学研究所への助成は、インドにおける社会科学研究機関の量、質の向上において大きな成果を上げたとされる。研究者、研究機関の数は急速に拡大し、そのうちのいくつかは質的にも一級の研究機関に成長した。このインド社会科学研究評議会の発展を指導したのは、このアイディアを出しフォード財団に強く助成を推薦した教育者のJ. P. ナイクである[284]。同評議会の初代会長となったナイクは評議会の建物に住み、同評議会のカフェテリアで食事をし彼の質素な所長室で眠った。

国家開発計画の事業評価、政策へのフィードバックという開発政策上の必要性から始まった社会科学支援は、1960年代後半の地元組織作り（institution building）というフォード財団の新しい助成方針の中で、社会科学研究評議会と地域社会科学研究所システムという形で結実し、農村開発や家族計画などと比べるとはるかに少ない助成で、非常に永続する影響と効果をもたらしたのである。

282　6カ所は、Institute for Economic and Social Research (Bangalore), Institute of Economic Growth (New Delhi), Center for Policy Research (New Delhi), Indian Institute of Education (Pune), A. N. Sinha Institute of Social Studies (Patna), Giri Institute of Development Studies (Lucknow)。
283　Staples, Eugene S., *op. cit*., pp. 46–47.
284　ナイクについては、第2節の「教育への関与」参照。

3-5-2 経済学への助成

　社会科学と同様、経済学への助成もインドの開発計画を進めていく上での必要性から始まっている[285]。第1次5カ年計画時の国家計画委員会の副委員長であったV. T. クリシュナマチャリは、開発計画を立てる上できわめて重要な経済データは政府自らが作成したものしかなく、それもあまり信用出来ないものであることを認識していた。そこで、政府から独立して経済研究を行い、場合によっては政府と異なる経済政策見解を持ち、政策を批判的に検証出来る研究機関の必要性を痛感していた。当時のインドの経済学研究は理論志向が強く、現実の経済政策の実証的研究が出来る研究機関がなかった。

　社会科学の場合と同様、フォード財団の経済学分野の関与はまずアメリカの大学への助成を中心に、その大学とインド側の協力プロジェクトへの助成という形で始まり、次に直接インドの大学・研究機関に助成するという段階を踏んだ。経済学の場合には、マサチューセッツ工科大学（MIT）国際研究センターの経済学研究への助成である。この1952年というごく初期の段階から始まったインド、インドネシアとイタリアを対象とする経済発展と政治発展に関する研究はさまざまな意味と広がりを持っていた。第一にこの研究の中心であったMITのマックス・ミリカンとW. W. ロストウが、この研究を一つの基礎として60年代ケネディ政権の国際開発の主要な理論となる近代化論を打ち出していったことである。第二に同センターがCIAの資金を得ていたことが露見し、密かにインド政府とフォード財団の交渉によって同センターがインドから離れたことである。この研究は政治的な含みの多いものであったが、同時にインドの経済学発展にとっても重要な意味を持っていた。この研究により、広範な開発分野の諸問題についての政策志向の研究が数多く成され、またその過程でインド人研究者がMITに留学し、インド人経済学者の養成がなされたという面も持っていたのである[286]。

　経済学分野のインドの組織への最初の大きな助成は、社会科学の助成の項で述べたデリー経済大学をはじめとする5つの機関への社会科学（社会学と経済学）の方法論の研究・訓練への1955年の助成である。これらの大学では、大学院に研究方法論のコースを開設し、また教官の能力向上のために海

---

[285] 本項は主として、Ensminger, Douglas, Oral History Transcript, "The Historical Basis of the Foundation's Involvement in Strengthening India's Institutional Competence in Ecnomics," March 29, 1972.
[286] この詳細については、Rosen, George, *Western Economists and Eastern Societies: Agents of Change in South Asia, 1950–1970*, The Johns Hopkins University Press, 1985.

外留学が行われた。

　強力な国家的志向性を持った非政府の経済研究組織の創設には、小規模・農村産業育成の目的でフォード財団のコンサルタントを務めていた著名な国際経済学者であるスタンフォード大学研究所のステイリーが協力し、同研究所の経験を基礎に新しい研究機関の青写真が作られた。スタンフォード大学は5年間、新設研究所の方向づけに協力し、当初から政府および民間の委託研究を請け負う研究機関として構想された。それが、応用経済研究国家評議会（National Council of Applied Economic Research）である。評議会は、ネルー、V. T. クリシュナマチャリ、T. T. クリシュナマチャリ、C. D. デシュムクらの指導者の支持を得て、インド協会法（Indian Societies Act）に基づく民間非営利組織として設立された。

　フォード財団は当初10年間の存立維持のために50万ドルの助成を行い、評議会は研究活動の30～40％は、自主研究にあて新しい諸問題に対応するように考えられていた。インド政府も個別の委託研究とは別に条件のついていないブロック助成金を提供することに同意し、これらの指定のない財源のおかげで評議会は強力な独立経済研究機関として急速に頭角を現した。1970年代の半ばには、評議会の財政は当初計画通り70％を政府と民間の委託研究で賄うまでに安定化したのである。

3-6　まとめ
3-6-1　鉄鋼技術者養成──冷戦と国際開発へのフォード財団の反応

　このプロジェクトに関する5本の内部資料マイクロフィルムのうち2本は筆者の調査時点で非公開であった。筆者の調べた限り、非公開の例はインドに関して他に見つからない。そのことは、このプロジェクトがフォード財団が冷戦と関わった数少ない例の一つであることを暗示していると思われる。

　この冷戦の代理戦争的な公営製鉄所技術者訓練の国際競争は、フォード財団のイニシアティブではなかった。誰に頼まれたのか、なぜ引き受けたのか。エンスミンガーは製鉄技術者のアメリカでの訓練を最初に持ち出したのはクリシュナマチャリ商工相であったと述べている。ネルーの閣僚の中でもアメリカ寄りの人物である。ソ連とのバランスをとり、非同盟中立政策を維持するという意味でネルーも賛成していたに違いない。インド側に主導権があった。

　しかしながらアメリカ政府を助けることに結果的につながっていることも

事実である。こうしたフォード財団の行動を政府との補完関係にあると分析する研究者もある[287]。アメリカ政府からの要請があったかどうかは不明であるが、フォード財団の側に彼ら独自の国益判断があり、その国益観に従って自発的に行動した蓋然性が高いのではないかと思われる。そう考えるのは、圧倒的にリベラル派であったフォード財団のスタッフはダレス外交、つまり時の政権の外交政策には反対であったからである。連合国家の概念を用いれば、フォード財団というフィランソロピーはアメリカの国家機能の一部を担っていたが、それは全面的に政府と協調していたのではなく、あくまでもごく部分的な提携であったのではないかと思われる。

　次に、インド政府との関係を考えてみよう。すでに前節で述べたように、フォード財団は組織としてインド政府の開発コンサルタントであるかのように機能し、独自のインド国益観に基づいて、つまりインドの開発はこうするのがよいという判断でインド政府の国家プロジェクトに融合し、それを通じてインド国家機能の一部を担っていた。公営製鉄所技術者養成のプロジェクトにおいても、インドの技術者がアメリカで研修を受けることは技術水準の観点、ソ連の影響とバランスをとるという政治的観点からインドの国益であるというフォード財団なりの判断をしていたのである。現実にインドの国益の一部を担っているとインド政府に信じられていたからこそ、このきわめて政治的な案件を依頼されたのである。もし、フォード財団がアメリカ政府の代理人であると認識されていたならば、決してネルーはフォード財団の関与を認めなかったに違いない。

　つまり、フォード財団が部分的にしろアメリカ政府の政策補完の機能を持っていたというだけでは正しくない。同時に、インド政府の政策補完の機能も持っていたのである。つまり、2つの対立する国家の部分的共通利益を媒介し、それによって両者の外交機能を補完し、表面的な冷戦外交の局面とは別の回路を作っていた。これは、公共に関わりながら私的であるというフィランソロピーの特質によるところが大きく、国家主権の衝突を回避しながら国際関係の第二のチャネルを作る機能であると言えよう。第二のチャネルとはアメリカのリベラル派とインドの親米派というこの時期に多数派ではなかった政治勢力の間の回路であった。党派政治、すなわち議会をバイパスして公共領域を確保するというフィランソロピーの機能ゆえに、少数派政治

---

[287] Ashley, Walter Edward, "Philanthropy and Government: A Study of the Ford Foundation's Overseas Activities," New York University, Ph.D. dissertation, University Microfilms, 1970.

勢力同士の国際連携を可能にし、対立する両政府の外交オプションを拡げるというある種の国家機能を果たしたのである。

このフィランソロピーが国家間関係という公的空間と私的領域の境界に作る国際関係は裏取引というような国家間関係の裏面ではない。重要なのは、フォード財団が国際開発という国際規範に則った正統性を持っていたことである。この複雑な関係をさらに敷衍して言えば、ダレス外交と非同盟中立外交という異なる世界の認識枠組みから見ることで衝突していたアメリカとインドの国益を、上記のように部分的に仲介するだけでなく、国益を超えた国際規範とも媒介することで自らの正統性を確保しながら、独立したアクターとして米印間、そして国際社会との国際関係を自ら形成していたのである。つまり、フォード財団の活動を簡単に禁止することが可能なインド政府とアメリカ政府の両方の部分的国益を媒介することで両者から承認を受けながら、同時に国際開発という規範と国益を媒介することで、国際規範の政治的空間を維持し拡大する機能をも果たしていたのである。

3-6-2 農村産業：影響力の技法——調査委員会、国家計画、実験的実施

フォード財団がインドで最も力を入れた農業・農村開発の分野で、最初の援助事業であったコミュニティ開発はインド側で第1次5カ年計画の一部として計画が出来ており、そこに財団が加わることで計画の具体的方向性、実施の内容が加速度的に固まっていったプロジェクトであった。一方で農村産業はオリジナルなアイディアはネルーから出されたものの、第2次5カ年計画の該当部分を作成するところにまでフォード財団が深く関わった案件であり、民間財団あるいはフィランソロピーがどのように政府に影響力を行使し、国家的機能の一部を果たすかという点で最初から最後までを見通すことの出来る典型的事例である。

コミュニティ開発もそうであるが、農村産業の場合にもネルーは農村の近代化という方針を固めてはいたが、ガンディ主義者との路線対立については政治的韜晦を決め込んでいる部分もあった。ガンディ主義者との対立におけるネルーの逡巡の最大の犠牲となったのは家族計画であるが、エンスミンガーは農村産業でもこの路線対立に巻き込まれた。農村産業の場合には、近代化によって雇用が増えるのか減るのかという比較的明瞭な争点があるためであろうか、ネルーはより積極的であった。

エンスミンガーのガンディ主義者の説得を見ていると大きく言って2点を

指摘出来るであろう。第一はやはりトップダウンの手法をとっていることである。ガンディ主義の有力者の懐に飛び込んで説得することである。第二は説得の内容として、ガンディ主義的な開発手法を否定するのではなく、また哲学論争をかわすのでもない、いわば伝統主義と近代主義的手法の共存を提案していることである。政治的妥協と言ってもよいかもしれないし、あるいは実際的提案とも言えるであろう。その背景にはガンディの思想についてのエンスミンガーなりの理解があり、カーディーに象徴されるガンディの農村開発思想は反植民地運動の政治的判断に基づくものであり、状況が変われば柔軟に解釈されるべきだという彼の解釈があった。末端の信奉者は別として、指導者たちは十分に合理的であり相互理解が可能であると考えていたし、結果を見る限りその判断は間違っていなかったと言えよう。

　国際調査団の構成はさまざまな異なる要素の寄せ集め的印象がある。シアーズ・ローバックという大手デパートの中南米進出を手がけたコンサルタント会社とアメリカ協同組合の権威者という資本主義的手法と社会民主主義的手法の組み合わせであり、さらに農村産業先進国の北欧スウェーデンの専門家も加わった。実現はしなかったが日本人の参加も検討されていた。ここには明らかに、インドの社会主義を北欧の社会民主主義になぞらえ、北欧社会民主主義的な手法とアメリカの協同組合および資本主義的工芸品開発の組み合わせの中から、インドに適切な手法を探ろうというこの当時のフォード財団の考え方が現れている。この雑居性はニューディールの持っていた性格を引き継ぐものであろうし、また当時のフォード財団とリベラル派が今日のアメリカと比較して遙かに社会民主主義に近い政治的立場であったことを示している。

　報告書の内容は、農村産業の研究開発への政府の強い関与、州政府金融公社の普及といった政府部門の強化だけでなく、一方では協同組合への政府出資の停止と組合の自立化という資本主義体制での協同組合の形態に傾いている上に、協同組合銀行の産業融資への進出、ベンチャーキャピタルの促進、デザイン、マーケティング重視など資本主義的手法も提言している。戦後アメリカの政治経済の特徴である政府と民間の協力による新しい資本主義の形態がここにはよく現れていると言えよう。しかも、コンサルタント会社は政府金融に否定的見解を示すなど、資本主義的なアメリカと議会制民主主義による社会主義のインドという2つの異なる政治経済の葛藤が複雑に折衷されていた。この国際調査団報告書が第2次5カ年計画に取り込まれたときには、

手工芸、小規模産業では同報告書を引き写し、農村産業ではガンディ主義的開発手法を基礎にするなど、さらに重ねての妥協、折衷がなされていた。

インド政府は報告書の政府部門の部分について迅速に実施を進めていった。それに対応してフォード財団も助成を行っていった。全国４カ所の小規模産業サービス研究所設立、小規模産業公社設立、農具改良訓練センター設置、産業普及ワーカー訓練センター設置、各州の技術、金融、マーケティングサービスの研究所設置、小規模産業経営者訓練センター設置、ハイデラバードの小規模産業普及員訓練研究所設置などである。第２次５カ年計画の小規模産業部門の相当程度がフォード財団の助成を受けて実施されている。この分野はフォード財団とインド政府の関係が最もうまくいき、助成が円滑に進んだ分野の一つであったとエンスミンガーは回想しているが、政府とフィランソロピーが融合している状況が出来上がった事例の一つであったと言えよう。政府による研究開発と全国規模の普及活動という1950年代に特徴的な知識の扱い方であり、近代化の手法であった。

他方で、公営の農村産業品市場、通称エンポリウムの事例と国立デザイン研究の事例はマーケティングに密接に関係したいわば市場に近い部分であり、資本主義的なアメリカの影響が強く出たところでもあった。有名百貨店メイシーズのマルティヌッツィ、そして今日まで椅子などのデザインに名を残しているイームズ夫妻を招いたこともあって、消費者志向の方向性がより強く出された。財団もニューヨーク現代美術館に依頼して、全国巡回の手工芸品デザイン展を実施するなど自ら市場、消費者志向の活動も行っている。

第２次５カ年計画に示された社会主義インドの国家経済政策、すなわち重工業は公営で行い、農村を中心とする小規模産業は協同組合で行うという枠組みに沿った形で、政府部門を通じての研究、普及事業に重点を置いて、生産部門へのインプットにフォード財団は関わっていった。国際調査団報告書において、政府の役割を研究開発と普及に限定し、政府自らが協同組合を設立しない方向性を打ち出すことでフォード財団の社会主義政策への関わりを限定したのだと解釈することが出来よう。他方で、マーケティングやデザインという消費サイドにも一定の注目を与えることで、資本主義的な活動を行う余地をも確保したということが出来るであろう。

フィランソロピーの国家政策への影響力の技法という観点で考えてみよう。インドの社会主義政策の総体に対して、一民間財団に過ぎないフォード財団が大きな影響力を発揮することは不可能であり、主権問題からして正統

性を持つことは出来ない。フォード財団は国家政策の具体的表現である5カ年計画の中で、重要であり、かつ自らの考え方に合致する特定部分についてのみ関与したのである。関与する部分についてもインド社会主義政策にかなり則っている部分とやや異なる部分の両方を含んでおり、そこではある種の政治的妥協と折衷が行われている。しかし、その特定部分に関わることで全体への影響力の確保をねらっているのであり、その意味でどの部分に関わるかが非常に重要な選択肢としてフォード財団の側にドナーの特権として残されていたと見ることが出来るであろう。

インド政府の側から見れば、全体を否定すること批判することは許さないという意味での主権を保持する一方で、フォード財団が関わる特定部分についてはその主体性を一定程度認めるという妥協を行っていると解釈出来る。さらに、たとえ合意しても実施の過程でのインド政府の対応がきわめて迅速な事例から、ほとんどサボタージュとさえ見える事例まで、いわばフォード財団の意思をどこまで実質的に認めるかに大きな落差が実際には生じている。つまり、交渉段階で財団側に譲歩しても、実施の段階で押し戻すことも可能だったのである。

影響力の技法を具体的に分析すれば、第一にトップリーダーの個人的了承をとりつけることである。小規模産業の場合には、まずネルーであり、かつ反対派のガンディ主義の指導者である。第二には専門家による調査である。報告書の権威を持たせるためにその分野で国際的にも著名な人物が選ばれている。さらに、インドの社会主義に配慮して北欧社会民主主義国からの参加者も確保され、インド側に受け入れやすい調査団構成が考えられている。第三は報告書の作成とその提言のインド政府へのインプットである。報告書の内容はインド政府の政策にうまく合致しながら、同時にフォード財団独自の活動の余地を確保するよう、ある意味で目眩まし的に妥協的、折衷的であった。第2次5カ年計画の中に報告書の一部が採用された段階で、フォード財団は活動のための政治的に正統性を持つスペースを確保していたのである。第四は政策実験である。フォード財団の規模で有効な影響力を確保するためには、最も適切と思われる部分にのみ関わって政策実験を行い、その結果をモデルとして全体に広めていく戦略がとられたのである。エンポリウムなどはその典型例である。第五は特定のアイディアを継続的に推進していくための自立的な組織、制度作りであり、国立デザイン研究所がまさに典型例であろう。デザイン重視ということは産業における消費者の嗜好重視と表裏一体

であり、20世紀後半の資本主義の特徴である消費主義と密接に結びついていた。

インドの社会主義的政治経済をアメリカ的な政治経済に近づける方向でフォード財団がどの程度影響力を発揮したかと問うてみると、短期的、あるいは表面上はそれほど大きくはないと言うべきであろう。むしろ、ある部分では社会主義的政策を進める方向で貢献していると言うことさえ出来る。それは、フォード財団自身がリベラル派であって、民主主義が堅持されていれば社会主義的政策をとることがある条件ではやむを得ない、あるいはより積極的に適切かもしれないという考え方を持っていたからである。

他方で、全面的に社会主義的政策に同調していたわけでもなく、その消費軽視、流通やマーケティング軽視などに見られる市場機能軽視には批判的であり、市場機能も有効に活用すべきだと考えており、特にその分野に助成を行っていたのである。また、国際的に著名な人々を多数インドに招くことでインドが閉鎖的に社会主義路線を突っ走るのではなく、国際的に開かれた中で多くの選択肢を常に確保するよう助成を行っていた。この2点において、フォード財団はインドをアメリカに似せようとしていたと言うことが出来るであろう。エンポリウムや国立デザイン研究所が市場に受け入れられて存続していることは、1950年代のフォード財団のアイディアが永続して影響力を持っていることの証拠であると思われる。そしておそらく、1980年代に一気に進んだ経済自由化を考えると、ソ連崩壊後のロシア、また中国などの市場経済への移行に比べてそれが遙かに円滑であったことは、フォード財団を含むアメリカの諸組織が1950年代から継続して育ててきた、いわば自由主義経済の芽とも言うべき人材、制度、組織の持っていた意味は長期的には大きかったと言うべきであろう。

3-6-3 社会科学、経済学——専門家協会というグレイエリアの国民的組織

フォード財団の途上国における社会科学への関心は開発問題から始まっている。インドではコミュニティ開発の評価を社会科学的に実施することが当面の目的として始まった。インドは特に強固な文化的、社会的伝統を持っており、それをどのように変化させるかが課題だと認識されていたためエンスミンガーは文化人類学に強い期待と関心を持っていた。しかし、コンサルタントとして招かれたオスカー・ルイスもまたコーネル大学文化人類学科も彼の期待に応えることは出来なかった。しかしながら、短期的には失敗であっ

たかもしれないが、ルイスの「貧困の文化」の概念やコーネル大学の開発人類学の発展を見る限り、長期的には開発研究の文化への関心、また文化人類学の開発への関心を導入するきっかけを作ったという点で非常に大きな影響を持ったと言うべきであろう。

　アメリカ国内の地域研究への支援でも同じ経過をたどったが[288]、フォード財団はある時期からアメリカの大学や研究者に開発のための社会科学を形成してもらうことを諦め、途上国で土着の社会科学を作っていく方向に転換していった。インドの場合、それは比較的早く1950年代半ばからインドの社会科学への助成が開始されている。他の途上国に比べて、高等教育の歴史も古く、レベルも高かったからであろう。フォード財団が行ったことは、1920年代にロックフェラー財団がアメリカ国内で行ったことと比較が可能である。つまり、社会科学の内容、あるいは社会科学者集団の構造にアメリカ型モデルを導入しようとしたのである。

　初めに、社会科学の内容についてであるが、1955年のデリー経済大学他4大学とゴカール政治経済研究所への最初の社会科学分野の助成において、応用と方法論に焦点を当てていることが象徴的である。エンスミンガーの表現を借りれば、インドの経済学やその他の社会科学は「理論志向」であり、国家開発の実際的必要に応えられていない状況にあった。理論志向とはつまりマルクス主義の影響が強く、左派が大学等の主流を占めていたことに他ならない。こうした社会主義的な社会科学に対して、西側の社会科学が対抗する場合には、ほぼ常に応用や実用、あるいは政策志向と実証的な方法論の2点が強調されるのである。この1955年の一連の助成は、社会主義的国家における西側社会科学導入の最初の試みの中に含まれるであろう。そして、この応用と方法論重視は1920年代のアメリカ国内でロックフェラー財団などのフィランソロピーがアメリカの社会科学の再編で行ったこととパラレルなのである。

　第二は社会科学研究の組織のあり方である。ここで好例を提供するのはガドギルの率いたプーナのゴカール政治経済研究所である。フィランソロピー的な目的、すなわちインド社会全体に奉仕するという目的で設立され、民間のつまりフィランソロピー資金によって運営されている。いわゆるシンクタンクであるが、フィランソロピーとしてつまり社会的使命を基礎に設

---

[288] 牧田、修士論文参照。

立、運営されているところが、日本で言うところのシンクタンクとは異なっている。ブルッキングス研究所、フーヴァー研究所、アーバン・インスティテュートなど挙げれば切りのないほど多数の民間研究機関があり、それらはリベラル系、保守系など政治傾向や得意分野で競っている。民間財団の主要な助成対象でもある。インドにおいてもゴカール政治経済研究所にはアメリカのシンクタンクのような役割が期待されたのであり、フォード財団はしばしば助成を行っている。こうしたフィランソロピー的な研究機関から、国家計画委員会の委員として代表のガドギルが加わったこともフィランソロピーと政府の関係という点でアメリカ的な現象である。民間でありながら公的政策に関与する組織を作っていくこと、それは非常にアメリカ的な多元主義の発想でありアメリカの民間財団に馴染みの深い社会科学の組織のあり方であった。

　第三は社会科学全体の組織化の問題である。ここでも1920年代にロックフェラー財団やカーネギー財団を中心に行われた、センター・オブ・エクセレンスの手法と社会科学研究評議会を中心にした研究機関の全米規模の組織化の手法に酷似した方法で助成が行われたことが分かる。いくつかの中心的機関を選んで集中的に助成を行って、ある種のトレンドを形成するという手法がインドでも使われている。また、インド社会科学評議会、応用経済学研究国民評議会などのナショナルな性格を持ちながら、財政的には民間資金によっており政府機関ではない専門家協会（professional association）を形成していったのである。アメリカにはさまざまな分野でこうしたナショナルな性格で、名称にもナショナルが入っていながら、政府機関ではなく民間の専門家協会である組織が多数存在する。それらはフィランソロピーによって創設され、財政的にかなりの部分を支えられている。

　こうしたナショナルな性格を持ちながら民間フィランソロピーに支えられた専門家協会は、したがって民間でありながら公的領域に参加するというグレイエリアの性格を持っている。また、フィランソロピーと同様、それは議会政治という間接民主主義の枠の外に置かれており、党派政治からは自由に公共政策に影響力を与えるチャネルになっている。それは、国立大学を中心とした知の世界の構造を持つ欧州やその影響を受けているインド、あるいは日本とは根本的に異なる知識の生産、普及の社会構造である。そこでは、フィランソロピー資金という社会のニーズや価値観の変化により敏感な資金の影響を受けることで、ある種の知識に対する社会的ニーズという市場メカ

ニズムが働きやすい。

　このようにフォード財団はアメリカ的な社会科学の知識の内容、研究機関のあり方、社会科学の組織化をインドでも行おうとしたのである。それは、彼らにとってあまりにも当然の行為であり、合理的な選択肢であったのであろう。その結果として、イギリス的な国立大学中心の組織とアメリカ的な組織が併存するような社会科学の構造がインドで出来上がったと言うべきであろう。

第4節　第3次5カ年計画（1961～1965年）

　第3次5カ年計画では、第2次計画の工業化の方針を引き継ぎながらも、再び農業への回帰が見られた。そこには、インド政府に対するエンスミンガーによる食糧増産への強い働きかけがあった。フォード財団が食糧増産を目指して、過去最大の資源を投入した集約的農業郡プログラムは、それ自体は失敗したとの批判を浴びたものの、1960年代末から1970年代にかけての緑の革命を準備する重要な過程であった。この集約的農業郡プログラムへ至る過程、そして批判の内容、それを受けてフォード財団の活動全体の方針転換、すなわち国家プロジェクトへの関与から、大学や研究機関の組織作り（institution building）へと移行した経緯を述べたい。この方針転換は、農業分野だけでなく全ての活動分野に及んだ。そして、それはホフマン以来の新興独立国の政府を助けるという基本的な援助政策のあり方を変更するものであった。

　次に、エンスミンガーの着任以来インド政府に働きかけを続けながらも、ガンディ主義者の根強い反対で10年近くまったく実現しなかった家族計画への取り組みを紹介する。食糧自給達成を最大の活動課題としてきたフォード財団にとって、家族計画による人口増加抑制は食糧増産と並ぶ車の両輪とも言うべき重要課題であった。ここでもフォード財団は集約的農業郡プログラムと同じ発想の国家プロジェクトを実施するが、同様に惨めな失敗に至る。その過程で見えてくるのは、思うように動かないインド政府官僚機構との格闘の歴史である。しかしながら、フォード財団のプログラム自体は思うに任せなかったが、より長い時間スパンで見れば、このときに半ば無理やりに立ち上げた家族計画は、インド、そして開発途上国全体で次第に受け入れられていくのである。

最後に、上記の2つ事業の何十分の一かの資源しか投入しなかったにもかかわらず、比較的よい成果を収めた経営学のインドにおける振興を見てみたい。経営学は第2次世界大戦後のアメリカが最も得意とした分野であるが、フォード財団は第3次5カ年計画期になって初めてハーヴァード大学とMITという2つのエリート経営大学院の参加を得ながら、インドの経営学の振興を行った。
　第3次5カ年計画期のフォード財団とインド政府の関係は、明らかにそれまでと異なってきていた。それは、1962年の中国軍のインド侵攻に始まった中印紛争の結果、ネルーの政治指導力またインド政治全体の指導性が急激に低下したこと、そして、ネルーの指導した民主的な社会主義路線が混迷を来したことと深く関係していた。そこで、まず第3次5カ年計画期のインドの国際関係をおさえることから始めたい。

4−1　第3次5カ年計画前後のインドの国際関係

　ダレス外交との衝突によって、いったんはソ連、中国寄りへ傾きかけたインドの国際関係は1957年頃から再び西側へと振り子を戻し始めていた。いくつかの要因が重なっていた。第一は中印対立の始まりである。対立は1958年からは一層明瞭になり、1962年の中国軍の本格的なインド侵攻まで、ほぼ一貫して悪化の一路をたどる。他方で、インドとソ連の関係はほぼ一貫して良好であった。第二は、アメリカの対南アジア政策の見直しである。アイゼンハワーはパキスタンとの軍事同盟が失敗であったと認識し、対インド関係の改善に積極的になっていた。第三には、第2次5カ年計画によって生じた深刻な外貨不足という国内要因があった。

4−1−1　中国との紛争

　フルシチョフ以降のソ連指導部の外交政策は、東欧やキューバなどでの軍事力の行使や威嚇はあったにせよ、全体的にはアメリカとの平和共存、デタントを基本とするように大きく変化していた。そうしたソ連の政策変更はネルーとインドの平和政策に合致するものであり、インドとソ連の関係はほぼ一貫して友好的、良好なものであった。ネルーはアメリカとの関係改善が進んでもソ連との友好関係を維持するよう努めていた。他方で、ソ連の対米関係改善への政策転換と、それに呼応してアメリカが封じ込め政策の主要な対象を中国に向けたことで、中国は孤立感を深め、また大躍進政策の実質的な

失敗などの国内要因もあって、1958年頃から1960年代の前半にかけて中国の外交政策は急速に軍事力を背景とする力の政策へと変化していった[289]。

中印間には国境問題とチベット難民問題という2つの問題があったが、ネルーは原則的立場を維持しながらも中印関係を決定的に悪化させないような慎重な対応を取り続けていた。領土問題では、国民党政府の作った古い地図に基づいて中国側はインドのアッサム地方の北東辺境管区とカシミールのラダック地方での領有権を主張した。しかし、国境線についての具体的な主張は曖昧で、しかも要求が次第に大きくなっていった。両国の国境警備隊の軍事衝突が繰り返され、インド側は紛争の拡大を避けて引き気味であったため、中国軍が実効支配する地域が次第に拡大し、中国側はその現状での凍結を主張するようになっていった。ネルーは領土問題に関する原則的立場を維持しつつも、話し合いによる解決を求め、小規模な軍事衝突はあっても本格的な戦争は起こらないと考えていた。

他方で、1959年3月のチベットの反乱鎮圧によって生じたダライラマのインド亡命と大量のチベット難民の受け入れは、中国側を強く刺激した。民主主義を掲げるネルーにとってダライラマの亡命受け容れは原則として譲れないことであり、インドの世論もネルーを支持していた。ネルーはダライラマの政治活動を抑制するなど中国への配慮を示したが、中国側はインドの民主主義体制への理解を欠いていた。また、CIAがダライラマやチベット難民を密かに援助をしていたことから、中国側はネルーをアメリカの傀儡、インドの反動勢力の代表と激しく非難するプロパガンダを強めていった。

1958年10月に軍事クーデターで政権についたパキスタンのアユブ・カーンは、中印対立を利用してインドからカシミールでの妥協を引き出そうと駆け引きを行ったが、ネルーはこれを拒否し、中国に対しては柔軟姿勢、パキスタンに対しては強硬姿勢という外交政策を取り続けた。インドからの譲歩を引き出せないと判断したカーンは中国と手を結んでインドと対抗する戦略へと切り替えていった。

1958年以降中印関係は急速に悪化していき、1959年夏には中印国境警備隊の武力衝突が起きた。しかし、ネルーもメノン国防相もインド陸軍も中国の本格的な侵攻の可能性は非常に低いと考えていた。軍はパキスタンへの備えと1961年12月17日のゴアの軍事併合などに向けられており、ヒマラヤ

---

[289] 中国との関係については、主として、Gopal, Sarvepalli, *Jawaharlal Nehru, A Biography, Vol. 3: 1956–1964*, Harvard University Press, 1984.

方面への備えは手薄だった。この間インドの予算に占める国防費の割合は減り続けていた。第2次、第3次5カ年計画の開発予算の相当部分を外国援助に依存する状況で、非同盟中立を維持して、外国との軍事同盟や軍事援助なしに防衛力を強化することは実質的に不可能であった。非同盟中立主義の一つの大きな政策根拠は、財政の貧しい第三世界諸国において非生産的な軍事費に国家予算を割くことは経済開発と矛盾するという点にあり、国際平和は何よりも開発を進めるために必要であったのである。ネルーは、この事情は中国でもまったく同じであるから、中国政府が合理的に考えれば大規模な軍事行動に出ることはあり得ないと信じていた。

　しかし、中国側は時間をかけて軍事侵攻の準備を進めていた。兵士を訓練し、兵站を積み、補給のための道路を建設し機会を待っていた。1962年10月20日、キューバ危機によってアメリカの動きがとれない時期に合わせて、中国軍は北東辺境管区とラダック地方の両方で同時に大規模に南下し始めた。兵力、装備に劣るインド軍は各地で撤退を余儀なくされ、指揮命令系統の乱れもあって、ほとんど反撃も出来ずに壊走に近い敗北を喫した。インド政府は完全にパニックに陥っていた。西では、中国軍はチュシュルの飛行場を砲撃し、レーへ侵攻すると思われ、東ではアッサム、トゥリプラ、マニプールとナガランドの陥落が差し迫っており、中央のパンジャブ、ヒマチャル・プラデシュとウッタル・プラデシュへの侵攻の態勢すら整えつつあるように見えた。ネルーはケネディへ2通の手紙を書き、インドの都市を中国軍の空爆から守るため全天候型戦闘機部隊12個大隊の緊急派遣、およびレーダー施設の設営を依頼した。インド兵の訓練が済むまでは、アメリカ軍兵士が戦闘機を操縦しレーダーを操作することさえ依頼した。さらに、中国軍の基地を爆撃するためにB47爆撃機の2個大隊の派遣も依頼し、訓練のためにすぐにインド人パイロットと技術者をアメリカに派遣することを依頼した。ネルーまでもがパニックに陥っていた。ガルブレイス大使は緊急措置として第7艦隊をベンガル湾に呼び寄せた。

　キューバ危機が予想外の速さで収束し、アメリカがインドへの軍事援助の態勢を整えたこと、またソ連の態度も中国に批判的であったため、11月21日、中国政府は一方的に停戦を宣言し、10日後には中国軍は自主的に撤退した。劉少奇は中国はインドの傲慢さと偉大さの幻想を打ち砕き十分な教訓を与えたとし、必要があれば何度でも懲罰を加えると述べた。

4−1−2　中国侵攻のインド政治への影響

　こうして中印の紛争は軍事的には一方的な中国の勝利で終息した。この中国軍の侵攻はその後のインドの内政、および外交政策に大きな影響を与えた。第一に、ネルーの非同盟中立主義が大きな打撃を受けた。ネルー自身、平和主義が現実の裏づけのない理想主義であったと述べ、その後インドは軍拡へと進んでいった。インドと中国が戦ったとき、インドを明確に支持したのはチトーとナセルだけであり、その他の非同盟諸国は沈黙を保った。バンドゥン会議でうたわれたアジアの連帯は空虚なスローガンに変わり果てた。米ソのいずれにも同盟しないという意味でのインドの中立主義は残されたが、米ソの両方、特にアメリカからの軍事援助を受け入れ、自力で国防を行うという原則は打ち捨てられた。

　第二に軍事費の増大が国家財政を圧迫し、開発計画の大きな障害となった。第1次5カ年計画期間の中央政府と州政府の財政支出合計に占める軍事費の平均割合は印パ分離の影響を残して16.4％であったが、第2次5カ年計画期間中の平均は12.2％に低下し、第3次5カ年計画でも61-62年度は11.3％、62-63年度は13.3％であったが、63-64年度には19.3％、64-65年度は17.0％、65-66年度は17.3％というように急増した[290]。中国軍との戦闘で装備の劣位を強く感じたインド政府は従来の兵器の国内生産の方針を改め、外国から最新の武器を購入、あるいは導入生産する方針へと切り替えたこともあり、米英の軍事援助を得たものの、軍事費の増大は第3次5カ年計画の外貨不足の主要な要因となった。1965年9月の印パ戦争以降は西側が軍事援助を停止したため、増大する軍事費による開発予算の圧迫は一層困難な問題となっていったのである。

　第三は、ネルーの指導力の低下、インド政治全般における指導性の混迷、そして、社会主義路線の後退である。中国の侵攻がネルー個人に与えた打撃は大きく、これ以降1964年の死に至るまでネルーの政治的指導力は著しく衰えた。独立闘争期から一貫してインド政治の指導者であったネルーの衰えは、顕著となってきた汚職の蔓延などともあいまって、インド政治全体の指導性に混迷をもたらした。社会主義中国によって武力攻撃を蒙ったことによって国民全体に民族主義的な好戦気分が高まると同時に、理想主義的なネルーの民主的な社会主義路線は冷徹な国際政治の前では非現実的なものとし

---

[290] 斎藤吉史、前掲書、63頁。

て退けられる傾向となっていった。会議派左派の代表的論客であった国防相メノンが責任をとらされて閣外追放となり政治生命を失ったのに象徴されるように、国民会議派内部での左派の衰えは明瞭であった。1955年のアワディ年次大会で採択された社会主義路線の見直しとして、社会主義論争が1963年11月のジャイプール会議派全国委員会から64年1月のブバネスワル年次大会にかけて再燃した。左派の退潮を受けて、プラグマティズムを掲げる中間派が主流となり、年次大会では「社会主義と民主主義」という草案が作られ、左右両派の妥協的内容が主要議題となった。ネルーの死後は、ますます実業家、政治家、高級官僚といった右派勢力が台頭し、インドにおける社会主義はほぼ一貫して衰えていくのである。

4－1－3　アメリカの対印援助の巨額化、開発協力国際レジームの形成

　パキスタンとの軍事同盟の失敗に気づき、またソ連のインドへの援助攻勢に対抗する必要性を認識したアイゼンハワーは、パキスタンに傾いていた対南アジア政策のバランスを中立に戻す方向で政策転換を進めようとしていた。7～9億ドルとも推計された第2次5カ年計画の外貨不足によって、1957年9月、T. T. クリシュナマチャリ財務相は正式にアメリカに援助を要請した。これに対して、ダレスは1958年3月4日に公式に2億2500万ドルの融資と食糧援助という拡大緊急援助パッケージを表明した。これによって、アメリカの対印援助総額は、1956-57年度の9280万ドルから57-58年度の3億6480万ドルへと急増したのである[291]。インドへの巨額の援助を梃子に、アイゼンハワーは1958年5月にはカシミール問題での仲裁提案を行った。これは1954年のアメリカ・パキスタン相互防衛条約以前の中立政策、あるいは地域主義的なアプローチへの回帰を意味していた。カシミール問題ではネルーの妥協を得ることは出来なかったが、インダス川の水利用に関する印パ間の協定作りにおいては、1960年9月のインダス水域協定調印に至る一定の成果を上げることが出来た。

　アメリカ国内においては、ケネディ上院議員が1958年1月のThe Progressiveにインド支援の論文を投稿するなど、経済協力を主たる外交政策として冷戦を勝ち抜こうとするリベラル派の影響力が強くなってきていた。また、1958年8月には、世界銀行を調整役としてアメリカ、イギリス、ドイ

---

[291] アメリカの対印援助拡大については、McMahon Robert, J., *op. cit.* 参照。

ツ、カナダ、日本が構成する対インド援助国会議が発足し、3億5000万ドルの対印緊急融資が約束された。今日に至る西側諸国における多国間援助体制、あるいは開発協力に関する国際レジームの形成が急速に進み始めていた。この西側国際社会における開発協力国際レジームの形成は、アメリカ国内でのケネディを代表とするリベラル派の台頭と密接に関係していた。

1959年、トルーマン政権の外交で重要な役割を担ったハリマン・ニューヨーク州知事は、中印の対立について「世界最大人口の民主主義が世界最大人口の独裁と決定的な重要な競争をしており、インドと中国の一方がアジアの覚醒しつつある人々のモデルとなる」と述べ、また、代表的なリベラル派の論客であるウォルター・リップマンは、「西側諸国と共産主義との闘争で開発途上国における鍵を握るのはインドであり、共産圏以外でインドだけが、よりよい生活を望む大多数の大衆に共産主義とは異なる代替案を示すことが出来る」と述べた[292]。フォード財団の助成で、1952年からインドやインドネシアなどでの経済開発について研究を続けてきていた、マサチューセッツ工科大学国際研究センターのミリカンとロストウは、1957年に *A Proposal: Key to an Effective Foreign Policy* を発表し、途上国援助を主要な政策手段とするケネディ政権の外交のディスコース形成に貢献し、イデオローグの役割を果たした。ロストウが1960年に発表した経済発展段階論は1960年代の開発経済学で中心的であった近代化論の基本的テキストとなった[293]。

ケネディ上院議員は1958年、59年と、インドへの援助の増額を求めたケネディ=クーパー決議を上院に提出した。彼は冷戦下のアメリカと共産圏の闘争をインドと中国の間の経済発展をめぐる体制間競争の中に見出し、冷戦に勝つという枠組みでインド経済協力を正当化した。1959年12月、アイゼンハワーがインド訪問を公式訪問し、ネルーによって温かい歓迎を受けた。米印間の関係改善が進んでいた。1960年5月には、複数年のPL480協定が締結され、インド政府によるC-119輸送機の購入も決定された。

1961年、8年間の共和党政権の後にリベラルの復活を告げた民主党ケネディ大統領は、上院議員時代に打ち出したインドへの経済援助の拡大を実施に移そうとしていた。インドシンパとも言うべきボウルズは国務次官に任命

---

[292] *Ibid.*, p. 261.
[293] Rostow, W. W., *The stages of economic growth : a non-communist manifesto*, Cambridge University Press, 1960.

され、同次官補のタルボットとともに国務省内部でのインド経済援助の政策立案を担った。また、駐インド大使にはケネディのハーヴァード大学の師であるリベラル派のケネス・ガルブレイスが起用され、ケネディ政権の外交政策を実質的に取り仕切ったとされる同じくハーヴァード大学教授のマクジョージ・バンディ安全保障担当補佐官、また同じく政権入りしたロストウ補佐官らの錚々たるリベラル派知識人が、ケネディ政権を担うこととなった。また、ケネディ政権当初予算局長を務め、1962年から66年までは国際開発庁の長官を務めたデイヴィッド・ベルもまた、ニューディーラーであり、リベラル知識人の代表的人物の一人であった。ベルはアイゼンハワー政権の期間中はハーヴァード大学の経済諮問グループの一員として、フォード財団の助成でパキスタン政府の開発計画策定に協力していた。1966年、バンディとベルはジョンソン政権を離れて、フォード財団に移り、それぞれ理事長と国際部門担当副理事長に就任している。

　ケネディは共和党政権に比べるとはるかに非同盟主義に寛容な姿勢を示し、5億ドルの経済援助に加えて、5億ドルのPL480による食糧援助の合計10億ドルを毎年インドに提供することを提案した。1961年4月には、対インド援助国会議で向こう2年間にわたって毎年10億ドルの援助が約束され、同年5月には対パキスタン援助国会議では同1億2500万ドルの援助が約束された。同年5月にはジョンソン副大統領の訪印、同11月にはネルーの訪米によるネルー・ケネディ会談が実現した。しかし、ネルーは若いケネディの議論に乗ろうとはせず、会談はコミュニケーションが成立しないまま失敗に終わった。同12月17日にはネルーはゴアを武力併合し、1962年1月にはケネディのカシミール紛争仲裁提案を拒否した。同年5月にはソ連からのミグ購入を決定し、ケネディの多額の援助にもかかわらず、援助を梃子にネルーを動かそうとするケネディの政策はことごとく失敗した。

　しかし、1962年10月の中印紛争は状況を徹底的に変えた。ネルーの要請に応えて、12月10日にはケネディは緊急軍事援助6000万ドルを決定し、イギリスも同額の軍事援助を決定し、米英で1億2000万ドルの米英軍事援助が迅速に決められた。ネルーはカシミール問題でのパキスタンとの話し合いに同意したが、パキスタンは中国との国境問題解決を宣言し、印パの話し合いは流れた。このようにリベラル派のケネディの登場と中印紛争によって、アメリカによるインドへの経済援助と軍事援助の両方が飛躍的に増加していった。

4－1－4　ジョンソン政権、印パ戦争とアメリカの南アジア関与の低下

　1963年11月、ケネディが暗殺されると副大統領ジョンソンが大統領に就任したが、南部民主党出身で党内の保守派であったジョンソンは、ケネディの政策を当初踏襲したものの、次第に開発援助への不信を表明するようになっていった。国務省では相変わらずインド支援を支持するリベラル派が大勢を占めていたもののジョンソン自身はむしろカーンのほうに親近感を抱いていた。1964年4月には、インディラ・ガンディが訪米し、西側はパキスタン寄りであると非難したが、ジョンソンはバンディなどの示唆にもかかわらず、インド寄りの姿勢を示すことはなく、財政支出の拡大には慎重であり、基本的に第三世界の問題に興味を持てずにいた。ジョンソンはインド援助に関しては1965年分の5000万ドルのみ約束し、多年度のコミットは認めなかった。こうした一貫性のないアメリカ政府の態度にインド、パキスタンの双方で不信感が高まり、パキスタンは中国、インドはソ連へ接近し、東南アジア条約機構（SEATO）、中央条約機構（CENTO）から距離を置き始めた。同年5月27日にネルーが死去し、10月には中国の核実験が行われ、南アジア情勢は流動化していたが、アメリカ政府はイニシアティブをとることはなかった。

　1965年4月訪米を予定していたカーンは、その前に訪れた北京で中国とパキスタンの友好を宣言し、ベトナム戦争へのアメリカの軍事介入のエスカレーションを非難した。これを受けて、ジョンソンはカーンの訪米を直前でキャンセルし、それとバランスをとる意味でネルーの後を継いだシャストリ首相の最初の訪米も延期した。巻き添えを食ったシャストリの訪米延期はインド側に強い反発を引き起こした。同月、ランで印パ両軍の衝突が起きた。この衝突は軍事的にはあまり大きな意味を持たなかったが、パキスタン側がアメリカの軍事援助による武器を使用したことが大きな外交的問題となった。印パ双方の不信を買ったアメリカに代わってイギリスが調停役を演じ、6月30日に停戦協定が結ばれた。ジョンソン自身、南アジアでアメリカが大きな役割を演ずることに消極的であった。ジョンソンは南アジア政策の大幅な見直しを命じた。

　同年8月パキスタンの非正規軍がカシミールに進入し、9月1日にはパキスタンの正規軍がアメリカの援助によるパットン戦車を先頭にカシミールに侵攻した。インド軍はすぐに反撃に転じ、9月6日には国境を越えたインド軍はラホールへ向かって進軍を開始した。パキスタンはアメリカに相互防衛

条約上の義務の履行を要請したが、アメリカは条約を無視せざるを得なかった。共和党のニクソン、フォードらは即時に両国への軍事援助中止を勧告し、ジョンソンは窮地に立たされた。9月17日にはパキスタンと同盟する中国がインドに対して最後通牒を通告し、南アジアは全面的な戦争の危機に陥った。分離後印パ双方に総額120億ドルを援助してきたアメリカは、その巨額援助が双方の軍事衝突で浪費されていくのを傍観するしかなかった。ウタント国連事務総長の調停提案が出され、印パ双方が受け容れ、タシケントでソ連を仲介役として両国の協議が持たれた。南アジアにおける中国の影響力拡大阻止で米ソの利害が一致し、ソ連の仲介をアメリカは支持した。同12月にはワシントンでジョンソンとカーンが会談し、相互防衛条約の終結が合意され、アメリカは過去を清算し、南アジアにおけるインド、パキスタンとの新しい関係すなわち、はるかに低い地域へのコミットメントへと南アジア政策全体の転換が行われたのである。

4-2 集約的農業郡プログラム

　第3次5カ年計画は、基本的には第2次5カ年計画の工業重視の政策を受け継ぎながらも、同時に農業重視の姿勢の復活も見られたとされる。また、同5カ年計画期間は、中印の軍事衝突やネルーの死もあり、大きな政治変動にインドが見舞われた時期でもあった。ネルーの政治指導力の減衰、中央政府指導力の低下、軍事費の増大による開発計画への財政的しわ寄せといった全般的なインドの開発の困難な状況の中で、以下に述べるようにフォード財団は最大のプロジェクトを立ち上げて、苦闘していった。さらに、ネルーの社会主義が退潮していく時期に、フォード財団の内部でもコミュニティ開発や農業普及といった社会民主主義的な農業開発手法への批判が現れ、資源の集中投入というより資本主義的な手法が提案され、またインド政府に受け入れられるのである。以下に述べる集約的農業郡プログラムは、1950年代のネルー社会主義の下での社会民主主義的開発から、1970年代の緑の革命に見られるより資本主義的な農業開発への転換期を象徴する重要なプロジェクトであったと言えよう。そこに見られるのはインド政府の変化とパラレルに変化していくフォード財団の姿である。

4-2-1　食糧増産に対するインド政府の注意喚起
　1957年夏、エンスミンガーは本国休暇を早々に切り上げると、インド各

地の農村を約2カ月にわたって訪問し、農業生産が拡大しない理由を自ら現場で把握しようとしていた。フォード財団は1950年代初めからネルーのコミュニティ開発を支援し、農業普及活動が全国各地で展開されていた。コミュニティ開発、農業普及活動を中心に農村高等教育、衛生普及、農村産業などさまざまな手段を用いて、インドの大多数の人口を占める農村の近代化支援を行っていた。

　エンスミンガーにとって、フォード財団のインドにおける最大の目標は、インドの食糧自給の達成であった。食糧の安定供給の実現によって、ほぼ周期的に起きる天候不順、食糧不足、飢饉、暴動という、インドの民主主義にとっての最大の問題から根本的に自由になることであった。長期的に見ると人口増大が続くインドにおいては、食糧生産が相当の増加率で順調に拡大し続けない限り、現在の貧困と栄養不足も将来の食糧危機も回避出来ず、アメリカの過剰穀物に依存し続けるのはあまりにも危険であった。彼自身が増産阻害要因として決定的に問題だと考えていたのは食糧の市場価格であった。消費者重視の政策をとるインド政府は食糧価格を低く抑える政策をとっており、またPL480援助によって非常に安く輸入される食糧はこうした政策を可能にしていた。食糧増産には新しい耕作方法の導入と新品種、肥料、灌漑などの追加的な投資が個々の農民レベルで必要である。こうした投資リスクに見合っただけの収入向上の見通しがない限り、農民にとってはリスクの低い従来の方法による耕作が合理的な選択となる。増産政策に対する農民の反応がよくない理由は農民が保守的だからではなく、政府の消費者優先の食糧価格政策への合理的な反応であると彼は考えていた。

　エンスミンガーはすでに長い間、食糧価格の最低保障制度の導入を食糧農業省や国家計画委員会で主張し続けてきていた。彼らの反応はいつも決まっていた。「エンスミンガー、君の言っているのは西洋の概念に過ぎない。君がインドを理解するようになれば、我々は精神的な国民だということが分かるだろう。食糧価格保障制度は物質主義的な国民にはよいが、精神的な国民には適合しない」と門前払いを何度となく受けた。エンスミンガーは、「それはナンセンスだ」とインドの官僚たちに怒りにも似た言葉を繰り返しぶつけてきていた。彼にしてみれば、インドの農民もアメリカの農民とまったく同じように利益を保障する価格保障制度に敏感に反応するに違いないのであった。彼の主張の正しさは後に広く認識されるようになり、1960年代半ばのインド政府による生産者志向、インセンティブ志向の食糧価格制度への

変更の基礎となった[294]。

　エンスミンガーはネルーに直接訴えて、インド政府に蔓延る保守的な農業観、食糧問題に対する危機意識の希薄さ、変化に抵抗する官僚主義に挑戦しようと決意していた。そのためには、彼自身の目で農村開発の状況を実見し、十分な証拠をつかんでネルーに直談判するしかなかった。2カ月以上の農村実情調査を終えて、確信を持ったエンスミンガーはネルーに面会を求めた。いつものようにすぐに面会が許可され、エンスミンガーはこの数カ月の経験を述べたいと告げた。ネルーは微笑んで是非とも彼の見聞きした農村の実情を聞かせてくれと言い、メモ用紙を手に取ると話の間中メモを取り続けた。エンスミンガーは農民たちが政府の働きかけに反応することは期待出来るが、これまでの政府の政策には価格維持、肥料投入、信用供与、ブロックレベルでの行政の効率などの面で問題があると、実例を交えて具体的に指摘した。約30分程のネルーとの会談を終えて事務所に戻ると、午後7時過ぎに二人の大臣から電話があり、ネルー相手にホームランを打ったぞと連絡があった。ネルーはエンスミンガーとの会談のメモを閣僚に送り、閣議で相談したいと通知していた[295]。こうしてネルーのコミットメントをとりつけたエンスミンガーは、早速アメリカ人農業専門家グループのインド派遣に取り組んだ。

4-2-2　食糧生産チームの派遣

　正式にインド政府の依頼を受け取ると、エンスミンガーはまず、バンカー米大使とアメリカ政府技術協力ミッションのヒューストン所長を訪れた。彼はアメリカ人農業専門家派遣をアメリカ政府が引き受けないかと、大使とヒューストンに打診した。インド政府がアメリカ政府にハイレベルの農業調査団派遣を依頼したということになれば、インドはもっと農業に取り組むべきだという意見が強い米議会の批判が緩和され、インド援助への支持をとりつけやすくなるのではないかと述べた。大使は政府内部手続きや議会承認に時間がかかるため、緊急の要請にアメリカ政府が迅速に対応するのは難しく、またインド政府の政策に現時点でアメリカ政府調査団が意見を述べるの

294　Ensminger, Douglas, Oral History Transcript, B.3 "The Foundation's Persistent Concern and Role in Assisting India Achieve a Status of Food Enough for Its People," January 5, 1972, p. 9, FFA.
295　Ensminger, Douglas, Oral History Transcript, A.8, "Relationships with Nehru," November 29, 1971, pp. 9–10.

は適切ではないとして、フォード財団が引き受けるよう強く求めた。エンスミンガーは最初からアメリカ政府が引き受けることは困難だと判断していた。いったんアメリカ政府に要請を振り向けたのは、技術協力ミッションとの摩擦を緩和するためであった。同じアメリカの開発援助機関同士であったが、農業政策などで意見の違いがあり、フォード財団がインド政府との緊密な関係を通じてインド政府の政策に大きな影響力を持っていることに対して、技術協力ミッションの農業専門家の間では強い不満が充満していた。表立っては語られなかったが、3人ともアメリカ議会内にはインド政府に農業政策でのアドバイスを与えることに強く反対するロビーがあり、現実的にはアメリカ政府は中立的なアドバイスを与えることは困難であることをよく承知していた。特に強く反対していたのは木綿ロビーであり、小麦ロビーもまた、自給達成によって余剰作物の主要な受け入れ先であるインドを失うことを恐れていた[296]。

農業生産チーム (The Agricultural Production Team)、別名フォード財団チームと呼ばれた13名のアメリカ人農業専門家は1959年1月23～25日に次々とアメリカからインドに到着し、それから約2カ月にわたってインド側のカウンターパートとともに、インドの全州を訪問し包括的な調査を行った。その報告書、*India's Food Crisis and Steps to Meet It*は調査終了後すぐ、同年3月には食糧農業省とコミュニティ開発協同組合省から公表された。同報告書の序文に述べられているように、アメリカ人専門家たちは海外での農業と家政学の評価作業の経験があり、3人は以前にインドを訪問したことがあった。そして何よりもアメリカ国内で長年食糧増産の問題に関わってきており、大恐慌と第2次世界大戦時の国家的食糧問題解決に携わった経験を持っていた。そして、インドは多くの点でアメリカとは異なるが、それにもかかわらずアメリカの食糧増産の経験はインドの食糧増産に役に立つという信念を持っていた[297]。ニューディール期のアメリカ国内での農業改革の経験がインドに応用されようとしていたのである。

チームのリーダーは、ジョンソンで、アメリカ農務省に25年間勤務し、

---

[296] Ensminger, Douglas, Oral History Transcript A.5, "The Delicacy of the Ford Foundation's Relationship with Other Foreign Aid Giving Agencies Working in India," November 15, 1971, pp. 5–8, FFA.

[297] The Agricultural Production Team, *Report on India's Food Crisis and Steps to Meet It*, New Delhi: Ministry of Food and Agriculture and Ministry of Community Development and Cooperation, April 1959, pp. 1–2.

当時は農業研究局に所属し、またアメリカ農業経済学会の前会長でもあり、農業経営の代表的な専門家であった。彼は戦時中は戦時食糧局の食糧生産部長を務めた。アメリカ農務省からは彼の他に、連邦農業普及サービスの副局長のハフマン、西部土壌・水管理研究部のケリー、土壌保全サービスの土壌調査副局長のケロッグの3人が加わっていた。大学からは、アイオワ州立大学から農業普及のアンダーソンと社会学のベアル、アーカンソー大学から植物病理学のクレイリー、コーネル大学の植物品種改良のジョンソン、カンサス州立大学農学部長のウェーバー、メリーランド大学の行政学のウェンガートの6名が参加した。さらに、農業信用局副総裁のマイルス、全米最大規模の農業協同組合であるGrange League Federationから協同組合組織の専門家のニーグリー、そして家政学の専門家としてフォード財団コンサルタントのモリーンの合計13名であった。インド側のカウンターパートは12名の農業専門家であったが、中でも重要なのは国家計画委員会の次官補であったS.R.センと食糧農業省の農業普及コミッショナーのネヘミアーであった[298]。

4－2－3　フォード財団チーム報告書

　報告書では、経済行政政策、物理的・生物学的施策、食糧増産計画の3つの局面について述べられている。経済行政政策では、食糧価格安定、農地改革、雇用と増産のための公共事業、農業協同組合、農業普及事業のそれぞれの問題点が示されている。物理的・生物学的施策では、土壌・水資源保全、化学肥料、品種改良・防疫、改良品種の増殖と普及、家畜と食糧生産が扱われている。食糧増産計画の部分では、農業協同組合、農業統計、食糧マーケティング、研究教育、農業普及、土壌・水資源保全、化学肥料、防疫、改良品種普及、農具と機械化、食糧嗜好の変化、研究評価プログラム、実験プロジェクトの各項目について具体的に提言がなされている。全体として、きわめて明確かつ、率直に問題点を指摘していると言えよう[299]。

　上記のような専門的かつ具体的な指摘と同様、あるいはそれ以上に重要であったのは、適切な措置がとられない限り、必ず食糧危機が訪れると予測したことであった。インド政府に危機意識を植えつけ、主要な政策変更を迫るという政治的効果が期待されていた。報告書では、第3次5カ年計画の終了

---

[298] 他は、Dr. J. K. Basu, Mr. M. P. Bhargav, Dr. R. Devadas, Mr. K. P. R. Kartha, Mr. P.D. Nair, Dr. T. R. Mehta, Dr. J. S. Patel, Dr. K. Ramiah, Mr. Amir Raza, Dr. Rajan Singh.
[299] The Agricultural Production Team, *op. cit.*

する1965-66年度すなわち報告書の6年後には、インドの総人口は8000万人増加して4億8000万人になると推計し、人口増加分と現状での貧困層での栄養不足を改善するためには、そのときまでに年間1億1000万トンの食糧生産に達することが必要であると計算する。この6年後の生産目標を達成するためには増産の年率を現状の3倍である年率8％に高める必要があり、もし現状程度の増産率のままで推移すると1965-66年度には2800万トンの食糧不足が発生すると指摘した。この高い増産率を達成することは、インドにおいても他国と同様に可能であるが、しかしそのためには緊急の食糧生産拡大政策がとられなければならないとし、食糧生産を第3次5カ年計画の最大の優先課題とすべきであると提案している。

　もう一つ重要なのは、インド全域で一様に食糧増産政策を実施するのではなく、特定の地域、特定の作物、特定のパイロット・プロジェクトに集約的に資源を投入して、食糧増産の成果を上げ、次にそれを他地域に展開するという集約的手法を報告書が打ち出した点である。これは、増産の可能性の高い恵まれた地域に一層多く資源を投入することを意味しており、平等志向の強い社会主義インドにあって、強い抵抗が予想される政策転換であった。国家計画委員会の農業担当であったラオ（V. K. R. V. Rao）はこの点で報告書に反対した。しかし、5～6年後にラオは社会主義者としては反対するが、経済学者としては資源の集中投入の意義を認めると発言し、集約型の手法に賛成するようになった[300]。

　インド政府に農業政策軽視を転換させ、食糧問題の深刻さに危機意識を持ってもらうというエンスミンガーのねらいは、食糧農業省とコミュニティ開発協同組合省がフォード財団チームの報告書を了承し、自ら出版したことによって表面上は首尾よく達成されたと思われた。さらに、フォード財団チーム報告書の提言の多くは第3次5カ年計画に採用された。第3次5カ年計画が、基本的には工業優先の第2次5カ年計画の性格を引き継ぎながらも、農業重視が復活したととられるのにはフォード財団チームの提言をインド政府が受け容れたことが影響しているであろう。食糧増産目標は1億トンとフォード財団チームの見積もりよりやや低く抑えられたが、農業技術者、肥料、農薬、種子やその他の資源の相当大きな投入増を計画した。また、協同組合の信用供与、資材交流、商品マーケティングの大幅な能力向上も計画さ

---

[300] Staples, Eugene S., *op. cit.*, p. 19.

れた[301]。

4−2−4　インド政府の反応

　第2次5カ年計画の際の農村・小規模産業への支援のときとまったく同じように、外国人専門家チームの派遣、調査報告書の提言の5カ年計画への反映、そして、それを政治的資源として提言実現のための一連の助成というようにフォード財団は動こうとしていた。しかし、食糧増産ははるかに巨大な計画であり、莫大な数の農民の参加、巨大で保守的な官僚機構の動員、さまざまな分野でのインド人の技術的資源不足など問題が山積しており、それを解決しつつ5年という短期間で目標を達成するには、インド政府の強いコミットメントという政治的資源が不十分であった。

　インド政府内部には、まだまだ多くの反対意見があった。同報告書が出版されるとすぐに、エンスミンガーはプラサート大統領に呼ばれ、化学肥料の使用がインドの土壌を破壊することは絶対にないと保証出来るかと問われた。エンスミンガーは絶対にないと保証出来るし、また化学肥料を使わなければ人口増加に見合った食糧増産は不可能であると言明した。後に、プラサートが国家計画委員会でエンスミンガーの保証を持ち出して、彼はフォード財団チーム報告の提案を支持すると述べたことをエンスミンガーは第三者から耳にした。ガンディ主義の指導的立場にあったプラサートは、化学肥料の使用にずっと批判的だったのである[302]。このような明確な反対意見はまだよかった。エンスミンガーの回想によれば、インド政府の農業政策担当者たちは一様にまったくといってよいほど危機意識を持っていなかった。真に指導力を発揮する農業大臣は1960年代半ばのスブラマニアムまで待つ必要があった。

　エンスミンガーの回想では、例えばS. K. パーティルが食糧農業大臣だったとき、インドの食糧生産が明らかに落ち込み食糧不足が明らかな状況の中で、食糧にはまったく問題がないと議会で証言するのにエンスミンガーは驚いた。その日の午後、エンスミンガーはパーティルを訪ね、大臣自身が

301　Docket excerpt, Board of Trustees Meeting, "Overseas Development: Food Production in India," March 17–18, 1960, FFA および、Government of India, Planning Commission, *Third Five Year Plan, Summary*, New Delhi: Publishing Division of Government of India, 1962, pp. 66–71, pp. 88–94.
302　Ensminger, Douglas, Oral History Transcript A.10, "The Significance of Relations with India's Presidents," December 13, 1971, p. 2, FFA.

食糧事情の厳しさをよく理解していながら、あのような議会証言をなぜするのかと詰問した。パーティルはエンスミンガーに笑いかけて、自分は政治家であって人々を安心させなければならないことを理解して欲しいと答えた。エンスミンガーはなおも食い下がり、大臣は食糧自給には多大な努力が必要だと言うことくらい出来たのではないかと問い質すと、パーティルは黙ってニヤッと笑うだけだった[303]。さらに、同じ回想でエンスミンガーは、インドの指導者が食糧問題で危機意識を持たないのは飢餓線をさまよう貧困層があるのがインドの日常の一部になってしまっており、指導者たちがそのことを何らおかしいと思わなくなってしまったからだとしている。後に、1962-63年頃、フォード財団チーム報告書に基づく集約的農業郡プログラムの実施過程において、財務省の高官にインド政府のより一層のコミットを要請にいったところ、その高官は椅子に足を伸ばしてエンスミンガーがインド政府に熱意が不足していることに苛立っているのを見て「ダグ、200～300万人の餓死者が出るような事態でも起きない限り、政府が農業分野で何をしているか、何をしていないかなどという問題に我々が興奮するなんて期待しないでくれ」と言った。それを聞いてエンスミンガーは席を立って退室した[304]。中央政府においてすらこうした状況であったから、憲法上農業行政の権限を持つ州政府、あるいは郡レベルの行政に多くを期待するのはきわめて困難な状況であった。しかし、エンスミンガーとフォード財団は確実にやってくる食糧危機に向けて、何とかインド政府を動かそうとあらゆる努力を傾けていた。

4－2－5　テン・ポイント・プログラム

　フォード財団チーム提言の実現に向けて、まずエンスミンガーは、フォード財団が今後食糧増産に関わる内容を具体化するためにジョンソンを再びインドに招いた。1959年10月に訪印したジョンソンは、今回はフォード財団の食糧増産コンサルタントのブラウンとアイオワ州立大学の農業経済学者のマロンの3人でチームを組み、同年11月に10項目の提言からなる報告書、Suggestions for a 10 Point Pilot Program to Increase Food Production をまとめた。提言の骨子は増産余地の高い特定の郡を選び、そこに複合的な増産政策をパッケージとして行うパイロット・プロジェクトの実施であった。パイ

---

[303] Ensminger, Douglas, Oral History Transcript B.3, op. cit., pp. 23–24.
[304] Ibid., pp. 20–21.

ロット・プロジェクトの目的は、(1) 効果的な農業開発に適切な行政、調整形態の同定、(2) 長期的な対策を必要とする知識と技術の欠如部分の指摘、(3) 現実的な条件下での新しい技術の適用可能性の検討、(4) 農業普及に直結したパッケージ・アプローチのデモンストレーションの4点である。

　試験的に行われる10項目の農業開発の内容は、(1) 個々の農業経営計画に基づいた新規の機材(農具など)、資材(肥料、農薬など)、労働投入に必要な追加的な農業信用供与を政府、あるいは農業協同組合を通じて行う、(2) 生産に不可欠な肥料、農薬、改良品種、改良農具などを、強化されたサービス農業協同組合を通じて、牛車で運べる距離で随時提供する、(3) プロジェクト参加農民に対して2年前から主要作物の最低保障価格を提示し、収穫時に市場価格が保障価格を下回った場合には、保障価格で政府機関が買い上げる、(4) 公的機関あるいは協同組合が農産物のマーケティング、加工、貯蔵のサービスを提供する、(5) コミュニティ開発のブロックごとに既存のコミュニティ開発要員を含めて合計で20人の村レベルワーカー、4人の農業普及員、2人の協同組合普及オフィサー、4～5人の協同組合スーパーバイザーを配置する、(6) パイロット・プロジェクト対象の郡で2年後に20%、5年後に65%の農民がプロジェクトに参加するよう促す、(7) 村落全体としてプロジェクト実施に積極的な役割を果たすよう、村落指導者が村人個々の参加を促すと同時に、村落内組織や共有生産財を農業開発の需要や過程に活用する、(8) 農村部の失業者、季節失業者を村の牧草地、道路、下水、灌漑などの公共事業に雇用し、失業対策とすると同時に、余剰労働力の農村開発への活用を図る、(9) 全体の農業開発の進展と効率を評価するために調査と分析の手続きを初めから全体プログラムの統合的な部分として内包させる、(10) パイロット・プロジェクトの実施のために特例措置として、人材、予算、外貨、その他の稀少資源を優先的に振り向ける権限をプロジェクト実施機関に与え、それらの適切かつ効果的な調整を行うの10項目である。

4－2－6　フォード財団の助成案とニューヨーク本部の反対

　以上のテン・ポイント・プログラムがインド政府の承認を受けると、エンスミンガーは具体的なフォード財団の助成内容とその他の参加機関の調整を行い、7年間でフォード財団の負担分として通常予算とは別に2000万ドルの特別予算の案を作成し、1959年12月にニューヨーク本部に送った。予算の内訳は以下の通りであった。第一に7つの郡を対象に、そこに含まれる

147のコミュニティ開発ブロックごとに毎年約3万4000ドルをインド人スタッフ人件費、移動手段、機材、ワークショップ、デモンストレーション、協同組合保障基金、機材保障基金として提供する。そして、100ブロックは5年間、47ブロックは3年間プロジェクトを実施するとして、総額2180万ドルを見積もった。第二に、窒素肥料の第1、2年度分の輸入代金として800万ドル、同じく農薬輸入代として100万ドルを見積もった。第3年度以降はインド政府が負担するとした。この肥料、農薬は農民に販売されるため、売上はインド国内のフォード財団の口座に蓄えられて、その他の経費に充当されるものとした。第三の項目は、調査・評価の費用50万ドル、7つの郡に各1カ所の種子実験場で合計31万5000ドル、土壌試験場が同10万5000ドルの合計92万ドルである。以上の合計は3170万ドルとなるが、これをフォード財団が2000万ドル、インド政府が900万ドルの割合で分担することを提案した。不足の270万ドルは各ブロック費用の節約、あるいは対象ブロック数の減少で賄うと考えた。加えて、以上とは別に、10名の外国人コンサルタントを5年間、通常予算から212万5000ドルを支出して雇用する案も提出した。内訳は農業経営2名、水資源・土壌保全1名、家政学1名、農業統計1名、農業土木2名（日本人とアメリカ人各1名）、防疫1名、農業普及1名、肥料技術1名である。これらのコンサルタントはインド政府の諮問に応じる他、プロジェクト対象郡を巡回して技術指導にあたる。また、アメリカ政府技術協力ミッションが各郡に3名ずつのアメリカ人技術者を派遣し、またロックフェラー財団が種子改良の分野で資金と人材の提供を行う予定であるとされた[305]。フォード財団始まって以来1件あたりの助成額としては、最高の2000万ドルの特別予算請求であった。

　これを受け取ったニューヨーク本部の国際担当副理事長ヒルは、44項目に及ぶ質問をエンスミンガーに送ると同時に、ガントとともにニューデリーに赴き、エンスミンガーとの間で突っ込んだ議論が持たれた。質問項目は多岐にわたっているが、主要なものだけを挙げても、なぜコミュニティ開発プログラムが食糧増産に目立って役立たなかったのか、インド政府高官が本当にテン・ポイント・プログラムにコミットしているならば、なぜ自らの予算で実施せずに一民間財団に巨額の援助要請をするのか、これだけの規模の援助となると民間財団ではなくアメリカ政府が対応すべきではないか、などの

---

[305] Letter to George F. Gant from Douglas Ensminger, December 22, 1959, PA60-333, FFA.

郵便はがき

101-8796

537

料金受取人払郵便

神田局
承認
2420

差出有効期間
2025年10月
31日まで

切手を貼らずに
お出し下さい。

【受取人】
東京都千代田区外神田6-9-5
株式会社 明石書店 読者通信係 行

お買い上げ、ありがとうございました。
今後の出版物の参考といたしたく、ご記入、ご投函いただければ幸いに存じます。

ふりがな		年齢	性別
お名前			

ご住所 〒   -

TEL　　（　　）　　FAX　　（　　）

メールアドレス	ご職業（または学校名）

*図書目録のご希望	*ジャンル別などのご案内（不定期）のご希望
□ある	□ある：ジャンル（　　　　　　　　　　）
□ない	□ない

書籍のタイトル

◆本書を何でお知りになりましたか？
　　　□新聞・雑誌の広告……掲載紙誌名[　　　　　　　　　　　　　　　　　　　　]
　　　□書評・紹介記事……掲載紙誌名[　　　　　　　　　　　　　　　　　　　　]
　　　□店頭で　　□知人のすすめ　　　□弊社からの案内　　　□弊社ホームページ
　　　□ネット書店 [　　　　　　　　　] □その他[　　　　　　　　　　　　　　]
◆本書についてのご意見・ご感想
　　■定　　　　価　　　□安い（満足）　　□ほどほど　　　□高い（不満）
　　■カバーデザイン　　□良い　　　　　　□ふつう　　　　□悪い・ふさわしくない
　　■内　　　容　　　　□良い　　　　　　□ふつう　　　　□期待はずれ
　　■その他お気づきの点、ご質問、ご感想など、ご自由にお書き下さい。

◆本書をお買い上げの書店
　[　　　　　　　　　　　市・区・町・村　　　　　　　書店　　　　　　　　　　店]
◆今後どのような書籍をお望みですか？
　　今関心をお持ちのテーマ・人・ジャンル、また翻訳希望の本など、何でもお書き下さい。

◆ご購読紙　(1)朝日　(2)読売　(3)毎日　(4)日経　(5)その他[　　　　　　　　新聞]
◆定期ご購読の雑誌 [　　　　　　　　　　　　　　　　　　　　　　　　　　　　]

ご協力ありがとうございました。
ご意見などを弊社ホームページなどでご紹介させていただくことがあります。　□諾　□否

◆ ご 注 文 書 ◆　このハガキで弊社刊行物をご注文いただけます。
　　□ご指定の書店でお受取り……下欄に書店名と所在地域、わかれば電話番号をご記入下さい。
　　□代金引換郵便にてお受取り……送料＋手数料として500円かかります（表記ご住所宛のみ）。

書名	
	冊

書名	
	冊

ご指定の書店・支店名	書店の所在地域	
	都・道　府・県	市・区　町・村
	書店の電話番号 （　　　）	

基本的かつ重大な問題をはらむ質問であった[306]。本心では、ヒルはフォード財団のような民間財団が本来政府がやるべき国家規模の大プロジェクトに貴重な資源を投じることに批判的であった。このことは、農業普及事業に関わるべきかどうかという具体的な問題でもあった。ヒルは民間財団は農業分野でも大学や研究機関の研究開発に特化して助成すべきだと考えていた。他方で、エンスミンガーはフォード財団は助成財団ではなく、むしろ事業財団として、プロジェクトの細部に至るまで徹底して関与すべきだと考えていた。そして、インドの農業開発の問題は研究開発だけでは解決出来ず、農村の近代化という人間の問題を抜きにしては不可能だと考えていた[307]。二人ともアメリカ農務省の出身だったが、エンスミンガーは農業普及の専門家、ヒルは農業経済学者という専門の違いもあったかもしれない、またインドの現場にいるエンスミンガーのインドの現実に対する実感とニューヨークのヒルの合理的な財団経営上の判断の違いもあったであろう。

　ヒルも農業普及を全面否定していたわけではない。むしろ、彼は農業普及だけでは、インドやその他の途上国が必要とする人口増加に見合った急速な食糧増産を達成するのは不可能ではないかと考えていたのである。彼は、後に緑の革命を導いた多収穫品種のような抜本的な技術革新が必要だと考えていた。事実、ヒルはちょうどこの頃ロックフェラー財団と共同でフィリピンに国際稲研究所（International Rice Research Institute: IRRI）を創設する事業に取り組んでいた。他方、エンスミンガーにとって食糧増産問題は最も緊急な課題であったが、唯一の課題だったわけではない。彼にとっての究極的な目的はホフマンに依頼された事柄、つまり、インドの民主主義を守っていくために、活力ある社会と経済に改革していくことであった。そのためにはインドのさまざまな側面において顕著な伝統主義、保守主義を打破して、民主的でダイナミックな社会と効率的で柔軟な政府が形成されていくことが必要であり、むしろそれこそが開発の究極的な目的なのであった。

　フォード財団の組織文化の顕著な特徴は分権的構造であり、現場に最も近いところに意思決定権限を与えるという政策であった。通常の組織とは違って、上司であるヒルの考えではなく、インド駐在代表であるエンスミンガーの判断がより優先されるのである。また、エンスミンガーは理事会に強い支

306　Letter to J. Wayne Fredericks from George F. Gant, January 25, 1960, PA60-333, FFA.
307　Staples, Eugene S., *op. cit.*, p. 19. Ensminger, Douglas, Oral History Transcript B.3, op. cit., pp. 49–50.

持者を持っていた。テン・ポイント・プログラムへの特別予算案はエンスミンガーの強い意向を受けて、理事会に提出された。しかし、ヒルらの抵抗で特別予算はほぼ半分に削減され、10人のコンサルタント費用212万5000ドルを含めて、総額1050万ドルとなった。コンサルタント費用以外の内訳はインド人スタッフ人件費をインド政府と折半して、約420万ドル、移動手段として192万ドル、ワークショップ費用として20万ドル、デモンストレーション費用として102万ドル、訓練センターに100万ドル、調査評価費として50万ドル、種子実験場の31万5000ドル、土壌試験場の10万5000ドルであった。ヒルの強い反対で、化学肥料と農薬の輸入はインド政府が責任を持つこととなった。ロックフェラー財団が品種改良の専門家派遣に20万ドル、アメリカ政府国際協力庁（International Cooperation Administration: ICA）[308]がアメリカ人技術者21名（3名×7郡）の派遣費用として367万5000ドルを負担することとされた。インド政府の負担は1056万ドルと見積もられ、ほぼフォード財団と同額と想定された。さらに西ドイツ政府もプロジェクトに参加した[309]。

４－２－７　集約的農業郡プログラム実施上の多くの問題

　こうして、1960年6月、インド政府とフォード財団の間で合意書が取り交わされて、テン・ポイント・プログラムをインド政府の公式事業として展開した集約的農業郡プログラム（Intensive Agricultural District Program: IADP）が1960-61年度から開始されたのである。対象として選ばれた郡は、稲作地からマドラス州のタンジャヴアール郡とマドゥヤ・プラデシュ州のライプール郡の2つの郡、小麦作のアンドゥラ・プラデシュ州の西ゴダヴァリ郡、ビハール州のシャハバッド郡、ウッタル・プラデシュ州のアリガール郡、パンジャブ州のルディアナ郡の4郡で、雑穀地としてラジャスタン州のパーリ郡であった。中央政府は拙速に7郡の選定を進め、フォード財団は選定作業に十分参加出来なかった。その結果、対象郡の選定の段階ですでに大きな問題が生じていた。IADPの基本的なコンセプトは、増産可能性の高い地域により一層の資源投入を行って高率の増産を達成し、増産が出来ることのデモンストレーションと増産過程でのさまざまな実験を行うことであった。した

---

[308] この前後で、アメリカ政府の開発協力担当省庁の名称が、Technical Cooperation Mission: TCMからInternational Cooperation Administration: ICAに変わった。実質的にはほぼ同じもの。
[309] Docket Excerpt Board of Trustee Meeting, March 17–18, 1960, PA60-333, FFA.

がって、対象地域は灌漑によって水が確保されていることが一つの重要な条件だった。しかし、パーリ郡は井戸水灌漑施設が限られた地域にあるだけで、全体としては農耕地というよりは砂漠に近かった。アリガール郡には重大な排水施設の問題があって、集約的開発を行う前に多大な灌漑設備開発が必要であった。ライプール郡には灌漑設備がなく完全に天水と不確実なモンスーンに依存しており、農業開発に関する限り非常に挑戦的な地域であった。

出だしから躓いたIADPであったが、続いて起こった難問はIADPを中央で指導していく予定であったネヘミアーの国連食糧農業機関（Food and Agriculture Organization: FAO）への転出であった。ネヘミアーは当時、食糧農業省のインド農業研究評議会の事務局長であったが、食糧増産チームのカウンタパートの一人であり、その後もずっとIADPの形成まで食糧農業省にあってセンと並んで中心的役割を果たし、引き続いてIADPの指導にあたる予定であった。食糧農業省や国家計画委員会、財務省などにIADPへの政治的コミットメントが十分にないことを知っていたエンスミンガーは、ネヘミアーの政治的指導力に期待するところ大であり、エンスミンガーにとってネヘミアーを失ったことはIADPを見舞った多くの災難の中でも最大のものであった[310]。

加えて、食糧農業省はネヘミアーの後任者の任命を懈怠した。1962年になっても後任が任命されず、当時アメリカで休暇中のエンスミンガーへIADPのフォード財団側のリーダーであったウェーバーから、フォード財団コンサルタントたちがインド政府の指導力欠如のため強い挫折感を味わっているとの連絡を受けた。危機感を抱いたエンスミンガーは、国家計画委員会次官であったシンに手紙を書き、インド政府とフォード財団で合意した諸事項について、インド政府が一方的に信義を守らないのならば、自分としてはフォード財団に巨額の資金を提供させた手前、財団内部での信用問題となるのは必至であり、インド代表を辞任してアメリカに帰国する以外方法はないと善処を迫った。エンスミンガーの見るところ、増産の可能性の高い地域に肥料や農薬などを集中的に投入しようというIADPの概念は、社会主義インドにとって受け容れがたい発想であり、食糧農業大臣は政府部内や政治家の批判を避けるために、ネヘミアーの後任の任命を意図的に遅延させているように思われた。手紙を出してから1週間程で国家計画委員会副議長のG. L. ナ

---

[310] Ensminger, Douglas, Oral History Transcript B.3, op. cit., pp. 34–35.

ンダから電報で、食糧農業省が後任を任命した旨の連絡が届いた[311]。エンスミンガーの辞任の脅しが成功したわけであるが、後任者たちはネヘミアーのような政治的指導力もIADPへの理解もなく、食糧農業省の暖簾に腕押し的態度は5年間のIADPの期間中変わることはなかった。

IADPの現場ではさまざまな問題が生じていた。対象郡の選定にあたって、中央政府、食糧農業省は州に明確な説明をしていなかった。そのため、州は非常に曖昧な理解しか持っておらず、プロジェクト実施における州の義務へのコミットメントが低かった。エンスミンガーも、最初から中央政府と州政府の間で文書による確認をするべきであったと後悔している。そのため、各州がIADPに参加を希望し、食糧農業省は調整するすべを持たなかったため、フォード財団助成金では7郡以外は支援しなかったものの、インド政府プログラムとしてのIADPには結局全州が参加することとなり、当初のパイロット的集約プロジェクトの趣旨が希薄化した。

計画では、各州はIADP担当の高いレベルの責任者をプログラムの初期段階に任命することとなっていたが、参加州は了承したものの実際の任命は大幅に遅延した。また、追加的なインド人スタッフの雇用のためにフォード財団助成金のかなりの部分が充当されることとなっていたが、州によるインド人スタッフの任命がさらに大幅に遅れた。さらに、IADPでは中央政府が参加郡に対して特権的に追加的化学肥料を分配することと規定されていたが、この化学肥料供給が遅れ、プログラム参加農民が協同組合に肥料を受け取りにいくと肥料が届いていないという問題が非常に大きなネックとなった。必要な時期に肥料が供給されなければ、肥料なしで栽培を進めざるを得ず、増産効果に多大な支障をきたした。加えて、中央政府はインド中央銀行を通じて、IADP郡に追加的な農業信用を提供することとされていたが、この手続きが州のレベルで遅く、これも障害となった[312]。IADPが期待した政府のサービスがほとんど全て州政府の緩慢な動きのために、食糧生産の時間的サイクルに間に合わず、集約的資源投入を行うというIADPの基本的前提が十分に成り立たなかったのである。こうした行政上の遅延を自らの行動力、指導力で解決する人材として、ネヘミアーが期待されていたわけであり、彼の後任者が州政府に働きかける指導力も意欲も欠いていたことはIADPにとって致

---

311 Ensminger, Douglas, Oral History Transcript A.3, "The Ford Foundation's Relations with the Planning Commission," October 2, 1971, pp. 13–19, FFA.
312 Ensminger, Douglas, Oral History Transcript B.3, op. cit. pp. 34–36.

命的であった。

　他方で、フォード財団スタッフの側でも知識と経験の不足が露呈した。個々の農民が農業信用供与を受ける前提として、それぞれに農業経営計画を立てることがIADPでは想定されていた。経営計画にVLWがサインをして、それを基に協同組合が信用供与を行う仕組みである。しかし、それまでにインドでは農業経営計画の概念がなかったため、計画作成の前提となる基礎的データがなく、経営計画のアメリカ人コンサルタントたちはインド農業の実態をまず理解することから始めなければならなかった。こうして出来上がった最初の農業経営計画はあまりにも複雑、細かすぎて、農民自身またVLWが理解不能であった。これでは、普及員によって農業計画作成を農民に広めることが出来ず、農業経営計画というよりはより単純な作物生産計画を作成して普及することとなった。

　また、農民に耕作方法の指導と助言を行うとすると、さまざまな種類の種子の発育経過や肥料・農薬などを入れる適切な時期についての基礎データがなかった。インドの農業大学では肥料投入と品種改良の関係についての研究が行われたことがなかった。そこで、IADPのプロジェクトの中で、品種ごとに肥料の投入量や時期を変えての収量比較調査を行う必要が出てきた。この調査では多くの問題や失敗が生じた。まず、インド政府は実施可能な量を超える比較調査の実施を迫ってきた。さらに、実験を担当するインド人ワーカーは収量に彼らの成績がかかっていると誤解して、しばしば収量結果の虚偽報告が行われた。このため、第1年度の収量比較のデータは使いものにならなかった。プログラムの3年目に入って、ようやく信頼性のあるデータが使えるようになったのである。エンスミンガーは回想で、IADPは当初から5年計画ではなく10年計画とし、特に最初の2年間は主要なスタッフの配置、訓練、必要な肥料の備蓄などの準備期間とすべきであったとしている[313]。

4－2－8　IADPの失敗と批判

　IADPの5年間が終わろうとする1964年頃になると、IADPが期待された成果を上げていないことが誰の目にも明らかになってきていた。ルディアナ郡ではIADP以前の3年間に比べてIADPの最後の2年間に収量は64％増加した。ルディアナ郡での成功は、改良耕作法に敏感に反応する新しい小麦品

---

313 Ensminger, Douglas, Oral History Transcript B.3, op. cit., pp. 36–39.

種導入の成果でもあった。さらに大きな収量増大は1965～66年のメキシコ産高収穫品種の導入によってもたらされた。タンジャヴアール郡では、強力な郡指導者によって飛躍的に米の生産が増え、数年前には食糧暴動が起きた同州の米不足の解消に貢献した。しかし、その他の郡では近隣郡と比べて目立った生産量の増大は見られなかった[314]。乾燥地の多いパーリ郡では度重なる旱魃が農業開発を阻んでいた。実際のところ、IADPは計画の5年間が過ぎても、まだ当初の集約的農業開発の前提となる諸条件が完全に整っていなかった。7郡のうち条件をほぼ整えていると言えるのは2郡に過ぎなかった。そうした状況の中で1966年と67年の2年続けて、インドは史上に例のない大旱魃に見舞われたのである。IADP対象地域の3分の1以上が旱魃の多大な被害を受け、インドは数年前にフォード財団チームが予言した通りに深刻な食糧危機に直面したのである。IADPは食糧危機の回避に結局間に合わなかった。しかし、未曾有の危機に直面して初めて、インド政府は本腰を入れて農業に取り組み、新農業政策を策定してちょうど普及し始めた高収穫品種の導入とともに緑の革命へと進んでいったのである。

　莫大な助成金を注ぎ込んだIADPが究極的な目的とした食糧増産に目立った貢献が出来なかったという事実は、フォード財団の過去15年間のインド農業支援の方法に深刻な内部批判を巻き起こすきっかけとなった。批判の急先鋒は、ヒールド理事長とヒル副理事長であった。1964年9月にメキシコシティで開かれたフォード財団海外代表会議で、ヒールドは大衆に影響を与えようとするタイプの大規模な普及プログラムに助成するのは、民間財団には適当ではないと断言した。そして、フォード財団のような民間財団にとって、途上国におけるより自然な役割は研究や専門家養成能力の向上などの非常に選択的なプロジェクトに焦点を当てることであると述べた[315]。ヒールドに言わせれば、コミュニティ開発にしろIADPにしろ、きわめて限定的な場所に絞って高度な実験を行うのが民間財団の役割であり、その結果を全国規模に普及していくといういわば単純作業は政府や国際機関といったより大きな組織に任せるべきであった。IADPは2～3の郡での高度な農業開発実験を支援すればよいのであって、そうすれば費用は数分の一になり、節約された資金は他の必要な活動に回せるのである。

　同様の批判はIADPの当事者からも出されている。IADPのコンサルタン

314　Staples, Eugene S., *op. cit.*, p. 17.
315　Memorandum to David E. Bell from George F. Gant, August 29, 1966, p. 2, PA60-333, FFA.

トだったブラウンは、後から振りかえってみるとIADPが農業経営計画の利用にこだわったこと、灌漑と農地改良の技術協力、新しい技術の提供は戦略的な失敗であったとしている。そして、1952年から1960年の間にインド政府、フォード財団、その他の援助機関がコミュニティ開発プログラムに費やした資金の一部でも農業研究支援に回されていたら、1959年以降に度々繰り返されたような深刻な食糧不足は起こらなかっただろうとしている。1950年代に、コスト低減技術、灌漑資源、肥料工場、販売設備などの整備に投資しなかったことが食糧不足を拡大したとしている[316]。

　他方で、ヒルの批判はヒールドとは少し異なっていた。彼は、農業開発には農業技術の進歩が不可欠であるという信念を次第に強く持つようになり、したがって、途上国政府は研究、開発に政策上の優先順位を置くべきで、フォード財団の助成の優先順位もこれに従って研究、開発に向けられ、普及活動への優先順位は低くすべきだと述べた[317]。ヒルの論旨はこの後にエンスミンガーとガントに出された手紙により詳しく述べられている[318]。すなわち、1950年代に導入されたコミュニティ開発はその主たる目的を食糧増産に置いていたが、1950年代を通じて増産は達成されたものの、その年増加率の変化はインドの急増する人口と低い食糧消費から見ると危険なほど低いと述べる。1960年代に開始されたIADPは信用、肥料、農薬などの生産サービスを従来以上に集約的に提供する点で、50年代のコミュニティ開発を集約的にした農業普及活動であるとする。そして、ヒルの見るところIADPは15〜20年前にアメリカ、日本、メキシコ、台湾で起こり、かつ現在のインドが緊急に必要としている、食糧生産の急激な増加を起こしうるか疑問であると評価する。

　これら4カ国で生じた急激な食糧生産の増加の前提条件は穀物品種の改良であり、特に大量の肥料と灌漑の条件下でも倒れない、病疫耐性の小麦と稲の品種とハイブリッドのトウモロコシの開発であったと述べる。もしインドでの状況が、品種本来の生産能力が耕作方法の不適切さによって十分に発揮されていないことに起因する低収量にあるのならば、耕作方法の改善は収量

---

[316] Brown, Dorris D., *Agricultural Development in India's Districts*, Harvard University Press, 1971, p. 60.
[317] *Ibid.*, p. 3.
[318] Letter to George F. Gant and Douglas Ensminger from Frosty F. Hill, October 20, 1964, PA60-333, FFA.

の増大をもたらすが、もし品種の遺伝的シーリングが低いのであれば、それ以上いくら肥料を投じても投入資源以上の収穫をもたらすことはないと述べる。日本と台湾での稲、アメリカでのトウモロコシ、メキシコの小麦で肥料大量投入型の農業をもたらしたのは、肥料をより効率的に収量増に反映させる品種の開発であったとする。したがって、各国では安定した食糧価格の下で食糧増産が可能になった。そして、インドの場合も相当程度遺伝的シーリングの高い品種が開発され普及されない限り、インドが必要としている急角度の生産増大は起こらないと断定する。もちろん、農業普及活動の重要性を否定するわけではないが、農業普及サービスが発達せず、農民に有利な農業信用制度がなく、農業協同組合も不十分なメキシコのいくつかの州では1945年以降、小麦、トウモロコシ、豆類、木綿の収穫が、大小の商業的生産者による新しい技術の導入で2倍の収量を上げるようになったと述べ、新技術と農業普及サービスのどちらが農業生産の急拡大にとって、より本質的な要因であるかは明らかだとする。その意味で、インドでフォード財団の農業援助が過剰に農業普及に偏り、インド人農業科学者の育成や適切な農業生産技術研究施設の整備、あるいは生産技術のインドへの適用技術の研究開発がなおざりにされてきた問題点を指摘する。そして、高度の訓練を受けた農業科学者や優れた研究施設、国家の指導層に支持された優れた研究組織を自前で持たない限り、巨大かつ急激に増加する人口をもった途上国がその食糧問題を解決することは困難であると述べるのである。

　さらに具体的に、世界銀行がインドの農業問題に興味を示していること、またアメリカ政府国際開発庁もIADP型の集約的農業開発に興味を示しており、インド政府もようやくIADP概念を本格的に受け容れてその展開を意図している状況であり、その意味でフォード財団がIADPを維持していかなければならない状況ではないと判断を示す。そして、最近、インド政府の要請で農業開発に加わったロックフェラー財団がメキシコとフィリピンの国際稲研究所から新品種と開発知識を導入し始めており、これらがインドの小麦と稲の生産地に適用されるまでは食糧生産の急激な増大は望めないとした。特に、稲の場合は3～5年を要するであろうとした。そして、このロックフェラー財団＝インド政府グループとフォード財団＝インド政府グループが協力して、日本のように研究者を普及活動の責任者とするか、普及員に技術面での教育を施すかのいずれかの方法をとるべきだとする。いずれにせよ、インドの農業普及、コミュニティ開発、研究組織の全体があまりにも複雑化して

おり、オーバーホールによる整理が必要で、今のままではいかなるプロジェクトも実施不可能であるとしている。インドの農業開発では先駆者であるフォード財団はロックフェラー財団、国際開発庁、世界銀行などとの連携を緊密にし、自らが蓄えた知識や経験をスムーズに他機関に伝え、協力体制をとるべきだとした。具体的には、フォード財団スタッフのホッパーを世界銀行の調査団に貸し出すよう勧めている。

　食糧増産に限定する限り、正に正鵠を得た批判と言えよう。食糧大増産の鍵がロックフェラー財団が持ち込んだ多収穫品種にあるという指摘は、その後の歴史的展開によって正しさが証明されている。また事実この後、本腰を入れて食糧増産に取り組んだインド政府と両民間財団とアメリカ政府国際開発庁、世界銀行などの協力によってインドに緑の革命がもたらされた。農業普及活動は既存の技術の限界まで生産を上げるのには適しているが、既存技術による増産限界にはすぐに到達してしまう。そして、爆発的な人口増加がある以上、画期的な技術革新なしには食糧自給はきわめて困難であることは明らかであろう。他方で、開発を食糧における自給確立だけでなく、教育、医療などの社会開発に見られる自立的な社会制度作り、それらを支える人的資源開発、あるいは持続的な民主主義を支える人々の意識の問題などの、開発途上の新興国家の自立に向けた社会全体のダイナミックな変化の過程であると見るエンスミンガーの立場からすれば、コミュニティ開発や農業普及活動は単なる食糧増産の手段に留まらず、農村の近代化というより広い目的によって正統化されるものであろう。

4－2－9　窮地に立ったエンスミンガーの対策、IADP以降

　IADPは失敗したと見なされる中でエンスミンガーの立場は弱く、IADP継続を望むエンスミンガーは窮地に立たされていた。というのも、1964年6月にスブラマニアムが新たに食糧農業大臣となり、それまでの大臣とは打って変わってきわめて積極的な対応を見せ始めたからであった。エンスミンガーにとっては、IADPの究極的なネックであったインド政府食糧農業省に待望久しい農業に積極的に取り組む指導者がようやく現れたわけであり、IADPにも展望が開けてきたと感じていた。就任直後のスブラマニアムに3度会見したエンスミンガーは、インド農業の現状と課題に関するメモを持って大臣と交渉した。スブラマニアムは彼の指摘の多くに同意し、具体的な改善策として提案した、食糧農業省と州政府の間の農業開発に関する仕事の分

担についての文書作成、同省のスタッフの組織と職員の職務の見直しについては、会談の場で大臣からエンスミンガー自身に具体的提案を出すよう要請された。食糧価格保障制度について大臣は基本的賛同を示し、すぐにジョンソンを呼び戻すよう要請し、肥料と農薬についてはフォード財団の専門家であったイーウェルを、補完的農業信用については同じくマイルスに具体案の提示が求められるなど、農業情報プログラム、新品種導入のための国際稲研究所との連絡、農村の余剰労働力のための公共事業、等々、IADPで滞っているほとんど全ての分野について、本格的に大臣自らの指導により立て直すことが提案されたのである[319]。

1965年4月、ニューデリーを訪れたヒルとエンスミンガーの間で会合が持たれ、IADPおよび農業開発全般へのフォード財団の方針について議論がなされた。その結果、当初の助成とその後の追加的な助成によって、IADPの5年間で毎年55～60名の外国人コンサルタントがフォード財団ニューデリー事務所で雇用されていたのを年間27～28名に半減させ、さらに内5～6名を1、2年のうちにインド研究機関の組織作りプログラムの要員としてインド研究機関のスタッフとして転出させることとした。また、機器購入費は実験目的だけに限定し、インド人スタッフの雇用や交通手段確保などはフォード財団としては支援しないことなどの条件つきで、IADPの5年間の延長を認める案がヒールドに出された[320]。

基本的な政策変更として、ニューデリー事務所によるインド政府への大規模なコンサルティング・サービス提供を徐々に縮小し、代わってインドの研究、教育機関の組織作りへと重点を移すことが併せて確認された。これは、それまでの過去約15年間のフォード財団のインドにおける機能の全面的な見直しにつながる大きな政策変更であった。こうした全面的なインド政府との関係の見直しは、前年1964年5月のネルーの死去以降に生じた、インド政府側におけるフォード財団の位置づけの変化をも反映した政策変更であったと言うべきであろう。それまでのインサイダー的な認識から、次第に単なる一つの外国援助組織へとインド政府の認識が変化するのは当然のことであった。そうした変化は、1970年のエンスミンガーの引退によってドラスティックに表面化するが、それまでの数年間はネルーをはじめとして、歴代大統領や国家計画委員会、各省の大臣と親密な個人的関係を保ってきたエン

---

[319] Letter to George F. Gant from Douglas Ensminger, July 1, 1964, PA60-333, FFA.
[320] Memorandum to Henry T. Heald from F. F. Hill, April 22, 1965, PA60-333, FFA.

スミンガーの威光はまだまだ大きな力を持っていた。

　1966年の初め頃、理事会の議長であったマックロイがインドに虎狩りに訪れた。理事たちと常に親密な関係を築いていたエンスミンガーは、マックロイに3日間の滞在延長を依頼し、IADP実施中の郡に連れていき、自らの眼で現場を観察し、フォード財団がIADPに関与し続けるべきかどうか判断して欲しいと頼んだ。このときも、エンスミンガーはIADP継続が認められないならば、自分は辞任するとマックロイに迫った。帰国したマックロイは退任間近のヒールドにIADP継続を働きかけた。また、エンスミンガーはニューヨークに戻って、当時ヒルの後任として、新任のベル（David Bell）が着任するまでの副理事長代理を務めていたウォードとともに、臨時のIADP継続のための手続きを行った。そして、ニューヨーク本部内にIADP継続への賛成派と反対派が入り混じっている状況を見て、バンディ理事長とベル副理事長という新しい指導体制が始まる前に、IADPのニューヨークにおける支持基盤の拡大を図った。彼は、15名のアメリカのさまざまな農業分野の専門家からなる諮問委員会を設立し、彼らは2年の任期中1～2回の会議に参加し、1カ月から6週間程度インドを訪問して、中立的立場からIADPにアドバイスを与えることとした。この独立したパネルの設置は、ニューヨーク本部のIADP理解を高めるのに貢献しただけでなく、インド農業の近代化のためにさまざまな有益なアドバイスをフォード財団に与え、またアメリカのトップの農業関係者がアドバイザーを務めていることで、フォード財団のインドの農業分野における指導的立場の強化にも役立った[321]。

　こうした準備を整えて、エンスミンガーは66年4月にIADPに関する1955年のヒルとの合意の一部見直しにつながる提案を行う[322]。そこでは、情勢の変化として、大旱魃によってインド政府が新農業政策を打ち出したこと、特に肥料生産を外資に開放するなど画期的な政策変更が見られることを挙げている。さらに、稲の高収穫品種が台湾から、小麦がメキシコから導入されており、食糧増産の技術的可能性が高まっていること、さらにアメリカ政府国際開発庁がアメリカのミズーリ、イリノイ、オハイオ州立、カンザス州立、テネシーの各大学と契約を結び、インドの7つの新しい農業大学への後方支援体制を整えて、全国100の郡でIADP型の集約的農業開発プログラムを開始することを挙げている。この国際開発庁のプログラムは、集約的農業地域

321　Ensminger, Douglas, Oral History Transcript B.3, op. cit., pp. 51–55.
322　Memorandum to George F. Gant from Douglas Ensminger, April 19, 1966, PA60-333, FFA.

(Intensive Agricultural Areas: IAA) と呼ばれ、IADPよりは集約度は低いもののIADPで試され成功することが約束されている方法を導入して、食糧増産にあたることとなっていた。アメリカの農業地域の上記大学は、協力するインドの農業大学のスタッフとともに、IAAに専門的知識を供給することとなっていた。他方で、ロックフェラー財団はハイデラバードでフィリピンの国際稲研究所と協力しながら、稲の品種改良のために同財団のトップの品種改良学者を投入することとなっていた。

　こうした状況の中で、フォード財団は新方針に沿って水管理技術、稲の栽培と加工、防疫、農具、農業土木、農業経営の分野でインドの研究・教育機関の創設、強化に努力を傾けることとされた。具体的には、マイソール農業大学の防疫学、パンジャブ農業大学の農業土木、アラハバード農業大学の農具開発、ウッタル・プラデシュ農業大学の農業経営学などである。同時に、15郡のIADPから撤退して、5郡に集中するというフォード財団の1955年の決定に対しては、インド政府から変更見直し要請があることを記し、15郡のIADPおよびIAAプログラムにおいても強く効果的な指導力を発揮することを依頼されたと述べている。そして、(1) 15のIADP郡でのコンサルティング業務の継続と同時に、100カ所のIAA対象郡の郡、およびブロックレベルの主要人材の訓練、および高収穫品種の各地域での導入テスト、(2) 5つのIADP郡では、新しい組織、スタッフのあり方、耕作方法のパッケージ方法などの実験を行い、成果が上がったものを他のIIA郡などに広める役割、(3) アメリカ政府国際開発庁、および同庁が契約したアメリカの大学のスタッフとの連絡役を務めて、IADPで得られた知識や経験を彼らにスムーズに伝えること、(4) 近代的な精米方法を広めること、(5) インド政府は完全にIADPアプローチにコミットしており、そのために100名の郡長官(collector)、100名の郡農業部長、100名の州と郡の農業官僚の9カ月訓練プログラム実施、の5項目の要請がなされたと述べる。

　1966年7月に、以上のようなインド政府の要請に応えるために、既存の年間35人に加えて、年間16人分のコンサルタントを追加雇用するための63万3500ドルのFAPが決定された[323]。こうして、大旱魃を契機にインド政府による農業重視の政策転換がなされ、スブラマニアム食糧農業大臣の強い指導力の下で、フォード財団、ロックフェラー財団、アメリカ政府国際開発庁

323　Request for Foundation-Administered Project Action, July 12, 1966, PA60-333, FFA.

などの外国援助機関の役割調整が行われ、国際稲研究所が開発した高収量のハイブリッド品種が大規模に導入され、1960年代の終わり頃から緑の革命が始まったのである。

　IADP以降のフォード財団は、ヒルの政策転換に従って、農業関係の研究や開発を中心に農業分野に関わることとなった。既述の農業大学でのさまざまな農業ディシプリンの形成に加えて、ハイデラバードの国際半乾燥熱帯研究センター（International Center for Research in the Semi-arid Tropics: ICRISAT）の設立や同センターでの稲の研究などである。また、水資源管理や灌漑へのその後の長期的関与もIADPの遺産である。1980年代になると環境劣化と環境問題への関心が高まり、資源管理と持続的農業へとフォード財団の関心も移っていく。また、1979年の自営女性協会（Self Employed Women's Association: SEWA）への助成あたりから、フォード財団の主要な助成対象は政府機関からNGOへと変化していった[324]。

4−2−10　後の時代のIADP評価

　IADPに対してはさまざまな評価が行われた。IADPに対するインド政府の公式の評価プロジェクトは、センを代表とする食糧農業省評価専門家委員会によるもので1970年に公にされている[325]。センは、IADPが増産目標を達成出来なかったこと自体を問題にするべきではなく、農業生産における諸問題に関する広範囲な学習のための実験場を提供したことをIADPの最大の貢献として評価すべきであるとしている。そして表題が示すように、さまざまな増産政策をパッケージしたIADPがインド農業の近代化という広範な目的を持っていたことを改めて示した。

　1974年には、アーメダバードの経営学研究所が著名な経済学者ヴァースを代表としてIDAPの評価を行ったが、ヴァースはフォード財団がリスクを負いながら食糧危機報告書作成とIADP実施に多大の資源を投入したことは、工業化に没頭していたインド政府にショックを与え、農業セクターに大きな問題があることを気づかせたと高く評価している。そして、パッケージ・プログラムという本質的に正しいアイディアを提示したことも評価している。他方で、アイディアは正しかったがその実施において失敗したとも判定して

324　Staples, Eugene S., *op. cit.*, pp. 18–31.
325　Sen, S. R., *Modernizing India's Agriculture: Report on the IADP (1960–1968)*, Expert Committee on Assessment and Evaluation of the Ministry of Food and Agriculture, [New Delhi], 1970.

いる[326]。

　フォード財団の内部評価もいくつか存在する。まず、1965年3月に、エンスミンガーと彼のスタッフがまとめた"The Ford Foundation and Agricultural Development in India"と題する評価報告書がある。これは担当者自らによるものであるだけに、第三者評価のように客観的とは見なされていないようである。

　1975年の内部評価[327]では、食糧増産の達成度で評価するのは狭すぎるし、費用対効果分析にも限界があるとしている。こうした方法では、インド政府が農業重視へと政策転換したことへのIADPの影響力や、農業開発、訓練のための実験場として果たした役割が見過ごされるとし、基本的にセン報告を踏襲している。1950年代のコミュニティ開発は一つの役割を果たしたし、IADPも一つの役割を果たしたとする。そして、その後、インドの自然環境に適した独自の農業技術の開発を重視する時代が訪れたが、これらのどれが正しいというのではなく、それらの組み合わせが最終的には必要だったのだとしている。そして、それぞれは先立つ経験とそのときに存在したものの上に積み上げられていき、今日の農村開発における確立した要素となっているとした。明らかに、インドが食糧問題を解決するための技術的、行政的な手段は1959年当時より格段に増えており、それはIADPがある方向性を示し続けたからだとしている。IADPが積み上げたインドの農業開発における失敗と成功の両方が進歩にとってきわめて重要だったと、IADPの技術、政策実験の場としての重要性を繰り返し訴えている。例えば、オリッサ州のサンバルプール郡とマッドヤ・プラデシュ州のライプール郡はきわめて限られた進歩しか示していない。しかし、この失敗から、いかに研究や開発をより特定の地域特性に対応させるかという新しいアイディアが生まれてきた。IADPのように大規模にさまざまな政策・技術実験が行われた事例は他になく、そこでの成功や失敗、あるいは連続的にとられたデータはきわめて貴重な情報を提供していると高く評価している。

　1950年代の後半に企画されたIADPは、フォード財団がインド政府のインサイダーであるかのような緊密な関係の中で、ネルーの開発計画に深く関わり、インドの国家プロジェクトの重要な部分を担った時代の最後の巨大プロジェクトであった。アメリカでも最高級の人材を最高の給与で何十名もコ

326　Ibid., p. 18.
327　Memorandum to Harry E. Wilhelm from A. A. Johnson, August 3, 1975, PA60-333, FFA.

ンサルタントとして常駐させて、インド政府の諮問にあたらせると同時に、コンサルタントやスタッフがフォード財団専用の自家用飛行機でインド国内中を飛び回るという、フォード財団がインドで特別な存在であった時代の象徴的なプロジェクトであった。最終的な助成総額は約1430万ドルで、現在に至るもフォード財団最大の海外開発プロジェクトである。1970年にエンスミンガーの後任のウィルヘルムが着任すると、スタッフとコンサルタントの数は100名近くから一気に20数名に削減され[328]、フォード財団は巨大ではあるが普通の一民間助成財団へとアイデンティティを変えたのである。

4－3　家族計画

　家族計画、人口問題研究、後にはリプロダクティブヘルスは、フォード財団がアメリカ国内、そして国際開発の中で追求した大きなテーマの一つである。逆に、家族計画関係の諸組織にとっても、フォード財団は影響力の大きな支援組織であった。国際開発における家族計画への支援は、まずインドで1959年に開始されたが、家族計画支援の開始に至るまでにはさまざまな障害があった。このことは、家族計画がいかに反対の多いコントラヴァーシャルなテーマであったかを物語っている。そして、インドにおいては家族計画はその後も非常に困難の多い課題であり続けたのである[329]。

4－3－1　家族計画実施まで（1951～1958年）

　第1節で触れたように、1951年のホフマン代表団訪問時の国家計画委員会との会合の中で、戦後急増する人口の問題はすでに話し合われていた。1950年代を通じてフォード財団のインド援助の中心課題は食糧問題であり、その解決は人口増加の問題と密接に関係していたからである。インド政府、特に計画委員会と財務省という国家開発計画を担当する部門は家族計画の迅速な実施によって人口の急増を食い止めたいと考えていた。国家の将来計画を立てるとき、人口は最も基本的な要因の一つであり、人口が高い率で増え続ける限り食料問題の解決がおぼつかないことはあまりにも明瞭であった。

---

[328] Peter Geithner, interview, October 17, 2000.
[329] この項は主として、McCarthy, Cathleen D., "The Ford Foundation's population program in India, Pakistan and Bangladesh, 1959–1981," Report #011011, 1985, FFAおよびStaples, Eugene S, *Forty Years: A Learning Curve*, 1992およびEnsminger, Douglas, Oral History Transcript, B.1, "The Ford Foundation's Early and Continuous Concern About Population and Family Planning," November 1, 1971, FFAに拠っている。

また、デイヴィスとハワードが訪問したタタ財閥のタタ（J. R. D. Tata）はフォード財団がインド政府を支援して人口問題研究の高等弁務官を作らせるよう進言した。第1節で述べたように、デイヴィスは家族計画と土地改革は政治的に微妙な問題でありインド政府がリードすべきであるとフォード財団が前面に立つことを避けた[330]。

　家族計画問題へのフォード財団の立場は微妙な位置にあったが、エンスミンガーが家族計画問題を完全にインド政府のイニシアティブに任せたわけではなかった。むしろ、彼は家族計画がインド政府内部のアジェンダに上がるためにさまざまな形で働きかけていた。彼は、ネルーとの何度かの会合でこの問題を持ち出した。ネルーもまた、家族計画の実施に基本的には賛成していた。問題はガンディが人為的な避妊は不自然であるとして、これを退けていたことであった。ネルー政権を通じて、重要な政治勢力であったガンディ主義者たちとどのように妥協するのかはネルーにとって重要な政治的課題であり、家族計画の実施は扱いの難しい問題であった。

　当時の保健大臣は熱心なガンディ主義者であるラジクマリであった。彼女は藩王の王女でイギリスで教育を受けた知的な女性であったが、人工的な避妊には強く反対していた。ネルーの態度は保健相から提案がない限り、政府として家族計画実施は出来ないというものであった。いわば、ガンディ主義者の中の改革派に近い人物に家族計画の決定権を握らせることで、ガンディ主義者全体の反対を抑え込もうという政治的意図があったのであろう。ネルーは自らが先頭に立つことでガンディ主義者と強くぶつかることを避けていた。しかしながら、ネルーのこの中途半端な態度は結果的に家族計画のインドへの導入を遅らせる結果となったのである[331]。

　インド政府の中でこの問題でエンスミンガーと協力していたのは、国家計画委員会副委員長のV. T. クリシュナマチャリであった。二人は時間をかけて相談し、エンスミンガーがネルーと話し合いを続ける一方、クリシュナマチャリがラジクマリから少なくとも国家計画委員会が何らかのプログラムを実施することへの了解をとりつけるという役割分担で、保健相を家族計画にコミットさせようとした[332]。1951年当時には、保健相は国連保健機構（WHO）のコンサルタントであるストーンのリズム法と呼ばれる女性の月経周期を計

330　Staples, Eugene S., *op. cit.*, p. 57.
331　Gopal, Sarvepalli, *Jawaharlal Nehru, A Biography, Volume 3: 1956–1964*, p. 296.
332　Ensminger, Douglas, Oral History Transcript A.3, op. cit., pp. 10–12.

算することで避妊を行う方法の導入を進めていた。これならばガンディの教えに反しないからである。しかしながら、不確実な方法であり家族計画の成功は疑問だとエンスミンガーは考えていた。事実、複雑な計算は農村部の女性たちには難しくリズム法は容易には普及しなかった[333]。

ラジクマリの説得にクリシュナマチャリが失敗すると、エンスミンガーが自らラジクマリの説得にあたった。1時間ほどの会合の中で、エンスミンガーは家族計画政策の策定のための外国人コンサルタント派遣依頼を彼女から引き出すことに成功した。エンスミンガーはインド赴任前にロックフェラー3世から、もしインドが家族計画の専門家派遣を希望するならばロックフェラー個人が負担するという約束を得ていた。これによって、いかなるアメリカ機関の紐もついていない形で専門家派遣が可能になるのであった[334]。ラジクマリ保健相はコンサルタント派遣が大事にならず、非公式に専門家から意見を聞けることを望んだ。こうして、二人の専門家がコンサルタントとして派遣された。ニューヨーク市公衆衛生サービス所長のバウムガートナーとプリンストン大学人口学センター所長のノウトステインである。こうして1955年12月に、ノウトステイン＝バウムガートナー報告書[335]がラジクマリに提出され、保健相は彼らの提案に沿って家族計画の政策を実施し始めたのである。

同報告書はインドの未来は若者の質にかかっており、育児の質の向上より重要な課題はほとんどないと述べた。その意味で母子へのケアは何よりも重要な課題であって、出生率の低下は育児の質の向上に大きく貢献するとした。そして、都市部、農村部を問わず相当数の親が現実に家族計画への支援を求めていることを示す多くの証拠があると述べている[336]。具体的には、インドに適していると思われる既存の方法の実地試験、家族計画専門家の養成、避妊具のテストとその後の生産、医学・生物学・社会科学研究の開始、家族計画委員会の設置である。既存方法として挙げられたのは、リズム法、膣外射精、および1930年代からカリフォルニアの移民の間で実施され一定の成功を収めていた、石鹸粒（foam tabet）を泡立てて挿入する方法の3つで

333　McCarthy, Cathleen D., op. cit., p. 5.
334　Ensminger, Douglas, ibid., p. 13.
335　Leona Baumgartner and Frank W. Notestein, "Suggestions for a Practical Program of Family Planning and Child Care," December, 1955, Report #000150, FFA.
336　Leona Baumgartner and Frank W. Notestein, ibid., pp.i–ii.

あった。インドで家族計画を推進するといっても適切な避妊方法はまだよく分からない、そういう時代であった。いずれにせよ、報告書の提言を受けて家族計画諮問委員会が設置され、さらに後には、政府から支援は受けるが独立した家族計画委員会および、家族計画の最高責任者であるコミッショナーが任命された。

さらに、エンスミンガーは1956年5～6月ラジクマリをフォード財団のゲストとして1カ月間アメリカに招き、各地の大学や病院を見学させた。名目はアメリカの社会福祉政策の見学であったが、彼女は前年にロックフェラー財団の招きですでに訪米しており、アメリカ訪問自体にそれほどの新味はなかった。むしろ、彼女の家族計画へのコミットを確実にしたいという思惑だったのではないかと思われる。ノウトステインとバウムガートナーに会い、コーネル大学、ハーヴァード大学、ジョーンズ・ホプキンス大学などの公衆衛生の有名大学を訪問、フォード財団、ロックフェラー財団を訪問し、アイゼンハワー大統領やエレノア・ルーズヴェルトとも面談して、最後は西海岸でポール・ホフマンとも会って帰国した[337]。

ノウトステイン＝バウムガートナー報告書と前後して、エンスミンガーはクリシュナマチャリと相談して、インドに家族計画推進の民間組織を創設する計画を立てた。リズム法は明らかに行き詰まっており、ラジクマリ保健相の下では政府に多くを期待出来なかったからである。民間組織構想にはラジクマリも反対しないことを確認して、助成案を作ったが、これはニューヨーク本部によって否決されてしまった。フォード財団内部で、インドでの家族計画推進に積極的だったのはエンスミンガーと理事のコールズだけだったのである。実はこの当時、ニューヨーク本部のほうでは家族計画にどこまでコミットするか方針が明確には定まっていなかった。

戦後、民間財団は家族計画に対しては慎重な対応をとっていた。それは、世論がまだ固まっておらず、カトリックの強い反対があり、そしてナチの人口計画の嫌な思い出がつきまとっていたからである。フォード財団が最初にアメリカ国内で人口問題に助成したのは1952年であり、国内には人口研究機構、人口参照局、および戦後新設された人口問題評議会などの少数の機関以外には、専門機関もなく大学の人口学コースもなかった。この3つの組織はフォード財団から不定期に助成を受けたが、その合計が100万ドルを超え

---

337 Letter to Paul Hoffman from Secretary of the Ford Foundation, May 28, 1956, PA56-121, FFA.

るのはようやく1957年のことである。

　1950年代の終わり頃になると状況がやや変化してくる。1958年にはドレイパー委員会が連邦の家族計画への支出の必要性を認めた報告書を出し、コールとフーヴァーが、インドを対象に人口問題と経済成長を結びつけ、開発援助に家族計画を取り入れることにつながる画期的な本を出版した[338]。しかし、ドレイパー委員会報告に対してアイゼンハワー大統領は彼の政権は産児制限に一切関与しないことを再確認するなど、共和党政権下では保守派の反対の強い家族計画は、アメリカ政府事業としては国内でも国際開発でも手のつけられないタブー領域であった。

4−3−2　1959年の家族計画への最初の助成

　1959年にフォード財団はアメリカの人口問題評議会に対して、5年間で研究・訓練活動を拡張するために140万ドルの大規模な助成を行った。これを転機にフォード財団の人口問題への本格的な関与が始まった。1959年から1981年までに財団は世界中で家族計画に対して2億5000万ドルの助成を行っている[339]。このときに、ニューヨーク本部から海外代表に対して、海外でも可能性を探るよう連絡があった。エンスミンガーはこれにすぐ反応し、インド家族計画委員会委員長のB. L.ライナとコンサルタントのフレイマンと相談して、全国に6カ所の家族計画コミュニケーション・アクション研究（FPCAR）センターを設立して、家族計画普及のためのコミュニケーションの実験を行うプログラムの助成申請を行った。ニューヨーク本部の反応は全面的賛成とは言えず、逡巡が見られた。

　ニューヨーク本部のスタッフたちが心配したのはヘンリー・フォード2世がカトリックの女性と再婚し、カトリックに改宗したことであった。ニューヨークの弱腰に業を煮やしたエンスミンガーはフォード2世と親しく、またフォード自動車の取締役でもあった理事の一人、ドナルド・デイヴィッドを通じて密かにフォード2世の意向を探った。フォード2世は周囲の予想に反して、彼個人の信仰と組織としてのフォード財団の活動は別であると明快に述べ、これによって懸念が解消し、理事会に提出されたFPCARセンターへの助成は問題なく可決された。そして、フォード財団はインドでも大規模に

338　Coale, Ashley J., and Hoover, Edgar M., *Population Growth and Economic Development in Low-Income Countries: A Case Study of India's Prospects*, Princeton University Press, 1958.
339　McCarthy, Kathleen D., op. cit., p. 1.

家族計画に関与するようになったのである。

　FPCARセンターのプログラムでは、家族計画に関する知識、態度、実践の研究を行うことが中心であった。そこでは、人々が実際にどのように家族計画を感じているかの研究、新しい家族計画知識の普及方法の実験、また評価・診断の基礎的研究が行われた。6カ所のセンターの他にもいくつかの大学や医学校による同種研究や海外訓練が含まれており、公衆衛生と社会科学の両方の訓練を受けた人材を養成することが目指された。このときにアメリカで学んだ人材が帰国後、世界で最も進んでいるとされたインドの家族計画研究の中心的役割を担うこととなっていった。フォード財団はその後、大規模な家族計画の実施事業に入っていくが、より長期的な影響力の点からは、この最初の家族計画コミュニケーション・アクション研究への助成は重大な意味を持っていた。

　1959年には、教育への関与の項で述べたように、南インドのガンディ主義民間組織ガンディグラムの革新的な公衆衛生事業への助成が行われており、その中には家族計画も含まれていた[340]。ガンディグラムは包括的な出生登録制度と家族計画キャンペーンに地元有力者たちの協力を得るという方法を編み出した。そして、アトールというブロックでは1959年から1968年の間に、1000人あたりの出生率を43.1人から28.1人に減らすことに成功した。こうして、ガンディグラムの普及事業は後の国家的普及事業のモデルとなった。後への影響という点で重要なのは家族計画普及の拠点として病院が有効ではないことを示し、後の国家的家族計画で独立した普及活動に重点が置かれるようになったことである。

　エンスミンガーは続いて、インドにおいて適切な避妊方法の研究への助成を考えた。ノウトステイン＝バウムガートナー報告書の項で述べたように、当時適切な避妊方法に関する知識は非常に乏しかったのである。インドの拡大家族制度、家庭内での姑の大きな役割、男児への高い評価、子どもの労働力への依存などさまざまなインド固有の文化・社会条件をも考慮しなければならなかった。ニューヨーク本部はこうした研究は実績のある欧米の研究機関に任せたほうが安全だと考えたが、最終的にはインドには欧米で教育を受けた研究者が相当数存在すること、病院網が存在して新しい方法がテスト出来るというエンスミンガーの議論が勝って、インドの研究機関への総額200

---

[340]　McCarthy, Catherine, op.cit., p. 8.

万ドルにも及ぶ一連の助成が1962、63年に行われた[341]。

　この助成に先だって、1961年にエンスミンガーはアメリカ人口問題評議会のシーガルとアメリカの指導的な婦人科医であったスータムの二人をコンサルタントとしてインドに招いた。シーガルは全インド医科学研究所に客員教授として派遣され、そこで多くのインド人医学者との関係を作り、シンポジウムを開催したり、あるいはフォード財団への申請書作成を非公式に手伝った。こうして、二人は1962年に助成を受けることとなるインドの研究機関を短期間で実質的に選択していったのである。この助成にあたって、新しい保健大臣のナヤールは、全ての助成金を保健省が受け取り、それを各研究機関に配分する方法に固執したが、すでに教育省の例で懲りているエンスミンガーは国家計画委員会のA. N.コサラに頼み込んで研究機関への直接助成に対するインド政府の許可をとりつけた。

　一連の研究助成の最大受益者は全インド医科学研究所であったが、同研究所は世界で初めて生殖生理学の学科を開設するなど、国際的にも評価の高いプログラムを開発した。ラクナウの中央薬学研究所のA. B.カーは後に、性交後避妊薬の開発で国際的な評価を得た。デリー大学動物学科には若い科学者の訓練施設が作られ、生殖内分泌学の学科が創設された。以上のように、いくつかの失敗はあったものの、全体として一連の助成は、研究組織作りの助成としては最も成功した例の一つとなった。世界レベルの科学者がそのキャリアの決定的な時期に助成を受け、避妊研究の分野でインドのみならず国際的な貢献を果たした。彼らの何人かは後の国家開発計画の作成に参画し、インドにおける家族計画政策の中心を担うようになった。フォード財団の助成期間が終わるとインド政府と世界保健機構が後を引き継ぎ、インドは避妊研究の国際的なリーダーとなったのである。

4－3－3　保健・家族計画集中郡プログラム

　1961年頃から、ライナ家族計画委員長とエンスミンガーの間で後に大きな問題となる保健・家族計画集中郡プログラム（intensive health and family

---

[341] 1962年：National Institute of Science, Banaras Hindu University, University of Delhi, All India Institute of Medical Sciences, Central Drug Research Institute, Institute of Agriculture, Anand, Topiwala National Medical Collegeで、総額131万7500ドル。1963年：Indian Institute of Science, University of Kerala, University of Mysore, University of Rajasthanで、総額74万5000ドル（1962、63年次報告書）。

planning districts）の話し合いが始まった。ライナは委員長としての権限が弱く、家族計画に不熱心なガンディ主義者の保健大臣の下では仕事が進まないことを理解すると、フォード財団に家族計画推進のための非政府組織の設立を要請していた。エンスミンガーも官僚的経営の複雑さと遅延を熟知していたため、これに賛成し、フォード財団の助成で中央家族計画研究所（Central Family Planning Institute: CFPI）が設立されることとなる。

　ライナの要請を受けて、エンスミンガーは3人のアメリカの指導的な公衆保健の専門家を派遣し、ライナと保健省に提言をさせた。提言では、農業での集約農業郡に似た保健・家族計画集中郡を15の州に各1郡、加えて4つの大都市を指定して、そこで避妊具の配布とその行政管理の実験を行うことを提案した。同時に、中央家族計画研究所と保健行政・教育国立研究所（National Institute of Health Administration and Education: NIHAE）の2つの非政府機関を設立することを提言した。前者は国家的な家族計画政策の技術的側面を担当し、全国6カ所の家族計画コミュニケーション・アクション研究センターを調整し、政府に対して人員養成、評価、諮問のサービスを提供するものとして企画された。後者は家族計画を含む保健ワーカーの養成と集中郡の仕事の実質的な調整を行う機関として構想された。家族計画推進のために2つの機関の設立を図ったこと、そして両者とも国家的な家族計画事業に関わりながらも非政府組織として設立させようとしたことが後々のさまざまな問題の遠因となった。

　このような大規模な家族計画事業の実施が構想された背景には、1961年の国勢調査によって人口増加が当初推計を3000万人も上回り、国家開発計画に大きな支障をきたすことが明らかとなったという事情があった。インド政府は第3次5カ年計画では、それ以前の計画における家族計画予算の10倍の予算を計上した。同国勢調査による人口1000人あたりの出生数である42人から、1975年までに25人に減らすという大胆な計画を立て、そのために従来の病院依存の家族計画普及から独立した家族計画普及員による教育活動へと方法を大きく変えることとした。そのために、400人の家族計画保健行政官の雇用をうたったが、適切な人材が不足しており、保健行政・教育国立研究所では保健行政の高級官僚も含めて人材の養成、再教育を行うことが計画された。

　エンスミンガーは、総予算1200万ドルのこの大計画をニューヨーク本部に提出したが、1964年に理事会は500万ドルしか承認せず、計画案は大規

模な縮小を余儀なくされた。集約的農業郡の例でも見られたように、理事会、ニューヨーク本部は、この頃にすでにインドにおける大規模な国家規模の普及活動の効果と、またこうした国家活動に助成することの意義に疑問を持ち始めておりエンスミンガーの提案は受け入れられにくくなっていた。この予算削減によって当初計画の15郡からパンジャブ、グジャラート、マイソール、西ベンガルの4州から各1郡の合計4郡のみがプログラムの対象とするよう変更され、大都市は一切対象からはずされた。

このフォード財団の側の予算削減は、保健省の側の了解を得るのが難しかった。保健省は、フォード財団が当初の計画を維持することを主張し続けた。60年代末にこのプログラムの歴史を書いたハンバーガーによれば、インド政府高官の多くは削減された4郡での活動がどこまで有効か疑問視する意見が多かった[342]。フォード財団と保健省との関係は悪化し、集中郡プログラムの実施は1965年まで大幅に遅れた。

さらに重要な問題であったのは、ナヤール保健大臣は家族計画に本質的には熱心ではなかった点である。彼女は、フォード財団のこの助成金を出来る限り、家族計画ではなく公衆衛生に使おうと考えており、いわばこうした彼女の意向を受ける形で助成の対象は家族計画に限定されず、形式的には保健衛生全般に広げられていた。この傾向は保健大臣に留まらず、フォード財団自らが雇用したリーヴェルらのアメリカ人の保健コンサルタントたちも、保健大臣の方針を支持していた。彼らは、まず効果的な公衆衛生サービスを確立し、後に家族計画に乗り出すべきだと考えていたのである。いわば、保健・公衆衛生分野の専門家集団（保健大臣も医者）において、家族計画は第一義的な重要課題としてはまだ受け入れられていなかったと言うべきであろう。

フォード財団が助成を決定してから、インド政府が集中郡プログラムを承認して、プログラムが実際に動き出すまでの約2年間、雇われたアメリカ人コンサルタントたちは仕事のない状態で放置され、彼ら自身に不満が鬱積しただけでなく、無用の長物となっている彼らの存在は保健大臣やインド政府の官僚たちにとってもやっかいなものであった。1965年になってようやく集中郡プログラムはインド政府保健省の承認を得たが、この年に印パ戦争が勃発し、インド政府は承認はされていても開始されていない全ての新規プロジェクトの実施凍結を行い、同プログラムへの約束されていたインド政府の

---

[342] Humerger, Edward M., "Population Program Management: The Ford Foundation in India, 1951–1970," Unpublished Manuscripts (April 22, 1970), p. 175, FFA. (quoted in McCarthy)

財政支出は反故にされ、フォード財団の助成金だけの不完全な活動となってしまった。

　特に、集中郡プログラム実施の調整役の役割を持たされていた保健行政・教育国立研究所はその存在意義の大半を失い、再編が不可避となった。フォード財団では同研究所と中央家族計画研究所を合併して、家族計画と保健行政の2つを管轄する強力な機関にしようと考えたが、両機関の争いと保健大臣の指導力不足で長く実現されなかった。このため、集中郡プログラムという主要な目的の一つを失った保健行政・教育国立研究所は、特に政府からの財政面での支援が弱く、多くの困難に直面した。また、中央家族計画研究所のほうもライナが家族計画委員長として保健省と同研究所の両方に基盤を持つうちは、両者の関係は良好であったが、ライナの後任の家族計画委員長が任命され、保健省に新設された家族計画部を統括するようになると、ライナは関連の機能を家族計画委員会から中央家族計画研究所に移してしまい、保健省家族計画部と中央家族計画研究所という2つの家族計画の政策立案機関が対立するという構図に陥ってしまった。両研究所の再編問題は70年代になってようやく両方とも保健省に吸収合併されるまで、保健省とフォード財団の間の厄介な懸案として、両者の関係悪化の象徴的存在となってしまった。

　さらに、保健省とフォード財団の間では、両研究所の建物の建設費をめぐる問題もまた長く尾を引いた。1964年の助成時に、エンスミンガーは非公式に両研究所の建物の建設費をフォード財団とインド政府の折半で負担する約束をしていた。しかし、彼はインド政府側が6カ月以内に予算を調達することを条件とした。これは、エンスミンガーと保健省および財務省の両次官の間で、フォード財団が期限つきの半額助成を提案することで、政府側の財政関与を引き出す方策として合意されていた。期限が切れたときに、エンスミンガーはもはやフォード財団側のコミットメントはなくなった旨を通知したが、保健大臣は承知せず、フォード財団側のコミットメントの継続を強く主張した。そして、決定が遅れていたインド政府側が1966年になって突然に用地と建設費の半額の予算をつけたのである。その後、保健大臣は公の会議の場でもエンスミンガーとフォード財団の違約を批判するなど、両者のあからさまな対立の種となっていった。

　エンスミンガーは、やむなく中央家族計画研究所と保健行政・教育国立研究所の合併を条件に建設費の半額負担を提案するが、前述のように両研究所

が合併に反対するという事態の中で行き詰まってしまった。この頃、中央家族計画研究所の所長であったライナと保健行政・教育国立研究所所長であったテワリの間に厳しい競争関係があり、両者に派遣されたフォード財団コンサルタントやスタッフも巻き込まれて個人的な、あるいは組織間の複雑な対立構造が生じてしまったのである。

　以上のように、組織構造をめぐる複雑な諸問題を抱え込んだ両研究所であったが、その活動においてまったく見るべきものがなかったというわけではなかった。2つの成功例が記録されている。第一は1968年10月から始まった家族計画プログラムを広く一般に知らせる全国規模のキャンペーンである。このキャンペーンはフォード財団のコンサルタントのウィルダーと家族計画委員会副委員長のD. K. ティアギの二人のチームが企画、実施したもので、赤三角に4つの顔（4人家族）の家族計画シンボルを作り、ポスターに印刷して全国に配布した。内部的には批判もあったものの、短期間に広大なインドの全国で家族計画が広く知られるようになり、明瞭な成功を収めた。

　第二はフォード財団がカルカッタ経営学研究所に派遣していたキングが提案したもので、コンドームを一般の小規模な小売商に売らせるというものであった。この案は保健大臣の迅速な承認を受けて、1968年に中央家族計画研究所のパイロット・プロジェクトとしてメールート郡で行われた。キングの案は官民協力とも言うべきもので、コンドームの材料はアメリカ政府国際開発庁が無償提供し、インド国内で生産され、小規模小売商に3個で15パイサという安い値段で卸された。流通はインドの5つの大手企業[343]の通常流通経路を経て、4万カ所の雑貨商、食堂等に配布され、同時に新聞と映画を通じてコンドームの販売、購入は隠すべきものではないというキャンペーンが行われた。このプロジェクトはたちまち成功を示し、1970年には4億個の売上を記録した。しかし、その後フォード財団はコンドームの販売の自由化を一層進めようとしたが、保健省はコンドームのマーケティングを政府の管理下に置くことに固執して譲らず、家族計画委員会の賛成は得られたものの、結局コンドームの販売自由化は達成出来ず、自由化されれば販売可能と推定された量の5分の1しか販売出来なかったのである。

---

[343] Brooke Bond Tea, Hindustan Lever, Imperial Tobacco, Lipton Tea, Union Carbide.

4－3－4　コンサルタント批判へ

　いくつかの大きな成功例はあったものの、家族計画をめぐって保健省とフォード財団の関係は基本的な考え方の違いやボタンのかけ違いからくる諸問題のために、前述のように厳しい対立の構図に入っていってしまった。こうした状況の中で、インド政府の批判は次第にフォード財団のコンサルタントへの批判に集中するようになっていった。早い時期から派遣されていたシーガル、マシューズ、リーヴェルらは高い評価を保ち続けたが、特に集中郡プログラムに派遣されたコンサルタントたちのインド側の評価はきわめて低いものであった。コンサルタントの多くは大学教授であり、彼らにとって論文を書かないことは学者生命の死を意味していた。集中郡プログラムが実施されない状況の中で、彼らの多くは自分の研究を行うことのみに興味を示し、何のための、誰のコンサルタントなのか、彼ら自身にも不明であるという状況が長く続いたのである。インド側は肝心な時にいないコンサルタントたちに次第に失望し、保健省にはコンサルタントは必要ないという空気が支配的になっていった。

　インド側のアメリカ人コンサルタントへの失望と疑念は、フォード財団のコンサルタントに限ったものではなく、アメリカ政府国際開発庁の派遣したコンサルタントもまた数も多かったこともあり、強い批判の対象となった。しかし、同時にフォード財団の保健関係コンサルタントが、アメリカ人コンサルタント批判の象徴的存在となってしまったことも事実である。

　1960年代も後半になると、欧米留学から戻ったインド人技術者の数も増え、高給を払ってアメリカ人コンサルタントを雇用しなければならない必要性は急速になくなってきていた。アメリカ人コンサルタントに支払われている援助金をより有効に使うことが出来るはずだと、インド側が考えるようになってきており、その主張には明らかに根拠があった。さらに、反米感情のうねりの中で1967年にCIAの中国国境地域での活動がスキャンダル化し、アジア財団がCIAの隠れ蓑であることがアメリカ議会で暴露されると、インド政府はアジア財団のインド国内での活動を禁止した。フォード財団の活動がCIAとの関係で正式に問題にされることはなかったが、インド政府は次第に外国援助に対してより強い政府規制をかける政策に転じ、1951年のネルーとホフマンの会談以降ずっと特別な存在として認められていたフォード財団にもインド政府の管理の手が及び始め、活動の自由度も次第に少なくなっていったのである。

4-4　経営学分野への関与

　この項では、第2節における行政への関与、第3節における社会科学・経済学への関与に引き続いて、社会工学的領域の一つの分野としての経営学への関与を扱う[344]。他の分野と同様に、この分野にもフォード財団の関心は早くから存在したが、本節でこの分野を扱うのは、実際の助成が本格化したのが1959年から1960年代の前半であり、第3次5カ年計画の時期に最も深く関係していると思われるからである。

　インドの企業の多くは家族経営であり、近代的な経営学の訓練を受けた経営者という職業の必要性はほとんど認識されていなかった。そうした背景があって、1950年代の前半には経営学の必要性を認識している人物はインド政府内にごくわずかしか存在しなかった。こうした政府の経営学に対する認識が大きく変わるのは第2次5カ年計画で国営企業に力点が置かれるようになった時であった。国営企業の中級、上級の経営にあたる官僚を養成しなければならなくなったからである。

　インド政府はイギリスの幹部学校（staff college）の制度を真似てハイデラバードの軍幹部学校を公営企業の経営にあたる現職の官僚の訓練機関としたが、同時にそこを私企業の中級、上級の経営者の訓練にもあてた。現職管理職の訓練はこのように幹部学校が行うことになったので、フォード財団では将来の経営にあたる人材の需要を見越して、経営者を目指す若者のための経営学大学院の設立に動いていった。それが、以下に述べるアーメダバードとカルカッタの2カ所に作られた経営学研究所である。

4-4-1　アーメダバードとカルカッタの経営学研究所

　インド政府部内でインドにおいても経営学の研究・教育機関が必要であるという認識を持っていたのは、V. T.とT. T.の二人のクリシュナマチャリとC. D.デシュムクというフォード財団と近い経済関係の閣僚たちであった。他方で、民間企業人の間には驚くほど経営学の研究・教育機関への関心は低かった。エンスミンガーはまず、1960年にカリフォルニア大学ロサンジェルス校経営大学院の副学部長のロビンスをコンサルタントとして雇用し、3人の閣僚たちとインドにおける経営学研究・教育機関の設立構想の大枠を固めると同時に、デリー、カルカッタ、ボンベイの企業家、大学人を訪問して

---

[344] 本項は、主として、Ensminger, Douglas, Oral History Transcript B.7, "The Ford Foundation and Management Education in India," March 2, 1972, FFA.

ニーズの調査を行った。

　当初、フォード財団はアメリカと同様に、経営学研究所を大学内に設置することを念頭に調査を進めた。カルカッタ大学、ボンベイ大学、デリー大学の3校が候補に挙がってきた。しかしながら、フォード財団が構想する経営学研究所と大学の条件が大きく食い違う点が3つあった。第一は経営学のカリキュラムについて研究所がどこまで自由に決められるか、第二は経営学研究所のスタッフの給与を企業の給与に匹敵する額に出来るかどうか、第三は研究所のスタッフが自由に企業の経営コンサルタント業務を受託出来るかどうかの3点であった。いずれの大学もこの3点についてはフォード財団の意向を受け入れられないという状況であった。

　そこでエンスミンガーは、インド政府の上記3人の閣僚の了解、またフォード財団の理事でハーヴァード大学経営大学院長であるドナルド・デイヴィッドの了解もとりつけた上で、経営学研究所を大学の外に設立する決意を固めた。最終的には国家計画委員会の決定として、まずボンベイに中央政府教育省が直接管轄下に置く経営学研究所を設立することが決まった。ところが、大学外に研究所を作ることに対してはボンベイ大学が強く反対した。特に同大学の学籍官（Registrar）が地元の有力者で州政府首相に圧力をかけたため、州政府が無償提供するはずの研究所敷地の寄贈手続きが停止してしまいボンベイ研究所構想は頓挫してしまった。

　このときに、アーメダバード経営協会の会長のサラバイがフォード財団とV. T. クリシュナマチャリを訪問し、経営学研究所を熱心にアーメダバードに誘致した。彼の言い分はアーメダバードはインドで1、2を争う産業地域であり、同構想には彼の経営協会が全面的に協力する他、すでに州政府首相らの支持もとりつけてあり、ボンベイと同じ条件を提示するということであった。サラバイの精力的な誘致活動によって国家計画委員会は研究所設立地をボンベイからアーメダバードに移すことを決定した。

　このように、アーメダバード経営学研究所が本格的に動き出すと、エンスミンガーに対して別の方向から圧力がかかってきた。それは、当時科学教育文化大臣になっていたベンガル人のカビールである[345]。フォード財団とエンスミンガーにとって教育分野の重要なカウンターパートであるカビールはカルカッタにも経営学研究所を作るようエンスミンガーに懇請した。カビールの背

345　カビールについては、第2節の「2－4－3　カウンターパート」参照。

後には、彼と非常に親しい西ベンガル州首相のロイ（B. C. Roy）がいた。アーメダバードと並ぶ産業地域であるカルカッタに経営学研究所を作ることは自体は合理的であったが、同時に2つの研究所を創設することは当初フォード財団の意図にはなかった。ロイの熱心な誘致活動を受けて、最終的にエンスミンガーはアーメダバードとカルカッタに経営学研究所を作ることを決意した。

次に、フォード財団はハーヴァード大学とマサチューセッツ工科大学の2つの経営大学院と交渉を開始し、2つの経営学研究所の設立に協力を要請した。MITのスローン経営大学院は、次に述べる全インド経営協会の実施する夏季カシミール経営セミナーに協力してきており、インドにおけるフォード財団の活動にすでに関わっていた。そこで、まずMITとの交渉を進め、カルカッタ経営学研究所への支援組織となることへの了解を得た。次に、ハーヴァード大学経営大学院とアーメダバード経営学研究所の協力事業をまとめた。

1962年に、アーメダバードに47万1000ドル、カルカッタに61万ドルの助成が行われた[346]。さらに、1964年には追加助成として、前者に107万ドル、後者に30万ドルの助成が行われている。当初、両研究所はハーヴァードとMITの完全な指導下でスタートした。最初の教官は全てハーヴァード、MITの教授スタッフであり、両研究所の教官として雇用されたインド人たちはハーヴァードとMITにまず留学に出されたのである。これらのインド人教官はアメリカ企業で働くインド人、もしくはハーヴァード、MIT大学院のインド人大学院生であった。学界と産業界の両方から多数の人々が雇用され、アメリカで経営大学院の教授、経営の訓練を受けて帰国後、設立後2年目から両経営学研究所の教授、運営にあたったのである。

MITの指導を受けたカルカッタ研究所は社会科学と行動科学に力点を置き、講義とセミナー中心の授業を行った。他方、ハーヴァードの指導を受けたアーメダバードはハーヴァード独自の事例研究を中心とした教授法となった。しかし、両研究所がインド人スタッフによる経営に転換する頃には、両者が互いに影響を受けてMIT方式とハーヴァード方式が混在するようなインド流の経営学研究・教育の方法が生まれていった。

2つの研究所がインド化していく過程ではさまざまな問題にも直面した。その焦点となったのは校長人事であった。カルカッタでは、イギリス系の企

---

[346] 1962年年次報告書。

業であるヒンドゥスタン・リーヴァーのマーケティングの最高責任者であったチャンディが校長となった。彼は噂では共産党員であるということであったが、エンスミンガーは共産党員だからうまくやれないとは言えないだろうと判断し、むしろ校長人事にフォード財団は介入すべきではないという態度を貫いた。しかし、明らかにチャンディは教官に共産主義者や強く左傾化した人々を選んで雇用した。このため、MITのアメリカ人教官がいることへのインド人教官たちの反発が強まり、MITとの協力関係が悪化していった。このように、カルカッタ経営学研究所はカルカッタ大学などと同様に、共産党の強い西ベンガルの政治に影響を受けるようになってしまったのである。

他方で、アーメダバードの校長の人選は別の意味で問題に直面した。当初、設立功労者であるサラバイが名誉校長として、チョウドリーという有能なスタッフと協力して経営にあたった。なかなか、校長の適任者が現れない中でサラバイは3人による共同経営を提案したが、これにはエンスミンガーが強硬に反対し、彼の推薦でカルカッタ経営学研究所の教授をしていたマッタイが選ばれて校長となった。しかし、今度はハーヴァード大学のほうが独自路線を進もうとするマッタイ校長と対立し、あくまでもハーヴァード路線を堅持しようとした。エンスミンガーはハーヴァード大学はあたかも子どもが成長したのを認めたくない親のようだと述べている。緊張関係が続いた期間を経て、アーメダバード経営学研究所は完全にインド化しハーヴァードとの関係も回復した。

両研究所とも、数年のうちに経営学の研究・教育機関としてインド国内で認められる存在となり政府や民間企業からのコンサルタント受託も進み、またほとんど全ての卒業生はインド企業に就職して経営職につくなど、大きな成功を収めたのである。

4-4-2　全インド経営協会

1959年頃、全インド経営協会のラム会長がフォード財団を訪ね協会の発展のための援助を要請したところから両者の協力関係が始まった。両者の話し合いの中から、インドの企業家たちに現職の管理職の再訓練が必要であることの認識を深めてもらう必要性があるのではないかという結論に至った。そこで、インドの40人ほどのトップの経営者とアメリカの経営学者を集めた会議を開いてはどうかというアイディアが出てきた。エンスミンガーはMITのスローン経営大学院に相談し、全インド経営協会がインド人参加者

を募り、MITがアメリカ人経営学者を派遣するという形の2〜3週間の短期集中経営学セミナーの構想を進めた。これが、夏季カシミール経営セミナーとして実現し、フォード財団はこのためにスローン経営大学院に対して、1959年に17万7000ドルの助成を行った。

最初のカシミール経営セミナーは全てMITのスタッフが教授陣となったが、次第にカルカッタ経営学研究所のスタッフがアメリカ人講師に取って代わるようになり、5年間で完全にインド人教授陣だけになった。カシミール経営セミナーによってインドの企業家たちの経営学の重要性に対する認識が深まり、また経営学の高等教育機関の必要性への理解も深まった。アーメダバードとカルカッタの経営学研究所とその卒業生たちが、インドの民間企業経営者の支持を得ていったのにはカシミール経営セミナーの影響が大きいとエンスミンガーは回顧している。

4−4−3　ハイデラバード幹部学校
すでに述べたように、インド政府は公営企業の経営者の訓練はイギリスの制度を真似て軍の幹部学校で行った。具体的には、第2次世界大戦中に軍高級幹部の訓練のために作られたヘンリー・オン・テームズ幹部学校（Henley-on-Thames Staff College）をモデルとした。当初は軍幹部の訓練施設であったが、戦後は軍人だけでなく、公営企業を経営する官僚、私企業の経営者の訓練機関に転換した。基本的に幹部学校は現役管理職の再訓練機関であり、経営専門家希望者の若者の教育機関ではなかった。3カ月ほど衣食住をともにして、それぞれの経験を持ち寄って話し合うことに重点が置かれていた。ハイデラバード幹部学校は、このイギリスのヘンリー幹部学校を部屋のつくりまで似せて作られており、退役軍人のスリナゲシュ将軍が校長を務め、ヘンリー幹部学校が援助していた。

フォード財団は、1959年に6万ドルの小規模な助成を幹部学校に対して行い、中小企業経営者の参加費補助、図書館へのアメリカ経営学雑誌の定期購読などの支援を行った。しかし、その後は幹部学校がイギリス流の経営を行い、イギリスからの援助もあったことから、フォード財団の関心はアーメダバードとカルカッタの経営学研究所に移っていった。

1960年代半ばになると、アーメダバードとカルカッタの経営学研究所がインド産業界の支持を集めるようになり、従来の経営者を目指す若者の教育訓練だけでなく現役の経営者の再訓練にも乗り出すようになっていった。イ

ンド企業はイギリス型の訓練よりも、アメリカ型の経営学や訓練により魅力を感じ、次第にハイデラバード幹部学校の活動分野が侵されるようになっていった。危機を感じた幹部学校はコロンビア大学の経営大学院からの協力を得るためにフォード財団に援助を依頼した。

エンスミンガーは、まずハーヴァード大学経営大学院のグリーンリーフをコンサルタントに幹部学校の新しい役割を構想することから始めた。グリーンリーフはベル電話会社で新しいアイディアを求めることだけに25年間副社長として専念してきた人物であり、適任者だと思われた。6週間の滞在の中でグリーンリーフは研究、企業のカウンセリング、コンサルティングという新しい役割を担うべきではないかと結論づけた。そして、コンサルティングをまず幹部学校の新しい役割として可能性を探っていくことで合意した。同時に、幹部学校における経営訓練の質の向上、外部コンサルティング業務を教育機能にどのようにフィードバックするかという全般的な改革に対しては、ウィーバーが2年間のフォード財団コンサルタントとして派遣された。これらのために、1964年に80万ドルの助成が行われた。

一方で、外部コンサルティング業務の開発には、エンスミンガーはアメリカの組織に依存することを避け、あえてイギリスの組織を探し、アーウィック・オール・コンサルタント会社を指名し、1968年に同社からバーカーベンフィールドがフォード財団コンサルタントとして幹部学校に派遣された。バーカーベンフィールドは自らインド企業のコンサルティングの仕事をとってくると同時に、15人のインド人経営コンサルタントを幹部学校の専任者として雇用した。こうして、バーカー・ベンフィールドの目覚ましい働きによって5年間で幹部学校のコンサルティング部門は独立採算が出来るように成長したのである。こうして、インド人コンサルタントによる経営コンサルティングがインド産業界で市民権を得るようになり、外国人コンサルタントへの依存からの脱却が進んだのである。

経営学の分野では、第一にアメリカ経営学が国際的に見ても優位性を持っていたこと、第二にハーヴァード、MITなどのアメリカでもトップクラスの経営大学院の協力が容易に得られたことなどの比較的有利な条件で助成が行えたこともあって、フォード財団の経営学分野での助成は投資した金額に見合った、あるいはそれ以上の成果を収めることが出来たと言えよう。さらに重要なのはインド産業界との協力関係があり、組織作りとその後の財政的自立化がインド産業界の支援によって比較的スムーズに進んだことである。

インド政府では両クリシュナマチャリやデシュムクなどの親米派長老たちの支持を得るだけで済み、官僚機構がもたらす諸問題に直面することがなかったのも成功の要因として指摘されるべきであろう。もう一つ指摘出来るとすれば、経営学への関与が本格的に始まったのが第3次5カ年計画の時期であり、この時期がインド式社会主義路線に揺らぎが見え始め、より資本主義的な自由主義経済への「始まりの始まり」の時期であったことである。アメリカ社会をバックに持ち、そこで蓄積された知識・経験により多くのアクセスを持つフォード財団にとって、自由主義的な空間が広がり始めたことはより多くの機会に恵まれる状況になったと言えよう。このことは、逆に言えば、こうした自由主義的な空間がインド固有の歴史的条件の中で出来上がるまではフォード財団はたとえ自ら得意な分野、領域であったとしても十分には活動は出来なかったのである。

4－5　教育への関与
——コンサルタント派遣から本格的な大学への関与へ

　本項では、第2節で述べた第1次5カ年計画期の教育への関与以降の教育分野での活動を概観したい。したがって、第2次5カ年計画期と第3次5カ年計画期の両方が含まれるが、フォード財団の教育、特に高等教育への助成が本格化したのは第3次以降であるため本節で一括して扱う。

　実際、第2次5カ年計画期には教育分野での活動は限られており、さまざまなテーマでのアメリカ人コンサルタントやアドバイザーの招聘だけであった。とはいえ、アメリカでもトップクラスの人材が招かれ、インドの教育の方向性に一定の影響を与えたことも事実である。いわば、こうした雌伏の時期を経て1964年からフォード財団の本格的な大学への助成が開始される。ある意味でフィランソロピーの本来の中心的活動に回帰していったのである。それは1951年以来続いていた大規模な国家プロジェクトからの撤退と同時に進行した政策変化であった。この政策変化はインドの社会主義的な中央統制の緩み、アメリカ的フィランソロピーの活動を許容する政治空間の拡がりともパラレルに進行したのである。

　まず、初めにインドにおける教育分野の助成プロジェクトのリストを表15で示し、時系列を追って主要なプロジェクトを概説していきたい。

表15　教育分野の助成リスト[347]

1953年	中等教育委員会提言の実施
1954年	中等教育開発のセミナー インドの農村教育者のデンマークへのスタディ・ツアー支援 大学宗教センター：プロジェクト・インド　成人教育専門家（FAP） 学校教育専門家（FAP）　全インド中等教育フィールド・サービスのアドバイザー（FAP） インドの大学における学際的コースのコンサルタント（FAP） 農村高等教育機関の目録作成 ヒンドゥスタニ・タミリ・サン：アメリカ人教師の獲得のための助成
1955年	中等教育普及プログラム インドの中等・高等教育
1956年	インドの大学における学際的コースの実験的シラバス 中等教育のスタディ・キャンプと特別セミナー インドの中等教育における科学教授
1957年	試験方法のコンサルタント（FAP） 村落普及ワーカーの青年活動の組織化方法論の訓練 中等教育実践 教養課程のコンサルタント（FAP） インド政府の英語教育研究所
1958年	デリー大学における教養課程の教授方法の研究 カルカッタ大学における経済学大学院支援 ラクナウ大学社会学・ソーシャルワーク学科支援 教員養成教育のコンサルタント（FAP）
1959年	アリガルー・イスラム大学：教養課程センター 科学才能発掘スキームのコンサルタント（FAP） 商業教育のコンサルタント（FAP） インド国際研究大学：一般助成 インドの大学における教養課程に関連する予備事業 教養課程のコンサルタント（FAP）
1960年	中等教育の普及ユニット 南インド教員組合教育研究委員会：教育研究
1961年	全国科学才能発掘スキームのプログラム・スペシャリスト（FAP）
1962年	大学補助金委員会：教養課程プログラム
1963年	インド世界問題評議会：インドに影響する世界問題の研究
1964年	デリー大学：計画部門の設立 ボンベイ大学：経済学、農学、人口学のための電算機導入 デリー大学：経済学、農学、人口学のための電算機導入 インド農業研究所：経済学、農学、人口学のための電算機導入 国家計画委員会事業評価機構：経済学、農学、人口学のための電算機導入 ビルラ工業科学大学：その発展のための助成 デリー大学：中国研究の研究と訓練
1965年	カルカッタ大学：1964年カルカッタ大学法の実施のためのアドバイザーと訓練 コーネル大学：デリー大学の言語学科支援 マサチューセッツ工科大学：ビルラ工業科学大学の発展のための支援

---

[347] Ensminger, Douglas, op. cit., August 23, 1972, Appendix C.（一部抜けている部分を筆者が補足）

1967年	デリー大学のコンサルタント（FAP） デリー大学：教授と研究
1968年	デリー大学：図書館拡充 デリー大学図書館への専門家、コンサルタント派遣、司書の国際的訓練 ビルラ工業科学大学：教授と研究の質の改善
1969年	南インド教員組合教育研究委員会：研究と教育支援の基金設立 デリー大学：教授と研究強化のための教員交換プログラム インドの高等教育の統治と管理の改善（FAP）
1970年	デリー大学教官住宅の予備的建築デザイン作業（FAP） マイソール中央言語研究所：インドの言語と言語学のプログラム デリー大学：IBM360/4コンピューターシステムの購入とコンピューターセンターの設立アドバイス

4-5-1　限定的関与
——教育分野のコンサルタント派遣（第2次5カ年計画期）

　表15のリストから分かるように、第2次5カ年計画期にはさまざまなテーマでアメリカから著名な教育関係者がコンサルタントとして招かれ、インドの教育が抱える問題に新しいアイディアを提供していった。逆に言えば、それ以上のことは困難であったとも言えよう。小規模な技術協力で刺激を与え続けることと、それによって活動の機会が展開することを期待していたのである。

　以下に、こうしたコンサルタント派遣の興味深い事例を紹介したい。

● **大学教養課程**

　コンサルタントという立場ではなかったが、教育分野で大きな影響を与えたアメリカ人としてまず挙げなければならないのはチャンピオン・ウォードである[348]。シカゴ大学でのリベラルな学部改革の担い手であった彼は教育省のカビールとサイイダインの二人、ラダクリシュナンとザキール・フサインの二人の大統領らとの話し合いの中から、インドの大学への教養課程（general education）導入への共通の関心を育てていった。

　1948年の高等教育に関するラダクリシュナン委員会報告は、大学での授業が講師の一方的講義に偏っており、最終試験に教授も学生も縛られ学生個々が判断する機会がなく、自省する市民を養成するための統合的なコースが必要であると批判した。統合的コースとは学生の将来のキャリアや興味関

348　大学教養課程の部分、Ward, Champion F., op. cit., 35–37., Ensminger, Douglas, Oral History Transcript B23., op. cit., pp. 28–34.

心には関係なく、人文科学、自然科学、社会科学の基礎的知識を全ての学生に共通に学ばせるもので、日本で言うところの教養課程あるいはリベラルアーツ教育である。1955年6月に教育省はスリナガルに多くの大学の副学長を集めて、教養課程に関する諮問を行い、その結果、アメリカとイギリスに調査団を派遣し両国での教養課程におけるさまざまな実験の調査を行って、それに基づいてインドへの教養課程導入政策を立案することとなった。フォード財団の助成により調査団が実現し、1956年8月に報告書が提出された。続いて、この報告書の提言に基づいて24名のインド人教授が全米の総合大学（university）と単科大学（college）を3カ月間訪問した。さらに、1957年秋学期にはインド人教授を引き受けたアメリカの大学から8名のアメリカ人教授がインドの8大学を訪問した。この教授交換は1958年にも行われた。このインドとアメリカの大学間教授交換はインド教育省、PL480の小麦借款の利子基金、アメリカ教育評議会と全米8校の大学の協力事業として行われた。

　1957年12月に、教育省は第1年度の教授交換に参加した米印の教授をハイデラバードに集めて、ラダクリシュナン報告に示された教養課程の具体化のための討議を持った。この会議では、数校の大学が教養課程の新しいプログラムを正式に採用することを決定し、そのための教授組織の改変、新しい試験制度の導入を決めた。そこで重要となったのは、教室、教官研究室、劇場兼講堂などを収容する大学センターの建物であった。これによって、講義と教科書への依存を減らし、学生が新しいアイディアを自ら扱ったり、芸術実践を行ったり、あるいは社会問題に取り組むことを可能にしようとした。1957年にフォード財団はデリー大学の教養課程教授方法の研究と大学センター建物への助成を行い、1958年にはアリガルー・イスラム大学とバローダ大学への大学センター建設のために各20〜30万ドルの助成を行った。デリー大学とアリガルー・イスラム大学の副学長はそれぞれラダクリシュナンとザキール・フサインであった。

　三大学のうち、教養課程が目立って成功したのはバローダ大学であった。英領インド時代にはイスラム教徒の教育の中心であったアリガルー・イスラム大学は、印パ分離後は多くの教師がパキスタンへ移ったため、大学全体が衰退しつつあった。デリー大学はラダクリシュナンの後を継いだラオ（V. K. R. V. Rao）副学長が教養課程に不熱心であった。

　このように実験的に導入した3校のうち2校で困難に直面した教養課程で

あったが、政府の大学補助金委員会（University Grants Commission）の委員長で、デリー大学物理学科長、国防省の科学アドバイザーであった物理学者のコタリという得がたい賛同者が現れた。彼は、自然科学者は人文科学の教養を持つべきであると考えていたため、大学補助金委員会によって全国の大学へと教養課程導入が働きかけられることとなった。1959年、コタリはフォード財団にコンサルタントの派遣を要請した。エンスミンガーは、ニューヨーク市立大学の社会研究学部の初代の学部長であったハンス・シモンズをリクルートして、大学補助金委員会に派遣した。シモンズは第2次世界大戦時のドイツ移民であり、彼の参加はアメリカの制度の一方的な押しつけと受け取られない強みを持っていた。コタリの引き回しでシモンズは多くの大学を訪問し、バローダ大学の成功例を事例に各大学の副学長と教授陣に教養課程をどのように導入するかを説明してまわった。コタリは拙速を避け、大学に教養課程を受け入れるよう圧力をかけたりはせず、シモンズによる時間をかけた説得に期待した。シモンズの2年間の任期の終わりの頃、コタリはシモンズに教養課程に関するハンドブックを書くよう依頼した。そして、コタリはこのハンドブックに序文を書き、大学補助金委員会から出版した。1962年には、フォード財団は大学補助金委員会に教養課程教員の訓練のために17万5000ドルの助成を行った。このような地道な活動を通じて、教養課程は10年、20年という長い時間をかけて、徐々にインドの大学に広がっていったのである。

● 評価、試験制度の改革

　大学における最大の問題の一つは他大学の教官が参加する外部試験の制度であった。卒業資格取得だけを目指す学生たちは試験に出そうな問題の暗記のみに興味を示し、講師たちも試験に出そうもない内容を教えることを避けた[349]。その結果、講義は教科書中心、暗記中心になり、自分で考え判断する機会が与えられることはなく、内容も現実のインドの問題とは遊離したものとなりがちであった。試験制度が問題である点では、学生、教官、教育省は一致していたが、実際の試験制度改革には大きな抵抗があった。その最大の理由は教官の極端に低い給与であった。どの大学にも他大学の試験に関与しているシニアな教官がおり、それが彼らの主要な副収入となっていた。ま

---

[349] 評価、試験制度については、Ensminger, Douglas, Oral History Transcript B.23, op. cit., pp. 35–38.

た、授業を受け持った教官が自ら試験を行うと学生に教官が買収される危険性が高いと大学当局も教育省も恐れていた。

　こうした中で、教育省はフォード財団にアメリカ人の試験専門家のコンサルタント派遣を依頼した。そこで、シカゴ大学テスト・サービスからベンジャミン・ブルームが1957年にコンサルタントとして派遣された。ブルームは学習到達度評価の世界的権威であり、インドでもすでに知られた専門家であった。彼は最初は中等教育評議会に協力して、中等教育における試験を到達度評価に変えることを仕事とした。1958年の彼の2度目の訪印では、大学補助金委員会から依頼されて大学の試験制度の変革に関わることとなった[350]。ブルームは200人ほどの大学教授と学生と会い、学習と試験の関係をどのように改善すべきかについて話し合った[351]。ブルームは、大学の試験制度を根本的に変革するのは容易ではないと判断し、抜本的改革ではなく改善を進める方法をとった。外部評価の制度改革ではなく、試験問題の陳腐化を防ぐために問題内容を常に新しく改めていく仕組みを提言した。フォード財団はブルームの提言を継続していくために、教育省に試験担当部署を創設し、そのスタッフがシカゴ大学のブルームの下で訓練を受けるための助成を行った。

● 科学才能発掘スキーム、アメリカ史・国際法、中国研究

　ネルーの科学技術重視政策の下で、科学教育の振興は教育における一つの中心的課題とされていたが、人口の大半が貧しく、奨学金制度なども完備していないインドの状況の中では真に優れた才能が大学に進めるとは限らない[352]。そこで、エンスミンガーは中等教育の中で科学の優秀な学生を発掘し、奨学金を与えて大学に進学させる方法を考えた。そして、教育省の要請を受けてフォード財団は1959年にマーガレット・パターソンをアメリカから招いた。彼女はウェスティンハウス社をスポンサーにしたアメリカで最初の高校科学才能発掘と科学フェアの考案者、実施者であった。彼女はすぐに教育省に受け入れられ、2年間教育省で科学才能発掘のコンサルタントを務めた。

---

[350] Ensminger, Douglas, "The Ford Foundation Program Letter, Report No. 103," July 7, 1958, Report #001802, FFA.
[351] Ward, Champion F., op. cit., p. 37.
[352] 科学才能発掘スキーム等については、Ensminger, Douglas, Oral History Transcript B.23, op. cit., pp. 38–46.

教育省に科学才能発掘部署が作られ、パターソンがスタッフの訓練を行い、科学の才能のある高校生の選抜、奨学金授与の仕組みを作った。このプログラムは政治的介入もなくスムーズに進んだ。

　1959年にはインド世界問題評議会と国際研究大学の要請を受けて、同大学にアメリカの歴史と文明の講座と国際法の講座を作る助成を行った。アメリカ史については、ラダクリシュナン副大統領を通じてネルーからフォード財団に要請があった。著名な社会学者のウィリアム・オグボーンが最初の客員教授となった。国際法の講座は同評議会とインド最高裁の判事の要請でオーストラリアから国際法の専門家が招かれ、研究、教育、図書館の設計にあたった。50年代の終わりには両講座とも外国で訓練を受けたインド人の教授が専任となり、組織的に確立した。

4－5－2　大学への本格的関与の始まり（第3次5カ年計画期）

　第3次5カ年計画期、特にその後半からは大学への本格的関与が開始されている。その前兆となったのは中印紛争を契機とした中国研究のセンターを作る必要性であった。アメリカ国内の地域研究への助成の大きなスポンサーであったフォード財団に要請がなされた。中国軍の侵攻に脅威を感じてアメリカ政府に軍事援助を求めたのと同じ心理的変化であった。知識の世界でも従来の左寄りの傾向から、アメリカ寄りへの方向転換が起きていた。

　1964年からは有名国立大学への関与が本格化していった。そこで見られるのは、それまで大学に強い影響力を持っていた共産党系をはじめとする左翼の教授たちとの知識の闘争であった。学生運動も盛んとなり、フォード財団の活動は大学を一つの主戦場とするようになっていったのである。第2次5カ年計画期にはアメリカの民間財団が大学に関与することはほとんど考えられなかったであろう。つまり、インドの社会主義が退潮傾向となり、社会主義イデオロギーの中心であった大学にまでアメリカの影響が及んできたのである。

● 中国研究のセンター作り

　1962年の中国のインド侵攻によってインドのいくつかの大学に中国研究センターを創設しようという気運が高まった。インド外務省がその必要性を強く訴えたが、実際のセンター作りは大学補助金委員会があたった。フォード財団はアメリカ国内でいくつもの大学に中国研究センターを創設するため

に巨額の助成を行っていたためアメリカの中国研究者との付き合いは深かった。フォード財団はコロンビア大学のテッド・デベイリーとハーヴァード大学のジョン・リンドベックの二人の中国専門家をインドに招いた。二人はインドにおける中国研究センターの目的、必要なスタッフ、研究・訓練プログラムなどの設計に協力した。最初の中国研究センターをデリー大学に作るか、あるいは国際研究大学に作るかの問題が生じ、また、1963年のフォード財団の助成で創設されたデリー大学中国研究センターの最初の所長を誰にするかでアメリカ側の大学とインド側で確執が生じた。そうしたインド人教授同士のポスト争いの中でハーヴァード大学でも五指に入ると言われた、優れたインド人中国研究者であるランビール・ヴォホラがカナダの大学に就職してしまい、アメリカ側から見て最大の人材を失ってしまった。実施過程でいくつかの問題があったものの、インドの中国研究はフォード財団とアメリカの大学の協力によって始まったということは間違いない。

● 大学への関与の始まり ── カルカッタ大学、デリー大学

1964年頃からフォード財団の大学への助成が増加する。これはIADPが成功せず、それまでの大規模国家プロジェクトへの参加への批判が高まり、フォード財団内部で大学の研究活動を支援対象の中心にすべきだとの意見が強まったことの反映である。大学支援の中でも特に、カルカッタ大学とデリー大学への関与が大きい[353]。センター・オブ・エクセレンスを作っていくというフィランソロピーの常套の手法が用いられたのである。

カルカッタ大学法の改定への関与は1961年にミネソタ大学のモリル前学長が国務省の派遣でインド講演ツアーを実施中に、カルカッタ大学副学長から同大の大学法の改定へのフォード財団助成の打診を受けたことから始まった。これを受けて1962年にエンスミンガーはモリルの推薦でミネソタ大学の元学術担当副学長ウィリーを長とする3名のコンサルタント、さらに同じくミネソタ大学の元事務担当副学長のミドルブルックを長とする調査チームを次々と送り、基本的な構想をまとめた。ミドルブルックの提案を受けて、1964年にウィリーを長とするコンサルタント3名がカルカッタ大学に3年間の計画で派遣された。当時、フォード財団はカルカッタではカルカッタの都市計画を行うカルカッタ都市圏計画機構（Calcutta Metropolitan Planning

---

[353] 大学への関与は、Ensminger, Douglas, Oral History Transcript B.23, op. cit., pp. 48–60, 65–81.

Organization: CMPO）への大規模な関与、カルカッタ経営学研究所、および西ベンガル州家族計画プログラムにも助成しており、カルカッタへはかなり集中して関与していた。

　西ベンガル州は会議派の汚職問題などで共産党の勢力が州議会で強かった。そのため、1967年の総選挙で共産党と会議派の連立与党が成立すると、議会でフォード財団はCMPOとカルカッタ大学へCIAのスパイを送り込んでいるという批判が公然と口にされるようになった。同州の教育、保健、計画の各大臣と副首相は共産党が握っていた。エンスミンガーは西ベンガル州閣議で彼自らが直接CIA嫌疑を晴らす機会を作り、CIA問題は一応の収束を見たのである。このときには、エンスミンガーは共産党の教育大臣と直接対峙し、カルカッタ大学へのコンサルタント派遣は前政権が中央政府教育省の許可を得てフォード財団に依頼したのであり、現政権がフォード財団に退去を命ずるのであれば、いつでもプロジェクトから撤収すると強い態度で応酬した。会議派の州首相はフォード財団の関与の継続を認めると発言し、これを受けて翌日には教育大臣もエンスミンガーを呼んで承認を伝え、3日目には新聞にフォード財団とCIAは無関係との内閣のリーク記事が掲載された。副学長と緊密な連絡をとりながら、ウィリーのチームは学生デモが頻発する不穏な大学で慎重に作業を進め、新しい大学法案が州議会に提出されるに至った。しかし、そのとき西ベンガルでは共産党が街頭闘争に出ており、一層不穏な空気が高まり、州政府はぐらついて新大学法の議会通過が危ぶまれた。副学長からの依頼を受けて、エンスミンガーは教育大臣に大学法案を議会提出するよう非公式ではあるが強く働きかけた。その結果、新大学法はウィリー・チームの原案のまま議会で成立したのである。

　ウィリーはカルカッタ大学の仕事の3年目である1967年には、デリー大学でも大学10年計画の策定に協力した。フォード財団はデリー大学に10年計画策定のための助成を行い、ウィリーをコンサルタントとして派遣した。ウィリーの大学計画の専門性は大学補助金委員会のコタリに評価を受け、エンスミンガーの示唆でウィリーの書いた大学計画のマニュアルは大学補助金委員会から正式の出版物として出版され、大学計画の基本的文献として広くインドの大学に配布された。コタリはカルカッタ大学法にも高い評価を与え、同法をインドの他大学法のモデルとなると歓迎した。

　エンスミンガーは長い間インドの大学のレベルを国際水準にするにはどうしたらよいかを探っていた。ある時期は、インドのトップの5大学を国際水

準にするためにフォード財団が大規模な支援をするアイディアを教育大臣に打診し、前向きの反応を得ることに成功した。しかし、その5大学が全てキリスト教ミッション系の大学となってしまうことを知ると大臣は関心を失った。後には、インドの既存の大学に失望して新たに私立大学を創設することを考え、インドの産業資本家たちの説得を試みた。ネルー大学と名づけた大学の構想はインドの篤志家の寄付にフォード財団がマッチングファンドを出すものであった。一時は、タタなどの資本家たちも乗り気であったが、中国のインド侵攻以降、ネルー批判が高まり、ネルー大学の構想は沙汰止みとなった。エンスミンガーは一つの既存の大学を選んで、その大学を国際水準に引き上げるというアイディアに戻っていった。

大学補助金委員会と教育省の関心を引き出したエンスミンガーはアメリカからトップの教育者を招いて、インドの関係者とこの件での話し合いを持つことに成功した。招かれたのはプリンストン大学学長のゴヒーン、当時国際担当副理事長補となっていたウォード、カリフォルニア工科大学の学部長で最初のアメリカ大使館科学アタッシェであったワトソンの3人である。議論の結論は、インドの指導的立場にありC. D. デシュムクが副学長[354]を務めていたデリー大学を選んで集中的に助成して国際水準の大学にするという方針であった。

デリー大学を選ぶにあたっての最終的な条件は大学補助金委員会と教育省がデシュムクの提案、すなわちカシミール門を境にデリーにもう一つ大学を作り、デリー大学を1万2000人ほどの経営可能な学生数に縮小する案を承認することであった。さらに、アメリカ側の教育者たちは大学補助金委員会はフォード財団の助成が出されてもデリー大学への補助金を減らさないこと、デリー大学は学内に計画委員会を作って10年間の発展計画を作ること、そして全ての学科を国際水準にすることをフォード財団助成の条件とした。インド側が以上の条件を承認したため、フォード財団は当初予算として500万ドルの助成を決定した。

当時デリー大学には少数派ではあるが強い意見を持った左派の教授陣がおり、フォード財団のデリー大学への関与に強硬に反対していた。そこで、エンスミンガーは大学の改善の優先順位をフォード財団の関与なしで計画委員会が独自に作ることを重要視した。10年計画が出来るまでは助成金を支出

---

354 Vice Chanceller. 実質的な学長である。

しないこととし、計画案作りのためだけに少額の助成金を支出した。しかしながら、計画委員会の作業ははかどらず、デシュムク副学長と計らってカルカッタ大学のコンサルタントであったウィリーにデリー大学の計画作りに協力してもらった。

　また、デリー大学支援のためにエンスミンガーはアイオワ大学の元学長のハンチャーをニューデリー事務所の教育コンサルタントとして雇ったが、6カ月ほどして心臓発作で亡くなり、代わってダートマスカレッジの学長であったマスランドを2年間の契約でコンサルタントとして雇用した。マスランドは自分の他に、デリー大学に常駐するコンサルタントが必要だと判断しタフト大学のミードが雇われた。

　計画委員会は作業を進めたが、同委員会と副学長の間では最初の助成は大学図書館の大幅な強化であるという点で一致していた。そこで、フォード財団はアメリカの最上級の司書であるホワイトをコンサルタントとしてデリー大学図書館のニーズの検討を行った。ホワイト報告書に基づいて、図書館の経営の再組織化、中央図書館の設置を進めることとし、図書館経営のコンサルタントとしてキップ夫妻をコンサルタントとして派遣した。新しい図書館長の選任が副学長によって行われると、財団は図書購入の助成金を支出した。これが最初の助成金の支出であり、計画ばかりで実際に資金が動かない状況でのさまざまな噂は消し飛んだ。

　大学計画部門の当初の優先順位案が出来上がり始めると、マスランドとミードの二人は財団に警告を発した。出来上がりつつある優先順位案は大学の真のニーズからはずれていると彼らには思われたのである。エンスミンガーはデシュムクの介入を求め、現実的で正直な案を作るよう計画部門に圧力をかけた。優先順位作りでは、3つの原則がフォード財団から示された。第一は弱体な学科の必要な資金計画作り、第二は機器を扱えるスタッフがいる場合に限って機器の要請をする、第三は要請が重複した場合、複数の学科で高価な機器を共同利用するための調整を計画部門が行うことであった。

　他方、デリーにもう一つ大学を作るという教育省と大学補助金委員会の約束はデシュムク副学長が退職すると変質し、大学院大学であるネルー大学の新設に変わってしまった。このため、1万2000人の小規模な大学となるはずであったデリー大学は3万人を超えるマンモス大学に留まり、このためフォード財団の大学の質向上という目的は新副学長の下でデリー大学大学院の研究教育の強化へと変更を余儀なくされた。また、フォード財団の助成に

よって高度化した大学の維持のために、以前よりはるかに多い補助金をデリー大学に交付する必要に迫られるという現実に大学補助金委員会も目覚めていった。機器の調達でもさまざまな問題が生じた。そこで、前述のカリフォルニア工科大学のワトソンがコンサルタントとして雇われ、機器の調達の差配を行った。ワトソンは初代の科学アタッシェとしてデリー大学と大学補助金委員会の科学者のほとんどと旧知の仲であり、機器購入請求の許諾をワトソンが行うことはスムーズに受け入れられた。

　後任の副学長ガングリの時代は引き続く学生のストや暴動の時期であり、ガングリ自身はその対策に追われた。そして、体調を崩し、K. N. ラージに後を譲った。ラージは経済学科長で典型的な左派教授の一人であった。しかし、副学長となったラージはフォード財団の助成の継続を望んだ。亡くなったマスランドの後任となったハウはジョンソン政権の教育長官で、彼はコンサルタントとなるデリー大学＝フォード財団プロジェクトの評価を行い、報告書をラージに提出した。ラージは報告書を点検した後にハウの提言を承認した。ラージは教授会の支持を得られず、短期間で副学長を辞任した。ハウはアメリカでの中等教育の実務家の経験を生かして、インドでも中等教育改革に力を貸すこととなった。ハウはこの後フォード財団の副理事長になっている。

　以上のようにして、フォード財団の大規模なデリー大学強化は大学院での研究と教育に向けられ、大学中央図書館が建設され、さらに新たに大学コンピューターセンターが助成で実現した。センターは大学の全学科の共同利用となり、また同時にプログラミング訓練の国家センターとなることが期待された。このため、マサチューセッツ工科大学からハスキーが同センターの企画設計のためにコンサルタントとして招かれた。

　さらに、デシュムク副学長の時代から教官宿舎の建設支援が話題に上っていた。デシュムクはインド国際センター、アメリカ・インターナショナル・スクール、フォード財団デリー本部ビルの設計を手がけたジョセフ・スタインに低コストの教官宿舎の設計を依頼したいと強く望んだ。デシュムクとエンスミンガーは、講師から教授までが隣同士に住むような教官宿舎を作ることを望んでいた。

　以上のように、デリー大学には、中央図書館、コンピューターセンターから、教官宿舎に至るまで、多くのところにフォード財団の助成の跡を今日に至るまで見ることが出来るのである。

4－6 まとめ
4－6－1 食糧増産——インド型社会主義からの逸脱

　5年計画のIADPの最終年度である1964年に至っても、インド政府の対応の遅れによってIADPは当初計画の端緒についたばかりのような状態であった。そして、1966年、67年と2年続きの大干魃に見舞われ飢饉が発生してしまったのである。つまり、1956～57年の干魃から1966～67年の干魃までちょうど10年間あり、その前半はインド政府に農業政策の改革の必要性を認めさせ、後半はIADPへのインド政府の協力を引き出すという困難な仕事の連続であった。前半の困難の主たる理由はIADPの基本概念である資源の集中投資の考え方がインドの社会主義原則と摩擦を起こしていたからである。後半には中印紛争、ネルーの死によるインド政府の指導力欠如も要因に加わった。

　エンスミンガーが社会主義体制と衝突したのは主としてその硬直した官僚主義体質であり、利潤インセンティブや市場原理の軽視という具体的な開発政策の問題であった。すなわち、農産物価格保証制度による農民へのインセンティブ導入への農業省の反対、農薬や肥料の円滑な流通を阻害する非効率な農業協同組合の流通独占、農業生産の好条件地域への資源の集中投資への州政府の反対などである。こうした具体的な対立点について、エンスミンガーはインドの官僚と長い年月の間、何度も衝突しながら仕事を進めていったことが分かる。彼の手段は専門家、コンサルタントたちであった。社会主義体制全体を批判するのではなく、むしろ個々具体的な問題について専門家としての意見や反論を出させていったのである。こうしていわば体制の表面、あるいは体裁としての社会主義とは妥協しつつも、実質において市場原理や個人主義的な利潤インセンティブによる経済活性化を進めようとしていたとも言えるであろう。インド政府側には抵抗はあっても完全な拒否はなかった。インドの社会主義はそこまで徹底したものではなかったからである。

　1950年代のアメリカ外交の特徴であるダレス外交は各国にアメリカの側に立つのか、あるいはソ連・中国の側に立つのかの立場を明らかにするように迫った。ある意味で非常にイデオロギー色の強い外交であった。他方、エンスミンガーにとってダレスの問いは少なくともインドの文脈では意味のないことであった。インド社会主義の実態はアメリカと異なっている以上にソ連とも異なっていたからである。エンスミンガーにとって意味がある問いはインドの農業生産を増大させ、農村の教育、医療の水準を上げることでイン

ド人口の大半を占める農民の福祉を向上させる具体的方策として何が最も適切であるかという点であった。その観点からはインド社会主義には積極的な側面も否定的な側面もあった。つまり、保守派のイデオロギー的対立とは異なり、感情的拒否反応ではなく合理的、理性的な政策論としての社会主義の諸側面との対立であったのである。

　IADPでエンスミンガーとフォード財団はかなり明瞭にネルー時代の社会主義とは異なる路線を選択した。社会主義からの逸脱を可能にする政治空間が拡がったことを意味していた。インドにおけるフォード財団最大の事業となったIADPに、彼は蓄積してきた政治的資源を最大限投入した。それまではインドの社会主義路線に妥協を重ねてきたが、その妥協によって出来上がった信頼や実績という資源をIADPに注ぎ込んだ。過去の信頼と実績がなければ、彼の辞任の脅しはインド政府に何の効果も発揮しなかったであろう。彼がやろうとしたのは、よりアメリカ的でより資本主義的な発想に基づいた集中投資の実験であった。しかし、それでもまだ、真にアメリカ的な農業から見ればはるかにインド社会主義に寄り添った姿勢であり、インド社会主義からの逸脱はほんの一歩に過ぎなかったとも言えよう。

　ここで、農業問題の最後として、IADP後の課題として問われた農業普及と新技術開発の問題を考えてみたい。ゲイザー報告書に示されたフォード財団の使命は知識の開発、普及、社会適用の3点であった。エンスミンガーがIADPにまで引きずって10年以上にわたってインド農業開発の基礎としていたのは農業普及事業であった。この全国に訓練センターを作って普及員が農村に散って知識を普及するという知識普及モデルは、エンスミンガー時代の基本的なパターンであり農業普及以外にも多く適用されたことはすでに見てきたところである。このパターンに彼が拘泥したのには、彼自身がまさに農業普及のアメリカにおける専門家であったことが重要な要因であったことは間違いないが、他にも要因があった。

　第1章では最初のフォード財団調査団と国家計画委員会の交渉で当時の副理事長デイヴィスが、農業の新技術開発ではなく既存知識の普及の道を選択したことを述べた。その理由はインドの農業生産性が低く既存知識の普及だけでも相当な食糧増産が望めることと、新技術開発よりも普及事業のほうがコストがかからないと判断されたからであった。同時に、政治的に微妙であるのでフォード財団は関与しないが、インド政府が土地改革と人口抑制の政策をとることが暗黙の前提とされていた。当初の農業普及事業の選択はこう

した複数の前提を基に行われた合理的選択であった。しかし、国家コミュニティ開発に関わり、また農村大学やその他のさまざまな農村開発関連事業に関わるうちに、当初の合理的選択が当然の前提に変質し、コストがかからないはずが巨大な国家プロジェクトに巻き込まれていってしまったとも言えるのではないだろうか。少なくとも1950年代の間に、当初の判断要素にもう一度立ち返って、普及事業が最も合理的な選択であるどうかを再検討した形跡は調べた範囲で見出せないのである。フィランソロピーが政府と一体化して国家機能を果たすという、フィランソロピーにとって至高のときに、実は本来の合理的、実証的な性格が薄れ、プロジェクトの現場で新たな事態が生じていることが見過ごされるという現象は第2章で述べたアメリカ国内におけるグレイエリアと貧困との戦争の事例で描いた通りである。

　第二に指摘したいのは、途上国において新技術を開発することは想定することは可能でも、実際に実行するには相当のリスクが予想されたであろう点である。実際、フォード財団でもインドの気候風土に適した技術開発を考えた際には、当初アメリカやその他先進国の研究機関に委託するのが順当な選択肢として出てきた。しかし、アメリカの大学等もそうした新技術開発には乗り気ではなかった。やはり熱帯の風土の中で実験を重ねる必要があり、アメリカで開発することには無理があったのである。新品種の開発が行われたのが小麦の場合にはメキシコ、稲の場合にはフィリピンというアメリカときわめて縁の深い国であったことは偶然ではないであろう。アメリカの研究者と研究機関が熱帯向けの農業新技術を開発するのに適した国は限定されていた。インドが新技術開発を行える体制を整えるのに時間がかかったのは当然であった。新技術開発という創造、クリエーションに至るには、普及事業という模倣、エミュレーションの過程をどうしても経る必要があるのではなかろうか。普及事業とはこの模倣を合理的、効率的に行う方法として認識されていたのである。エンスミンガーはこのエミュレーションの時代のいわば申し子であった。彼の考えていた近代化とエミュレーションは密接に結びついていたのである。

4－6－2　家族計画──通用しない影響力の手法

　家族計画の歴史は、インドに留まらずアメリカ国内においても保守派の強い反対との闘争の歴史であることが分かる。エンスミンガーはインド国内で人工的な避妊に反対するガンディ主義者、アメリカ国内でのカトリックを中

心とする保守派の反対に挟み撃ちにあっていた。インドではネルーがガンディ主義者の反対を恐れて逡巡しており、アメリカではアイゼンハワーが保守派に気兼ねして連邦政府は一切家族計画に関わらないと宣言し、フォード財団では上層部がカトリックと再婚したフォード2世を懸念していた。

　こうした反対派が多い困難な状況の中で、エンスミンガーがとった方法は「影響力の手法」であった。まず第一にトップリーダーであるネルーを口説くことである。ネルーからはラジクマリ保健相が同意すればよいという言質を得た。次にはラジクマリを説得することである。このときには、指導的立場の人間を説得するのにしばしば使われたアメリカへの招待の手法が用いられた。百聞は一見にしかずである。第二にはアメリカ人専門家による調査と報告書の出版である。家族計画の場合、最初はノウトステインとバウムガートナーの報告書であった。第三は国家的立場の委員会の設置であり、委員会活動への助成である。家族計画の場合には報告書の提言を受けて、家族計画諮問委員会が設置され、後には政府から支援を受けるが独立した家族計画委員会が設置され、最高責任者であるコミッショナーが任命された。いわゆる公的活動をしながら政府機関ではないグレイエリアの国家的組織である。民間組織であるガンディグラムでの政策実験も成功を収めた。

　以上のように影響力の技法は手抜かりなく用いられ、インドに家族計画を普及していく上で確実に大きな力を持ったことは間違いないであろう。さらに、家族計画の研究に関しての助成は特に長期的に大きな影響力を持った成果と研究者を生み出し、インドを同分野の研究では世界の最先端へと推し進めたのである。しかし、エンスミンガーとフォード財団は保健・家族計画集中郡プログラムで大きく躓いた。それはインド保健省と交渉していた計画がニューヨーク本部の予算カットによって大きく変更を余儀なくされたことに端を発し、保健省とフォード財団の相互不信に至り、同プログラムが開始出来ないままコンサルタントが2年間も放置されるという事態を招いたことであった。

　その原因の一つはエンスミンガーが影響力の技法の行使にいささかの奢りを持ち始めており、安易に事を進めすぎたのではないかと考えられる。家族計画集中郡プログラムはIADPの引き写しであり、そもそものアイディア自体が安直である印象は免れない。また、農業問題とは異なって、エンスミンガーが保健省に対して持っていた政治的資源は農業省へのそれに比べれば遙かに小さく、またニューヨーク本部のコミットメントの程度も家族計画は遙

かに小さかった。彼は問題を処理するに十分な政治力を保健省に対してもニューヨーク本部に対しても持っていなかったのである。つまり、影響力の技法は高度に政治的な手法であり機械的に適用出来るものでもないし、状況判断が重要なのである。

しかし、それ以上に重要なのはアメリカ人専門家の効力、影響力がこの頃には相対的に低下していたことを指摘すべきであろう。フォード財団の影響力の技法で最も鮮やかなのはアメリカの同時代の著名な専門家を派遣し、彼ら彼女らの意見がネルーをはじめとするインド政府高官に受け容れられ政策に反映されていく部分である。行政改革のアップルビー、小規模産業のステイリー、教育のウォードなど挙げれば切りのない人々が大きな影響力を発揮した。同時代の最も優れた人を派遣するためにエンスミンガーが心を尽くしたことはすでに述べた通りである。

しかしながら、アメリカ政府に比べて高給でより優れた人を送ったフォード財団ですら、60年代のコンサルタント批判から免れることは出来なかった。それはやはり、本文で述べたようにこの時期になると50年代にアメリカの援助によって海外で学んだインド人が大量に帰国し始めたという事情が大きく作用していると思われる。つまり、アメリカをはじめとする欧米先進国とインドとの知識の格差がエリートのレベルでは縮小したのである。したがって、アメリカ人コンサルタントの効用が相対的に低下した。

別の観点から言えば、エリート間の知識格差の縮小が意味していたのは、すでに存在している知識に関してはほぼインドの現実への適用が終わっており、効用があるかどうかの判定もほぼ済んでいたことである。つまり、時代は欧米で既存の知識をインドに普及する段階を終えてインドに適した新しい知識を開発する段階に入っていたのである。エミュレーションからクリエーションへの転換が必然的に求められていた。そうした状況の中ですでに付加価値が下がっている欧米の既存知識を相変わらず普及しようとした高給のアメリカ人コンサルタントたちが拒否されたのは当然と言えば当然であろう。エミュレーションの時代の人間であったエンスミンガーはこの時代の変化に気づくのが遅れたのである。

4－6－3　経営学と高等教育
　　　　——知識の内容、その生産、普及の制度をめぐる葛藤

インド政府の経営学への関心は、第2次5カ年計画において国営企業経

営が重要な国家課題となった時に初めて顕在化してきた。このような文脈があったため、経済の管制高地を国有化するという類似の社会主義政策をとっていたイギリスがモデルとなったのはある意味で当然であった。他方、フォード財団は当然アメリカ型経営学の導入を考えたため、イギリス型モデルとアメリカ型モデルの競争状況になったのである。

そこでフォード財団は経営者を目指す若者のための経営大学院を作る方針を固め、当初はカルカッタ、ボンベイ、デリーの3つの大学に打診したが条件的に折り合わなかった。フォード財団が大学側に出した条件のうち、特に経営学研究所のスタッフの給与を他より高く設定する、外部企業のコンサルタント業務を自由に引き受けられるようにするという要求はフィランソロピーが優位に立つアメリカの大学では通っても、インドの国立大学では不可能であった。そして大学外設置にボンベイ大学が反対するとアーメダバードに移してしまうという強硬な措置をも辞さなかったのである。

フォード財団がインドの経営学支援で大きな影響力を発揮出来たのは、ハーヴァード経営大学院とマサチューセッツ工科大学経営大学院というアメリカでも最優秀の経営大学院の協力を得られたことが重要であった。両校とも最初の数年間はほとんどアメリカの経営大学院のコピーをインドに作ることを目指したが、両大学院に留学したインド人が帰国してアメリカ人講師と入れ替わる頃には、アーメダバードとカルカッタの両経営学大学院ともカリキュラムの面でもインド化が進んでいった。フォード財団も望んだ結果である。

アーメダバードとカルカッタの経営学大学院がインド国内で認められるようになると、両校とハイデラバード幹部学校との競争が始まり、幹部学校はついにフォード財団にコロンビア大学経営大学院の協力を得るための援助を要請するに至った。エンスミンガーはコロンビア大学の専門家に加えて、あえてイギリスのコンサルタント会社から専門家を派遣するという「配慮」すら見せている。つまり、完全にアメリカ型モデルの勝利を宣言したのである。これは、経営学については1960年代半ばにイギリスの影響圏からアメリカの影響圏への転換が起こったことを示している。1980年代に本格化したインドにおける経済自由化の起源をここにも見ることが出来るのである。

第5節　小　括

　以下では、本章で検討してきたフォード財団とアメリカ、インドの両政府との関係、また国際開発の規範や政治空間との関係、さらに国際開発の近代化、あるいはアメリカ化としての歴史的側面についてこれまでの検討をまとめてみたい。特に、両国政府とフォード財団の意見の一致点と相違点に注意を払いながら三者の関係を検討してみたい。

5−1　平和と開発の合意

　ネルーのインド政府とフォード財団を親密にし協力関係に導いた第一の要因は、平和と国際開発の相互関係についての認識の合意であった。両者は国際平和と新興独立国の経済開発が因果関係で結ばれていると信じていた。このことは、社会経済理事会に象徴されているようにある程度までは国連創設の際にすでに合意されたことであった。国連創設を支えたアメリカの国際主義の理念が国際開発の母胎でもあることはすでに第1章で述べた通りである。しかし、冷戦の始まりとともにアメリカでは国際主義を理想主義として退け、軍事力を背景とした封じ込め政策によって平和を維持しようとする現実主義的な政策が次第に主流となっていった。その具体的な現れがトルーマン・ドクトリンに始まる冷戦外交であり、最も純粋、直接的な表現がダレス外交であった。ネルーはダレス外交に明確に反対していたし、フォード財団を含むアメリカのリベラル派も賛成していなかった。ネルーの展開した非同盟中立政策、アジア・アフリカ連帯の外交は明確にアメリカの冷戦外交への対抗であったし、またその政策の基本にはアメリカの国際主義と一脈通じた理想主義的な平和主義があったのである。いわば、アメリカが放棄した国際連帯による平和主義をネルーが第三世界の文脈で再生したのである。フォード財団はアメリカで少数派となっていたリベラル派の牙城であり、ホフマンは正に国際平和と国際開発の因果的結合を訴える主要な論客であった。この同志的連帯がフォード財団とネルーのインド政府を近づけた主要な要因であった。

　ただし、平和と開発の因果関係のあり方については両者に観点の相違があった。基本的な合意はあっても微妙な意見の差異は当然存在していたのである。フォード財団を含むアメリカのリベラル派はインドに象徴される第三世界が共産化すれば、アメリカは自衛のために共産圏との戦争に向かわざ

を得なくなると考えていた。そして、共産化の根本原因は貧困と人々の絶望であり、開発によって生活水準が向上すればラディカルな政治行動は抑えられると考えていた。一方、ネルーはインドの開発が国際社会の平和につながるという関係と同時に、国際平和がインドの開発にとって不可欠の前提条件であることも強調していた。国際平和と開発は不可分のものであり、その間の取引には応じなかった。アイゼンハワー政権は開発援助と引き替えに非同盟中立政策の変更を迫ったが、ネルーは応じていない。もしフォード財団が同じ態度であったら、インドでの活動は許されなかったであろう。しかし、ネルー外交の原則はインドの民族主義の許容範囲でのみ有効なものであり、その外側にまで通用するものではなかった。民族主義感情をいたく刺激するパキスタンとのカシミールをめぐる交渉では平和主義を訴えるネルーを見出すことは出来ず、また国内政治的にそれは許されなかった。フォード財団はほぼ一貫してインドの非同盟中立主義外交と民族主義感情に十分な敬意を払い、それらに抵触することのないよう注意していた。それはインドの主権の問題であると同時に、リベラル派の持っている柔軟性、寛容さ、ハト派的性格にも由来していた。

　以上のような微妙な立場や意見の相違を含みながらも、大枠としての平和と開発の連関の合意は維持されていった。それがフォード財団とインド政府の同盟関係の基礎であったのである。

5－2　異なる系譜の政治経済観の混在とアメリカの影響力
　　　　──時代変化

　15年間のインド政治経済の変化はごく一般的に言えば、複数の異なる戦前からの系譜が次第にインド型社会主義の形にまとまっていき、そこである種インド固有の形態を作っていったのが1950年代であり、それが1960年代からは次第に弛緩し、より自由主義的な方向へと溶解していったと言えよう。フォード財団の全般的な関わり方は、基本的にはインド政府の政策枠組みの中でその政策実施を援助すると同時に、その中の一部によりアメリカ的な政治経済のあり方の要素を埋め込み、社会や政策への影響を与えていったのだと言うことが出来るであろう。つまり、インド政府の要望に応えてぴったり寄り添っている部分とそこにアメリカ的な創意工夫を織り込んでいる部分の両方があったのである。そこにインド政府とフォード財団の合意と相違、また協力と妥協の関係が成立していた。それはより抽象的に言えば、イ

ンド型社会主義の政治経済とアメリカ型修正資本主義の政治経済の合意と相違であり、協力を通しての影響力の行使であったのである。

　フォード財団がチャンネルとなったアメリカの影響力がインドの政治経済の行方に決定的であったとは言えないであろう。その変化の主たる要因は国内、国際の政治要因であり、またネルーを中心とするインド政府の選択の結果であったからである。主権はあくまでもインド政府にあり、気に入らなければフォード財団はいつでも国外退去となる可能性があった。しかしながら、その影響力が小さかったとは言えない。国家開発の最初の15年間をインド政府のコンサルタントのように機能したフォード財団は、まさにインド政府にとってアメリカの知識やその組織化の方法を知る重要なチャネルであった。この間にアメリカで学んだ多数のエリート、インドに形成されたアメリカ的な組織や知識の生産、普及の仕組みは、インドが社会主義から経済自由化へとスムーズに移行する上で重要な社会資本であったと言うべきであろう。そのアメリカでの人材養成、インドでの組織、制度作りの一つの中心であったのはフォード財団だったのである。

5-3　フィランソロピーの影響力の技法
——正統性の獲得、政策実験と研究、知識共同体形成

　上述のようにフォード財団はインド政府の政策に相当の影響を与えてきた。ここでは、それが具体的にどのような方法でなされたのかを改めてまとめておきたい。

　最初に、そして最も重要なのは特定のアイディアへ政府のトップ・リーダーの支持をとりつけることである。こうしたアプローチの仕方は、何事もトップ・ダウンのアメリカ政府や社会のあり方に対応しており、フォード財団にとってごく自然な方法だったと言えよう。インドの場合、最も重要であったのはネルーであった。より実務的な面ではネルーの閣僚の中で親米派と思われる大臣たちが重要であった。二人のクリシュナマチャリ、デシュムクらの経済閣僚たち、またコミュニティ開発最高責任者のデイとは個人的にも非常に近い関係をずっと維持していた。他方、農業大臣、教育大臣、保健大臣とは良好な関係が築けず、財団の活動面でもうまく機能出来ずにいた。さらに、国民会議派左派の代表的存在のメノンや第2次5カ年計画の立案者のマハラノビスらとフォード財団の関係はきわめて疎であった。

　政治指導者の基本合意が得られると、次にフォード財団が行ったのは国際

的な専門家の招聘であった。これは少ない場合には、行政改革のアップルビーのように一人のコンサルタント派遣であることもあったが、多くの場合国際調査団が組織され、複数の専門家がチームを組んで調査を行い、報告書を提出した。調査は形式的にはインド政府の委託調査となる場合が多く、調査団には受け入れるインド政府の省庁が同行した。調査団の報告書は受け入れ省庁から出版され、この段階でいわばインド政府のお墨つきを得ることとなるのである。これ以降、フォード財団は報告書提言の一部を具体的に実施する正統性を獲得することになる。さらに、調査団報告書の内容の一部は開発5カ年計画にも取り入れられ、インドの国家政策の一部になるのである。このようにして、外来のアイディアがインドの政策の中に注入されるわけである。

政策の実施の段階ではアメリカ人を中心とする外国人コンサルタントが活躍することとなる。インド政府の各省にはフォード財団が助成したプロジェクトの指導を行うために常に外国人コンサルタントが多数派遣されていた。国家プロジェクトの中でフォード財団がその一部を担って事業を行っていたが、フォード財団の立場からすれば自らが関わる部分は主として政策実験であった。エンスミンガーの時代は欧米やインド国内にすでに存在する知識の普及が主要な事業内容であったが、それでもインドの新しい土地に既存の知識が適用出来るのかどうかという実験的要素を強く持っており、事業の同時評価がプロジェクトの中に常に組み込まれていた。

大量に派遣されたコンサルタントの多くは大学等の研究者であり、また評価が同時進行で行われたため、大量のデータと分析の文献が生み出されていき、それらはアメリカの大学に蓄積されていったのである。また、インド人の留学先の多くはアメリカの大学であり、そこでアメリカの大学が開発研究の中心になっていったのである。いわば、フォード財団がインドに投じた資金は莫大な知識と経験となってアメリカの大学に環流していき、世界の知的センターの地位と機能を途上国にも拡大していく結果につながったのである。

フォード財団のインドやその他の国々でのさまざまな開発プロジェクトは個々のプロジェクト自体が農業開発や社会開発の政策実験であると同時に、財団の活動が全体として新しい国際主義プロジェクトとしての国際開発の実験であった。途上国政府との関係、本国政府との関係、国際開発の規範や手続きとしての方法など全てが初めてのことであり実験だった。大量の研究者

が加わったことで国際開発の規範が共有化され、データが蓄積され、理論が構築され、知識人のネットワークが、そしてやがて国際開発研究の国際的な知的共同体が形成されていった。共同体にはアメリカを中心とする先進国と途上国の両方から知識人が加わっていたのである。このある構造を持った知識の組織化、知識共同体の形成は、第2章で見たように伝統的にアメリカのフィランソロピーが最も得意とする手法であり、それが国際的にも機能したことを示している。

　以上のようにフォード財団に代表される国際フィランソロピーの影響力の技法は、途上国政府から活動への正統性を獲得すること、政策実験を積み重ねてデータを集積し、科学的な開発プロセスを研究すること、さらには国際的に多くの研究者、知識人を巻き込むことで、国際開発に関わる国際的な知識共同体をアメリカの大学を中心に形成することにまで至る大きな円環を描く作業であった。この円環は国際的な社会資本形成のメカニズムであったと言うことも出来るであろう。

5-4　国際フィランソロピーと諸政府との連合国家

　まず、アメリカ政府との関係を一般的に考えてみたい。アメリカのフィランソロピーの伝統を受け継いで誕生したフォード財団は、少なくとも1950年代においては連合国家論が言うように、制約条件が多く十全な国家機能が果たせないアメリカ連邦政府とともにアメリカの国家機能の一部を担っていたと考えることから始めたい。すなわち、アメリカの国家機能は政府と民間のエリートの協力によって経営されていたと考えよう。しかも、その機能は党派政治、すなわち議会をバイパスして実行されるという効率的ではあるが非民主的である疑いのある方法で行われていた。

　どのように活動の正統性は維持されていたのであろうか。正統性の一部は理事会がアメリカを代表する市民で構成されているという「市民性」によって担保されている。政府規制はほぼ唯一内国歳入庁IRSの免税資格調査であり、それは政治的介入の入りにくい技術的要件の調査である。フォード財団が市民権擁護のために作った共和国基金と議会保守派のリース議員を長とする財団調査委員会、あるいは非アメリカ活動委員会との激しい闘争では、共和国基金の戦略は全米のリベラル派の著名人、すなわちアメリカ社会を代表する「市民」を理事などに動員して、選挙によって選ばれた議会の権限に立ち向かっていくことであった。さらに、ブラックメイリングに関する調査の

ように、大学等の研究者やジャーナリストなどによる実証的、科学的な調査を基にした合理的主張を作り上げていくことである。

　正統性の第二の根源はこうした実証的、合理的な知識である。フォード財団の活動が国際開発の分野においても常に何らかの形で知識に関わっているのは、財団の活動の正統性が知識によって担保されている部分があるからである。例えば、エンスミンガーはコミュニティ開発の当初から事業評価を組み込んでおり、データの集積と理論化に相当な注意を払っていた。この蓄積された知識と理論はコミュニティ活動支援を正当化するのにきわめて重要であり、財団の事業自体が合理的判断によって支持出来るよう備える意味もあった。以上のように、市民性と合理性が財団活動の正統性を担保していた。

　官尊民卑の伝統が強い日本ではアメリカの官民関係は理解しにくいので、アメリカ政府とフォード財団の協力と言うと前者によって後者が使われる関係と誤解しがちである。実態は相当に異なっていた。実際にあった例を挙げれば、アレン・ダレスCIA長官がフォード財団に協力を求めたとき財団はこれを断っている。なぜそれが可能だったのか。これは市民性、合理性で説明することが出来る。すなわち、ダレスがいかに圧力をかけようとそれに対抗出来るだけの国民的に著名で影響力のある「市民」がフォード財団の理事会にはいたし、またフォード財団がCIAに協力することでむしろアメリカの国益が損なわれるという合理的反論も十分可能であった。

　次に、エリートの観点からもう少し突っ込んで見てみよう。財団の理事会議長であったジョン・マックロイのほうがアレン・ダレスよりも社会エリートとしてははるかに大物であった。さらに、このときすでにフォード財団を離れていたが、ポール・ホフマンもダレスに劣らずアイゼンハワー大統領に影響力を持っていた。さらに、カール・スペス、ジョン・ハワードなどの部長クラスも国務省や大学からやってきており、国務長官のジョン・ダレスの外交政策に従う気持ちはまったく持っていなかった。つまり、政府の側にいたエリートたちとフォード財団のエリートたちの間には本質的な格差は存在していなかったのである。そのときの政治情勢によって一方は政府に他方は民間フィランソロピーにいるが、情勢が変われば立場が入れ替わることを両者ともよく承知していた。事実、共和党アイゼンハワー政権から民主党ケネディ政権に交代するとフォード財団から政府に移る人材も実際にいた。財団を動かしていたエリートたちは、政治情勢によっては政府で国家運営に関わるようなそうした人々なのである。アメリカの政治は歴史的にほぼ常にリベ

ラルと保守が大差のない形で拮抗し、政権交代が定期的に起こることを常態としており、エリートの間では4年後に立場が入れ替わることは常にありうる前提であったのである。

　アメリカ国家の運営を担うエリートという点では大型財団のスタッフは政府のエリートとある意味で同じ立場にあったと考えることが出来るのである。両者を分けていたものは政治的な立場であった。政府からフォード財団に「逃れてきた」リベラル派のエリートたちは自らを「トルーマン難民」と呼んでいた。彼らはジョン・ダレスの外交政策には批判的であったし、アメリカ外交のそうした部分については協力ではなく、対抗する勢力であったとさえ言うことが出来る。ホフマン理事長時代のフォード財団が、国際開発の最初の国々としてアジアからインド、ビルマ、インドネシアの非同盟運動の中心国を選んだのは、ダレスがこれらの国々を「不道徳」と呼んだのと正に対照的である。

　リベラル派の本質の一つは合理性への限りない信仰である。合理的知識こそが特定の主張の正統性を担保する最も重要な要素であるという信念である。したがって、リベラル派と保守派の間で論争の的であった国際開発について、フォード財団は研究者を動員しながら徹底して知識の開発に邁進している。そして、国際開発パラダイムの制度的形成を意図的に行っているのである。フォード財団の国際開発は常に、開発そのものだけでなく、「国際開発についての知識」の生産、適用、普及の過程を含んでいた。地域研究、国際関係論、開発研究などは、戦後アメリカでフィランソロピーの主導によって意図的に作られたディシプリンである。こうした知識体系とそれを支える社会制度が出来上がると、保守派の単なる政治的主張によって国際開発が危機に瀕する危険性は少なくなる。これを突き崩すには、保守派も調査研究によって別の知識を生産して国際開発を揺るがせなければならない。単なる利益政治的ディベートから知識の闘争へと変化するのである。

　フォード財団はルーズヴェルト・トルーマン政権で国家を担い、そして保守政権の誕生によって一時的に野に下ったリベラル派のエリートが、彼らの認識するアメリカ国家のすべきことを政府から独立したフィランソロピーの中で実現しようとした組織であると言うことが出来るであろう。したがって、フォード財団の国際開発はさまざまな面でアメリカ政府開発援助によく似ているのである。連合国家論に戻って、フォード財団に代表されるエリート・フィランソロピーがアメリカ国家機能の一部を担ったのだと考えると、

それはどのような部分を担い、連邦政府とどこがどのように異なっていたのだろうか。その関係は補完的と言うべきものなのだろうか。

　連邦政府の国家機能がフォード財団を大きく制約した部分については比較的明瞭である。前者にはあって、後者にないのは安全保障機能である。それに付随した外交機能も連邦政府の独占である。冷戦戦略をとりパキスタンと相互安全保障条約を結ぶこと、中印国境地域でCIAを使って秘密裏にチベット難民を支援することなどの安全保障上の活動について、フォード財団はおそらく何一つ知らされることもなく何らの影響力を発揮することも出来なかった。逆に、こうした安全保障関係の政策がフォード財団の活動に与えた影響、多くの場合悪影響は計り知れないものがあったと言わざるを得ない。例を挙げれば、ビルマでは、国境付近に残留する中国国民党軍へのアメリカ政府の秘密支援によってフォード財団は活動停止を命じられた。インドネシアでも外島反乱を秘密裏に支援したせいで、フォード財団の協力相手であったインドネシア社会党は活動停止に追い込まれている。しかしながら、アイゼンハワー政権のこうした政策がアメリカ国家の利益に貢献したのかどうか、フォード財団が行っていた開発協力を犠牲にしたのがアメリカの国民的利益に適うことであったのかどうか、その歴史的評価はまた別である。

　次に、国際開発の分野に絞って検討してみよう。ここでは基本的にフォード財団とアメリカの政府開発援助は協力関係にあった。もちろん量的にはアメリカ政府開発援助のほうが大きいが、アメリカ政府と比較可能なほどフォード財団も大きかったとも言える。トルーマン期最後の1951、52年ではほぼ同額、アイゼンハワー期（1953〜59年）には10分の1から20分の1である。そして、質的にフォード財団側に有利な点がいくつもあった。自由度、継続性、そして戦略性である。

　アメリカ政府の場合、通常の官僚的複雑さに加えて議会という党派政治の承認を必要とするため、基本的に開発援助に消極的な保守派を説得するためにさまざまな妥協を迫られた。最大の妥協は相互防衛法によって軍事援助と経済援助がリンクしたことであり、また、インド政府の非同盟政策への嫌がらせとも言えるような議会審議の遅延等も度々起きており、援助担当組織の機構変更も著しかった。さらに、利益集団の介入もあった。フォード財団が食糧増産に関するアメリカ人コンサルタント・チーム派遣を行ったのは、国内農業団体の反対が予想されたからである。鉄鋼技術者研修でも当初、国内の鉄鋼業界は将来の競争相手への援助に反対していた。どちらの場合も反対

派を説得するのには時間がかかり、また政治的妥協を行う必要があったであろう。その点フォード財団は制約条件が少なく自由に活動が行える余地がはるかに大きかった。

　継続性についても同様のことが言える。アメリカ政府の政策決定は開発援助の現場での要因ではなく、むしろ国内要因によることが多かった。したがって、現場の観点からは首尾一貫しない政策変更がしばしば起き、事業の継続性に重大な支障を来したのである。フォード財団の場合、そうした合理的な理由のつかない事業変更はほとんど考えられなかった。

　戦略性として重要なのは、フォード財団はインド政府のインサイダーとして重要な政策情報を比較的自由に入手することが出来、またインド側の政策担当者であるネルーとその閣僚やスタッフに接触することが容易であった。そこから、フォード財団のプロジェクトをインド政府の開発政策の重要部分に向けることが比較的容易であり、政策全体への影響力がその金額以上に大きかったと考えられるのである。

　以上のように、フォード財団はアメリカ政府開発援助に対して比較優位に立っている部分が相当に大きかったと言えるであろう。その優位性はフォード財団がアメリカ政府に依存せず、自立しているという点に依っているのである。議会によってさまざまに制約された連邦政府の他に、上記のような優位性を持った独立した国際的フィランソロピーという社会制度を持っていることは、アメリカ国家の国際関係経営機能にとって有利であると言えるであろう。それは、一方で対立しながら他方で協力するといった複雑な機能を用意し、アメリカ国家により多くの政策オプションを提供しており、またより迅速な行動をも可能にしているからである。安全保障分野では成立し得ないが、社会経済分野では外交の一元性よりは多元性のほうが有利であると言えるかもしれない。こうした意味において、フォード財団の活動は制約の多い連邦政府を補完していると言うことが出来る。

　それでは、フォード財団のインドでの国際開発の活動はアメリカの国家的利益に適ったと歴史的に評価してよいだろうか。リベラル派にとって国際開発の目的は国際平和、言い換えれば社会的争乱や革命が起きないような平和的改革手段によって国際社会の諸問題を解決していくことである。そして、そのためには文化や歴史の違いを認識しつつも、長期的、究極的には世界をアメリカに似せて変えていくことが最も有力な方法であると考えられていたことは否定出来ない。フォード財団の活動には紆余曲折はあったとしても、

相当程度インドにアメリカ的考え方や制度の影響を与えたことは間違いないであろう。世界がアメリカに似ていくことがアメリカ国家の利益であるという、かなりの程度成立しそうな前提に立てば、フォード財団がアメリカの国家的利益の増進に貢献したと言えるのではないかと考えられるのである。もちろんここで述べていることは、個別のプロジェクトのレベルにおいてフォード財団がアメリカの制度の押しつけと受け取られないように十分に配慮していたことを考慮に入れた上でなお、より高度の次元において、それは「世界を自分自身に似せる」という20世紀後半におけるアメリカ国家のプロジェクトの一部であったという意味である。

　次に、フォード財団とインド政府の関係を再考してみたい。フォード財団とネルーのインド政府のきわめて緊密な関係を用意したのは、両者の間での国際開発と国際平和の間の因果関係についての共通理解であったことはすでに述べた通りである。1950年代からネルーの死の頃まで、フォード財団は国家開発においてインド政府とあたかも融合したかのようなフィランソロピーの至高のときを持っていたことも述べた。それはどのように説明出来るであろうか。両国における政体のあり方の類似性をまず指摘すべきであろう。州政府と中央政府があって州政府の権限が比較的大きく中央政府の力が相対的に弱いこと、議会制民主主義をとっており党派政治が政府の手足を縛っていること、一方で行政府の長に権威が集中しておりその指導力に期待されることが大きいことなどである。すなわち、連合国家的な現象が生じたのはインド政府の側にそれを必要とし、かつ可能とする要件が多く存在したからであった。

　ネルーは、議会制民主主義体制を維持し、すなわち党派政治とつき合いながら、かつ国家主導の開発という中央集権的事業を進めるという葛藤的要素の多い課題を進めなければならなかった。そうした彼にとって歴代のアメリカ大統領と同様にフィランソロピーはまことに都合の良い手段であったのである。中央集権的に、すなわち国家が大きな力をもって社会、経済開発を進めるというのは、少なくとも当時は政治経済のあり方についての国際合意、時代の要請であったのである。それが党派政治、あるいは大衆政治の規範とどのように同居出来るのかは各国において等しく課題であったし、それぞれ異なった解決策が見出されていった。アメリカのフィランソロピーはこの意味で国内と同様、国際開発においても一つの解決策を提供していたのである。その大前提として、アメリカのフィランソロピーが高い政治からの独立

性と道義性、規範性で示される市民性を持つという認識が広く受け入れられていたことがあり、それにCIA疑惑によって疑問が呈せられた1960年代以降は状況が変わったことは当然であった。

　ネルーは共産党、社会党といった左翼、またガンディ主義者との間、さらには国民会議派内部の党派的政治を抱えながら、それをある意味で乗り越えて政府の長として国家開発を進めなければならなかった。そのときに、まさにそうした党派政治をバイパスして国家開発に直接資源を投入出来るフィランソロピーは非常に有効であった。彼といえども国家予算の承認を得るのは容易ではなく、またさまざまな政治的妥協を強いられる可能性があった。そうした時に、国家開発に関する合理的判断だけで相当な資源を動員出来るフォード財団というフィランソロピーがいかに手助けとなるかは想像にあまりあるものがある。もちろん、アメリカ政府援助をはじめとする外国政府援助も必要であったし、また現実に多くの援助を東西両陣営から巧みに取り込んだが、そこには冷戦という別の種類の厳しい政治があり、国家開発のための合理的判断だけではない複雑な取引が必要であった。

　さらに、出来たばかりのインド政府は開発主体としては未完成であった。制度面、人材面で多くのことが必要であった。日本を含め全ての非西欧社会の新しい政府は当初外国人を雇って政府の運営にあたっている。いわば、明治日本における高給取りのお雇い外国人が無償で提供されるのが技術協力であった。無償であったことが後のコンサルタント不要論につながる過剰な依存の原因であったが、1950年代においては開発のために外国人の指導、助言は必要であった。制度、人材が整った1960年代半ば過ぎにはインド政府コンサルタントとしてのフォード財団は不要になっていたのである。

　以上はインド政府、ネルーの側から見たときにフォード財団を開発コンサルタントとして扱うことがもたらすメリットであったが、外国組織であるフォード財団をインサイダーとして扱う問題性についてはどのように考えていたのだろうか。それでなくとも強い民族主義感情があったに違いない。また、どのようにしてフォード財団とアメリカ政府を峻別して見ることが出来たのだろうか。それは一つにはネルーのアメリカ理解の問題であり、彼がこの問題性をどのように管理出来ると考えたか、もう一つはそうした当然起こるであろう疑念をフォード財団およびエンスミンガーがどのように回避したかである。

　ネルーはフォード財団がリベラル派であることは熟知していた。実際、ネ

第2章　インドにおけるフォード財団　347

ルーにはリベラル派に親密でうち解けた態度、保守派には頑なという傾向が見える。フォード財団に限らずリベラル派のチェスター・ボウルズ大使に対しても同様である。対照的なのはダレス国務長官に対する強硬な姿勢である。また、ロックフェラーやカーネギーのフィランソロピーについては十分知っていたであろうし、ロックフェラー3世や同財団とのつき合いもあったと思われる。

　以上のような基礎知識に加えて、ネルーはフォード財団を十分管理出来ると考えていたのではないだろうか。自身合理的な人間であったネルーにとって、知識や合理性を重んじるフォード財団は理解しやすく、かつ制御しやすかった。そして、知性や合理性において負けるとは思っていなかったであろう。いわば、大きな知性であったからこそ、フォード財団を懐に入れても大きな不安を持たなかったのである。また、ネルーがソ連や中国とも親交を結び、それらの政治経済運営の理念や方法からも学んでいたことも忘れてはならない。フォード財団に全面的に依存していたわけではなく、ネルーにとってあくまでも学ぶべき情報源そして傾聴すべき助言者の一つに過ぎなかったのである。

　他方で、フォード財団、あるいはエンスミンガーのほうではすでに何度か述べたようにインドのあるいはネルーの社会主義路線に本質的には従うこと、民族主義感情には十分な配慮を払うことで、つまり大幅にインド側に譲歩することで懐に飛び込むことが可能であった。印象論的に言えば、8割の社会主義的政策と2割のアメリカ政治経済的政策の組み合わせである。この社会主義的要素の割合は時代が下るに連れて低下していく傾向を見出すことが出来るが、こうした組み合わせはニューディール政策の左右へのぶれの範囲程度のものであったとも言えよう。つまり、ニューディーラーたちには十分理解と許容の範囲の社会主義的政策だったのである。さらに、アメリカ政府との間に情報の防火壁を築くなど、アメリカ政府と一体であると見なされることを極力避けてきていた。フォード財団の独立性の維持に尋常ならぬ注意を払っていたのである。

　フォード財団は、両国政府の双方と協力関係にありながら、どちらからも独立して両政府に影響を与えるという非常に微妙なポジションをとりながら国際開発を進めていった。このように主権国家同士の関係という国際関係に、別の形態の公共領域を形成することで主権を超えた新しい国際関係空間を作っていったとも言えるであろう。フォード財団が主として形成していっ

たのはエリート間の国境を越えたネットワークであり、国際開発という新しい分野の大量の知識であり、そうした知識人の再生産制度であった。こうしたインフラの上に新しい国際的な公共領域としての国際開発が形成されていったのである。こうした非政府組織が作る国際的な公共領域は戦前にも存在していたが、戦後特に大きく拡大し、今日では国際政治の上でも無視出来ない大きな存在となっている。この急拡大に対してフォード財団が果たした役割は非常に大きかったと言うべきである。

第3章

ビルマとインドネシアにおけるフォード財団

本章は、フォード財団の1952年から1962年までのビルマにおける活動、および1952年から1965年までのインドネシアにおける活動を財団が資金助成したプロジェクトに沿って叙述し、それがビルマとインドネシアの政府内のどのような政治勢力との協力関係によって成立していたか、また混沌とする政治状況の中で、フォード財団の行動がどのようにアメリカ政府と異なっていたかという側面から考察することを目的としている。両国政府はインドと同様に非同盟中立主義を掲げており、アメリカとの二国間関係はソ連、中国等の諸国との関係をも含む当時の国際関係全体と密接に関係していた。これらの複雑な国際関係の文脈の中でフォード財団がどのような行動をとったのかが本章の焦点であり、それを通じてフォード財団とはどのようなトランスナショナルなアクターであるのかが描ければと考える。

　第1節では、ビルマ（本書では、当時の呼称であるビルマを用いる）における海外開発プログラムの開始が、どのようなアメリカ＝ビルマ間の国際関係を背景としていたのか、フォード財団はどのような考えで開始したのかという問題に焦点を当てて論じている。ウ・ヌ政権の国家開発8カ年計画に関連した助成プロジェクトを取り上げ、特にアメリカの組織を使った人材養成の意味と影響を考える。アメリカ政府がビルマ北部の国民党残党への秘密支援を行ったことでビルマの治安が悪化し、国軍が台頭する過程とネ・ウィン将軍による選挙管理内閣からクーデターの中でフォード財団が協力した穏健な社会主義を掲げる勢力が権力を失い、それに伴ってフォード財団がビルマからの撤退を余儀なくされる過程をまとめている。

　第2節では1950～57年のインドネシアにおける議会制民主主義の時代の不安定な政治状況と、アイゼンハワー政権のダレス国務長官によるインドネシアの外島分離独立への介入という秘密外交について概説し、フォード財団の50年代前半の活動がどのようなインドネシア国内政治とアメリカ外交の文脈の中で始まり、それがいかにフォード財団に困難をもたらしたかを分析している。この時期には、インドネシア政府の要請で始まった英語教育と技術教育が一定の成果を上げて、財団は一定の評価と信頼を得た。この成果の上に、フォード財団は、インドで大規模に実施していたコミュニティ開発をインドネシアでも同様に実施しようと、政府に執拗に働きかけるが失敗する。さらに、初等中等教育の教員養成にも大規模に関与するが、必ずしも大きな成功を上げることが出来なかった。この2つの失敗の経緯と原因を詳しく述べている。この節のまとめでは、アメリカ政府の冷戦外交に基づく性急

な介入政策とフォード財団の開発協力を長期的な観点から比較している。また、フォード財団がどのようにインドネシア政府の政策に影響を与えようとしたのかを分析している。

第3節では、1958〜65年のスカルノによる指導される民主主義の時代に始まったフォード財団のプロジェクトを扱っている。初めに、議会制民主主義が失敗して、スカルノが主導権を握り、次第に左傾化する政治状況と、外島介入が失敗し、有効な手段を失ってスカルノに妥協を重ねるアメリカ外交を概説している。この時期のインドネシアにおけるフォード財団の最も重要な活動は、インドネシア大学、ガジャマダ大学等での経済学部支援であった。そこで、これについて詳しく経緯を叙述し、その中でフォード財団がいかにインドネシア社会党系知識人と協力関係を維持しようとしたかを見ている。さらに、小規模な援助であったが政治的な意味を考えると重要なスルタン、ハメンクブウォノ9世への支援と、インドネシア科学院国立経済社会研究所へのハーヴァード大学による支援への関与を取り上げている。最後に、これらの知的機関への関与が、9月30日事件以降のスハルト政権でのフォード財団の復活にどのようにつながったかを概説している。この節のまとめでは、フォード財団とインドネシア社会党系知識人の協力関係の内容と変化を分析し、また、この協力関係から財団が関与することで出来上がった知識人ネットワークについて述べている。

第4節では、インドネシアでの活動の小括として、インドネシア社会党系知識人とフォード財団の協力関係が、様々な地域での、当時のアメリカ・リベラルと民主的社会主義者との協力関係の一部であったことを示唆している。また、50〜60年代のフォード財団の活動を、アメリカによるアジアでの「知識の生産・再生産の制度・組織作り」という観点でまとめ、その後の時代への影響と意味を考察している。

第1節　ビルマにおけるフォード財団

1−1　米緬（アメリカ・ビルマ）関係

独立前後の米緬関係の初期は友好的な関係として始まった。1945年7月に政権をとったイギリス・アトリー政権は同年12月には労働党の植民地独立政策を堅持することを表明し、47年1月にはパキスタン、インド、セイロン、ビルマの独立が確定した。47年6月10日、マーシャル国務長官は憲

法制定会議開催中のタキン・ミャ同会議議長にアメリカの友好を示す親書を送り、ミャ議長から同趣旨の返書が出された。正式な独立前であったがアメリカ側は公使を大使に格上げすることを決定し、パッカー公使が代理大使に昇格し、1947年12月8日クラー・ハドルが駐緬大使に任命された。
　1948年1月4日ビルマは正式に独立し、ウ・ヌを首相とする独立ビルマ連邦政府が成立した。しかし、1947年11～12月のボンベイでの会議、および1948年2～3月カルカッタで開催された東南アジア民主青年会議においてコミンフォルムからアジア各国の共産党に武装蜂起の指示が出され、ビルマではタキン・タン・トゥン率いる白旗共産党が武装反乱を開始した。独立のわずか3カ月後のことであった。
　タン・トゥン指導の共産党勢力は元々は政権党である反ファシスト人民自由連合（Anti-Fascist People's Freedom League: AFPFL）に加わっていた。ヌ首相は民族主義運動の同志であったタン・トゥンをAFPFLに引き戻す政治努力を重ねたが失敗し、人民義勇組織（People's Voluntary Organization: PVO）[355]の主流派もAFPFLを脱退して、反政府闘争に加わった。ビルマの場合、イデオロギー対立に加えて事情をさらに複雑にしたのは民族対立であった。1949年初頭には最大の少数民族であるカレン族が反乱に加わり、1949年の2月から4月にかけて共産主義勢力とカレン族反乱勢力によってラングーンは陥落寸前にまで追いつめられたのである。AFPFLは共産党と鋭く対立する社会党が中心勢力となり、ヌは社会党と連合を組んで政府を維持することで外国政府の支持を保持し、ネ・ウィン将軍の率いる国軍の抵抗と反乱勢力の不統一によってからくもヌ政権は命脈を保った。
　中国での共産党の攻勢と連動した東南アジア、南アジアでの共産党の武装蜂起に対して、1947年後半から1948年を通じてアメリカの対応はきわめて鈍かった。ビルマに関しては共産党反乱が起こると8～10隻[356]のパトロール・ボートと若干の兵器を援助しただけで、1948年9月のヌ政権の軍事援助要請を断ったのである。イギリスもまたヌ政権に必要な軍事援助を与えることが出来ず、1949年にはラングーン政府はほとんど西側から見捨てられた格好になっていた。
　1949年10月1日の中華人民共和国成立はアメリカの対アジア政策を明確

355　アウン・サンが創設したビルマ人民軍（Burma National Army: BNA）の元兵士からなる非公式ではあるが最大の武装勢力。
356　アメリカ側とビルマ側で援助された隻数の主張に違いがある。

に転換させる契機となった。アチェソン国務長官の防衛戦線演説はこの政策転換を示していた。しかし、ビルマについては中国の国共内戦に敗れた国民党軍がビルマに留まることをアメリカは放置、あるいはむしろ奨励し、ビルマの安全保障を無視したのである。他方で、東南アジアでのアメリカの外交攻勢が始まろうとしていた。1949年12月から1950年春にかけてフィリップ・ジェサップ移動大使が東南アジア各国を歴訪し、1950年2月にはアレン・グリフィンを代表とする経済協力庁（ECA）調査団がラングーン、バンコク、サイゴン、シンガポール、ジャカルタを訪れて技術協力協議を各国政府と行った。1950年6月の朝鮮戦争はこうしたアメリカの対東南アジア援助実施を促進させる結果となり、ビルマは1950年9月13日にアメリカと経済協力協定を締結したのである。

協定締結にあたって、マッキー大使は農業、鉱業、輸送、通信、医療等の分野で機材と技術を提供し、また公共福祉に重要な消費物資の提供も行うと述べた[357]。ラングーンには経済協力実施のために合衆国技術経済特別ミッション（United States Special Technical and Economic Mission: STEM）が置かれ、ビルマ政府と援助の内容の具体化にあたった。1950年代から1960年代初めまでアメリカの対ビルマ政策の中心は経済技術協力であり、1951年、52年、53年度にSTEMは合計3100万ドルの予算を立て、実際に2120万ドルの援助が執行された。

AFPFLの中の共産党寄り勢力はこの経済援助協定をアメリカ帝国主義の介入であると批判し、批准に反対した。非同盟政策をとるヌ首相とAFPFLの中心勢力となった社会党はアメリカに限らずどこの国からも援助を受け入れる政策であった。

当初順調に進んだアメリカの対ビルマ経済協力であったが、1951年の相互防衛援助法によって、それまでのECAによる経済援助とポイント・フォーの技術協力が相互防衛庁の下に軍事援助と一括運営され全ての援助に均一の条件が付されるようになると、いわゆる紐つき援助の問題がアジア諸国において表面化することとなった。

ビルマでも反対論が沸騰した。相互防衛援助法によってアメリカの経済技術援助を受けるためには軍事援助も受け入れなければならず、ビルマの非同盟政策が脅かされるという論調が主流を占めた。そのため、ビルマ政府は

---

[357] Trager, Frank N., *Burma: From Kingdom to Republic: A Historical and Political Analysis*, Pall Mall Press, 1966, pp. 309–310.

1952年1月10日に問題点を明らかにするために援助受け入れの一時停止を発表した。ビルマ政府とアメリカ国務省の交渉が持たれ、ビルマ側は511項の (a) の受け入れを拒否した。最終的に同項 (b) の解釈をぼかし、ビルマが国連憲章の平和諸原則の尊重を確認することで妥協が成立した。

　ヌ首相は交渉妥結後、ECA援助は実効を挙げているものの焦点が拡散しているため、1953年度からは一般のビルマ人に援助の成果がより見えやすいように公衆衛生と教育の分野に集中させて見える成果を上げるべきだと述べた。具体的な援助案件としては病院、公共衛生プログラム、酪農場、農業大学、第二医学校、畜産研究所、技術研究所などの社会開発案件を挙げた。

　しかし、対ビルマ援助の管轄はビルマ側またSTEMへの事前通知なしに、ECAから技術協力庁（Technical Cooperation Administration: TCA）へ移管され、ビルマ援助の経験のないTCAは予算承認を急ぐあまり、ビルマ側との協議なしに援助予算額を半分に削減してしまったのである。こうしたアメリカ側の対応をビルマ政府は相互防衛援助法に対するビルマ側の抵抗への嫌がらせと理解した。TCA側の削減判断の要因は朝鮮戦争特需によるビルマの主要輸出産品である米の国際価格の上昇と、それに伴う外貨準備の急速な改善であったが、そうした説明はビルマ側になされなかった。

　援助額が半減されたが、ヌ首相は当初提案通りにアメリカ援助を社会開発に向けることを希望した。アメリカ援助への抵抗を低減させるという政治的意味合いが込められていたからである。しかし、TCAは生産増大を援助の中心テーマとする方針に転換しており、ヌの社会開発中心の提案は受け入れられなかった。そこで、ヌはラングーン大学での学生運動時代からの同志であり、彼の政治活動を通じて最後まで味方であったインド系ビルマ人のラシッドを特使としてワシントンに派遣したが、ワシントンで冷遇され妥結された援助案にはヌ首相の意向はほとんど反映されなかった。以上のように、1952年を通じてアメリカの対ビルマ援助にいくつもの問題が生じつつあった。

　こうして悪化する米緬関係の中で、1953年にビルマ北方の国民党軍がカレン族反乱勢力と共同してカヤー州の州都ロイコウ（Loikaw）を攻撃した。ビルマ政府は国民党軍の攻撃に対して国軍の6のうち5を割かねばならなくなり、共産党勢力や少数民族の反乱を抱えているビルマ政府にとって、もはや国民党軍問題は独力での解決が不可能となった。ビルマ政府はアメリカ政府に対してビルマ領土に不法に駐留している国民党軍のビルマからの退去を台北に働きかけるよう仲介依頼したが、ワシントンの協力は得られなかった。

この国民党軍の攻撃を直接の契機として、1953年3月17日にビルマ政府はアメリカとの経済援助協定を破棄すると発表した。こうして、1953年6月30日以降のアメリカ援助の受け取りをビルマ政府は拒否し、一部を残してアメリカ政府の対ビルマ援助は停止されることとなったのである。ビルマ政府の厳しい対応はアメリカの妥協を引き出し、国民党軍の引き上げ問題での調停に乗り出し、1954年5月国民党軍の一部は台湾に帰還した[358]。
　このアメリカの仲介による国民党軍の一部引き上げが全ての問題の解決であったわけではなかった。むしろ、アイゼンハワー政権は国民党軍をビルマ領内に留まらせる政策を極秘裏にとっていた。トルーマンは朝鮮戦争への対応として、ビルマ国内の基地から国民党軍を中国領土に出没させ第二戦線を作ることで、中国軍をビルマ国境に引きつけて朝鮮半島の中国の軍事的圧力を減らすという政策をとっていた。アイゼンハワーはこの政策を受け継ぎ、さらに強化したのである。CIAによってビルマ国内の国民党軍は組織され資金と武器の提供を受けていた。しかも、CIAの活動はビルマ政府はおろか駐ビルマアメリカ大使にも極秘にされ、アイゼンハワー政権の末期までずっと継続されていた。アイゼンハワー政権は国民党軍支援に新しい口実を付け加えた。それはビルマと中国の間に軍事的緊張を作り出すことでビルマに非同盟政策を放棄させ、アメリカ陣営に引き寄せることであった。このアメリカの秘密作戦はビルマ政治に非常に大きな影響を与えた。国民党軍に渡されたアメリカ製武器の一部はビルマ反政府組織にも流れ、国内治安の不安定化と経済開発の停滞がヌ政権の弱体化につながり、1962年の国軍のクーデターによる権威主義体制樹立の最も根本的な要因の一つとなったのである[359]。ビルマの民主主義政治体制はこのとき以来今日に至るまで回復されていない。

1−2　ビルマでの活動の開始──ビルマ・インドネシア調査団

　1951年8月のホフマン理事長の中東・アジア訪問の時点でアジアと中東に重点を置くという地域的なプライオリティはすでに決まっていた。1949年の中華人民共和国成立、1950年の朝鮮戦争という一連の共産主義陣営の勝利と攻勢による危機意識の中で、いかに共産主義の拡張に対抗するかがアメリカの外交に関わるエリートたちに共通した思考前提であった。フォード

358　1万2000人のうちの約半数が台湾に帰還したが、残りは残留した。
359　Kahin, Audrey R., and Kahin George McT., *Subversion as Foreign Policy: The Secret Eisenhower and Dulles Debacle in Indonesia*, University of Washington Press, 1995, pp. 10–12.

財団の戦略もまたそれと密接に関係しながら構想されていった。軍事的封じ込めと経済援助が2つの異なる思想に基づく共産陣営への対抗手段であり、フォード財団はアメリカ・リベラルの主張である後者の中心的政策主体の一つであったことはすでに述べてきた通りである。アメリカ側が守らなければならない地域で、共産勢力との競争状態があり、また極度の軍事的対立がなく民間財団の開発協力が意味を持つような戦略的重要地域は独立間もないアジア、中東地域であった[360]。

ホフマンが選んだのはインドであり、第二の優先地域は石油資源の中東、そして第三は東南アジアであった[361]。スペス、ハワードらはインドの次として、まず東南アジアでの活動開始の準備から始めていった。フォード財団のスタッフにとって東南アジアで最も興味を引いたのは当然ながら資源豊かな大国インドネシアだった。そこにビルマが加わり、東南アジアは結局インドネシアとビルマから海外開発プログラムが開始されることとなった。1952年7〜9月にホフマン調査団に続く第二の調査団がインドネシアとビルマに派遣され、両国政府と交渉を持ち、インド・パキスタンに続いて両国で海外開発プログラムが開始されたのである。

インドネシアとビルマに派遣されたのはゲイザー報告書の執筆メンバーの一人であり、当時コンサルタント的立場であったダイク・ブラウンと直前の1952年4月に政府からフォード財団に入ったデイヴィッド・アーノルドの二人である。アーノルドは相互安全保障庁と経済協力庁の極東部長からの転出であった。ビルマが最初期の海外開発プログラムの対象に含まれたのは、アメリカ政府の国際開発機関からやってきたアーノルドの主張によるところが大きかった。

二人はラングーンに7月24日に到着し、8月9日までの2週間強ビルマに滞在した。その後インドネシアに約1ヵ月滞在して帰国した。二人は大統領、首相、および何人かの大臣と会合を持ち、アメリカ大使、TCA代表と

---

[360] 1953年のフォード財団理事会の資料において、海外開発プログラムの目的は以下のように記されている。「アメリカの財団に適切な諸手段を通じて、ソ連共産主義者の脅威に対して、(開発途上：著者) 地域の諸国民が彼らの安定、独立、秩序ある民主的な成長を達成するのを援助し、もって世界平和の保持を援助し、第3次世界大戦を回避する」(Docket, Board of Trustees meeting in May, 1953, FFA)。

[361] "Program for Asia and the Near East," (no date). International Training an esearch, box 3, folder "Establishing of BOTR," FFA. このときの地域優先順位の詳細は、牧田東一「フォード財団と戦後国際開発知識人ネットワークの形成」(修士論文) 1999年、77–79頁。

も面談を行った。特筆すべきはラングーン到着後すぐに、外国人にはあまり会わないと言われるヌ首相から2度自宅に招かれたことである。まさに、ヌ首相の賓客としての待遇を受けたのである。ネルーとヌの間には親密な交流があったことからフォード財団についてネルーから情報を事前に得ていた可能性もある。インドと同様、ビルマにおいてもフォード財団はヌ首相という最高指導者と緊密な関係を築くことに成功し、この関係を軸に活動を展開した。この基本的な構造はビルマでの活動の全期間を通じて変わらず、1962年クーデターでヌが権力を失うとフォード財団は他の民間機関とともにビルマでの活動をネ・ウィン政権によって拒否され、ビルマを去るのである。

　二人をはじめとするフォード財団のオフィサーたちはビルマの抱える開発問題をかなり厳しく理解していた。第一の問題は植民地から独立したばかりの国々に共通する課題であり、政府を運営する行政官の著しい不足である。ビルマの場合、イギリス人高級官僚とビルマ人下級官僚の中間でインド人官僚が医者や技術者などの専門職を行っていたが、独立後、彼らの多くはインドに引き揚げたため専門職の著しい不足が生じた。これは、同じ英領でありながらインドとビルマの大きな相違点であった。行政にあたる人材の著しい不足は政策の実行面での悲惨な結果の主要な要因の一つであった。

　第二の重大な問題は国内治安と秩序の回復であった。ビルマは第2次世界大戦で最も大きな被害を受けた国の一つであった。戦争被害からの回復が終わらないうちに各地で激しい反乱が起きたため、放棄されたままの農地や道路、港湾、生産施設などの被害が著しかった。警察や軍などの治安制度、法の執行や地方行政などの統治機構の整備が急務であると同時に、長引いた戦乱で荒れた人心をどのように安定させ国民統合を達成するかも大きな課題であった。

　第三に農業生産、なかんずく米の生産の回復と増大であった。米はビルマの主要輸出品であり、貴重な外貨獲得の手段であった。米の問題はフォード財団の立場からはビルマの米輸出の問題としてだけではなく、食料不足の近隣アジア諸国の食糧問題としても重要であった。

　第四に保健衛生の問題があった。ビルマの死亡率は1000人あたり30人と世界最悪であった。ラングーンにおける15歳の子どもの4分の3が結核にかかっていた。インド人医師が帰国すると深刻な医者不足が生じ、ビルマ政府は緊急にインドから医者を大量に呼び寄せた。

　第五に全ての問題の解決は長期的な人材養成と密接に関係しており、教育

の改善が何よりも求められていた。

　こうしたビルマの抱える深刻な経済、社会問題が解決されないと、独立後間もない民主的な体制は外国の支配あるいは内部からの権威主義的体制に取って代わられる可能性があるとブラウン＝アーノルド報告書は述べており、個人の自由と民主的な政体を守ることが、フォード財団の究極的な開発協力の目的とされていた。さまざまな問題に直面するヌ政権に、あるいは途上国政府一般に果たして問題解決能力があるのかという点でアメリカ国内には意見の対立があり、リベラル派は楽観的であり、悲観的な現実主義者との間に大きな認識の違いがあった。リベラル派であるフォード財団は深刻な問題を認知しつつも、楽観的見通しを持っていた。

　ブラウンとアーノルドの楽観的見通しは基本的にビルマ政府の姿勢への信頼と構想への高い評価にあった。報告書に述べられているのは政治指導者、特にヌに対する高い評価である。ヌについてはイギリス植民地官僚で、独立後もビルマ政府の顧問を務めていたファーニヴァル（J. S. Furnival）の「（ヌは）高邁な理想の人であり、人を惹きつけて止まない人柄、疑いようのない高潔な人格、そして政治的野心薄き人」という評価を引用している。

　二人がラングーンに滞在中に開かれたピドウタ（Pyidawtha：幸福の地）会議でビルマ国家開発のバラ色の夢が打ち出されていた。ビルマ政府に委託されたアメリカの調査会社の予備調査報告書に基づいてビルマ政府は国家開発8年計画を発表し、また5年以内に米の輸出を戦前のレベルに戻すとする農業5カ年計画、さらに教育を全ての子どもに提供するという教育計画などが採択されていた[362]。反乱をほぼ鎮圧し、朝鮮戦争特需による輸出米の価格高騰で外貨準備が豊かであり、ビルマ政府は楽観的になっていた。ビルマ的な社会主義と福祉国家の理想を高く掲げたのがこのピドウタ会議であった。

1−3　ビルマでのフォード財団の活動分野

　ビルマでの活動の特徴を見るために、最も幅広い分野で活動を行ったインドと比較してみたい。第2章で述べたように、インドでの活動分野の変化は大まかに言うと以下のように総括出来る。

　　50年代前半（第1次5カ年計画）――コミュニティ開発、教育、行政

---

[362] Butwell, Richard, *U Nu of Burma*, Stanford University Press, 1963, pp. 112–113.

50年代後半（第2次5カ年計画）――<u>鉄鋼技術者養成</u>、農村・小規模産業、
　　　　　　社会科学・経済学
　　60年代前半（第3次5カ年計画）――食糧増産、人口・家族計画、経営学

他方、ビルマでは以下のように分類出来る。

　　50年代前半――コミュニティ開発、農業技術、行政、<u>文化</u>、
　　　　　　<u>中級技術者養成</u>
　　50年代後半――農業開発、経営学、経済学、<u>図書館支援</u>、<u>法律支援</u>

　下線を引いた分類が、それぞれの国で特有の課題であり、それ以外が共通のテーマである。インドでは、第2次5カ年計画にあわせて、重工業を中心とする工業化と農村・小規模産業振興が、テーマとされている。他方、ビルマでは、ウ・ヌの強い希望に応えて文化的課題が取り上げられている。さらに、インドでは見られない中級技術者養成、また図書館支援、法律支援が対象となっている。これは、ビルマのニーズに合わせたものである。
　以上のように、フォード財団の方針として、50年代前半はコミュニティ開発・農業技術普及、また行政改革が大きなテーマとなっており、50年代後半からは、農業に加えて、社会科学、中でも経済学と経営学への支援に力を入れているのである。インドで始まった人口・家族計画はその後他の国々でも取り上げられ、フォード財団の大きなテーマとなるが、ビルマでは、その前にフォード財団の活動自体が中止されてしまったのである。
　同時に、各国の固有のニーズ、特に、相手国政府、あるいは指導者の強い希望にこたえる事例（インドの鉄鋼技術者養成やビルマでの文化支援）もあり、また、その国固有のニーズ（ビルマの図書館支援）を見出す場合もある。後者の場合には、例えば経済学支援の枠組みの中で図書館支援に中心を置くという形をとっている。
　以上のように、フォード財団の各国での活動全体を通じて、基本的な方針は共有されるものの、各国事情に応じて柔軟に対応する部分も存在していた。

対ビルマ関係におけるアメリカ政府とフォード財団――捩れた関係
　フォード財団がビルマの国際開発に関与し始めた1952年前後の米緬関係は、悪化と改善の間で大きく波打っていた。それを模式的に示すと表16の

表16　米緬関係の変化とフォード財団

● 1948年9月	アメリカ政府はビルマ政府の軍事援助要請を拒否	
● 1949年2～4月	共産党とカレン族の反乱でビルマ政府窮地	
1949年10月1日	中華人民共和国成立	
○ 1950年2月	アレン・グリフィン調査団の東南アジア訪問	
○ 1950年9月13日	アメリカ・ビルマ経済協力協定締結	
1951年10月	アメリカ相互防衛援助法施行	
● 1952年1月10日	ビルマ政府相互防衛援助法の解釈をめぐり援助受け入れ一時中止	
● 1952年	アメリカ政府対ビルマ援助額の前年比50％削減	
1952年7月	ブラウン＝アーノルド調査団	
1952年10月	フォード理事会にて2つのプロジェクト採択	
1953年2月	エヴァートン到着	
● 1953年3月	ビルマ政府経済援助協定破棄を通告	
● 1953年6月30日	アメリカ政府援助プロジェクト中止	
1954年5月	国民党軍の一部台湾帰還	
○ 1955年6～7月	ヌ首相のアメリカ訪問	
○ 1956年2月8日	PL480協定締結	
○ 1957年3月21日	新米緬経済協力協定締結	

● 米緬関係悪化　　＿＿関係変化の要因　　○ 米緬関係改善　　▨ フォード財団の活動

ようになる。

　フォード財団は米緬関係が一時的な改善から悪化に向かっていく途中でビルマに関与し始め、両国関係が最悪であった1953～56年のほぼ3年間にわたってビルマの開発に関わる唯一のアメリカ機関として存在していたのである。いわば身動きのとれない連邦政府に代わって、アメリカ国家の機能の一部を果たしていたという連合国家論が当てはまりそうな事例である。政府の開発機関から異動してきたアーノルドがビルマでの活動を主張したということからも、腰の定まらないアメリカ政府に嫌気がさしてフィランソロピーに期待した人々はアーノルド以外にもいたであろう。

1－4　ヌ政権の国家開発8カ年計画（1952～1958年）における活動

　独立過程において、議会制民主主義と漸進的な社会主義を目指すビルマ社会党を中心とする勢力が政府を掌握した。この社会党のウ・ヌ政権が比較的安定しており、議会制民主主義と独自の社会主義を掲げて国家開発に向かっていった国家開発8カ年計画の時期に、フォード財団の活動は開始された。

ビルマ政府は、アメリカのコンサルタント会社KTAに委託して国家開発計画を作っていった。ニューディールの発想が、ビルマ国家開発には色濃く現れていた。ビルマ国家開発の具体的な像であるピドゥタ会議で示されたビルマ的福祉国家が国家開発計画の目標であった。

　初期にフォード財団が関わった重要な分野は行政改革であった。植民地政庁から開発政府へと行政を変革することは、開発計画の実施に必須の要件であったが、それは十分な成功を収めることは出来なかった。フォード財団はアメリカのNPOである行政サービス（Public Administration Service: PAS）をビルマ政府のコンサルタントとして招いた。PASは行政クリアリング・ハウスやさまざまな職能の地方行政関係者の諸協会（associations）[363]の代表が理事となった非営利組織であり、ワシントンとサンフランシスコにも事務所を持った全国組織のNPOであった。しかし、行政改革は遅々として進まず、8カ年計画の「失敗」における最大の要因の一つが行政改革の遅れであったと思われる。

　この時期にはフォード財団としては珍しい文化分野の助成である国際仏教研究所とビルマ翻訳協会への支援が行われた。どちらにもヌ首相が個人的に深く関わっており、それが、財団が支援した一つの理由であった。

　さらに、この時期には比較的成功を収めた中級技術者の養成プロジェクトが実施されている。アメリカの技術専門学校であるダンウッディー工業専門学校が指導教員の派遣、留学生の受け入れを行った。ビルマの職業技術教育の分野は1955年から1961年にかけて、普通高校への職業訓練カリキュラムの導入、工業高校などの職業高校制度の導入、職人訓練センターの設置、およびインセインとマンダレーの政府技術専門学校の整備というように全体としての制度改革が進められた。フォード財団とその支援を受けたダンウッディー工業専門学校はインセイン政府技術専門学校、ラングーン工業高校、教育省技術教育部へのアドバイザー派遣という重要部分への技術協力によって、職業訓練制度全体の整備に相当程度まで貢献したと言えるであろう。

　この時期にフォード財団は各国で力を入れていた農業開発、コミュニティ

363　International City Managers' Association, National Association of Assessing Officers, Council of State Governments, Municipal Finance Officers Association, Federation of Tax Administrators, American Public Welfare Association, American Municipal Association, American Public Works Association, National Association of Housing and Development Officials, American Society of Planning Officials, Civil Service Assembly, National Municipal League. (Letter from John D. Corcoran to Carl Burness, February 20, 1956, PA55-186, FFA)

開発を取り上げている。ピンマナにあった国立農業学校の再建、強化のため、財団はアメリカ人教員の派遣、アメリカの大学への留学生派遣を行った。ピンマナ国立農業専門学校は、典型的な組織作り（institution building）の事例と言うことが出来よう。まず最初に、アメリカ人専門家が相手国政府の委員会等を支援する形で基本的な構想を政策にまとめる。次に、数名の特定分野の専門家が立ち上げに派遣され、組織作りを指導する。その間にビルマ人がアメリカを中心に留学し、組織のコアとなる人材が養成される。しばしば、アメリカ人の指導の下に養成された卒業生の優秀なものをアメリカ留学させて、組織のコア人材に加える。こうした人材が帰国すると、それまでの古い人材と交替させて、アメリカの最新知識を備えた人材を中心に人材再生産を行っていく。アメリカ人たちは段階的に引き上げていくが、後には留学組を中心にアメリカの組織に似た組織が残されるのである。

　農業専門学校からは1962年までに415名が卒業し、その25％が高校の農業教師として採用され、残りの大部分は農業省か農村開発公社に農業普及的な活動のために採用された。卒業生のごく一部が民間企業や自営農民となったのである。つまり、少なくとも1962年まではアメリカ人アドバイザーやフォード財団が構想したような農業職業訓練校ではなく、農業分野の中級公務員養成機関というのが実態であった。アメリカにおける自営農民の後継者養成機関のアイディアをビルマに移植したとき出来上がったのは、それとはかなり異なったアジアの社会民主主義国家における農業公務員養成機関であったと言えよう。結果から見れば、ビルマ社会の文脈の中にアメリカ人たちのアイディアは融合していったのである。

１－４－１　国際開発におけるアメリカの非営利組織
　　　　　——PAS、ダンウッディー工業専門学校など

　PASによる行政改革支援であるが、そもそも民間組織が政府の行政改善を指導するということが我々には理解しにくいところである。しかしながら、PASはまさにそうした組織である。それを可能にしているのがPASを構成している行政に関わる専門家協会である。評価、財務、徴税、公共事業、住宅・再開発、計画などのさまざまな行政分野の専門家のナショナルな専門家協会がPASを構成している。その他にも地方行政のさまざまなナショナルな協会が加わっており、PASには、おそらく行政に関わるほとんど全て分野のサービス提供が可能であり、地方政府が特定の分野のコンサルティングを

必要としていた場合、PASに依頼すれば必要な専門知識がすぐに得られ、また専門家の派遣を依頼出来るという仕組みである。

　ここには知識の専門化とそれを専門職業化（professionalization）するというアメリカ社会の特徴がよく出ている。これと対を成しているのが専門知識、専門家を比較的自由に調達出来る労働市場である。労働市場で高評価を得るために知識は需要に応じて専門化し、知識の専門化、高付加価値化を進めるために専門家協会が組織されるのである。日本や欧州の中央集権的国家における、行政は高度な総合職（generalist）であるという考え方と対照的である。基本的には分業と市場という自由主義的な政治経済観が行政にも適用されているということであり、また、行政（public administration）を議会やさまざまな委員会による統治（governance）とは切り離して専門職業とする考え方である。ここでも分業と市場原理の導入による効率化の考えが基本となっている。

　自由主義的な行政のあり方が成立するためには、自由な労働市場が成立するに十分な人材の供給がなければならない。ここに行政専門家の養成機関である行政学院（ビルマの場合、行政経営研究所）の必要性があるわけである。インドで見たようにフォード財団は行政学院を行政関係者の専門家協会として位置づけようとした。ビルマでも基本的に同じ発想である。専門家協会が専門家のサービス水準の維持と職業倫理の保持を担うという考え方で、日本でも弁護士や医師など限られた職業では同様の専門家協会が存在する。労働市場への供給の管理、あるいは利益集団としての政治的手段を通じて、当該専門職の市場での価値を守ろうとするのも同じである。アメリカの場合、こうした専門家協会があらゆる職業で存在し、逆に言えばあらゆる職業が専門職化を目指しているのである。

　専門家協会にコンサルタント派遣を依頼するのはごく普通のことであったと思われる。専門家の集まりであるから、どこの誰が技術協力にあたれるかを最もよく把握していたからである。大学でなければ専門家協会が技術協力の受け皿であった。技術協力の仕組みはほぼどれも似通っている。フォード財団が専門家協会との間で契約を結び、協会は適当な専門家を派遣する。専門家はフォード財団のビルマ事務所に報告すると同時に、協会にも報告義務があり、協会側のサポートと同時に監督も受けるという体制である。協会側は当該の技術の水準維持に責任を負っている。この技術協力体制はアメリカの技術をかなり押しつけ的に導入する一つの原因になった可能性がある。次

節で述べるが、図書館支援で派遣されたアメリカ人司書がビルマ語、ビルマ文献に合わせてデューイの十進法を改善して独自の書誌分類を創作したところ、普遍的な書誌分類を世界に普及すべきとする図書館協会と衝突しているのである。普遍的とは言っても欧米諸語、欧文文献に基づいて作られた書誌分類であるから、言語、書物蓄積の異なる文化では不都合が生じるのは当然である。

　これは技術移転と異文化が明確に衝突した特異な事例であるが、総じて派遣された専門家たちは報告書を専門家協会宛に提出する以上、ビルマの事情など何も知らない国内の同僚たちの評価を気にしなければならなかった。技術や専門知識の水準を維持し、標準を定めるという専門家協会の社会的機能ゆえに、技術協力に派遣された専門家たちに一定の枠をはめる機能を果たし、それによってアメリカ的な「技術」を押しつけ、あるいは、アメリカの専門家集団が世界の知識の標準を定めるという後の世に明らかになった知識の世界構造を創造していく役割を果たしたのである。PASから派遣されたシェーファーの報告書がビルマの事情から見ると非常にコントロヴァーシャルであったこと、上記のフォード財団が人選して図書館協会の派遣専門家にしたデイリーが協会と衝突したというようにトラブルが多かったのは、専門家協会がアメリカの技術、専門知識の基準を守る組織であったため、技術協力の上で文化的衝突を起こしやすかったということを示しているのである。

　フォード財団は国際開発を行った多くの国でさまざまな領域の非営利組織、特に専門家協会を作ろうとした。財団の組織・制度作り（institution building）の主要な過程の一つが専門家協会をはじめとする非営利組織の創設であったと言っても過言ではない。1950年代の傾向として見られるのは、相手国政府への援助を通じて民間非営利組織作りを志向していたことである。途上国政府の主導の下に作られる民間非営利組織、すなわち、インドにおける行政研究所、経営学研究所、家族計画を推進する全国機関、またビルマでも行政経営学院、ビルマ法律研究所などである。公的機関と民間組織の中間領域の公的課題を扱いながら、経営的には行政や政治の制約から自由で民間の柔軟性を発揮出来る組織作りである。1960年代後半になると、政府を経由せず、NGO支援などという形で直接非営利組織の組織作り支援に方針を変えている。

　こうした公共領域と私的領域の中間組織が有効に機能を発揮するのはフィランソロピーの伝統の強いアメリカに特徴的な現象であり、アジアの国々で

は必ずしもアメリカ人たちが考えたように機能し得たわけではなかった。それらの多くは政府機関の一部となってしまうか、あるいは政府からの財政的支援がない中で民間からの財源も十分に手当て出来ずに機能不全に陥ってしまったのである。公的領域を国家がほぼ独占してしまうような社会的、政治的伝統の強い国々では、市民社会が公的領域を国家とともに担うというアメリカ的な発想は容易に受け入れられず、そうした発想に基づいた組織・制度作りは、アメリカ人たちが当初想定したほどには成功しなかったのである。

しかしながら、こうしたアメリカの市民社会組織を通じての開発協力による働きかけがまったく効果を現さなかったとも言えない。インド、その他にも例えばフィリピンではいわゆるNGOが社会サービス提供という公的領域で果たす役割には相当に大きなものがあり、財政的に自立出来ていないなどの開発途上国における市民社会という別の次元の問題が存在するにしろ、市民社会組織によって担われている重要な公的領域が開発という文脈において成立していると言えよう。

1−4−2　高等教育の組織作りの諸相——アメリカの文化帝国主義か？

ビルマでは、政府技術専門学校とピンマナ国立農業専門学校という職業教育の高等教育機関の制度・組織作りへの援助が行われた。こうした「学校作り」は、技術移転のための国際協力の一つの原点となる協力のあり方であり、ほぼ同じような経過パターンになっている。

ビルマにおける援助プロセスの第一は、政府による当該分野の政策作りへの外国人専門家の派遣である。開発における技術者養成の政策化、教育政策における技術教育全般の政策立案、その中での政府技術専門学校、技術高校、職人養成機関の位置づけなどの方針決定へのアドバイスが最初に行われる技術協力である。農業教育についてもまったく同じことが言える。どのような制度・組織を作るかのアウトラインを固める作業である。この際には、諸外国の同種機関の視察などが行われる事例も多い。

政策立案に関わった外国人専門家を中心に、養成すべき人材の水準や人数、カリキュラムなどを含む高等教育機関の構想が固められ、それに応じて必要な人材がアメリカからリクルートされるのである。同時に、優秀な若手の留学が実施される。派遣されたアメリカ人専門家は客員教授となって、実際の学校の立ち上げを中心的に担っていく。その際には、特定のアメリカの学校とペアを組んで、そこがモデルとされるケースも多い。最初の新入生が

卒業するという1サイクルの後には、留学生が帰国し、古いビルマ人教師やアメリカ人客員教授と代替することで、次の段階である学校の現地化が進んでいくのである。

　開発援助とは、この社会工学的過程の経営に他ならないと考えられていた。しかしこれは戦後のアメリカの発明ではなく、実際にはすでに確立されていた方法なのである。このパターンがいかに古くからあるかと言えば、アメリカの最初の技術協力であるとされる明治の北海道開拓へのアメリカ人技術者の協力の事例に原型を見ることが出来る。このときは開拓使副官であった黒田清輝によって現職の農務長官ホーレス・ケプロンが開拓使顧問として招かれ、ケプロン報告書として有名な開拓計画書を作成した。その中に札幌農学校構想が含まれていた。上述の政策立案の過程である。

　そして、マサチューセッツ農業大学をモデルとして札幌農学校を作ることとなり、同大学学長であったウィリアム・クラークが1年間のサバティカル（研究休暇）で来日した。クラークは同大を卒業したばかりの若いホイラー、ペンハロー、ブルックスを伴っており、彼らは献身的に札幌農学校設立のために働き、また開拓使の要請に応じて、北海道開発の農業面でのさまざまな相談事に応じたのである。こうした明治の日本でのアメリカの技術移転は、戦後のアメリカにおける開発問題の教科書の最初に出てくる成功事例となっており、開発関係者の常識化していた。

　このようなアメリカの組織をモデルに途上国に同種組織を作る事業への援助は、しばしば文化帝国主義的であると断罪されるか、あるいは、仮に善意であっても途上国の実情を無視した押しつけであって根づかないと批判されることが多かった。このような評価はフォード財団の事例を通して、どのように再検討が可能であろうか。

　文化帝国主義的、あるいは押しつけという評価は少なくともビルマにおけるフォード財団の事例を見る限り、疑問であると言わざるを得ない。第一に問題なのは、押しつけという表現が前提とする途上国側が無力であるというイメージは明らかに誇張されている点である。ビルマ政府は、当初から英米側に援助を求めていた。また、政府派遣の調査団はアメリカだけでなく他の国々にも現状視察に赴いており、世界の実情に無知であったとは言えない。したがって、アメリカの組織をモデルとした決定においてビルマ政府の主体的選択によるところは決して小さくはなかった。また、ビルマ政府予算が相当程度あてられており、その意味でも決して一方的に依存していたわけでは

ない。ビルマ政府は、中国からもソ連からも援助を受けているのである。明治政府が陸軍はフランス、海軍はイギリスをモデルとしたのに似ている。ビルマ政府は産業技術と農業においては、アメリカが最も進んでいると考えていたのである。そして、その判断は合理的なものであったと言うべきであろう。

　第二に、アメリカモデルが途上国に適用不能であることへのアメリカ側の無知についての批判であるが、これは結果論的批判であると言うべきであろう。当時のアメリカ人たちが後の時代の開発協力関係者に比べて楽観的であったことは事実である。しかし、ビルマの開発が容易な課題でないことは十分に承知していた。他方、ビルマを見捨てることは出来なかった。したがって、大きなリスクを承知の上での挑戦だったのである。しかもリスクは国内治安問題、ビルマ政府の行政能力などきわめて合理的に判断出来る諸問題であり、ビルマの歴史や文化に固有の何かではなかったのである。

　仮にアメリカモデルが不適切だったとして、共産圏以外に他にモデルがあっただろうか。しばしばこうした場合に「ビルマに適した開発」という言説が現れる。ネ・ウィン政権はビルマ式社会主義を唱え、確かにきわめてユニークな権威主義、鎖国路線をとってきた。しかしこれを、「ビルマに適した開発」と呼ぶべきであろうか。今日のミャンマーは欧米化に伴って失われたであろう「何か」を保持している。しかし、同時に欧米に学ぶことで得られたはずの「何か」を得ていない。つまり、「何もしていない」に等しいのである。表面的な国家の独立は維持したが、民族問題は解決されず、国家の安定はいまだに達成されていない。今日のミャンマーの状況を「ビルマに適した開発」の成果であると感じる人はきわめて少数であろう。

1－5　ネ・ウィン選挙管理内閣とピダウンス内閣（1958〜1962年）における活動と1962年3月2日、ネ・ウィンによる国軍のクーデター

1－5－1　AFPFLの解体、社会党の左右分裂などによる政治混乱とネ・ウィン選挙管理内閣から国軍クーデターへの道

　1956年の議会総選挙は、武力闘争を行っている共産党の合法的シンパ組織である国民統一戦線NUFが250議席中、予想外の47議席を獲得するという、戦後一貫して与党であるAFPFLの相対的敗北となった。ウ・ヌはAFPFLの不純分子を排除し党を建て直すために、党務に専念したいとして

同年6月首相を自主的に辞任した。後任首相の責任はウ・バ・スウェに託された。

ウ・ヌは1948年6月8日に法と秩序、国家経済、社会福祉の3つのテーマについて行った長演説と同時に発した一連の命令によって、ピドゥタ国家開発の基本的な見直しを提議した。ヌは法と秩序の回復を優先することと、外資および地元民間資本と国営企業のジョイント・ベンチャーや国営企業の株式を労働者や公務員に売却することで利潤動機を導入するとした。

ウ・ヌが政権復帰して半年後の1958年1月には約10年ぶりのAFPFL総会が実施された。ウ・ヌはAFPFLはもはや多様な勢力の同盟ではなく一つの党であるべきであるとして、イデオロギー的な統一を求めた。1958年4月27日のウ・ヌとキャウ・ニエインの会談でAFPFL分裂が正式に決まった。ウ・ヌ、タキン・ティン派は「クリーンAFPFL」、キャウ・ニエイン、バ・スウェ派は「安定AFPFL」と名乗る。ウ・ヌは社会党右派と鋭く対立する共産党シンパのNUFとアラカン国民連合やシャン族などの少数民族議員の票を取り込み、127対119の僅差で投票を制した。AFPFLの両派間の暴力的な対立が頻発し治安が悪化していった。こうしてウ・ヌはネ・ウィン国軍司令官に選挙管理内閣の組閣を依頼するに至ったのである。

ネ・ウィン選挙管理内閣はウ・ヌと当初6カ月の約束で発足したが、総選挙を行えるほど秩序が回復していないとの理由で延長され、1960年3月に総選挙が行われ、ウ・ヌが勝利して政権復帰する4月までの約1年半続くこととなった[364]。

この間の最も目覚ましい特徴であり、かつ成果と見なされたのは治安の回復、行政への規律と効率基準の導入であった。これは民主的ではあるが勤怠と汚職がはびこったAFPFL政権との著しい違いとして誰の目にも明らかであったし、そう喧伝されたのである。

他方で、もう一つ軍支配で重要な点は国軍が国防サービス公社（Defense Service Institute）を通じて、広範なビジネスに参入し始めたことである。デパートなどの小売り、流通、製造などさまざまなビジネスに参入し、外資とのジョイント・ベンチャーも積極的に進めた。こうして、軍はビルマで最も強力なビジネス集団に成長したのである。

1960年3月に行われた総選挙ではウ・ヌがクリーンAFPFLを改組して

364　この項は主として、Louis J. Walinsky, *op. cit.*, pp. 252–265.

作ったピドウンス（Pyidaungsu：連邦）党が勝利した。ネ・ウィンは無条件でウ・ヌに政権を渡した。政権に復帰したヌであったが、彼のピドウンス政権において最も中心となった課題は、仏教の国教化問題と再発悪化した少数民族の分離要求、反乱の2つの問題であった[365]。少数民族問題は一層深刻な様相を示していた。ヌは自らの政権基盤を広げるためにアラカンとモンの指導者たちにビルマ連邦内に彼らの州を作る約束をしていた。ヌが政権に復帰すると当然ながら彼らは約束の履行を彼に迫った。しかし、いくつの州を作るのか、どの程度の権限を州に移譲するのかという難しい問題は少数民族に満足をもたらすより不満を高じさせるだけであった。

　ヌはピドウンス政権時代にも、以前と同様にさまざまな政府委員会を新たに多数作ったが、それらの多くはまったく無意味であり、無能な政府の代名詞となっていった。経済政策で庶民の批判を浴びたのは、インフレであった。ヌのピドウンス党では、以前の社会党分裂とまったく同じような派閥党争が再び生じていた。今度は、タキン＝ウ・ボ対立と呼ばれるものであった。タキンとはタキン・ティンに代表される教育程度が低く、農村に基盤を持つ伝統主義者たちで思想的にはむしろ左派に属し、正統マルクス主義に近い勢力であった。党はタキン派によって牛耳られることとなったのである。より共産党に近いタキン派の勝利は、反共の国軍の警戒心を一層高めることとなった。

　1962年3月2日、ネ・ウィン将軍と国軍はクーデターによって政権を奪取した。ウ・ヌと政府の要人は国軍に拘禁され、ネ・ウィン率いる革命評議会が一方的かつ違法に憲法を停止し、国会と現政府を解散した。こうして憲法だけでなく、独立後一貫して続いてきた民主的政府の形態が破棄され、かつ仏教が非国教化されたのである。こうして、ビルマの社会民主主義体制は終わりを告げ、同時に国際プロジェクトとしての国家開発も終わった。ネ・ウィンを中心とする国軍の革命評議会はビルマ式社会主義路線を掲げると同時に、西欧世界との交流を絶ち、孤立主義的な独自路線を進むこととなったのである。

1－5－2　中断を余儀なくされた大学支援、法律研究所、農業金融

　この時期の特徴である大学支援の中で最大のプロジェクトは、ラングーン

---

[365] この項は主として、Richard Butwell, *op. cit.*, pp. 224–250.

大学へのいくつかの支援であった。技術協力の担い手となったのは、マサチューセッツ工科大学国際研究センター、ユタ大学、ハーヴァード大学ビジネススクールといった大学と全米図書館協会という専門家協会であった。

中でも最大であったのは、経営者を養成するための重要な機関の一つとしてのラングーン大学商業学科の拡充のために、ユタ大学と提携した支援に1956年に21万6000ドルの助成、1958年16万5000ドルの追加助成が行われたことである。最初の2年間にはアメリカ人客員教授2名と講師・研究員1名、および6名のビルマ人若手講師のアメリカ留学費用が、後半の2年にはアメリカ人客員教授1名の1年分、講師・研究員は1年半分の費用、および6名の留学費用が認められた[366]。典型的な大学の組織作り支援である。

もう一つフォード財団が力を入れたのは社会科学の改革である。ラングーン大学は1958年6月に始まる学期から、従来の人類学・社会学科、商学科、経済学科、政治学・歴史学科、心理学科、統計学科を傘下に納める社会科学部を新設することを決定した。新しい社会科学部は新築の社会科学校舎に移り、その1階は社会科学部図書館にあてられた。フォード財団はすぐに社会科学部図書館の新設支援に乗り出したのである。

全米図書館協会がラングーン大学と協力協定を結んで、後方支援組織となることが決まり、1958年7月に、アメリカ人司書アドバイザー1名の2年間の費用と3名のビルマ人司書のアメリカ留学費用、図書や器材の購入費を含めた18万ドルの助成が決定された。1960年8月には、アメリカ人司書アドバイザー1名の2年間の追加と7名のビルマ人司書のアメリカ留学等で10万ドルの追加助成が決まった。

1962年のネ・ウィン政権によるフォード財団活動停止命令のため、留学中であった司書たちは困惑したものの多くは無事留学を終えた。しかし、予定された大学総合図書館の改革は、まったく手つかずに終わった。社会科学の支援もまた、図書館整備というごく基本的な部分で終わったという意味で中途半端であった。海外開発プログラムが継続されたインドやインドネシアでのフォード財団の社会科学への関与と比較してみると、これは明らかである。

また、ビルマ第二の大学を作るためにマンダレー大学理学部、農学部へのフロリダ大学の支援を行った。1957年の教育諮問委員会には職業教育の分

---

[366] Request for Grant Action, Request No. OD-156G an request for Allocation Action (Supplement No. 1), Request No. OD-189, PA56-257, FFA.

野でダンウッディー工業専門学校のフィリップ・ヴァンウィックに加えて、フォード財団の教育コンサルタントであったチャンピオン・ウォードが加わっていた。ウォードは、ビルマは2つめの大学を必要としており、上ビルマの古都マンダレーに第二の大学を作り、ラングーン大学は人文社会科学中心、マンダレー大学は自然科学と実学中心という棲み分けを考えていた[367]。

　フォード財団は当時はまだラングーン大学の教養課程であった大学分校校長、ウ・コ・レイの半年間のアメリカ視察を支援した。彼が要請したのは理学部の強化であった。この背景には、彼自身が自然科学者であったことと、教育省の自然科学、実学重視の方針があった。フロリダ大学が技術協力のカウンターパートとして選ばれた。フロリダ大学は地質学教授、兼シニア・アドバイザーとしてエドワーズ、物理学のウィリアムソン、植物学のデイヴィスの3名を1958年7～8月から3年間の契約で派遣した。エドワーズとウィリアムソンは当初3年間の契約を1年延長して1962年のフォード財団活動停止までの4年間継続して学科指導を行った。フロリダ大学のアレンジで合計3名のビルマ人教授、講師がアメリカの大学で博士号・修士号取得のために留学し、他に2名の教授が2カ月の東南アジアとアメリカの大学視察フェローシップを与えられた。ビルマ事務所閉鎖後に書かれたビルマでの活動全体をまとめた報告書では、地質学と物理学は大幅に進歩したが、この間、マンダレー大学の実質的トップである副学長が頻繁に変わったため、大学側の指導性に問題があり、本来可能であったレベルまで協力の実を上げることが出来なかったと述べている[368]。

　ビルマに特徴的なプロジェクトとして、ニューヨーク本部の国際研究と教育プログラムが立ち上げた国際法学研究プログラムが、ビルマで行った法律研究所への支援がある。フォード財団は、同研究所を法学者の専門家協会として、制度・組織作りの援助を行ったが、その途中でビルマからの退去を命じられ、組織作り支援は中途半端なところで打ち切られた。1990年代以降の法制度整備の技術協力につながる、50年代の国際開発の興味深い事例である。

　最後のビルマ法律研究所報告はネ・ウィンの革命政府が権力を握った後の1962年12月24日に提出され、さまざまな活動が停止状態に陥りつつあるとしている。事務職員が雇えなくなったため月刊の*Bulletin*は出せずにおり、

367　Memorandum from F. C. Ward to E. G. Arnold, July 31, 1957, PA58-53, FFA.
368　The Ford Foundation, " The Ford Foundation in Burma, 1953–1962," op. cit., p. 25.

法学雑誌Journalの第4号は印刷所に入稿されているが印刷費を支払える目処が立たないと述べている。最高裁判所と高等裁判所ですら消滅させられた今、法律研究所が生き残れるのかどうかは分からないと述べる。状況が危機的なのは研究所の存続が不透明だからではなく、法律家という職業そのものの存続が不透明だからであると述べている。

インドなどと同様に、ビルマでも各国共通のテーマである農業開発、コミュニティ開発への支援として、アメリカの非営利組織である国際開発サービスによる農業金融の実験が行われた。今日のマイクロ・ファイナンスにもつながる60年代の興味深い事例である。

農業コンサルタントのヘルマン・ハーグの提案がビルマ事務所に出された。それはムウェヨギ村の農民たちに農業協同組合を作らせ、そこにビルマ政府の農業農村開発機関である土地農村開発公社から機材や信用を供与させようとするものであった。ここで肝心なのは、農業協同組合がうまく機能し、機材や信用が適切に供与されるような仕組みを作り、それを運用していくノウハウと人材である。そこにはアメリカ人の専門家を置き、こうした総合的な農業開発がうまくいくことを示すと同時に、この職能を引き継ぐビルマ人を同時に養成していくことが重要であった。この計画書[369]は、ニューヨーク本部のヒルから全面的とも言える賛同を得たのである[370]。

ヒルは途上国における農業開発問題の核心は、作物生産計画への助言、信用、農業機材、マーケティング支援、農業機械貸し出しを、必要な時に農民に可能なコストで提供出来る農業協同組合をどのようにしたら組織出来るかという点であるとする。これら全てを同時に提供する多目的農業協同組合が必要だと考えていた。国家が上から組織するソ連、中国型の共同農場は、個人の収益インセンティブという農業にとって非常に重要な要素を無視しており、長期的には失敗するだろうとヒルの信念を述べる。その意味で、農民が下から組織しようとしている提案の農業協同組合はソ連型への代替案になる可能性があるとしている。

ヒルの全面的な支持を受けて、1958年に「農民による協同組合のパイロット・プロジェクト」に対する41万ドルの予算承認がなされた。この予算承

---

[369] Herman Haag, "A Proposed Integrated Program for Improving Farm Incomes in One Area of Burma," July, 1958, PA59-263, FFA.
[370] Memorandum from F. F. Hill to George F. Gant and Edwin G. Arnold, August 25, 1958, PA59-263, FFA.

認を受けて、ビルマ事務所はビルマ政府の土地農村開発公社とアメリカ側の協力機関となった国際開発サービス（International Development Services: IDS）との交渉を詰めていった。IDSはネルソン・ロックフェラーの提唱で創設された国際開発専門の非営利組織である。その経営陣を見ると、アメリカ政府技術協力機関であるICAやニューディールの農場保障局の出身者が多い[371]。IDSは2名のアメリカ人をコンサルタントとして派遣した。1959年12月にビルマの法に則って、ムウェヨギ農業開発協同組合が76名の組合員によって発足した[372]。この実験は1年目ですでに目覚ましい成功を示しつつあるように見えた。農業生産が増え、組合員の収入が増えただけでなく、投資資金を借り入れた全員が予定通り金利をつけて返済したのである。返済率は100％であった。その後ムウェヨギ村の「成功」の評価がさまざまな視点から行われたが、1962年6月でフォード財団がビルマから撤退したことでプロジェクト自体もまたその評価も消滅してしまい、この指導金融を中心とした総合的農村開発のアイディアが正しかったのかどうかは不明のまま終わったのである。

1－6　ビルマに関する小括

1－6－1　民主的社会主義とリベラルの協力と妥協——フォード財団の位置

　議会制民主主義を維持しながら、平和的手段によって社会主義を達成しようとしたのがウ・ヌあるいはAFPFLの中心勢力となった社会党であった。この思想には、社会党のイデオローグであったキャウ・ニエインに典型的に見られるように、同時代の西欧における社会主義思想の影響が色濃くあった。また、さらに遡って戦前からイギリスのフェビアン主義、労働党の思想的影響があったことも確かである。ビルマでフェビアン協会を設立したファーニヴァルが、長くビルマ政府の顧問であったことはこれを示している。同じイギリスの政治経済思想でも自由主義思想はビルマのエリートにとって独立を拒む保守主義を代表する敵対思想であり、その影響力はほとんどなかった。また、コミンテルンを中心とする共産主義の影響も強くあったが、ビルマにおいては多数派を形成するまでには至らなかったのである。

　この政治経済思想をここでは民主的社会主義と呼ぶことにする。国際開発

---

[371] International Development Services, pamphlet, PA59-96, FFA.
[372] 以下のムウェヨギ・プロジェクトの説明は、IDS, June 1960, op. cit. およびIDS, April 1964, op. cit.

の観点から、民主的社会主義体制の重要な点を挙げれば、第一に議会による民主的決定、別の言い方をすれば党派政治が開発の行方に大きく作用したことと、第二に経済の主要部分、いわゆる管制高地とされた主要産業セクターが国営企業中心になり、農業や軽工業においても協同組合に大きな役割が与えられ、私企業、利潤動機、市場メカニズムが完全に否定されたわけではないが非常に軽視されたことである。

国家と市場の組み合わせの微妙なニュアンス、またそれが表現される個別の具体的政策は国家開発計画に盛り込まれることになるが、今日から見ると不思議なことはインドでもビルマでもアメリカのリベラル派が開発計画に相当深く関与していたことである。ビルマではフォード財団自身がインド政府のコンサルタントとして計画作りに専門家を派遣していたし、ビルマではKTAのチーム、特にネイサン・アソシエイツの経済学者たちがまさに開発計画の基本を作っていた。なぜこのようなことが起きたのか。その理由の第一は経済協力の必要性であろう。当時、大規模に経済援助が行えるのはアメリカしかなかったのである。アメリカは単に資金や物資の援助を行っただけではなく、技術協力としてハードな技術に加えて経済運営のソフト技術をも提供した。逆に言えば、それなしでは資金援助は行わなかった。これはマーシャル・プランに始まる基本的なパターンであり、序章で述べたようにアメリカがほぼ独占していた1950年代の経済協力はアメリカ的政治経済の対外投影の一部であった。

開発援助の必要性が一つの主要な要因であったとしても、それだけでは説明出来ない。ビルマの場合、米の輸出が好調な時期には貿易黒字により外貨準備は十分にあり、必ずしもアメリカの資金的援助は必要としなかったからである。事実、KTAを雇う費用は当初TCAが負担したが、援助拒否以降はビルマ政府が自前で雇用している。ビルマの事例はアメリカの技術協力を求めた要因はさらに2つあったことを示している。一つはハードな技術におけるアメリカの優位性である。工業製品の開発力、またその大量生産技術などの面で戦後のアメリカははっきりと世界をリードしていた。機械化、品種改良、灌漑などの農業技術の面でもアメリカは世界で最も進んだ国の一つであった。今日から見れば、高度なアメリカの技術がビルマの状況に適切であったかどうか疑問は残るが、当時としては世界で一番優れた技術をと考えたのは当然であろう。

もう一つの要因は、経済分野でウ・ヌ首相の最も信任が厚かったウ・フ

ラ・マウンがケインズ主義的国家開発の信奉者であったことである。つまり、民主的社会主義というのは一定幅の多様性を許容する政治経済思想の有り様であり、その左の極には共産主義とほとんど変わらないような部分があり、またその右の極にはケインズ主義的な部分が含まれたスペクトラムを形成していたことである。アメリカ的な政治経済、すなわち政府の管理と市場自身のメカニズムの両方による調整された市場経済の支持者が、ビルマ政府内である程度の勢力を持っていたことが、アメリカが関与する際の足がかりとなっていたのである。政権の内部には異なる政治経済思想の勢力の間で葛藤があり、アメリカに近い勢力が経済協力と同時に経済運営の面でもアメリカの技術協力を引き入れる牽引力となっていた。インドの事例を見ても分かるように、経済分野ではこうした親欧米派の旧植民地官僚出身者が大きな力を持っていた。新しく政治権力を握った革命派も実際の政府の運営には、こうした植民地時代から経済運営にあたってきた実務派に依存せざるを得なかったことを示している。

　政治経済分野でのアメリカの影響力が存在したが、それは最も支配的であった民主的社会主義のアイディアと混在しつつ葛藤をも起こしていた。ある種の共存が可能であったのは、主としてアメリカ・リベラルの側の妥協によるところが大きく、ビルマの場合でも社会主義とイデオロギー的に闘争しようとはせずに、個別政策の合理性で争おうとしていた。いわば、前述の国家と市場の組み合わせの微妙なニュアンスの部分で影響力の発揮を目指したのである。名ではなく実をとる作戦であった。こうしたことが可能であったのは、政治経済思想のスペクトラム全体の中では右にレッセフェール的自由主義が、左には共産主義が存在し、それに挟まれる形で民主的社会主義とアメリカのリベラル派は中道の左と右を形成していたからである。リベラル派はアメリカ国内では中道左派であったが、ビルマの政治文脈では中道右派であった。また、両者ともが、悪く言えば雑多な妥協的性格であったが、良く言えば左右の教条主義とは異なって民主主義の生み出す多様性を尊重し、かつ異質なものへの寛容を特徴としていたからである。

　ビルマでは、インドとは異なってフォード財団が国家開発計画に直接関与することはなかった。むしろ計画の中で重要かつ比較優位であると思われる分野の実施を中心に活動していた。それは、計画部分はKTAがすでに中心的に担っており、フォード財団が関わる余地がなかったし、またその必要性もないと判断したからであろう。TCAが撤退していたことからプロジェク

トを実施するアメリカ機関が存在しなかった。TCAの抜けた穴を埋める必要があったのである。アメリカの組織として必要な機能を果たしているが、それは誰かが割り振ったというようなことではなく、重複を避けて比較優位を発揮するという合理的行動をそれぞれが独自判断で行っていったと考えるべきであろう。

　全体として見ると、フォード財団に関わった人々はビルマ政府の主権を尊重しており、社会主義の根本に異議を唱えることは少なかった。プラグマティックな彼らはイデオロギー論争よりも、具体的な成果で競うことを好んだし、豊かになることがいずれ社会主義を変えると楽観的に考えていたのである。また、植民地から独立した諸国が植民地主義批判の延長線上で不平等の問題に非常に敏感であり、その不満を吸収するために社会主義を志向することは理解出来ると考えていた。すなわち、民主的社会主義とリベラルの協力においては、双方に妥協があったが、リベラルの側により大きな妥協があった。それは、やはり、国際開発がビルマの主権の下で行われたからであろう。

1－6－2　国際プロジェクトとしてのnation buildingにおけるアメリカ・リベラルの役割

　戦後の国際的な開発協力は西側諸国の側においては、第2次世界大戦中、および直後にアメリカを中心として行われた国際主義プロジェクトの一つとして出発した。国連および、ブレトン・ウッズ機関の創設、そして日本とドイツの占領による民主化の後に、旧植民地が独立するにつれ、それら諸国の経済社会開発の問題に取り組む必要が強く感じられるようになったのである。ちょうど1950年前後であったため、冷戦の開始と重なり、開発協力は援助競争という追い風を受けると同時に、外交戦略の手段とされ、援助が政治化することで、本来の趣旨から見れば非効率で無駄な部分も多く出てきたのである。

　フォード財団の「海外開発」プログラムは、そうしたアメリカの国際主義プロジェクトとしての国際開発の一部であった。マーシャル・プランを通じて欧州の復興に成功を収めたポール・ホフマンが、次には新興独立国の経済開発が必要だとしてフォード財団の巨万の富の一部を注ぎ込んだのである。フォード財団を辞めた後、ホフマンが国連開発計画の初代専務理事として国際開発に後半生を捧げたことは、こうした経緯をよく物語っている。ホフマ

ンを追放したフォード財団の理事会も「海外開発」プログラムには満足していた。この時代、国際平和の実現の一手段として国際開発が必要であるという認識が共有されており、「海外開発」プログラムは平和のための活動として正当化されていたのである。

　ネルーのインド政府と同様に、ビルマ政府指導部にも、こうした国際平和と国際開発の密接な関係についての認識が見られた。ウ・ヌはネルーと親しかったし、非同盟運動で協力し合っていた。ネルーが朝鮮戦争時に米中間の交渉の仲立ちをしようとしたのと同様に、ウ・ヌは中印国境紛争の交渉の仲裁役を務めようとした。地域の平和が開発の前提条件であり、また紛争の平和的解決は可能であると考えていたのである。フォード財団の初代ビルマ代表であるエヴァートンは、戦後インドでクエーカー教徒のNGOであるアメリカフレンズ奉仕団（American Friends Service Committee）の代表として1年ほどを過ごしている。彼自身、クエーカー教徒であったと思われる。つまり、彼はアメリカの平和主義者の中でも中核的な部分に属していた。そうした人間をビルマ駐在代表としてラングーンに送ったこと自体、ウ・ヌのビルマ政府とフォード財団の間で、国際平和と国際開発の密接な関係について認識が一致していたことを物語っている。

　他方、新興独立諸国の側においては、国家開発は、民主的統治と統治機構（政府）の確立などの国家建設（nation building）の過程と不即不離の関係にあった。独立後の政治情勢と国内の治安は不安定であった。国際共産主義運動の指示によって、ビルマ共産党が国民戦線であるAFPFLから離反し、反乱を起こした。さらに、ビルマの場合には少数民族の反乱も加わった。しかし、何とか政権を維持した政府は国家開発を進めようとしていた。植民地時代から引き継いだ議会は未熟であり、植民地支配の手段としての政府から開発の主体としての政府へと改革しなければならなかった。インド人の行政官、技術者などを解雇したため、人材が不足し、その養成には時間がかかった。

　独立闘争の時代に指導者たちが民衆に約束した経済発展は公約となっており、植民地支配による搾取から解放された今、「豊かなビルマ」は簡単に実現出来ると多くの人々が考えていた。実際、朝鮮戦争で米の国際価格が高騰し、ビルマ政府の財政は豊富であった。ピドゥタ会議で掲げた福祉国家の理念、例えば、「全ての国民に教育を」あるいは「家や車を」という目標はそれ自体としては間違ってはいなかった。ビルマ政府に雇われた開発コンサルタントであるアメリカ人たちもまた、そうした目標が荒唐無稽なものだとは

考えていなかった。戦争の被害が著しく、インフラの回復に時間と費用がかかったが、政府の開発目標はうまくいけば達成出来る可能性があると考えていたのである。

　開発の問題は、そのやり方をビルマ政府が知らないということであり、外国人の専門家を雇用すれば、その問題は比較的容易に解決出来ると政府も開発協力関係者も考えていた。そこに、技術協力が信仰された理由があった。それが信仰に過ぎず、実際は外国人専門家が直面した問題は複雑であり、容易に解決出来ないことが次第に明らかになっていった。ビルマ政府に人材が不足し、当事者能力が不十分な中では、外国人専門家の知識は生かされなかったのである。それは、最終的にはビルマ政府が決定権を持っていたからで、そこで適切な判断が下されない限り、開発努力は成功に結びつかないのであった。つまり、ビルマ人の専門家を養成するしか方法はなかったのであるが、それには、当初考えていたよりはるかには時間がかかった。ビルマの場合、人材養成は政治の展開に間に合わなかったのである。

　この開発協力の過程を通じて、新興独立諸国の国家建設は国際プロジェクト（international project）の側面を強く持っていた。インドと同様に、ビルマでもフォード財団は行政改革という政府機能の中心をなす問題に関わった。政府機能を高めること、植民地政府から開発政府への転換が急務であることは、外国人開発関係者には広く認識されていた。実際、フォード財団だけでなくアメリカ政府、イギリス政府、国連などがさまざまな部署に専門家を送っていた。50年代のこの当時、現在に比べてはるかにビルマ政府は小さく、専門家が少なかったことを考えれば、国家建設が国際プロジェクトであったというのは誇張にあたらないであろう。実際、開発計画はアメリカのコンサルタント会社が作っていたのである。

　国連は、さまざまな国のコンサルタントを送っており、まさに国連であったが、予算が少なく、実際の協力現場では主たる担い手はアメリカとイギリスであった。宗主国イギリスの影響力は強かったが、50年代に主役はアメリカに移っていた。ファーニヴァルという戦前の植民地官僚時代からの政府アドバイザーはいたが、国家開発計画をアメリカのコンサルタント会社に委託したことが主役の交代を物語っていた。しかし、福祉国家というイギリス生まれの概念を国家理念に据えたことが示すように、政府指導部の頭の中ではイギリスの影響が強かったことも確かである。ビルマ政府の中核を占めていたビルマ社会党の理論家は、欧州の社会民主主義、特にイギリス労働党の

影響を強く受けていたからである。

したがって、理念としての民主的な社会主義の枠組みの中で、実際の開発を考えるアメリカ・リベラルという構図になっていた。ビルマ政府が、ニューディーラーとして有名なロバート・ネイサンを政府の経済コンサルタントに委託したのは、彼の政治思想を考慮したからに違いない。フォード財団は国際プロジェクトとしてのビルマの国家建設にアメリカ・リベラルの一翼を担う組織として参加していたと考えられるのである。

1−6−3　ニューディールの経験移転としてのアメリカの技術協力

1950年代のアメリカの途上国への技術協力が、多くの面で、1930〜40年代のアメリカ国内のニューディール改革の経験移転であったことを論じてみたい。一般的には、アメリカの技術協力の失敗を批判する文脈の中で、共和党アイゼンハワー政権の成立とともにニューディール改革が終わり、国内で失業したニューディーラーが大量に海外での技術協力に出ていったとする見解がある[373]。いわば、技術協力は失業対策であったとする見方である。全体の流れとして、国内での政治闘争に敗れたリベラル派が、国際社会にはみ出していったという分析は正しいであろうが、ここでは、そのことを皮肉るのではなく、それが国際開発の性格に与えた影響を考えてみたい。

大恐慌からの回復を第一の目的としたニューディールは、政府を中心とする開発政策を一つの柱にしていた。50年代のフォード財団スタッフの多くは、ニューディールの時代にアメリカ政府の農務省、国務省、内務省などで政策立案と実行に携わった人々であった。例えば、ビルマで農業開発に携わっていたスタッフは、農務省でアメリカの農村開発の経験を積んだ人々であった。彼らの農村開発の原点は、大恐慌の中で借金に追われ、土地を失った大量の農民に象徴される疲弊したアメリカ農村の建て直しであった。彼らが経験してきたのは貧しいアメリカ農村であり、そこからさまざまな試行錯誤を経て豊かになる農村の変化であった。つまり、自国において開発過程に直接関わってきた人々であったのである。ニューディール経験を途上国の開発に適用しようとしたという意味はここにある。今日考えるような、豊かなアメリカ農村のやり方を貧しいアジアの農村に適用しようとしたというよう

---

[373] 筆者は、この話を、東京大学における高橋一生客員教授の「国際協力論」の講義で聞いた。残念ながら、その出典を突き止めることは出来なかった。高橋教授が、OECDに長く奉職されたことを考えると、国際機関に流布したある種の逸話なのかもしれない。

なことではなかった。

　フォード財団の助成によってビルマ政府に協力したアメリカのNPOも同様にニューディールの産物であった。例えば、ビルマ政府の行政改革に協力したNPOのPASについて考えてみよう。PASは、ニューディールにおける行政改革の知識を蓄積した行政学の専門家集団である。ニューディール改革を通じて、政府こそが改革の中心的担い手と考えられており、開発のための政府をどのように作るかが、アメリカにおいても問われていた。PASが存在したこと自体が、いかに多くの地方政府に行政改革のニーズが存在していたかを物語っている。ニューディール改革が休止し、アメリカ社会が変化から安定を求め始めたとき、PASの知識はむしろ国際協力の場面に転じられていったのである。

　開発協力がニューディールの経験移転であったと言うとき、そこにはいくつかの位相がある。第一はニーズ発見の位相である。ニーズを発見することは、究極的には存在の問題ではなく、状況の解釈の問題であり、その大前提にあるのは認識の問題である。認識の枠組みは観察者の経験に大きく依存する。ニューディール改革に参加した経験が、アメリカ人たちの認識枠組みを形成し、彼らにビルマという新しい現実の中に特定の形のニーズを発見させたのである。例えば、行政改革を考えてみよう。開発協力にあたったアメリカ人たちに「開発のための政府」というニーズを発見させたのは、ニューディールの中で政府を作り変えてきた経験であった。国家開発を進めるにはビルマ政府の機構整備が必要だというのは、衆目の一致するところであった。しかしながら、ではどのような政府を作るのかという点になると、それは観察者の持ちうる比較対象によって異なっていたに違いない。ニューディール政府からやってきたアメリカ人たちと、イギリス人たちの認識が異なっていたであろうことは想像に難くない。

　アメリカ人たちはビルマとアメリカが異なることは十分に承知していた。アメリカ人たちがビルマの現実を無視して、アメリカの経験を一方的に押しつけたという理解は正しくない。そのような押しつけは成功しないことは、彼らはよく理解していたし、それを避けようとしていた。しかしながら、彼ら自身の認識枠組みがニューディール改革の経験によって形作られていたこと、それ以外に比較の対象を持ち得なかったことから、ニューディール経験から作られた認識枠組みの中で試行錯誤と実験が行われていったのである。これは、いわば当たり前のことであり、ビルマ側もアメリカ人の限界を承知

していた。イギリス人にも彼らなりの限界があり、安易な解答はなかったのである。ビルマ側は承知の上で、ニューディーラーを開発コンサルタントに選んだのであり、彼らに全面的に依存するのではなく、ビルマ人の判断が最終的には決定権を持つ形で開発実験は進められたのであった。

　第二の位相は、ビルマの国家開発という過去にない新しい状況を全体としてどのように理解したのかという点である。ビルマでの活動開始を決定した1952年のブラウン＝アーノルド調査団は、ビルマは厳しい状況にあるとし、行政、治安・秩序、農業、保健衛生、教育・人材養成の各分野で大きな進展を見せない限り、独立後間もない民主的な体制は外国の支配、あるいは内部からの権威主義体制に取って代わられる危険性があると分析した。外国支配とは、ソ連の指導下にあるビルマ共産党が政権を執ることを意味している。現実には後者の危惧が現実となり、1965年以降、今日までビルマは軍政による権威主義体制が続くこととなった。こうした厳しい状況を重々承知しながら、調査団は国家開発に邁進しようとするヌ政権を高く評価し、こうした民主的開発体制を維持するために援助をすべきであると結論づけたのである。

　こうした厳しい状況認識と、それとは裏腹に前向きな判断の関係には、まさにニューディール的な思考様式と態度を見ることが出来る。同様の傾向は、KTAのアメリカ人コンサルタントの報告書にも色濃く現れている。彼らも、ビルマの開発目標達成は困難であると認識しつつも、達成の可能性を強調する結論を導いているのである。ある種の楽観論であるが、しかし、なぜ厳しい状況認識と楽観的な意思決定が両立しうるのであろうか。それは、ニューディールの持っていた実験主義的性格と密接に関係しているであろう。ルーズヴェルトは手当たり次第にあらゆる政策を実施し、結果が出なければあっさりと放棄して、新たな方向に転向していった。特に、ニューディールの前半はほとんどの政策が失敗であった。未曾有の大不況の中で、その原因もよく分からず、したがって解決策もまったくの模索の中で、とにかく何でも効果のありそうな政策はやってみるというのがニューディールの本質であった。

　ビルマなどの新興独立国の開発問題に立ち向かったとき、ニューディール経験者の全体状況の認識と意思決定の様式はまさにニューディール的であったのである。ビルマの国家開発は実験であり、失敗するかもしれない。しかし、失敗を通じて学び、次に新たな方策を考えればよいというのが基本的な

態度であった。厳しい状況認識と前向きな意思決定が両立する枠組みは、こうしたオープン・エンドな実験主義にあった。別の言い方をすれば、価値中立的な合理主義、未来志向の科学主義である。彼らはビルマに軍政による権威主義体制が出来上がり、それが半世紀以上も続くことで、彼らの開発実験が生み出した知識が活用されずに、歴史の闇に葬り去られ続ける可能性は考えていなかったであろう。

　第三の位相は物理的な経験移転、すなわち技術移転の過程である。技術移転には2つのパターンがあった。技術者が個別にフォード財団に雇われて、ビルマ政府機関にコンサルタントなどとして働く場合と、フォード財団が何らかのアメリカの組織と契約して、その組織が技術移転を実施する場合である。両者のどちらが良いかをめぐって、フォード財団の内部に鋭い意見の対立があった。それは、技術移転という異文化間の社会過程をどのように経営するかという社会工学的な方法論の違いであり、技術移転の中味については専門家に任せて、フォード財団自身は移転過程の経営にこだわっていたことを示している。

　技術移転過程の経営といったときには、さまざまな要素がそこには含まれていた。上述の基本的な状況認識が前提であるが、まず重要であったのはビルマの国際開発に必要とされる多くの技術的要素をどのような順序で「移転」していくのかという優先順位の設定であった。現地の駐在代表であるエヴァートンの情報収集と分析、国際開発全般を見た上でフォード財団の比較優位を本部が検討した結果としての優先分野、さらにはビルマ政府の考える優先順位、これらを勘案した上で、実際に技術移転が行われる分野がフォード財団によって決定されたのである。

　第二に重要であったのは、技術移転の政治・行政的側面の経営である。上記のフォード財団が技術者を直接雇用する方法を支持する財団スタッフは、それによって技術者の管理を柔軟、迅速に行うことで、現地事務所が政治・行政的側面をより直接的に管理しやすくなることの重要性を強調した。外部組織に委託してしまうと、ビルマ政府の政治的・政策的変化に対応する上で柔軟性を欠くことになると批判したのである。技術移転の政治・行政的側面の経営とは、具体的には、ビルマ政府の指導者たち、なかんずくヌ首相や関係省庁の大臣や次官との良好な関係の構築と維持、ビルマ政府の開発計画にフォード財団が関わる事業の必要性を入れ込む作業、具体的な実施計画の作成とビルマ政府側の分担のとりつけ、催促、および共同の評価作業などであ

る。おそらく、最も重要で困難であったのはプロジェクトの開始、実施、終了というタイム・スケジュールを管理し、人材、資金等の資源を適切に投入することであった。このためには、基本的に人材と経験が決定的に不足しているビルマ政府側の動きを何とかコントロールしなければならなかった。

個々のプロジェクトは遅延したものの、ビルマ政府側も相当の努力を払っており、総体的にはプロジェクトの政治・行政的側面の経営はうまくいったと言えるのではないだろうか。しかしながら、それでもプロジェクトは政治変化のスピードについていけなかった。プロジェクトが想定された効果を生み出す前に、人々はビルマの国家開発は失敗したと結論づけ、ウ・ヌ政権への信頼は次第に薄れ、政治指導者たちをまとめていた福祉国家の夢は非現実的なものと見なされるようになり、指導者間の争いが表面化していったのである。

技術移転が外部組織に委託された場合、ビルマとアメリカの特定の機関がペアを組んで、制度・組織作りが行われていった。ビルマ政府技術専門学校とダンウッディー工業専門学校、ラングーン大学経営学部とユタ大学、マンダレー大学とフロリダ大学、いくつかの専門図書館と全米図書館協会などである。次第に外部委託方式が主流になっていったが、その背景にはプロジェクトが増えるに連れて海外事務所の処理能力の限界が意識されてきたことと、専門分野は専門機関が管理すべきであるという意見が強まったことがあった。これは、技術移転の政治・行政的管理よりも、技術的側面がより重視されるようになったことを意味している。当初は、技術協力を開始するための政治・行政的な枠組みを作ることを必要としていたが、いったん技術協力の過程が動き出すと、システムが官僚化し、技術的要素を重視するように変化していったのである。

こうした技術協力過程の官僚化は技術協力の量的、質的変化を必然的に伴っていた。外部委託された各機関が技術者の適性の決定、リクルートなどを行うようになり、これによって技術協力管理を担う組織が飛躍的に拡大した。フォード財団自身が技術者をコンサルタントとして雇用していた時期には、スタッフが多大の労力をかけて、全米からリクルートしていたからである。これによって、技術者を大量にリクルートする体制が出来上がった。

第二に重要な点は雇用された技術者が委託を受けたアメリカの組織に向いて仕事をするようになった点である。それまでは、フォード財団のビルマ事務所に雇用されたコンサルタントであったのが、大学やNPO、専門家協会

などに雇用され、管理されるようになった。それによって、ビルマ政府との距離が一層遠くなっていったのである。大量の技術者の雇用と、ビルマの現実を知らないアメリカ国内機関の担当者による選考、管理によって「無用で高給の大量技術者」と批判された技術協力の官僚化と硬直化の重要な一つの遠因がこのように出来上がっていった。

　そして、このことは重要なもう一つの帰結を生んだ。それは、技術協力にあたるアメリカ人技術者たちがアメリカ国内機関の評価を気にしたため、知識、学問、技術の基準を全てアメリカ基準にする圧力が強くかかるようになっていったことである。ビルマの図書館に派遣され、ビルマに合った図書分類基準を創作した司書と全米図書館協会の間で起きた、図書分類基準をめぐるトラブルは、このことを象徴する事件であった。大学や専門家協会などのアメリカの知的センターと直結した多くの専門家が途上国の技術協力の前線で働いたことによって、アメリカを中心とする知識体系の基準を第三世界に普及していくことにつながっていったのである。フォード財団はアメリカの知的センターと結びついた教育・訓練機関を、組織作りしていくことによって、知識人ネットワークの基盤を作っていったと同時に、意図していなかったかもしれないが、アメリカの知識体系を世界基準とすることに力を貸していくことにもなっていったのである。

　第三に以上の点をさらに敷衍して言えば、知識生産のあり方の面でも、アメリカ的な秩序を移転しようとしたと言うことが出来る。アメリカの知識生産のあり方は、欧州のそれと大きく異なっている。私立大学が多く、これらはアメリカ的に言えばNPOであり、州立大学も欧州や日本の国立大学とは随分異なっている。さらに、民間団体である専門家協会の持つ力、あるいはシンクタンクやNPOの役割の重要性など、知識生産が国家に集中せずに、いわば社会に広く拡散し、アソシエーショナルな関係でネットワークを作っているというリベラルな知識生産の秩序なのである。

　制度・組織作りにおけるビルマ・アメリカ機関のペアリングは、アメリカ側の機関がこうしたリベラルな知的生産秩序を前提としているだけに、単なる知識、技術の移転にとどまらず、アメリカ的知的生産システムの移転、すなわちリベラル秩序の移転をも含意していた。ビルマの事例でいえば、ビルマ法律研究所はまさに法律分野の専門家協会を目指して、制度・組織作りをフォード財団が行ったものである。司法、行政、立法、民間弁護士などの全分野の法律家による会員制度によって維持され、ジャーナルの発行などを通

じて、ビルマの法律分野の知的基準化を図るビルマ法律研究所はまさにアメリカ的知識生産秩序を想定したものである。

しかしながら、1950～60年代のビルマの事例においては、こうしたフォード財団のアメリカ的知識生産秩序の移転は失敗したと言うべきであろう。なぜならば、ビルマ側のカウンターパートは多く国立機関であり、純粋民間機関を目指したビルマ法律協会は結局大きく発展することは出来なかった。アメリカ的、あるいはリベラルな知識生産の秩序を作り出そうとする努力は国家中心の発想を覆すことは出来なかったし、おそらくよく理解されなかったであろう。戦後60年を経て、ようやく国立大学の民営化などのアメリカ的秩序への転換が起きた日本のことを考えれば、50年代の失敗は当然のことであったとも言えるし、またタイムラグを持ちながらも、結局はこうした秩序転換がやはり起き得たのだとも言えるであろう。

1－6－4　ビルマの国家開発の「失敗」とフォード財団の活動の評価

本節の最後にあたって、ビルマにおけるフォード財団の1952年から62年までの活動の評価について考えてみたい。

中東と並んで、アジアのこの3カ国を真っ先に国際開発のターゲットとしたのは、アメリカの国家戦略と密接に関係していたことはすでに何回か述べた通りである。1950年代初めの冷戦戦略をめぐる異なる意見の中で、フォード財団を支配していたリベラルの立場は経済援助によって新興独立国の経済発展を支援し、それによって共産化の根本原因を除去するというものであった。共産化はソ連による陰謀であり、ソ連の拡張主義を食い止めればよいとする保守派と対照的に、社会主義体制との対立を経済発展をめぐる異なる手法の間の競争と捉え、また、貧困が共産主義を生み出す可能性に対して同情的であり、第三世界の貧困に対して真正面から取り組む姿勢を示していたのである。

冷戦とも関係していたが、もう一つ重要な戦略目的は第三世界にどのように民主主義を育てていくかという点であった。民主主義からの逸脱として、一つは共産主義的な権威主義体制になることを恐れていたが、同時に、第2次世界大戦において右寄りの国家主義と闘ったばかりの当時は排他的な民族主義や軍国主義、軍事独裁の危険性も十分に考えていた。左右の権威主義から民主主義を守ることが、大きな意味での政治戦略であった。反共一辺倒であり、民主主義体制であるかどうかは二の次であったアイゼンハワー政権の

ダレス国務長官の路線とは異なっていたことに、注目しておく必要がある。民主主義体制の下で経済開発に努めていくことが、一言でいえばリベラルにとって戦後世界のあるべき姿であった。そこには、大恐慌から全体主義の台頭、第2次世界大戦へと至った戦前の歴史への反省があったであろうことは言うまでもない。

　彼らの目には、インド、ビルマ、インドネシアの1950年代前半の体制は、こうした観点から好ましいものに映った。どの国でも議会制民主主義体制をとりながら、国家による経済開発を強力に推し進めようとする独立革命の指導者が政権を執っていたのである。3カ国の国内には共産主義勢力などの革命を継続しようとする勢力が存在したが、当時の政権はいずれも、社会主義の影響を受けながらもソ連の共産主義とは一線を画しており、むしろ欧州の社会民主主義に近かった。ネルーとウ・ヌは非同盟運動の国際的指導者であり、この路線の基本的考え方は話し合いによって国際平和を維持し、軍事費を抑制して、国家財政を開発に傾注することであった。こうした路線をリベラルは支持し、経済開発が進むことで、この若い民主主義が安定し、共産主義の脅威に根本的に対処出来るようになることを理想としていた。リベラルたちは、ソ連についてさえ、経済発展によって人々が豊かになれば権威主義的な政治体制は維持出来ないだろうと考えていたのである。

　以上のようなリベラルの長期的な国際開発協力の目的は、ビルマでは達成されなかったことは明らかである。1962年の国軍のクーデターによって、選挙で選ばれたウ・ヌ政権は実力で排除され、それから最近に至るまで軍政が続いた。この軍政が独自の社会主義路線を唱えながらも、ソ連を中心とする共産主義体制とは一線を画し、ビルマ共産党と対決してきたことは、反共を最重要課題とするアメリカの保守派にとっては十分評価出来ることであったかもしれない。しかし、リベラル色の非常に強いフォード財団の立場からすれば、抑圧的な軍事独裁体制でしかも鎖国に近い閉鎖的な体制を取り続け、開明的な国家開発を否定し続けた62年以降のビルマは明らかに否定的に捉えられる。それ以前の、混乱しつつも議会制民主主義を維持し、欧米に学んで国家開発を進めようとしたウ・ヌの政権から見れば明らかな後退であった。したがって、そのウ・ヌ政権の国家開発に協力してきたフォード財団が軍事政権から国外退去を命じられたことは、それまでの活動を含めて、失敗以外の何者でもないと言わざるを得ない一面がある。

　しかしながら、失敗したとは言っても、フォード財団の国際開発協力が否

定されたわけではない。国内政治の変化によって、ビルマが異なる路線に進んだというだけである。フォード財団が1950年代初めからアメリカのリベラル機関として強力に推進した国際開発というcauseは、その後も国際社会の中で生き続けている。国際開発の立場からは、ビルマは1960年代からいわば進歩を止めてしまっている状況にあると見なされるであろう。いったんビルマに安定的な民主化が起これば、フォード財団が50年代に行ったような開発協力が再開されることはほぼ間違いない。つまり、国際社会のコンセンサスから逸脱したのはビルマ軍政のほうであり、フォード財団の側ではないという価値判断が国際社会に広く根づいているのである。

　一方では、ビルマだけでなく、インドでもインドネシアでも1950年代の議会制民主主義と国家中心の開発の組み合わせはことごとく失敗したと見なされている。インドでは議会制民主主義は維持されたものの、ネルーの国家開発は十分な成果を上げたとは評価されず、また、平和中立路線は中印紛争、イン・パ戦争によって放棄された。インドネシアでは議会制民主主義は失敗したと位置づけられ、スカルノの指導される民主主義体制へと移行し、9月30日事件以降のスハルト体制は国家開発を推し進めたものの、反共軍事政権として民主主義を抑圧した。インドでは議会制民主主義は維持されたが開発が停滞し、インドネシアでは国家開発は進んだが民主主義が停滞した。ビルマでは、民主主義と開発の両方が停滞したのである。

　どの国でも、50年代は失敗の時代と位置づけられている。しかし、何が失敗したのだろうか。フォード財団が関わった個々の開発プロジェクトは、当初の期待通りの目覚ましい成果を上げることは出来なかったが、それなりに結果を出しながら展開していった。より多くの時間が与えられていれば相当な効果を生んだのではないかと思われる。しかし、それらは政治的な問題で放棄されていったのである。

　第一の問題は主として開発行政の問題である。革命の指導者たちは、植民地主義の搾取から解放されれば人々は豊かになれると安易に考え、その手段として国家主導の開発を主張した。しかし、欧州や日本ですら経済復興に10年以上を費やしたことを思えば、国民の平均的教育水準が低く、技術者などの人的資本が欠如した新興独立国がそう簡単に経済成長を遂げられると考えるのは楽観的に過ぎた。もっと時間がかかることを認識すべきであったが、国民も国際社会も当初の高すぎた期待と比較して低い国家開発のパフォーマンスに失望し、早々に失敗の認識が一般に広まってしまった。さら

に、経済開発の中心となるべき独立国の政府が出来たばかりであり、汚職と非効率が横行してしまった。植民地時代の統治のための政府から脱却して、開発推進のための政府に早期に移行することが必要であったが、これも非常に時間のかかることであった。1990年代になって再び「良き統治（good governance）」という課題として、途上国政府の問題が脚光を浴びたが、それは40年を経ても開発推進のための政府が形成出来なかったことを意味している。また、それは50〜60年代の国家開発の「失敗」の認識の下に、先進国による開発協力が途上国政府支援を避けてきた結果でもある。フォード財団や国連機関などは、50年代からこうした開発行政の問題に注目し、行政改革を支援してきたが、行政改革のスピードは人々の認識が否定的に変化していく速度に追いつけなかった。一度、否定的な認識が広まると、行政改革は一層困難になるという悪循環に陥ってしまった。

　第二の問題は治安と政治的安定の問題である。ビルマでは、国民党残留軍と少数民族、さらにビルマ共産党の反乱が相次ぎ、治安問題が前面に出ることで、民主主義や開発問題の重要性への認識が退き、国軍による軍事政権への道を開いてしまった。インドでは中国軍によるインド領土への一方的な侵略が人々の不安と安全保障意識を刺激し、増大する軍事費が国家財政を逼迫させ、開発努力が十分になされないことになってしまった。インドネシアではインドネシア共産党と反対勢力による激しい政治闘争によって恒常的な政治の不安定が続いたが、決定的であったのはアメリカが密かに関与した外島の分離独立の反乱であり、それが、結局はスカルノの権威主義とそれを覆したスハルト軍事政権に正統性を与える結果となってしまった。

　いずれの場合も国内要因を抱えてはいるものの、治安悪化と政治的不安定はアメリカと中国の間の冷戦によって国際政治からの大きな圧力を受けて生じている。民主主義と国家開発という理想的ではあるが壊れやすい組み合わせは、ネルーらが見抜いたように国際政治の平和と安定が前提条件であった。結局は3カ国とも冷戦に巻き込まれ、その余波によって50年代の理想主義的な非同盟中立、「第三の道」路線は破綻してしまったのである。

　フォード財団の活動がビルマに何を残したのかを考えてみたい。現時点で明瞭な形で残っているのは、おそらく、制度・組織作りの途上で支援が打ち切られたいくつかの知識の生産と再生産の組織であろう。ビルマ翻訳協会は政府によって吸収されて政府出版社になった。政府技術専門学校、ピンマナ国立農業専門学校、ビルマ法律家協会の現在の詳細について筆者は知ら

ない。国際高等仏教研究所は政府機関として現在も活動を続けている。ラングーン大学、マンダレー大学が現在も残っていることは言うまでもない。フォード財団が力を入れたいくつもの図書館では、当時アメリカに留学した司書たちはすでに物故しており、図書蔵書の現状も時代遅れであることは想像に難くない。

　アジアを見渡してみると、占領によってアメリカの強烈な影響を受けた日本だけではなく、東南アジア諸国の多く、そして現在では中国さえも、アメリカを中心とする知識生産、再生産のネットワークに深く組み込まれている。ビルマの国家開発を狂わせた冷戦が終わってみると、当時国際開発の優等生としてあれほど輝いていたビルマはアジアの発展から完全に取り残されてしまった。アメリカの世界規模での知識生産、再生産のネットワークが大きな影響力を発揮し続ける限り、フォード財団が50年前にビルマに蒔いたリベラルな知識生産・再生産システムの種は制度・組織作りの失敗の残滓としてではなく、未完のプロジェクトとして意味を持ち続けるのではないだろうか。

　1950年代は、こうしたアメリカの知識生産・再生産の影響力が、それまでの欧州諸国に代わってアジアに直接的に及び始めた時期、つまりアメリカの影響力がアジアに及び始めた時期であった。リベラル組織であるフォード財団は、開発協力を通じてその先兵の役割を果たしたのである。

第2節　インドネシア
——議院内閣制の時代（1950〜1957年）

　本節では、1952年のブラウン＝アーノルド調査団による活動開始から、1955年頃までに構想され、開始されたプロジェクトを検討していく。この時期は同調査団がインドネシアの活動開始を決定した政治状況である議院内閣制が続いていた時期であり、政府は開発志向の性格をまだ維持していた。この時期に開始されたプロジェクトは英語教員、中等教育教員、中堅技術者、コミュニティ開発ワーカーなどの中堅公務員・人材の大量養成という特徴を持っていた。1950年代前半の国際開発一般に見られた特徴であったと同時に、フォード財団が政府の各省庁と緊密な関係を持っていたことを示している。

　2−1では、後にフォード財団のカウンターパートとなったインドネシア

社会党系の人々を中心に、独立闘争を概観し、次いで議院内閣制時代の不安定なインドネシア国内政治の状況を社会党を中心とした視点からまとめる。

2-2では、トルーマン政権からアイゼンハワー政権までのアメリカの対インドネシア政策を政権全体と駐インドネシア大使の2つの視点で見ていく。フォード財団の援助と関係の深い、アメリカ政府援助についても随所で触れていく。

2-1 インドネシア国内政治の状況
―― 独立闘争の過程と不安定な議院内閣制の時代

本項では、まず、第2次世界大戦の終結からインドネシア独立までの約5年間を、初代首相シャフリルを中心に概略する[374]。シャフリルを中心に見るのは、独立議院内閣制を作ったのがシャフリルであり、また、すでに述べたようにフォード財団のカウンター・パートの中にシャフリルが指導したインドネシア社会党系の政府官僚や知識人が多かったためである。

次に、独立後の議院内閣制の時代をやはりインドネシア社会党に焦点を当てながら概観したい。フォード財団が事業を開始したのは、前章で述べたように議院内閣制の時代であり、政権交代が相次いだ不安定な時代背景抜きにはフォード財団の活動は理解出来ないからである。

2-1-1 独立闘争期とシャフリル

1945年8月日本の敗戦の直後にインドネシア共和国独立宣言が出され、45年憲法とスカルノ大統領、ハッタ副大統領が宣言された。総選挙は適当な時期まで延期することとされ、代わりにインドネシア中央国民委員会（Komite Nasional Indonesia Pusat、以下KNIP）が大統領の補佐機関として作られた。地方にはその下部組織が作られることになった。一方、各地で青年層が蜂起して日本軍の兵器を奪うなどして武装化し、この青年グループが大き

---

[374] 本項はインドネシア社会党を中心にした、ごく通常のインドネシア現代史の記述であるため特に出典は示さないが、執筆にあたっては、Ricklefs, M. C., *A History of Modern Indonesia c.1300 to the Present*, Mcmillan, 1981を中心に、Feith, Herbert, *The Decline of Constitutional Democracy in Indonesia*, Ithaca: Cornell University Press, 1962、Kahin, George McTurnan, *Nationalism and Revolution in Indonesia*, Ithaca: Cornell University Press, 1952、増田与『インドネシア現代史』中央公論社、1971年、Malik, Adam, *Mengabdi Republik*, Jakarta: Genung Agung, 1978（尾村敬二訳『共和国に仕える――アダム・マリク回想録』秀英書房、1981年）、McDonald, Hamish, *Suharto's Indonesia*, Fontana Books, 1980（増子義孝・北村正之訳『スハルトのインドネシア――伝統と近代化のジレンマ』サイマル出版会、1982年）などを参照した。

な政治勢力となっていった。その一部の支持を受けた指導者としてスタン・シャフリルらが登場してきた。

　1945年10月16日、対日協力者を激しく批判してきたシャフリルとアミル・サラフディンがKNIPを掌握した。KNIPは二人が任命した委員からなる常務委員会Badan Pekerjaによって運営され、KNIPには立法権が与えられた。そして、シャフリルが常務委員会議長となった。11月11日には内閣は大統領ではなくKNIPに責任を持つ体制に変更された。すなわち、大統領に大きな権限を与えた45年憲法体制が覆され、実質的な議院内閣制が始まったのである。11月14日にはシャフリルが共和国の初代首相（外相、内相を兼務）に任命され、第1次シャフリル内閣が始まった。

　各地で社会革命が進行し農民と地主、商人などの間の亀裂が深まった。各層を支持母体とする政党の間の対立が次第に深刻化する。1945年10月にはインドネシア共産党（Partai Komunis Indonesia: PKI）が再建され、46年4月には国際志向の正統共産主義者の旧世代が指導部を掌握するようになる。アミルは1945年11月にインドネシア社会主義者青年同盟（Pemuda Sosialis Indonesia: Pesindo）を組織し、彼らの武装化を行った。アミル支持の青年たちとシャフリル支持の青年たちが合流して、1945年12月に社会党（Partai Sosialis）が結成される。

　シャフリルは同じ西スマトラ出身の副大統領ハッタと政治的に近い関係にあり、大統領スカルノとは対立することが多かった。シャフリルとハッタはオランダに留学時に留学生協会のインドネシア協会で協力して活動したが、共産主義者たちに除名されてしまう。ハッタもシャフリルも社会主義思想の影響を強く受けていたが、ハッタがインドネシア協会の機関誌に寄せた論文の中で述べたように「我々はモスクワの馬車馬になりさがりたくない」という意志を生涯持ち続けた。民主的社会主義者シャフリルとモスクワの指導下にある共産主義者との生涯の闘いはこのときに始まったと言えよう。

　主要なイスラム政党はマシュミ党で、その中には2つのイスラム組織、ムハマディア（Muhammadiyah）とナフダトゥール・ウラマ（Nahdatul Ulama）が構成組織として含まれていた。1945年11月には都市部を基盤とする近代主義イスラム指導者のスキマン・ウィルヨサンジョヨとナッシールがマシュミ党における主導権を確立する。マシュミ党指導部が改革派イスラムに掌握されたことに不満をもって、農村部を基盤とし保守的、伝統的イスラムのナフダトゥール・ウラマは後（1952年）にマシュミ党を離脱して独自に政党と

なる。
　戦前からの民族主義運動の中心政党であり、植民地政庁の圧力で解散させられていたインドネシア国民党（Partai Nasional Indonesia: PNI）は1946年1月に再建されたが、スカルノは大統領として政党政治の圏外にあるべきとされ党首とはならなかった。しかし、基本的には戦前からの党員が中心でスカルノ支持の政治勢力であることに変わりはなかった。
　軍は大きな政治勢力ではあったが、日本軍の遺産である郷土防衛義勇軍Petaや兵補あがりの兵士や非正規軍を中心としスディルマン将軍を最高司令官と仰ぐ勢力と、A. H. ナスティオンやT. B. シマトゥパンに代表される元蘭印軍出身でより職業軍人的、非大衆運動的なグループに分裂していた。
　共和国首相であったシャフリルは武力行使をもって植民地復帰を目論むオランダに対する独立交渉にあたっていた。交渉は国連を巻き込んで進められたが、共和国にとって最も重要な要素はアメリカの支持であった。一方、国内ではタン・マラカがシャフリルの交渉姿勢を批判して1946年1月に青年活動家を中心に闘争同盟Persatuan Perjuanganを設立し、後の副大統領アダム・マリクやアミンらの武装した青年ラディカルが100％の独立を交渉の基本とすべきだと主張してシャフリルに強い圧力をかけた。
　シャフリルは1946年2月12日にオランダ副総督ファン・モークと協定を結ぶが、政府部内の支持を得られず首相を辞任する。しかし、すぐ2月28日には再び首班指名を受けて第2次シャフリル内閣を組閣する。6月28日にはスディルマン将軍派の武装勢力に誘拐され、6月28日にスカルノのラジオ演説によってシャフリルは解放される。その後再度辞任に追い込まれ、10月2日に再び第3次シャフリル内閣を組織する。そして、1946年11月15日に初めてのオランダとの正式な協定であるリンガルジャティ協定を締結することに成功するのである。この協定でオランダは共和国のジャワ、スマトラ、マドゥラにおける事実上の統治を認知し、共和国をその一部として含むインドネシア連邦共和国が形成され、オランダ女王がオランダと共和国のオランダ・インドネシア主権国家連合の象徴となることが決められた。
　1947年7月20日オランダは警察行動と称して軍事行動を開始し、ジャワの主要港湾などを制圧する。これに対しては国連を仲介として、アメリカ、イギリスなどがオランダ不支持の意思を表明したため国連の停戦調停が行われ、1948年1月のオランダの進出線を認知した停戦協定であるレンヴィル協定が締結された。レンヴィル協定での妥協によりアミル・サラフディン内

閣は倒れた。アミルと左翼同盟は野党となりシャフリル派は社会党を割って、1948年2月にインドネシア社会党（Partai Sosialis Indonesia、以下PSI）を創設する。アミルはSayap Kiriを人民民主戦線に名前を変え、政権を再奪取するために農民、労働の組織化を進める。

　1948年8月11日、1920年代のインドネシア共産党指導者であったムソが突然ソ連から帰国し、アミルら左翼指導者はムソの指揮下に入り、スターリン主義を掲げるムソの下で人民民主戦線は解体され、インドネシア共産党に統合されることになる。このときの共産党政治局には後の指導者となるD. N. アイディット、M. H. ルクマン、ニョト、スディスマンらの若手が登用された。

　1948年9月17日にスラカルタで軍の政府支持派と共産党支持派の間で武力衝突が起こり、これに破れた共産党支持派は18日にマディウンに退き、拠点を占拠するとともに政府官吏らを殺害し、ラジオで国民戦線政府の樹立を流してしまう。スカルノ、ハッタ、ナスティオンらの共和国政府首脳は共産党への攻撃に移り、30日には共産党武装勢力はマディウンから駆逐され、ムソは10月31日に殺害される。アイディット、ルクマンは中国へ亡命し、約8000人と言われる死者を出して共産党の敗北が決定的となった。マディウン事件はアメリカの対インドネシア政策を決定的に変えることにもなった。共和国政府が反共であることが実証され、アメリカは従来のオランダにとって有利な中立姿勢を転じ、共和国支持へと急速に傾いていく。

　1948年12月18日にオランダは第2次警察行動を開始し、ジョグジャカルタを制圧し、スカルノ、ハッタ、アグス・サリム外相の共和国政府首脳を捕らえる。国軍は首都を放棄してゲリラ戦に移った。国軍による抗蘭ゲリラ戦が戦われている一方で、1949年1月には国連安全保障理事会で共和国内閣の釈放と臨時政府の樹立、1950年7月1日をもって主権の共和国への移譲がアメリカの主導によって決議される。アメリカは公にオランダを非難し、オランダ再建のためのマーシャル・プラン援助を停止すると警告を発した。アメリカのこの圧力にオランダは屈し、1949年7月に共和国政府首脳はジョグジャカルタに復帰し、8月1日に停戦が発効した。

　1949年8月23日から11月2日までハーグ円卓会議が開かれ、オランダとインドネシア連邦共和国の緩やかな同盟が合意され、スカルノが連邦大統領、ハッタが連邦首相とされた。インドネシア側は独立を達成したが、イリアンジャヤの主権が移譲されなかったことと、蘭領東インドの巨額の負債を

連邦が負うことの2点で譲歩せざるを得なかった。この2点、特にイリアンジャヤ主権問題はその後のインドネシア外交の最も重要な懸案事項として残された。1949年12月27日に正式に主権が移譲され、インドネシアの独立が達成された。その後次々とインドネシア連邦共和国を構成する国々は共和国に吸収されていき、1950年8月17日には単一のインドネシア共和国として成立したのである。インドネシア連邦共和国の成立時点で、連邦共和国憲法が制定されたが、単一共和国となったときに、これが一部手直しされて共和国憲法となった。この1950年憲法が、1950年代の議会制民主主義時代の基礎となるのである。1957年にスカルノが大統領令によって1945年憲法への復帰を宣言し、議会制民主主義の時代は終焉を告げることとなる。

2－1－2　「失敗」した議院内閣制——右派と左派に揺れ動く政府

　マディウン事件で共産党が大打撃を受けた後、左翼勢力の中心はシャフリル率いるインドネシア社会党とタン・マラカによって創設されたムルバ党であった。インドネシア社会党はジャカルタの知識人層に支持を受けていたが、首都以外では支持者は少なかった。また、インドネシア社会党は政府高官や軍中央の中に多くの支持者を持っていた。

　マシュミ党はイスラム政党として最大の支持者を持っていると考えられていた。指導部は近代主義者のスキマンとナッシールであったが、前者はジャワを後者は外島を支持基盤としていた。民族資本家、宗教教師、イスラム法学者や元イスラム武装ゲリラなどが支持者の中心であった。1952年には指導部の近代主義者に反発してジャワ島を中心とする伝統イスラムのナフダトゥール・ウラマがマシュミ党を離脱して独自に政党となり、マシュミ党は近代主義イスラム、外島を中心とする勢力という特徴を帯びるようになっていった。

　国民党はマシュミに次いで大きな政党と考えられており、スカルノの政党、イスラム勢力への最大の対抗馬と考えられていた。主としてジャワ島農村部のアバンガン層（名目的なイスラム教徒）に支持者が多かった。共産党はマディウン事件の打撃から数年で急速に回復していった。内部の権力闘争を経て1951年1月にはアイディット、ルクマン、ニョト、スディスマンが政治局を掌握していた。アイディットは党を守ることを第一の戦略としており、反共を明確にしていたマシュミ党と社会党を主たる敵と位置づけ、国民党とナフダトゥール・ウラマを協力出来る相手と位置づけた。

1950年の国民評議会における各党の勢力分布は、総数232議席中、マシュミ党49議席、国民党36議席、社会党17議席、共産党13議席、カトリック党9議席、キリスト教徒党5議席、ムルバ党4議席で、議席の42％はその他の諸党や無所属議員であった。

　軍中央はナスティオン、シマトゥパンの職業軍人派によって掌握され、彼らは軍の命令系統と階級制度の確立を至上命題としていた。彼ら二人と国防相を長く務めたスルタン・ハメンクブウォノ9世の国軍首脳はシャフリル、およびナッシールと非常に親しい関係にあった。一方、地方の軍はむしろ革命精神への執着が強く、より分権的、水平的な軍のあり方を志向していた。

　議会制民主主義時代の最初の内閣は社会党の支持を受けながら、マシュミ党のナッシールが組閣した[375]。ナッシール内閣（1950年9月～1951年3月）は議会の支持を得られず7カ月で瓦解した。第二の内閣は同じくマシュミ党のスキマン・ウィルヨサンジョヨが国民党と同盟を結んで組閣（1951年4月～1952年2月）した。マシュミ党のナッシール派と社会党は遠ざけられ、このため軍中央と政府の関係は緊張した。スキマン内閣は厳しい共産党弾圧を行い、共産党は再び打撃を受けた。このためアイディットは路線を変更して国民連合戦線の政策を打ち出し、民族主義的なスローガンを掲げて国民党、およびスカルノへ摺り寄る戦略に転換した。これによって共産党は驚異的な党勢拡張を遂げるが、それは武装闘争路線の放棄と軌を一にしていた。

　第三の内閣は国民党とマシュミ党の連立で、国民党のウィロポを首班とする内閣（1952年4月～1953年6月）であった。二大政党の連立であったが、国民党の内部ではマシュミのイスラム志向への警戒とマシュミの圧勝が予想される総選挙の延期を画策する動きが出てきた。そこで、いずれもジャワの農村部を中心とするアバンガンを支持基盤とする国民党、共産党、およびナフダトゥール・ウラマ（マシュミ党から1952年4月から8月に分離）が接近し、反共産党で結束したマシュミ党と社会党との対立という政治地図が出来上がっていった。

　ウィロポ内閣ではスルタン・ハメンクブウォノ9世が国防相に再び任じられ、スルタンとナスティオン、シマトゥパンの親密な関係によって軍中央と政府の関係が回復した。スルタン、ナスティオン、シマトゥパンおよびジャ

375　ナッシール政権の商工大臣であったスミトロ・ジョヨハディクスモは、ECAを通じてフォード財団理事長のホフマンへアプローチをした。これが、インドネシア政府とフォード財団の最初のコンタクトである。

カルタでの彼らの支持者の多くは政党に属さない個人であったが、彼らはシャフリルとの間に強い非公式のつながりを持っていた。ナスティオンらは軍の中央集権化と20万人から10万人規模への縮軍を図っていた。この縮軍計画は、社会党が自らに忠実な部分を残して軍を切り捨て、クーデターを計画しているとして反対派から攻撃の対象となった。

第四の内閣はナフダトゥール・ウラマなどと連立して国民党のアリ・サストロアミジョヨが組閣（1953年7月～1955年7月）した[376]。マシュミ党と社会党は野党に追われた。総選挙を控えて国民党関連の汚職事件が頻発したが、国民党との融和を重んじる共産党は汚職や経済問題の批判を控えるようになっていた。第1次アリ内閣の時期に共産党は目をみはる党勢拡大を見た。1954年の3月から11月の間に公称党員数は16万5206人から50万人に増加し、1955年末にはそれが100万人に達した。共産党はさまざまな社会福祉事業によって貧しい農民の支持を得ていった。

次の第五の内閣はマシュミ党のブルハヌディン・ハラハップが社会党とナフダトゥール・ウラマの支持を得て組閣した（1955年8月～1956年3月）[377]。1955年9月に行われたインドネシア史上初めての総選挙は91.5％という非常に高い投票率を記録し、その後の政治地図を決定する結果をもたらした。

選挙結果からほぼ勢力の拮抗する4大政党とその他弱小政党という政治地図が出来上がった。もう一つ重要なのは、マシュミ党がヒンドゥ・バリとキリスト教の強い地域を除く外島部で4分の1から半数に至る支持を獲得して圧倒的な強さを見せ、マシュミ党が外島の利益を代表すると見なされる傾向が非常に強まったことである。一方ジャワでは、国民党、ナフダトゥール・ウラマ、共産党の勢力がほぼ拮抗していた。ジャカルタの知識人や軍中央の中では一定の支持者を得ていた社会党は政治勢力としては大きく退潮していく結果となった。しかし、共和国初代首相であるシャフリルの個人的なつながりや知識人層の中での支持などにより、ジャカルタにおいては一定の政治的影響力を残したのである。

---

[376] フォード財団初代インドネシア代表のエルマー・スターチが着任したのは、1953年6月1日であった。

[377] フォード財団の二人目の代表ミシェル・ハリスが赴任したのは1955年4月であり、8月にはブルハヌディン・ハラハップ政権で社会党は久しぶりに与党となり、スミトロは再度財務大臣となる。しかし、スミトロは9月総選挙の社会党の財務責任者であったため、後に選挙資金集めで不正を働いたのではないかという嫌疑を軍にかけられ、それがきっかけで外島反乱に加わるのである。

表17　1955年インドネシアの総選挙得票率と議席数

党　名	得票率	議席数
国民党	22.3%	57
マシュミ党	20.9%	57
ナフダトゥール・ウラマ	18.4%	45
共産党	16.4%	39
サレカットイスラム	2.9%	8
Parkindo	2.6%	8
カトリック党	2.0%	6
社会党	2.0%	5
ムルバ党	0.5%	2
その他	12.0%	30

出典：Ricklefs, M. C., *A History of Modern Indonesia c.1300 to the Present* から筆者作成

　ブルハヌディン・ハラハップ内閣は選挙結果に基づく新政府の樹立に出来る限り抵抗して、官僚の中の国民党支持者を名目的地位に棚上げして社会党とマシュミ党支持者を空いた地位につけた。1956年1月にナフダトゥール・ウラマが内閣不支持に回り、再び第2次アリ内閣（1956年3月～1957年3月）が成立した。共産党を内閣から排除するために、国民党・マシュミ党・ナフダトゥール・ウラマの連立政権であったが閣内統一はおぼつかなかった。

　1956年3月26日に総選挙の結果を反映した新しい議会が招集され、議会の冒頭の演説でスカルノは多数決原理と議会における与党と野党の存在に基づく欧米流の民主主義ではなく、インドネシアにより適した「指導される民主主義」の概念を初めて公にしたが、その具体像は明らかではなかった。

　1956年7月20日に西スマトラの出身で、共和国における外島出身者の象徴的存在であったハッタが副大統領を辞任する。12月に入ると、西スマトラ、北スマトラ、南スマトラと立て続けに地方軍司令官の反乱が起こり、スマトラの多くの地域が反ジャカルタ派の支配下に入る。しかし、スマトラの反乱軍司令官たちもこの時点では内戦を意図していたわけではなく、軍内部の派閥争いの域を出ていなかった。

　外島の状況は一層厳しくなり、1957年3月2日には東インドネシア地方司令官のスムアル中佐が管轄地域に戒厳令を布告し、全体闘争憲章（Piagam Perjuangan Semesta Alam: Permesta）を発表した。プルメスタ反乱の始まりである。ナスティオンはスカルノに戒厳令の布告を進言し、これをスカルノが

受け入れて1957年3月14日、アリ内閣が総辞職すると同時にスカルノは戒厳令を布告した。このようにナスティオンの主導権の下で議会制民主主義に終止符が打たれたのである。

2－2　アメリカ政府の対インドネシア政策
　　　──トルーマン政権からアイゼンハワー政権

2－2－1　トルーマン政権の対インドネシア政策

　フォード財団のインドネシアでの活動が始まる1952年までのアメリカとインドネシアの国際関係を、特にアメリカ政府の政策を中心に概観したい[378]。

　戦後は、1930年代から続いた民主党ルーズヴェルトのニューディール政権が作り出してきた民主党的対外政策の中で始まった。第2次世界大戦中からルーズヴェルト政権は戦後世界秩序の構想作成を行っており、そこにはアメリカ・リベラル的な考え方が色濃く出ている。外交政策の面では1912年のウッドロー・ウィルソンに始まる国際主義が政策の基本であり、戦後矢継ぎ早に形成されていった国連や国連専門機関、ブレトンウッズ機関を中心とした多国間協力の枠組みによる世界秩序がその中心的なコンセプトであった。1933年から44年まで国務長官であったコーデル・ハルは、ウィルソンが民主党の伝統的政策を抽象化させた自由貿易主義を基礎として、門戸開放政策をアメリカの中心的な世界政策に形成していった。これは、具体的にはイギリスのスターリングブロックを念頭に置きながら、植民地支配の根幹をなすブロック経済の解体を目指したものであった。

　しかし、冷戦の始まりの中で欧州諸国を早急に復興させ、ソ連に対抗する西側勢力としてアメリカ側に取り込むためにも、現実的には宗主国側に立つことに、より緊急の優先度を置いていたと言えよう。すなわち、アメリカの政策の基本は欧州優先であったのである[379]。このことはインドネシア独立革

---

[378] 本項は、Kolko, Gabriel, *Confronting the Third World, United States Policy, 1945–1980*, 1988（岡崎維徳訳『第三世界との対立──アメリカ対外戦略の論理と行動』筑摩書房、1992年）、Levine, Alan J., *The United States and the Struggle for Southeast Asia 1945–1975*, Praeger, 1995、Audrey R. Kahin and Kahin, George McTurnan, *Subversion as Foreign Policy: The Secret Eisenhower and Dulles Debacle in Indonesia*, University of Washington Press, 1995、およびLeifer, Michael, *Indonesia's Foreign Policy*, The Royal Institute of International Affairs, 1983（首藤もと子訳『インドネシアの外交──変化と連続性』勁草書房、1985年）を主として参照。

[379] Kolko『第三世界との対立──アメリカ対外戦略の論理と行動』16–23頁。

命における共和国とオランダとの関係においても顕著に見られたアメリカの基本姿勢であった。

1949年から1950年にかけて、トルーマン政権は対外政策を大きく変化させた。それは、1949年8月のソ連による核実験の成功と、中国での共産党の勝利に始まり、1950年6月の朝鮮戦争の勃発によってエスカレートしていった。トルーマンは社会主義圏の躍進を前にして、国家安全保障会議（NSC）に対外政策の見直しを指示した。その結果は1950年4月に作成され、軍事支出の2倍以上の増額と東欧における共産主義に対する「巻き返し」を提唱した極秘文書、NSC-68に集約されている。NSC-68と朝鮮戦争によって、アメリカの国防費は1950年から53年の間に4倍に膨張し、51年のインフレ率は50年の3倍に、53年の財政赤字は65億ドルに膨れ上がった[380]。

アメリカにとって東アジアにおける戦略的最重要地域は日本であり、日本の工業力を共産主義勢力に渡さないことであった。日本の経済的復興のためには東南アジアの原材料と市場が不可欠であり、特にインドネシアの天然資源は日本にとって死活的重要性を持っていた。そのためには、インドネシアをはじめとする東南アジア諸国の共産化を阻止し、日本への原材料供給の安全保障を確保しなければならなかった。アメリカのアジア戦略において日本、中国、東南アジアは全てリンクしていた[381]。

1945年から49年までのトルーマン政権のインドネシア独立革命に対する態度は、一見すると曖昧であった。戦時中、アメリカは蘭領東インドの将来については信託統治を支持していたが、戦後オランダが植民地復帰を企画したとき、アメリカはそれにはっきりとは反対しなかった。表面的には反植民地主義のレトリックを用いながらも、またそうすることによって道義的立場を取り繕いながらも、現実的にはインドネシアにおける対立を解決するのは主としてオランダの責任であるという立場をとり、国連の場でも表面的な中立政策の裏で実質的にはオランダを支持していた。

1947年7月のオランダの第1次警察行動に対して、インド政府とオーストラリア政府が安全保障理事会にオランダを提訴した際にも、ソ連が共和国を明確に支持したのに対し、アメリカは表面的にはオランダを非難しながらも、実体的には曖昧な態度で調停を進めることを提案した。国連安全保障理事会決議に基づき、アメリカ、ベルギー、オーストラリアの調停によって、

380　*Ibid.*, pp. 46–48.
381　*Ibid.*, pp. 30–33.

1948年1月18日にアメリカ海軍レンヴィル号上でオランダとインドネシア共和国のレンヴィル協定が締結されたが、共和国はアメリカが長期的に共和国側に立つことを期待して、オランダに対して短期的な譲歩をさせられたのである。この譲歩によって社会党のアミル・サラフディン内閣は同23日、総辞職に追い込まれた。

　アメリカは慎重に、しかし意図的に欧州再建のためにオランダを支援していたのである。欧州の再建のためには、旧植民地の資源と市場へのアクセスが何よりも重要であるとアメリカは判断しており、また、同時に進めていたマーシャル・プランのコストを最小限にするためにもインドネシアの独立よりもオランダ経済復興を優先するのがアメリカの基本的政策であった[382]。

　共和国側の交渉者たちは、共和国の命運を握っているのはアメリカの支持が得られるかどうかであり、それなしに独力での独立獲得は不可能であるとの冷静な状況判断を持っていた。当初の2年間首相であり、交渉の責任者であったシャフリルはその著作 *Perjuangan Kita*（『我々の闘争』）の中でこう述べている。「インドネシアは地理的にはアングロ・サクソンの資本主義、および帝国主義の勢力範囲に位置している。それゆえ、インドネシアの運命は最終的には英米の資本主義と帝国主義の運命にかかっている。我々が自らの力を信じてどんなに努力したとしても、英米を滅ぼすことは出来ないし、また我々自身で完全な独立を達成することも出来ない」。したがって、「我々の生きている世界が資本によって支配されている限り、資本主義と敵対しないようにせざるを得ない」[383]。

　すなわち、シャフリルに代表される交渉による独立獲得派はアメリカの支持を獲得することが、オランダからの独立を得る唯一の方法であると考えていた。しかしながら、アメリカはインドネシアに反共親米派政権が誕生することを目標としながらも、欧州復興、ソ連に対抗する西側同盟をも同時に追求し、相矛盾する目標の同時追求によって、基本的にはずっと共産党を排除してきた共和国政府の期待を裏切り続け、インドネシア国内に反米感情を育てていってしまったのである。

　アメリカの対共和国政府認識は1948年9月のマディウン事件で一変する[384]。

---

[382] *Ibid.* および Kahin, *op.cit.*, pp. 29–31.
[383] Sjahrir, Sutan, translated by Benedict Anderson, *Our Struggle*, Ithaca: Cornell University Modern Indonesia Project, 1968, pp. 24–25.
[384] マディウン事件の背後には、ソ連の東南アジア各国共産党への指示があったとの説もある。

共和国が共産党反乱を武力鎮圧したことで、スカルノと軍が強固な反共であるとの認識を固め、オランダに対してマーシャル・プランによる援助の中止をも含む強い圧力をかけた。これによって1949年のハーグ円卓会議、インドネシア独立へと進んでいった。しかし、共和国側は特にイリアンジャヤ問題でオランダ側に立ったアメリカの姿勢に不信を募らせていったのである[385]。

　トルーマン政権時代に、アメリカの対開発途上国の主要な政策手段の始まりを見ることが出来る。2つの主要な外交的政策手段であった軍事・警察援助と開発援助は同政権が創出したものである。第三世界の軍および警察への援助は政権の末期に始められた政策であるが、1951年の相互安全保障法以降本格化し、特にアイゼンハワー政権期に主要な政策手段となった。同様に、同政権末期から始まったCIAによる秘密工作も非常に大きな影響を与えたが、それについてはいまだに不明の点が多い。

　最初のアメリカによるインドネシアに対する経済援助はオランダに対するマーシャル・プランの一部として、インドネシアへのさまざまな基礎的物資の供与として始まった。総額6000万ドルにのぼった。しかし、オランダの第2次警察行動の直後にマーシャル・プランの長官であったポール・ホフマンの命令によって、アメリカの第2次警察行動への反対の証として中止された。後に、フォード財団の理事長になるホフマンはこの当時からインドネシアへの経済援助に関わっていたわけである。ハーグ円卓会議の後、アメリカ政府はインドネシアに直接物資援助を行うこととし、送られた生活必需品はインドネシア独立達成後に到着し、共和国の島々に広く配給された。それらは、繊維品約2800万ドル、米約1000万ドル、樹脂ゴム50万ドル、アルミニウム製品100万ドルの合計4000万ドル相当の物資であった[386]。

　その後、1950年4月にアメリカ政府はアレン・グリフィン調査団を東南アジアに派遣した。その結果として、10月16日にナッシール政権とアメ

1947年末まではソ連は東南アジアの各国共産党の民族主義運動への参加を支持していたが、マーシャル・プラン打倒を一つの目的として、東南アジア各国の共産党に対して当該国政府に対する反乱を起こすようソ連のジュダーノフ（Andrei Zhdanov）からの指示が出されたとするものである。この指示は、1948年2月にカルカッタで開催されたインド共産党大会と東南アジア青年会議の際にマラヤ、ビルマ、インドネシアの各国共産党に通達されたとされる（Levine, Alan, *op. cit.*, pp. 8–9）。

385　Kahin, *op. cit.*, pp. 34–35.
386　ECA, "ECA to Indonesia," no date, Records of US Foreign Assistance Agencies 1948–61, Mission to Indonesia, Office of the Director, Subject Files (Central Files) 1949–57, 1950–53 Program-Public Box 11, National Archives.

リカ政府の間で二国間援助に関する合意が交わされ、ECAによってアメリカ・インドネシア特別技術経済ミッション（The U.S. Special Technical and Economic Mission to Indonesia: STEM）が設置され、技術協力が本格的に開始された。初年度にあたる1951年度には800万ドルの無償援助が合意された。援助は農業、工業、公衆衛生の3分野に主としてあてられた[387]。この交渉においてインドネシア側を代表したのは、運輸通信大臣で国家財政経済委員会議長のジュアンダ・カルタウィジャヤと貿易金融大臣で委員会メンバーであったスミトロ・ジョヨハディクスモであった。インドネシア社会党の中心メンバーであったスミトロと、非政党人であったが社会党シンパと目されていたジュアンダは、これから述べるフォード財団のインドネシアの活動で最も中心的に現れる人物である。

　アメリカの政府援助は後に述べるような紆余曲折を経ながらも、1952年度に約800万ドルが実施された。その後、53年度約340万ドル、54年度約400万ドル、55年度約400万ドルと減額傾向を示していった。そして、1956年のソ連の援助攻勢を迎えるのである。

2－2－2　ダレス外交と外島反乱への介入

　1953年になると共和党アイゼンハワー政権の登場とともに、アメリカ大使はコクランからヒュー・カミングに交替した。彼は、1953年10月に着任した。カミングは国務省のNATO専門家であり、集団安全保障の信奉者であった。カミング自身はインドネシアの政治情勢がますますスカルノ個人の影響力によって大きく左右される事態に至っており、またスカルノは民族主義者であって共産主義者ではないと判断していた。共産主義勢力を利用しようとしているに過ぎず、アメリカが適切な対応をすれば左傾化を食い止め、アメリカ寄りに近づけることは可能だと考えていた。そのため、彼はスカルノのアメリカへの招聘を政権に進言し、スカルノは1956年にアメリカと中国を続けて訪問した。いわば、スカルノを惹きつける競争であった。しかし、カミングの手法は必ずしも成功せず、帰国したスカルノが明確にアメリカ寄りになることはなかった。スカルノの影響力を最重要視し、彼個人との関係構築と説得に外交努力を傾ける手法は後のハワード・ジョーンズ大使にも共通しており、この時期のアメリカ大使館の一般的な考え方であったとも

---

[387] Shannon McCune, "Special Technical and Economic Mission to Indonesia, Djakarta," July 23, 1951, ibid.

考えられる。

　ダレス国務長官は、スカルノに影響を与えられるかもしれないという楽観論には与していなかった。総選挙結果を見て、彼はスカルノ、国民党、共産党のグループとハッタ、マシュミ党、国軍のグループの対立が深まると考えていた。彼は、中国が共産党の手に落ちたことを前政権の大失敗であると考えており、全土が共産党勢力に奪われるよりも、国を割って親米部分を確保したほうが賢明であると信じていたのである。分断された朝鮮半島のような状況を想定していたとも言えよう。ダレスは当初から、共産勢力の強いジャワ島を捨てて、イスラム色が強く反共勢力の強い外島を切り離すというインドネシア共和国の分断を考えており、それの先入観を持ってインドネシアの政治情勢を分析する傾向があった。彼は、インドネシア国民の独立と統一を守ろうとする民族主義感情の強さを明らかに読み誤っていた。

　次の大使、ジョン・アリソンは4年間務めた日本大使からインドネシアに赴任してきた。彼は、ダレスに完全に無視され、わずか11カ月で自らインドネシア大使を辞任し、チェコスロバキア大使に転出していくことになる。アリソンが赴任した1957年、アメリカ政府の国家安全保障会議は公式にジャワを放棄して、スマトラを中心とする外島を共産主義から守るという政策の検討を開始した。そして、検討母体としてインドネシアに関する臨時省庁間会議を組織した。議長は前大使のカミングが務め、国防総省、CIA、統合参謀本部、国家安全保障会議のごく一部幹部が集められ、インドネシアに関する政策はアリソン大使の関与しないところで決められ、しかも通知もされない状況になっていった。

　インドネシアの共産化の危機が迫っているというワシントンの臨時省庁間会議の結論に対して、アリソンは異論を唱え、ワシントンが共産主義者と考えるインドネシア指導者の多くはソ連の指揮を受けてはおらず、むしろインドネシアをソ連に近づけているのは、イリアン・ジャヤ問題でオランダを支持するアメリカの政策であり、経済援助の停止は最悪の結果を生むだろうと伝えた。そして、自らも臨時省庁間会議に加えるよう要請したが、国務省はこれを却下した。

　アリソンの意見は国務省の地域専門家にほぼ共通した見方であった。国務省、CIA、国防総省の合同チームによるインドネシアに関する国家諜報予測は、スマトラと東インドネシアの分離主義的運動にもかかわらず中央政府は統一を維持するであろうと結論づけていた。しかし、カミングはこの予測を

拒否し、地方の反乱分子の力をより強く、中央政府をより弱く書くよう指示したのである。このようにして、ダレス国務長官、および弟のアレン・ダレスCIA長官らの上層部とその強い影響下にあるカミングらによって、アリソンらの現場、およびインドネシア専門家の意見はことごとく退けられ、ジャワ島は共産主義者の手に落ち、それに呼応してスマトラを中心とする反共勢力による外島の反乱が成功し、インドネシアが分断されるだろうというシナリオが強引に作られていった。

　臨時省庁間会議の1カ月後、アリソンは三軍の大使館つき武官と連名でワシントンに意見具申を行った。彼は、国連でのイリアンジャヤ帰属問題の決議でインドネシア政府を支持し、現政権への軍事援助を開始し、経済援助を増額するなどの政策をとるべきだと進言した。ワシントンの反応はアリソンの進言の否定であった。国務省はすでに、スカルノとの関係は限界を超えており、彼は少なくとも政治的により弱い立場に退くべきであると判断しており、アメリカ政府の目的は共産党に傾きつつある政情を押し止め、逆転させる力を持った政府を構築することであるとしたのである。したがって、現政権への武器の供与や経済援助の増額は考えていないとアリソンの提案は退けられた。

　ダレスはアリソンを利用しようとしていた。アリソンを通じてスカルノ政権と通常の関係を維持しているように見せかけ、実際はCIAを通じて外島の反乱勢力に武器等の支援を行い、外島に分離政権を樹立しようとしていた。アリソンは秘密作戦のカバーであったのである。

　ダレスの戦略は見事に失敗した。可能性があると判断した外島の反乱は予想外の早さで国軍によって鎮圧された。また、秘密裏に進めていた反乱軍支援は惨めに暴露され、インドネシア政府にその証拠を握られてしまった。しかも、インドネシア国軍将校の多くはアメリカで訓練を受けており、アメリカ軍が育ててきた国軍がCIAなどを通じてアメリカ政府が支援する反乱軍と闘うという珍妙な構図になってしまったのである。ダレスらの冷戦の闘士たちは結局インドネシアの民族主義を理解することが出来なかった。インドネシア人にとって、冷戦のどちらにつくかは、国の統一と独立を守るという大テーマに比べれば小さな問題だったのである。

2−3　インドネシアでのフォード財団の活動の開始
2−3−1　1952年8月のフォード財団ビルマ、インドネシア訪問代表団

　ブラウンとアーノルドの東南アジア訪問を前にして、フォード財団では国務省など関係機関からの情報収集が進められていた。このときすでに、前述のスミトロ・ジョヨハディクスモから、兼務していたインドネシア大学経済学部長の立場でフォード財団に経済学者教育の援助要請が出されており、また英語教育についてもインドネシア政府から申請が出されていた。

　ブラウンとアーノルドは、1952年7月7日にニューヨークを発ち、2週間ビルマに滞在した後、8月9日にはインドネシアに向かった[388]。ジャカルタでスカルノ大統領、ハッタ副大統領、ウィロポ首相やその他の閣僚、インドネシア大学学長、アメリカ大使等と会談し、バンドゥンやジョグジャカルタなどの地方都市も回るなど約1カ月間インドネシアに滞在した。インドネシアにビルマの2倍の時間がかかったのは、国の広大さとインドネシア政府の複雑さによるものであった。その後の経緯を見ても、ビルマに比べてインドネシアは遙かに助成活動が難しい国であった。インドやビルマではネルー首相、ウ・ヌ首相と親密になれば、ほぼ自動的に政府との関係はうまくいった。二人の政治指導者の地位と指導力、また、インド国民会議派、AFPFLという与党も安定していた。しかし、インドネシアでは政治権力が一人の人間に集中しているわけではなくさまざまな政治勢力が競争状態にあり、しかもその均衡が短い時間で変動していた。事実、ウィロポ政権は翌年6月には倒れ、最初のフォード財団インドネシア代表のエルマー・スターチ（Elmer Starch）が赴任した1953年半ば過ぎには、第1次アリ・サストロアミジョヨ政権となっており、インドネシアの政治風景はかなり変わっていた。

　ブラウン＝アーノルド調査団報告書では、まずインドネシアの人口の多さと資源の豊かさを強調し、適切な開発が行われればインドネシアは日本より強力な国家と成りうると述べている。そして、アジアの民主主義を守るために、インドネシアとビルマは戦略的重要性があるともしている。インドネシアは議会制民主主義の国であり、憲法はアメリカ憲法をモデルとし、選挙によって選ばれた大統領と一院制の議会を持つと述べる。しかし、政府はアメリカと異なり首相と内閣によって行政権が担われており、また憲法は基本的人権と表現と集会の自由を含む自由を保障しているとする。さらに、25以

---

[388]　以下の調査団の説明はEdwin G. Arnold and Dyke Brown, "Burma and Indonesia," September 21, 1952, Report #003367, FFA.

上の政党があるがその中で主要なものはマシュミ党（イスラム）、インドネシア国民党（民族主義者）、インドネシア社会党（社会主義者）の3党で、マシュミ党が数を持ち、国民党が指導者を持ち、社会党が頭脳を持つと言われるとしている。

以上のように、フォード財団代表団に認識されたのは1950年憲法体制とも言うべきもので、基本的には1945年の後半にハッタ副大統領の支持を得ながら、シャフリル初代首相が45年憲法を実質的に覆す形で形成した議会制民主主義体制の発展型であった。あるいは、社会党が政権を握っていた期期の民主主義を維持しながら社会主義を目指す体制の延長線上とも言えるかもしれない。この体制が脆弱なものであるという認識はなかったように思われる。

このように見てみると、アメリカのリベラルたちが見ていたインドネシア像は独立闘争期にシャフリルが構想し、形だけは作り上げた議会制民主主義の政治体制がその後も永続しかつ発展するとの希望的観測に基づいていたと言えるのではないだろうか。そして、そこでは、比較的親欧米で穏健政党のマシュミ党とインドネシア社会党が主流派であり続けるであろうという予想があり、特に親欧米的知識人に支持され、合理的な近代主義者の政党であるインドネシア社会党の存在が重要な要件であったのである。このインドネシア像は1952年に出版されたコーネル大学ジョージ・ケイヒンが著作で描いたものであり[389]、フォード財団のスタッフはケイヒンと同じような楽観的未来像を持っていたように思われる。

インドネシアの抱える諸問題については、以下のようにまとめている。

第一は独立後間もないため、公共政策を実施出来る人材が非常に限られていることである。このため少数の人々に仕事が集中している。普通の人の2倍の時間働くと言われるスミトロ財務大臣の例を挙げている。トップレベルの指導者は優れているが、中級以下の人材の不足が著しく、オランダはイギリスに比べて人材養成に不熱心であったとしている。第二はオランダとの独立闘争の傷が癒えておらず、反西欧感情が根強く残っていることであるとしている。全ての白人はオランダ人と見なされると述べており、滞在期間中に感情的反発を受けたことを示唆している。第三は治安の悪さであり、インド

---

[389] Kahin, George McTurnan, *Nationalism and Revolution in Indonesia*, Cornell University Press, 1952. 戦後初めてアメリカ人政治学者の手で書かれたインドネシアに関する本格的著作。ケイヒン自身リベラル左派であり、その視点からインドネシア政治を分析した。

ネシア共産党はマディウン事件の教訓から武力闘争路線を一時的に放棄していたが、ダルル・イスラムの反乱などが各地に残っていた。第四に独立後全てのイギリス人官吏を解雇したビルマとは異なって、独立交渉の中で雇用継続を約したため、多くのオランダ人官吏が政府に働いており中には障害となっている者もあるとしている。第五にアメリカ政府援助の相互安全保障項目を受け入れたため前内閣のスキマン政権が倒れたように、自主外交を維持することに極度に過敏であると述べている。

報告書は、1950年に始まったアメリカの対インドネシア経済援助がさまざまな理由によって1951-52年度の約800万ドルから、1952-53年度には300万ドルに減額されることとなっており、場合によっては両国政府が合意に達しない可能性もあるため、フォード財団がこの時期に助成活動を開始するのはアメリカ・インドネシア関係にとっても良いタイミングであると述べている。

こうして報告書はインドネシアでの最初のプロジェクトとして、以下の2つを理事会に対して推薦すると結んでいる。

（1）職業教育の教員養成のため教育省に20万ドルの助成
（2）行政学院（Institute of Public Administration）の開設のために30万ドル

この2つの提案は、1952年10月のフォード財団理事会で承認され、インドネシアでの活動が開始されることとなった。

他方で、ブラウン＝アーノルド調査団訪問の以前に経済学者養成と英語教育に関する申請が出されていたと述べたが、調査団と同時並行でこの2つの要請への検討が進められていた。

このようにして、フォード財団のインドネシアでの活動は形式的にはスカルノを相手として、1952年から開始された。それはちょうど、インドでネルー、ビルマでウ・ヌを最大の庇護者としたのに対応している。しかし、インド、ビルマとは異なって最初の数年間フォード財団の活動は著しく停滞したのである。

2－3－2　苦闘するフォード財団
　　　　　　──初代インドネシア代表エルマー・スターチ、二人目のミシェル・ハリス

初代のフォード財団インドネシア代表のエルマー・スターチは1953年6

月1日からその職についた。しかしながら、彼の活動はインドのエンスミンガー、ビルマのエヴァートンたちと比べると、ひどく不活発なものであった。スターチに代わって代表となったミシェル・ハリスが着任する1955年4月までのほぼ2年間、フォード財団のインドネシアにおける活動は停滞したと言わざるを得ない。

　フォード財団第2代インドネシア代表のミシェル・ハリスは1955年4月初旬にジャカルタに着任した。ハリスは労働界の出身で、アメリカ鉄鋼労働組合の国際執行委員会委員からECAに入り、フランス、スウェーデン、ドイツなどでECA、あるいはFOAの要職を務めていた。ポール・ホフマン理事長のマーシャル・プラン人脈につながる、ニューディーラーから国際開発に転じた典型的人物の一人である。フォード財団退職後は、出来たばかりの経済協力開発機構（OECD）の事務局長代理に任命されている[390]。インドネシアで順調に進んでいた数少ないプロジェクトの一つである技術・職業教育の専門家であると同時に、アメリカのドイツ大使館公使を務めていることなどから、明らかに高いレベルの行政能力と外交経験を持った人物を派遣したと見てよいであろう。

　5月に入るとハリスはインドネシア政府要人との面談を終え、進行中のプロジェクトについての見通しも明らかになり状況把握の段階を終えた。記録に残る限り、彼はフォード財団のプロジェクトに深い関心を寄せるハッタ副大統領、いくつかの進行中のプロジェクトを抱える教育省のヤミン大臣、国家計画局のジュアンダ長官、首相府長官のマリア・ウルファ・サントソの他、外務省、社会省、通信省、内務省、農業省、経済省の次官などとの面談を重ねていった。ヤミン大臣には自宅での夕食に招かれるなど丁重なもてなしを受けたが、このとき以降彼がハリスの手紙に登場することは一度も

---

[390] ハリスはニューヨークのブルックウッド労働大学（Brookwood Labor College）出身、アメリカ鉄鋼労働組合で活動し、最後には支部長および国際執行委員会の委員を務めた。その後、ECAに入り、ECAフランス代表部労働部長（1948〜1949年）、ECAスウェーデン代表部代表（1949〜1951年）、在ドイツアメリカ大使館経済部長、公使、兼Foreign Operations Administration代表（1951〜1954年）を経て、フォード財団のジャカルタ代表となった。この間1951年には、ECA長官ウィリアム・フォスターの代理として、アメリカに対する財政的、経済的、技術的援助ニーズの調査のためインドネシアを訪問している。1955年から1961年までの6年間インドネシア代表を務めた後、フォード財団ニューヨーク本部で南アジア・東南アジアプログラムの副ディレクター、職業教育担当を経て、1963年10月1日付けでOECD事務局長代理（Deputy Secretary General）に任命された（Curriculum Vitae of Michael S. Harris, Mar.1, 1955. Staff C.V. File, Ford Foundation Archives）。

ない[391]。ハリスの政府高官との面談を取り仕切り、またその後もフォード財団の正式の窓口となったのは国家計画局（Biro Perantjang Negara）であるが、その長官を務めていたジュアンダはその後も長くフォード財団にとって最も重要な人物の一人となる。インドネシア社会党に近い非政党人の実務家の一人であるジュアンダは、有能な実務家として知られていた。

　この5月の本部報告の中で、ハリスは彼のインドネシア全般に関する認識とスターチから引き継いだ進行中のプロジェクトに関する彼の所見を述べている[392]。

　前任者の仕事を引き継いだ段階で、ハリスの評価と判断は以下のようなものであった。

　　a．技術教員養成と英語教育は成功を収めつつあり、継続して助成する。
　　b．行政学院創設はインドネシア政府部内の意見が割れており、実現の可能性は低いので状況の変化を待つ。
　　c．農業職業訓練校の開設、および全国図書館システムの構築にはスターチがコミットしていたが、インドネシア政府の計画が曖昧なため時間をかけて方向性を変えるよう誘導する。
　　d．コミュニティ開発ではインドネシア政府に新しい動きがあるので状況に応じて積極的に対応する。
　　e．新たに警察大学への支援、および1951年からペンディングとなっているインドネシア大学経済学部長スミトロが要請している経済学者養成への支援を実施する。

　つまり、ブラウン＝アーノルド調査団の推薦と、それ以前に要請に応じたaとbの合計3件については2件が成功し、1件が時期を失してインドネシア政府部内の意思が流動化してしまっており、スターチが独自に開始した2件は問題が多く、ある程度助成金は出さざるを得ないが、方向転換を図るか、撤収の方向を探ろうとしていた。そして、コミュニティ開発を新たに検討し、警察大学支援とインドネシア大学経済学部支援の実施を決意していた

391　Letter from Michael Harris to Kenneth Iverson, May 13, 1955, "Fund" Files, Box 5, Folder 56, FFA.
392　Ibid.

のである。

2−4　初期の成功──英語教育と技術教育

　本項では、1950年代初めのインドネシアにおける活動の初期に大きな成功を収め、フォード財団へのインドネシア政府の評価を高める結果につながった英語教育支援と技術教育支援について、その経緯を見ていきたいと思う。なぜ、ごく初期に行われたこの2つのプロジェクトが成功したのだろうか。あるいは成功したと評価されたのだろうか。この2つとも、初代の代表であるスターチとは別のところで決定されたプロジェクトであった。

2−4−1　英語教育支援のプロジェクト

　1952年8月のブラウン＝アーノルド調査団の約1年前の1951年10月に、在米インドネシア大使館から国際教育研究所に対して英語教育支援の要請が出されていた。

　国際教育研究所はアメリカ留学、技術研修、学術交流などの事業の実務全般を行う専門の民間非営利組織である。国際教育研究所自身は新たな要請に対応出来る財源を持っているわけではないので、1952年初めに、研究所はインドネシア政府の要請に応じて英語教育支援を行うための助成をフォード財団に申請したのである。この要請はブラウン＝アーノルド調査団によっても重要な案件であると認定され、調査団がインドネシアに滞在していた8月、理事会によって国際教育研究所に対する15万ドルの助成が決定した。

　こうして、インドネシアに対する最初の助成プロジェクトである英語教育支援が始まり、最終的に1962年までの約10年間にわたり、総額113万ドルの助成が行われ、インドネシアで最大のプロジェクトの一つとなったのである。この英語教育支援はフォード財団自身にも、インドネシア政府によっても成功したと認識され、インドネシアにおける初期のフォード財団の活動の名声を高める事例となった[393]。

　独立後、インドネシアの中等教育では英語が第一外国語とされ、必修科目となった。しかし、オランダ植民地であったインドネシアでは、それまでに

---

[393] 英語教育については、1962年にフォード財団の委託によって書かれたGregory, O. Dean, "Toward Better English Instruction in Indonesia: A History of Three Projects Conducted by the Government of Indonesia with the Assistance of the Institute of International Education and the Support of the Ford Foundation," with no date, PA59-479, FFA.

大規模に英語教育が行われたことはなく、カリキュラム、教員、教材ともきわめて貧弱な状況にあった。1950年代初めのインドネシア教育省の中等教育における英語教育の改善、拡充の政策は3つの段階からなっていた。最初は、現職英語教員の短期訓練であり、次に英語教員養成システムの改善、そして最後に新しい英語教育教材の開発であった。フォード財団はこの3段階全てに関わり、英語教育支援に深くコミットしたのである。

● 現職英語教員訓練プロジェクト

　1952年8月18日に教育次官が合意書に署名して、プロジェクトが正式決定された。11月には、インドネシア語英語辞書編纂で有名なコーネル大学のジョン・エコーズがアメリカ側のプロジェクト・ディレクターに任命され、1953年1月にエコーズと教育省の英語教育視学官のフリッツ・ワシェンドルフがプロジェクトの詳細を決定した。アメリカ側でプロジェクトを運営するのは国際教育研究所であり、1名のアメリカ人のシニア英語教師と11名の英語教師の雇用、給料の支払い、テープレコーダーの購入と輸送、図書などの備品の購入と輸送、およびフォード財団とインドネシア政府への半年ごとの報告書の提出を行うこととされた。インドネシア政府は、すでに国連から提供されている専門家に対するのと同様の地元負担を行うこととされた。すなわち、住居の提供（あるいは費用の支払い）、国内交通手段と日当、医療費、事務所・秘書・通訳費用などであった。

　1953年夏、ミシガン大学英語研究所のスタッフであったブライス・ファン・シオックがシニア英語教師として雇用され、ファン・シオックによって残りの英語教師が言語学、あるいは関連分野の専門家から雇用された。1953年7月に教師たちはコーネル大学で4週間のインドネシアに関するオリエンテーションを受けた。

　教育省は、全国8の都市に訓練センターを設けていた。スマトラ島のパレンバン、パダン、メダン、ジャワ島のスマラン、マラン、スラウェシ島のマカッサル、バリ島のシンガラジャ、アンボン島のアンボンである。このときすでに、イギリスのブリティッシュ・カウンシルによって同様の現職英語教師訓練プロジェクトがバンドゥンで行われており、またジョグジャカルタでは、アメリカ政府TCAの技術協力で派遣されたアメリカ人教師とインドネシア政府職員が同様のプロジェクトを実施していた。フォード財団のプロジェクトは米英政府の技術協力事業を補完し、展開する形で開始されたので

ある。

　現職英語教師たちは所属学校長から許可を得て、5週間（2年目から8週間に延長された）の訓練プログラムに参加した。年齢の平均は25歳程度であり、過去に英語を教えた経験を持つ者はほとんどいなかった。教科書にはアメリカ政府情報庁の助成でアメリカ学会評議会が作った英語教科書のインドネシア版である『英語（*Bahasa Inggeris*）』が使われた。訓練ではヒアリングとスピーキングに重点が置かれ、各センターに寄贈されたテープレコーダーが活躍した。

　1955年7月にプロジェクトは予定通り終了し、このときまでにインドネシアの中等教育の全英語教師がフォード財団のいずれかのセンター、ブリティッシュ・カウンシル、TCAのセンターのどれかで短期英語研修を受けたのである。英語の第一外国語化に伴う緊急の応急措置としての現職教師訓練はこうして教育省の構想通り完了したのである。

● 英語教員訓練プロジェクト

　教育省では、英語教師の養成を行う学校として当初5種類の学校が検討されたが、最終的にB-I学校が選ばれた。B-I学校は、後期中等教育の1科目に特化して2年間（後に3年に延長された）の教員訓練を行う学校である。B-I学校は当時数校存在したが増設される予定であり、また教育省は英語教員養成のカリキュラムが存在しないところから、少数のB-I学校に複数の外国人教師を集めてカリキュラム実験を行いながら、英語教員養成システムを確立しようとした。このため先のプロジェクト・センターの一つであったジョグジャカルタとスマトラ島のブキッティンギの2カ所が選ばれた。1954年8月12日に、現職教員訓練プロジェクトの2、3年度の助成と併せて、ジョグジャカルタとブキッティンギの英語教員訓練プロジェクトの最初の2年間の助成が決定した。

　1954年夏、教育省英語教育視学官のワッシェンドルフとシニア英語教師のファン・シオックはアメリカに赴き、両英語教育B-I学校に各3名ずつのアメリカ人英語教師を採用した。アメリカ人教師のほとんどはミシガン大学の英語研究所で訓練を受けていた。他方、インドネシア側について見ると、ジョグジャカルタのB-I学校では、ロンドンの1年間留学から戻ったスナルジョ・ハディチャロコ校長の下に3名の助教員が任命されたが、ブキッティンギでは1955年半ばにアメリカ留学から戻ったS.P.ムルヨノが校長に任命

され、翌年新卒教員に代わり、助教員も新卒者の中から選ばれた。

こうして英語教員訓練プロジェクトが開始されたが、2年間のコースは8〜10週間の集中コース、7カ月の中間コース、9カ月の上級コースに分けられ、集中コースではミシガン大学が開発した4巻本のテキストに添って授業が行われた。中級コースでは英語力向上の授業と言語教育の入門的授業、ワークショップからなっていた。上級コースではさらに言語教育に重点が置かれ、英語力向上の授業では文学と作文に絞られた。

英語教員訓練プロジェクトの参加者は師範学校（SGA）と高等学校（SMA）の卒業生、および現職英語教師であり、年齢的には19歳から45歳までであった。2年間のコース修了後には国家試験が実施され、英語教員の資格が与えられた。試験の合格率は90％以上であった。2つのセンター、およびその他の英語教育センターの外国人教師を代替し、将来の英語教育の中核的人材を養成するために、プロジェクトにはインディアナ、ミシガン、テキサスなどのアメリカの大学での修士号取得を目指したスカラーシップ制度が含まれていた。スカラーシップは2名の教育省職員の英語教員、および2つのセンターの卒業生の中から成績優秀な28名に対して与えられた。合計30名のうち、1名を除いて修士号を取得、その約半数は博士課程進学を勧められる好成績を収めたが、本国での教務につくため帰国した。彼・彼女らの多くは帰国後、両センターをはじめ教育省での英語教育の枢要な地位についたのである。

1959年、英語教員訓練プログラムは3年間に延長され、1960年にはB-I学校は国立大学の教員養成学部FKIPに合併された。また、同年に教育省は高等教育省と基礎教育文化省に分割され、それまで中等教育での英語教師養成に携わっていた官僚は後者の所属となり、FKIP等の高等教育に関わらなくなった。こうした制度改革もあって、フォード財団が助成したこのプロジェクトは成功裏に終了とされたのであった。

● 英語教育教材開発プロジェクト

この英語教育教材開発プロジェクトは、教育省英語教育局の半分独立したプロジェクトとして組織され、英語教育局長が議長を務める教材開発委員会が権限を持って実施するという形態が試みられることとなった。委員会はプロジェクトのアメリカ人スタッフとインドネシア人スタッフにより構成されたが、最終的にはアメリカ人スタッフは1名となり、残りは全てインドネシ

ア人スタッフに更新された。
　プロジェクトは、ジャカルタの教育省に置かれた教材開発を進める委員会と中部ジャワのサラティガに設置されたラボラトリー、および教材の使用テストを行うパイロット・プロジェクトの3つで構成されていた。一般の中等教育での実用上の問題点を明らかにするために、全国の24都市の37校で115名の英語教師によって約7000名の中学高校生を対象にパイロット・プロジェクトが実施されたのである。
　プロジェクトの人材面では、先に行われた英語教育教員訓練プロジェクトの展開として実施された面が大きい。アメリカ人スタッフも委員会に加わった4名のうち3名までは教員訓練プロジェクトからの横滑りであり、特にインドネシア側で委員会に加わったのは全て教員訓練プロジェクトでアメリカに留学して修士号を取得した者たちであった。後半になるに連れ、留学から戻ったインドネシア人がアメリカ人を代替するという計画が順調に進み、最終的には委員会、ラボ、パイロット・プロジェクトをほとんどインドネシア人で運営し、フォード財団による資金協力だけでプロジェクトが運営されたのである。
　プロジェクトは標準シラバスの原稿作成だけでなく、その大量の印刷と全国の学校への輸送までも含めて、中等教育の英語教材作成の全過程をカバーして終了した。

● プロジェクトの成功という評価をめぐって
　本項は、ディーン・グレゴリーによって書かれた英語教育支援プロジェクトの歴史叙述を基本資料としている。グレゴリーは、1962年時点でのプロジェクトのアメリカ側代表である。英語教育支援プロジェクトの歴史叙述を残そうとした理由は、この英語教育への支援が稀に見る成功例であると考えられたからであった[394]。彼はプロジェクトのあり方に関して2つの指摘をしている。第一に挙げているのはインドネシア教育省の英語教育担当者をプロジェクト期間中ほぼフルタイムのスタッフとしたことが、外部コンサルタントだけで行うプロジェクトに比べて、非常にメリットが大きかった点である。第二に、教育省とプロジェクトの関係について触れ、3つのプロジェクトを実施していく中で次第に両者の相互理解が深まり、最後の教材開発プロ

---

[394] "Proposed Consultant to Prepare History of English Language Projects in Indonesia," with no date, PA59-479, FFA.

ジェクトでは教材開発委員会が省から全面的な信頼を得て、独立的に運営出来たことがプロジェクトの効率を大幅に高めたとしている。

　この英語教育支援は1952年というきわめて初期の段階にインドネシア側から出された援助要請であったことをまず指摘すべきであろう。同様に大きな成功を収めた、後に述べるカリフォルニア大学バークレイ校によるインドネシア大学経済学部支援のプロジェクトもまた、ほぼ同時期にインドネシア側から出されている。フォード財団がインドネシアで事業を開始する決定をする前にインドネシア側のイニシアティブで支援先を探し、この場合は国際教育研究所を通じて、最終的にフォード財団にたどり着いた案件であった。このことは、インドネシア側に強いニーズがあり、かつプロジェクトの実施体制が強く存在したことを示している。

　ここでいうプロジェクトの成功とは、基本的には、初期の派遣アメリカ人教師たちが留学したインドネシア人英語教師によってきわめて迅速に代替されていった過程、そして帰国組が次のプロジェクトの推進母体となっていった過程にあると言えよう。つまり、技術協力の過程が非常に円滑に進んだという意味で成功なのである。技術協力の成功には、技術移転を受ける側での明確なニーズ把握と指導性、また人材の好循環の基礎となる一定の人材プールが重要であることを示している。

　こうしたインドネシア側の主体性という点は、後に述べる失敗したコミュニティ開発プロジェクトが、むしろフォード財団の側のイニシアティブが強かったこと（donor-driven）と対照的である。コミュニティ開発では、インドネシア側でニーズが明確に出来なかったこと、そして中核となる人材とその政府部内の環境に問題が多かったのである。

　例えば、経済学教育についてはアメリカの近代経済学を教えることに対して大きな抵抗が生じている。近代経済学かマルクス主義経済学かで、インドネシア側に選択の余地があって、そこには知識をめぐる激しい競争があり、複雑な政治過程が実際のプロジェクトに大きな混乱と遅延をもたらした。

　インドネシア政府はイギリス英語を採用し、アメリカ英語を採用しなかった。欧州との貿易、また隣国オーストラリア、ニュージーランドとの関係重視がその理由であった。援助の現場でもフォード財団とブリティッシュ・カウンシルは協力相手でもあったが、同時に競争相手でもあったのである。しかしながら、これは些細な問題であった。イギリス英語とアメリカ英語は共存可能であるし、援助の量においてアメリカはイギリスの比ではなく、実際

にはアメリカ留学組が英語教育の中心になったからである。

2－4－2　技術教育への関与

インドネシアで危機的に不足している技術者の養成は、ブラウン＝アーノルド調査報告書において行政学院の創設とともに理事会に推薦された案件である。フォード財団はインドネシア政府、ダンウッディー工業専門学校、フォード財団の三者間の合意を作り、それに基づいてインドネシア政府の技術教育のプログラムを支援した。特に、このプログラムの中核とも言うべきものは、バンドゥンに最初に開設された技術教員養成学校（Sekolah Pengajian Teknik）で、これをモデルに全国に同様の技術教員養成学校を作るというのがインドネシア政府の構想であった。

フォード財団はこのバンドゥン技術教員養成学校にダンウッディー工業専門学校からアメリカ人講師を派遣して同校の立ち上げに協力し、またインドネシア人講師をダンウッディー工業専門学校で訓練して、アメリカ人講師を次第にこれらのアメリカ留学組と入れ替えるという方法をとった。当初1年間の助成の予定が、4回延長されて結局5年間の援助が行われた。インドネシア政府教育省の反応は鈍く、アメリカ側主導でプロジェクトは進んでいった。ダンウッディー工業専門学校が梃入れして創設されたバンドゥン技術教員養成学校は目に見える成果を上げ、国連やTCAなどの援助機関だけでなくマスコミにも取り上げられ、インドネシアにおけるフォード財団の名声を築く最初の事例となったのである。

● ダンウッディー工業専門学校による調査

フォード財団はカリフォルニア州の教育部を含む複数のソースにあたったが[395]、最終的に有効であったのは、フォード財団がすでにコンサルタントとしてパキスタン政府のポリテクニック創設に派遣しているフレデリック・ドッブスからの推薦であった。ドッブスは全米でも有数の工業専門学校としてダンウッディー工業専門学校を推薦したのである[396]。

同校はMSAとTCAと契約を結んで過去4年間にインドネシア、ビルマ、フィリピンなどから19名の留学生を引き受けていた。さらに、朝鮮戦争で中止になったがECAのプログラムでソウルに韓国技術専門学校を作るための

---

[395]　Letter from Samuel L. Fick to John B. Howard, January 6, 1953, PA53-113, FFA.
[396]　Letter from Frederick E. Dobbs to John B. Howard, November 18, 1952, PA53-113, FFA.

アドバイザーの仕事も行っていた。副校長のバトラーと彼の紹介で主担当者としてミルトン・タウナーがバトラーに同行してインドネシアを訪問した。

バトラー＝タウナー調査団の目的は金属加工、木工、電力、鋳物、溶接、ディーゼル機関、自動車、ラジオ、印刷等の分野におけるインドネシアの技術教育の現状をさらに詳しく調査し、フォード財団がインドネシア政府教育省の要望を最も効果的に援助するための活動分野の特定と方法を提案することであった。

二人は1953年4月21日にジャカルタに到着した。ジャカルタ市内の技術教育施設の見学を行った後、バンドゥンに赴いた。バンドゥンでは旧軍人の再教育施設での技術教育を見学した後、技術高校（Sekolah Teknik Menengah: STM）を訪問した。この技術高校の建物を手直しして、技術教員養成学校を設立する予定であった。ここでは校長のスハルディに紹介されたが、スハルディの望みとダンウッディー工業専門学校の二人の考えがほぼ一致していることに勇気づけられた。軍人再教育施設でも技術高校でも、教官の多くはオランダ人でオランダ式の技術教育が行われていた。オランダ式技術教育とダンウッディー工業専門学校における技術教育の最大の違いは、前者が理論と実践が分離しており理論が実践の優位に立つのに対して、後者の基本は自ら手を動かして物を作る技術者の養成であった。この後もアメリカ人教官たちの最大の課題は手を動かす労働の価値をインドネシア人の学生たちに教えることであった。

ジャカルタに戻ると二人はジャカルタ電力会社、石油電力公社、郵便電話電報公社、皮革工場、繊維工場、塗料工場などを見学し、そこで使われている機材や技術を把握した。多くの工場で古い機械と最新の機械が混在しており、また電力不足が深刻であった。どこでもディーゼルで自家発電をしており、近い将来ディーゼルの補修技術者のニーズが高まることが予想された。インドネシア人とオランダ人の教官にダンウッディーでの教育方法を写真などを使って説明した。彼らが強い印象を受けたのは、ダンウッディー工業専門学校の整理整頓と秩序、清潔さであった。ダンウッディーではこうした職場環境の整頓が仕事の正確さと誇りにつながると考えられていたのである。後に、バンドゥン技術教員養成学校の訪問者に強い印象を与えたのもこのダンウッディー仕込みの整理整頓、清潔、秩序であった。

彼らがフォード財団に提出した報告書では、インドネシアの工場では近代的な生産方式の訓練を受けた中級技術者が欠乏しており、工場での訓練はオン・ザ・ジョブ訓練であって、訓練専門家がおらず経営者自らが工具の

訓練にあたっていると述べている。また、工場は汚く、労働慣行、出社率、生産性の改善が必要であるとしている[397]。インドネシアの技術教育については、小中高校の各レベルの技術学校があり、技術教員養成プログラムもあると報告している。問題としては機材の配置や利用に非効率が見られる他、理論と実践の乖離の問題、技術教師が数学と製図にのみ高い能力を示し、他の分野の能力開発がされていないことなどを挙げている。

　フォード財団に対しては非常に基礎的、初歩的な部分からプロジェクトを開始することを提案しており、他の援助機関が短期的成果につながるようなプロジェクトを行う傾向があるのに対して、フォード財団のプロジェクトでは技術の基礎をしっかり身につけさせるような教育を行うことを提言している。具体的には設備維持補修のアメリカ人講師を1953年7月から派遣し、9月に講師団の長となるアドバイザーを派遣、残りの講師は1954年3月までに派遣することを提言した。合計8名である。第二に7名のインドネシア人講師をダンウッディー工業専門学校に留学させ、1年間でアメリカ人客員講師と交替させるように訓練する。第三にダンウッディー工業専門学校から教授計画、仕事表、参考文献、カタログ、マニュアル、表などの教材を取り寄せて使うことを提案している。最後に、1年間のプログラムでは十分な仕事は無理であり3年間のプロジェクトとするよう提言しているのである。

● インドネシア技術教員養成学校への支援

　1953年に始まったバンドゥンの技術教員養成学校（Indonesian Technical Teacher Training Institute: ITTTI）へのダンウッディー工業専門学校を通しての助成は、以下の通り4回追加助成が行われ結局1958年まで5年間にわたる総額約92万ドルの援助となった[398]。援助期間が延びたのは一つにはITTTIが当初1年間の課程であったのが、インドネシアの初等技術教育不備のため基礎的な力が不足するとの理由で、最終的に修養年限が大学と同じ4年間に延長されたためである。そこでアメリカ人講師たちは最初の入学者が卒業するまで毎年新しいカリキュラムを作りながら、プロジェクト期間を延長していった。また、もう一つはこのITTTIプロジェクトの評価が非常に高かったため、フォード財団としても成果を確実にするために最後まで助成を続けた

---

[397] John Butler and Milton Towner, "Report to the Ford Foundation: A Study of Technical Teacher Training Needs in Indonesia Made During April and May 1953," May 28, 1953, PA53-23, FFA.
[398] Request for Allocation Action, Request No. OD-160, PA53-113, FFA.

表18　バンドゥンの技術教員養成学校への助成金

助成決定時期	金　額	目　的
1953年3月	14,811ドル	バトラー＝タウナー調査団費用
1953年7月	230,000ドル	ITTTIの初年度費用
1954年11月	191,280ドル	同　第2年度費用
1955年10月	296,610ドル	同　第3、第4年度費用
1956年6月	20,000ドル	インドネシア人留学費用不足分
1957年9月	162,790ドル	第5年度費用
合　計	915,491ドル	

出典：脚注398の内部資料に基づき筆者作成

のである。

　ITTTIに派遣されたのは7名の講師と秘書であった。アメリカ人講師たちが到着するより早く、1953年4月にインドネシア語でSekolah Guru Pengadjaran Teknikと命名された技術教員養成学校は開校した[399]。最初の学生は63名で、機械と木工の2学科に編入される予定であった。学生は技術高校卒業生と技術高校の教官たちであった。新任のアメリカ人とインドネシア人講師の到着まで、彼らは数学、物理学、製図、英語、インドネシア語、科学教育などの理論科目の履修を行って待った。アメリカ人講師が到着するとダンウッディー工業専門学校から送られた教材を使って機械と木工の関連知識の講義を受けると同時に、講師と一緒に作業場のレイアウトと教育用機器の設置を行った。こうして、1953-54学年度は予備的授業と準備作業の期間となったのである。

　問題を含みつつもプロジェクトは幅広く人々の注目を集めた。インドネシアに駐在の各国連機関やTCA事務所からは頻繁に訪問者があり、また外国企業、地元企業の経営者も同校のプログラムに注目していた。また、インドネシアの種々の技術学校の校長のグループの短期コースが実施され、同校の実習場のレイアウトや教材がモデルとして利用されるようになったのである。

　こうしてバンドゥンの技術教員養成学校はアメリカの技術教育の文化を移植する一つの培養器として、そのインドネシアでの定着が可能になるまでの5年間にわたってフォード財団によって維持され続けたのである。最終年度

---

[399]　以下の説明は、Dunwoody Institute, "A Report of Progress, Reviewing Developments in the Establishment and Operation of A Technical Teacher Training Program," June 1954, PA53-113, FFA.

にはアメリカ人講師の数は減らされ、インドネシア人だけで運営出来るような過渡的時期として最後の助成が行われた。同校は国際開発の初期に数多く行われたアメリカ的な技術文化移植の一つの成功例であったと言えよう。そして、その目に見えた成功はフォード財団がインドネシア政府、特に教育省の中で信任を勝ち取っていく重要な契機の一つであった。

　技術教員養成学校の成功は英語教育と同様の要因を指摘することが出来よう。第一に比較的政治が安定していた議会制民主主義の時代の前半に開始されたことである。議会制民主主義時代の後半には、フォード財団とインドネシア政府の関係は安定していなかった。第二に技術教育というインドネシアに明瞭なニーズがあり、アメリカが圧倒的優位を持っていた分野であったことである。ダンウッディー工業専門学校という格好の技術協力の担い手がいたことも重要な要素であった。

2－5　失敗したコミュニティ開発

　1950年代を通じて、フォード財団は農業開発とそのためのコミュニティ開発を一つの中心的なテーマとしていた。インドが典型的であったが、その他の国々でも同様であった。活動の当初からインドネシア政府の農業開発とコミュニティ開発を支援することが重要な柱の一つと考えられていた。農業専門家のスターチが初代代表として派遣されたのもそうした理由からであろう。

　しかしながら、フォード財団が考えたコミュニティ開発援助はインドネシアでは成功しなかったのである。助成によって活動が行われたが、その結果が失敗だったというのではない。インドネシア政府のコミュニティ開発への確固たるコミットメントを得ることが結局出来なかったのである。1950年代の後半に何度か、インドネシア政府は国家コミュニティ開発事業実施への意思を見せた。そのたびに、フォード財団はその後押しをしたが、それらの努力はほとんど水泡に帰し、最終的に財団は1961年初め頃にコミュニティ開発から撤退した。安定した政治勢力がなく、内閣が次々に代わり、全体として次第に反米へと変化していった1950年代から1960年代前半のインドネシア政府と苦闘するフォード財団の姿がコミュニティ開発には典型的に表れている。

2－5－1　1956年初めの見通し

　着任から1年近く経とうとしていた1956年2月に、ハリスは本部に1955-

56年度、56-57年度のインドネシア・プログラムの計画を提出している[400]。ハリスは農村開発の分野において1955-56年度予算で実施予定の6つの事業を挙げている。

1. 農業職業学校
2. 4H Clubによる国際農業青年交換事業
3. インドネシア・コミュニティ開発プログラムのための海外スタディ・ツアー
4. コミュニティ開発プログラム
5. 既存機関の向上
6. コミュニティ開発プロジェクトのためのコンサルタント雇用

「農業職業学校」は前述のようにスターチが農業省との話し合いで援助を約束した事業で、ハルマヘラ島とスンバワ島、もしくは、スンバ島に各1校の農業職業学校を設立しようとする計画であった。

「4H Clubによる国際農業青年交換事業」へのインドネシアからの参加には約2万8000ドルの予算が確保されていたが、前年度インドネシア政府は参加を拒否しており、この年度にも参加拒否が予想された。

「インドネシア・コミュニティ開発プログラムのための海外スタディ・ツアー」は、インドネシア政府派遣のスタディ・ツアーを補完する目的で政府の要請を受けて、女性の代表団を組織してインド等に派遣するものである。

「コミュニティ開発プログラム」はインドネシア政府の国家プロジェクトであり、フォード財団が支援を希望している事業本体である。インドネシア政府は1955年7〜8月にインド政府のコミュニティ開発事業の責任者であるS. K. デイを国連の協力でコンサルタントとして招き、提言を受けていた。デイの提言を受けてインドネシア政府はインド、パキスタン、ビルマ、セイロン、タイのコミュニティ開発プログラムを視察する調査団を組織し、すでに派遣していた。この調査団員の多くが、インドネシア政府のコミュニティ開発統括部局を構成する予定であった。デイが提言した計画は5年間で1億8000万ルピアという巨大な国家コミュニティ開発事業であり、これを受けた国家計画庁のジュアンダはハリスに年間50万ドルを5年間にわたって援

400　Letter from Michael Harris to F. F. Hill, February 13, 1956, "Fund" Files, Box 5, Folder 55, FFA.

助して欲しいと内々に打診していた。ハリスはこの要請を受けるつもりで予算の確保を本部に要請していた。

「既存機関の向上」というのは、農業省が無数に抱えているさまざまな機関の能力向上である。ハリスによればこれらの研究や実験組織の多くが建物だけの実体を欠いたものであり、図書の寄贈から専門家の派遣まで大小のさまざまなニーズがあった。しかし、このアイディアは結局実現することはなかった。

「コミュニティ開発プロジェクトのためのコンサルタント雇用」とは、農業職業学校を設立の調査を行っているコンサルタント、M.B.シンを国家コミュニティ開発のコンサルタントとして継続して雇用することである。

2－5－2　農業職業学校

インドネシアの外島、特にプロジェクトで農業職業学校を建設しようとしたハルマヘラ島やスンバ島、スンバワ島は交通事情が悪く、農業普及員が村を訪問することが困難なため、村の若者を農業職業学校に通わせて農業普及を行おうとするものであった。エルマー・スターチは農業省の外島の農業開発支援という政策全般を支持し、農業省のイスカンダール次官のアイディアにコミットした[401]。スターチの推薦を受けて、25万ドルのプロジェクト予算を理事会で通したものの、多くの疑問を抱えていた。この案件は大きな問題となったのであるが、問題点をまとめると以下のように指摘出来るであろう[402]。

第一にスターチが十分な情報を本部に入れていなかったことである。第二にインドネシア政府とフォード財団の負担の分担がはっきりしなかったことである。第三にインドネシアの状況では学校を作っても適切な教官の人材が求められないという問題があった。ハリスらの調査によるとインドネシア政府には農業普及を行う知識と経験を持った人員がほとんど存在せず、むしろ農業普及員の養成がまず先に成されなければならなかったのである。

そこで、ハリスはインド人のコンサルタントM.B.シンに計画の再調査

---

[401] Memorandum from Elmer Starch to John Howard, April 7, 1954, and letter from Elmer Starch to Kenneth Iverson, August 20, 1954 and December 22, 1954, PA57-1, FFA.

[402] Letter from Edwin Arnold to Elmer Starch, August 23, 1954, letter from Kenneth Iverson to Elmer Starch, November 30, 1954, letter from Elmer Starch to Kenneth Iverson, December 10, 1954, Memorandum from Horace Holmes to Carl Burness, January 13, 1955, and letters from Kenneth Iverson to Michael Harris, April 4, 1955, and May 3, 1955, PA57-1, FFA.

を行わせて、農業省の考えを変えることをねらった。シンのハルマヘラ島のジャイロロに新設された農業職業学校の訪問の印象が良かったこともあり[403]、ハリスは最終的には財団の信用を守るためによいプロジェクトではないと考えながらも、前任者のコミットメントを完全に果たすことを決め、約束通り25万ドルの助成を行った[404]。しかし、このプロジェクトはその後フォローアップされることはなかった。失敗という烙印をおされた1回限りの助成となったように思われる。

この「事件」が直接の原因かどうかは分からないが、フォード財団は農業省とその後協力事業を持たなかった。インドネシアの農業分野での活動がこのスターチが始めた初期を除いて1965年以降のスハルト政権期までほとんど存在しないのは、他国でのフォード財団の農業への深いコミットメントを考えると奇異な印象を受ける。それが主要な要因かどうかは分からないが、この最初での躓きはやはり何らかの負の影響を与えているであろう。

2−5−3　インドネシアの女性組織代表団によるコミュニティ開発視察旅行
　インドネシア政府は国連に依頼して、1955年の7〜8月にインド政府のコミュニティ開発の責任者であるデイを招き農村開発の調査を依頼した。報告書でデイはインドネシア政府が視察団を組織してインド、パキスタン、ビルマ等のコミュニティ開発の現状を調査し、それに基づいてコミュニティ開発の手法の選択を行うことを推奨したのである。これを受けてインドネシア政府は関係各省庁の代表者15名からなる委員会を組織し、1955年10月から1956年2月にかけて南アジア、東南アジア諸国の視察を行った。しかし、この11名はその目的の大きさからすると十分に強力なメンバーとは言えず、国家計画庁のジュアンダから調査団を補強するためにフォード財団の援助が得られないかという要請が調査団出発のわずか1週間前に出されたのである[405]。ハリスは本部に相談する余裕もないままに承諾した。

ジュアンダから出されたのがインドネシアの女性団体代表団の視察旅行であった。インドネシア政府派遣の調査団は全員男性であった。インドネシアの女性の社会的地位はアジアの中でも相当に高いほうであり、今後コミュニ

403　Memorandum from M. B. Singh to Michael Harris, March 20, 1956, PA57-1, FFA.
404　Letter from Michael Harris to Kenneth Iverson, July 28, 1956, FFA. 後に、一部残金がインドネシア政府から返却され、最終的に238,750ドルとなっている。
405　Letter from Michael Harris to Kenneth Iverson, November 8, 1955, PA56-68, FFA.

ティ開発が実際に実施されると事業への女性の参加がきわめて重要なことから、ジュアンダは女性団体の協力をとりつけるため、また国家コミュニティ開発に女性の視点を取り入れるためにも女性を派遣して欲しいとハリスに依頼したのである。

こうして、フォード財団の助成によって1956年3月2日から5月5日までの約2カ月間にわたって、10名のインドネシア女性がビルマ、インド、パキスタン、タイ、シンガポールの5カ国を訪問し、コミュニティ開発関係機関、現場、また各地の女性団体を訪問したのである。10名の人選は首相府長官のマリア・ウルファ・サントソが行った。彼女はシャフリル政権の社会大臣でありシャフリル・シンパとして知られているが、インドネシアの女性運動の指導者でもあった。10名のうち4名はそれぞれの分野で国家的な責任を持っている政府役人であり、残りの6名はインドネシアの各地域を代表する女性組織の指導者たちであった。当代一流の女性指導者たちであったと思われる。

この10名の女性調査団についてはインドネシア政府は一切面倒を見ないこととなっており、結局フォード財団のビルマ事務所、インド事務所、パキスタン事務所が各地で調査団の世話を見ることとなった。各事務所はコミュニティ開発に取り組んでおり各国政府とも親密であったため、限られた時間の中で適切なプログラムが組まれた。

51頁に及ぶ詳しい英文報告書が残されているが、各地で相当に緻密なプログラムが組まれており、また参加した女性たちも非常にまじめに視察を行ったことが分かる[406]。この視察の実現のために異例の仕事をしたフォード財団に対してジュアンダ長官から何度も感謝が表明された。さらに、史上初のインドネシア女性の視察団ということでインドネシア国内でも大きく報道された[407]。

全パキスタン女性協会のカラチ支部が作成したパンフレットが残されているが、各地で女性団体との交流、視察も同時に行われた[408]。おそらく、その意味でハリスらが予想しなかった意義、すなわちアジアの女性団体交流史の

---

[406] "Report of Indonesian Women's Group about Community Development: Following Tour of Burma, India, Pakistan, Thailand, Singapore," June, 1957, PA56-68, FFA.
[407] Letter from Michael Harris to Kenneth Iverson, March 9, 1956, PA56-68, FFA.
[408] The All-Paksitan Women's Association, Karachi, "Visit of the Indonesian Women's Commission to Pakistan," April 23, 1956, PA56-68, FFA.

上では画期的な出来事であったと思われる。また、フォード財団が1950年代半ばの時期で女性のコミュニティ開発参加の意義を認めていた点で重要であると思われる。しかしながら、ハリスらの本来の目的である国家コミュニティ開発計画への女性たちの意見の反映という点においては十分に目的を達成したとは言えない。なぜならば、このツアーの問題というよりも本体の国家コミュニティ開発計画自体が政府調査団の帰国後も容易に立ち上がらなかったからである。

２−５−４　コミュニティ開発訓練センター教官の視察旅行

1955年7〜8月に国連派遣のコンサルタントとしてインドネシアのコミュニティ開発の調査を行ったインド政府のデイの提言、またそれを受けて1955年10月から1956年2月にインド、パキスタン、ビルマ等に派遣したインドネシア政府調査団の報告を受けて、1956年12月11日に第2次アリ・サストロアミジョヨ内閣はコミュニティ開発を担当する恒久的な政府機関として、農村コミュニティ開発局（Biro Pembangunan Masyarakat Desa: BPMD）の設置を決定した。しかし、同局の設置が首相令として発布されたのは1957年7月15日のことである。すでに議院内閣制の時代が終わり、スカルノによる指導される民主主義の時代が始まった最初の実務内閣の時代である。しかし、国民評議会[409]での首相令の批准がなされず、新設された農村コミュニティ開発局は中途半端のまま放置される状態が続くこととなる。

1956年12月11日の農村コミュニティ開発局設置に関する閣議決定を受けて、12月18日にハリスは2件の助成推薦を本部に対して行った[410]。第一はブディオノなどから出されたジャカルタに設置予定のコミュニティ開発訓練センター教官の海外研修旅行である。10名を3カ月にわたってインド、アメリカ、プエルトリコ、フィリピンに派遣する費用の助成をして欲しいという要請である（実際は11名派遣された）。第二はコミュニティ開発訓練センターの視聴覚機器や印刷機器などの購入の助成である。同訓練センターは1957年6月に開所予定であり、したがって教官の海外研修もまた機器購入もきわめて迅速に行われる必要があるとインドネシア側、およびハリスは考えてい

---

[409]　スカルノが議会制民主主義の時代の議会を解散し、1957年5月に議会を代替するものとして作った41の職能集団からなる代表組織。多くの政党は職能組織を通じて代表を持ったが、マシュミ党とカトリック党は除外されていた。
[410]　Letter from Michael Harris to F. F. Hill, December 18, 1956, PA57-169, FFA.

た。ハリスの考えではこうした迅速性を要するプロジェクトこそ民間財団に適した案件であった。

しかし、当然ながらハリスの判断は冷静なニューヨーク本部には拙速に映っていた。ヒル国際担当副理事長はインドのコミュニティ開発の専門家でフォード財団のコンサルタントであったホレイス・ホームズに意見を求めた。彼の視察旅行への意見は否定的であった[411]。彼によれば、過去数年間国連、ICA、フォード財団などによって同種の視察団が日本、フィリピン、インド、アメリカ、プエルトリコ、メキシコやその他南米諸国を訪れているが、自国でのコミュニティ開発の経験が少ないと視察旅行で理解出来ることはあまりないとしている。

これを受けて、ヒルはハリスに視察旅行の計画変更を示唆する電報と手紙を発した[412]。この中でヒルはフィリピン、プエルトリコ、アメリカへの視察旅行は前二者はコミュニティ開発がまだそれほど進んでいるわけではないこと、アメリカの国情がインドネシアとあまりに異なっていることを理由に断念し、それに代わってフォード財団の支援で行われているインドのコミュニティ開発訓練センターに入所して実際に訓練を受けるという代替案を提案したのである。

このヒルの拒否にあってハリスは大いに落胆し、ブディオノらに本部意見として伝えたが、インドネシア政府は反発し、ハリスはヒルに再考を促す長文の手紙を書くこととなる[413]。ハリスが挙げた論点はいくつかある。第一にインドの訓練センターに入所することへのインドネシア側の反発である。デイにコンサルタント依頼を行い、デイ報告書を基にしてインドネシアの国家コミュニティ開発計画は進んでいるが、同時にインドネシア側にはインドがインド式の方法を押しつけてきているという強い反発があった。彼らの論点はインド人が無視するインド社会とインドネシア社会の大きな違いである。カースト性など社会の階層構造が強いインド社会に対して、インドネシアの農村社会はより平等志向であり、実際に農村部での相互扶助の慣習はもともと非常に強かった。インドでは国家コミュニティ開発は政府主導の上からの開発であるが、インドネシアの場合、政府の介入なしで農村の伝統的相互扶助の一環としてすでに道路整備、学校建設、公共施設建設などが自主的に各

411　Memorandum from Horace Holmes to F. F. Hill, January 8, 1957, PA57-169, FFA.
412　Letter from F. F. Hill to Michael Harris, January 11, 1957, PA57-169, FFA.
413　Letter from Michael Harris to F. F. Hill, February 1, 1957, PA57-169, FFA.

地で行われており、下からのコミュニティ開発の方法をとるべきであるとインドネシア人関係者は考えていた。

　第二の点はハリスの主張であるが、ジャカルタに作られる最初の訓練センターの卒業生がその後に全国各地に作られる同種訓練センターの教官となることが予想され、いわば最初の訓練内容がその後全国に複製されていくことである。ハリスとしては、したがって、後顧の憂いのないよう若干贅沢ではあってもインドネシア側が希望するなるべく広範囲の視察を可能にすべきであると主張した。

　このハリスの再考要請が認められて11名のインド、アメリカ、プエルトリコ、フィリピンの4カ国のコミュニティ開発視察旅行への助成が決まった。結局のところ、ニューヨーク本部もインドネシア側の民族主義的感情や政府との友好関係維持に配慮した形となったのである。フォード財団は6万2000ドルの助成を決め、アメリカ国内はケンタッキー大学に協力を依頼した。視察旅行は1957年5月から8月にかけて実施された。各地での見学や研修はフォード財団が各国の協力機関を探してプログラムを手配したのである。10名のアメリカ視察のメモが残されているが、各自数頁のものでほとんど海外旅行さえ初めての者と思われ、それなりの研修は積んでいるが、女性組織代表団によるコミュニティ開発視察のほうがおそらく優れた報告書である。

2−5−5　コミュニティ開発訓練センターへの支援

　訓練センター教官が海外研修に出発する少し前、1956年5月3日にインドネシア政府は国家コミュニティ開発事業を実施することを決定した。この決定は全閣僚、全次官、および全ての州知事が参加した会議の最後に採択されたものであり、スカルノ大統領とアリ・サストロアミジョヨ首相は会議演説の中で同年の独立記念日である8月17日に全国で16から20のコミュニティ開発プロジェクトを開始すると述べた[414]。

　まさに、ハリスが待ちに待った国家コミュニティ開発プログラムの開始であった。ハリスはこの計画の中でもコミュニティ開発プロジェクトのスタッフの訓練センターに着目し、ここにフォード財団の助成を集中して行うことを考えていた。インドにおいてエンスミンガーが行ったのと同じ戦略であ

---

[414] Letter from Michael Harris to Kenneth Iverson, July 30, 1956, PA57-172, FFA.

る。このために無理をして最初の教官10名の海外研修旅行への助成も行っていた。そして、同時に行ったのが同センターの訓練機材の購入助成である。1956年9月に7万5000ドルの助成予算が認められ、57年3月に6万ドルの助成が行われた[415]。

7月の本部への助成推薦の手紙の中でハリスはこの機器購入はきわめて迅速に行われることで、1956年末に予定されている訓練センターの開校に間に合うようにしなければならないと述べている[416]。インドネシア政府が自らの予算で購入することも可能であるが、その場合予想される官僚的遅延から、訓練センターの初年度に間に合わないと判断されるので迅速な行動が可能なフォード財団がインドネシア政府に代わって機器を購入すべきであるとしている。

しかしながら、ブディオノから提出された肝心の海外から購入する機器のリストがきわめて概括的なもので、機器の発注に必要な詳しい内容や機種が特定出来ていなかった。そこで、ジャカルタ事務所は国連アドバイザーの協力を得て、機器に関する質問を用意し、農村コミュニティ開発暫定執行委員会に問い合わせる一方、インドとパキスタンのフォード財団事務所から両国での訓練センターで使われている機器に関する情報提供を求めジャカルタ事務所がリストを最終的にとりまとめ、輸入業者の見積もりを集め、実際の発注と支払いも行うことをハリスは提案した。

さすがに、本部からはこの異例中の異例のやり方に強い反発が起きた。ハリスの助成推薦を基本的に了承しながらも、本部の海外開発プログラムの部長代理ウォルフは3つの問題点をかなり強い調子でハリスにぶつけている[417]。第一にこのような準備態勢が不十分なまま拙速で行われる国家コミュニティ開発が成功する可能性をハリスはどのように考えているのか、第二にインドネシア政府は機器購入の経験がないというが、フォード財団自身もそうした経験を積んでいるわけではなく、インドネシア政府には海外機器購入の経験が十分にある部局もあるはずで、なぜそうしたところの協力を得られないのかと疑問を呈する。さらに、インドネシア政府には時間はかかっても予算を確保する能力があるならば、新しい機器が購入出来るまで他の部局にある機器の貸与を受けるなどの緊急の方法がいくらでもありうるのではない

415　Request for Grant Action, Request No.OD-228G, March 6, 1957, PA57-172, FFA.
416　Michael Harris, draft request for allocation action, July 30, 1956, PA57-172, FFA.
417　Letter from Alfred C. Wolf to Michael Harris, September 4, 1956, PA57-172, FFA.

かとも指摘する。実際のところ、購入すべき機器の同定は遅々として進まず、したがって機器の購入も大幅に遅れていった。最終的に6万ドルのうち半分以上の約3万3500ドルは使われないまま、1963年に財団に戻されている。ここでも、ハリスが国家コミュニティ開発を推進しようと無理を重ねて迅速な対応を図ろうとしていたこと、そしてそれにもかかわらず、いかにインドネシア政府の動きが鈍かったかがよく表れている。

　1958年6月のインドネシア代表代理バーネスの報告が、残されている[418]。それによると、1956年8月17日に16のコミュニティ開発プロジェクトが開始され、約1年後に追加された16のプロジェクトを含め、この時点で32のプロジェクトが公認されていた。そのうち、スカブミとウォノギリをコンサルタントのM. B. シンが調査している。調査によると極貧地であるウォノギリで一定の成果が見られるが、極貧地のため少しの改善も相対的に大きく見える可能性があり、また、実際には成果は郡長（Bupati）の個人的熱意によるところが大きく、国家コミュニティ開発の貢献がどの程度であるか疑問であるとされている。住民の互助努力の可能性は非常に高いが、政府が実施しているプロジェクトは住民の互助努力とは無関係の大規模ダム開発や灌漑であり、それらは技術的ノウハウの欠如のため失敗していた。つまり、喧伝されるコミュニティ開発には実体がなく、何をしてよいか分かっていない状況が続いていたのである。

　他方、ジャカルタの訓練センターは当初の場所が使えずに開所が遅れていたが、結局ジャカルタ郊外のパサール・ミングに1958年6月21日に開所した。しかし、最初の訓練はジャカルタのセンターが間に合わなかったためスカブミで1957年12月9日に開始され、各省庁から選ばれた32名が2カ月間にわたって講義と実習を受けた。32名は訓練後、各省庁に戻りコミュニティ開発プロジェクトの現場に向けられた。

　11名のフォード財団による海外研修教員のうち、死亡した1名を除いて全員が教官として訓練を開始した。コースはコミュニティ開発、大衆教育、農業、公衆衛生、行政、宗教、移住、産業、畜産、組合、水産業であった。研修生は全て各省から派遣されており、コミュニティ開発事業のフィールド・ワーカーとなることになっているがパートタイムであり、75％をコミュニティ開発に、残りを本来の所属省の仕事に割り当てるという具合であった。

418　Letter from Carl G. Burness to John Provinse, June 26, 1958, PA57-169, FFA.

コミュニティ開発のワーカーとしての仕事は各専門省庁の仕事へのつなぎ役に留まっており、実際の仕事は分野別に省庁の専門家が行っていた。

　以上のように、少なくともフォード財団が考えていたコミュニティ開発とはだいぶ異なった実態がそこにはあったのである。ハリスは、インドネシアの国家コミュニティ開発事業にはまったく実体がないとまで深刻に評価していた。

2－5－6　経済文化事情委員会によるコミュニティ開発のパイロット・プロジェクト

　1959年1月にハリスはパイロット・プロジェクトの必要性を本部に伝えている。しかし、今度はフォード財団自身が前面に出るのではなく、アメリカの国際開発分野のNPOであり農村コミュニティ開発の専門性を持っている経済文化事情委員会（Council on Economic and Cultural Affairs: CECA）に事業を委託する方式を探った。

　CECAはロックフェラー3世によって1953年に設立された比較的新しい非営利組織で、ロックフェラーの個人的なアジアへの関心によってアジア地域を中心に活動をしていた。アジア各国とアメリカ、およびアジア各国相互の文化的相互理解も目的としており、国際文化交流と国際開発の両方を同時に行う非営利組織であった。活動は日本、フィリピン、タイ、インド、台湾、シンガポール・マラヤ、インドネシアなどであり、フェローシップ、客員教授、研究、図書寄贈、会議、出版などの方法で文化交流と国際開発支援を行っていた[419]。フォード財団はそのコミュニティ開発の専門的能力に注目していた。CECAのコミュニティ開発の中心人物はアート・モシャーであり、過去にフォード財団のプロジェクトで実績があった。

　モシャーはインドネシアのコミュニティ開発に興味を持っており、CECAがフォード財団の委託を受けてコミュニティ開発のパイロット・プロジェクトを実施する方向で話し合いが進められたのである。モシャーは農業環境の異なる少なくとも3カ所で異なる手法のパイロット・プロジェクトを5年間は継続する必要があると考えていた。さらに、既存のインドネシア政府のコミュニティ開発事業について評価が必要であるとも判断しており、これらは

---

[419] The Council on Economic and Cultural Affairs, Inc., "Recognition and Opportunity," no date, PA60-13, FFA.

ハリスらフォード財団スタッフの意見と一致していたのである[420]。そこで、1960年に評価を含めた予備調査費用として2万3000ドルのCECAへの助成が行われることとなる。

　他方、1959年6月末から9月初めにかけてコミュニティ開発局の議長であるブディオノ元中部ジャワ州知事がアメリカを中心にコミュニティ開発の視察を行っている。この視察旅行もフォード財団の助成によるものと思われる。ニューヨークのフォード財団本部ではヒールド理事長を含むスタッフとの昼食会や会合が行われ、また国連を訪問し社会局次長でコミュニティ開発グループを担当するザヒール・アフメドらの担当者との会談もフォード財団が調整した[421]。

　国連ではアフメドが元ハイデラバード州開発長官であったことから、1955年に国連が派遣したデイの報告書の提言をどの程度インドネシア政府は実現したのかと質問が出された。ブディオノはすでに32のコミュニティ開発プロジェクトを実施中であるなどの回答をしたが、同行したニューヨーク本部のバーネスはハリスの代理代表を務めた経験があるだけに、その実体のなさを熟知していた。

　CECAのモシャーはブディオノをバージニア州のコミュニティ開発現場に同行するなど、アメリカの視察を助けると同時に、パイロット・プロジェクトのアメリカ人派遣専門家の候補者3名に引き合わせ、両者の反応を探っていた。モシャーのブディオノに対する印象は口数が少なくコミュニケーションが困難で曖昧な態度に終始し、決断しようとしないという否定的なものであった。ブディオノをインドネシア側のトップに仰いで、果たして建設的な仕事が出来るのか疑問に思うと述べている[422]。

　この頃、すなわち1959年8月にはインドネシア政府に大きな変化が起きつつあった。スカルノが、彼個人のシンパとも言えるような非政党人を閣僚ポストに就け始めたのである。従来コミュニティ開発局は首相府に属し、ジュアンダ首相が責任者であったが、このときの内閣改造でジュアンダは主席首相となり、移民・協同組合・農村コミュニティ開発担当の副大臣が置かれ、同大臣はインナー・キャビネットの構成員である開発・建設担当の調整大臣の監督下に置かれた。前者はアフマディに後者はハエルル・サレーとい

420　Letter from J. Wayne Fredericks to Michael Harris, op. cit.
421　Letter from Carl C. Burness to Michael Harris, July 13, 1959, PA60-13, FFA.
422　Letter from Art Mosher to Michael Harris, August 5, 1959, PA60-13, FFA.

うように二人ともスカルノ・グループになったのである。形式的にはコミュニティ開発局は相変わらず首相直属の独立機関であったが、実務上はアフマディ副大臣が指揮することとなった。アフマディ副大臣は、すでに前首相ジュアンダが裁可したフォード財団と協力して実施する3つのパイロット・プロジェクトに同意したが、その後さまざまな圧力がかかることとなる[423]。

ハリスは新しいインドネシア側の閣僚であるアフマディ副大臣とハエル・サレー大臣に面談した。アフマディは比較的若く、真剣で危機意識を持っているように見えた。CECAの調査に彼は同意し、2名のアメリカ人と2～3名のインドネシア人による調査で合意した。ハエル・サレーとの面談も一見して好意的なものであった。ハエルは明確な意思と力強い説得力を持ち、完璧な英語を話した。彼はフォード財団の援助を歓迎し、コミュニティ開発だけでなく、小規模産業支援にも協力を打診した。インドでのフォード財団の活動を知っているようであった。ハリスはこの新しい二人の大臣との会談で今までにない楽観的希望を感じたと述べている。しかしながら、ハエルとの会談については書面では書けないため口頭で伝えたい諸側面もあると記している。それが何かは分からないが、おそらくは何か政治的なことであり、インドネシア政府による郵便検閲の危険性を感じていたのかもしれない[424]。

こうして1960年の前半にはアメリカ側を代表してCECAのラルフ・アレーとレイ・フォートが参加し、インドネシア側は帰国してコミュニティ開発局の局長に戻ったブディオノ、およびセロ・スマルジャンが代表する調査委員会が作られ、パイロット・プロジェクトの事前調査が実施された。最終報告書がブディオノ、セロ、アレーの3名からなる小委員会の手でドラフトされ、アフマディ副大臣に提出された。報告書で問題となったのはコミュニティ開発局の所属をアフマディ副大臣は移民・協同組合・コミュニティ開発省に移管させたがったが、ジュアンダ主席首相は首相府にとどめるようアフマディ副大臣の提案を拒否したのである[425]。

しかし、1960年8月に入ると状況は次第に難しくなってきた。ブディオノが更迭され、後任にアハディが任命されると、コミュニティ開発局はインドネシア政府全体の政策傾向を反映して、経済開発一辺倒になり始めてくる

---

[423] Letters from Michael Harris to George Gant, August 5 and August 13, 1959, PA60-13, FFA.
[424] Letter from Michael Harris to George Gant, August 26, 1959, PA60-13, FFA.
[425] Letter from Michael Harris to George Gant, July 5, 1960, PA60-13, FFA.

のである。アフマディ副大臣は経済開発に絞り込むことで短期間に劇的な成功を収めることを強く求め始める[426]。ハリスは副大臣との会合で長期的なインドネシアの経済発展のためには狭い意味での経済成長だけでなく、公衆衛生、教育などの社会開発がきわめて重要であり、コミュニティ開発はこうした包括的な性格のものであることを強調し、副大臣の了解を求めた。アフマディはその場では納得したようであったが、アハディは強硬に短期的な経済的成果を上げることを主張していた[427]。

このようにして、次第にアフマディ副大臣らのスカルノ・シンパが実権を握るインドネシア政府とフォード財団の溝が深まっていったと思われる。フォード財団はパイロット・プロジェクト実施のために15万ドルのCECAへの助成を1961年に決めるが、実際にはコミュニティ開発そのものから撤退し始めていたのである。アフマディは大学の強化と関連づけてコミュニティ開発のパイロット・プロジェクトの実施を強く主張したようである。1961年3月のマクヴィッカーのメモではハリスと副代表ミラーとアフマディ副大臣の交渉がうまくいかず、フォード財団が考えるようなコミュニティ開発事業が行われないようであれば、フォード財団はインドネシアにおけるコミュニティ開発全体から手を引くべきであると述べられている。

最終的に、フォード財団のコミュニティ開発パイロット・プロジェクトはコミュニティ開発局から切り離されて、1962年春にボゴール農科大学に移された。そして、農業開発委員会（Agricultural Development Council）に名称を変えた元のCECAから派遣されたアレーが中心となって大学内に農業普及局を作り、そこで農業普及の研究と研修を行うことが目的とされた。農業普及活動の評価などそれなりの活動が大学の一部局の活動として実施されたが[428]、当初フォード財団が想定していたような国家レベルの大きなコミュニティ開発計画は結局放棄されたと言うべきであろう。

実際、フォード財団は1961年度以降、基本的にインドネシア政府との協力から距離を置き始めていた。この年以降、新規のプロジェクトの数はほとんどゼロになり、ほとんどが継続プロジェクトとなった。しかも直接インドネシア政府に助成することはなく、アメリカの協力機関への助成がほとんどになっていくのである。この活動を半分停止したような状態はスハルト政権

---

[426] Letter from Frank Miller to George Gant, August 24, 1960, PA60-13, FFA.
[427] Letter from Michael Harris to George Gant, August 31, 1960, PA60-13, FFA.
[428] R. H. Alee, "Resume of Activities, Indonesia, 1963–64," no date, PA60-13, FFA.

が確立する1967年まで継続するのである。

　コミュニティ開発は議会制民主主義の時代、および指導される民主主義の時代前期の不安定で不確実な政府に翻弄され、最終的にスカルノがリクルートした左派の閣僚と折り合えず撤退するという、1950年代から1960年代前半のフォード財団のインドネシアにおける活動のパターンを典型的に示す事例と言えよう。

2−6　ニューヨーク州立大学（SUNY）による中等教育教員養成

　本項ではインドネシアの教員養成高等師範学校への支援を取り上げる。この支援は規模、期間、金額から見て1965年以前の最大の助成となった。きわめて長期の助成が終わったとき、その結果は完全な失敗ではないが、その支援の規模から見て成功とは言いがたく、最低の合格点であると評価されるような中途半端な結果に終わった。フォード財団が関わった1950年代の典型的な大規模人材養成プロジェクトの問題点をよく示しているプロジェクトである。プロジェクトは、1956年から1973年まで継続され、総額500万ドルを超える助成が行われた。

　独立後、インドネシアは急速に公教育を拡大していった。それは政府の方針である以上に人々の欲求であり、政府はすさまじい教育熱に押されて公教育を拡大していったのである。以下の表19は、その公教育の拡大を物語っている。エルマー・スターチと教育省次官のマルニシウス・フタソイトとの間で何度か話し合いが持たれ、1955年2月8日に正式の依頼が出された。フタソイト教育次官は1953年から1959年まで教育次官を務め、その後1959年から1965年までは国家計画庁の事務次官を務めた。北スマトラのバタッ

表19　1940年から1950年の公教育の拡大 [429]

年	初等教育		中等教育		高等教育	
	1940	1950	1940	1950	1940	1950
学校数	19,091	29,629	144	1,525	5	23
教員数	40,583	104,214	1,607	7,810	149	1,159
生徒数	2,021,990	6,316,223	26,535	385,365	1,693	19,063

出典：脚注429の内部資料より筆者作成

429　Kenneth R. Williams, "Teacher Training Colleges in Indonesia," 1956, PA56-326, FFA.

ク族出身のキリスト教徒であり、オランダの教員養成大学出身である[430]。いくつかのキリスト教関係の組織にも関わっており、いわゆる親欧米派と言われるマシュミ党、インドネシア社会党、キリスト教諸政党の3つの流れで言えば3つめのグループに含まれると思われる。フタソイト次官がフォード財団のインドネシアでの活動にきわめて重要であったのは1953年から59年までの間、教育大臣は頻繁に交代したが、彼は一貫して教育次官を務め、この間のフォード財団の大学を含む教育機関への助成を全て支持したことである。コミュニティ開発におけるジュアンダの役割をフタソイトは果たしたのである。

　フタソイトのスターチへの要請の内容は高等教育全般への資金的援助であり、学校建設、設備購入等のために8億ルピアにも上るとされた教育省の予想される赤字の補填であった。1955年4月に着任したハリスは限定的な目的と明確な方法を持ったプロジェクト以外はフォード財団としては対応出来ないことを告げ、具体的なプロジェクトの相談を続けることを提案した[431]。

　ハリスは教育省と具体的なプロジェクトの話し合いに入るためにジャカルタ事務所に教育専門家が必要である考え、ケネス・ウィリアムスを1956年1～4月にジャカルタ事務所に雇用した。ウィリアムスはアトランタ市教育委員会のスタッフであった。ウィリアムスは教育省に派遣され、フタソイトらの教育省官僚に協力してインドネシアの高等教育の問題点やニーズを把握し、その改善のための政策やプロジェクトの企画を手助けした。

　ハリスはインドネシアの教育分野の助成を開始するにあたって、もう一つの準備作業を行った。それは、1956年初めのフタソイトのアメリカを中心とする海外教育事情視察旅行である。コミュニティ開発でブディオノを招聘したのと同じ手法であるが、ブディオノのときとは異なって、フタソイトの場合は後に非常に大きな効果を発揮した。ある大きなプロジェクトの全体を監督し意思決定する立場にある人間に広範に状況や内容を把握してもらうことによって、その後のインドネシア政府部内でのプロジェクトの進行が円滑に進むことをねらった手法である。

　教員養成大学のプロジェクトもまた、急拡大する公教育の教員不足の問題に端を発していた。初等教育から高等教育までを合わせた生徒の数が戦前の約200万人から、1955年には約800万人と4倍に増加していた。教育省は特

---

[430] *Who's Who in Indonesia*, Kompas, p. 122.
[431] Letter from Michael Harris to Kenneth Iverson, October 24, 1955, PA54-111, FFA.

に9年制義務教育の普及により急増する中等教育の教員養成のため、1954年に大学相当の教員養成高等師範学校（Perguruan Tinggi Pendidikan Guru: PTPG）を4校新設した。西ジャワのバンドゥン、東ジャワのマラン、スマトラのバトゥ・サンカール、北スラウェシのトンダノである。

フォード財団から見れば、全国の中等教育の質を上げるためには教員を養成するPTPGの教官の質を上げることが最も効率的であり、この4校が後に設立される全国のPTPGのモデルとなり、かつ新設PTPGの当初の教官は4校の出身者から始まることが明らかであるため、4校の梃入れに協力することは非常に大きな倍数効果があるということになる。教員養成高等師範プロジェクトはいくつかのフェイズから成っていた。第一のフェイズは4校の校長のアメリカを中心とする海外視察研修旅行であり、第二のフェイズは4校の教官のアメリカ留学であり、第三のフェイズはPTPGへのアメリカ人教官の派遣である[432]。

2－6－1　教員養成高等師範学校の校長の海外視察研修旅行

3人の校長は9月28日にニューヨークに到着した。アメリカで約8週間の視察研修を行い、プエルトリコに1週間、さらに別々に欧州を訪問、再びインドで合流し、翌年1月にインドネシアに帰国するという約4カ月の海外視察であった。多忙を極めるPTPGの校長3名の都合を合わせるのは困難を極め、フォード財団の助成決定が8月23日で出発が9月という事務的にはほとんど不可能なほどの無理を通したのである[433]。

彼らと面談したヒル副理事長は彼らが見たアメリカの高等教育の特徴を以下のようにまとめている[434]。第一にアメリカの教育制度が常に変化していることである。第二にアメリカの教育制度が地域ごとに、また地域内でも非常に多様性に富んでいることである。第三にその実用重視の姿勢であり、職業教育やコミュニティ適用に大いに関心を示した。第四にアメリカ以外の地域についての一般的教育が少ないことで世界についての常識的な教育が必要であると批判した。

帰国後、教員養成高等師範学校の改善について何らかの新しいアイディアはないかと求める機会があったが、彼らから、プロジェクトの具体的なアイ

---

[432] Letter from Michael Harris to Kenneth Iverson, June 6, 1956, PA58-209, FFA.
[433] Request for Allocation and Grant Action, Request No.OD-169G, PA56-326, FFA.
[434] Letter from F.F. Hill to Michael Harris, November 27, 1956, PA56-326, FFA.

ディアが出ることはなかった[435]。しかし、その後教員養成高等師範プロジェクトが円滑に進み、非常に大きくかつ長期的なプロジェクトとなったのは各師範学校の内部的な事務手続きで滞るところが少なかったことも一因と思われる。

2−6−2　教員養成高等師範学校の教員のアメリカ留学

校長たちの海外視察研修旅行への4万ドルの助成を決めた1956年8月23日にPTPGの教官のアメリカ留学への助成金60万ドルの予算が認められた[436]。

当初、教育大臣は、アメリカだけでなく欧州にも留学させる計画を持っていたが、最終的にこれは断念し全員がアメリカの大学に留学した[437]。留学先はさまざまな大学であった。テキサス、コロンビア、ミシガン、ピーボディ、ノースカロライナ、マイアミなどの大学が当初の受け入れ大学であるが、後にはスプリングフィールド、コロラド、ミネソタ、シラキュース、コーネルなどの大学にも広がっていった[438]。履修科目も広がりがあり、教育学、教育哲学などが多かったが、体育、数学、心理学、物理学、生物学、化学などの特定科目を専攻する者も多かった[439]。当初、留学生は修士号取得が目標であったが、後には一部に博士号取得に進むものも出てくるようになった。

他方で、ハリスはPTPGプロジェクトのアメリカ側での支援組織（backstopping institution）となる大学を探していた。PTPGプロジェクトで実質的なコンサルタントとなっているウィリアムスとネルソンの意見が重なったのがニューヨーク州立大学（State University of New York: SUNY）であった。SUNYが推薦された理由はそれぞれが専門特化したいくつかの教員養成学部を持っており、PTPGのさまざまなニーズに対応出来るという点であった[440]。

こうして1957年半ば過ぎにはSUNYがPTPGのアメリカ側カウンター・パートとなることが決まり、1957年8月にSUNYのいくつかある学部の一つの学部長であるジョン・ヤコブソンがインドネシアを訪れて教育省および

435　Letter from Alfred C. Wolf to Michael Harris, March 15, 1957, PA56-336, FFA.
436　Request for Allocation Action, Request No: OD-87, August 23, 1956, PA56-336, FFA.
437　Letter from Michael Harris to Kenneth Iverson, July 10, 1956, PA56-336, FFA.
438　Letter from George Bennett to Harrison Parker, June 27, 1957 and letter from George Bennett to J. A. Quinn, March 16, 1960, PA56-336, FFA.
439　Letter from Harrison Parker to F. F. Hill, July 27, 1957, PA56-336, FFA.
440　Letter from Alfred C. Wolf to Michael Harris, March 15, 1957, PA56-336, FFA.

PTPGと具体的な話し合いに入ったのである。

2－6－3　ニューヨーク州立大学による教員養成学部の支援

　当時アメリカに戻っていたハリスはヤコブソンに対してインドネシアで面談すべき人々の名前を挙げている。以下のリストは、このときのフォード財団のインドネシア政府内部の人脈やその他機関との関係をよく示しているように思われる。

〈教育省〉
　　教育大臣プリヨノ（Prijono）：元インドネシア大学文学部長
　　事務次官代理ウマール（Umar）：フタソイトが病気療養中のため
　　教育省対外関係局長スミトロ・レクソディプトロ（Sumitro Reksodiputro）
　　同スタッフ、スブロト（Soebroto）：スミトロが病気中のため代理
　　同スタッフ、ハジャラティ（Hadjarati）：ヤコブソンの調査の担当者
　　大学高等教育局長スティスノ（Sutisno）
　　同代理マックス・マカギアンサール（Max Makagiansar）
〈国家計画局〉
　　長官アリ・ブディアルジョ（Ali Budiardjo）
　　事務次官アフマッド・アリ（Achmad Ali）
〈首相府〉
　　首相ジュアンダ（Djuanda）
　　事務次官マリア・ウルファ・サントソ（Maria Ullfah Santoso）
〈内務省〉
　　事務次官スマルマン（Soemarman）
〈アメリカ大使館〉
　　ジョン・アリソン大使（John Allison）：フォード財団の活動を一般的に
　　　知っていた
〈ICA〉
　　ジェイムス・ベアード代表（James Baird）
　　ウィル・サンダース（Will Saunders）：教育プログラム担当
〈その他〉
　　ロス・マクドナルド（Ross McDonald）：フォード財団の英語教育担当コ
　　　ンサルタント

ユネスコ代表部代表：ユネスコ派遣のコンサルタントが何人か教育省で働いている

バフデル・ジョハン（Bahder Djohan）：インドネシア大学学長、元教育大臣

　ここで改めて指摘したいのは、国家計画局長アリ・ブディアルジョ、首相府事務次官マリア・ウルファというインドネシア社会党の流れの人々、またジュアンダ、バフデル・ジョハンらの社会党シンパと見られる実務派官僚の政治的傘の下でフォード財団が活動していたという点である。

　ヤコブソンと教育省、ハリスの話し合いによってSUNYと教育省の教員養成高等師範学校に関する協力の内容が固まった。バンドゥン、マラン、トンダノの3カ所の教員養成高等師範学校に2名ずつSUNYから客員教授を派遣し、バンドゥンには加えてSUNYチームの代表を置き、この代表は全体の調整を行うと同時に教育省の諮問にも応ずるという構成であった。各校に派遣される教授は1名が教育学・教育哲学などの専門家、1名が自然科学教育の専門家とされた。実際にはトンダノはプルメスタ反乱のため派遣されず、バンドゥンとマランに3名ずつが派遣されることとなった。後には、北スマトラのメダンの教員養成高等師範学校が追加され、3カ所の教員養成機関にSUNYが協力することとなった。また、この頃から教員養成高等師範学校は各地の大学の教員養成教育学部（Fakultas Keguruan dan Ilmu Pendidikan: FKIP）となったため[441]、以下ではFKIPという略称を使う。

　フォード財団は1958年5月に63万9500ドルのSUNYに対する助成を決定した。大部分はSUNYの派遣するアメリカ人講師の費用であり、一部図書および備品の購入費が含まれていた。アメリカ人講師たちの一致した意見はFKIPには教員養成のコンセプトが欠如しており、そこで支配的なオランダ式の教育方法を根本的に変える必要があるという点であった。

　第一の問題である教員養成のコンセプトであるが、FKIPは基本的に大学と同じ高校卒業後4年間のコースであり学生も教官も大学卒の資格を得たがった。教育省が設置した目的は全国の中等教育教員の養成機関であったが、実際には大学と同じ期間学んだ学生たちは給与の低い中学校教員に成りたがらなかった。したがって、FKIPでの履修内容は大学とほとんど変わら

---

[441] バンドゥンはパジャジャラン大学、マランはアイルランガ大学、メダンは北スマトラ大学。ただ、一部は後に再び独立した機関となった。

なかった。教員養成は特別のコースであると考えるSUNYの客員教授たちは、したがって教育哲学や教授法に力を入れようとしていた。また、後には教育行政学にも焦点が当てられた[442]。

　第二の問題であるオランダ式の教授法であるが、教科書を用いず、教授の講義を筆記し、試験では暗記した教授の講義をそのまま書くというものであるとアメリカ人講師たちは述べている。アメリカ人講師たちは教科書だけでなく、図書館を使った自主学習とレポート、実験や実習というまったく異なった教授法を持ち込んだ[443]。

　アメリカ人講師たちを悩ませたのはこうした彼らの専門の問題だけではなかった。それ以上に、FKIPの組織や教育省に関するさまざまで大小の事務的問題であった。SUNYチーム代表のロジャー・バンクロフトはインドネシアでは経理や事務がアメリカの4倍の時間がかかると述べている。プロジェクト全体の管理に関わる問題で対立したのはFKIPとSUNYチームではなかった。

● SUNYとジャカルタ事務所の対立

　バンクロフトとハリスの間に大きな対立が生じたのである。バンクロフトは任期が終わる時に、フォード財団を名指しで批判する報告書を提出するという異例の事態となったのである[444]。意見の対立はインドネシア人講師のフェローシップの人数から始まった。SUNYはフェローシップが長期的に見て最も大きな効果が期待出来るとして、2年間で51名を推薦したが、ハリスらはバンクロフトらにその必要性を手厳しく追及して27名にまですでに減員させていた。ハリスの側の理由は、SUNYの提案する人数は彼らの考えるFKIP改革に必要な人数であったが、適当な人材を発掘出来ずにいたのである。

　さらに、おそらく最も決定的だったのはハリスがSUNY代表というポジションを廃止して、各校のチームリーダーの合議制にしようとしたことである。バンクロフト自身の役割がなくなってしまうと彼はスロカムに訴えてい

---

[442]　Letter from Michael Harris to George Gant, October 19, 1959, PA60-99, FFA.
[443]　Edward R. Fagan, "Perspectives on the State University of New York's Indonesia Fellowship Program," December, 1960, PA60-99, FFA.
[444]　State University of New York, "Projects in Indonesia, Annual Report," July 15, 1960, PA58-209, FFA.

る。つまり、ハリスはバンクロフトを高く評価していなかった。

第一の問題はハリスがプロジェクトの開始を急いだことである。インドネシア政府のモメンタムを失うことを恐れてSUNYが加わる前にプロジェクトを開始した。SUNYの専門家から見ると進行中のプロジェクトに途中から参加することとなり、そこで、FKIP講師のアメリカ留学の人選に問題があるなどという批判の声を挙げたのである。

第二の問題はフォード財団ジャカルタ事務所の人員不足である。重要であったと思われるのは、教育コンサルタントであったケネス・ウィリアムスの後任者がハリスの度重なる要請にもかかわらず見つからなかったことである。そのため、専門家でないハリスがプロジェクトの内容にまで直接関わらざるを得なかったのである[445]。もし教育コンサルタントがジャカルタ事務所にいれば、後に、バンクロフトの「専門的内容は専門家の手に」という批判は防げたと思われる[446]。

第三にはこの頃からニューヨーク本部ではプロジェクトを外部委託するという方針が明確になってきたが、ジャカルタ事務所ではプロジェクトの管理に一定の責任を持ち続けようという意志が強く、両者の間に混乱が生じていたことである。SUNYのチームの忠誠心は明らかにSUNYの当局に向いており、フォード財団には向いていなかった。

当時国際部長であったガントは外部専門機関への委託を主張していた。インドのエンスミンガーはこの方針に強く反対しており、フォード財団を代表する彼が責任を持てるようにプロジェクトを直接管理することを主張していた。ハリスもエンスミンガーに近かった。彼らはそれぞれの政府との関係、政府の政策への影響力を最重要視しており、委託機関が独立して動くことを好まなかったのである。エンスミンガーはこの変化をフォード財団本部の官僚化であると批判している。エンスミンガーに代表される初期のニューディーラー的なダイナミックな各国代表の世代から、国際開発専門家的なテクノクラートへの世代変化が起きつつあったとも言えよう。したがって、一見バンクロフトとハリスの対立に見えるが、実はニューヨーク本部とイン

---

445 Letter from Michael Harris to John Province, February 7, 1958, PA54-111, FFA. ハリスは以下のように書いている。"I believe that the recruitment of the consultant is the single most important thing the Foundation office in New York can do to support the Indonesian program."
446 State University of New York "Projects in Indonesia, Annual Report," July 15, 1960, PA58-209, FFA.

ネシア事務所の権力闘争の面を持っていたのである。アメリカから見ると悪化しつつあるインドネシア国内情勢を見て、ニューヨーク本部は少しずつインドネシア政府へのコミットメントから身を引くことを考えていたのかもしれない。

　1960年1月フォード財団はSUNYに対する2回目の助成として、85万ドルの助成を決定した[447]。全体で25人分の各2年間の修士号取得のためのフェローシップが用意された。初めて図書館学のフェローシップが加わった他、社会科学、教育学、教育行政学、心理学に加えて、数学や自然科学にも9人の枠が設けられた。また、この年から留学生が優れた成績を収めた場合には博士課程に進むことを考慮することが正式に認められた。

　インドネシア代表のプロジェクトへの関与の度合いについての問題にはこのときにある決着がついた。フォード財団とSUNYとの合意文書でSUNYの意思決定の権限が認められ、インドネシア代表への報告義務などインドネシア事務所に対する義務がほとんどなくなり、代表の監督権限が大幅に縮小されたのである。これに対してハリスは強く抗議したが、どうも後の祭りであったようである。

　こうして、FKIP支援と英語教育を合わせて1962年には119万2000ドル、1964年には127万5000ドルの助成が一括助成として行われた。SUNYのスタッフたちは政治情勢悪化のためフォード財団がジャカルタ事務所を閉鎖した1965年6月末以降も一部インドネシアに残ったようである[448]。スハルト体制が確立した1967年にはSUNYのスタッフは再びインドネシアに戻り、FKIP支援プロジェクトは再開している。こうしてSUNYによるFKIPと英語教育のプロジェクトは1960年代を通じて継続され、総額は500万ドルを超えるインドネシアで最大のプロジェクトとなった。

● プロジェクトの評価

　SUNYのスロカムはプロジェクトを通じてSUNYの責任者を務め、プロジェクトが終了した1973年に自ら評価を行い、ブックレットとして出版した[449]。また、フォード財団の1975年の内部評価報告が残されている[450]。評価

---

[447] Request for Grant Action, Request No. OD-638G, January 11, 1960, PA60-99, FFA.
[448] Letter from Frank Miller to Sjarif Thajeb, August 24, 1965, PA62-19, FFA.
[449] John Slocum, "Voices from a Distance Land," April, 1974, FFA.
[450] Memorandum from John Bresnan to Files, December 18, 1975, PA62-19, FFA.

者である当時のインドネシア代表のジョン・ブレスナンはスロカム自身の評価の言葉を引用している。興味深いのでそのまま再引用したい。この頃、教員養成教育学部FKIPは再び独立して教員養成教育大学（Institut Keguruan dan Ilmu Pendidikan: IKIP）となっていたので、以下ではIKIPという略称を用いる。

「IKIPが全ての初等中等教育発展の鍵であるという基本的前提が間違っていたことが証明された。IKIPは国家の教員供給のニーズに十分に応えず、卒業生の多くは中等教育の教師にはならなかった」

「全プロジェクトの最大の失敗はプロジェクト・スタッフが教育省に何らかの影響を与えることが出来なかったことである」

「マランを除いて、IKIPは機関として初等中等教育における教授に何らの効果をもたらすことが出来なかった」

「学校における英語能力は一般的に言って、いかなる目立った改善ももたらさなかった。しかし、英語教育プログラムの最終評価を下すのはまだ早いかもしれない。進歩の兆しは見える」

「学位フェローシップがさまざまなプログラムの中で最も成功した部分である」

「IKIPプログラムには、あまりにも多くのコンサルタントが、あまりにも長い期間いすぎた」

ブレスナンは、むしろ重要なのはどうしてこうなったのか、別の方法がありえたのかという点であるとしている。このプロジェクトを開始した教育省のフタソイト、フォード財団代表のハリスはプラグマティックな人たちであり、インドネシアの教育全般の改善には教員養成機関の改善が不可欠だと結論づけ、その当時の考えではこのやり方が最善であると広く考えられていたのだとしている。問題があるとすれば、インドネシアの教育状況に関する信頼に足る情報が欠如していたことであると述べる。また、1950年代後半に大量の人間をアメリカから送り、同時に大量の人間をアメリカに留学させるという方法以外に別の戦略が考えられたという証拠はほとんどないと述べている。つまり、この方法は同時代には疑うことなく最善と広く信じられていた方法であったとしているのである。

プロジェクトはインドネシアの中等教育の改善には非常にわずかしか貢献

出来ず、その代わり一校の比較的良い大学と一つの非常に優れた英語教育の大学院プログラムを作ることが出来たとする。そして、26名の博士、102名の修士を作ることに貢献し、これらの人々は国家レベルの教育政策の主要な政策立案者となっていると述べる。最後に、プロジェクトを採点するとすれば最低限評価は出来るという意味で"C"、あるいは平均的得点であり、しかもあまり出来の良くない学年における"C"であるとしている。

　ブレスナンの評価に対して評価をするというのも屋上屋を重ねるようであるが、1950年代のインドネシア政府の状況が評価を行う際にまったく考慮されていないことは、当時のフォード財団がどのような存在であったのかへの関心と配慮を欠いていると言わざるを得ない。1950年代のインドネシア政治は非常に不安定な議会制民主主義から、指導される民主主義という名前は民主主義でも実体は権威主義体制に近い方向へと変化しつつあり、萌芽的な開発体制から継続革命体制へと、ある意味では歴史的な退化をしていく過程にあった。そういった政治的条件の中でフォード財団がしようとしたことは政府内部で開発路線を進めようとする実務派、政治的傾向でいえば社会民主主義的な傾向の人々と手を結んで、開発政策を拡大しようとしていたのである。いわば開発路線が敗北していく過程の中で、とにかく機会をつかんで一歩でも合理的な国家開発の政策実施を進めること以外に方法はなかった。政治的安定の中で積み木を積み上げるように計画的に教育を改革したのではなく、きわめて不安定な政治状況の中で、嵐の中で船を操るように一瞬一瞬に出来ることを機会を失しないように迅速に進めていったのである。

　こうした嵐のような時代が終わり、権威主義的ではあるが、それなりに安定した開発主義の時代が訪れたとき、確かに時代の変動を超えて残されたのは、目に見えるものとしては国家レベルの教育政策の主要な政策立案者となった26名の博士、102名の修士だけであったかもしれない。それ自体が果たしてそれほど些細なことかどうかという点もあるが、加えて、途中の中断があったにせよ15年以上に及ぶ長期の交流によって生まれたインドネシアとアメリカの教育学者間の分厚い人的ネットワーク、インドネシアの教員養成大学の中に残されたアメリカ的な教員養成の概念、一見目立たない重要には見えない考え方や制度、習慣、そして人々の記憶の中に残るアメリカ人講師たちの印象や言葉が（例えば、札幌農学校クラーク博士の言葉のように）無意識の対米感情の基盤として果たした役割は、無視出来るほど小さななものであったと言えるだろうか。むしろ、第三者にとって、そこに見えるもの

はインドネシアの教育にくっきりと押されたアメリカ社会の刻印ではないだろうか。

2-7 まとめと考察

2-7-1 アメリカ政府とフォード財団——短期的成果と長期的効果

1945年から65年までのインドネシア政治の枠組みは、大まかに言えば、独立を目指すシャフリル政権の議会制民主主義による社会主義の政権から、多様な政党の合従連衡の不安定な議院内閣制時代、そしてそれを「失敗」と見なすスカルノによる実質的には権威主義の「指導される民主主義の時代」へと変化していった。その後、65年の9月30日事件を契機として、国軍とイスラム勢力による共産党勢力の打倒を経て、スハルトによる反共国軍支配と国家開発の時代へと逆転していった。アメリカとの関係で言えば、シャフリルの英米重視の時代から、次第に左傾化を始め、スカルノ末期には中国寄りが明確になり、1964～65年には対米関係の多くのチャネルが絶たれ、関係途絶の寸前まで関係は悪化した。

アメリカの対インドネシア（蘭領インド）外交を見ると、独立闘争期には、主として蘭領インドに詳しい国務省のスタッフがアメリカの代表を任じられ、その選考の基準はオランダ寄りの考えを持っているかどうかであった。マディウン事件で共和国が共産党蜂起を鎮圧したところから、アメリカ政府の共和国への認識は大きく転換し、欧州防衛のNATOの一員としてのオランダに配慮しつつも、新しく生まれた共和国をいかに西側に引きつけるかがアメリカの最重要戦略目標となっていったのである。

独立以降のインドネシアに対するアメリカ外交の目的はほぼ一貫していた。それは、アメリカの冷戦戦略の中で東南アジアの最大の重要国であるインドネシアを西側の一員、あるいは反共国家にどのようにしていくかという一点に集約されていた。しかしながら、独立闘争を闘ったインドネシア人には民族主義感情が強く、反植民地、反オランダ感情は独立闘争の過程でしばしばオランダの側に立ったアメリカへの反感に転化しており、またインドネシア共産党は非共産圏では世界最大であり、共産党に属さない急進左翼勢力も強かった。

アメリカ外交の主な手段は3つあった。第一は外交であり、特にスカルノ個人への働きかけを首脳の訪問外交などを通じて盛んに行った。アイゼンハワーは2回、ケネディは1回スカルノをワシントンに招いており、ダレス国

務長官もスカルノをジャカルタに訪ねている。アメリカ側は一貫してスカルノに共産主義の危険性を説き、西側につくことがいかにインドネシアの国益に適うかを説明した。他方、スカルノはインドネシア国民にとっては自由主義と共産主義の闘争より独立を維持することがはるかに重要であり、その民族主義感情をアメリカが理解しないことがアメリカ＝インドネシア関係の最大の問題であると訴えた。すれ違いは最後まで解消されることはなかった。

　第二の手段は経済、軍事援助であった。相互安全保障法に典型的に現れているように、それは西側につかせることを目的とする紐つき援助であった。しかし、援助を利用してインドネシアを西側につかせようとする試みはことごとく失敗した。相互安全保障法の規定を受け入れた最も親米であったスキマン政権はそれが理由で倒れてしまった。さらに、援助を受けたからといってインドネシア政府がアメリカの言いなりになることはなく、むしろソ連を援助競争に引き出してしまった。また、援助を受けながら親米政策をとらないことへのアメリカ議会の不満の声はインドネシアに一層激しい反米感情を引き起こしてしまったのである。

　第三の手段はアメリカ軍とインドネシア国軍の間の軍事訓練を通じた人事交流であった。アメリカ政府はインドネシア国軍将校のウェスト・ポイントでの訓練を受け入れてきており、また警察への援助も行っていた。約2800人の将校がアメリカで訓練を受けており、それは国軍将校全体の17～20％に相当し、陸軍総司令官のヤニ将軍など国軍の指導的立場にある将校の多くはアメリカで訓練を受けていたのである。この軍、警察との強い結びつきは後のスハルト軍事政権との深い関係につながっていく。

　第四の手段はCIAを使った秘密の内政干渉である。今日明白になっているのは、外島反乱への秘密の軍事的、資金的援助である。これは、国家分裂をねらった本格的な内政干渉であった[451]。この秘密作戦は失敗しただけでなく、非常に大きなマイナスをもたらした。一つには共産党勢力の反米プロパガンダに格好の材料を提供し、スカルノらの共和国首脳にアメリカの本心に対する深い疑心を植えつけ、テロ事件等が起こるたびにCIAの関与が疑われる結果となってしまった。フォード財団もまたCIAの手先という反米プロパガンダの餌食となって、活動に支障をきたす結果となってしまったのである。特に、CIAがアジア財団をはじめとする民間組織をカバーにした反共

---

[451] 資料が未公開で真相は不明であるが、1965年の9月30日事件とその後のインドネシア共産党抹殺にもCIAが関与した疑いが持たれている。

プロパガンダを行ったことから、アメリカの民間財団全体の国際的信用が失墜した。

　インドネシアを親米の反共政権に近づけるというアメリカ外交の目的から考えると、上記の手段を尽くしたにもかかわらず、1965年の時点ではアメリカ外交はほぼ完全に失敗していた。つまり、インドネシアの非同盟中立路線を変えようとしたアメリカの外交はほとんど効果はなかったのである。インドネシアは中立政策を転換するどころか、アメリカ外交に反発して、よりソ連、中国寄りに傾いていってしまったのである。

　この後、9月30日事件によってスカルノが失墜し、インドネシアは一転反共軍事国家へと逆転していった。このアメリカにとってはきわめて好ましい反共政権が長期安定した要因は国軍の政治独占による大衆の脱政治化と、経済安定をもたらした国家開発路線であったことは言うまでもない。両方が必要であったのである。フォード財団のインドネシアでの活動は国家開発を担うテクノクラートを養成した点で、初めからそれを意図していたわけではないが、後者にまさに直結していた。以上から、短期的な外交成果を上げようとした政策はことごとく失敗し、人材養成という形の開発協力が長期的に多大な効果を生んだと言うことが出来るであろう。このことは経済援助の分析において、それを外交のカードとしてのみ見る視点では不十分であることを示している。

　アメリカとアジア諸国の国際関係に関する研究では経済援助を外交手段として見る傾向を強く持っている。そこでは、援助の見返りに何を外交的得点として得たかという短期的外交成果に重点が置かれており、実際に技術協力でアメリカとアジア諸国の間でどのような交流が行われ、それがどのような影響をアジア諸国に長期的にもたらしたかという視点はほぼ欠如している。援助の決定までが分析対象となっており、その後に援助がどのようなプロセスで行われ、それがどのような効果を生んだかの視点が弱いのである。

　こうした長期的効果を生んだ技術協力プロジェクトはフォード財団のインドネシア大学経済学部支援が最も有名であるが、もちろんそれだけではなかった。ガードナーはフォード財団のプロジェクトが最も投資の見返りがあったとしているが、その他にもいくつかのプロジェクトを挙げている[452]。

452　Gardner, Paul, F., *Shared Hopes, Separate Fears: Fifty Years of U.S.-Indonesian Relations*, Westview Press, 1997, pp. 195–197.

一つはアメリカ政府開発援助の資金を得て、ケンタッキー大学がバンドゥン工科大学とボゴール農業大学に対して行った技術協力である。すでに検討してきたフォード財団の多くのプロジェクトと同様、このアメリカ政府プロジェクトでも多数のアメリカ人教授が両大学に客員教授として派遣され、両校から教員がケンタッキー大学をはじめとするアメリカの大学に留学した。バンドゥン工科大学といえば、スカルノが卒業したことで有名なインドネシア最高の理系大学であり、ボゴール農業大学も農業分野では最高学府とされているエリート校である。

ケンタッキー大学プロジェクトは約10年間継続し、アメリカから大量の教授が派遣され、従来の欧州型の大学からアメリカ型の大学へと学術文化が大きく変化したとされる。両大学からは、それぞれ240名と214名の教員がアメリカに留学し、うち38名が博士号、199名が他の資格を得た。これらのアメリカ留学組はスカルノ政権の国家開発において不可欠の高級技術者として活躍し、インドネシアにおける緑の革命などを実際に支える役割を果たしたのである。

こうした大学関係、知的エリートだけではなかった。軍関係についてはすでに述べたが、アメリカ政府の反乱支援にもかかわらず、国軍の親米的傾向が揺るがなかったのは、大使館つき武官であったジョージ・ベンソン大佐らのアメリカ軍関係者とヤニ将軍をはじめとするインドネシア国軍の幹部の間の密接な個人的関係によるところが大きいとされる。実際、ヤニはスマトラの反乱軍鎮圧のために詳しい地図のベンソンから借りているくらいである。ベンソンもまた反乱軍をアメリカ政府が秘密裏に支援しているとは知らなかったのである。

アメリカ政府のCIA介入や経済援助をちらつかせた外交はほとんど成果を生まなかった。そして、短期的にはその成果が見えなかった技術協力という名の社会と社会の関係作りが長期的には多大な影響力を発揮したのである。フォード財団の活動はその一つの、そして最大の事例であった。

２−７−２　影響力の手法——機会の獲得と拙速の間

ここでは、インドネシア政府の政治的傾向の変化とその中で必至に開発に関与する機会を捉えようとするフォード財団の関係を時期を区切りながら見ていきたい。そこには、当初の楽観的な見方から、ハリスの時代には明らかに拙速と思えるようなプロジェクトの立て方をし、最後にはインドネシア政

府の左傾化についていけず、ほぼ関与を放棄するというこの時期のフォード財団の行動パターンの変化が見えるからである。関与の機会を捉えるという影響力の手法と強制力を持たない民間フィランソロピーの影響力の限界がよく現れている。

　初めに、フォード財団がインドネシアでの活動を開始することを決定したブラウン゠アーノルド調査団訪問の1952年夏の時点を振り返ってみよう。独立後の最初の内閣であるハッタ政権（49/12〜50/8）からマシュミ党のナッシール政権（50/9〜51/3）、同じくスキマン政権（51/4〜52/2）、国民党のウィロポ政権（52/4〜53/6）は基本的に似た性格の政権であった。これらは一貫して行政官の政権であったのである。これらの政権では、独立達成後にハッタ、ナッシール、シャフリル、あるいはマシュミ党とインドネシア社会党を中心とした穏健勢力が共通に求めた革命からの正常化、治安の回復、強力で統合された効率的政府の樹立が基本的な政策目標であった。経済政策面では生産の回復と増加、開発の促進、財政安定の達成と維持が追求された。オランダを含む西側資本との妥協が図られ、資本逃避を回避し、新規投資を呼び込む政策がとられた。こうした経済政策は大枠において成功した。生産は回復しインフレは抑え込まれた。しかし、正常化政策の主要な部分である軍の合理化や公務員の削減は大きな抵抗に合い、成功出来なかっただけでなく、革命の報酬を得ようとした多くの人々の不満を買うこととなった。

　このマシュミ党゠インドネシア社会党路線、あるいはハッタ゠ナッシール゠シャフリル路線を萌芽的な国家開発体制と呼ぶとすると、それはしかし、インドやビルマと異なって政治的支持的基盤が脆弱であった。政治エリートたちは分裂しており、政府に政治的支持が集中していたわけではなかった。内閣は頻繁に倒れ、しかもスカルノ大統領がむしろこの路線に反対の立場を次第に鮮明にしていったのである。したがって、国家開発体制は萌芽に留まり、インドやビルマのような民主的な社会主義に基づく本格的な国家開発計画を打ち出すことは出来なかった。部分的に、シャフリル政権の47年に農業分野で5カ年改革が出された程度であった[453]。

　革命を収束し国家開発へとシフトしようとするこうした路線は当然ながら西側、特に国際開発機関と考え方が一致するものである。フォード財団がインドネシアでの活動開始を決めたときのインドネシア政府はこうした合理的

---

453 Feith, Herbert, *The Decline of Constitutional Democracy in Indonesia*, Cornell University Press, 1962, Chapter VII.

で、実務的な開発志向の政府であったのである。

次に、初代のインドネシア代表エルマー・スターチが着任した1953年6月から離任した1955年4月までを見てみよう。

ブラウン＝アーノルド調査団訪問のウィロポ政権の末期から、スカルノ大統領、インドネシア国民党、ナフダトゥール・ウラマ、インドネシア共産党の同盟が出来ていき、民主主義的で穏健な改革と経済開発の路線を進めるハッタ副大統領、マシュミ党、インドネシア社会党、キリスト教諸政党に対抗し、これらを政権から排除する方向へと動き始めた。最も鋭い政治対立は、共産党とマシュミ党＝社会党＝キリスト教諸政党の間にあった。この両極の中間にあった国民党、スカルノ大統領、ナフダトゥール・ウラマがマシュミ党らとのライバル関係から共産党に近づく構図が出来上がっていったのである。

スターチが代表を務めた時期はスカルノの巧みな誘導で出来上がった第1次アリ・サストロアミジョヨ政権（53/7～55/7）の時期と重なっている。この政権は議院内閣制のそれまでの全ての政権と著しく異なった性格を持っていた。第一に国民党とナフダトゥール・ウラマが中心となり、共産党の影響下にある弱小政党やその他の小規模なイスラム政党から大臣を出し、それまでずっと政権に加わっていた最大政党のマシュミ党が内閣から排除され、インドネシア社会党、キリスト教政党も排除されたのである。この結果、議会での優位を保つため政権は共産党に近づく傾向を持ってきた。第二に選出された大臣たちの半分は前政権以来の実務家が残ったが、残りの半分には、1945年後半にハッタとシャフリルが政権から遠ざけた革命の名士たちが復活したのである。彼らは皆、民族主義運動時代のスカルノの盟友たちであった。このようにして、政府の性格が民主的な開発実務政府から、後にスカルノによって高らかに歌い上げられる継続革命の政府へと変質を始めたのである。西イリアン解放、マレーシア対決という革命の継続と経済や民衆の福祉の軽視というインドネシアが50年代後半から60年代初めにかけて経験する時代の始まりであった。

第1次アリ・サストロアミジョヨ政権は政策的には前政権の政策をほぼ引き継いだのであるが、政策の実行の上で大きな権限を持つ大臣たちはしばしば前政権のような熱意と危機意識に欠けており、政策の実行は遅滞し、政府内部の規律や秩序は弛緩したのである[454]。行政学院の設置などのブラウン＝

---

[454] *Ibid.*, Chapter VIII.

アーノルドが注目したウィロポ政権時のいくつかの構想は、第1次アリ政権のときには、戦前の民族主義運動の闘士ではあるが実務経験のない大臣たちの下でいわば融解してしまった可能性が高い。例えば、フォード財団の活動にとって最も重要な教育大臣のポストは、戦前からの民族主義運動のイデオローグとしてスカルノに次ぐ名声を持つムハマッド・ヤミンに与えられたが、彼に近代的政府の中で官僚機構を経営する実務家能力がどの程度あるかは考慮されなかったのである。第1次アリ政権では、こうした「些末な」政府業務は軽視されがちで、バンドゥン会議のような派手な政治的パフォーマンスが人々の目を引くようになっていった。

スターチが代表を務めた時期にはインドネシア政権の性格がフォード財団の活動の開始決定時期とは大きく異なっていたのである。インドネシアにおけるフォード財団の活動は政府における実務家型実力者の存在によってほぼ命運が決まってしまうという特徴を示している。これを政治的に言い換えれば、マシュミ党、インドネシア社会党、キリスト教諸政党の人間か、あるいはこれら諸政党のシンパの非政党人が大臣などの地位にあるかどうかが決定的に重要であった。中でも知識の創造と普及をミッションにするフォード財団にとっては、知識人層に最も支持が多く、かつ政府官僚からも広範な支持を集めていたインドネシア社会党系知識人が最も重要なパートナーであった。スターチの時期にフォード財団の活動が低調であったのは、こうした政治的背景もあったのである。

最後に、ハリスが着任した1955年4月（第1次アリ・サストロアミジョヨ政権）から指導される民主主義の時代が始まる1957年初めまでの、議会制民主主義の時代の後期を見てみよう。

第1次アリ政権の間にジャワでは共産党が急速に勢力を拡大した。1954年初めから1955年末の2年間に、党員数は16万人強から100万人に増大し、アジア最大の共産党に成長した。共産党の勢力拡大の背景には農村部での積極的な社会福祉事業があった。フォード財団がインドネシア政府の農村開発事業の支援に異例とも思える力を入れたのは、こうした背景もあったのではないだろうか。そして、そうした努力にもかかわらず、結局インドネシア政府のコミュニティ開発プログラムがうまく立ち上がらなかったのは、農村開発が政党による農民の支持獲得競争の手段と化し、政府が効果的に介入出来なかったことを意味している。ハリスの拙速とも思えるプロジェクト形成の努力は左傾化していく政治情勢を反映したいわば焦りに似たものがあったの

ではないだろうか。

　次のマシュミ党のブルハヌディン・ハラハップ政権（55/8～56/3）は55年9月に史上最初の総選挙を実施し、国民党、マシュミ党、ナフダトゥール・ウラマ、共産党の4大政党が明確となり、インドネシア社会党とキリスト教政党の没落が浮き彫りとなった。また、ジャワ島以外では改革派イスラムであるマシュミ党が圧倒的強さを見せ、共産党の強いジャワ島とイスラム勢力の強い外島の対立構図が明確となったのである。ここから、1956年末の外島反乱への道が始まっていった。アイゼンハワー政権は外島の分離独立を軍事支援する秘密作戦を実施したが、反乱は国軍によって比較的短期間に鎮圧されていった。外島反乱への関与の罪を問われ、親米派政党であったマシュミ党、インドネシア社会党、キリスト教諸政党は1960年代前半にはスカルノによって禁止されていってしまうのである。

　しかしながら、ブルハヌディン政権は選挙結果を内閣に反映させなかったため、弱小政党となってしまった社会党からスミトロ・ジョヨハディクスモが入閣し、財務大臣を務めていた。スミトロはすでに1951年という早い段階でフォード財団に接触し、彼が学部長を務めるインドネシア大学経済学部への支援を要請していた。しかし、第1次アリ政権ではインドネシア社会党は内閣から排除されており、それもあってかこの案件はお蔵入りとなっていたのである。ハリスは5月の着任早々スミトロ経済学部長に会い、他のプロジェクトと同様迅速に話を進めていった。そして、カリフォルニア大学バークレイ校との協力プロジェクトをまとめ、1956年12月にはインドネシア政府との合意にこぎ着けている。8月にブルハヌディン内閣の財務大臣に返り咲いたスミトロの力が大きかったことは言うまでもないだろう。しかし、翌年3月に内閣は瓦解し、スミトロ自身は外島反乱に加わってスマトラへ脱出してしまうのである。

　次節で詳しく扱うが、バークレイ・マフィアと呼ばれるスハルト政権のテクノクラートの養成につながったこのプロジェクトは、わずか8カ月間のブルハヌディン政権で社会党が政府に復帰した機会をハリスとフォード財団が逃さずに、きわめて迅速に対応出来たことによって実現したと言える。2カ月遅れていたらインドネシア政府内部でフォード財団支援を受ける合意形成はきわめて困難になっており、その後スミトロは逃亡生活に入ってしまうわけであり、機会は二度と訪れなかっただろう。つまり、ハリスの猛烈な早さはこの場合には民間財団の柔軟性を生かした適切な行動であり、拙速ではな

かったのである。

　以上の説明から、フォード財団がいかに急速に変化し、しかも全体として財団にとって悪化していく政治情勢の中で必死に開発に関与する機会を獲得しようとしていたかが理解出来る。しかも、コミュニティ開発は完全に失敗し、また中等教育教員養成への関与もある意味で中途半端に終わった。この過程でのハリスとフォード財団はまさに拙速であると批判されている。他方で、初期の助成である英語教育と技術教育への支援は成功と見なされる成果を上げ、また次節で扱うインドネシア大学経済学部支援はフォード財団の代表的成功例として語り継がれることとなっている。機会獲得と拙速の差、つまり成功と失敗を分けたものは何だったのだろうか。

　成功したプロジェクトに共通しているのは、フォード財団がインドネシアで活動を開始する以前から、いわばインドネシア側から出されていた援助案件であったことである。英語教育支援、技術教育支援、経済学部支援はいずれも1950年代のごく初期にインドネシア政府の側からアメリカ側に援助要請があった案件である。他方、失敗したコミュニティ開発と中等教育教員養成はどちらかと言うとフォード財団の側がインドネシアのニーズとして「発見」し、政府に認知させようと仕掛けた傾向が強い。ここでいう成功とはプロジェクトが当初設定された目的をどこまで達成したかの客観的評価ではない。また、目的設定をも含めてインドネシアにとって、本質的に良かったかどうかという判断でもない。あくまでも、インドネシア政府によって主体的に継続されたかどうかという、いわばプロジェクトとしての成功である。

　ここから分かることは、成功したと見なされるプロジェクトはインドネシア政府側にそのニーズを強く認識し、継続的に実行していこうとする勢力があり、そこに一定の人材が集まっていたことである。逆に言えば、仮に社会的にはニーズがあったとしても、そのニーズを埋めようとする一定の人々や人材が存在しないとき、それを短期間で作っていくことは外部の援助機関にはきわめて困難であるということである。例えば、コミュニティ開発では海外視察や留学などの刺激を何度も与えたが、結局はインドネシア政府内部でコミュニティ開発を継続的に進めていくための人材のクリティカル・マスが形成されなかった。

　さらにこれを敷衍すれば、結局のところ開発を進めるのはインドネシア政府やインドネシアの人々であり、外部援助機関にはそれを助長することは出来ても、基礎のないところに無理に作り上げていくことは出来ないというこ

とが言えるだろう。つまり、バークレイ・マフィアを作り上げたのは、巷間言われるようにフォード財団ではなく、スミトロとバークレイ・マフィアと呼ばれる経済テクノクラート自身であり、インドネシア社会党系の知識人たちであったのである。確かに、フォード財団の助成がなければバークレイ・マフィアが存在しなかったかもしれないが、それ以上の助成をしながらほとんど何も生み出さなかったコミュニティ開発もあるのである。民間フィランソロピーは確かに、大きな力を持ちうるが、それはやはり促進作用であってゼロから何かを生み出す創造的作業ではないのである。

第3節 「指導される民主主義」の時代（1958～1965年）と新秩序体制への伏線

　本節では、二人目の代表のミシェル・ハリスが赴任した1955年以降、彼によって構想、開始されたプロジェクトを中心にフォード財団の活動を見ていく。左傾化するスカルノに権力が集中し、実質的な権威主義体制であった「指導される民主主義」の時代にフォード財団とそのプロジェクトがどのような立場に置かれ、財団がどのように行動したかを検討していく。この時期、フォード財団とインドネシア政府との間に距離が出来ていき助成活動が困難になっていった。最終的には1965年の9月30日事件を契機に事務所を閉鎖して数年間活動を中止するに至ったのである。

3－1　左傾化するスカルノのインドネシアとアメリカとの関係悪化
外島反乱の失敗によるマシュミ党、インドネシア社会党の衰退と共産党の躍進

　1957年4月、スカルノは非政党人のジュアンダ・カルタウィジャヤを首班とする実務内閣を指名する。ジュアンダはスカルノとの関係をうまく保ち、この時代にも生き残っていた数少ない実務家知識人であった。この時期のフォード財団にとってはジュアンダが唯一の頼れる人物であった。この時期スカルノの周辺にはムルバ党のタン・マラカの支持者たちが接近しており、学生活動家でスカルノ、ハッタに独立宣言を迫った一人であるハエル・サレーが退役軍人大臣として入閣し、また同様に学生活動家出身で後に職業外交官となったスバンドリオがイギリス、ソ連大使から外相に昇格し、この時期のスカルノの側近として大きな影響力を持つことになる。

1957年5月に41の職能集団からなる国民評議会が設立された。共産党を含むほとんどの政党は職能集団を通じて間接的に国民評議会に代表を持っていたが、マシュミ党とカトリック党だけは除外されていた。スカルノが議長であったが、実質は指導される民主主義のイデオローグであった国民党のルスラン・アブドゥルガニが副議長として仕切っていた。

　この頃から共産党の知識人の中での支持獲得が進んでいく。1956年10月、作家のプラムディア・アナンタ・トゥールが北京を訪問して中国の強い影響を受け、帰国後は共産党の芸術・作家組織である人民文化協会（Lembaga Kebudayaan Rakyat）の主導的立場に立ち、同協会の活動は目覚ましい発展を遂げる。戒厳令の下でナスティオンは汚職の追及を始め、1957年5月にはインドネシア社会党のスミトロが選挙資金調達にからむ汚職の容疑で国軍の査問を受け、これに耐えきれずスマトラへ逃亡することになる。

　1957年の後半、地方の評議会選挙が行われ共産党が勝利を収めた。ジャワにおける共産党の得票率は55年総選挙より高い37.2％で、新たな支持者の多くは国民党からの転向であった。7月の中部、東部ジャワの選挙結果は共産党34％、ナフダトゥール・ウラマ29％、国民党26％、マシュミ党11％であった。西ジャワでは相変わらずマシュミ党が第一党であったが、第二党は国民党から共産党に取って代わられた[455]。

　1957年9月、10月に外島反乱の首謀者であるシンボロン大佐、プルメスタ反乱のサムアル大佐、元陸軍副参謀総長のルビス大佐がスマトラで会合を開き反乱活動の調整を図った。彼らは、3つの反乱の目的を共通に掲げた。第一は共産党寄りのスカルノ大統領を放逐するための大統領選挙の実施、第二はナスティオンと軍中央のスタッフの更迭、第三は共産党の非合法化であった。

　1958年2月15日、スマトラに反乱政府、インドネシア共和国革命政府（Pemerintah Revolusioner Republik Indonesia: PRRI）の樹立が宣言され、西スマトラのブキティンギに首都が置かれた。首相はシャフルディン、内閣にはマシュミ党のナッシール、ブルハヌディン・ハラハップ、社会党のスミトロ、

---

[455]　このときの共産党のジャワの地方選挙での躍進が、アイゼンハワー政権のジャワ島は共産主義者の手に落ちつつあるという誤った認識につながり、ジャワを捨てて反共の外島を分離させるという外島反乱支援への決断につながった（Kahin, Audrey and Kahin, George McTurnan, *Subversion as Foreign Policy: The Secret Eisenhower and Dulles Debacle in Indonesia*, University of Washington Press, 1995, pp. 89–91）。

そして反乱軍のシンボロンが加わった。このPRRIの反乱にはアメリカの秘密支援が行われていた。

外遊から戻ったスカルノは反乱軍の徹底的な鎮圧を主張し、ジュアンダ首相、ナスティオン、国民党、共産党もこれを支持したが、ハッタ、ジャカルタのマシュミ党、社会党の指導者は交渉による解決を主張した。社会党の非公式の同盟者であったスルタン・ハメンクブウォノ9世は交渉を支持し、1958年6月の改造内閣への入閣を拒否した。

アメリカは反乱軍に物資を供給したが、3月17日にはPRRI軍はメダンを失い、その1カ月後にはパダン、5月5日には首都ブキティンギを失い、後背地に逃れてゲリラ戦に転じた。一方の北スラウェシでは5月中旬にゴロンタロ、6月下旬にはメナドが政府軍に制圧されここでも反乱軍はゲリラ戦に転じざるを得なくなった。最終的に反乱軍が投降するのはさらに3年後であるが、1958年半ばにはすでにPRRI反乱は終息に向かっていた。

5月18日にアンボンを空爆中のB26が撃墜され、操縦していた民間アメリカ人パイロットが捕虜になる事件が起こった。その2日後、ダレス国務長官は介入を非難する声明を発表し、ジャカルタとの関係改善のシグナルを送った。このアメリカのPRRI反乱支援はインドネシア＝アメリカ関係を悪化させることとなった。

民主主義の擁護者の立場をとるマシュミ党と社会党は1959年に予定されていた議会選挙が共産党の勝利になることを恐れて総選挙の延期を要求した。国民党とナフダトゥール・ウラマもこれに賛成し、総選挙は延期された。議会ではどのような憲政をとるのかをめぐって政争が繰り広げられ、結局いかなる妥協案も見出されなかった。そこで、ナスティオンは1958年7月に45年憲法への復帰[456]を提案した。ナスティオンは1958年9月突然、反乱を支持した全地域でマシュミ党、社会党、キリスト教徒党を禁止した。

59年6月2日の憲法評議会での評決は賛成56％で改憲に必要な3分の2を得られず否決された。このためナスティオンはスカルノの大統領令による45年憲法復帰を企て、1959年7月5日にスカルノは議会を解散し、大統領

---

[456] この体制では、強い権限を持った大統領があまり頻繁には開かれない最高国民協議会（Majelis Permusyawaratan Rakyat: MPR）に責任を負い、また下院としての国民議会（Dewan Perwakilan Rakyat）の承認を受ける。軍の参加の方法をめぐって多くの議論がなされたが、ナスティオンは議会に議席を持たず、したがって政党の干渉を受けずに、しかし政府の全てのレベルに職能集団として直接参加することを望んだ。

令によって45年憲法への復帰を宣言した。

　7月9日には新しい実務内閣が組織され、スカルノ自身が首相となり、ジュアンダが第一首相とされた。レイメナ、ハエルル・サレー、スバンドリオの前内閣の主要閣僚はそのまま新内閣でも重要閣僚となった。スカルノは指導される民主主義のイデオロギーを政治マニフェスト（Manifesto Politik: Manipol）として1959年の独立記念日に演説し、またこれに1960年初めに45年憲法、インドネシア的社会主義、指導される民主主義、指導される経済、インドネシア人のアイデンティティ（Undang-undang dasar 1945、Sosialisme ala Indonesia、Demokrasi terpimpin、Ekonomi terpimpin、Kepribadian Indonesia: USDEK）からなる新たなイデオロギーをつけ加えて、これによってManipol-USDEKが国家イデオロギーとされた。この国家イデオロギーは政府、教育のあらゆる現場で導入が強制されたが、親マシュミ、親社会党の新聞の編集者はこれを拒否し、これらの新聞は発禁処分となった。

　社会党とマシュミ党は指導される民主主義への最後の抵抗を試みていた。1960年3月両党は予算案に反対し、スカルノは予算案を大統領令で承認するとともに議会を解散した。スカルノはゴトンロヨン（相互扶助）国会（Dewan Perwakilan Rakyat-Gotong Royong）を新たに創設することを宣言したが、これに対抗して社会党、マシュミ党などはハッタと軍の指導者の一部の支援を得ながら民主主義リーグ（Liga Demokorasi）を結成した。6月に外遊から戻ったスカルノは早速ゴトンロヨン（相互扶助）国会を設立し、283名の議員を任命したが社会党、マシュミ党からは1名も指名されなかった。共産党はさまざまな形でこの評議会の17〜25％を占めていた。また、スカルノは616名からなる暫定最高国民議会を任命したが、その副議長はアイディットであった。共産党は全ての政府機関に代表を持つようになっていたが、マシュミ党と社会党は完全に除外された。そして、遂に1960年8月両党は長年にわたる両党幹部のスカルノとの対立、指導される民主主義への反対、および外島反乱への関与により禁止されたのである。

　スカルノはイリアンジャヤ問題をめぐってオランダと断交し、イリアン奪取作戦のために必要な武器を求めてソ連に接近した。スカルノの側近にはムルバ党系の知識人たちがいた。1961年には各地の反乱軍は投降し、反乱の指導者たちはジャカルタに戻った。スカルノは強硬で、1962年1月に彼らを逮捕すると同時に、反乱には直接参加していなかったシャフリルらの両党系の知識人たちもあわせて逮捕した。彼らは新秩序体制の1966年まで裁判

もなしに拘禁され続けたのである。

　アメリカはロバート・ケネディ司法長官の仲介でオランダに対してイリアン問題で協議するよう圧力をかけ、1962年8月15日イリアン問題の解決が達成された。アメリカはさらにインドネシアの左傾化阻止に乗り出し、1962年11月IMFの専門家がジャカルタを訪問して経済改革案を提示した。63年5月には戒厳令が解除され、アメリカからの二国間援助とIMFの融資がもたらされた。

　しかし、スカルノは次にはマレーシア対決政策（Konfrontasi）に乗り出していった。アメリカはマレーシアとインドネシアの両方と友好関係を保つことを放棄し、経済改革も挫折してしまった。インドネシアはますます反米外交に進んでいった。共産党のアイディットは1963年9月にソ連、中国の訪問から帰国すると、初めて公式にインドネシア共産党を親中国、反ソ連に方向づけた。1963年末共産党は1959～60年の土地改革法の実施に向けた一方的行動を開始した。共産党は敬虔なイスラム教徒か国民党支持者が多い地主、役人、軍将校、また特に東ジャワではナフダトゥール・ウラマ支持のサントリと激しく衝突した。アバンガンである共産党支持者とサントリ層の間のコミュナルな暴力が頻発した。

　1964年10月16日中国は初めての核実験に成功し、この核技術をインドネシアに提供することを提案した。3月にはジャカルタの中国銀行の資産をインドネシア政府に提供することを約束し、11月には実施された。ジャカルタ北京同盟が強化されつつあった。

　北京との同盟が強化される中で、マレーシアが国連安保理非常任理事国となったことを不服としてインドネシアは国連を脱退する。共産党はアダム・マリクとハエル・サレーの二人のムルバ党系側近を排除することを要求するが、スカルノは彼らを地位にとどめた。経済はほとんど崩壊寸前であった。4月にはアメリカの平和部隊が国外退去となり、インドネシア＝アメリカ関係は最悪の状態になっていた。4月には周恩来が訪問し、5月31日にはスカルノは周恩来から民衆の武装のための援助の提案があったことを明らかにし、国軍に提案の検討を指示する。

　1965年8月、スカルノはIMF、インターポール、世界銀行など残されていた西側世界とのチャンネルを断ち、独立記念日にはスカルノは反帝国主義のジャカルタ・プノンペン・ハノイ・北京・ピョンヤンの枢軸を宣言する。9月16～19日、空軍のオマル・ダニ司令官はスカルノの命令で極秘に北京

を訪れて、小火器の中国からの提供についての相談を行った。

　こうした緊張状態の中で、全てを一夜にして変えることになる9月30日の夜から10月1日にかけての準備不十分のクーデターが行われる。いわゆる、9月30日事件である。アメリカの関与はほぼ間違いないとも言われるが、この時期の前後の資料は公開されておらず、詳細は今日まで明らかにされていない。

　戦略予備軍司令官であったスハルトはヤニをはじめとする上級将校が行方不明のため、軍の指揮権を一時的に掌握し事件の調査を開始する。10月1日午後4時、スカルノが陸軍の指揮権を自ら掌握すると告げたが、スハルトはこれを完全に無視し、午後9時にはラジオで6名の将軍が誘拐され彼が軍を掌握していること、9.30運動を壊滅させスカルノを擁護することを放送する。アイディットはジョグジャカルタに逃げ、オマル・ダニはマディウンに逃げた。こうしてたちまちのうちに9.30運動はジャカルタでは終息し、地方での同調する動きもすぐに鎮圧された。

　このときから翌年にかけて、ジャワの各地で共産党員、またそのシンパの大虐殺が軍とナフダトゥール・ウラマ支持者によって行われ共産党は壊滅する。死者の数は50万人とも言われる。それとともに軍を掌握したスハルトが権力を掌握し、スカルノに代わって大統領に就任する道が開かれたのである。

3-2　インドネシア大学、ガジャマダ大学、ノメンセン大学の経済学支援

　インドネシアの三大学の経済学部支援は1950年代のフォード財団の最も重要な活動である。支援の対象となったのは首都ジャカルタにある国内最大の国立インドネシア大学、古都ジョグジャカルタにある共和国最古の国立ガジャマダ大学、それにスマトラのキリスト教系私立大学ノメンセン大学の三大学である。インドネシア大学はオランダ領時代の高等教育機関を共和国が受け継いで出来た大学であり[457]、インドネシア政府官僚を養成する最高学府である。フォード財団がカリフォルニア大学バークレイ校とともに支援したインドネシア大学経済学部からは、スハルトの新秩序体制における国家開発

---

[457]　オランダ領東インド時代には、1920年にバンドゥンに工科大学、1924年にジャカルタ（当時はバタヴィア）に法律学校、1927年に同じくジャカルタに医学校が作られた。多くの独立運動の指導者たちはこれらの出身である。独立後、これらは国立インドネシア大学の一部となった。

を支えた主要な経済テクノクラートが多数輩出し、バークレイ・マフィアと呼ばれた。他方で、ガジャマダ大学経済学部はインドネシア大学経済学部と比べれば派手ではないが、各地方政府の官僚に多くの卒業生を送り、また農村経済学の分野では独自の地位を確保した。スマトラのバタック族によるルター派のミッションスクールであるノメンセン大学への助成はアメリカのルター派評議会が教会支援の一環として援助していたのを、経済学部支援として引き継いだものである。スマトラへの数少ない援助であり、興味深い面もあるが、上記国立2校と比べると関与の規模も小さく、またその後の影響力も小さいので本書では割愛する。

　インドネシア大学とガジャマダ大学という第1位、2位の大学の経済学部を相当な基礎から作り上げたという意味でインドネシアの経済学、経済官僚、開発テクノクラートの「生産」はほぼフォード財団が一手に行ったといっても過言でなく、スハルト政権の開発体制の最も重要な部分の形成に深く関わったのである。

　1950年代末から1960年代前半にかけて、フォード財団はある意味でインドネシア政府のメインストリームからは疎外されたと言うべきであろう。経済学支援が経験した困難はフォード財団の政治的傘であった政治勢力の退勢とパラレルである。しかし、フォード財団は基本的姿勢を変えることはなかった。それだからこそ1965年9月30日事件を契機に政治情勢が180度急展開した後には、フォード財団はインドネシア政府のメインストリームと密接な関係を持つ地位を確保することになったのである。

3－2－1　ウィスコンシン大学によるガジャマダ大学経済学部支援

　ガジャマダ大学は独立闘争が闘われていた1946年に創設されたインドネシア共和国としては一番古い大学であり、ジャワ文化の故郷とも言うべきジョグジャカルタにある。ジョグジャカルタはオランダの第2次警察行動とそれに続く武力闘争の時代には一時的に共和国の首都が移されたため、インドネシア共和国と民族主義運動の故地でもあった。ジャワにはジョグジャカルタと近くのスラカルタ（ソロ）の2つの王家があるが、ジョグジャカルタ王家のスルタンであるハメンクブウォノ9世は共和国の側に立ち、共和国政府の閣僚を何度も務めるなど広く国民に敬愛された人物であった。ジャカルタのインドネシア大学がオランダ領東インドの高等教育機関を引き継いで大学となったため、当初多くのオランダ人教官がいたのに対して、最初からイ

ンドネシアの大学である点を誇りにしていた。しかし逆に、ゼロから出発した大学であるだけに教官不足などの面でインドネシア大学に比べて多くの課題を抱えていたのである。

● ガジャマダ大学への初期の援助

1955年4月に着任したハリスはガジャマダ大学を何度か訪問し、最初にサルジト学長の要請を受けて1955年12月に4000ドルの学術定期刊行物購読費用を助成した。すでに、ガジャマダ大学は1954年度に8374名の学生がおり55年度は約1万人を予想していた。それに対して図書館には約1万冊の図書しかなく、最新の学術知識を得る手段を欠いていたのである[458]。この定期刊行物助成がガジャマダ大学への助成の最初である。

● 経済学部長のアメリカ訪問

この過程でハリスは同大学経済学部長のクルタヌガラと知己となる。すでにインドネシア大学経済学部支援プロジェクトを開始していたハリスは当然ガジャマダ大学でも同様の支援を考えていた。経済学部の専任講師はクルタヌガラの他に7名しかおらず、その他は非常勤講師で何とかするしかなかったが、学生は約900名おりその数は増えつつあった。そのため、大人数講義の上、カリキュラム上のみで実際に行われない講義がたくさんあり、経済学部は実際上機能していないに等しい状況であった[459]。

ハリスはクルタヌガラと相談して、経済学部の実質的な創設に取り組むこととなった。基本的な手法は他の学校創設事例と同じである。アメリカ人を中心とする外国人講師を数年間にわたって派遣し、カリキュラム等の教授内容を整備すると同時に、若い卒業生や教官をアメリカの大学に留学させる。帰国した留学生とアメリカ人講師と入れ替えるという手法である。基本的にはアメリカの大学における教授内容とそのインフラの移植であるが、インドネシアの実情や個別の事情に合わせた適用も常に考慮されていた。

ハリスはクルタヌガラに、まずアメリカの大学の経済学部をいくつか訪問し、ガジャマダ大学として望ましい相手を探すフェローシップを提供した。クルタヌガラは1956年4月23日から約6週間にわたってアメリカを訪問し、カリフォルニア大学バークレイ校、スタンフォード、ジョーンズ・ホプキン

---

[458] Letter from Michael Harris to Kenneth Iverson, November 25, 1955, PA56-338, FFA.
[459] Letter from Michael Harris to F. F. Hill, January 31, 1957, PA57-343, FFA.

ス、シラキュース、コーネル大学を訪問して経済学部関係者と懇談を重ねた。さらに、約3週間をかけてハーグ、パリ、ローマ、ラングーンを訪問して帰国した。アメリカが中心ではあるが、欧州の大学の経済学部視察も行ったのである[460]。

帰国後のハリスとの話し合いで浮上したのは訪問はしなかったが関係者と話し合いがなされたイェール大学である。イェール側にインドネシアに関する強い関心があった。経済地理学者のペルザーや経済学者のトゥリフィンがインドネシアに関する研究を行っており、また経済学部のスタッフは強力であった。ハリスは経済学科長のロイド・レイノルズをジョグジャカルタに派遣して、ガジャマダ大学と協力協定の可能性を協議するする手配をした[461]。

1956年12月26日の理事会で、43万ドルのプロジェクト予算が認められた。内容はアメリカ人講師派遣費、インドネシア人講師の留学フェローシップ、機材図書費に加えて、ハリスが特に期待したアメリカ人講師の指導による経済社会研究の研究費である。

● 真剣に問われなかった当初の疑問

レイノルズの出発にあたって、ヒル副理事長はいくつかの質問をハリスに送っている。これら質問のいくつかは最終的に16年間に及ぶガジャマダ大学経済学部支援を通じて真剣に問われることなく、またしたがって答えられることのなかった問いである。第一の質問はガジャマダ大学の経済学部はインドネシア大学のそれを単に真似るものとなるのか、あるいはインドネシア大学が政府セクターを中心にするのに対して、ガジャマダ大学は民間セクターをというような役割分担が考えられるのかどうかである。第二はインドネシア大学と比較して、経済政策や経済活動の主流からも遠いことによる不利がある。研究者として見たときに、イェール大学にとってガジャマダ大学との提携の魅力は低くなるのではないかと指摘した。第三はクルタヌガラが滞米中に示した経営学や商学への強い関心である。ガジャマダ大学経済学部ではどの程度経営学に重点が置かれるのかである。第四にハリスの強い要望で加えられた経済研究の部分である。ヒルは伝えられる情報から見ると、ガジャマダ大学経済学部のスタッフに意味ある研究活動を実施する能力がある

---

460 Kertanegara, "Report on Visit to American Universities," August 18, 1956, PA57-343, FFA.
461 Letter from Michael Harris to F. F. Hill, November 8, 1956, PA57-343, FFA.

のかどうか疑問を呈した[462]。第五にハリスの提案する2年間で果たして経済学部支援が十分であるかどうかである。事実は、9月30日事件前後の政治混乱で空白期間があったにせよ16年に及ぶ長期間助成が繰り返されたのである。

　状況はそうした本質的問題を問い、さまざまな可能性を比較検討する調査を許さなかった。ヒルは状況が許す範囲で決定的な結論を得ることをレイノルズとハリスに頼るしかないと述べている。クルタヌガラは900名の学生に対して8名の専任講師しかいない経済学部にアメリカ人講師が新学期から派遣されることをとにかく必要としていた。ハリスはハリスでインドネシア側との間で合意が出来たこの瞬間を逃したくなかった。フォード財団とガジャマダ大学評議員会、教育省、国家計画局で出来上がっているはずの合意がいつ曖昧になり、反故にされるかまったく分からないからである。関係者はヒルが指摘したような問題の存在を十分に承知していた。しかし、とにかく皆急いでいたのである。

● イェール大学からウィスコンシン大学への交代
　レイノルズもガジャマダ大学経済学部のニーズを正確に把握することは出来なかった。彼は3～4名のアメリカ人講師を派遣して、協力を通じて次第にニーズを明らかにしていくしか方法はないと判断した。それでも明確になったのは、アメリカ人講師はその多くの時間を900名の学部学生の講義、指導に費やす必要があること、そしてプロジェクトは相当長期に及ぶこと、初年度に海外留学可能な人材は5名だけで、経済学部には大学院生が14名しかおらず、彼らの指導を兼ねてのアメリカ人講師の経済、社会研究の実施はあまり見込みがないことなどである。ガジャマダ大学でのこうした仕事内容には、レイノルズが当初想定していたアメリカ人経済学者は不適切であった[463]。

　1957年4月になって、イェール大学はガジャマダ大学との協力プロジェクトは実施出来ないと通告した。アメリカ人講師宿舎の手当など必要なインドネシア政府の支援体制が確実でないという理由を挙げていた[464]。責任を感じたレイノルズはウィスコンシン大学を紹介し、フォード財団はウィスコ

462　Letter from F. F. Hill to Michael Harris, December 19, 1956, PA57-343, FFA.
463　Letter from Michael Harris to F. F. Hill, January 31, 1957, PA57-343, FFA.
464　Letter from Michael Harris to F. F. Hill, April 27, 1957, PA57-343, FFA.

ンシン大学に絞って交渉を行った。幸い5月には同大学経済学部教授のエドウィン・アーノルドの賛意を得て、同大学評議員会の了承をとりつけることに成功した。同大学のリード・トゥリップ教授がウィスコンシン大学チームを率いることとなった[465]。

● ウィスコンシン大学による経済学部支援の開始

　1957年9月から当初2年間の計画で始まったウィスコンシン大学とガジャマダ大学の経済学部協力プロジェクトの滑り出しはきわめて順調であった。宿舎問題で若干の問題は生じたが、ウィスコンシン大学チームが少し辛抱することで解決し、何よりも同チームはガジャマダ大学や周辺コミュニティと非常によい関係を築くことに成功したのである[466]。

　しかし、ウィスコンシン大学チームの仕事のほうは非常にゆっくりとしか進まなかった。イェール大学のレイノルズが予想したように、ウィスコンシン大学チームは次第に問題点を明らかにしつつあった。カリキュラムは講師がいるかどうかで作られた整合性のないものであり、残された1年半の時間で教授内容の質を一定程度まで引き上げなければ、何か実質的なカリキュラム改善を考えることは不可能であった。アメリカへの留学にしても、ガジャマダ大学の修士号ではアメリカの大学の博士課程に進むのは無理で2年間をきっちりとかけて修士号を取り直す必要があるとも述べている。非常に基礎的な部分の構築が必要であり、当初考えていたような優秀な経済学者を生産する経済学部に育てるには、相当の時間がかかりそうだということが次第に明瞭になってきたのである。

　他方で、プロジェクトのもう一つの要素であった経済、社会研究については、1958年2月に遅れてチームに合流した著名な経済研究者ハロルド・グスリーによってインドネシアの観光産業と熟練労働者の研究として実施され、どちらもインドネシア国内の学術雑誌に発表された[467]。しかしながら、グスリーを除いた教授たちは研究に時間を割くことが困難で主として900名の学部学生の講義、指導に追われていた。当初は図書の不足などで非効率で

---

[465] Letter from F. F. Hill to Edwin Young, May 8, 1957 and letter from Edwin Young to F. F. Hill, May 14, 1957, PA57-343, FFA.

[466] Letter from Harrison Parker to John Provinse, December 242, 1957 and letter from Michael Harris to John Provinse, March 5, 1958, PA57-343, FFA.

[467] Letter from Michael Harris to Wayne Fredericks, July 13, 1959, and letter from Michael Harris to Wayne Fredericks, January 22, 1960, PA57-343, FFA.

あったが、プロジェクトで購入した本が届くようになると、次第にアメリカ人講師たちの講義も順調に回り出すようになっていった。経済学部も基本的にオランダ式、あるいは欧州大陸部の教授方法をとっていたが、ウィスコンシン大学チームはアメリカ式を押しつけるのではなく、適切な部分を取り入れてインドネシアのやり方を作ることが正しいという認識で動いていた[468]。

● 政治情勢の不安定化

　この頃から次第に治安の問題と政治情勢の不安定化が始まってきていた。1958年1月25〜26日にジャカルタのフォード財団事務所でハリスは各プロジェクトの代表を集めて緊急会議を開いた。スマトラの共和国革命政府の反乱が激しさを増し、スミトロ・インドネシア大学経済学部長がこれに加わってスマトラに逃げるなど、フォード財団プロジェクト関係者をも巻き込んで大きな政治変動が起こりつつあった。スマトラや北スラウェシの反乱にはアメリカ政府が秘密裏に支援を与えており、それが露見することで反米感情が一つのピークを迎えていた。会議ではどのチーム代表も治安に問題はなく、プロジェクトを継続すべきという合意が出来ていた[469]。ジョグジャカルタのウィスコンシン大学チームも同様であった。スルタンのお膝元であるジョグジャカルタは特に治安が良かったのである。

　もう一つの波はガジャマダ大学内部での波であった。クルタヌガラ学部長が更迭されるという噂が広まったことである。ジャカルタ事務所の代表代理のマクヴィッカーはスジャトモコに噂の真相を調査するよう依頼した。スジャトモコはスルタンを密かに訪ねた。スルタンによるとクルタヌガラは親米派すぎるという批判があり、更迭すべきという意見が一部にあるのは事実とのことであった。スルタンはこの評価には不賛成であり、かつこうした批判でクルタヌガラが失職する可能性は低く、仮に危険性が高くなったら彼に中国かソ連を訪問させればそれで済む話だと答えた[470]。クルタヌガラ学部長は結局無事であったが、彼への親米派批判はその後に起こったより大きな事件の前兆であったのである。

　スジャトモコとスルタンに頼ったというこの例も典型的に、フォード財団

---

[468] Edwin Young, "The University of Wisconsin-Gadjah Mada University Project," November, 1959, PA57-343, FFA.
[469] Letter from F. F Hill to Edwin Fred, March 7, 1958, PA57-343, FFA.
[470] Letter from Charles McVicker to George Gant, May 4, 1960, PA57-343, FFA.

がインドネシア社会党系知識人やそのシンパを深く信頼し、彼らの政治的傘の下でプロジェクトを動かしていたことを物語っている。フォード財団ジャカルタ事務所は政治的な問題が起こるたびに、彼らの誰かに政治的問題の解決方法を相談していたのである。しかし、反米感情の高まり、スカルノ大統領の親ソ連、親中国の姿勢は急速に強まっていき、政府の中心に共産主義者に近い左派が登用され、フォード財団にとって状況はどんどん悪化していった。

● 2年間の延長プロジェクト

　1959年9月から2年間の延長プロジェクトが開始された。当初2年間の延長であるが、基本的には1963年までの4年間の延長をガジャマダ大学側は希望し、フォード財団も原則合意していた。フォード財団は2年間の延長のために61万ドルの助成を決定した[471]。第2期にはウィスコンシン大学チームは7人に拡充され、代表はセオドア・モルガンとなった。第1期と第2期の計4年間で26名がガジャマダ大学からアメリカの大学に留学したが、1961年9月までにうち9名が帰国し、1年間アメリカ人講師の下で助手を務めた後、正式の講師となっていった。一見すると順調に進みつつあるプロジェクトであるが、実際にはウィスコンシン・チーム周辺の人間関係は大きく変化しつつあった。モルガン自身の言葉によれば、多くのインドネシア人講師がアメリカ留学中で実質的に経済学部講師のほとんどがアメリカ人になっている状況の中で、学部政策をアメリカ人講師が独占し、大学の政策への干渉主義的な傾向が強く出てきた。当初の2年間の友好的な協力関係が薄れてきたのである。アメリカ側に慣れが出てくると、ジョグジャカルタは落ち着いてはいるが変化の少ない保守的な土地柄であり、講師たちに緊張感が失われ、倦怠感が漂いモラルを維持するのが困難になっていった[472]。

　こうしたアメリカ人講師たちの士気停滞の背景には1960年初めにスカルノが打ち出した新しい国家イデオロギーの教育現場への強制的導入への反発と諦めがあったと思われる。これは、45年憲法、インドネシア的社会主義、指導される民主主義、指導される経済、インドネシア人アイデンティティの

---

[471] Request for Grant Action, Request No. OD-551G, June 15, 1959, PA59-399, FFA.
[472] Edward Werner, "Report of the University of Wisconsin Gadjah Mada University Project at Jogjakarta, Indonesia, covering the Period July 1, 1959-June 30, 1961," November, 1961, PA59-399, FFA.

5項目原則からそのインドネシア語の頭文字をとってManipol-USDEK[473]と言われるものである。政治的シンボル操作、レトリックの政治、民族主義感情を動員するインドネシアの固有性への過度の強調など、アメリカ人たちに理解困難なスカルノ晩期の政治が現れ、それらが結局のところはインドネシア共産党へのスカルノの政治的依存と民主主義的要素の破壊による全体主義への道であると彼らには認識されていたからである。アメリカ人経済学者たちは拙速な社会主義経済化を志向する政策には批判的であったが、それ以上に批判を口に出来ない言論抑圧的な状況が彼らの士気を低下させていた。

● プロジェクト更新をめぐる交渉

　1959、60年を通じて、フォード財団と関係者、すなわちクルタヌガラ学部長、教育省、ウィスコンシン大学とのプロジェクト改善のための話し合いモニタリングが行われていた[474]。こうした下相談を受けて1960年10月4日にウィスコンシン大学でフォード財団側からガント国際部長、ハリス、マクヴィッカーの3名、大学側からヤング、トゥリップ、ガスリーらの最初の派遣教授、ウェルナーらの第2期派遣教授が集まって、プロジェクトの今後に関する会議が持たれた。会議の冒頭でハリスはガジャマダ大学プロジェクトの円滑な実施に障害となるような急激な変化は予想されないと述べている[475]。

　ウィスコンシン大学の経済学部支援プロジェクトが更新されないかもしれないというニュースがもたらされたのは1961年1月のことで、ジョグジャカルタを訪れたハリスに対してサルジト学長から報告された。しかし、そのときにはすでにプロジェクトの1963年までの2年間の延長に関して両大学間の合意、またフォード財団と教育省の間の合意もほぼ出来上がっていた。合意書の草案作成も最終段階に入っており、ハリスもプリヨノ教育大臣から直接口頭でプロジェクトは成果を生んでおり一層の援助を要請すると言明されていた。

473　Undang-undang dasar 1945, Sosialisme ala Indonesia, Demokrasi terpimpin, Ekonomi terpimpin, Kepribadian Indonesia: USDEK.
474　Memorandum from John Blumgart to Files, May 4, 1959, Memorandum from Frank Miller to Files, March 7, 1960, letter from Charles McVicker to Frank Miller, May 19, 1960, and letter from Michael Harris to Charles McVicker, August 31, 1960, PA59-399, FFA.
475　Elizabeth Tarkow, "Ford Foundation Conference, September 19 and 20th, 1960," October 4, 1960, PA59-399, FFA.

この突然の政府方針の180度転換は後に判明したことであるが、スカルノ大統領が直接に指示していたのである。ハリスによれば、ソロのチョクロアミノト大学の開校式で、教育省が雇用してガジャマダ大学経済学部で教えていたドイツ人教授ストックが行った1時間のスピーチに端を発していた。ストックはスカルノを含む聴衆の前でケインズ主義経済政策がインドネシアに適していると述べ、インドネシア政府の経済政策の失敗を指摘し、彼の信ずる経済政策を主張したのである。これを聞いたスカルノは激怒し、ストックがガジャマダ大学経済学部で教えていることを聞いて彼がウィスコンシン大学チームの一員だと思い込んだのではないかとしている[476]。真偽のほどは判然としないが、教育省の側ではウィスコンシン大学チームのメンバーが講義でインドネシア政府の経済政策を批判したとも主張している。さらに、ガジャマダ大学が政府の政策に批判的であるという風評も立っており、サルジト学長とその右腕のノトヌゴロ教授を辞任に追い込もうという動きもあった[477]。ハリスはウィスコンシン大学チームに確認調査を行い、同大学チームに関しては政府を批判した事実はまったくないとインドネシア政府との交渉で主張することとなる。

● プリヨノ教育大臣による更新拒否

　正面に立ってウィスコンシン大学プロジェクトの更新を拒否したのはプリヨノ教育大臣であった。大臣の強硬な反対にあってサルジト学長は更新を諦めかけていた。ハリスはしかし、直接プリヨノと対決するのではなく、影響力を持つインドネシア政府部内の人々にこの問題を投げかけて彼らの反応を見る戦術をとった。

　プリヨノの公の場での主張はこの頃過激化しており、インドネシアの大学で社会科学を外国人が教えるのを禁止する、あるいは中立政策を維持するために西側、実質的にはアメリカであるが、一辺倒を改め、同数の東側諸国の教授を受け入れるなどと主張していた。他の政府関係者との交渉の中でハリスはプリヨノが彼との会談の中でウィスコンシン大学を批判していないこと、またウィスコンシン大学との合意事項にはインドネシア政府が問題であると判断すればその教官の罷免、あるいはプロジェクトの中止を通告出来るにもかかわらず、そうした行動に出ていないことを指摘し、それは教育省が

---

[476] Memorandum from Michael Harris to Files, March 23, 1961, PA59-399, FFA.
[477] Letter from Michael Harris to George Gant, February 8, 1961, PA59-399, FFA.

そうした事実の証拠を提出出来ないからであることを強く臭わせた。つまりは、ウィスコンシン大学をスケープ・ゴートにして何か別の政治的目的を達成しようとしていると間接的に主張したのである。さらに、事前相談なしにほとんど出来上がっていた合意を正確な事実認定も行わず一方的に破棄するのは不誠実であり、インドネシア政府がこのような態度をとる限り、フォード財団がインドネシアで助成活動を継続する信頼基盤が揺るぐとも主張した。いわば、フォード財団のインドネシアでの活動全体の停止を仄めかして交渉圧力をかけたのである。

● 問題の構図を示すエピソード

　この交渉の過程で問題全体の構図をよく示している面白いエピソードが残されている。インドネシア国民党のリベラル派と思われるジョコストノとの雑談について、ジャカルタ事務所のダニエル・レヴがメモを残している[478]。ジョコストノは国民評議会で教育問題の委員会の議長を務めており、プリヨノが大きな政策を実施する際にはジョコストノの了解が必要であった。同委員会ではすでにこの高等教育における西側外国人講師問題が話し合われており、アメリカで教育を受けたジョコストノは委員会で共産党代表と激しく議論していた。彼はソ連から教師を呼ぶとして言語はどうするのかと共産党代表に質問していた。インドネシア語か英語以外には講義は無理であると主張したのである。彼自身は、アメリカの学問からインドネシアが学ぶことは十分可能であるとし、特に経済学でも厚生経済学や社会科学の手法はアメリカからしか学べないとしている。彼はインドネシア大学についてはまったく問題ないが、ガジャマダ大学は心配であり、もし延長が出来ないと経済学部の運営は不可能になるだろうと憂慮していた。同学部の学生はすでに1700名に達しており、アメリカ人講師抜きでは運営が不可能であった。

　スカルノの側にフォード財団プロジェクトに関する誤解があると知ったジョコストノは、レヴに対して、すぐにハリスがスカルノに会って誤解を解くことを勧めた。そして、フォード財団はインドネシア社会党＝マシュミ党系の知識人との過度に親密な関係によって苦労しており、ルスラン・アブドゥルガニらのインドネシア国民党系知識人に接近するよう全力を尽くすべきだと示唆したのである。ルスランはManipol-USDEKを実質的にスピーチ

---

[478] Memorandum from Daniel S. Lev to Michael Harris, February 23, 1961, PA59-399, FFA.

ライトした国民党随一のイデオローグである。つまり、インドネシア政治においてこの頃急速にインドネシア社会党=マシュミ党系の知識人が影響力を失いつつあり、彼らを頼りにフォード財団が助成活動を実施し続けることは基本的に困難であり、国民党系知識人に乗り換えろと示唆されたのである。

● ハワード大使の態度

　もう一つの面白いエピソードはハリスと副代表のミラーとハワード駐インドネシア米大使との面談である[479]。ハワードは事前にプリヨノ発言の件でICA代表とともにジュアンダ第1首相と会談していた。ハワード大使はウィスコンシン大学プロジェクトを諦めて、しかし他のプロジェクトは継続することで妥協するよう強く勧めた。ハワードはスカルノの訪米を控えてアメリカインドネシア関係が悪化することを恐れており、アメリカ外交政策の利益のためにはウィスコンシン大学プロジェクトの中止がいかに理不尽であっても切れと要求したのである。

　ハワードの要求に対してハリスはジュアンダと話す予定になっているとかわしたが、激しく反発したのは、直後にハリスを引き継いで代表となったミラーであった。彼はインドネシア政府がフォード財団との信義を傷つけるような行動をとれば、フォード財団が今後も長くインドネシアで活動を続けていく信頼基盤が失われると主張した。これに対して、ハワードはフォード財団の目的は長く活動を続けることではなく、インドネシアにおいて共産主義と闘う雰囲気を醸成するというアメリカの目的に適った影響力を行使することであると反論した。ミラーはそれはアメリカ政府の目的であって、フォード財団の目的ではないと主張した。大使は激怒し、ジャカルタ事務所ではなくフォード財団本部のしかるべき人間と話すと暗に仄めかしたのである。大使は別用で退室しなければならなかったが、廊下を二人と一緒に歩きながらも同じ主張を繰り返し、建物を出る二人を追いかけてきて、くれぐれもジュアンダとの交渉では「ソフトにいけ」と念を押したのである。この面談の後、ハリスはニューヨーク本部にハワード大使は目先の政治的目的に囚われており、まったく役に立たないし、フォード財団の立場に理解を示そうとしないと書いている[480]。

---

[479] Memorandum from Frank Miller to Files, March 10, 1961, and March 21, 1961, PA59-399, FFA.
[480] Letter from Michael Harris to George Gant, April 13, 1961, PA59-399, FFA.

● ジュアンダに調整を依頼する方針を堅持

　ハリスはジョコストノの進言はとらなかった。スカルノに直訴することはしなかったし、また国民党系知識人に仲介を依頼することもしなかった。これまでと同じように、マリア・ウルファ・サントソ首相府長官を通じて、ジュアンダ第1首相に面談を申し入れたのである。つまり、ジョコストノの言うインドネシア社会党＝マシュミ党系の知識人に問題解決を依頼したのである。この2つのエピソードはハワードの言うアメリカ外交目的と対照的な、ある理想の実現を目的とするリベラル組織としてのフォード財団の本質を示す点である。ハワードは変化するインドネシア政治情勢を見て、スカルノにいわば媚びても歓心を買い共産主義勢力に対抗しようとしていた。その目的の前にはガジャマダ大学経済学部が立ち行かなくなること、さらに極論すれば、インドネシアがどうなろうとどうでもよいことであった。しかし、ハリスにとっては彼らが考えるインドネシアのあるべき未来像が最も重要だったのである。その観点からはガジャマダ大学に出来つつあるアメリカの基準で満足出来る経済学部を中途で放棄は出来ないし、また理解不能のレトリックを操るルスラン・アブドゥルガニらの国民党系知識人は信頼出来るパートナーではなかったのである。

　1961年3月23日にハリスはジュアンダ第1首相とマリア・ウルファ首相府長官と会談した[481]。ジュアンダはまずガジャマダ大学経済学部プロジェクトの停止はスカルノ大統領によってすでに決定されていると述べた。ジュアンダもインドネシアの社会主義教義に反するような経済理論や経済教義を外国人が教えるべきでないという決定には賛成であると述べる。ジュアンダはアメリカ人がアメリカの経験とニーズから得られたアメリカで適用可能な諸理論を教えることはごく論理的なことだと述べ、加えて、アメリカ人講師たちにはアメリカの経済システムを誇りに思う権利があり、また彼らがインドネシアの諸問題に対する一つの解決策としてアメリカの教義を広めようとするのも理解出来るところであるとする。彼らに別のことをしろというのは期待過剰であるとも述べた。しかし、インドネシア政府が社会主義システムを確立しようとする以上、それに反対するシステムを広めようとする講義を受け入れることは出来ないと主張した。しかし、このことはインドネシア政府には欧米から学ぶものがないとか、西側資本主義システムがどのように運営

---

[481]　Memorandum from Michael Harris to Files, March 23, 1961, PA59-399, FFA.

されているかを知る必要がないということではない。ジュアンダは特別に選ばれた大学院生が西側経済システムをアメリカやその他の資本主義諸国で勉強することは、むしろ望ましいことであるとも述べた。しかし、それは感じやすい若い学部学生にインドネシア政府がインドネシアのためには拒否した経済システムを教えることとは別のことであると述べたのである。また、この経済学講義問題が過激な対米批判言説の源となっており、その根を絶つ意味でも必要だとも述べた。

　ハリスはこれまでの教育省との交渉の経緯、またウィスコンシン大学チームがインドネシア政府の政策を批判したという認識は誤解であることなどを詳しく説明し、教育省のフォード財団に対する交渉態度はあまりにも思慮のない乱暴なものであり、財団の使命に関する理解に欠け、その従来の地位をおとしめるものであると主張し、プリヨノ教育大臣の言動を批判した。

　ジュアンダはスカルノと彼がプロジェクト停止の決定をした際には、ハリスが述べたような交渉経緯について知らされておらず、またいくつかの点は誤って報告されていると認めた。そして、この交渉がより適切な方法で成されるべきであったとし、その点での政府の対応のまずさを謝罪した。彼は3月25日からのスカルノのカリマンタン訪問に同行する際にこの件を再度スカルノに持ち出してみることを約したが、楽観は出来ないと述べた。

　さらに、プリヨノはもはやこの件の担当者ではなく、イワ・クスマスマントが新設される高等教育・学術省大臣に近日中に任命されるので、イワの任命を待って話してみるように勧めた。さらに、彼は全ての経済学講義が停止される必要はなく、会計学、統計学、経営学などは続けることは可能ではないかと述べた。ジュアンダは当初計画の63年までプロジェクトを継続する可能性、また技術的科目に限って継続を認める可能性の両方をスカルノに相談してみると約束した。

　マリア・ウルファはフォード財団もウィスコンシン大学も次の赴任予定教授と契約をしてしまったのではないかと会談中何度も配慮を示した。ハリスは実際、継続して残る人々には通知済みであるし、すでに新しい教授の採用も終わっており、きわめて困惑した状況にあると述べた。ジュアンダはいずれにせよスカルノに相談すると会談を締めくくったのである。

　ジュアンダとの会談を終えてハリスは本部に次のように連絡している[482]。

---

[482]　Letter from Michael Harris to George Gant, March 23, 1961, PA59-399, FFA.

ジュアンダがきわめて丁重で同情的であったこと、しかし、彼の発言のポイントはこの決定は悲しむべき出来事であるが、フォード財団が経済学を除いて経営学等に絞らない限り、決定を覆すために出来ることはほとんどないという点であるとしている。ハリスはその場ではこの妥協提案にあえて反応をせず、本部の意向を待つこととしたと述べている。そして、彼個人の考えとしてはインドネシア政府がフォード財団の意思を尊重することを保障し、かつ満足のいく活動関係を成立させない限り、フォード財団は全面的にインドネシアから撤退すべきとしていた。彼は本部の意向を文書で知らせるよう依頼している。ハリスは簡単に妥協する気はなかった。

● イワ高等教育相とミラー新代表の決定

　この窮地を救ったのはフォード財団の誰にも意外なことにイワ高等教育相であった。イワはバンドゥンの国立パジャジャラン大学学長から大臣になったが、元来はオランダからモスクワに学び、ロシア人女性と結婚した民族主義運動の闘士であり、インドネシア共産党とは一線を画したが、ムルバ党に参加しており第1次アリ・サストロアミジョヨ内閣の国防省を務めていた[483]。当時すでに62歳の高齢であり、過去の経歴からハリスらはあまりフォード財団に好意的な判断をすることを期待していなかった。

　5月3日の会見でイワはあっさりプリヨノの意見に反対であると述べた。大学の高学年の学生は社会主義システムに加えて、外国の経済システムを学ぶべきだと考えると述べた。ハリスらがウィスコンシン大学プロジェクトに対して早急に決定を下して欲しいと要請すると、彼はクルタヌガラを5月8日にジャカルタに呼んで話を聞き10日には結論をミラーに伝えると述べた。

　この5月3日のイワとの面談を最後にハリスがジャカルタを離れた。ミラーが正式に代表職を引き継いだ。ジャカルタを訪れたクルタヌガラはイワからプロジェクト開始を了承する手紙を受け取った。ただし、アメリカ人講師は4名に限られ、経済理論を教えることは除かれた。実質的にジュアンダが語った妥協案と同じ内容であった。ミラーはこれをあっさりと受諾した。ハリスが残っていたら、ミラーほど容易に妥協案を受け入れたかどうかは分からない。

　ミラーは、とにかくプロジェクトを継続することが大事だと考えていた。

---

[483]　イワ・クスマ・スマントリ著、後藤乾一訳『インドネシア民族主義の源流——イワ・クスマ・スマントリ自伝』早稲田大学出版部、1975年。

継続していれば、状況は好転するかもしれないし、またウィスコンシン大学チームから頻繁に電話での問い合わせが入っていた。イワは大統領が自ら承認した前任者の決定を覆したのであるから、これは評価すべきであるとミラーは述べている。大統領の不在をいいことに自ら決定を下してしまえるのは長い政治生活を持つイワでなければ出来ないことであるとも述べている。事の経緯をジュアンダに報告したところ安堵した様子であったとも記している[484]。こうして、61年の緊張した数カ月は、ある意味で呆気ない結末を迎えたのである。この事件はその結果よりも、その過程で露呈したフォード財団とインドネシア要人やアメリカ大使との関係が興味深い。

こうしてフォード財団は1961年8月に55万ドルの助成を行い、さらに1963年8月には10万ドルの追加助成を行った。後者はインドネシア人のアメリカ留学フェローシップに限った追加助成である[485]。最終的には1958年から1967年の10年間の間にガジャマダ大学経済学部から43名がフォード財団のフェローシップを受けてアメリカの大学に留学した。そのうち34名が修士号を取得し、さらにその中から3名が博士号を取得した。

● 1973年の内部評価

1973年にフォード財団の内部評価が行われている[486]。最初の助成要請があった1956年には、経済学部にはクルタヌガラ学部長以外には1名の講師しかいなかった。そこで学部をほぼゼロから実質的に作り上げる手法として、アメリカ人講師の派遣とインドネシア人のアメリカ留学、やがて帰国者がアメリカ人講師と交替して、外国人講師がフェーズ・アウトするという当時一般的な方法が用いられた。その結果、1973年当時には46名のフルタイムの教授陣、26名のパートタイム教師がおり、フルタイムの教授陣の全員がプロジェクトでアメリカの大学に留学した人々であるとしている。その意味では、まさにこの手法によって経済学部が出来上がったのであった。

しかし、評価者は手放しで成功とは言えないと述べている。ガジャマダ大学経済学部が教育と研究の両面において強いとは言えなかったからである。アメリカの大学の修士レベルの教育では、インドネシア経済をどのように扱

---

484 Letter from Frank Miller to Charles McVicker, June 27, 1961, PA59-399, FFA.
485 The Ford Foundation Program Action, No. 61-317A and No. 61-317, PA61-317, FFA.
486 Memorandum from W. A. Shaffer to Guillaume de Spoelberch, September 20, 1973, PA61-317, FFA.

うかの訓練を留学生に与えていないと批判している。博士号を得た3名については こうした問題は見られないことから、2年間の修士課程では不十分であることが明らかであるとしている。今後2～3年以内に博士号取得者が9名に増える予定であり、そのときに初めて当初の目的が達成される可能性があると述べている。また、フォード財団は経済学部に4つの講座寄付を行いつつあり、大学も独自に企業等からの寄付講座の可能性を探っていると指摘する。

その後ガジャマダ大学経済学部はインドネシア大学と並ぶ経済学教育の中心となった。農業経済分野で特徴を持ち、卒業生には地方公務員になるものが多い。中央政府の官僚の養成機関であるインドネシア大学とは異なった特徴を持った経済学部となっているのである。

3－2－2　カリフォルニア大学バークレイ校によるインドネシア大学経済学部支援

本項では、フォード財団のインドネシア関連の助成プロジェクトで後に最も大きな政治的影響を与えることとなったカリフォルニア大学バークレイ校とインドネシア大学経済学部の経済学協力プロジェクトを検討する[487]。

● 失敗したスミトロからの最初のコンタクト

プロジェクトの最初のコンタクトは1951年8月のポール・ホフマン理事長のアジア出張に遡る[488]。ホフマンは帰路立ち寄った香港でECAの東アジアプロジェクト部門副部長であったシャンノン・マックーンと会う。そのときにマックーンからインドネシア大学経済学部の人材養成への助成打診を受けたことから、同大学とカリフォルニア大学バークレイ校の協力プロジェクト実現までの長い過程が始まった[489]。

インドネシア経済学の状況についてマックーンはインドネシア全国で経済

---

[487] 本項は、基本的に、牧田、修士論文第4章第4節に基づいている。
[488] この出張にについては、すでに触れたが、フォード財団の国際活動の重点が欧州、中東、インド、東南アジア特にインドネシアに置かれることになった重要な政策決定のための海外出張であった。この出張のときにホフマンはインドでFrank Grahamと会い、そこで東南アジア、特にインドネシアの重要性について認識を深めた（Letter to Donald K. David from Paul Hoffman, Sep. 5, 1951. PA56-190, Ford Foundation Archives）。
[489] Letter to Paul Hoffman from Shannon McCune, Nov.28, 1951. PA56-190, Ford Foundation Archives.

学の博士号取得者の数は10名程度であり、この数はワシントンのアメリカ政府でインドネシア経済問題を扱っている博士号取得者の数よりも少ないと述べ、インドネシア人経済学専門家の極端な不足を指摘している。ECAの見積もりとして2人のアメリカ人教授を1年間派遣、同じく6人の8カ月の派遣、インドネシア人へのフェローシップを含むアメリカ教育機関側でのバックアップ活動を内容としたプロジェクトを想定した場合、派遣米人教授の給料、旅費、生活費として1年間で20万ドルという要請金額を算出している。インドネシア側のコストの一部はECAの予算からの支出も可能だが、出来れば一切アメリカ政府の紐つきでない、アメリカ政府がまったく関わらないプロジェクトとすることが望ましいとされている。

　このマックーンの提案を受けたホフマンの対応は迅速であった。マックーンのメモの日付は8月18日であるが、8月22日にはハーヴァード大学経営大学院のドナルド・デイヴィッド学部長宛にインドネシア大学と提携して経済学支援を行わないかと持ちかける手紙を書いている[490]。ホフマンの期待に反して、ハーヴァード大学側の反応は必ずしも積極的とは言えなかった。

　一方、ECAのインドネシア支部のチーフ、フリッツ・クレマーが10月4日付けの電報で、インドネシア大学経済学部長スミトロ・ジョヨハディクスモから正式の要請文を受け取ったと伝えている。スミトロによるとすでにインドネシア大学学長の了解を得ており、同学部の教授陣の不足を補うためインドネシア人教授陣の数が揃うまでの2〜3年の間、フォード財団の支援で経済学者を派遣して欲しいという要請であった[491]。同学部には750名の学生に対して22名の教授しかおらず、うち5名だけがフルタイムであり他は政府、企業からの非常勤講師であるとしている。

　1952年の12月にはホフマンに代わって理事長代行をしていたヘンリー・フォード2世がホフマンの解任を決意し1953年2月にそれが公にされる。おそらく、こうした混乱の中でホフマン自身が主導してきたこのプロジェクトは推進役を失い、彼の辞任とともにいわば立ち消えになってしまったのではないかと想像される。この立ち消えになった案件が、1954年になって再びスミトロとフォード財団の間で復活する。

490　Letter to Donald K. David from Paul Hoffman, Aug.22, 1951. PA56-190, Ford Foundation Archives.
491　Telegram to Paul Hoffman from Fritz Craemer, Oct.4, 1951. PA56-190, Ford Foundation Archives.

● 3年後、スミトロからの再度のアプローチ

　助成ファイルに残された、交渉再開後の最初の記録はインドネシア代表エルマー・スターチとスミトロの交渉に関するものである[492]。スミトロは、1954年11月にスターチにプロポーザルを送っている。内容はインドネシア大学経済学部に付属した経済社会科学研究所（Institute of Economic and Social Science Research）の行う研究プロジェクトにアメリカ人経済学者が参加して共同研究を行うと同時に、インドネシア人研究者に研究訓練を施すという趣旨である。1951年の秋にスミトロがフォード財団に示したプロポーザルと本質的に同じものであった[493]。

　インドネシアに赴任する前の1955年3月にハリスはカリフォルニア大学バークレイ校を訪問して、政治学部教授であり同大学国際関係局局長のトーマス・ブライスデル、経済学科教授ジョン・コンドリフ、東アジア研究所長、歴史学科教授ウッドブリッジ・ビンガムに会い、スミトロ提案について相談している[494]。ビンガムとブライスデルはフォード財団の助成でインドネシア大学に事前調査にいくことを希望し、その年の8月にこの訪問が実現することになる[495]。

　ジャカルタに着任すると、ハリスは海外活動局（FOA）のインドネシア事

---

[492] スターチは1898年生れ、1926年にミネソタ大学で農業経済学の学士号を得ており、後には（1932～1933年）ハーヴァード大学でも学んでいる。スターチは1953年6月1日から1955年の4月15日までフォード財団のジャカルタ代表を務め、フォード財団を離れた後にはワシントンの国際協力庁（International Cooperation Administration）に移っている。スターチがフォード財団以前にどのような職にあったかは不明だが、その後のキャリアを見ると、農業関係の国際援助の専門家であった可能性が高い。彼もまた、国際援助に関わる知識人の一人であったと思われる。

[493] Letter to Cleon Swayzee from Clarence E. Thurber, Jan.19, 1955. PA56-190, Ford Foundation Archives.

[494] Letter to Kenneth R. Iverson and John B. Howard from Michael Harris, Apr.11, 1955. PA56-190, Ford Foundation Archives.

[495] 1954年6月にビンガムは、カリフォルニア大学の東南アジア研究、特にインドネシア研究の強化のための助成申請をフォード財団に対して行っていた。フォード財団側は、同大学の国際研究が再編される過程にあったこと、ビンガムとブライスデルがインドネシアなどの東南アジアを訪問して状況視察すべきであることを理由として、この助成打診をペンディングとしていた。このときのフォード財団助成による二人のインドネシア訪問は、カリフォルニア大学の東南アジア研究強化に関連するもので、ブライスデルはインドネシアの他にも東南アジア各国を6カ月間にわたって歴訪している。フォード財団がスミトロ提案をカリフォルニア大学に持ち込んだのは、こうしたカリフォルニア大学側に提案に積極的に対応することを予想させる背景があったためであろうと想像される。また、カリフォルニア大学側でもスミトロ提案を渡りに舟としてフォード財団からの助成を引き出そうとしたと考えられる（Memorandum to Don K. Price from John B. Howard, Aug.31, 1955. PA56-190, Ford Foundation Archives.）。

務所スタッフ、ジャカルタ滞在中のコーネル大学のジョージ・ケイヒン[496]、スミトロと矢継ぎ早に会って、カリフォルニア大学とインドネシア大学の共同プロジェクトをまとめていく。フォード財団の返事を待ちきれずに、スミトロはインドネシア大学経済学部とアメリカの大学か研究機関との姉妹校提携のプロジェクトへの助成をロックフェラー財団とFOAにも持ちかけていた[497]。

　ハリスの観察するところ、FOAは、興味は持っているが、フォード財団が共同助成に加わらない場合に限ってFOAの予備資金を投入するという姿勢であった[498]。ハリスはスミトロ提案のうち、インドネシア大学経済学部とアメリカの大学が姉妹校提携してアメリカ側から教授を派遣する企画はロックフェラー財団に任せて、もう一つのインドネシア大学付属経済社会科学研究所の行う研究プロジェクトにアメリカ人経済学者が参加する企画のほうへフォード財団が助成する方向で交渉を進めていくことになる。

　ハリスは1951年にアメリカ政府代表としてインドネシアを訪問しており、そのとき以来スミトロとは4年間の付き合いがあった。ハリスはスミトロを非常に高く評価しており、スミトロの意向をなるべく忠実に実現しようと努力したことは彼がニューヨーク本部に書き送った多くの手紙に明らかである。スミトロがフォード財団代表となったハリスと再会したのは第1次アリ・サストロアミジョヨ内閣の時期であり、彼は政府を離れて大学に比較的専念出来る状況にあった。カリフォルニア大学の二人が訪れた8月にはブルハヌディン内閣で再び財務大臣に返り咲くが、ブルハヌディン内閣自体が翌1956年3月には崩壊するという不安定な政治状況が続いていた[499]。1955年総選挙での敗北で著しく凋落したとはいえ、それでも一定の政治勢力を維持していたインドネシア社会党の幹部の一人であったスミトロがこの時代特有の激しい主導権争いが続く政党政治の渦中にあったことは言うまでもない。

496　フォード財団が助成したコーネル大学現代インドネシアプロジェクトで、ケイヒンはジャカルタに滞在していた。ケイヒンは単に助成対象者であったばかりでなく、信頼出来るインドネシア専門家としてフォード財団スタッフからしばしば相談を受けて、アドバイスをしていた一つの例がここにも見られる。
497　Letter to John B. Howard from Michael Harris, Apr.16, 1955. PA56-190, Ford Foundation Archives.
498　Ibid.
499　スミトロは、ウィロポ内閣（1952年4月から1953年6月）で財務大臣、第1次アリ・サストロアミジョヨ内閣（1953年7月から1955年7月）では下野、ブルハヌディン内閣（1955年8月から1956年3月）で再び、財務大臣に就任。

● カリフォルニア大学の調査団

　カリフォルニア大学としては医学部、工学部、行政学・行政官トレーニングのほうが大きなプロジェクトであり、主要な関心はそちらに向いていた。スミトロの提案したインドネシア経済研究への参加と研究訓練については、経済学科が2派に分かれての内紛で学科長さえ置けない状況[500]であり、現実にインドネシアに派遣出来る教授スタッフが十分にいない、インドネシア人学生を受け入れて教える教授スタッフがいない状況で大学理事会としては長期にコミットすることは希望していなかった[501]。フォード財団の打診に応じたのは、むしろバークレイ校の東南アジア研究強化に対するフォード財団の助成への期待から出発し、その足がかりとしてインドネシア大学経済学部、あるいは付属経済社会科学研究所とのつながりを作ろうという一部の教授の意図であったように思われる[502]。いずれにせよ、カリフォルニア大学の側には、後にバークレイ・マフィアと呼ばれたインドネシアの中核的経済テクノクラートの養成という意識はまったくなかったことは確かである。

　8月にインドネシアを訪問の後他の東南アジア諸国を回っていたブライスデルと新たにカリフォルニアからやってきたテイラーとレパウスキーは、12月にスミトロをはじめインドネシア大学関係者、国家計画庁長官ジュアンダ、教育大臣スワンディなどと会談した。カリフォルニア大学とインドネシア大学との間の協定の原案はこのときに作られた。

● 助成決定とプロジェクト運営に関するハリスの主張

　フォード財団理事会の執行委員会は1955年12月8日に、インドネシア大学社会経済研究所とカリフォルニア大学のインドネシアに関する教育と研究の発展を支援する目的で約40万ドルの助成を決定した[503]。この助成は海外開

---

[500] Letter to Kenneth R. Iverson and John B. Howard from Michael Harris, Apr.11, 1955. PA56-190, Ford Foundation Archives.
[501] Letter to John B. Howard from Michael Harris, Dec.27, 1955. PA56-190, Ford Foundation Archives.
[502] 後にジョン・ハワードはハリスへの手紙の中で、アメリカで信頼にたる経済学科とインドネシアへの関心の両方を持っている大学は、コーネル大学とカリフォルニア大学、さらに可能性としてイェール大学しかないと述べて、コーネル大学がロックフェラー財団の他のプロジェクトで手一杯な状況では、カリフォルニア大学がほとんど唯一の可能性であると述べている（Letter to Michael Harris from John B. Howard, Jan.17, 1956. PA56-190, Ford Foundation Archives）。
[503] Docket Excerpt on International Programs, International Training and Research, "Development of Training and Research on Indonesia", Dec.8, 1955. PA56-190, Ford Foundation Archives.

発プログラムではなく、国際教育と研究プログラムによって行われた。

この交渉の過程で、フォード財団の積極的関与についてジャカルタのハリスとニューヨークのハワードの間で意見の対立が見られた。ハワードが両大学の役割を強調し、プロジェクトの目的と両大学のそれぞれの役割を自ら決めるべきだとしたのに対し、ハリスはそれに賛成しないと述べている。ハリスはこの協力プロジェクトはフォード財団のプロジェクトであると自分は考えるし、インドネシア側もそう見ており、成否はフォード財団のインドネシアでの評判に反映されると主張している。両大学が主要な当事者であることは認めるものの、フォード財団もまた当事者であると述べる。そして、自分はインドネシアではプロジェクトの構想と運営にアメリカ国内プロジェクト以上の責任を負う必要があると結論づけている[504]。ニューヨーク州立大学の教員養成教育大学への支援の事例で問題となったように、ハリスの立場は代表によるプロジェクトのコントロールであり、本部としばしば衝突していた。

● プロジェクトの内容

フォード財団が約40万ドルの助成を決めてから半年後、10万ドルの追加助成を決定して直後の1956年7月1日にインドネシア政府、インドネシア大学、カリフォルニア大学の間の合意が調印される。こうして、インドネシア大学とカリフォルニア大学の協力プロジェクトが開始された。協力プロジェクトの具体的内容は以下のようなものである。

第1年度（1956～1957年）
　A．インドネシア大学へのアメリカ人経済学者の派遣
　　Leonard A. Doyle（スタッフ長）、カリフォルニア大学経営学部教授
　　　　授業内容：国民収入と社会会計、および産業経済学
　　Leon A. Mears、サンフランシスコ州立大学準教授
　　　　授業内容：マーケティング、および組織・経営論
　　Hans Otto Schmitt、カリフォルニア大学でteaching assistantの経験

---

[504] Letter to John B. Howard from Michael Harris, Dec.27, 1955, pp. 12–13. PA56-190, Ford Foundation Archives. この当時はまだ存在しなかったが、フォード財団には通常の助成に加えて、Foundation-Administered Projectと呼ばれる事業形態があり、そこではフォード財団のスタッフがプロジェクトの運営を実質的に行い、あたかも財団直営プロジェクトのようなやり方をとる。ハリスの発想や仕事の仕方はこれに近いもので、後に現れたFoundation-Administered Projectにつながる事業運営に関する一つの考え方の原点を感じさせる。

（博士号未取得、1930年生の独身）
授業内容：金融理論と銀行業務、および公的融資と財政理論
William Hollinger、マサチューセッツ工科大学
（MITの経済政治発展プロジェクトのインドネシア研究によって、カリフォルニア大学プロジェクト開始以前から派遣されていたアメリカ人経済学者）

B．インドネシア人スタッフのアメリカ留学
 1．ウィジョヨとスマルディのカリフォルニア大学視察
   プロジェクトの開始に先だって、カリフォルニア大学での教授システム等を実地に視察してもらい、インドネシア大学のカリキュラム等に役立てるために、1956年の春から運営実務の中心的スタッフの短期間（数カ月）の招聘を実施。ウィジョヨは予定通り短期滞在の後帰国するが、スマルディは最終的に3年間滞在し修士号を取得する。
 2．ジョコスロトとニティディウィルヤの特別フェローシップ
   スミトロの依頼でインドネシア政府財務省の中堅スタッフで優秀だが学位のない者に対して（インドネシア大学とは直接関係ないという意味で）特別フェローシップが与えられた。3年間の留学で修士号を得る。
 3．サドリの博士課程留学
   サドリは、マサチューセッツ工科大学で経済学修士号を得ており、1956年の時点ではICAのフェローシップを得て、同大学で産業経済学の博士課程1年目にあった。スミトロの要請で、このプロジェクト予算からさらに1年間（1956年8月1日〜1957年8月）のフェローシップが与えられた。サドリは帰国後、博士論文を執筆、1957年11月4日にインドネシア大学から博士号を取得[505]（同時に、スブロトSubrotoも博士号取得）。

C．バークレイにおける支援体制
フランク・キドナー、カリフォルニア大学経済学科教授
   パートタイム・コーディネイター

---

[505] サドリの学位論文は、"Aspects of Inter-Regional Industrial Development with Special Reference to Indonesia"、スブロトの学位論文は "The Terms of Trade" (Letter to John B. Howard and F. F. Hill from Harrison Parker, Nov.16, 1957. PA56-190, Ford Foundation Archives).

フレッド・バルダーストン、カリフォルニア大学経営学部助教授
インドネシア人留学生指導（mentor）
両者とも、フォード財団助成金からパートタイムの給料を得るプロジェクト・スタッフ。
D．研究プロジェクト
カリフォルニア大学スタッフは大学での教授に追われ、研究活動にはあまり時間が割けない状況であった。メアーズは国家計画庁の委嘱により、インドネシアの米のマーケティングについての研究を行い出版。

第2年度（1957〜1958年）
A．インドネシア大学へのアメリカ人経済学者の派遣
マルコム・デイヴィッドソン（スタッフ長）、カリフォルニア大学経営学部教授
授業内容：公的融資と財政理論
ジョセフ・カントナー、国勢調査局、農村社会学者
授業内容：社会学
J.B.グラスバーナー、所属不明、景気論
授業内容：景気論、および経済理論
ハンスオットー・シュミット（第1年度からの継続）
授業内容：金融理論と銀行業務、および経済理論
B．インドネシア人スタッフのアメリカ留学
1．経済学部スタッフ6名の27カ月のフェローシップ
経済学部の若手教授スタッフの博士号取得と外国人講師との代替促進のため6名をこのプロジェクトの予算でアメリカの大学に1957年8月から27カ月留学させる。氏名、派遣先、研究分野は下記の通り。

Widjojo Nitisastro	カリフォルニア大学バークレイ校	経済開発
Barli Halim	カリフォルニア大学バークレイ校	ビジネス経済学
Suhadi Mongkuswondo	マサチューセッツ工科大学	国際経済
Wahju Sukotjo	マサチューセッツ工科大学	研究方法論
Julius Ismael	コーネル大学	農村開発
T. Umar Ali	コーネル大学	農村開発

同時に、以下の、若手講師4名がICAのフェローシップでアメリカ留学に出ている。
　Santosa、Sardjono、Wanda Mulja、Frits Tan
2．オランダ人教授リートヴェルトの短期会計学研修
　　従来のオランダ式会計からアメリカ式会計に切り替えるため、それまで会計学を担当していたオランダ人教授リートヴェルトを3～4カ月アメリカに派遣し、カリフォルニア大学での会計学カリキュラム研究、民間会計事務所での実務研修などのためのフェローシップを特別に供与。
C．バークレイにおける支援体制
　第1年度と同じ。
D．研究プロジェクト
　　経済社会科学研究所は、主要スタッフがアメリカ留学のため実質的に研究活動は行えない。国家計画庁の研究プロジェクトにカリフォルニア大学スタッフがアドバイス。

第3、4年度（1958～1960年）
A．インドネシア大学へのアメリカ人経済学者の派遣
　　6名のアメリカ人経済学者
B．インドネシア人スタッフのアメリカ留学
　　16名のインドネシア人若手スタッフ、および学生をアメリカの大学に留学させる。
《インドネシア人留学生たち》
　インドネシア大学側が留学支援を要請した25名は次頁の通り[506]。

　フォード財団の助成金を受けて、アメリカの側で留学事務を行った国際教育研究所（IIE）の側の資料[507]によると、実際にフォード財団のフェローシップを受けてアメリカ留学したのは＊印のついた13名である。また、それに加えて、下記の7名も留学しており、合計20名がカリフォルニア大学プロ

---

[506] Memorandum to Ford Foundation from The Department of Economic, University of Indonesia, Oct.16, 1957, pp. 3–4. PA56-190, Ford Foundation Archives.
[507] Letter to Richard W. Lambourne from Daniels F. Thirlwall, Feb.23, 1959. PA56-86, Ford Foundation Archives.

氏名	専門
*1. Abdul Madjid Ibrahim	金融と融資
*2. Harun Alrasjid Zain	労働経済学
3. Iesje Lumentha	会計学
4. Dalipah Sjamsuddin	経済理論
*5. Tjan Ping Tjwan	経済発展、労働経済学
*6. Johannes Baptista Sumarlin	公的融資
7. Daud Jusuf	金融と融資
*8. Marsudi Djojodipuro	経済理論
9. Isbodjorini	研究方法論
*10. Ali Wardana	金融と融資
*11. Kwik Kwan Kiat	経営と組織論
12. Wardojo	景気論
13. Samiadji	農業経済学
14. Djoko Santosa	研究方法論
15. S. E. Widodo	同上
*16. Emil Salim	経済発展
17. Sofjan Jusuf	金融と融資
*18. Kartono Gunawan	統計学・エコノメトリクス
*19. Saleh Afiff	研究方法論、マーケティング
20. Sudarto	研究方法論
*21. Ang Giok Goen	マーケティング、経営と組織論
*22. Mohammad Arif Djamin	経済理論
23. Pang Lay Kim	マーケティング、経営と組織論
*24. Raden Soetanto	金融
25. Djoko Sanjoto	景気論、国際経済学

ジェクトで留学している。

Irwan Arsjad

Hariri Hady

Julianto Moeliodihardjo

Soegito Reksodihardjo

Batara Simatupang

Hian Kie Tan

Eng Siang Tjie

● プロジェクト実施過程での諸問題

　インドネシア側の義務で最大の問題であったのはアメリカ人客員教授たちの住宅問題であった。独身のシュミット（Schmitt）を除いては、妻子を帯同して2年間の赴任であったため住宅が揃わないうちには赴任出来ないという状況であった。クバヨランにインドネシア政府がカリフォルニア大学スタッフのための住宅を建設中であったが、財源を持つ国家計画庁とインドネシア大学事務の間の内部的な事務の滞りのため、ぎりぎりまで住宅が間に合うか不明であった。

　むしろここで注目したいのは遅れはしたがインドネシア政府側が着実に義務の履行を行った点である。さらに住宅の設備や家具、備品などもインドネシア側はシーリングを設けて一定水準以上は支出しなかったが、それでも一応協定を順守したと言ってよい。インドネシア側が協定順守に最大限の努力をしていることはパーカーも報告の中で強調している[508]。

　このことは、このこのプロジェクトがインドネシア政府部内で一定の力のある勢力によって支持されていたことを示している。プロジェクト開始当初、財務大臣であったスミトロの影響力もさることながら、ハリスやパーカーの手紙の中ではしばしば国家計画庁長官のジュアンダと当初次官ですぐに後任の長官となったアリ・ブディアルジョ、教育省事務次官フタソイトが重要人物として言及されている。これらのインドネシア社会党やそのシンパの人々ときわめて親密な関係が築かれていたのである。政府官僚の中にはインドネシア社会党シンパが多かった。

● スミトロのスマトラへの逃亡

　第二の問題はスミトロの逃亡であった。スミトロ自身の事実関係に関する声明文がカリフォルニア大学のポール・テイラーのもとにも送られている[509]。それによると、スミトロは軍警察によってバンドゥンで2度の査問を

508　Letter to John B. Howard from Harrison Parker, Nov.16, 1957, pp. 11–15. PA56-190, Ford Foundation Archives.
509　Letter to Clarence Thurber from Paul S. Taylor, June 12, 1957. PA56-190, Ford Foundation Archives. に添付されたスミトロの声明と解説。解説によると、この声明文に含まれるのは1957年5月20日にスマトラで発表された声明と1957年5月26日付けのジャカルタの新聞に掲載された書簡である。

受けた。査問の対象は、(1) 1955年の総選挙の際にスミトロが委員長であったインドネシア社会党選挙委員会の選挙資金の問題、(2) ブルハヌディン内閣の財務大臣であった当時のスミトロの財政政策、特に信用供与の問題の2点であった。スミトロは政府の要職にあった彼がその権限を党のため、自分のために濫用したことはないと主張している。そして、こうした査問は逆に権力の濫用であり、彼はそれに屈することを拒否し、人間の尊厳と基本的な自由の防衛のために戦うことを決意したと述べる。

スミトロの尋問の対象となった疑惑はN.V. Libra社のコウ・キム・エンから250万ルピアを受け取り、見返りに有利な政策をとったというものであった[510]。スミトロは第2回の査問の直後から姿をくらましスマトラに逃亡した。スマトラでインドネシア共和国革命政府の反乱に加わり、後にシンガポール、マレーシアに逃れた。

スミトロの逃亡に関する最初の手紙は1957年6月3日のパーカーからハワードに向けたもので、その中でパーカーはスミトロの逃亡事件をプロジェクトへの重大な問題として報告し、スミトロの不在の間、学部はタン・ゴアン・ポ教授が代理し、経済社会科学研究所はウィジョヨが代理しており、スミトロの授業と試験をウィジョヨが代わって行った以外には実質的には大きな変化は何もないと報告している[511]。

6月7日のパーカーの手紙[512]では経済学部長代理タン・ゴアン・ポ、経営行政大学院長代理のスブロト、およびウィジョヨの3人からカリフォルニア大学プロジェクトの2年間延長の申請が出され、この延長の件はスミトロ不在の影響による遅延をまったく生じていないと報告している。さらに重要なのはこの申請を教育省次官フタソイトが許可し、その際にインドネシア大学のいかなる事業も誰か一人の人間の存在に依存しているわけではないと述べ、スミトロの不在が影響を与えないことを保証したことである。

パーカーはこの延長申請に高い優先順位をつけると述べた後で、最近のフタソイトとの会合および他の政府高官との会合でインドネシア政府が同様に

---

510 Indonesia Observer, 1957年5月21日 (Harrison ParkerからJohn B. Howardへの手紙、1957年6月3日に添付されたコピー)。
511 Letter to John B. Howard from Harrison Parker, June 3, 1957. PA56-190, Ford Foundation Archives.
512 Letter to John B. Howard from Harrison Parker, June 7, 1957. PA56-190, Ford Foundation Archives.

高い優先順位をつけていることが明らかとなったと述べている[513]。また、11月5日のこの会合の際にフタソイトが、援助はスミトロであれ誰であれ一人の人間の在職に依存することはないと繰り返したことを記している。また、この時期にはマクギル大学で修士をとって1956年に帰国したスブロトが学部を、マサチューセッツ工科大学で修士号を取得しこのプロジェクトからも奨学金を得ているサドリが経済社会科学研究所を留学中のウィジョヨに代わって実質的に仕切っていると述べている。この二人は11月4日にインドネシア大学から一緒に博士号を取得した。

　以上のように、スミトロがアメリカ留学によって育てた人材が戻り始めていたこともプロジェクトに支障をきたさなかった大きな原因であると思われる。つまり、スミトロが1951年からフォード財団の財政支援を得て実現しようとした経済学専門家の養成計画は政府内部のある勢力の継続的な支持を得たものであり、また体系的なメカニズムを持ったある種の制度化が始まっており、スミトロに限らず特定の個人がどうなろうともすでに不動であったと言えよう。

● スハルト開発体制とバークレイ・マフィア

　インドネシア大学とカリフォルニア大学の経済学協力プロジェクトがその後に持った影響を考えてみたい。インドネシア大学経済学部アメリカ留学組がスハルト政権下で経済テクノクラートの地位を確立したことに関連して重要と思われるのは、このプロジェクトの中で始まったフォード財団派遣のアメリカ人経済学者と国家計画庁との関係である。国家計画庁は、スハルト政権下で国家開発計画庁（Badan Perencanaan Pembangunan Nasional: BAPPENAS）となりスハルト開発レジームの中核政府組織となっていく。BAPPENASはウィジョヨをはじめとするアメリカで教育を受けた経済学者、いわゆる「バークレイ・マフィア」が実質的に運営していくわけであるが、フォード財団はハーヴァード大学の開発アドヴァイザリー・サービス（Development Advisory Service: DAS）をスカルノ政権末期の1963年にウィジョヨが所長を務めていたインドネシア科学院国立経済社会研究所（LEKNAS-LIPI）に派遣したのをはじめとして、1968年からスハルト政権下のBAPPENASにDASを通じてアメリカ人経済学者を派遣して、より直接

513　Letter to John B. Howard from Harrison Parker, Nov. 16, 1957. PA56-190, Ford Foundation Archives.

的に国家開発計画の作成、実施にアメリカの経済学および社会科学の手法を導入することにも継続的に支援していくことになる[514]。

　1957年1月30日の手紙の中でハリスはこのプロジェクトを通じて国家計画庁の経済計画にカリフォルニア大学スタッフが、直接、あるいは経済社会科学研究所での研究という形で寄与出来るようになることを期待していると述べている。また、具体的に1956年12月には長官のアリ・ブディアルジョと国連専門家のエド・マクヴォイ、バランスキとカリフォルニア大学スタッフのメアーズ、シュミットの会合が持たれ、その後メアーズが国家計画庁の研究に協力して、米のマーケティングの研究を経済社会科学研究所の仕事としてまとめたことによって、国家計画庁による経済計画作成の基礎研究にカリフォルニア大学スタッフが貢献することは一部実現した。つまり、後にスハルト政権下のBAPPENASにおいてバークレイ・マフィアの下でフォード財団の助成を受けてハーヴァード大学国際開発研究所派遣のアメリカ人経済学者が、インドネシアの国家開発計画の細部を作っていくその始まりもまた、1950年代末のカリフォルニア大学プロジェクトの際にアリ・ブディアルジョとフォード財団の間で原型が作られていたのである。

● 1970年代の評価

　最後に、ここでも1970年代のプロジェクト評価を紹介したい。1975年に行われた評価は1967年から70年までジャカルタ事務所で本プロジェクトを担当したニューマンが実施し、それに対してハリスを含む関係者がコメントする形をとっている。ニューマンは内部資料と関係者へのインタビューによって評価を行った。ニューマンの主要な論点はプロジェクトの本来の目的が教育、研究の両面で強い経済学部を作ることであったという点、さらにアメリカの経済学が果たしてインドネシアの開発に役に立ったのかという2点である。ニューマンによると1962〜65年にかけて次々とアメリカの大学から帰国したインドネシア大学経済学部講師たちは、スカルノ政権末期のラディカルな社会主義路線に傾いたイデオロギーの中で、アメリカの経済学を学んだという点で批判され主要な政策立案グループから疎外された。この雌伏の時代に、彼らはインドネシア経済研究を行い、そしてバンドゥンにあっ

514　Mason, Edward S., *The Harvard Institute For International Development And Its Antecedents*, Lanham and London: Harvard Institute for International Development Harvard University and University Press of America, 1986, p. 43.

た陸軍幹部学校で後に権力を握るスハルトやその他の軍人たちと親しくなったのである。9月30日事件を契機として、権力がスカルノからスハルトに移行し、経済政策路線も180度転換した。そして、1950年代後半から1960年代前半にプロジェクトによってアメリカ留学した経済学者たちの最も優れた者たちは次々と政権に登用され、評価報告書作成時点で元学部長3人が経済閣僚となっていた。このいわゆるバークレイ・マフィアはその後も帰国するインドネシア大学経済学部からアメリカ留学した若手経済学者を政府に吸収し、自らの手許で経済政策立案、運営に当たらせたのである。

　この政府への大量の教官の移動によって、1960年代後半から70年代初めにかけてインドネシア大学経済学部の教育レベルも研究レベルも急激に低下してしまった。ニューマンは当初目的から見てこの現状を批判的に述べている。また、この約260万ドルを費やした20年近い援助期間にインドネシア大学経済学部の教育研究機関としての能力を確固たるものにするための方策、例えば永続的に使える教科書、参考書、研究システムが作られなかったことをフォード財団のプログラム計画上の失敗ではなかったかと指摘するのである。また、フォード財団がエリート志向、エリート機関志向であるという批判を紹介しながら、自らの体験も踏まえて確かにフォード財団のスタッフは経済学部の学部長などと相談してプロジェクトを決定し、その下の教授スタッフや若手教官の声に耳を傾けることがなかったと述べている。トップの経済学者たちが皆政府に移動した後に、教育・研究にあたった教官たちはアメリカで修士号しかとれなかった人々であった。そのときになって、初めてフォード財団は彼らのことをあまり考えていなかったことに気づいたと反省するのである[515]。

　アメリカの経済学がインドネシアの開発にどれほど役立つのかという当時一般的になりつつあった疑問に関連して、プログラムがアメリカの大学だけにインドネシア人経済学者を留学させたのは果たして正しかったのかと間接的にではあるが疑問を呈している。東欧などの社会主義圏に派遣することも政策オプションとしてありえたのではないかという点である。評価にコメントを寄せた当時のインドネシア代表のウェルドンはニューマンの指摘する社会主義圏への派遣の可能性について、ありえた選択だったかもしれないと同

515　John Newmann, "The Faculty of Economics, University of Indonesia, A Retrospective Review," February, 1976, PA62-323, FFA.

意している[516]。ここには、フォード財団スタッフのリベラルな思想が明確に現れている。開発途上経済にとってアメリカ経済学やその経験が万能のものではないこと、そして社会主義の経済手法も役立つ可能性があるという開かれた態度を保っていたのである。

● 批判に対するハリスの反論

こうした批判にハリスは以下のように答えている。研究や教材の問題については、プロジェクト構想の段階ではロックフェラー財団がアメリカ人講師派遣、インドネシア人留学を支援する予定であり、当初はフォード財団の助成目的はむしろ経済研究支援であったことを指摘し、その後ロックフェラー財団の助成が結局実現せず、フォード財団はより緊急なニーズであった講師派遣、留学フェローシップにシフトせざるを得なかったと述べている。つまり、当初からその必要性は強く認識していたが、やむを得ぬ選択として研究活動への支援が手薄になったのだとしている。

アメリカ一辺倒でない留学の可能性については現実性の観点で考える必要があるとしている。当時、インドネシア大学支援に動員可能であった別の経済学も別の経済学者も存在したとは思えないとしている。そして、現在においても、現行の方法とは大幅に異なった経済ドクトリンを確信をもって推薦出来るほど、我々は開発過程というものを十分知っているとは言えないと述べている。最後に、今現在もインドネシア大学が最初のときと同じ教員不足や低い研究レベルの問題に悩まされているとしても、それはプログラム計画の失敗というよりは、インドネシアの抱える問題の根深さを物語るに過ぎないとしている[517]。そして、これらのコメントを踏まえてニューマンは、ハリスのこのプロジェクトは良いものであったという意見を引用して賛意を示している[518]。

こうしたフォード財団スタッフの間の議論の基調をなしているのは、彼らが政府で経済政策立案・運営を担う多数の経済テクノクラートを養成したという点にあまり重きを置かず、優れた経済学教育・研究を行える大学経済学部の確立にどこまでもこだわっている点である。この点は単に当初の目的がそのように設定されていたからだという以上の意味を持っていると思われ

516　Memorandum to Joh Newmann from Peter Weldon, March 23, 1976, PA62-323, FFA.
517　Letter to John Newmann from Michael Harris, March 15, 1976, PA62-323, FFA.
518　Memorandum to Files from John Newman, January 4, 1977, PA62-323, FFA.

る。大学の経済学部を強化することが長期的に見て社会の発展にとっていかに重要であるかという認識である。長期的に大学という社会的制度を構築していくという目標から見れば、バークレイ・マフィアが実権を握ったということは、それが30年以上にわたるものになろうとも、短期的なバイプロダクトに過ぎないということなのかもしれない。

3-3　ハメンクブウォノ9世のアメリカ訪問支援

　本項では、ジョグジャカルタのスルタン、ハメンクブウォノ9世とフォード財団との関係を扱う。独立革命以降、非常に大きな政治的役割を果たしたスルタンはある意味で独立した政治勢力であり、政党政治とは距離を置いていたが、インドネシア政治全体の中に彼の位置を置いてみると、明らかにハッタ＝シャフリルの親欧米、開発路線の支持者であり、したがってフォード財団には近い立場にあった。しかし、インドネシア社会党系の知識人がフォード財団にとって直接のパートナーであったとすれば、スルタンの立場はむしろ背後にあって間接的に支援するという関係であった。スルタンとハリスの間で助成事業についての話し合いがあり、特にジョグジャカルタに文化センターを作るというような構想があったことは分かっているが、スルタンはその政治的意味合いを吟味していたようで、ハリスはあえて強くおさなかった[519]。文化センターなどスルタンが直接関与した案件への助成は実現していない。

3-3-1　スルタンの秘書、セロ・スマルジャンとジョージ・ケイヒン

　スルタンとフォード財団の関係の最も目に見える結節点はスルタンの秘書であったセロ・スマルジャンである。セロはコーネル大学のジョージョ・ケイヒンの推薦でフォード財団のフェローシップを受けた。同大学で社会学の学位を得て帰国したセロはスハルト政権下で活躍した知識人の一人である。1970年代にフォード財団がインドネシアの社会科学者の養成に乗り出したときに、フォード財団の支援で作られたインドネシア社会科学財団の理事長として中心的役割を果たした。帰国後もスルタンの秘書的立場を維持し続け、インドネシア社会党系知識人とは言えないが、そのグループに近い立場の人物であると言えよう。セロは単にスルタンとの結節点であっただけでは

---

[519] Letter to F.F. Hill from Michael Harris, January 29, 1958, PA58-80, FFA.

なく、彼自身がインドネシア最初の社会学博士として重要な開発知識人の役割を果たしたのである。

　ここでは、初めにフォード財団と社会党系知識人、およびセロ・スマルジャンとの関係を語る上で不可欠なコーネル大学のインドネシア・プロジェクトとその代表であったジョージ・ケイヒンについて述べたい。

　コーネル大学のケイヒンを代表とする現代インドネシア・プロジェクトへのフォード財団の支援は1954年から開始された[520]。フォード財団側の当初の助成意図はアジア各国への共産主義教化の浸透に関する比較研究であり、冷戦的思考の強いものであった。しかし、実際のコーネル大学の現代インドネシア・プロジェクトはケイヒンの考えと、それを支持したハワードやスウェイジーらのITRプログラムのスタッフによって、単なるインドネシア共産党研究からより広いインドネシア政治全体に関する学術的研究となった。コーネル大学現代インドネシア・プロジェクトはインドネシア研究の古典的著作を多く生み出し、また同大学をインドネシア研究のメッカとするのに大きく貢献したのである。

　ケイヒン自身はジョーンズ・ホプキンス大学大学院生のときにオーウェン・ラティモア事件でラティモア支援活動を行い、大学当局に目をつけられたという経歴を持ち、オランダの第2次警察行動のときには共和国政府が避難したジョグジャカルタでフィールド調査を行い、アメリカ政府のオランダ寄りの政策を批判して当時のコクラン大使と対立し、1954年秋までパスポート発給を拒否されたというリベラル左派の学者である。彼が1952年に出版した、*Nationalism and Revolution in Indonesia*は戦後アメリカのインドネシア研究の最も早い学術出版であっただけでなく、シャフリルのインドネシア社会党を中心とする民主主義的発展のシナリオに期待を寄せたという意味で、フォード財団というリベラル組織のインドネシア理解に一定の方向性を与えたと思われる。

　ケイヒンがフォード財団の助成金で開始した研究プロジェクトには古典的成果を生んだルース・マクヴェイやハーバート・フィースらの欧米研究者の他に、インドネシア人による一連の研究も含まれていた。このときは、第1次アリ・サストロアミジョヨ政権のときで、マシュミ党とインドネシア社会党は閣外であったが、スカルノ以下の政府関係者以外に彼はナッシールと

---

[520]　このプロジェクトへのフォード財団の助成に関して、詳しくは［牧田1993：第4章、第3節］参照。

シャフリルに相談している。加わったインドネシア人たちはインドネシア大学経済学部のスミトロ・ジョヨハディクスモ、ウィジョヨ・ニティサストロ、国家計画局のアリ・ブディアルジョ、アリの妻のミリアム・ブディアルジョ、インドネシア大学のスラエマン・スマルディ、マシュミ党党首のナッシール、イスラム学生連盟のデリア・ヌールらである。見事に、インドネシア社会党系、マシュミ党系の人々ばかりである。

　ケイヒンが研究のためにジャカルタに滞在している間、スターチもハリスも当時最も信頼すべきインドネシア研究者である彼に相談していたことは間違いない。ケイヒンはフォード財団とインドネシア社会党系知識人をつなぐ人物であった。そのケイヒンが、ハリスのもとにセロ・スマルジャンを連れてきたのである。セロはケイヒンがジョグジャカルタで共和国指導者や政党指導者にインタビューを行った時の通訳、研究助手であった。このとき、ハリスからアメリカで何を勉強したいのかと問われて、社会学と答え、その理由を縷々述べたことをセロは回想録で語っている[521]。1956年1月、セロはフォード財団のフェローシップで妻とともにコーネルに旅立ったのである。ケイヒンの計らいで修士課程を免除されたセロは博士課程に編入され、後に出版された論文"Social Changes in Yogyakarta"[522]で博士号を取得するのである。こうして、セロがコーネル大学留学中の1958年2月にスルタンの約1カ月に及ぶアメリカ訪問が行われたのである。

3−3−2　スルタン訪米の実現

　ジョグジャカルタ王家のスルタンであるハメンクブウォノ9世は1912年の生まれで、1932年から35年までオランダのライデン大学で法学を学んだ。インドネシア国軍の中将であり、シャフリル内閣の国防大臣、ハッタ内閣の副首相を務めている。政治的には、スルタンはハッタ＝シャフリルの穏健な開発路線に近いと考えられており、親欧米派と目されていた。スマトラを中心とした反乱勢力が、政府との和解条件にスカルノの退陣とハッタとスルタンによる新政権を要求していたことに一般のスルタンに対する認識が現れている。多くの革命の英雄がスハルト時代まで生き残れなかったのに対して、スルタンはその影響力を保持したまま生き残り、スハルト政権における開発

---

[521] Abrar Yusra, *Biografi Komat-Kamit Selo Soemardjan*, PT. Gramedia Pustaka Utama, 1995, pp. 204–207.
[522] Selo Soemardjan, *Social Changes in Yogyakarta*, Cornell University Press, 1962.

路線の立役者の一人となった。

　スルタンは以前からアメリカ訪問を希望していたが、さまざまな事情からインドネシアを離れることが出来なかった。ようやく1958年2月17～21日にサンタ・バーバラで開催された太平洋地域旅行会議にインドネシア観光評議会の会長として参加することとなったのである。スルタンは会議出席を自費で賄ったが、このインドネシアの有力者によるアメリカ訪問の機会を捉えて、広くアメリカの有識者と懇談し、アメリカの実情を視察することを目的に国務省国際教育交流サービスがアメリカ国内の視察旅行の費用を支弁することとなった。こうして、国務省の委託を受けた民間機関である政府庶務協会の世話を受けながら、スルタンは2月3日から25日までアメリカ各地を訪問したのである。国務省が支給したおそらく規定である日当25ドルに対して、アジア財団が同額の日当補助を提供した。以下に述べるように、フォード財団やウィスコンシン大学等も支援を行い、官民挙げての大歓迎となったのである[523]。

3－3－3　フォード財団のスルタンに対する特別待遇

　ハリスからニューヨーク本部のヒルに最初の連絡が入ったのが1月29日、すなわちスルタンの出発日の前日であった。その前日に、ニューヨーク本部でインドネシアを担当するバーネスには国務省国際教育交流サービスから電話連絡が入った。ハリスの連絡はジョグジャカルタでスルタンに会見した時に、彼からアメリカ訪問を知らされ、フォード財団幹部と面談したい旨要請があったことを伝えるものであった。ハリスはヒルに幹部スタッフと理事の一部による夕食会の開催を依頼し、またスルタンがコーネル大学留学中のセロ・スマルジャンの旅行同伴を強く希望しており、それを実現するため可能な限り速やかに助成を決定し実行するよう依頼した。さらに、コーネルのセロにすぐに連絡して、スルタンに合流する指示を出すように頼んだ。ハリスはスルタンが英語を流暢に使い、非常に率直に自分の意見を述べる人物であり、かつフォード財団に対して非常に友好的（extremely friendly）であり、ガジャマダ大学に派遣されているウィスコンシン大学のメンバーと親しいと述べている。スルタンはウィスコンシン大学学長の招きでマディソンに2日

---

[523] Governmental Affairs Institute, "Report on United States Visit by His Highness Hamengku Buwono IX, Sultan of Jogjakarta, February 1- 27, 1958," March, 1958, PA58-80, FFA.

間滞在予定であると付け加えている[524]。

　ハリスの要請への対応はきわめて迅速であった。電報の打たれた翌々日、1月31日にはセロの同行費用として1200ドルの支援が視察旅行全般を管理する政府庶務協会に対して行われ、即日小切手が送付された[525]。セロもスルタンから同行を命ぜられるとは予想していなかったが、フォード財団の連絡を受けて、秘書としてスルタンのアメリカ旅行の全行程をともにしたのである[526]。おそらくスルタンは未知のアメリカ人やマスコミへの対応、さらにインドネシア大使館や本国との連絡などについて、秘密が守れ、かつ忌憚なく相談出来る側近として元個人秘書のセロに同行して欲しかったのであろう。事実、スルタンの滞在中にスマトラの反乱勢力から声明が出され、アメリカのマスコミから何度も取材を受けたが、スルタンは無難にこなしている[527]。

　2月8日の午後、ヒルの自宅でスルタンを主賓にティーパーティーが開かれ、ゲイザー理事会会長、クラレンス・ファウスト理事長代理（ヒールド理事長がニューヨーク不在であったため）、プライス副理事長、アームゼイ理事長補佐、プロヴィンス海外開発東南・南アジア部長、およびインドネシア関係のスタッフであるサーバーとバーネスが招かれた[528]。ヒルは同日夜に行われたロックフェラー財団主催の夕食会、および翌日曜日のロックフェラー3世の自宅での昼食会にも招かれている。ロックフェラー財団の夕食会では後に国務長官になるディーン・ラスク理事長をはじめ、国連事務次長で財団理事のラルフ・バンチェなどが出席した。

3－3－4　スルタンの訪米旅程

　スルタンはワシントンではニクソン副大統領、マーフィー国務次官補、新任インドネシア大使のジョーンズらの政府関係者、また議会関係者と懇談し、ニューヨークで財団関係者との会談をこなして、イサカのコーネル大学にジョージ・ケイヒン教授を訪ね、マディソンのウィスコンシン大学を訪問し、アリゾナ州フェニックスでタバコ栽培を見学してから、サンタ・バーバ

524　Letter to F. F. Hill from Michael Harris, January 29, 1958, PA58-80, FFA.
525　Letter to Michael Harris from Carl Burness, January 31, 1958, PA58-80, FFA.
526　Letter to Clarence Thurber from Selo Sumardjan, March 2, 1958, PA58-80, FFA.
527　Governmental Affairs Institute, ibid.
528　Memorandum to F. F. Hill from Carl Burness, February 7, 1958, PA58-80, FFA.

ラの会議に参加した。その後、ロスアンジェルス、サンフランシスコを訪問したが、西海岸での旅程はアジア財団がアレンジした。

　残されている全ての記録はこのスルタンのアメリカ訪問旅行が各地で歓迎を受け、スルタンも大いに楽しんだという意味で成功であったと述べている。スマトラの反乱のこの時期、最もその動向が注目される政治家の一人であったスルタンがアメリカを約1カ月かけて訪問した政治的理由はよく分からない。また、スルタンがこのときにアメリカ政府による秘密裏の反乱支援の実態をどこまで知っていたかは分からないし、したがってこのときスルタンがアメリカ政府の対インドネシア政策をどのように評価していたかも不明である。しかし、スルタンがフォード財団、ロックフェラー財団、コーネル大学、ウィスコンシン大学などのインドネシアに関わり、その開発を支援しているアメリカの市民社会組織に対して、きわめて深い信頼と好意を寄せていたことを疑わせる証拠は何もない。

　スルタンのアメリカ訪問時に、スルタン、セロ・スマルジャン、フォード財団がある種の共同行動をとったことは偶然ではないし、かといって三者の誰かが仕組んだわけでもない。この事例が示していることはスルタンとフォード財団がある思想傾向や目的を共有した、一つの連携しているグループの一員であることである。したがって、何時、どのような形でという具体的内容は別にして、いずれ共同行動をとることはある意味では自然であり、他の条件が許せば必然的な出来事なのである。つまり、革命収束、政治安定、経済開発などの価値観と目的を共有するある種の政治同盟の一員だったと見なすことが出来よう。これは、9月30日事件の後に、スルタンとフォード財団が立場や方法は異なってもインドネシアの開発体制の確立に積極的に加わるという意味で、共同行動をとったことにつながっていくのである。

3−4　インドネシア科学院国立経済社会研究所とハーヴァード大学

　インドネシア科学院（Lembaga Ilmu Pengetahuan Indonesia: LIPI）は大統領に直属する国立研究機関であり、ソ連の科学アカデミー、あるいは中国の科学院に相当するインドネシアで最も権威ある研究機関である。また、外国人研究者がインドネシア国内で調査研究を行う際にはLIPIの調査許可を得る必要があるため、外国人研究者には特に馴染み深い組織である。その設立は指導される民主主義の時代に遡り、スカルノが主唱して創設されたものである。LIPIの傘下には多くの国立研究所があるが、その多くは自然科学・技

術系であり、社会人文科学系の研究所は少ない。その中で最も古く設立されたのが国立経済社会研究所（Lembaga Nasional Penelitian Ekonomi dan Sosial: LEKNAS）で、社会科学の分野では最も中心的な研究所である。LEKNAS-LIPIと短縮形で呼ばれることの多いこの国立経済社会研究所の研究員には国際的に著名な研究者が多く、教育機能は持っていないが、研究の分野ではインドネシア大学に匹敵するかそれ以上の高い評価を得ている部分もある。

　1963年のLEKNAS-LIPIの創設にはフォード財団はハーヴァード大学の開発アドヴァイザリー・サービスを通じて協力している。この時期は経済学教育へのフォード財団の支援に対して、直接スカルノ大統領から拒否権が発動された事件の直後であり、ニューヨーク本部は関与にはきわめて消極的であった。さらに、DASのアドヴァイザーが到着して以降、インドネシアの政治、経済情勢は一層悪化し、ハーヴァード大学、フォード財団とも1965年の前半にはインドネシアから引き揚げを余儀なくされる。さらに、9月30日事件を経ても1967年後半になってスハルト将軍が実権を掌握するまで政治的混迷が続き、LEKNAS-LIPIの活動は基本的に停滞していた。しかし、フォード財団は1967年にDASの復帰を助成し、次第にLEKNAS-LIPIは復活するのである。設立直後から1960年代後半まで、LEKNAS-LIPIはインドネシア大学のいわゆるバークレイ・マフィアと呼ばれたウィジョヨらを中心とする経済学者によって担われていたが、バークレイ・マフィアが政府中枢に取り込まれていくとLEKNAS-LIPIの人材に空隙が生じた。しかし、この間にフォード財団のフェローシップでアメリカ留学を果たした知識人たちが帰国し、彼らを中心にLEKNAS-LIPIの活動が再活性化していくのである。その意味でLEKNAS-LIPIはインドネシア大学経済学部と並ぶ、フォード財団が形成に関与したもう一つのエリート知的機関なのである。

3－4－1　LIPIの前身への最初の支援

　LIPIの前身となったのは1956年に法によって設立されたインドネシア科学評議会（Majelis Ilmu Pengetahuan Indonesia: MIPI）で、その設立目的は科学技術分野での活動の振興と指導、および科学政策に関する政府への諮問とされていた。MIPI創設後のかなり早い時期からハリスはMIPIへの援助の可能性を考えていたようである[529]。ハリスはMIPIへの助成の布石として、事務

---

[529] Letter to F. F. Hill from Michael Harris, January 30, 1958, PA63-232, FFA.

局長アリフィン・ベイと委員会事務局のルワルシの二人にアメリカ留学のフェローシップを与えた[530]。アリフィンはジョージタウン大学大学院で国際政治を学んで帰国したが、MIPIには復帰せず英字新聞『インドネシア・ヘラルド』の編集長となった。アリフィンは広島大学に留学し被爆した経験を持つ日本の元南方特別留学生である。1967年以降、再び来日し、筑波大学教授になっている[531]。アリフィンは、ハリスが期待した方向に進まなかったのである。アリフィンの例が典型的であるが、他の仕掛けもうまくいかず、MIPIが本格的なプロポーザルをフォード財団に出すことは結局ハリスの時代には実現しなかった[532]。

3-4-2　再度のアプローチとフォード財団内部の反対

　1961年になり、インドネシア政府の国家開発8カ年計画の中で7分野の国立研究機関を創設することが打ち出された。化学、物理学、地質学・鉱物学、冶金学、電子工学、生物学、経済学・社会問題の7分野である。そして、MIPIがその構想作りの責任を負うこととなったのである。ミラーが特に興味を持ったのは経済学・社会問題の研究所であり、サルウォノMIPI会長と同研究所の担当となった教育省のマカギアンサールと相談を持った。そして、同研究所がアメリカの大学、財団、学会等と連携を持ちたいという意向を汲み上げ、関係構築の準備作業としてMIPIのスタッフのアメリカ短期出張をフォード財団が支援するという案をニューヨーク本部に送った[533]。
　この提案に対してはガント部長やその他のスタッフから強い反対が起きた。ガントは2つの理由を挙げている。第一にこの頃フォード財団は財政が逼迫しておりMIPIへの大規模支援につながるようなコミットメントは出来ないという理由、第二にスカルノがガジャマダ大学経済学部への支援に拒否権を発動するなど、インドネシアの情勢がフォード財団への逆風となっており「今はそんな気になれない」からであった[534]。いったん引き下がったミラーは諦めなかった。今度はMIPIがハーヴァード大学工学・応用物理学部副学部長のフレデリック・ウィレンブロックをインドネシアに招いてアドバ

530　Letter to Frank Miller from Charles McVicker, April 21, 1961, PA63-232, FFA.
531　アリフィン・ベイ『インドネシアのこころ』奥源造訳、めこん、1975年、奥付経歴。
532　Letter to Frank Miller from Charles McVicker, op. cit.
533　Letter to George Gant from Frank Miller, March 17, 1961, PA63-232, FFA.
534　Letter to Frank Miller from George Gant, March 23, 1961, PA63-232, FFA.

イスをもらうという案を本部に提出した[535]。これに対してもジャカルタ事務所でハリスの補佐を務めていたマクヴィッカーから反論が出された。彼はハリスと一緒に初期のMIPI支援に関わっており、ハリスの意図はMIPIを全ての高等教育のペースセッターにしようということであったと述べ、その意味ではすでに実績を上げつつあるインドネシア大学をペースセッターとすべきであると主張している[536]。

　結局ミラーがニューヨーク本部の関与を引き出せずにいるうちに、インドネシア側で事態が進展していった。7の研究機関の構想がまとまり予算化され、さらにフォード財団にとって好都合なことにMIPIを統括する高等教育・学術省大臣が元インドネシア大学学長のジュネ・プスポヌゴロに代わった。彼はカリフォルニア大学プロジェクトですでにフォード財団と関係があり、ジュネはサルウォノとも非常に親しかった。さらに、経済・社会問題研究所のプロジェクト委員会の委員長がカリフォルニア大学から帰国しインドネシア大学経済学部長となったウィジョヨとなり、他のバークレイ・マフィアも続々とプロジェクト委員会に加わったのである。こうしてジュネをはじめとして、インドネシア側の関係者が一致してフォード財団の支援を歓迎する環境になったのである[537]。

3-4-3　キスティアコウスキーの訪問

　こうした状況の好転の中で、ハーヴァード大学教授で、かつアイゼンハワー大統領の科学顧問であったジョージ・キスティアコウスキーをMIPIが招くこととなり、その費用の一部をフォード財団が支弁するという話がまとまった。ニューヨーク本部の反対が根強かったためであろうか、キスティアコウスキーの訪問への支援は通常のコンサルタントとしてではなく実費の支給であり、ミラーがキスティアコウスキー夫妻を自宅に泊め、ジャカルタ事務所の自動車を提供するというような異例の形であった[538]。

　キスティアコウスキーは、約1カ月かけてインドネシアの主として科学教育、研究の現場を見て歩きサルウォノに対して報告を提出している。ポイン

---

[535] Letter to J. A. Quinn from Frank Miller, June 8, 1961, PA63-232, FFA.
[536] Memorandum to George Gant from Charles McVicker, June 27, 1961, PA63-232, FFA.
[537] Letters to George Gant from Frank Miller, September 22, 1961, and April 6, 1962, PA63-232, FFA.
[538] Letter to Harry Wilhelm from George Kistiakowsky, August 15, 1962, PA63-232, FFA.

トは、学部レベルの講義はある程度のレベルと認められるが、実験等を要する大学院教育がほぼ存在していないに等しく、大学院修了レベルの人材が決定的に不足しており、大学院教育の充実がきわめて重要であるという点である。したがって、MIPIが設立する国立研究所は大学と共同して教育機能を担うことで人材養成にまず優先順位を置くことであった[539]。キスティアコウスキーもまた限られた人材を大学と国立研究所の間で奪い合う危険性を指摘し、インドネシアの現状では教育により重点を置くべきだと指摘したのである。

3-4-4　国立経済社会研究所（LEKNAS-LIPI）への支援

一方で、国立経済社会研究所（LEKNAS-LIPI）は1962年半ばには正式に発足した。企画の中心となったのは前述のようにインドネシア大学経済学部長のウィジョヨを中心とする経済学者たちであった。フォード財団は一連の経済学支援の延長線上にLEKNAS支援を位置づけて、1963年3月に42万5000ドルのハーヴァード大学開発アドヴァイザリー・サービス（DAS）に対する助成を決定した。内容は1～2名の外国人アドヴァイザー派遣、短期のアドヴァイザー数名、26人年分の海外留学フェローシップ、器具備品・図書購入費、研究補助費であった[540]。

DASの側の責任者はパパネックであったが、アドヴァイザーとして派遣されたのはウィスコンシン大学のエヴェレット・ホーキンスとマンチェスター大学のカート・マーティン、およびDASのデイヴィッド・コールであった。1963年からDASの支援が中止される1965年まではインドネシアの政治情勢が一層不安定化し、経済がますます悪化した時代であった[541]。63年11月にはジュアンダが亡くなり、スカルノはムルバ党系の左派を閣僚に登用していった。こうした中で、LEKNAS-LIPIに派遣された外国人専門家の果たしうる役割はますます少なくなり、DASは1965年6月にLEKNAS-LIPIへの支援の中止を決定し、そのときのコンサルタントであったDASのドナルド・ブレイクを引き揚げることとなった。フォード財団事務所も同様に閉鎖された。

539　George Kistiakowsky, "Observations on Technical Higher Education and Scientific Research in Indonesia, " July, 1962, PA63-232, FFA.
540　Request for Grant Action, Request No.OD-1188G, March 14, 1963, PA63-232, FFA.
541　Harvard University Development Advisory Service, "Annual Report 1963, Harvard-Indonesia National Institute of Economic and Social Research," no date, PA63-232, FFA.

DASのパパネックはLEKNAS-LIPIの内部でウィジョヨを中心とするアメリカ留学の経済学者たちが実権を握り、体制の改革に乗り出したことを報告している。ウィジョヨが1965年9月12日に所長に就任し、スタッフの刷新などの改革に乗り出していった。9月30日事件の前夜である。アリ・ワルダナ、モハマッド・サドリ、エミール・サリムらのいわゆるバークレイ・マフィアが研究員に任命され、文化人類学者のクンチャラニングラットやセロ・スマルジャンも研究員に加わった。また、コーネル大学現代インドネシア・プロジェクトに参加していたスラエマン・スマルディと後に教育大臣になるフアト・ハッサンも加わった。同時に、有名な社会主義者でインドネシア大学経済学部教授、また政府の中央統計局長のサルビニが報告書の言葉を借りればLEKNAS-LIPIからパージされた[542]。

3－4－5　アメリカに留学したインドネシア人たち

インドネシア国内でのプロジェクト実施が困難になる中で、選抜されてアメリカの大学に留学していた人々は順調に勉学を進めていた。表20（次頁）のように、後にインドネシアを代表する研究者、あるいは行政官になった人々が多く含まれている[543]。

1966年になると、ウィジョヨをはじめとするインドネシア大学経済学部のスタッフは政府の要職につくようになり、LEKNASの活動は海外留学組を除くと実質的に休止状態となってしまった。1967年10月にフォード財団は28万ドルのDASに対する追加助成を決定する。主たる目的は当時まだアメリカ留学中であったLEKNAS派遣の人々が留学を継続出来るようにすることであったが、同時に以前にLEKNASに派遣されていたカート・マーティンが再度コンサルタントとして、DASから派遣される費用も含まれていた[544]。

1967年末になるとスハルト政権下で政治的安定や経済状態をめぐる状況はだいぶ改善されてきた。バークレイ・マフィアたちが立案、実施にあたった経済安定化政策が実施され始めていた。LEKNASでは相変わらずウィジョ

542　Harvard University Development Advisory Service, "Report on the Harvard-Indonesia National Economic and Social Research Institute, July 1964–March 1965, Terminal Report" no date, PA63-232, FFA.
543　Memorandum to Files from John Newmann, November 14, 1977, PA63-232, FFA.
544　Grant Action Request, August 1, 1967, PA63-232, FFA.

表20　アメリカ留学者

氏 名	留学先	学 位	帰国後
1. Harsja Bachtiar	Harvard Univ.	Ph.D. in Sociology	LEKNAS インドネシア大学文学部長
2. Thee Kian Wie	Wisconsin Uni.	Ph. D. in Economics	LEKNAS
3. Muchtarudin Siergar	Vanderbild Univ.	M.A. in Economics	LEKNAS/BAPPENAS
4. Sofian Jusuf	Williams College	Ph.D. in Urban Planning	貿易省
5. Suharso	Pennsylvania Univ.	M.A. in Demography	LEKNAS
6. J. Soedradjad Djiwandono	Wisconsin Univ.	M.A. in Economics	貿易省
7. Frans Soeprapto Jososoekirno	George Peabody College	M.L.Sc. in Library Science	Chase Manhattan Bank
8. Mely Tan Giok Lan	California Univ.	Ph.D. in Sociology	LEKNAS インドネシア大学政治学部
9. Kamarulzaman Algamar	Wisconsin Univ.	M.A. in Economics	貿易省
10. Luckman Siahaan	Indiana Univ.	M.A. in Economics	世界銀行
11. D.M. Wattimena	California Univ.	Ph.D. in Education	不明
12. Taufik Abdullah	Cornell Univ.	Ph.D. in History	LEKNAS インドネシア大学歴史学科
13. Soelaiman Soemardi	Harvard Univ.	Ph.D. in Sociology	不明
14. Zulkifli Azziano	Vanderbilt Univ.	non degree	ボゴール農大
15. Nurabas	Pennsylvania Univ.	M.A.	不明
16. T.S. Sutanto	Pittsburgh	M.A. in Public Admi.	LIPI

出典：Memorandum of John Newmann, November 14, 1977

ヨが所長であったが、留学から帰国したハルシャ・バクティアール（Harsja Bachtiar）が所長代理となり、1967～69年の時期、LEKNASは再活性化されたのである。

3－4－6　1977年の評価

　1977年のニューマンによる内部評価ではこの助成から得られる教訓として以下の5点を挙げている。（1）国の経済や政治の不安定は明瞭に研究機関の質に負の影響を与える、（2）研究所が当初の目的通り維持出来るかは、研究員が政府の他の部署に引き抜かれないように政府がいかに財政的に守るかにかかっている、（3）財団によるモニタリングが不足であり、それが3度

目の助成金が使い切られないという不幸な事態を招いた、(4) LEKNASの現在の研究機関としての能力は初期に留学した人々に依存している、(5) 3度目の助成期間の延長を認めなかったのは、純粋に内部事情によるものでLEKNASの状況から判断すれば延長を許可すべきであった。

　ニューマンの指摘する問題点はインドネシア大学経済学部と同様に限られた人材の過重な負担である。LEKNASの研究員もさまざまな役所や大学、国際的な研究プロジェクトからの誘いを断ることが出来ず、明らかに過重負担となっていた。彼はこの巨大な国に一つの国立研究所では不十分であるとしている。高度の訓練を受けた研究者の需要と供給の間に著しいアンバランスがあり、かつ国立大学や研究所のスタッフの給与がまったく不十分なレベルであり、そのため研究者があまりにも多くの仕事をかけ持ちするという構造的問題は容易には解決されなかった。

　フォード財団は1970年代半ばになると、それまでの欧米大学への留学を中心とした政策から地元での社会科学者の養成に方針を転換し、著名な文化人類学者のクリフォード・ギアーツの調査を踏まえて、セロ・スマルジャンを中心とする社会科学財団を作って、3カ所に社会科学訓練センターを設立して、若手の研究者の養成に乗り出す。基本的認識はアメリカの社会科学は途上国では使い物にならないという経験から、途上国に適した社会科学を現地で作るという方向性であった。その意味で、LEKNASはアメリカ留学を中心的な手法とする知的拠点作りの最後の事例となったと言えよう。この方針転換が、正しかったのかどうかはまだ不明と言うべきかもしれないが、現実にはLEKNASを超える研究機関がその後生まれたとは言えないであろう。

3−5　新秩序体制での復活

　1965年の9月30日事件によりスハルト体制（旧秩序）を倒して成立したスハルトの新秩序体制（Orde Baru）は、9月30日事件を契機とするインドネシア共産党の抹殺をはじめとして、その後も次第にその他の政党を無力化し、国軍を唯一の実質的政治勢力とすることによって、それまでの政党によって政治的に動員されていた大衆を非政治化し、一方で経済の向上によって政権の正統性を維持するという体制であった。いわば、力による秩序維持を担保する軍と開発を推進する政府の2つの機構が新秩序体制の支柱であった。この後者の中核をなしたのがアメリカ留学し政府に登用された経済学者たちであり、その意味でスハルト体制の一方の柱であったのである。

BAPPENASを主たる拠点としてインドネシア政府の開発計画の策定と実施の主軸をなしたバークレイ・マフィアと呼ばれる一連の経済学者たちの定義はもちろん定かではない。しかし、その名が示すようにインドネシア大学とカリフォルニア大学の協力プロジェクトによってアメリカ留学した経済学者たちを主として指していることは間違いない。ここでは、後に政府の重要な役職につきバークレイ・マフィアの中に入れられると思われる経済学者たちのその後（1985年まで）を簡単にまとめておきたい[545]。

ウィジョヨ・ニティサストロ（Widjojo Nitisastro）
 1961 カリフォルニア大学博士号取得
 1961–1968 インドネシア大学経済社会研究所所長
 1961–1964、1964–1968 インドネシア大学経済学部長
 1962– Seskoad（陸軍幹部学校）、Lemhannas教授
 1964–1967 インドネシア科学院国家経済文化研究所（LEKNAS-LIPI）所長
 1967–1971 BAPPENAS長官
 1971–1973 国家開発計画国務大臣
 1973–1978、1978–1983 経済産業担当調整大臣、兼BAPPENAS長官
 1983– BAPPENAS顧問、インドネシア共和国顧問

ヨハネス・バプティスタ・スマルリン（Johannes Baptista Sumarlin）
 1960 カリフォルニア大学修士号取得
 1968 ピッツバーグ大学博士号取得
 1970–1973 BAPPENAS長官補佐
 1973–1983 BAPPENAS副長官
 1973–1983 Menteri Negara Penertiban Aparatur Negara
 1983– 国家開発計画国務大臣、兼BAPPENAS長官

サレー・アフィフ（Saleh Afiff）
 1961 カリフォルニア大学経営学修士号取得
 1967 オレゴン州立大学博士号取得
 1970–1971 Seskoal, Seskoad, Seskoau, Seskopol教授

---

545 Compas, ed., *Apa dan Siapa 1985-86*, Jakarta: Compas, 1986.

1970–1980　インドネシア人民銀行総裁
　1973–1978　BAPPENAS長官補佐
　1978–1983　経済産業調整大臣補佐官
　1983–　Menteri Negara Pendayagunaan Aparatur Negara、
　　兼BAPPENAS副長官

アリ・ワルダナ（Ali Wardhana）
　1962　カリフォルニア大学博士号取得
　1967–1983　インドネシア大学経済学部長
　1971–1972　世界銀行、IMF理事会議長
　1974　イスラム開発銀行創設、イスラム諸国財務大臣会議副議長（ジェッダ）
　1975　イスラム開発銀行理事会副議長（リヤド）
　1968–1983　財務大臣
　1983–　経済・金融・産業・開発監視調整大臣

モハマッド・サドリ（Mohammad Sadli）
　1956　マサチューセッツ工科大学修士号取得
　1956–1957　カリフォルニア大学留学
　1957　インドネシア大学博士号取得
　1957–1961　インドネシア大学経済社会研究所所長
　1971–1973　労働大臣
　1973–1978　鉱業大臣
　1978–　Bapindo顧問

エミール・サリム（Emil Salim）
　1964　カリフォルニア大学博士号取得
　1971–1973　Menteri Negara Penyempurnaan dan Pembersihan Aparatur
　　Negara、BAPPENAS長官補佐
　1973–1978　内閣連絡大臣
　1978–1983　開発監視環境大臣
　1983–　人口環境大臣

　当初の留学候補にありながら、アメリカに留学せずフランス留学したダウ

第3章　ビルマとインドネシアにおけるフォード財団

ド・ユスフについても参考までに略歴を付す。

ダウド・ユスフ（Daoed Joesoef）
1973　パリ大学博士号取得
1978–1983　教育文化大臣
1970–1973　戦略国際問題研究所（CSIS）所長
1983–　同運営委員会議長

　以上のように、スハルト体制確立直後の1967年にはウィジョヨがBAPPENAS長官に任命され、それをスマルリンに譲る1983年までウィジョヨが継続してBAPPENASを率い、それを中心に金融、鉱業（主に石油）、産業、労働などの経済部門をバークレイ・マフィアが継続して指導してきたことが分かる。スハルト開発政治体制における文民の中心的地位を体制の確立直後からまさに担い続けてきたと言えよう。

3−5−1　国家開発庁（BAPPENAS）へのDASの支援
　また、1968年にフォード財団はハーヴァード大学開発アドヴァイザリー・サービス（DAS）によるBAPPENASおよびLEKNAS-LIPIへの協力に58万3000ドルの助成を行った。国家開発計画の第一線に立ったウィジョヨに対してハーヴァード大学の経済学者たちの知的協力がフォード財団の助成でなされているのである。このDASを通じてのBAPPENASへの知的協力への助成は1976年まで続き、フォード財団のBAPPENASへの協力は総額250万ドルにのぼった[546]。

　フォード財団1968年年次報告書では、この助成は1956年のカリフォルニア大学とインドネシア大学の経済学協力プロジェクトから続いているフォード財団の経済研究能力開発の延長線上にあると位置づけられており、新しい国家開発計画の策定に対してハーヴァード大学の専門家が協力するとされている。税制改革、運輸と投資、輸出政策の専門家が派遣された[547]。DAS

---

[546]　1972年に飯田経夫が海外技術協力事業団の派遣専門家としてBAPPENASに1年間勤務した。そのときの状況を本にしている。無力感と焦燥と怒りの日々であったようである。しかし、1954年からのフォード財団とバークレイ・マフィアたちとの長い協力を思うと、飯田の焦りや怒りは空しく見えてくる（飯田経夫『援助する国される国』日本経済新聞社、1974年）。
[547]　*The Ford Foundation Annual Report 1968*, p. 47.

チームの代表は最初MITのプロジェクトでインドネシアに派遣され、後にカリフォルニア大学のプロジェクトで1年間インドネシア大学の講師を務めたホリンジャーであった。ウィジョヨらとは1952年からの旧知の仲である。DASのチームは世界銀行、オランダのアドバイザー・チームと一緒に第1次5カ年計画の策定に協力した。DASが全体の政策、世銀のチームがセクター・プロジェクト、オランダチームが地方開発、労働力、援助管理の政策にあたったとされている。そして、DASの協力は全体として成功であった[548]。

こうして見ると経済学の外国人専門的アドバイザーはかなり多数ジャカルタにいた。バークレイ・マフィアたちが果たした役割は経済学者としての役割以上に、スハルト政権の中枢に居続けることが出来たという政治的要素が大きいと思われる。それでは、どのようにして彼らは権力の中枢に近づけたのであろうか。

3-5-2　バークレイ・マフィアとスルタン、そしてスハルト

サリヴァンによると[549]、新秩序体制が始まった時にスハルト、アダム・マリク、スルタン・ハメンクブウォノ9世の3人が有力者として存在していた。スルタンは1964年にスカルノによって会計大臣に任命されていた。この地位は内閣から独立しており、またスカルノはこの地位に興味を持っていなかったため、スルタンは比較的自由にインドネシアの経済と財政について研究をすることが出来た。インドネシアの経済、国家財政の状況はほとんど破産状況であった。政変後の1966年4月4日と4月12日にスルタンは8項目の経済再生プランを発表する。このプランはインドネシア経済に合理性を回復するものとして西側から高く評価され、西側が新秩序体制を認知する一つのきっかけとなったのである。

このプランの背後にはウィジョヨ・ニティサストロ、エミール・サリム、アリ・ワルダナ、モハマッド・サドリ、スブロトの5人がいた。彼らはインドネシアの経済発展のプロジェクトを来るべき日に備えて準備していたのである。ウィジョヨら何人かは陸軍幹部学校で経済学と社会科学を教えていた。それは、後に権力を握ることになるかもしれない軍人たちとの個人的、

548　Mason, Edward S., *ibid.*, pp. 45–48.
549　Sullivan, John Henry, "The United States and the 'New Order' in Indonesia," The American University Ph.D. dissertation, University Microfilms, 1969, pp. 301–306.

知的な関係を築くための意図的な行為であった。サリヴァンの引用したサドリの新聞発言[550]によると、軍人たちはアイディアを求めており、教授たちは学生と軍人の橋渡しをし、さまざまなセミナーの場で軍人たちに政治、経済問題についての理論武装を与えたのである。スルタンの8項目のときには彼らはスルタンの後ろに隠れていたが、1966年7月の最高国民評議会では自ら新経済原則を発表した。軍人たちは彼らを支持し、スハルトも次第に彼らを信任するようになっていったのである。

　バークレイ・マフィアたちが政権の中枢に近づけたのは、もちろん彼ら自身の努力によるものが大きかったが、同時にスルタンの力も大きかった。メイソンはスルタンが5人を政府に招き入れたとしている。そして、IMFと協力して経済安定プロジェクトを作成し、プロジェクトは1966年10月に実施された。プロジェクトを実施するやいなや、彼らはDASのアドバイザーを呼び寄せたのである[551]。スルタン自身がフォード財団の助成を受けていたことはすでに述べた通りである。バークレイ・マフィアもスルタンもフォード財団に支援を求めることにまったく躊躇はなかったのである。

　この後、フォード財団は緑の革命を呼び起こした新品種の導入、そして家族計画といったスハルト政権下の開発において成功と考えられた諸要素のインドネシアへの導入に関与することに容易く成功する。これは、国家開発計画を完全に掌握したバークレイ・マフィアとの親密な関係を抜きにしては考えられない。つまり、インドネシアに関わり始めてから20年を経て、ようやくインドネシア政府内に確固たるパートナーを獲得することが出来たのである。

第4節　インドネシアに関する小括

　本節では、2点について考察を加えている。

　第一は、本章を通じて論証しているフォード財団とインドネシア社会党系知識人の協力関係の範囲、内容、性格についてである。第二は、インドネシアにおけるフォード財団の知識生産・再生産の制度・組織作りの分析である。

550　Ibid., p. 305.
551　Mason, *op. cit.*, p. 44.

4-1　インドネシア社会党系知識人とはどのような人々だったのか

　インドネシア政府の中でフォード財団の基本的なカウンター・パートであったのは、西欧的な教育を受け、合理的な思考方法と近代国家建設の目的意識を持った人々であった。彼らの多くはインドネシア社会党のメンバーあるいは支持者と見られていた人々である。そこで、インドネシアで活動を続ける上でフォード財団にとって最も重要な同盟相手であった政府内部のインドネシア社会党系知識人を見てみたい。

　インドネシア社会党はその前身である社会党時代を含めて、1955年の総選挙で敗北するまでの約10年間はインドネシア国民党、インドネシア共産党、マシュミ党などとともに主要政党の一つであり、内閣に一定のポートフォリオを持つのが通常であった。インドネシア社会党は党首シャフリルの人民社会主義を綱領としており、一般的に社会民主主義を掲げた政党であるとされる。1955年総選挙での敗北以降は政治勢力としては急激に力を失い、1960年の強制解散以降は表向きの政治勢力としては消滅したと言ってもよい。しかし、それ以降も西欧的な民主主義にシンパシーを持った、しばしば体制批判的な知識人群が社会党の流れを受け継ぐ知的伝統として残されたと言えよう。インドネシア社会党は政府関係者を中心とする知識人層に支持者が多く、それによって政治的影響力を確保しており、大衆動員には否定的で、そのことが総選挙の敗北につながった。

　インドネシア社会党の中心をなした人々はインドネシア革命の前後においてシャフリルと思想、行動をともにした人々と見ることが出来る。レッグ (L. D. Legge) はシャフリルに従った人々をシャフリルの政治活動に加わった時期に応じて分けている[552]。第一のグループは1930年代初めのインドネシア国民教育協会において活動していた時期の仲間で後にシャフリルと行動をともにした人々、ブルハヌディン、ハムダニ、スグラ、ムラッドなどである。1934年から1942年まではシャフリルはハッタ、スカルノらとともに蘭領東インド植民地政庁によって逮捕、投獄、流刑の時期であり、シャフリルの政治活動は日本占領期に非公然活動として再開される。

　この時期にシャフリルがリクルートしたのは、日本敗戦直後の独立革命の中核となった学生や青年の活動家たちの一部であった。学生たちの寄宿舎が運動の結集点となっており、寄宿舎ごとに政治傾向が異なっていた。医学

552　Legge, J. D., *Intellectuals and Nationalism in Indonesia- A Study of the Following Recruited by Sutan Sjahrir in Occupation Jakarta*, Cornell Modern Indonesia Project Monograph Series, 1988.

校寄宿舎は理論志向が強く、インドネシア革命を世界規模の葛藤の一部として位置づけ、反ファシズム的で親欧米派の傾向があった。新世代寄宿舎（Asrama Angkatan Baru、あるいは所在地から Menteng 31）は日本軍政宣伝部の支援を受けており、軍事主義的な反欧米民族主義の傾向が強かった。独立養成塾（Asrama Merdeka Indonesia）は海軍の前田中将の個人的な庇護の下にあり、反資本主義、反帝国主義の傾向が強かった。これらの寄宿舎ごとの思想傾向の違いは必ずしも明瞭ではなく、また学生は寄宿舎の間を行き来していたが、後にシャフリルに近くなったグループは医学校寄宿舎出身者が多く、独立養成塾は後にタン・マラカの民族共産主義の流れにつながる傾向があった[553]。

　レッグは本人たち自身の認識を基にこの時期にシャフリルによってリクルートされた運動家たち45人をシャフリル・グループとしている[554]。前述の第2グループである。その中には、後にシャフリルの右腕でインドネシア社会党の議会指導者となったスバディオ・サストロサソモ、党の書記長となったシトルス、ジャーナリストのロシハン・アンワル、独立闘争の中で国軍参謀総長となったT. B. シマトゥパン、駐米大使、国連大学総長のスジャトモコ、国防次官から国家計画庁長官のアリ・ブディアルジョ、著名な作家でナショナル大学学長であったタクディール・アリシャバナ、後にハサヌディン大学教授のアンディ・ザイナル・アビディン、シャフリル政権下の女性社会大臣となったマリア・ウルファ・サントソなどが含まれる。その他に、著名な反体制的ジャーナリストのモフタル・ルビス、蔵相などを歴任したシャフルディン・プラウィラヌガラは自己認識においてはシャフリル・グループとは異なるとしているが非常に近かったとされている。

　第三のグループは第2次世界大戦後インドネシア社会党に入った人々で、スミトロ・ジョヨハディクスモなどはこのグループに入る。スミトロはロッテルダム商科大学で1942年に博士号をとっており、第2次世界大戦中は欧

553　*Ibid.*, pp. 44–47.
554　45人は、Andi Zainal Abidin, Hamid Algadri, Takdir Alisjahbana, Chairil Anwar, Rosihan Anwar, Ali Budiardjo, Boediono, Sutomo Condronegoro, Idham, Kemal Idris, Muharto Kartodirdjo, Suroto Kunto, Listio, Aboe Bakar Loebis, Darmawan Mangunkusomo, Tandiono Manoe, Murdianto, Nugroho, Bagdja Nitidiwirya, J. B. A. F. Mayor Polak, J. Riekerck, Sanjoto, Imam Slamet Santoso, Soebadio Sastrosatomo, Sudarpo Sastrosatomo, T. B. Simatupang, Amir Hamzah Siregar, Sitorus, Maria Ullfah Soebadio, Sobadianto, Dr. Sudarsono, Soedjatmoko, Eri Sudewo, Soemarman, Patok Sunjoyo, Susilowati, Hazil Tanzil, Ismail Thaib, Tan Po Guan, Utaryo, Wibowo, Daan Yahya, Ibrahim Yahya, Moersjiah Zaafril Ilyas (*ibid.* p. 141).

州に滞在した。同大学の経済学部は社会民主主義の傾向が強く、その影響を受けたスミトロはインドネシア社会党の社会民主主義路線に共鳴して参加したものと思われる。1946年にはシャフリル首相の補佐官を務め、1947年の国連安保理事会でのシャフリル代表のインドネシア代表団では副代表を務めた。スミトロは党内でやや孤立した立場に置かれ、後にはシャフリルと主導権を争って破れることになる。

　もう一人重要なのはスルタン・ハメンクブウォノ9世である。スルタンは欧米事情をよく知っており、シャフリル、ハッタ、ナッシールなどの親欧米派と近いと見なされている[555]。また、国軍のナスティオン、シマトゥパンらの旧蘭印軍出身者とも親密な関係であった。政治勢力としては独立した勢力と考えるべきであるが、政治勢力地図の中ではインドネシア社会党に近かったと言えよう。

　以上のように、シャフリルの周りに集まった人々は単に政治闘争を戦う人々であったばかりではなく、ジャーナリスト、作家、学者などを含む幅広い知的関心を持つ人々であったことが分かる。このことはシャフリル・グループに限ったことではなく、この時代の政治エリートの共通の特徴ではある。しかし、このグループの特徴としては知的に洗練され、欧米の思想をこなし、西欧民主主義の伝統と同じ地平でインドネシアを考える傾向、ある種の普遍主義、また政治的には反欧米民族主義の反対側という意味での親欧米の傾向を見ることが出来よう。しかし、彼らを欧州留学経験者とくくることは出来ない。オランダ留学組の中には共産主義者となった者も多く、また学生運動からシャフリルにリクルートされた人々は留学経験者ではないからである。

　フォード財団のプロジェクトのキーパーソンとして登場する人々には、第一に、経済官僚の系列では、インドネシア大学経済学部長として、また閣僚としてのスミトロ・ジョヨハディクスモ、および、国家計画庁長官アリ・ブディアルジョが重要である[556]。

　第二に非政党人であるが社会党シンパと目されたジュアンダ・カルタウィジャヤが重要である。彼は、国家計画庁長官、スカルノの実務内閣の首相を

---

[555]　スルタンはシャフリル内閣、アミル・サラフディン内閣、ハッタ内閣の国務大臣、ナッシール内閣の副首相を務めている。
[556]　スミトロの娘ビアンティはフォード財団ジャカルタ事務所で1970年代からコンサルタントを務めている。

第3章　ビルマとインドネシアにおけるフォード財団　　513

務めるなど、ほぼ一貫して内閣の重要な地位を占め、フォード財団の擁護者の役割を担っていくことになる。スカルノが左傾化し、フォード財団のプロジェクトが厳しい状況に追い込まれていったときに、最も頼りにしたのがジュアンダである。また、シャフリル政権の社会相であり、ジュアンダ首相の首相府長官になったマリア・ウルファ・サントソもフォード財団の重要な政府との窓口であった。さらに、教育大臣などを務めたバフデル・ジョハンも、プロジェクトを通じてフォード財団は親密な関係を持っていた。

　第三に、スルタン・ハメンクブウォノともフォード財団は親しい関係を築いていた。彼は、アメリカ訪問時に少額ではあるがフォード財団の助成を受けている。スルタンの個人秘書で、フォード財団の特別な奨学金でコーネル大学社会学博士号を取得したセロ・スマルジャンも社会党シンパの知識人と見なされている。

　これらのフォード財団と関係のあったインドネシア社会党系知識人とフォード財団の関係は「親しい」関係というのにふさわしい。「尊敬する仲間、同志」あるいは「身内」的な関係が長く継続しているのである。インドネシア社会党系知識人とフォード財団の関係の最大の象徴は、1973年に財団の最初の外国人理事になったスジャトモコであろう。第1章で述べたように、フォード財団の理事会は財団全体の方針を決める実質的な経営主体であり、その一員になることは財団の政策全体に大きな影響力を持つことである。駐米インドネシア大使などを歴任し、後に初代国連大学学長として日本にも馴染み深い彼は、シャフリルの娘婿であり、まさにインドネシア社会党系知識人の代表格である。また、開発の時代のインドネシアを代表する国際的知識人であった。それまで、アメリカ人だけであった理事に最初に迎えた外国人であるということは、まさに「身内」になったわけであるし、そこには財団と助成対象者という関係を越えたものが存在すると言えよう。彼らはまさにフォード財団をも含むある傾向を持った知識人ネットワーク、知識人共同体の一部であるのである。

4-2　協力関係の意味するもの

　フォード財団とインドネシア社会党系知識人の協力関係は何らかの正式な協定があったというようなものではなく、当時のアメリカ・リベラル組織であるフォード財団とインドネシアの政府内の民主的な社会主義者が、開発という共通課題においてさまざまな場面で協力した事例の全体を指している。

全面的な協力ではなく部分的な協力であった。そこで、まず両者の協力関係の範囲をおさえておきたい。

最も基本的な協力関係の限定はインドネシア政府と外国民間財団の間の開発協力という性格がもたらすものである。インドネシア社会党系知識人といっても、その中心となっているのは政府内部の人々であり、スバディオ・サストロサソモ、シトルスなどの党の指導者、シマトゥパンらの国軍関係者、ロシハン・アンワル、モフタル・ルビスらのジャーナリスト、タクディール・アリシャバナらの文学者がフォード財団のプロジェクトに現れることはない。事実、フォード財団が、党首であったが政府の役職から退いていたシャフリルとプロジェクトで関わったことを示す記録はない。例外はスジャトモコである。後に駐米大使となるが、比較的自由な知識人であった時期もあり、必ずしも政府官僚であったとは言えない。

このこと、またインドネシア政府官僚に社会党支持者が比較的多かったという事実から、協力関係は官僚と民間財団の協力関係ではないのかという批判もありうるかもしれない。しかしながら、政権による消長はあっても政府にはインドネシア社会党系と同様に親米派であったマシュミ党系の人々、そして何よりスカルノの与党である国民党系の人々が常に存在した。インドネシア社会党系の人々が政府で多数派であったわけではない。そして、フォード財団がマシュミ党系、あるいは国民党系とされる官僚や知識人とプロジェクトにおいて協力した例はまったく見られない。明らかに、フォード財団はインドネシア社会党系の人々と協力していたし、また同時代的にそのように見られていた。フォード財団のインドネシア側カウンター・パートで社会党系ではない重要人物は教育省次官のフタソイトだけある。彼は、キリスト教徒の多いバタック族の出身でキリスト教政党に近かった。

同様に、両者の関係をアメリカ組織とインドネシアにおける親米派の関係と見る見方もあり得よう。しかしながら、インドネシア社会党を親米と位置づけるのには一定の留保が必要である。確かに、インドネシア共産党などの反米勢力と激しく対立していたインドネシア社会党はインドネシアの政治スペクトラムの中では親欧米派にみえる。しかし、元来インドネシアの非同盟中立路線はシャフリルに始まるものである。同党の外交政策はインドのネルー、ビルマのウ・ヌに近い非同盟中立であった。アメリカ、特にリベラル派と協力するが、同時にソ連や中国とも友好関係を保つ第三の道をとろうとしていたのである。シャフリルが首相のとき、ネルーとはきわめて親密な関

係を持ち、インドの支援を受けたこともあった。つまり、相対的には親米派と言えるが本質的に親米派であったわけではない。

　第二に最大の親米派政党はマシュミ党であった。改革派イスラムのマシュミ党もやはり共産党と対立するという国内政治の力学の中で親米に位置づけられるが、合理的で穏健な改革志向という性格が欧米諸国の利害と一致するだけであり、イスラム政党がその本質において親米でなければならない理由は何もない。あくまでも国内政治の相対的力学の中で、親米的に位置づけられると言うべきである。フォード財団とインドネシア社会党の関係が、親米派との関係であったならば、当然はるかに大きな勢力であったマシュミ党との関係もなければならない。実際、アメリカ政府はマシュミ党との関係をより重視していた。しかし、フォード財団の活動にマシュミ党関係者が現れることはほとんどないのである。

　以上のように、フォード財団とインドネシア社会党系知識人の関係はアメリカの民間財団と親米派と見られていた政府官僚という性格を持っていたが、その性格はいわば結果であって関係が成立した要因ではなかった。両者の協力関係が成立した最大の要因は両者に共通の目的とそれを達成する方法論の合意があったことである。共通の目的は開発、すなわちインドネシア国民の食糧、医療、教育などの面での生活水準の向上であった。この目的は新生インドネシア国家において、何よりも優先されるべき課題であるという優先順位の認識も一致していた。

　民生の向上はおそらく誰でも賛成する点であったが、その優先順位において、あるいは方法論において大きな意見の対立がインドネシア国内にも、またアメリカ国内にもあった。両者が一致していたのは革命の終息と民衆の脱動員による政治の安定と経済開発への集中、議会制民主主義による穏健で漸進的な改革、援助などによる欧米先進国からの技術と資本の流入、市場ではなく政府を中心とした計画的な開発の推進といった点であった。こうした開発課題と方法論を最も明瞭に認識していたのがインドネシア社会党の人々であった。インドネシア共産党などの左翼はよりラディカルな革命的方法論を信奉していた。実際、共産党の指導や影響で行われたのは農民による一方的な土地改革、外資の接収、土地や産業の国営化などである。そして何よりも、アメリカに代表される西側資本主義国家との闘争を最大の優先順位においていた。目先の民生向上ではなく、究極的な構造改革のための革命継続を追求したのである。

アメリカ国内のリベラル派と保守派の主要な意見対立は、単純化して言えば、新興独立の開発途上国における経済開発、民生向上へのアメリカの関与にどのような優先順位を置くかという点、および途上国政府が主導する計画的開発への経済援助にどこまでコミットするかであった。保守派は途上国へのアメリカ政府の財政的コミットは避けるべきだと考え、途上国の開発はアメリカ企業の投資などの市場メカニズムによってより効率的に達成出来るはずであり、政府開発援助は非効率であると懐疑的であった。途上国の共産化の危険は途上国固有の貧困から発生するのではなく、ソ連の指導する国際共産主義運動の扇動によるもので、それを防ぐためには反共勢力への軍事支援、ソ連の活動に対抗する心理戦や諜報・工作活動などであると考えていた。他方、リベラル派はアメリカの経済援助によって民生向上を果たすことで貧困という共産化の根本原因を除去出来ると考え、民生向上は政府主導による計画的開発によって最も効率的に行われると考えた。ニューディールの遺産である。

　以上のような両者の国際開発に対する考え方の類似が、ある意味では必然的に、両者の協力を生み出していったのである。そして、開発をめぐる考え方の相違から、他の組み合わせの勢力の間では協力は生じ得なかった。また、別の言い方をすれば開発とは平和的な改革を意味しており、インドネシアの民主的な社会主義者とアメリカのリベラル派の連携は穏健な改革を志向する中道左派連合であったとも言えるであろう。

　1950年代のインドネシア社会党がどのような社会を理想としていたかであるが、党首シャフリルの伝記作者であるルドルフ・ムラゼックは、この頃、現実政治の世界からは遠ざかっていた彼は福祉国家を理想としており、中でも北欧諸国を熱烈に支持していたとしている[557]。シャフリルは、戦前には最も注目していたイギリス労働党にもフランスやイタリア、また当時注目を集めていたチトーのユーゴスラビアにももはや興味を示さなかった。51年にシャフリルは欧州を旅行しており、チトーを含めて、欧州の社会主義指導者とも会っているが感銘を受けることはなかった。また、戦前には毛沢東に深く感銘していたが、この頃の中国にもあまり関心を示していない。一つはっきりしているのは、シャフリルをはじめとしてインドネシア社会党系の知識人たちは非常に国際的であり、当時の欧州の最新情報を直接入手出来る

---

[557] Mrazek, Rufolf, *Sjahrir: Politics and Exile in Indonesia*, Ithaca: Cornell University Southeast Asia Program, 1994, pp. 428–429.

立場にあったことである。

1952年には、ビルマで同様に福祉国家を国家目標とすることを謳ったピドゥタ（幸せの土地）会議がウ・ヌによって開催されている。インドにおいても福祉国家がやはり理想として語られていた。当時、暴力を否定し、議会制民主主義を通じて社会主義への道を進もうとする穏健な社会主義が、非同盟諸国を中心にアジアで一定の勢力を得ていたのである。その一つの共通の目標が福祉国家であり、それぞれ各国は欧州などにモデルを求めていた。アジアの非共産主義の社会主義者たちは1953年にアジア社会党会議を開いており、特にインド、インドネシア、ビルマの社会主義者の間ではそれ以前から交流が存在していた。

欧州の社会民主主義勢力とアメリカのリベラルの間にはかなりの交流が存在した。アメリカ・リベラルは欧州であれどこであれ、保守層を嫌う傾向にあったし、穏健な改革主義という点で似通っていたのである。アメリカ政府はCIAを通じて、密かに欧州の社会民主主義勢力やその関連機関への資金援助を行っていた。これは、社会民主主義勢力と共産主義勢力の対立関係を利用して反共活動を支援する目的であった。日本でもCIAから資金を得ていたとされるアジア財団は日本フェビアン協会などに助成を行っている[558]。フォード財団はCIAによるプロパガンダ活動とは異なっていたが、アメリカ・リベラルの代表的組織の一つであり、社会民主主義勢力の関連機関への助成を行っている。

フォード財団とインドネシア社会党との関係は反共プロパガンダを目的としたものであったわけではなく、国家を中心とする開発という目的において協力したのである。しかしながら、インドネシアにおける両者の協力がインドネシアという局所においてのみ成立していたのではなく、アジアにおける民主的な社会主義という広がり、またアメリカ・リベラルと欧州の社民勢力の協力という国際的な広がりとパラレルな形で存在していたことは両者の協力の意味を考える上で重要なことであろう。

4－3　協力関係における主導権——支配だったのか

次に考えてみたいのは、インドネシア社会党系の人々とフォード財団のどちらが協力関係における主導権を握っていたのかという点である。この問い

558　アジア財団年次報告書、1952年。

はフォード財団の活動が物理的力は用いないが、ある種の支配であったのかどうかという問題に関わってくる。こうした批判は実際に後の時代に、極端で曖昧な概念ではあるが文化帝国主義批判という形でフォード財団に対して行われている。

　まず初めに、プロジェクトのレベルでどちらが主導権を握っていたのかを見てみよう。カリフォルニア大学とインドネシア大学の共同プロジェクトの経緯を見れば明らかなように、プロジェクトの推進で一貫して主導権を握っていたのはスミトロ、ウィジョヨなどのインドネシア側であった。フォード財団がインドネシアでの活動開始を決定する以前に、スミトロがECAを通じて財団にアプローチをしていた。ハリスが着任した時、このプロジェクトにはアメリカ政府援助機関であるFOA、またロックフェラー財団も興味を示していた。スミトロは誰彼構わず援助先を探していた。資金を提供したのがフォード財団になったのはフォード財団の強い意志というよりは偶然性が大きかった。もし、フォード財団が助成しなくとも、金額は少なく規模は小さくなっていたかもしれないが、他の資金源による実施もありえただろう。フォード財団のインドネシアでの当初の重点分野には経済学者の養成は含まれていなかった。財団の戦略とは別のところで、スミトロの強い要請と説得によって財団が動き出したというのが実情である。このプロジェクトがかくも大きなインパクトを持ったことは財団にとって意外な展開であったと思われる。バークレイ・マフィアと呼ばれるようになるが、バークレイの側にも当初強い意志があったわけではない。むしろ、フォード財団の東南アジア研究への助成を期待して、いわば取引材料として引き受けた印象が強い。バークレイは受け身であって強い意志も計画も戦略も持ち合わせていなかった。

　そもそも、このプロジェクトが後の時代に大きなインパクトを持ちえたのはウィジョヨらがスハルトと連携を結んだことであり、その後スハルトが権力を握ったというインドネシア政治の展開ゆえにであった。つまり、プロジェクトの効果はインドネシア国内政治の動向に大きく依存していた。

　以上のように、プロジェクト・レベル、つまりミクロ・レベルにおいては、プロジェクトの成否はインドネシアの国内要因に強く依存しており、助成という形をとった介入によってフォード財団がインドネシア国内社会、ひいては政治に大きな影響力を必ず発揮出来たとは言えない。この意味において、文化帝国主義批判はあたっていない。

　次に、アメリカ＝インドネシア関係というマクロのレベルで考えてみた

い。すなわち、経済協力という政策の効果という観点である。フォード財団のプロジェクトの中でも、明らかに成功したプロジェクトと失敗したプロジェクトがあったことは本章で述べてきたところである。しかし、失敗があることを当然の前提として、個々のプロジェクトの効果をいわば確率的に捉えることで、政策全体としての効果を考えることが出来る。これは、投資とリターンの発想で考えるアプローチである。この発想では投資効率をどのように評価するか、また投資効率を高めるにはどうするかを考えることが重要である。

　ガードナーによれば、インドネシアの独立から1965年までのアメリカの官民による対インドネシア活動の中で最も見返りが大きかったのは、技術協力による教育交流が長期的にもたらした効果であった[559]。バークレイ・マフィアはその典型例の一つである。しかしながら、これはきわめて分かりやすい成功例であり、全体として見ると技術協力のアメリカ・インドネシア関係への効果は、定量的にはもちろん、定性的にも評価が難しいプロジェクトが多い。評価の難しさについては本論でも度々言及してきたが、一つには個々のプロジェクトは社会内部（in vitro）で起きる現象であるため変数が多く、プロジェクト以外の変数をコントロール出来ないという技術的な問題がある。また、長期的成果を測ることは時間が経つにつれて当初存在しなかった政治的、社会的要因が現れてくることで、プロジェクトが置かれる文脈自体が変化してしまうという困難にも直面する。社会的介入の特徴の一つは軍事介入などの成否がきわめて明瞭に現れる介入とは異なる評価の難しさである。

　本書では経済協力、特に技術協力を、こうした複雑な要因で構成され、長期的な変化でしか測れない社会的介入であるという視点で分析しようとしている。それは、従来のような経済協力を途上国政府の政策を短期的に変えるための外交手段と見なす分析の不十分さの認識に基づいている。本書においても、社会的介入の効果を長期的、歴史的視点で評価することの困難さを克服出来たわけではない。しかしながら、スハルト政権以降のアメリカとインドネシアのエリート間の人的つながり、アメリカ的な社会科学思考のインドネシアでの普及などは1950〜60年代にフォード財団を含むリベラル勢力によって実施された技術協力なしでは、おそらくあり得なかっただろうということは指摘出来る。

---

[559] Gardner, Paul F., *op. cit.*, p. 193.

スハルト政権の開発政策の負の側面を指摘することは可能であるし、また、別のより良い体制や政策がありえた可能性を排除することは出来ない。しかし、その開発政策に一定の成果があったことを全面的に否定することは出来ないであろう。その意味で、スハルト政権下での開発の成果を一定程度評価するならば、その原因の一端をバークレイ・マフィアの経済運営、緑の革命の導入や家族計画の普及に求めることは的はずれではない。それらが、1950～60年代にフォード財団やその他のアメリカ機関が関わったプロジェクトに密接に関係していることからして、当初目覚ましい成果を上げることが出来なかった1950～60年代の技術協力が長期的に効果を現したのだと見ることも根拠のないことではない。こうした経済面での一定の成果は、単に開発途上国の民生向上という一般的目的だけでなく、それがスハルト反共体制を支えた一方の柱であり、当初リベラル派が考えたような、貧困をなくすことで共産化の根本原因を除去するという当時の経済協力の大目的が達成されたと考えても、大きく外れているとは言えないであろう。

4－4　「陣地戦」、あるいはアイディアをめぐる闘争における　　　　　フィランソロピーの「力」

　以上のように、技術協力のアメリカ＝インドネシア関係におけるアメリカ側から見てプラスの効果は長期的には確かにあったと言うことが出来ると思われる。それでは、文化帝国主義批判に見られるような、ある種の強制力としての側面はどのように考えればよいであろうか。一つの観点は助成がきわめて選択的に行われたことの「力」としての側面である。すでに見てきたように、フォード財団の助成の対象は社会党系知識人を中心として非常に選択的であった。特定の勢力だけが、その主張を実現するための資源へのアクセスを許される時、それはある種の力の行使になる。民間財団が選択的な助成の手法によって、ある種の権力を構成しているのは事実である。

　しかしながら、状況を支配であったと考えるのは困難である。反対勢力もまた、ソ連や中国からの支援を受けていたからであり、インドネシアの状況はアメリカの支配というよりは葛藤の状況であった。そして、フォード財団を含むアメリカの官民諸機関にとって情勢はむしろ不利であった。グラムシの概念を借りるならば「陣地戦」の状況にあり、大学、研究所、政府の部局の個々で対立する勢力が陣地戦を行っていたのである。例えば、インドネシア大学経済学部は社会党系勢力の牙城であったし、ガジャマダ大学ではアメ

リカの影響力は一時敗北に近いかたちで追い出されかかった。スハルト体制下で、インドネシア大学経済学部、インドネシア科学院国立経済社会研究所（LEKNAS-LIPI）、国家開発計画庁（BAPPENAS）の3つが知的センターとして政策に圧倒的な影響力を持ったのは、陣地戦における社会党系＝アメリカ・リベラル同盟の勝利を意味している。

　この陣地戦において、中心的役割を果たしたのはウィジョヨを筆頭にバークレイ・マフィアたちであった。インドネシア大学経済学部はもとより、LEKNAS-LIPI、および計画庁（BAPPENASの前身）がバークレイ・マフィアで占められていくのは、9月30日事件以前のことであったのは興味深い。したがって、陣地戦での勝因は9月30日事件以降の政治全体の転換ではなく、むしろバークレイ・マフィアたちの帰国であったと考えられる。彼らの師である経済学部長スミトロは一人で他人の何倍も働くという人物であったが、それでも一人であった。彼がいかに優秀であっても、一人で出来ることにはおのずと限界があった。その弟子のウィジョヨは、しかし、10人あるいはそれ以上のアメリカ留学組の経済学者集団、バークレイ・マフィアを率いていたのである。この人数こそが、主要な知的センターを全て支配することを可能にした重要な要因であったと考えられる。大量のインドネシア人経済学者の留学を可能にしたフォード財団の財源は、この陣地戦において重要な力の源泉であったと言うことが出来るであろう。

　以上のように、民間財団の資産は国際関係においてもアメリカ国内での場合と同様に、アイディアをめぐる政治、あるいは闘争に影響を与えようとするある種の力を構成していると考えられるのである。しかしながら、その力は、文化帝国主義批判で語られる支配階級の支配の手段というような静的なものではなく、アイディアをめぐる葛藤の中でいわば勝ったり負けたりというダイナミックな過程の中で現れてくるものなのである。

4－5　世代文化としての「陣地戦」

　最後に、インドネシア社会党系の人々とアメリカ・リベラルの同盟の質的変化について考えてみたい。フォード財団に関係の深い人々の中で、おそらく最初の出会いは、コーネル大学のケイヒンが博士論文のフィールド調査で独立闘争の最中にシャフリルらをインタビューした時であろう。彼の博士論文はシャフリルらのインドネシア社会党を中心とする民主的政権がインドネシア政治の主流であり続けるという予測に基づいていた。フォード財団のブ

ラウン＝アーノルド調査団によるインドネシアでの活動の当初の見通しも、こうした民主的な開発政権が続くことを前提とし、それを支援することに意義を見出していた。民主主義と開発の組み合わせという楽観的なユートピア的側面を持っていたのである。シャフリルはオランダの社会民主主義の流れを汲む社会主義者であり、ケイヒンはマッカーシズム支持者にねらわれるようなリベラル左派であったが、その距離は革命の政治的多様性の中では中道左派という意味でむしろ近かったのである。

　次に、実際のプロジェクト形成の上で最も重要だったのは、2代目の代表でアメリカ労働界出身の典型的なニューディーラーであったハリスと、シャフリル政権で見出されその後ずっと経済畑でインドネシア政府の中核を担った、オランダ留学の経済学者スミトロとの関係である。また、社会党員ではなかったが、そのシンパと見なされていた技術者出身のジュアンダとの関係も重要であった。さらに、マリア・ウルファ・サントソ、アリ・ブディアルジョ、セロ・スマルジャン、フタソイト、スジャトモコなどとも同様の親密な関係がハリスとの間に作られていった。

　インドネシア社会党系の人々とだけ関係するという、ハリスの時代のほとんど頑固とも思える方針はフォード財団一般の性格であると同時に、労働界出身であったハリス個人の属性によっても増幅されているであろう。ガジャマダ大学経済学部支援のプロジェクトでスカルノとの対立が明らかとなったとき、ハリス以外の人物が代表であったならば、より柔軟な、あるいはより軟弱な方針をとってインドネシア国民党系の知識人たちとも関係を結ぶような行為に出ていたかもしれない。少なくともハリスの頑固さは彼がインドネシア社会党の立場を他のスタッフにも増してより明瞭に理解し、好意を寄せていたことを暗示し、また、彼がアイディアの闘争の意味をよく理解していたのではないかと想像させるのである。

　インドネシア側だけでなく、第2次世界大戦からマッカーシズムの時代を生きていたケイヒンやハリスは国内でのアイディアの闘争を体験し、また、イデオロギー闘争が実際の戦争を通して闘われた時代の人々であった。インドネシアの革命世代と共通の政治闘争の時代を経験しており、したがってインドネシア社会党系の人々との連携は政治的側面を強く持った思想連携であったと思われるのである。

　ハリスの後任のミラーとスミトロの弟子のウィジョヨの世代になると、第2次世界大戦も独立革命もいささか遠く感じられる時代になっており、労働

者の組織化などの大衆動員と政治闘争から、より行政官的な専門家同士の連携へと変化していったと考えられる。それはミラーのプロジェクトの扱い方にも見られるし、また70年代のプロジェクト評価の態度にも見て取ることが出来る。政治的側面への言及がほとんどなく、純粋に教育支援としての評価を行おうとしているのである。その傾向はウィジョヨやバークレイ・マフィアにおいても見られる。もちろん一般の経済学者よりは遙かに政治性が高いが、それでも例えば民主主義へのコミットなどの面では専門外ということで積極的に関わろうとしているとも思えないのである。この点は明らかにシャフリルなどとは異なる点であり、いわば彼らの非政治化、行政化、あるいはテクノクラート化が、民主的社会主義から出発した流れの人々が権威主義的傾向の強いスハルト軍事政権と同棲することを可能にしたとも言えるのではないだろうか。

　第2次世界大戦と独立革命の世代から次の世代への世代交代の意味は、インドネシアとアメリカの中道左派の鮮明な政治連携から行政的連携への変化であり、それは正統性確立のために「開発を実験してみる」時代から、正統性の確立した「開発の実務的執行」の時代への変化でもあったのである。

4-6　知識生産・再生産の制度・組織作り、開発知識人ネットワークの形成、「社会的な力」としての民間財団

　インド、ビルマと同様に、インドネシアでフォード財団が主として関わったのは、制度・組織作り（institution building）であった。ここでは、インドネシアにおける制度・組織作りの特徴を考えて見たい。

　制度・組織作りの方法はインド、ビルマとほぼ同じである。アメリカの大学や非営利組織とインドネシアの組織のペアリング、アメリカ人教師の派遣、カリキュラム作り、教科書支援などと並行して、インドネシア人教員・研究者などのアメリカ留学、帰国した人材とアメリカ人派遣専門家の交代という一連の過程である。

　時代順に本章で取り上げた制度・組織を挙げてみよう。最初は英語教育の制度作りであった。緊急に現場の英語教師を養成する必要から訓練プロジェクトへの支援が行われ、アメリカ留学による人材プールの形成を通じて英語教育の制度的維持が図られた。恒久的な専門機関の設立は行われていないが、これはおそらくその必要性が感じられなかったのだろう。英語教育というテーマの特殊性によるものと思われる。次に取り組んだのが、中級技術者

の養成であり、ここではダンウッディー工業専門学校と提携して、バンドゥン技術教員養成学校への梃入れがなされ、同学校は恒久的組織として人材、カリキュラムなどの教育内容を確立した。この2つの制度作りは成功を収め、フォード財団の初期におけるインドネシアでの地位の確立に貢献した。

次に、フォード財団が力を入れたのは、成功はしなかったが、コミュニティ開発訓練センターである。これは、おそらくインドでの成功モデルを適用しようとしたものであるが、インドネシアの国情の違いから失敗した。考えられる要因は2つある。第一にインドネシアではゴトンロヨンと呼ばれる村での共同活動が伝統的に盛んであり、カースト制によって共同体が分断されているインド農村とはかなり異なっていた。外部からの援助ニーズが果たしてどこまであったのか疑問である。第二に農村の福祉向上とそれを通じての農民の組織化はインドネシア共産党もまた積極的に取り組んだ課題であり、アメリカ的なコミュニティ開発と正面からぶつかる課題であった。アメリカの組織から援助を受けることに対して、インドネシア政府内で確固とした政治的合意が築けなかったと思われる。

部分的な成功に甘んじたのは、教員養成高等師範学校への支援である。多くの師範学校教員がアメリカ留学を果たし、教育学や教員養成法の学位をとって戻った。しかし、必ずしも優れた教員養成制度が出来たとは言えない。それは、おそらくは急激に拡大する就学人口とそれに対応する初等中等教育の拡充の中で政府の予算的手当てが不十分であり、教員給与が不当に低く据え置かれるなど、教育内容の充実に決定的にマイナスな要因があったことである。

以上のように、インドネシアでのフォード財団の活動ではバークレイ・マフィアが目立っているため、そこばかり脚光を浴びがちであるが、支援がエリート機関形成に偏っていたわけではなかった。むしろ当初は初等中等教育の教員、中級技術者、コミュニティ開発ワーカーなど、教員・公務員の中堅人材の大量養成に焦点を当てていたのである。失敗したコミュニティ開発を除いて、これらは1960年代まで継続されていくが、1955年にハリスが二人目の代表として赴任してから、フォード財団の制度・組織作りにはエリート機関の形成がメニューに加わっていった。

1955年末から1956年にかけて、インドネシア大学とガジャマダ大学の経済学部への支援が開始された。インドネシア科学院国立経済社会研究所（LEKNAS-LIPI）の設立支援は事情がやや複雑である。初めは、1958年に科

学院（LIPI）の前身であるインドネシア科学評議会（MIPI）への小規模な支援が行われた。ハリスはこのインドネシアの知的センターへの関与をねらっていたが、ハーヴァード大学の開発アドヴァイザリー・サービス（DAS）を通じての本格援助が始まったのは1963年であった。

　3つの組織の形成支援の経緯を見てみると、まずインドネシア大学経済学部、次にガジャマダ大学経済学部、そして国立経済社会研究所の順番であり、インドネシア大学経済学部への支援開始を契機として他の2組織に展開していったと考えられる。そして、インドネシア大学経済学部支援が学部長のスミトロ・ジョヨハディクスモの主導によって開始され、その弟子のウィジョヨによって引き継がれたことを考えると、エリート機関支援はフォード財団の側というよりはインドネシア社会党系知識人によって提起され、インドネシアにおける一つの助成分野に拡大したと考えるべきである。彼らの本拠地であったインドネシア大学経済学部で最もプロジェクトが成功し、国立経済社会研究所もウィジョヨらが内部での左派との闘争に勝ってから大きく動き出したこと、ウィジョヨらの影響力の薄かったガジャマダ大学で大きな障害にぶつかったことからも、一連の知的エリート組織形成は究極的には社会党系知識人たちのプロジェクトであった。

　他方で、フォード財団が一方的に受身であったわけではない。スミトロらによって、この分野の重要性を認識するとハリスはこの分野を拡大しようとした。ガジャマダ大学、そして国立経済社会研究所への展開にはむしろフォード財団側の積極性が目立っている。ガジャマダ大学経済学部支援でスカルノと対立したとき、ハリスの態度は徹底的な抗戦と言うべきものであった。一切の妥協をせずに、最終的には支援継続への許可をインドネシア政府から勝ち取っている。

　以上の経緯を概観すれば、当初は社会党系知識人が強い影響力を持っていた政府の主要省庁と協力しながら中堅公務員人材の大量養成に力を入れていたが、左傾化するスカルノとインドネシア政府という政治情勢の変化の中で、社会党系知識人とそれを支援するフォード財団は次第に周辺化され、大学、研究所という行政からは遠い組織を維持、拡大、強化することに専念せざるを得なくなったのである。残された社会党系知識人の拠点を守り、アメリカ留学によって人材の数を増やすことで1960年代前半はいわば雌伏の時代であったと言うべきであろう。

　インドネシアにおける制度・組織作りの特徴を考えてみると、その一つ

は、すでに何度も述べてきたが、闘争側面が最もよく出ていることが挙げられる。それは、政治指導者と政府の中心が比較的アメリカ・リベラルに近い民主的な社会主義を掲げていた時期が長かったインドとビルマと異なり、インドネシアでは当初インドネシア社会党が中心となって政府が運営されていたものの次第にスカルノの権力が強化され左傾化していったためである。本質的にアイディアの闘争であったことには変わりはないが、インドネシアではそれが見えやすいのである。

　同様に、インド、ビルマにも共通することであるが、インドネシアで見えやすいのは制度・組織作りが、国際的な知的ネットワーク形成につながっていることである。制度・組織作りによって形成された組織と人材は第一にそれに関わったアメリカの大学や非営利組織とのネットワークにつながっていく。経済学者のバークレイ・マフィア、あるいはコーネル大学東南アジア研究プログラムにつながるコーネル・マフィアなどの通称がそれを如実に物語っている。ハーヴァード大学開発アドヴァイザリー・サービスも重要なアメリカ側のネットワーク拠点である。ネットワークは、ネットワークの維持、発展に資源を提供する組織としてのフォード財団にもつながっている。ネットワークが機能するとき、フォード財団の資源が活用されるのである。

　ネットワークの基本は知識人たちであり、彼らの移動がネットワークの存在を目に見えるものにしてくれる。アメリカ人教員や専門家の派遣、インドネシア人学生の留学、アメリカ視察などである。人の移動はネットワークがインドネシアとアメリカの大学や研究機関をつないでいるだけでなく、国際機関にもつながっていることを示している。典型的なのは、ハリスの経済協力開発機構（OECD）の事務局次長への転出である。また、ずっと後のことになるがスジャトモコが国連大学学長になったことも挙げられるであろう。筆者は修士論文において、このネットワークを国際開発知識人ネットワークと呼んだ。フォード財団のように国際開発に積極的に関与するリベラルな民間財団もネットワークに加わっているのである。

　国際開発知識人ネットワークは、いわゆる認識共同体の一種であるが、環境問題などの自然科学分野の認識共同体に比べて、知識と思想の闘争的側面がより際立っている。国際開発が政治経済のあり方をめぐる思想闘争を重要な軸として展開してきたことと密接に関係している。したがって、フォード財団につながるネットワークはアメリカ・リベラルとそれに近い思想グループだけに開かれている。共産主義グループにも同様に国際的な知識人ネット

ワークがあったことは改めて指摘するまでもないであろう。共産圏に加わったインドシナ諸国の知識人はモスクワ大学やソ連科学アカデミーを頂点とし、東欧諸国の大学、研究機関ともつながるネットワークに加わり、留学と知識人の再生産を行っていたのである。

国際開発知識人ネットワークの中心は、アメリカの大学であったと言えるであろう。なぜならば、そこで知識の生産とディシプリンの形成が行われていたからである。開発をめぐる知識は開発の現場から集められ、一定の形式で抽象化が行われて論文の形でアメリカの大学に集積された。開発現場で調査や教育に関わったアメリカ人たちが大学の教員として、途上国からやってくる留学生やアメリカ人の開発関係者を養成していったのである。カリキュラムと教科書が作られ、開発学が形成されていった。1950年代の開発経験から、形成されていったのが60年代をリードした近代化論であったと言えるであろう。近代化論の主張者であったロストウとミリカンがフォード財団の助成を受けてインド、インドネシア、ビルマ等で経済開発を研究したことは、フォード財団が近代化論の形成に一定の役割を担ったことを物語っている。

しかしながら、50年代の開発経験とそこから抽出された知識を近代化論で代表してしまうのは単純化のしすぎであろう。アメリカの大学に蓄積された知識はより広く、深いものであり、近代化論はその理論化の一つに過ぎない。ロストウの近代化論には明らかに強いイデオロギーの注入が見られるが、より学問的な成果も50年代の開発経験から現れている。例えば、フォード財団が関わった事例だけ見ても、すでに50年代から文化人類学者の開発研究への参加が始まっており、クリフォード・ギアーツの初期の一連の著作はフォード財団の助成プロジェクトから生まれたものであるし[560]、インドの章で述べたように「貧困の文化」で有名なオスカー・ルイスはフォード財団のインドでのコミュニティ開発活動を評価するために招かれているのである。ギアーツのインドネシア農業の観察は、近年においても、開発経済学で重要な論争の基本文献となっている。

ネットワークの中心がアメリカの大学にあることは、必ずしもアメリカ人だけが中心を形成していることを意味しない。途上国から留学し、アメリカの大学に残って教員となる知識人もあるし、スジャトモコのようにフォード財団の理事になる人間も出てきている。基本的には個人主義的な価値観が支

---

[560] 牧田、修士論文、第4章参照。

配するネットワークであり、人種差別が露骨にあるわけではないからである。しかし、現実にはアメリカの大学が優位を保ち続け、知識生産と知識人の再生産の中核であることは国際開発が開始された20世紀後半から今日まで変わることはなかった。

　それらは、国家が独占的に管理する軍事力や諜報活動とはまったく異なる性質の「力」を持っている。それをソフト・パワーであると呼ぶかどうかは別として、ある種のアメリカの「社会的な力（social power）」を形成していることは間違いないであろう。国家に集中するのではなく、アメリカ社会にさまざまな形で存在する「社会的な力」は国内でのアイディアをめぐる闘争の主役であると同時に、リベラルな帝国であるアメリカが国際社会に対して行使している「力」としても、世界をアメリカに似せて作り変えるという帝国アメリカの究極プロジェクトにおいて、他国の社会のレベルで行われる「社会秩序の変革」の作業における主役でもある。1950〜60年代のフォード財団に代表されるアメリカの大型民間財団はそうしたアメリカの「社会的な力」の中心の一つとして、アメリカを中心とするリベラルで民主的な秩序を世界に広げる役割を果たし、異国の社会のレベルでの陣地戦を闘ったと言えるであろう。

4−7　フォード財団の活動の評価
——知識の生産・再生産の制度・組織作りと未完のアメリカ化

　「アメリカの世紀」と呼ばれるような非常に長い期間をかけての、アジア諸国に対する覇権国家アメリカの影響、特に知識生産・再生産の体制への影響力の問題を考えてみたい。なぜならば、すでに述べてきたように、フォード財団が主として関わったのは開発協力とされる分野ではあったが、実質的には大学や研究所、専門家協会、図書館などの知識の生産と知識人の再生産に関わる制度と組織作りであったからである。アメリカ的な知識の生産と再生産の秩序をリベラルな秩序と呼んだが、フォード財団は、それをモデルとしてアジア諸国にそれに似た知的生産秩序を構築しようとしたと考えられる。

　リベラルな知識生産・再生産の秩序とは、自由競争を一つの原則とし、主として民間組織（私立大学、専門家協会、シンクタンク、民間財団など）によって担われ、多様な制度が需要に応じて変化し、常に社会の需要（企業のニーズを含む）によって選別されることで民主的に統制されるようなシステムである。国家の役割は限定されており、中央集権的であるよりは分権的である

が、同時に資本の論理にも縛られる。また、知的生産労働は専門化されて流動性が高く、マネジメントと知的労働者が分業化されているような体制でもある。

　この秩序はアメリカ的社会のあり方を反映したもので、国家の役割が低いことから分かるように、アメリカ一国で閉じているものではない。世界から優秀な人材がここを目指して集まるような秩序であり、アメリカを中心に世界中にネットワークが拡がっている。アメリカの知的影響力とはこのネットワークの力であり、「アメリカの世紀」あるいは「自らに似せて世界を作り変える」プロジェクトの一面はこうした知識生産の秩序を世界に拡げていこうとするものなのである。アメリカの開発協力には、リベラルな秩序の途上国への普及の一翼を担う意味があり、フォード財団などの民間財団の活動は特にそうした傾向が強い。主権国家による壁に拘束される政府とは異なり、民間財団の海外での活動はアメリカ社会の延長だからである。

　以上のような観点から、50年代から60年代前半のフォード財団のインドネシアでの活動を考えてみたい。

　最初にフォード財団は中等教育レベルの実用的な知識の再生産制度として、技術教育と英語教育のシステム作りを行ったのである。両者は比較的成功し、その後、インドネシア政府の教育制度の中に取り込まれていった。それは、インドネシア政府の教育制度へのアメリカ的な方法論の注入であると解釈することも出来る。しかし、インドネシアの技術教育も英語教育も、増大し続ける大きな人口によって稀釈されてしまった可能性はあるにしろ、他の東南アジア諸国と比べても中程度のレベルにとどまっている。

　コミュニティ開発の指導員の養成もやはり中等教育レベルの実用的知識の再生産システムであるが、これは後のスハルト政権でのコミュニティ開発にどの程度引き継がれたのかは不明であるが、少なくとも政府の組織作りとしては失敗に終わった。さらに巨額の資金を投入した中等教育の教員養成システム作りもまた、その投入の量と期間の長さからいえば非常に中途半端な形に終わってしまった。

　以上のように、初期に行われた中等教育レベルの実用知識の再生産システム作りについて評価をするならば、いずれも中途半端な印象は拭えない。それは、アメリカという政府に依存しないで成立した知識の再生産システムの中で育った方法論を政府依存型のインドネシアの現状に適用していった、しかもその政府が行政機構としては未成熟であった、ことからくる矛盾に起因

するのではないだろうか。つまり、教員が全て国家公務員であり、労働流動性が低く競争が起こり得ないような、国家中心の知識生産・再生産システムをとるインドネシアにおいて、アメリカ的手法は限界があると思われるのである。明治日本と比べてみても、インドネシアにおける教育の国家依存ははるかに強い。明治政府は教育に相当な投資を行い、帝大を中心とする知識の生産・再生産秩序を作り上げたが、それでもミッション・スクール以外にも、アメリカに留学した日本人を中心に明治の早い時期から私学が作られ、国家中心の教育システムを補完する形で民間による教育システムも構築されていった。インドネシアではキリスト教ミッション、およびイスラム系団体以外の私学の伝統は薄く、研究・教育システムの国家依存度ははるかに高い。おそらく、それは経済が中国系住民に支配され、民族ブルジョアジーが育たなかったことと密接に関係している。

　フォード財団が60年代頃から力を入れ始めた大学や研究所などの高等教育機関はどうであろうか。おそらく、最も成功した事例と考えられるのはインドネシア大学経済学部とインドネシア科学院国立経済社会研究所（LEKNAS-LIPI）の2つの事例であろう。両者とも、インドネシア国内的には最もプレスティージの高い研究教育機関であるとされている。1970年代のインドネシア大学経済学部支援に関するフォード財団の内部評価はこのプロジェクトに否定的であり、知識の生産・再生産組織としては不十分な成果しか得られていないとしている。アメリカで訓練を受けた優れた経済学者の多くは政府機関に取り込まれ、経済学研究に取り組んでおらず、また、教授陣としても学生の教育に取り組むことが出来ていないとされている。つまり、インドネシア経済について国際的水準に達する研究を次々と生み出し、また、次世代の優れた経済学の人材養成をしていく機関としての大学経済学部としては失格の烙印を押されたのである。

　LEKNAS-LIPIについても同様のことが指摘出来るであろう。インドネシア大学経済学部に比べれば研究面における成果は勝っている面もあるが、研究者の再生産という側面に関していえば、50～60年代にフォード財団がフェローシップを与えた人材がつい最近までずっと中心的な立場にあり、中堅・若手が育たなかったという面において大きな欠陥を示していた。

　知識の生産・再生産の制度・組織作りがうまくいかなかった結果として、知識人の再生産は今日に至るまでアメリカなどの大学院教育に依存し続ける状況を生んだのである。インドネシア政府は自国の大学に大学院を設置し、

国内産博士号を奨励したが、そのレベルは欧米の大学に遙かに及ばない。結局、アメリカ留学組がインドネシアの知識生産・再生産を実質的に担うという状況が今日まで続いているのである。

　フォード財団に代表されるアメリカ・リベラルの本来のねらいは知識生産・再生産のアメリカの制度依存を作り出すことではない。他国内に、アメリカ的なリベラル秩序を作り出すことである。細部の違いは別として、本質的な意味において、つまりリベラルな知識生産・再生産の制度であるという意味においてアメリカの組織と同等の組織を他国内に作ることが目的なのである。比喩的に言えば、世界のアメリカ依存を作り出すのではなく、世界をアメリカに似せて作り変えることが、当時のアメリカ・リベラルのプロジェクトの本質なのである。

　以上のような観点に立ってみれば、70年代のフォード財団の内部評価がインドネシア経済学部に対しても非常に厳しいものであったことの背景が理解出来る。この意味において、フォード財団が50〜60年代から手がけ始めたリベラルな知識の生産・再生産の制度・組織作りというプロジェクトは未完であると言うべきであろう。

　フォード財団の目から見て評価に耐えうる組織作りにはまだ成功していないとはいえ、個人のレベルで見るならば、大量の人材のアメリカ留学はインドネシアの知識社会に非常に大きなアメリカ的な考え方の影響を与えたことは事実である。2000年代初めの民主化運動に登場した多くの人物が、アメリカ留学組であったことはその一つの現れに過ぎない。学界、官界にとどまらず、芸術やジャーナリズムの世界などでも目立つ人物はほとんどがアメリカ留学組である。最も遠い存在のように見えるイスラム学者、指導者の中でも、実はアメリカ留学者は多い。近年、インドネシアでもイスラム原理主義の影響が若干見られるようになっているが、これに真っ向から対立する運動として、イスラム・リベラルと呼ばれるイスラム知識人のグループが現れている。民主主義や人権、女性の権利などを重視するイスラム学者や知識人のことで、イスラム原理主義がインドネシアで力を得ることを抑制する働きをしている。彼らの中心的人物はアメリカ留学組であり、イスラム知識人社会におけるアメリカの影響力を体現する人々であることを、奇妙な組み合わせである「イスラム・リベラル」という呼び名が示している。

　インドネシアのエリート社会、知識人社会におけるアメリカの影響力はきわめて大きい。官僚、軍人、イスラム指導者、ビジネスマンなどこの国を動

かす人々の中には多くのアメリカ留学者がおり、さまざまなネットワークとチャネルでアメリカ社会との間にパイプをつないでいる。こうしたインドネシアとアメリカの知識人社会の間にネットワークを築く端緒を開いた功績のかなりの部分はフォード財団に与えられるべきであろう。しかしながら、上に述べたように、フォード財団の本来の目的はインドネシアにリベラルな知識の生産・再生産の制度・組織を作ることであった。フォード財団のこのプロジェクトは未完なのである。いまだに多くのインドネシアの若者をアメリカ留学に送り続けなければならないということが、実は、プロジェクトが未完であることを如実に物語っているのである。

第4章

日本におけるフォード財団

本章では、第1節でフォード財団と並んで日本に影響を与えたロックフェラー財団の国際文化交流とアメリカ研究への介入を取り上げる。第2節では、1950年代の日本における活動を概観し、また、個別の助成事例として日本の近代化理解へのアメリカ的近代化論の注入を取り上げる。第3節では、長期的な影響の事例として保守派論壇への支援と地域開発センターの半世紀近い影響を考察する。

第1節　日米の「和解」に向けて
　　　　──アメリカのフィランソロピー、ロックフェラー財団

　フォード財団が日本での活動を開始したのは1950年代前半であるが、戦後に最初に日本でアメリカのフィランソロピーがその力を発揮したのはロックフェラー財団である。そこで、アメリカのフィランソロピーが日本に大きな影響を与えた事例として研究されているロックフェラー財団の日米交流に関する活動を紹介したい。

　1913年に設立されたロックフェラー財団は戦前から日本で活動をしている。関東大震災の復興支援を行ったことで知られているが、それ以外にも実に多くのアメリカ留学フェローシップを戦前、戦後ともに提供している。その総数は、1917年から1970年までに491名である[561]。フォード財団と異なるのは、医学や自然科学に対して伝統的に深く関与していることである。公衆衛生や看護学については、日本だけでなく全世界規模でその確立に長年関わった。フェローシップでは、ほとんど全ての分野で戦後の学界をリードする人々をアメリカ留学に招いている。エリート主義的であると言われるが、卓越した個人に着目してその才能の開花に力を注ぐという面がある。

戦後のアメリカ政府の国際文化交流、および情報活動

　第2次世界大戦後のアメリカ政府による情報活動を含む国際文化交流事業は、占領下のドイツと日本の民主化政策の中で実施され、後に政府の国際文化交流と海外広報の主要機関となるアメリカ広報庁（United States Information Agency: USIA）に引き継がれることになる。ドイツを占領したアメリカ軍政府は数百人の軍人、民間人を駐在官（resident officer）として雇

---

[561] "Rockefeller Foundation, Directory of Fellowships and Scholarships, 1917–1970," Rockefeller Archives Center.

用し、草の根のレベルでドイツの民主化を指導した。駐在官の多くは後にUSIAのスタッフとなっていく。日本の場合は、マッカーサーの強い指導力の下で司令部によって民主化が進められた。規模は劣るが、ドイツと同様、アメリカ式の図書館、人物交流、出版などの事業が行われ、サンフランシスコ講和条約以降、国際文化交流、広報活動は、国務省の海外広報活動の一環としてアメリカ情報サービス（United States Information Service: USIS）によって引き継がれた。冷戦期間を通じて、日本はUSISにとって最大の活動対象の一つであった[562]。

1946年のフルブライト法の成立によって、アメリカ政府資金による留学生制度が始まった。同法などにより、世界各地からアメリカへの留学生の数は1943～44年の7000人から、47～48年の1万7000人、49～50年の2万6000人へと急増していった。日本人のフルブライト奨学生は講和後の1952年に始まり、これまでに6000人以上、アメリカ人は2300人以上が奨学金でそれぞれアメリカと日本に留学している[563]。当初はアメリカ側が全費用を負担したことから、戦前の相互的性格から援助的性格へと留学が変質し、アメリカの国益への配慮が入り込んでいた[564]。日本では、それ以前には占領地域救済政府資金（GARIOA）によって1949年から1951年までに約1000人の日本人の学生がアメリカの大学で学んだ。

1948年に成立した情報・教育交流法、通称スミス・ムント法は、初めて情報（広報）と教育交流を一括して扱うという枠組みを提示した。同法は、ソ連の反米、共産主義イデオロギー攻勢に対抗して、アメリカの「真実」の姿を外国に知ってもらうことを基本的な目的とした、冷戦下の心理戦争を強く意識した立法であった。同法への最も強い反対は教育・学術関係者から出されたもので、プロパガンダと国際文化交流が混同され、国際文化交流が「汚される」ことを恐れていた[565]。

こうした状況の中で、1951年1月、後にアイゼンハワー政権の国務長官となるジョン・フォスター・ダレスがトルーマン政権の大統領特使に任命さ

---

[562] Dizard, Wilson P. Jr. *Inventing Public Diplomacy: The Story of the U.S. Information Agency*, Lynne Rienner Publishers, Inc., 2004, pp. 42–44.
[563] Kaku, Kagehide and Hirano, Kenichiro eds., *Commemorating 50 Years of the Japan-U.S. Fulbright Program: Japan and International Intellectual Exchanges in the 21st Century*, The Japan Times, 2003.
[564] Ninkovich, Frank A. *The Diplomacy of Ideas: US Foreign Policy and Cultural Relations 1938–1950*, Cambridge University Press, 1981, pp. 140–144.
[565] *Ibid.*, pp. 124–131.

れ、講和使節団の団長として日本を訪問した。ダレスはロックフェラー財団の理事長を務めており、ロックフェラー3世とは親しく、訪問団の一員として文化と教育の分野で日米間の協力を推進することへの彼の協力を求めた。ダレスは対日講和をまとめることになるが、講和後の日本が戦前のように中国の市場に引きつけられるのを恐れ、親米であるためには日米の文化関係を強くする必要があると考えていた。講和後の日米間の教育交流を含む文化交流においては、プロパガンダと認識されがちなアメリカ政府の事業よりも、民間による交流がより効果的であると考えていた。そこで、ロックフェラーに協力を求めたのである。

ロックフェラー3世は英米派のリベラルな政治家、財界人、知識人と話し合いを行った。吉田茂首相、樺山愛輔、加納久朗、南原繁、鳥養利三郎、高木八尺、蠟山政道、鶴見祐輔、鶴見俊輔、鶴見和子などである。ダレスに提出した報告書で、ロックフェラーは文化センターと国際会館の設置、人物交流、英語教育、文化資料の交換を提言した。この文化センターと国際会館のコンセプトから六本木にある国際文化会館（International House of Japan）が設置されることになり、ここを拠点に戦後の日本の国際交流が再開することとなった。ロックフェラー財団と日本側の募金によって1955年に国際文化会館は開館し、会館の長には松本重治がつくことになった[566]。1972年に日本政府によって特殊法人国際交流基金が設立されるまで、国際文化会館は日本の国際交流のセンターとしてアメリカをはじめ西側諸国との人物交流の中心であり続けた。

松田は日米文化交流へのロックフェラー財団とダレスや国務省との連携をアメリカの「ソフトパワー」と述べているが[567]、フィランソロピーとアメリカ政府が深い協力関係になる場合があることは、本書でフォード財団の事例を通して度々述べてきた。戦後日本におけるロックフェラー財団とアメリカ政府も同様の事例である。

松田はさらに、ロックフェラー財団による日本へのアメリカ研究の導入について経緯を詳しく述べている。当時の日本の知識人にはマルクス主義の影響が非常に強かった。歴史学においてはマルクス主義史観が強く、これを覆す必要性をロックフェラー財団は意識していた。日本思想史の坂田吉雄京都

---

[566] 五十嵐武「戦後日米文化交流計画の開始」井門富二夫編『占領と日本宗教』未來社、1993年、119–142頁。
[567] 松田武『対米依存の起源――アメリカのソフト・パワー戦略』岩波現代全書、2015年。

大学人文科学研究所教授を同財団の研究員に選び、日本史の再検討を期待した。また、歴史学における伝記、特に政治家の伝記の研究を重要視し、東京大学の岡義武による山縣有朋の伝記執筆に助成を行った。さらに京都大学の上坂正顕にも助成金を交付し、伝記と日本近代史再解釈の企画を支援した[568]。

　当時、ロックフェラー財団やフォード財団がアメリカ国内で振興していた地域研究（area studies）の一環として、アメリカ理解を深めるために日本におけるアメリカ研究の振興にも力を入れた。ロックフェラー財団はザルツブルグセミナーの成功をモデルとして、アメリカ研究のセミナーを日本で開催することを企画し、東京大学がホストとなりスタンフォード大学の研究者が一連の講義とセミナーを行う両大学共催のアメリカ研究セミナーを支援することとなった。1960年7月10日から6週間のセミナーが東京大学で実施された。この成功を受けて、東大とはライバル関係の京都大学が同志社大学と連携して、1952年にイリノイ大学を中心に京都アメリカ研究夏季セミナーが実施された。1954年にはミシガン大学を支援大学として第2回の京都アメリカ研究セミナーが実施された。このようにロックフェラー財団の助成によって戦後に新しいアメリカ研究が始まったのである。松田は日本のアメリカ研究者が研究費の面でアメリカ側に依存してしまったことを批判的に振り返っている。このように「寛大なアメリカ」に対する依存的心理、社会環境の中でいわば育てられてきた日本のアメリカ研究は、1970〜80年代の日米経済摩擦に象徴される日米関係の悪化に対して沈黙しがちであったと述べている[569]。

　松田はこうしたアメリカの知的分野における強い影響力を「アメリカのソフトパワー」と概念化しているが、本書の立場からはフィランソロピーとアメリカ政府を区別せずに「アメリカ」と一括りにすることは、パワーの主体を曖昧にし、かつパワーの行使における両者の行動の協力と不一致という葛藤的側面を見失うことになると考える。ビルマとインドネシアで見たように、アメリカ政府とフォード財団は協力する場合もあるが、しない場合もあり、かつアイゼンハワー政権のCIAによる秘密軍事活動はフォード財団の活動を明らかに阻害した。逆にインドネシアではフォード財団の社会党一辺倒のネットワークは、スカルノにすり寄ろうとする当時の大使や国務省からは外交の障害だと認識されていたのである。

568　同上。
569　同上。

第2節　1950年代のフォード財団の日本における活動

　日本で活動したアメリカの主要な民間財団はロックフェラー財団、フォード財団、アジア財団である。本書で扱うフォード財団以外について、初めに若干触れておきたい。

　アジア財団はもともと西海岸の反共団体から始まった民間組織であるが、独自の財源を持たず、CIAから資金を受けて反共を目的に助成活動を行ってきた。後には、アメリカ政府の国際開発庁（USAID）の資金を受けるようになっている。アジア財団は自己資金を持たないという点でその政府からの独立性に疑問があり、他の2財団と同列に論ずることは出来ない。

　ロックフェラー財団と比べたときの、フォード財団の特徴はその規模の大きさと戦略性にある。個人の才能に着目するのではなく、社会の中の小さな動きに着目し、それを公共政策のレベルまで引き上げるのがフォード財団の行動パターンである。例えば、アメリカ国内の地域研究を見てみると、まだ一部の人々や大学の小さな試みであった段階で早くから助成を行っていたのはカーネギー、ロックフェラー両財団であったが、それを全米規模に拡大したのはフォード財団の巨額の助成金であった。その戦略性は、国際的活動の場合には、国別に戦略を立てるところに現れる。戦略的に重要な国を選んで、その国の状況を詳しく調べて優先順位を立て、それに沿って助成を行うのである。基本的に国単位で戦略が立てられる。重要と判断されなかった国では一切活動を行わない。当初のスタッフに国務省出身者が多かったためか、ある意味では国務省に似た組織、意思決定システムになっているのである。

2－1　1952年の事前調査報告書に見られる対日観

　1951年8月に、ホフマン理事長は近東、ドイツ、インド、パキスタンに赴き、海外開発（Overseas Development: OD）と国際問題（International Affairs: IA）プログラムが急速に形を整えていった。フォード財団内部資料によれば、1953年に同様の訪日調査団が計画されていた。そのための事前調査報告書が残されている。しかし、調査団は実施されなかったようである[570]。この事前調査報告書は当時のフォード財団がどのように日本を見ていたか、その基

---

[570]　これは、1953年2月にホフマンが理事会によって解任されたことが影響していると思われる。ハッチンズなどの言動によって、ホフマンと理事会は対立していたと関係者の間では通説になっている。ゲイザー報告書をまとめたゲイザーが後任理事長となった。

本方針をどのように定めようとしていたかをよく物語っている[571]。

フォード財団のスタッフは当時の知日派知識人に協力を仰ぎ、助言を求めた。報告書ドラフトにコメントを寄せたのは、トーマス・ブレイクモア、デルマー・ブラウン、ジョン・フェアバンク、エドウィン・ライシャワー、ロバート・スカラピノ、高木八尺であり、別に独立したレポートを提出したのは、ジョージ・アルタマノフ、ジェローム・コーエン、フランク・フリーマン、W. L. ホランド、マリウス・ジャンセン、ライシャワー、ジョンD. ロックフェラー3世、ジョージ・テイラー、スタントン・ターナーである。報告書は次のように結論づけている。

第一に、日本に優先順位を置くべきかをまず検討すべきであるとしている。日本はフランス・イタリアなどと同じで、アジアにあってもODの主要対象国であるインド等とは異なる先進国であることを考えるべきである、すなわち、大学も多く、財団の影響力は限られており、特定の分野に限った限定的関与を考えるべきだとしている。事実、その後のフォード財団の日本への関与は、インドなどに比べるときわめて限定的であった。

第二に報告書は日本専門家の意見は2つの可能性に集まっていると述べている。これは、当時の知日派知識人の共通認識を反映したものと考えられる。フォード財団スタッフは限定的関与の分野をこの可能性の中から選ぼうとしていた。

一つめのコンセンサスは、当時の日本には民主主義の知的基盤が脆弱であり、その部分を支援する必要性があるという認識である。この専門家の指摘に対して、フォード財団スタッフは肯定的に捉えている。もう一つは、経済の安定の必要性であるが、この問題に対しては、スタッフは日本独自に経済問題を解決出来る可能性が高いことと、フォード財団が限定的に関与するにはこの問題が規模的に大きすぎることから、否定的な立場をとっている。そこで、民主主義の知的基盤の強化に絞ることを勧めているが、ではそれは何を意味するのだろうか。

民主主義の知的基盤が脆弱であるというのは、実は日本の知識人の多くがマルクス主義の影響を受けており、戦前の軍国主義や国粋主義に再び戻らないためには、日本に社会主義革命を起こすしか方法がないと考えているというアメリカ側の認識に基づいていた。つまり、ソ連との知的影響力競争にお

571　John B. Condliffe, "Preliminary Report on Japan." Reports 003434, Ford Foundation Archives.

いてアメリカが負けているという認識であり、それを逆転させなければならないということである。例えば、ライシャワーは「アジアのイデオロギー的防衛に最大のニーズ」「人間の思考の征服に対して、我々は何も防衛策を講じていない」「西側の知識や経験の無秩序な氾濫が混乱を招いている」「ほとんど全てのアジアの知識人の思考は、周到に作られたマルクス主義の回路にはまっている」と危機感を述べている。フェアバンクは、「心理戦争、イデオロギー戦争ではほとんど一方的に敵に先制されている。マルクス主義は日本人学生の中に深く入り込んでいる。全ての側面で、我々は思想の闘争で失地している」と述べ、「財団のような民間組織が外国との知的関係において指導的役割を果たせることに希望を託したい」と民間財団の役割に期待している。カリフォルニア大学の日本史教授のブラウンも、冷戦の軍事的、経済的側面においてはアメリカが優位であるが、「残念ながらイデオロギーのプログラムが軽視されており、弱体である」とし、「アメリカの民間財団にしか行えないユニークな機会である」と述べている。

　これらの専門家の指摘を引用しながら、報告書は「アジアにおけるアジア自身と西側諸国に関する知識が欠乏しており、その真空状態は非常に大きな割合でマルクス主義の概念と用語によって埋められている」とし、「日本の最も創造的な人々のムードは、幻滅、絶望、皮肉、戦前の回顧に陥っている。多くが、マルクス主義史観と個人的に好む政治的自由主義を融合させるという絶望的な努力を行っている」と述べている。そして、結論的には、専門家が「一致して、日本の経済的側面より政治的側面に優先順位を置くべきだとしており」「日本の知的指導層が、戦前の軍国主義的な封建主義を復活させないための唯一の代替策として、共産主義を受け入れるのを阻止するための迅速な行動の必要がある」と述べている。

　報告書は、日本の知識人の多くがマルクス主義の影響を強く受けて、日本や他のアジア諸国の現状をマルクス主義の理論と概念で理解しようとしていることに強い危惧を抱いており、それが唯一の現状理解の仕方ではないことを示すことの重要性を説いているのである。すなわち、社会認識であればアメリカで発達した社会科学、他のアジア諸国認識であればアメリカの新しい地域研究を日本で主流化させることで、マルクス主義的理解をまず相対化し、やがては周辺化することを、フォード財団の日本関与の第一目的とすることを提案していたのである。

2－2　1950年代のフォード財団の日本での活動の概観

表21を基に、フォード財団の活動を3つの時期に分けて分析してみたい。

表21　1950年代のフォード財団の日本関連助成一覧

1953年
Institute of International Education 　　　Exchange of persons-Indian extension directors tour in the USA and Japan 　　　Exchange of persons-Pakistan Government Officials and Agricultural Experts Tour in India and Japan
American Friends Service Committee 　　　International Student Summer Seminars in Japan, India, and Pakistan
University of Southern California（1955年に追加助成） 　　　Study of Political Organizations and Institutions in Contemporary Japan (Soviet Influence on Japan)
1954年
Harvard, Michigan, Stanford---Tokyo, Waseda, Keiko, Chuo, Tohoku, Kyushu Univ. 　　　Japan-America Program for Cooperation in Legal Studies
Prof. Fukio Nakane 　　　Japanese Law Translation Project
The Fletcher School of Law and Diplomacy 　　　Research on Social Democratic Party in Japan
1955年
The International House of Japan 　　　Seminar Conference in Tokyo to Encourage and Improve Communication In Japan among Japanese Labor Economists
1956年
The University of Tokyo 　　　Collection of Documents on History of Labor Movement in Japan
1957年　　なし
1958年
The International House of Japan 　　　(a) Service Foreign Scholars in Japan and (b) Sponsor an Exploratory Study of Translation of Japanese Economic Studies
The University of Tokyo 　　　Research on Post-war Educational Reform in Japan
The University of Kansas 　　　Cooperative Research on Communist Movement in Pre-war Japan
Amherst House—Doshisha University 　　　A program of Orientation for Foreign Scholars and an Inter-cultural Program
Hokkaido University Student Center 　　　Construction of Student Center

表21　1950年代のフォード財団の日本関連助成一覧（続き）

1959年
University of Michigan
English Language Project
Association for Asian Studies
A Series of Conferences on Japanese Modernization
1960年
Travel Grants
American scholars to attend at Soviet-Asian Conference in Japan
Travel Grants
Japanese scholars to visit center of South, East and Southeast Asian Studies
Social Science Research Council
Research on Japanese Economic Development

出典：フォード財団年次報告書より筆者作成

1953年まで

　対日戦略が立てられる前であり、Institute of International Education（IIE）とアメリカフレンズ奉仕団（American Friends Service Committee）の必ずしも日本をねらったわけではない国際交流事業に助成が行われている。IIEは民間財団が合同で設立した国際交流専門の事業財団であり、実際はフォード財団が企画したインドとパキスタンの開発を目的とする農業普及員の研修をIIEが請け負ったものである。ODのプロジェクトの訓練地として日本が使われた事例である。後者はアメリカのクエーカー教徒のNGOであり、青少年交流を目的とした事業である。この事業はフォード財団の企画ではなく、AFSCのいわば持ち込み企画である[572]。重要なのは、この時期以降は国際平和を目的とする国際交流的な事業はなくなり、基本的に先述の報告書に見られる冷戦認識に基づく戦略的助成に変わっていく。

　この年に南カリフォルニア大学の日本におけるソ連の影響を研究するプロジェクトが、冷戦関係の最初のプロジェクトとして開始される。アメリカの

---

[572] フォード財団は申請を広く受けつけて選考するという受け身の助成スタイルはとらず、自らの立てた戦略に基づいて各種プロジェクトを企画し、それを実施する組織があればそれに助成をして事業を実現するという形をとる。実施組織がない場合には、フォード財団自らに助成するという変形スタイルをとって、自ら人を雇ってプロジェクトを実施する場合もある。ごく少数、外部からの申請に応ずる場合がある。

大学によるソ連の影響に関する研究は1950年代を通して見られる一つの傾向である。

1954～1958年

この時期には、3つの傾向が見られる。第一の傾向は上述の冷戦研究の流れである。南カリフォルニア大学に加えて、フレッチャー・スクールによる社会民主主義の研究、カンザス大学による戦前の共産党研究が助成を受けて実施されている。日本における社会民主主義への注目は、この時期のアメリカ政府や財団に広く見られた傾向である。2つの可能性が考えられる。第一の可能性は、特にアメリカ政府CIAが絡んだ場合には、社会党の分裂を促し、それによって左翼勢力を弱体化させようという工作である。実際に社会党右派が民社党を作ったことに現れている。第二は日本において社会民主主義勢力を本気で育てようと考えた可能性である。この可能性が考えられるのは、これまでの章で述べたようにインド、ビルマ、インドネシアで社会民主主義勢力と提携して開発路線を進めたことから、ありうることである。

第二の傾向は日本の主要大学への助成による非マルクス主義的な日本像の研究である。ここでは、東京大学による日本の労働運動史の非マルクス主義的理解のための研究と出版、および同大による戦後教育改革の研究に助成が行われている。日本の大学に直接助成をしたのはこれが初めてであり、前者の場合には仲介役として国際文化会館が加わっている。東京大学が選ばれたのには特別の理由がある。当時、左翼はフォード財団の活動を強く警戒しており、いかなる助成成果が出ようが、これを批判することをフォード財団は予想していた。そこで、いわば東京大学の権威を利用して、その研究成果に正統性を持たせようと考えたのである。前者は日本の労働運動を革命と結びつけるのではなく、アメリカの労働運動と同じように分配に関わることで社会に安定をもたらすものと考える立場から見直そうとするものである。アメリカに留学した労働史の研究者を中心に出版を後押しした。後者はアメリカが推し進めた教育改革についての調査であり、客観的にアメリカ占領政策の重要な部分の評価と継続がテーマである。

第三の傾向は日米共同研究である。その好例がアメリカ側がハーバード、ミシガン、スタンフォード大学、日本側が東京、早稲田、慶應義塾、中央、東北、九州大学の共同研究である日米法比較研究である。地域的に全米、日本全国をカバーし、代表的な大学の勢揃いのプロジェクトである。その内容

はもちろんであるが、参加大学の幅広さと代表性にも意味がある。共同研究を通じて、アメリカ側研究者の声を日本の全国にあまねく伝えることが出来る点に注目したい。日米研究者の直接対話により、アメリカ的学問の存在を伝えること、日本の大学の研究にアメリカ研究者の声を何とか加えることが意図されているように見える。カンザス大学の共産党研究も日本の大学との共同研究であり、日米共同研究を通じてアメリカ的学問を日本の大学研究に注入しようとするように見える。

1959年以降

　1959年から始まるのが、Association for Asian Studiesによる日本の近代化をめぐる会議と、引き続いて1960年から始まる社会科学研究評議会（Social Science Research Council）による日本の経済成長をめぐる研究である。1960年代はアメリカで近代化論が隆盛するが、この中核をなしたのが実は非西欧世界で唯一近代化を成し遂げた日本であり、日本の近代化をめぐる研究は近代化論の核心をなしている。近代化論の典型はマックス・ミリカンとウォルター・ロストウによる非西欧社会の近代化研究であり、ロストウの発展段階説は一世を風靡した。ロストウの書の題名がまさにマルクス主義への対抗理論であることを明示しているように、近代化論の本質はマルクス主義史観に対するアンチテーゼを示すことであった。日本の近代化をめぐる研究は日本に対する意味だけでなく、アメリカの生み出す世界的な言説の中核をなす部分であり、きわめて重要であったと言えよう。近代化論は左翼からの批判を浴びつつも次第に日本の知的世界に普及し、いつの間にかマルクス主義に対抗する理論体系として根づいていくのである。

　次に、フォード財団が目論んだのは他のアジア地域に対する認識の転換である。それまでは、マルクス主義のアジア的停滞論や家産国家論などがアジアを見る主要な道具立てであった。しかし、そこに実証主義的なアジア研究を持ち込むことで、マルクス主義とは異なったアジア理解の展望を示そうとしたのである。すなわち、アジアで最も可能性の高い日本にアメリカ流の地域研究としてのアジア研究の中核を作ろうとする意図である。これが、1960年の日本の研究者を世界の南アジア、東アジア、東南アジア研究のセンターへと派遣した旅行助成である。東京大学に東アジアと南アジアの研究センターを、京都大学に東南アジア研究センターを作ることを構想した。東アジア研究は東京大学付属の東洋文庫に対して、東南アジア研究は京都大学に助

成が計画された。しかし、学生運動や左翼教員の激しい反対に遭った。反対にもかかわらず、2つの助成は実現し、全般的に見ればアメリカ流の地域研究としてのアジア研究は日本に根づいたと言えるであろう。もはやマルクス主義的なアジア理解が唯一の正統的な理解だと考える者はいない。むしろ、アメリカ的な実証的で多様なアジア研究が主流であり、マルクス主義的アジア研究はごく少数派である。しかし、皮肉なことに、冷戦の崩壊とともにアメリカ本国では地域研究はプラグマティックな有用性が薄れ、財団等の外部資金が枯渇する中で、地域研究は存在意義そのものが脆弱になっている。

2－3　どのように助成に至ったのか──日本労働運動史の事例

　マルクス主義の概念と語彙を用いずに、日本の現状を理解する別の方法を示すこと、そしてそれを主流化させて、マルクス主義を相対化、やがては周辺化することがフォード財団の目的だと述べたが、ではそれは具体的にどのように実行されたのか。その好例が、非マルクス主義的な日本労働運動史の編纂である。ここでは、どのような人々が関わってプロジェクトが形成されたのかを垣間見ることが出来る。

　プロジェクトの発端は1953年5月12日付けの在日アメリカ大使館の労働担当参事官サミュエル・バーガーから、ミルトン・カッツ宛の手紙と同封されたプロポーザルであった。文面からするとバーガーの前任地はロンドンで、そこでECAの欧州代表であったカッツと面識があったようである[573]。

　プロポーザルの中でバーガーは、日本の労働運動が過剰までに中立主義、絶対平和主義、ユートピア主義であり、その知的枠組みはマルクス主義であって共産主義者の侵入も激しく、また労働運動の右派でさえマルクス主義の色彩が濃く、左派との差別化が出来ずに停滞しているとする。その原因は日本の労働運動がまだ未成熟であり、指導者が右も左もマルクス主義の強い影響を受け、労働運動の異なる哲学が可能であることを知らないためだと述べる。労働運動史はマルクス主義の語彙で書かれており、労働者、大学等での教育ではこうした労働運動史が教えられている。

　バーガーはアメリカでも同様の状況が見られたが、ウィスコンシン大学のジョン・コモンズ、セリグ・パールマン、フィリップ・タフトによって非マルクス主義的なアメリカ労働運動史理解の研究が発表されると、これが標準

573　Letter to Milton Kats from Samuel D. Berger, May 12, 1953. PA55-51, Ford Foundation Archives.

的な労働運動史の教科書となり、アメリカでの労働運動からマルクス主義の影響が薄れたことを挙げ、日本でもコモンズらの理論に基づくような労働運動史が書かれれば、労働運動からマルクス主義の影響が希薄になると主張し、こうした研究をコモンズの下で学んだ同志社大学の松井七郎を日本側の中心にし、出来ればコモンズ自身やその弟子との共同研究で非マルクス主義的な日本労働史の本を書かせることを提案している[574]。

　フォード財団はこの提案を受けて、各方面に照会を行い、プロジェクトの形成を行った。松井は当時パールマンの労働運動理論の著作を翻訳中であり、この話には乗り気ではなかった。やがて、東京大学の大河内一男を代表とし、慶應義塾大学の藤林敬三を幹事とする12名のグループが結成され、松井もこれに加わった。このグループの形成とプロジェクト企画立案の支援を国際文化会館の松本重治が行い、フォード財団は国際文化会館にチーム形成とプロポーザル作成だけのために1500ドルの助成を行った。その後、東京大学（大河内一男）に対して、企画されたプロジェクトの第一段階である労働運動史料の収集と出版のための助成を行ったのである[575]。これは、1962年以降に労働運動史刊行委員会から『日本労働運動史料』全11巻として出版されている。

　このプロジェクトを通して明瞭なのは、フォード財団の意志が強く一貫していることである。途中でプロジェクト形成が困難かと思われる場面が何度かあったが、多くの関係者に照会しながら最終的にプロジェクトをまとめ上げている。当初、バーガーの提案にあったアメリカ人研究者の参加は、それでは左翼の批判を浴びて結果が日本で受け入れられない危険性が高いので、簡単ではないが日本人研究者だけで行うべきだというスタッフの主張が受け入れられ、日本人だけで行うプロジェクトとなった。また、東京と関西の研究者を集めたため、企画内容の調整に費用と時間がかかることを認め、国際文化会館に調整役を依頼して計画案作りだけのための少額助成を行っているのである。

　もう一つ重要なのは日本側協力者の存在である。大河内の他に、東京大学からは隅谷三喜男、氏原正治郎、京都大学の岸本英太郎、慶應義塾大学の藤林と川田寿、法政大学の舟橋尚道、村山重忠、同志社大学の松井、住谷悦

---

[574] 同上。
[575] 上記、助成書類ファイルのいくつかの文書（手紙類）から。PA55-51, Ford Foundation Archives.

治、関東学院大学の桜林誠、一橋大学の山中篤太郎と錚々たるメンバーであった。それぞれの立場や考え方は異なるが、プロジェクトの意図である非マルクス主義的な労働史にふさわしいメンバーであり、背景的な共通点は必ずしもないが、何人かにはキリスト教徒、アメリカ留学、英米労働運動研究などの点が見られる。さらに加えて、ロックフェラー財団の支援で創設された国際文化会館とオールドリベラルであり当時アメリカとの交流の仕切り役であった松本重治がフォード財団と上記のばらばらの大学の研究者のつなぎ役を担った。

2-4　フォード財団の助成活動がもたらした変化
　　　　──プロジェクトの効果

　プロジェクトがどのように日本の知識人の認識に影響を与えたのかを定量的に分析することは難しい。上記の労働運動史についても、確かにその後の歴史的展開を見れば労働運動におけるマルクス主義の影響力の衰退は著しい。しかし、第一にソ連の崩壊に見られるような世界的な社会主義の衰退という要因が大きいことは間違いがない。仮に、日本における労働運動が戦闘的なマルクス主義から穏健な活動に転じていったことにアメリカの直接的な影響力行使が関わっていたとしても、それはフォード財団だけではない。CIAなどのアメリカ政府機関もアジア財団を介して、積極的に労働運動指導者をアメリカに招いて、マルクス主義とは異なる原理で動くアメリカの労働運動の見学をさせている[576]。しかし、こと労働運動史研究に限ってみれば、フォード財団のこの助成活動が一定の効果を持っていたこともおそらく動かしがたい事実であろう。フォード財団の活動のインパクトについて、次に、近代化論をめぐる影響について見てみたい。

2-5　箱根会議のインパクト

　60年代の近代化論研究の隆盛の最初のきっかけとなった1959年にフォード財団が助成し、1960年に開催されたアジア学会・近代日本研究会（Association for Asian Studies, Conference on Modern Japan）、開催地にちなんで箱根会議と呼ばれた会議の印象は参加した日本人研究者によって書き残され

---

[576] 渡辺靖『アメリカン・センター──アメリカの国際文化戦略』岩波書店、2008年、49–50、86–87頁。

ている。垣内健の箱根会議に参加した丸山眞男に焦点を当てた論文[577]から、日本側参加者がアメリカ側の近代化論にどのような印象を受け、どのような影響を受けたかを考えてみたい。

垣内によれば、日本の近代化をどのように捉えるかは戦後日本における中心的なテーマの一つであったが、丸山を含む戦後初期に近代主義とされた人々が共有していた前近代性の克服、主体性の確立といった課題は、戦前の講座派マルクス主義による日本資本主義分析による歴史認識を前提としていた。丸山はこうしたマルクス主義の影響から脱して近代化を見る道を模索していたが、箱根会議で示されたアメリカの研究者たちのまったく異なったアプローチに異論を唱えたものの、マルクス主義を相対化するという点でアメリカ流近代化論にも一定の理解を示したという。

箱根会議を主催した近代日本研究会議は1958年にミシガン大学においてジョン・ホール、マリウス・ジャンセン、ドナルド・シャイヴリー、トマス・スミス、ベンジャミン・シュウォーツによって組織され、アジア学会の特別プロジェクトとして1961年に始まる5カ年の年次セミナーとその成果の出版を予定していた。そのセミナーに先だって、1960年の夏に箱根で開かれたのが箱根会議である。最終的に、セミナーのペーパーは1965年から71年にプリンストン大学出版会から出版されている[578]。

アメリカ側[579]と日本側では明らかに異なるアプローチと重点の置き方を持っていた。垣内によれば、会議の初日議長のホールは近代化の諸基準として9項目を提案し、これをめぐって議論がなされた。都市化、識字率、所得、移動性、商品化・工業化、マスメディア、近代的社会過程への参加、官僚制、学問的知識の発展と合理的行動の9項目が、あまりにも sociological であると丸山は批判し、個人の value system などの問題が重要だと主張した。高坂正顕は ideological な面が問題であり、modern man を付け加えるべきだと述べた。

---

[577] 垣内健「丸山眞男の『近代化』観の変容について——箱根会議の議論を中心に」『比較社会文化研究』第25号（2009）、13–26頁。

[578] Lockwood, William W. (William Wirt), *The state and economic enterprise in Japan: essays in the political economy of growth*, 1965. Jansen, Marius B., *Changing Japanese attitudes toward modernization*, 1965. Ward, Robert Edward, *Political development in modern Japan*, 1968. Dore, R. P. *Aspects of social change in modern Japan*, 1967. Morley, J. William, *Dilemmas of growth in prewar Japan*, 1971. Shively, Donald H., *Tradition and modernization in Japanese culture*, 1971.

[579] 参加者にはイギリス人のドーアも含まれていたが、ここではアメリカ側とする。

一方で、ホールは近代日本史の研究者は封建制・絶対主義・アジア的社会・ナショナリズム・資本主義・工業化などの普遍化されやすい概念を使用する際に、この大部分が欧州史の基盤の中から出てきたものであり、ある種の因果論を暗に受容していることに十分に注意すべきだとして、マルクス主義などの諸公式を用いることなく、常に仮説を設けて考えていく開放的アプローチを主張したと垣内は述べる。すなわち、従来の近代研究が用いている概念そのものが暗黙のうちにマルクス主義を受け入れていることを指摘して、脱マルクス主義のアプローチの可能性を示したのである。上述のように、その妥当性は別として、こうしたアプローチはマルクス主義を相対化する新しさという点で日本側参加者に好意的に受け止められたのである。日本側の会議参加者の中で、大内力、遠山茂樹らのマルクス主義者たちはアメリカ側のアプローチに全面的に否定的であったが、川島武宜のように会議当初は否定的であったが時が経つにつれて全面的肯定に変わっていった者もいた。日本側の反応はさまざまであったが、マルクス主義者たちを除いて、何らかの影響を受けたことは間違いない。

　そもそも、アメリカ側は、日本だけでなく開発途上国を含む全ての社会に適用出来る社会変動理論としての近代化論の理論モデルの抽出をプロジェクトの目的に置いていたのに対して、日本側は当事者として当時の日本の政治的・社会的状況との関連において近代化を考察しようとしていたと垣内は分析している。フォード財団を含むアメリカ側の意図は、当事駐日大使に着任後すぐのライシャワーが会議について述べたように、社会主義陣営に開発途上国が取り込まれないための成功例として日本の近代化を位置づけるという政治的なものを含んでいた。

　1960年代のアメリカは大統領就任以前から国際開発援助に強い関心を示していたケネディの下で、大規模に開発途上国への計画的な開発援助に取り組んでいく。これは、援助競争に出てきたソ連との途上国、特に非同盟諸国の取り込み競争という第三世界における冷戦の局面である。ソ連は土地の国有化、共同農場、工業化優先などの独自の開発手法をアピールし、植民地の負の遺産に苦しむ途上国を引きつけていた。アメリカは、コミュニティ開発手法による農業・農村の近代化、さらには新品種や化学肥料の導入による生産性向上などの農村開発にも焦点を当てながら、他の先進国も巻き込んでの技術協力と資金協力という手法で対抗しようとしていた。ケネディの国際開発援助の基礎をなしていたのが、ロストウらの発展段階説であり、彼自身も

政権に入って、軍事的対立とは異なった経済発展競争による冷戦勝ち残りを進めようとしていた。

途上国の説得競争の中で、アメリカ側の国際開発戦略のカギを握っていたのが、非西欧社会で唯一経済発展を遂げた日本の近代化成功事例であり、したがって日本の近代化を非マルクス主義的解釈で説明することは非常に重要であった。ロストウ理論にとって、そして途上国政府にとっても重要だったのはGDP成長に示される経済成長であり、日本側がこだわった近代人の内面の問題や人権、民主主義の受容などは、その当時はとりあえずは二義的な問題であったのである。このように、言い方は悪いが、日本の近代化をめぐる議論はアメリカの冷戦戦略に利用された面もあった。

フォード財団が助成した箱根会議は、どの程度日本の知識人の現状認識を変えることに影響を与えたのだろうか。垣内が述べるように、丸山をはじめとして、当事の影響力のある知識人たちは少なからず会議でのアメリカ側研究者との議論を通じて、影響を受けたことは確かのようである。アメリカ流の近代化論研究をそのまま受容した者もいたが、そうでなかった者も含めて、当事常識化していたマルクス主義的な日本近代化理解を相対化することに成功したことは確かであろう。それとは異なる解釈の可能性を示すことに成功すれば、おのずと日本の社会科学者の脱マルクス主義化のきっかけとなる。まさに、フォード財団の1952年の訪日調査団事前報告書が述べた戦略的目標の通りに現実は動いていった。

以上のように、フォード財団の対日戦略、その実行過程、その影響力をいくつかの事例を通して見てきたが、筆者はそれを大きなpowerの行使と考えざるを得ない。もちろん、他の事例を見れば、失敗する事例もあるであろうし、予期せぬ結果を生むこともありうる。しかしながら、powerの行使にはそうした側面がつきものである。既述のように、フォード財団はアメリカ政府からは独立した存在であり、社会的なアクターである。しかも、その巨大な財源を用いて国境を越えた影響力を行使するトランスナショナルなアクターである。次章では、フォード財団に代表されるアメリカの国際活動を行う民間財団を国際関係における「社会的な力（social power）」と位置づけて、若干の理論的考察を加えてみたい。

第3節　社会的介入の長期的影響
——日本の事例を通しての考察

　本節ではフォード財団の社会的介入が、半世紀というような長期にもたらした意図的、また意図せざる結果を示す事例をそれぞれ挙げて秩序形成へのフィランソロピーの影響力を考えてみたい。

3−1　文化自由会議（Congress for Cultural Freedom）、日本文化フォーラム、日本文化会議＝言論界における保守派の台頭

　上丸は日本の言論界における保守派の台頭を歴史的にたどり、フォード財団の国際問題プログラムが欧州で支援した文化自由会議が日本にも手を広げ、それが日本文化フォーラムとその雑誌『自由』の創刊につながって、日本の保守論壇形成の重要なきっかけになったことを明らかにしている[580]。

　文化自由会議への助成はCIAとフォード財団の関係性を疑わせることで、フォード財団に大きな負の影響があった助成である。そもそも欧州におけるフォード財団の活動の概観から、文化自由会議の性格や関わりについて述べたい。

　初代理事長ポール・ホフマンの時代に在独高等弁務官（大使相当）であったジョン・マックロイ（後に理事会議長）をフォード財団に招き、平和問題のプログラムを依頼したことは第1章で述べた。二人はマーシャル・プランで同僚であった。マックロイは西ドイツで彼の下で働いていたシェパード・ストーンをフォード財団に招き、二人で欧州プログラムを立ち上げた。しかしながら、フォード財団が東西冷戦の中心地である欧州で活動することが果たして良いのかどうか、幹部スタッフ、理事会ともに疑問を持つ人々がおり、欧州プログラムは規模も小さく趣旨も曖昧なプログラムとなり、後に欧州プログラムの活動を分類して説明することさえ難しい状況であった。反対意見はさまざまであった。冷戦は外交、軍事、諜報活動が主役であり民間財団が効果的に関われる分野ではないという意見や、財団が関わる学術や広義の文化的領域に冷戦を持ち込むことへの躊躇、財団がCIAのカバーとして使われる危惧などである。ストーンはフォード財団を離れて自分の財団を作ろうとしたが果たせなかった。

580　上丸洋一『『諸君！』「正論」の研究——保守言論はどのように変容してきたか』岩波書店、2011年、52–55頁。

スタッフだったジェームス・ハントリーが国際プログラムの歴史を書こうとして行った分類では、欧州プログラムの一つの焦点は大西洋連帯であるとし、欧州とアメリカの間の人物交流、大西洋研究所（Atlantic Institute）、ザルツブルグ・セミナー、ビルダーバーグ会議の設立などをまとめている。財団の最大の功績と評価されている戦略問題研究所の設立も大西洋連帯として含めている。第二の焦点は欧州統合であるとして、いくつかの助成を分類している。彼によれば、大西洋連帯と欧州統合が当時のフォード財団の戦略的意図であった。また、技術的協力の助成としては、スイスの欧州原子核機構（CERN）やコペンハーゲンのニールス・ボーア理論物理学研究所、イギリスのチャーチル・カレッジなどへの助成を挙げている。さらには、オックスフォードの歴史的建造物の修復とアテネのアゴラ（市場）の修復に各100万ドルの助成というような説明のつきにくいものもある[581]。文化自由会議への助成も明確な戦略を持ったものというよりも、こうした個別バラバラな助成の一つと考えられる。

　フォード財団と後の文化自由会議につながる動きの最初の出会いは、ドイツに滞在していたジャーナリストのメルヴィン・ラスキがマックロイにアメリカの支援でドイツ語の知的雑誌 *Der Monat* の発行を持ちかけたことであった。1951年にマックロイはホフマンに「優れた親民主主義的で、反共産主義の知的雑誌」をアメリカ政府ではなく民間財団が支援すべきだと意見した。雑誌への支援というイデオロギー色の強い助成については財団内部で異論もあり、*Der Monat* への助成は1954年になってようやく実現した。同誌はそれまでは財団の支援は受けずに出版され、好評であった。ラスキは文化自由会議のベルリン会議の事務局長であり、そこから文化自由会議とフォード財団の関係が出来ていった。しかし、フォード財団が同会議への支援を開始したのは1956年からである。その間、財団は逡巡していたが、ハンガリー動乱の難民支援を文化自由会議に委託することで文化自由会議への助成が始まったのである[582]。

　そもそも文化自由会議の始まりは1950年6月にベルリンで開催されたKongress für Kulturelle Freiheitである。この会議はその2年前にソ連のコミ

581　Sutton, Francis X., "The Ford Foundation and Europe: Ambitions and Ambivalences," in Gemelli, Giuliana, ed., *The Ford Foundation and Europe (1950's–1970's): Corss-fertilization of Learning in Social Sciences and Management*, European Interuniversity Press, 1998, p. 44.
582　*Ibid.*, p. 32.

ンテルンの支援を受けてポーランドのヴロツワフ（Wroclaw）で開催された世界知識人会議（World Congress of Intellectuals）への対抗会議であった。ヴロツワフには共産党系の知識人が集まり、世界平和を訴えていた。この平和主義の訴えはソ連の侵略意図を隠すための陰謀であると西側は見ており、ソ連軍と壁に囲まれたベルリンで対抗会議が開催されたのである。

　文化自由会議は民族主義者などの右翼ではなく、社会民主主義者が中心となった反共産主義の文化運動であった。当時、CIAは欧州の非共産党系の社会主義者を支援する戦略をとっており、アメリカ人のラスキではなく、イタリア人の作家であり、かつイタリア社会党の幹部でスイスに亡命したイニャツィオ・シローネを文化自由会議の指導者とした。さらに文化自由会議にはアメリカ労働総同盟（American Federation of Labor: AFL）も参加しており、いわば欧州の社会民主主義者とアメリカのリベラル左派の反共産主義運動の連合体のような組織であった。文化自由会議は欧州だけでなく、アメリカ、アジア等にも社会民主主義者を中心にネットワークを広げていた世界組織であった。アメリカの委員会はマッカーシズムの反共運動に同調する人々と反対する人々に分裂し、欧州の社会民主主義者は距離を置くようになり1955年頃にはAFLもアメリカ委員会も文化自由会議から離脱していった。

　1955年のミラノ会議以降、文化自由会議はそれまで参加していなかったイギリス労働党が、党首のヒュー・ゲイツケル（Hugh Geitskell）の下で参加するようになった。労働党のアメリカでのカウンターパートである民主党左派の政治団体の「民主的行動のためのアメリカ人協会（Americans for Democratic Action）」も参加するようになった。ミラノ会議からはCIA、アメリカ労働総同盟からの資金援助がなくなり、フォード財団が助成を開始することで、ある種の環大西洋フェビアン主義運動のようになったとされる。対ソ連というよりも民主主義と産業社会のあり方をめぐる穏健な社会民主主義、特に福祉国家をめぐる議論の場となっていった。ドイツでは1959年の社会民主党党大会におけるバード・ゴーデスベルグ綱領の採択で、階級闘争が正式に放棄されるなど今日につながる社会民主主義路線が敷かれることになった[583]。

　以上のように、フォード財団の関わりは欧州への関心に限定されていた

---

[583] Gremion, Perre, "The Partnership between the Ford Foundation and the Congress for Cultural Freedom," in Gemelli, Giuliana, ed., *The Ford Foundation and Europe (1950's–1970's): Corssfertilization of Learning in Social Sciences and Management*, European Interuniversity Press, 1998, pp. 145–150, 155–157.

のであるが、文化自由会議は世界組織であったため主として欧州を中心に1950年代には16回の国際会議を開催しているが、欧州外ではラングーン、メキシコシティ、東京などでも開催している。主催者は現地の社会民主主義者のグループであり、ビルマに関してはすでに見たようにビルマ社会党が政権を持っていた。世界に35の支部を持ち雑誌の出版などを行っていた。インドネシアにおいてもモフタル・ルビスらを中心に、共産党系の文化人との文化の戦争があったことはインドネシアの章で述べた通りである。

　上丸によると、日本では、1956年に反全体主義、反共産主義を標榜する知識人のグループ「日本文化フォーラム」が結成された。当時勢いのあった左派、進歩派に対抗して月刊誌『自由』を拠点に主張を展開した。当時フォード財団の日本におけるアドバイザーであったハーバート・パッシンは石原萠記に文化自由会議の日本支部設立を持ちかけてきたのである。石原は政治学者の蠟山政道の指導を受けて、社会民主主義の立場から労学提携の社会運動に取り組んだことがあり、当時は社会党右派の政治家三輪寿壮に師事して衆議院への出馬を準備していた。パッシンは毎月十数万円の給料を払う（総理大臣の給料が11万円）という好条件を出した。石原は55年に正式に文化自由会議の日本連絡員となり、当時力を持っていた左派の学者団体である民主主義科学者協会に対抗しようと、社会思想史の関嘉彦らと相談し、支部ではなく独自の団体として56年2月に「日本文化フォーラム」が設立され、月に3～4回の講演会や報告会を開き、1959年には雑誌『自由』を創刊した。石原が編集長となり、編集代表は竹山道雄、編集委員には林健太郎、木村健康、関嘉彦、平林たい子、福田恆存、西尾幹二らがついた[584]。

　上丸は改めて『自由』のバックナンバーを読んでみて、リベラルな内容が多いことに驚いたという。高柳賢三の論文は世界の各国が日本のように国防軍の海外使用を禁止すべきという内容で、今日でいえば「左」のレッテルを貼られるような内容であるが当時は自衛隊を認めたということで「右」と見られていた、と述べている。その主張は合理的な思考の範囲内に収まっており、ひたすら読者の感情に訴えようとする『諸君！』『正論』とは趣を異にしていると述べている。

　1960年代になると文化自由会議から日本への支援は打ち切りたいという打診があり、1972年に打ち切られた。石原はエドウィン・ライシャワー、

---

[584] 上丸前掲書、41-43頁。

福田恆存、村松剛らと相談し、日米で3億円ずつ募金を募り新たな団体の立ち上げを考えた。三島由紀夫が外国からの資金に反対したため、石原は財界から4千数百万円の資金を得て、田中美知太郎を理事長として、1986年6月に日本文化会議が発足した。日本文化フォーラムのメンバーの多くが日本文化会議に参加している。日本文化会議は1978年から月刊誌『文化会議』を発行し、一部は書籍として刊行している。1994年に解散したが、サントリー文化財団、国際日本文化研究センターなどへ発展したとされる。

　文藝春秋社の社長、池島信平が日本文化会議の機関紙の刊行を企てたが失敗し、1969年に文藝春秋のオピニオン誌『諸君！』を刊行した。執筆者には日本文化会議のメンバーや雑誌『自由』の執筆者らが多かった。1973年には産経新聞が雑誌『正論』を創刊し、ここでも執筆者の多くは『自由』を支えてきた人々であった[585]。

　文化分野での冷戦の主戦場は欧州であり、日本への関与はフォード財団の関心としてもまた金額的にも大きなものではなかった。しかし、左派が論壇を支配しているような状況の中で、当時の「保守的」知識人の発言の場を確保し、左派の主張を相対化し、やがては逆転して、むしろ主流化していくという影響力の手法は日本においても成功したと言えるのではないだろうか。もちろんそれはフォード財団の影響だけが要因ではなく、論争に参加した知識人個々の主張の説得力の問題であるし、またソ連崩壊などの現実政治の影響が大きいことは言うまでもない。しかし、文化の陣地戦におけるいわば金銭的な補給としてフォード財団の資金が持っていた意味は決して小さくないだろう。

　しかしながら、上丸が『自由』の論文を合理的で今日的な意味でリベラルだと感じ、後の『諸君！』や『正論』の緒論を感情的だと論ずるように、保守論壇は2000年代以降、急速に民族主義的な色彩を帯びるようになり、本来はアメリカのリベラルにとっては「敵」に等しいような戦前回帰や歴史修正主義の方向に向かうことは、まったく想定外の展開だと思われる。それはアメリカ本国においても保守化現象が起き、リベラルが弱体化したこととも関係しているであろうし、日本においては特にフォード財団が協力しようとした社会民主主義勢力、つまり社会党右派や社会党を割って出た民社党の退潮という政治の歴史的展開がもたらしたものかもしれない。この点は現在で

---

[585]　同上、55–61頁。

も社会民主主義勢力が一定の政治力を維持している欧州とは大きく異なることであり、フィランソロピーという「社会的な力」が社会の変化をコントロールすることには限界があることを示している。

3－2　日本地域開発センター

　フォード財団が設立時に助成を行って、今日に至るまで当初の目的を継続的に実現している事例として、一般財団法人日本地域開発センターを取り上げる。理事長の伊藤滋は同センターの季刊誌である『地域開発』2023年春号（Vol. 645）[586]でセンター設立の経緯について、自身の見解を述べている。
　同センターは1963年に日本の国土、都市、農村を対象として調査研究を行う戦後初の民間シンクタンクとして東京に設立された。伊藤によると、センターの設立は東京電力の社長で経済同友会代表幹事であった木川田一隆と東大総長であった茅誠司の努力によるものであった。センターではさまざまな研究が行われて日本の都市政策に大きな影響を与えたが、伊藤は中でも1967年に政府が策定した「新全国総合開発計画」にはセンターの研究成果が強く反映されているとしている。インド等でフォード財団が作ろうとしてきた政府からは独立した民間でありながら、公共政策に影響を与える知識生産組織である。アメリカ的な知識の生産組織と社会適用のあり方の移転であると言えよう。
　センター設立の経緯について、伊藤によると、1960年の所得倍増計画を具体的に実施するために基幹産業である電力、石油化学、鉄鋼の産業育成を目指して、1962年には「新産業都市建設促進法」、1964年の「工業整備特別地域促進法」が作られ、大規模な工業地域開発が政府と産業界の協力で進められていた。そうした状況の中で木川田と茅は財界と学界がどう政府の方針に応えるかを相談し、茅は前年に東大に出来た都市工学科の高山英華と学界をどうとりまとめるかを1963年に相談したのではないかと伊藤は推測している。高山の構想は工学部にとどまらず全学的な「都市研究所」を東大に新設することであった。その構想には前歴があり、関東大震災後の東京復興を目的に東大の中に学科を超えて東京を研究する研究会があった。その研究会の中心は、西洋の都市史研究を専門とする文学部の今井登志喜だったと言う。もう一つは社会学系の教授たちでセツルメント活動をしてきたグループ

---

[586]　一般財団法人日本地域開発センター『地域開発　2023年春号』Vol. 645、2023年。

があり、賀川豊彦のグループも加わっており、その流れにいたのが磯村英一で東京都の役人であった。地理学科、社会学科、西洋史学科、法学部からも集まった「大都市研究会」という任意の勉強会が、高山の構想の出発点ではないかと伊藤は述べている。しかし、高山の全学的な都市研究所の構想は学部の縄張り意識の壁の前に挫折してしまう。当時、慶應義塾大学には後に塾長となった奥井復太郎もいて、彼は1953年に日本都市学会の初代会長になっていた。

一方でアメリカ側では、早くも1952年にGHQが日本の地域開発についてのセミナーを実施していた。アメリカから招聘されたグループの代表がアーネスト・ワイズマンであった。1961年に国連がこのワイズマンを長とする道路調査団を日本に派遣し、その勧告に基づいて世界銀行が東名高速道路建設への融資を行ったのである。ワイズマンのグループは1960年から65年にかけて日本の調査を行ったが、主としてMITとハーバード大学の専門家から成っており、その中にフォード財団のグレイエリア・プログラムを立ち上げたポール・イルヴィサカが含まれていた。彼らの都市・地域政策報告には「阪神都市圏開発計画」などが含まれる。この調査には、日本側では、蠟山政道、奥井復太郎、飯沼一省の重鎮に加えて、磯村英一、高山英華、幸島礼吉などの研究者が参加していた。

国連調査団と日本側の地域開発専門家は一致して日本政府に対して「日本大都市センター」の設置を勧告したが、日本政府が取り扱いかねているうちに、国連・アメリカ側研究者がフォード財団に助成を申請したのではないかと伊藤は推測している。フォード財団は当時地域開発研究への支援として、MIT・ハーバード大学都市問題共同研究所およびギリシャのドクシアディス研究所に助成を行っており、3番目の助成として55万ドルの助成が日本地域開発センターになされたと伊藤は述べている。上記のようにアメリカ側の研究者にイルヴィサカが入っていたことが、フォード財団の助成決定に大きな意味を持っていただろうと筆者は考える。

フォード財団の助成は1966年に実施され55万ドルであった。日本地域開発センターはその3年前の1963年に設立されているが、それは上記の「日本大都市センター」設立の勧告を扱いかねた政府が東京電力の木川田社長に依頼し、日本の電力業界を主体とする財界によって設立されたのだと伊藤は推測している。しかし、フォード財団の助成があることは想定のこととして、センターが設立されたのだろうとしている。当時の55万ドルは研究費

としては莫大な金額であったが、使途は以下のようになっていた[587]。

  プロジェクトⅠ——都市計画に関連する専門家コンサルタントの交流
     31万ドル
     （アメリカ人、欧州人およびアジア人を日本に派遣する場合と日本人を外国に派遣する場合の双方）
  プロジェクトⅡ——国際研修奨学金　17万ドル
  プロジェクトⅢ——日本で開催される研修セミナー　3万5000ドル
  プロジェクトⅣ——特定の実証研究活動　3万5000ドル

この55万ドル（1億9800万円）は適切な運用で約2億円の支出となった。実績は以下の通りである。

- 人物交流
  - 学者・専門家の海外派遣……………………………………………116名
  - 研修留学生の海外への派遣………………………………………… 26名
  - 外国の学者・専門家の招聘………………………………………… 99名
  - 外国の研修留学生の受け入れ……………………………………… 53名
  - 外国からの訪問者……………………………………………………約350名
- 国際会議
  - 地域開発に関する国際会議開催…………………………………… 5回
  - 国際会議へ学者・専門家の派遣…………………………………… 約20回
- 講演会・懇談会
  - 外国の学生・専門家による講演会・懇談会の開催……………… 約30回
- 図書・資料
  - 外国の大学研究機関との図書資料の定期交換…………………… 約25回
  - 外国の大学研究機関および個人に対する図書資料の無償配布…約300回
  - 地域開発に関する英文図書資料の整備
- 図書の発行（主なもの）
  - 日本列島の構造図集………………………………………………… 1,500部
  - 第1〜4回地域開発国際会議報告書（英、和）…………………… 各1,000部

587　同上、55頁。

日米地域開発会議（英）………………………………	1,000部
英文地域開発（定期刊行）…………………	Vol. 1～5 各1,000部
海外調査研究チーム報告書（和）………	台湾、タイ、インドネシア、パキスタン、韓国、フィリピン、欧州、アメリカ、ソ連、ベトナム
外国の総合開発計画（和）…………………………	西独、仏、英、伊

　伊藤によると同センターには、「なにしろ、フォード財団から交付された5年間で55万ドルという潤沢な研究資金がいろいろな研究グループに割り当てられたから、センターに集まらない学者のほうがおかしい。全国の社会学、経済学、都市計画系の学者が集まって、研究計画を作る作業をすることになった」という状況であったようである。

　伊藤によるとフォード財団の資金は、第一に返還前の沖縄調査に使われたという。第二にはソ連の研究調査に使われた。当時外交関係がなかったソ連の実態調査が行われたのは画期的である。第三に、建設省と自治省の若手役人と各大学の大学院博士課程の学生、および若手助教授の1～2年の留学に使われた。第四にセンターのさまざまな研究委員会の研究活動に使われた、ということである。少なくとも10年間くらいセンターの研究費を潤沢にしていたことは間違いないと、伊藤は述べている。

　伊藤はフォード財団のお金を長く細く使ったと述べている。そして、日本地域開発センターには栄枯盛衰があったと述べ、1965年から2003年頃までの40年間くらいが、センターの花盛りであったと回顧している。そして、2023年現在、残った研究者は伊藤だけであるとしている。

　インドなどの章で述べたように、フォード財団の目から見ると国立大学の固定された学部学科制度では、新たに生まれる社会のニーズに柔軟に対応出来ない。アメリカ国内ではフィランソロピーが社会のニーズに応えるために大学に働きかけ、新たなディシプリンを作ったり、講座を寄付したり、あるいは学部学科の外に独立の研究所を作ることをしてきていた。その同じ行動パターンで、インド等でも日本でも新たな知識の創造、社会適応のための組織作りを行ったのである。東京大学の全学的な都市研究所の構想が、学部間の縄張り意識で実現しなかったことは、大学の硬直性を物語っている。時代ごとの社会のニーズに応えるというプラグマティックな、民主的でオープンな市場志向の学問のあり方はアメリカ特有であり、私立大学優位というアメ

リカとは異なり国立大学の伝統の強いその他の国々では容易には通用しない。国家の権威を認めないアメリカ的リベラルな知識生産のあり方は、国立大学優位の国では容易には根づかないだろう。そこで、大学からは独立した研究組織としてフィランソロピーに財政的には依存しつつ、社会のニーズに応えることで存在意義を確保するような民間でありながら公共政策に関わる研究組織という形が求められたのである。それは失敗した事例も多く、しかしこの日本地域開発センターのように少なくとも40年にわたり国家的な開発計画に影響を与え続けるような事例も存在するのである。

第4節　小　括

　本章では1950年代のフォード財団の日本での活動を論ずる前に、先行したロックフェラー財団の活動を紹介した。ロックフェラー財団は戦前から日本で活動しており、また財団の理事長がジョン・フォスター・ダレスであったことから、ロックフェラー3世が自ら日米文化関係の構築に乗り出すという特殊な事情があった。しかし、インドネシアの章でも触れたように、インドネシアについても先行していたのはロックフェラー財団であった。フィリピンの国際稲研究所の設立はロックフェラー財団が先鞭をつけ、後にフォード財団が共同助成に乗り出していった。ここで開発された高収穫品種はインド、パキスタンにおける緑の革命の主役となったのである。

　両財団の動きを見ていると、エリート主義的なロックフェラー財団は小規模に能力の高い人々に助成し、より財政規模が大きなフォード財団はその成果を拡大するという傾向が見られる。日本についても同様で、日本の知識人におけるマルクス主義の影響を弱体化させ、アメリカ的な社会科学を移植するという目的では両財団は一致していたが、ロックフェラー財団がまず東京大学、京都大学に助成してアメリカ研究セミナーを実施し、アメリカ研究という狭い分野で先鞭をつけた。フォード財団は、特に日本とアジアの近代化というテーマを焦点にしつつ、より広い社会科学全般にアメリカ的な指向性（実証主義的で、社会的に有用で、多様性を持った社会科学）を導入しようとした。さらに国際文化会館に助成して実施した新渡戸フェローシップでは若手の社会科学者を欧米に2年間留学させることで、欧米の社会科学者コミュニティと日本の若手研究者をつなぎ、持続的な関係性を構築しようとした。アメリカを代表する両財団であるが、財政規模の違い、手法の違いから、お互

いに相談しているわけではないが、役割分担が行われている事例が多い。日本もそうした事例の一つである。

　フォード財団の活動では、1953年に実施する予定で計画されたが、実際には実施されなかった訪日調査団のための事前調査報告書が、その後の日本における戦略を導いた重要な調査であった。数多くの日本専門家の意見をまとめたものであるが、中には高木八尺も含まれていた。日米には戦前からの知識人の交流があり、また戦中はアメリカ軍が戦争遂行のために日本研究者を養成したこともあって、インド等の他のアジア諸国には見られない専門家の量と質であった。例えば、アメリカ人のインドネシア研究者はほとんどおらず、フォード財団はアメリカ人研究者のインドネシア研究を助成しつつ、彼らの知見を助成事業に活用するなど、走りながら考えるような状況であった。

　また、日本ではGHQによる占領軍政には民間人が大量に加わっており、彼らが蓄積した日本の現状や課題についての豊富な知識が活用出来る状況にあった。専門家の意見は2点に集約された。第一は日本の民主化であり、第二は経済であった。後者は日本の経済規模がフォード財団の資源に比べて大きすぎることや自力での復興が可能であることから、放棄され、もっぱら民主化問題に特化して日本での活動が行われた。民主化と言うと占領軍政の最重要課題であるが、占領当初とは異なりいわゆる「右旋回」後の民主化は反共政策の一環であり、民族主義等の右からの全体主義を防ぐことよりも、共産主義の左からの全体主義を主たる敵としての民主主義を守るための民主化であった。日本専門家が憂慮し、フォード財団の関与を勧めたのは大学等の知識人におけるマルクス主義の影響力の強さであり、知的世界における闘争である。この分野はフォード財団をはじめアメリカのフィランソロピーが伝統的に活動してきた分野であり、アメリカの大学や研究者とのつながりも強く、最も成功が期待された分野であった。

　日本が他のアジア諸国と異なっていたのは、インド等ではフォード財団は政府との協力関係にこだわっていたが、日本においては政府を相手にすることはなく、直接大学や研究者に助成を行ったことである。日本はインドなどとは異なり開発援助が必要ではなく、国家プロジェクトへの助成は必要がなかったからである。フォード財団内部のプログラムの分類でも日本で主として活動したのは、国際訓練と研究（International Training and Research: ITR）プログラムであり、インド等で活動した海外開発（Overseas Development）プ

ログラムではなかった。ITRはアメリカの大学の国際的研究や人材養成（留学奨学金など）を主に扱っているが、海外の大学でも国際的な活動に対しては助成を行っていた。

　また、非同盟中立主義の外交政策を取りしばしばアメリカ政府と対立していたインド、ビルマ、インドネシアとは異なり、日本はアメリカの同盟国であり、またこれらの国々に比べれば政治は安定していて、日本政府と何らかの協定を結ぶ必要がなかったとも言えよう。上記3カ国では政府と深い協力関係がなければ、国内での活動は不可能であったし、関係が悪化すればビルマやインドネシアのように追い出されるように活動を停止しなければならなかった。日本ではそうした危険性はほとんどなく、いわば政府を素通りして国内の大学等に助成が出来るような状況であったとも言えるだろう。

　以上のようにアジアの3カ国と政府との関係においては異なっていたが、直接的な協力相手を極めて選択的に決めていた点は同じである。アジアの3カ国では社会民主主義の政治勢力や知識人と協力していたが、日本では親米リベラルの人々を中心に一部は社会民主主義者とも協力関係を構築した。アメリカ留学経験者などの親米リベラル勢力が日本には存在していたが、イギリス、オランダの植民地であったアジア3カ国にはリベラル勢力がなかったのが主たる理由である。アメリカのリベラル派であるフォード財団にとっては、イデオロギー的に親和性の高いリベラル派と社会民主主義勢力だけが協力相手であり、彼らとイデオロギーの同盟を結んだ点は重要である。フォード財団がイデオロギー的存在であり、リベラルと保守の政権交代があり、政策も両者の主張の折衷となりがちなアメリカ政府とは非常に異なる点であるからである。

　マルクス主義の相対化から周辺化のプロセスを形成するためのフォード財団の戦術は次のようなものであった。最初期はアメリカの大学の日本における共産主義や社会民主主義研究への助成であり、ある意味では敵を知ることから始めている。研究の成果はアメリカ国内で広く共有されていったと思われる。第二段階として、日本の大学における非マルクス主義的な研究への助成で、典型は東京大学による日本の労働運動の非マルクス主義的な研究と出版である。第三段階は日米の複数の大学の共同研究への助成で、日米の研究者が共同研究をすることを通じてアメリカ的なアプローチの浸透を図ったのだと思われる。1959年からは、ある種のエポックメイキングな会議となった日本の近代化をめぐる箱根会議に象徴される、近代化論の移植であった。

従来のマルクス主義による日本の近代化理解とは異なる多様な可能性をアメリカ側研究者は提示した。その後は、非マルクス主義的なアジア研究のセンターを日本に作ることに展開し、京都大学東南アジア研究センター、東京大学の東洋文庫への助成となった。

　研究費や留学費用、国際会議費用などを潤沢に提供することで、日本の社会科学をよりアメリカのそれに近いものに近づけたと言えるのかどうかについては、単純には言えない。確かに、フォード財団の当初の目的の通りに日本の社会科学におけるマルクス主義的立場は次第に弱体化し、現在では周辺化されていると言えるであろう。しかし、それがフォード財団などの助成の結果であるとまでは言い切れないであろう。基本的には、ソ連を中心とする共産圏の弱体化からソ連崩壊という歴史的展開がもたらしたマルクス主義への信頼の低下が最も重要であると考えられる。ただし、影響がなかったとも言えないであろう。日本の社会科学者がアメリカの社会科学を知り、議論をする機会がなければ、そうした変化が仮に起きたとしても、はるかに遅延していたであろうし、より小さな変化であったかもしれない。また、実際にアメリカのフィランソロピーから援助を受けた日本人の研究者などが感じた、潤沢な資金の魅力と影響力は強かったと思われる。そこにはある種の「力」の行使があったと考える。

　しかし、フィランソロピーの介入は同意に基づくものであり、強制的な手段ではない。いわば、同意に基づく「力」の行使なのであって、強制力としての「力」とは異なる性質、性格のものである。これはイデオロギー的な力の特徴であり、イデオロギーの同盟者には豊かな恩恵がもたらされ、敵対者には門戸が閉ざされることによる「力」の行使である。宗教イデオロギーの場合を考えれば、その力の働き方は分かりやすい。特定宗教に入信すれば宗教コミュニティの助け合いの中に入ることになりさまざまな恩恵が得られる。その一方で義務も生じる。知識共同体でも同様であり、留学や共同研究などでアメリカの大学とのつながりが持てれば、研究費だけでなくフェローとしての受け入れや学会の入会などさまざまな学術コミュニティからの恩恵が得られる。他方でコミュニティの一員としての義務、例えば学術誌のレフェリーなども発生する。フィランソロピーはアメリカの大学を中心とする学術コミュニティの大きな資金提供源であり、その潤沢な資金は大学組織や特定のディシプリンにとって場合によると死活的な重要性を持っている。国際的に活動するフィランソロピーは、アメリカ国外にまでそのコミュニティ

を拡げる力を持っているのである。

　しかし、他方でフィランソロピーの力は強制力ではないことは強調すべきである。こうした資金力とネットワークの力によるフィランソロピーの働きかけにも応じずに、独自の路線を貫くことは可能であり、また実際にマルクス主義を貫いた人々が存在することも事実である。思想信条、学術の自由は守られており、言論統制が行われている国のような力の行使とは全く異なるものである。それだけに、フィランソロピーの介入を力の行使であると考えない立場もあるが、筆者は「力」を強制的なものに限定してしまうことは、社会における力の働き方の理解を狭くするものであると考える。

　本章では、フォード財団の影響力がどの程度継続するものなのか、持続的に社会の変化を引き起こすような原因を作るものなのか、それを検証するために2つの事例を取り上げた。一つは文化自由会議に対する欧州での助成が、同会議が世界大の活動であったために日本にも及び、日本文化フォーラム、日本文化会議と発展して、日本の保守論壇形成のある種のルーツとなった事例である。これは明らかにフォード財団が、少なくとも日本に対する影響力としては意図していなかったことである。反共の文化活動という括りで捉えられがちであるが、当初のCIAが支援していた時期とは異なりフォード財団が支援を始めてからは、欧州においてもあからさまな反共文化活動というよりは、欧州の社会民主主義勢力とアメリカのリベラル勢力の間の文化交流的な活動に変化していった。日本でも当初は社会民主主義勢力の国際連帯という趣旨であったが、次第に民族主義的な色彩の強い文化活動となっていき、日本の論壇の保守化の中心的な存在となっていった。この事例は、フィランソロピーの社会への介入は意図せざる方向に展開していくことがある、という制御不能な変化の側面を示している。

　第二の事例は、日本地域開発センターの事例であり、インドなどでも盛んに助成を通して制度作りを試みた、民間でありながら公共政策に関与するグレイエリアの組織作りである。研究者を大学という固定化された制度の中で社会のために生かすことの限界から、既存の組織の外に新たに研究のための組織を作り、政府や産業界などとの協働を推進する専門家協会の制度である。シンクタンクと言うことも出来るが、自前で研究者を雇用するだけでなく、大学の研究者が大学に所属したまま研究プロジェクトに参加していくという専門家協会の色彩が強い。地域開発計画作りは政府の重要な役割であるが、多方面の研究者の参加が必要であり、異なる所属の研究者の組織化や研

究の運営などを行う組織が必要であり、また社会のニーズに応えるための組織、制度であるため、ニーズがある間だけの存続、つまりアドホックな組織という側面もある。日本地域開発センターは、さまざまな大学等に所属する異なる専門の研究者を糾合して、政府の開発計画作りに重要な貢献をし、今日に至るまで存続している。この事例はフォード財団の日本社会への介入が、少なくとも半世紀以上にわたって持続的な影響を与える制度作りに成功した事例であると言えよう。つまり、当初の助成の目的が非常な長期間にわたって実現することもある、と言うことを物語っているのである。

　日本の2つの事例、およびアジア3カ国のさまざまな事例から導き出せることは、フィランソロピーの介入、すなわちイデオロギー的な力の行使は非常に強い力であるとは言えないが、特に学術研究や教育的な人材養成などの分野ではかなり持続的な影響を与えることが多く、他方で政治的な事柄については良い意味でも悪い意味でも予想外の展開を導く場合がある、ということではないかと思われる。

終 章

リベラルな帝国の
ソーシャル・パワー
——アメリカのフィランソロピーのパワー

第1節　リベラルな帝国アメリカ

　本節では、アメリカ帝国論を取り上げ、リベラルな帝国アメリカの特徴を論じ、そうした帝国の「社会的な力」としてのフォード財団をアメリカ帝国の中で考えてみたい。

1－1　アメリカ帝国論

　「アメリカは帝国ではないか」という議論が起きてきたのは冷戦が終わり、アメリカの一極構造が認識され始めた1990年代以降である。特にアフガニスタン戦争、イラク戦争という一連の軍事介入、およびそれに伴う経済援助、あるいは傀儡政権の樹立と支援などの強硬手段に注目して、他国の政治経済秩序をアメリカが好ましいと認識する形にしようとする介入について議論が高まったことが契機となった。しかし、本書ではアメリカの海外における政治経済秩序への介入は、アメリカ帝国論が語られるずっと以前から始まっていたことを論じている。アメリカがイギリスにとって代わって覇権国となったのは第2次世界大戦後であり、本書で扱ったインド、インドネシア、ビルマなどのアジア諸国や欧州復興には援助という形をとって、また日本には占領政策から援助という形で国内秩序への影響を与えてきた。それらは第2次世界大戦直後から1950〜60年代にかけて始まり、今日まで続いている。帝国は一夜にして成ったわけではなく、「世界をアメリカに似せて作り変える」という行為の積み重ねの中で、アメリカ帝国システムが出来上がっていったのである。アメリカ帝国システムとは、別の言葉で言えば、自由民主主義体制 (liberal democratic regime) である。この体制の規範は政治的には民主的政体や人権擁護であり、経済的には自由貿易に基づく自由主義経済である。本書では帝国システム形成の初期の過程を、重要なアメリカのアクターの一つであったフォード財団を通して観察しようとしてきた。

　アメリカ帝国論が言う「帝国」は、1880年代初めから第1次世界大戦までの間における帝国主義の時代にイギリス、フランス、ドイツなどの列強が競って世界に植民地を拡げていった時代の「帝国」とは異なったものである。山本は、1990年代の「アメリカ帝国論」における「帝国」ついて、ハースを引用して[588]、以下のように述べている。

588　Haass, Richard, *The Reluctant Sherriff*, New York: Council on Foreign Relations Book, 1997.

主権国家体系の下での帝国は、他を圧した軍事力、経済力をもつ国家であり、それが奉ずる価値を対外的に投射し（それは、その国の責務であると考えられる）、国際システムに一つの秩序を形成し、維持する国である。そして、帝国が形成する秩序を（インフォーマルな）帝国システムと呼ぶ。帝国は他の国の対外政策に大きな、非対称的な影響力を発揮するだけでなく、他の国の内政（政治体制、施政者等）にも（必要とあらば）大きな影響力を振るう。[589]

　つまり、アメリカという「帝国」の特徴は植民地を持たないが、圧倒的な軍事力、経済力を持っており、国際システムに秩序を形成するために他国の外交および内政に非対称的で大きな影響力を及ぼすことであるとしている。
　第一の植民地を持たないでも「帝国」であるという考え方は、ギャラガーとロビンソンがイギリスについて「インフォーマルな帝国」いう概念を用いたことからきている[590]。彼らによれば、イギリス帝国は経済的搾取を目的として不平等な貿易を押しつけ、相手側の権力が抵抗すると武力を用いて攻撃、威嚇を行って抑圧し、不平等な貿易を維持することで莫大な利益を得ていた。この状態をインフォーマルな帝国と呼んだのである。相手の抵抗が激しくなりイギリス側の出先が危険になると軍を送って反乱を鎮圧し、必要に迫られて正式な（フォーマルな）植民地支配を行った。軍や植民地官僚を常駐させて、反乱を抑えて秩序を維持するのには莫大な経費がかかり、経済的な得失から見るとインフォーマル帝国のほうが利益は大きく、むしろこちらを望んだのである。例えば、イギリスと清朝のアヘン戦争を見れば、麻薬貿易で莫大な利益をイギリスは得ており、それによる被害のためアヘン貿易を禁止した清朝に対して戦争を仕掛け禁令を解かせたことなどは、まさに当時の清朝は一応の独立は確保していたもののイギリスのインフォーマル帝国の支配下にあったとも言えるであろう。アメリカ帝国の特徴の一つは植民地支配をしないことであるが、これはアメリカ自身が植民地であったことによる反植民地主義のイデオロギーが強いだけではなく、イギリスと同様、軍事介入や支配の財政的コスト、兵士の死傷などがもたらす国民世論という国内政

589　山本吉宣『「帝国」の国際政治学――冷戦後の国際システムとアメリカ』東信堂、2007年、39頁。
590　Gallagher, John and Robinson, Ronald, "The Imperialism of Free Trade", *The Economic History Review*, Second series, Vol. VI, No. 1, 1953.

治上のコストが非常に大きいからである。

　上記のアメリカ帝国の特徴づけで、第二の重要な点は国際システムにおける秩序の形成と維持という点であり、アメリカ帝国の問題性は他国の秩序への強い影響力、干渉であると言えるだろう。介入が軍事行動を伴う場合には、敵味方ともに多くの人的犠牲や経済インフラの破壊が伴い、それに見合うだけの良い秩序形成が出来るのかどうかという点が問題であり、過去のアメリカの軍事介入で常に疑問視されてきた。アメリカが軍事介入し、同時に大量の経済援助を投入したアフガニスタンやイランのその後を見ても、当初構想された民主的で経済的にも安定した国家にはなっておらず、秩序変更が困難であることは明らかである。非軍事的な介入の場合にも結果が双方にとってプラスなのかどうか、特に介入された側にとって果たしてプラスの変化をもたらしたのかどうか、検討しなければならない。他国の政治経済、社会秩序をアメリカに似せて変えようとすれば、既存秩序を支持する反対勢力との葛藤は避けられず、また完全にアメリカと同じにすることは不可能であり、むしろ秩序の混乱や崩壊、そして治安の悪化さえありうるからである。

　アメリカ政府が圧倒的な軍事力や外交圧力、また経済援助などの経済力を用いても、他国の政治経済、社会秩序を思うように変えることは困難である。そこで、もう一つの秩序を変更する力として、アメリカの社会的なアクターが重要であると筆者は考えるのである。平和的に合意的に、しかし効果的に社会的なアクターが持つ力を用いて、時間はかかるが秩序に対して一定の影響力を行使する、つまりアメリカに似た秩序に変えていく過程を形成するのである。本書で扱った1950～1960年代のフォード財団はそうしたアメリカの「社会的な力」の一つの典型であると筆者は考える。

　秩序変更と言うと権威主義体制から民主的な体制への変更のような革命的変更を考えがちであるが、秩序の破壊は軍事力で可能であっても、新しい秩序の形成は軍事力では不可能である。秩序とは草の根の人々の行動パターンや嗜好、また社会の複雑な法体系、諸制度、そしてその背景にある文化的な慣行や価値観の総体であり、社会のさまざまなレベルでの斬新的な変化の積み重ねでしか新しい秩序の形成は出来ない。その過程は旧秩序と新秩序の間の小さな現場での小さな闘争、本書で言う局地戦の連続である。

　アメリカが望む秩序は大きく言えば、政治的には民主主義体制であり、経済的には自由主義経済とドルを基軸通貨とする自由貿易体制である。しかし、民主主義体制と言ってもその細部の有り様については各国での違いも存

在する。本書で見たように、自由を意味するリベラリズムにはアメリカ国内でも異なる主張や意見があり、保守派とリベラル派では大きく異なっている。民主主義もしかりである。アメリカでは社会主義を信奉する人はごく少数派であるが、欧州では民主的な社会主義を掲げる政党が政権をとり、その政治的理想に基づいて社会秩序を形成することがある。北欧諸国などの社会民主主義的な秩序のあり方もまた民主主義の一形態であるが、それはアメリカとは大きく異なっている。

また自由貿易体制と言っても、それを主導してきたアメリカ政府自身にも多くの保護貿易品目があり、自国産業の強い分野では自由貿易を、弱い分野では保護貿易という使い分けをしてきたのが実際である。アメリカ自身がそうである以上、世界の自由貿易体制も現実には保護貿易とのまだら模様であり、各国のその時々の利益認識の変化によってさまざまに変化してきた。

細部にわたる秩序変更のための介入は、友好的な民主主義国の政治・経済、社会秩序への干渉が典型であろう。こうしたアメリカ政府による平和的・合意的な介入の例としては、日米構造協議を挙げることが出来る。1970〜80年代の貿易摩擦を経て、1989年には日米構造協議が始まり、保護貿易措置の脅しを手段として日本政府に圧力をかけた。日本の通産省を司令塔とした輸出主導経済を内需主導にすることや、例えば大店法などの国内の弱小産業保護のための規制を緩め、外資の参入を容易にすることをねらって、日本の国内の経済社会秩序に大きな影響を与えたことは間違いない[591]。日本側が最後まで守り切ったが、アメリカの保険会社の参入を容易にするために政府が管掌する国民皆保険制度にまで廃止圧力をかけてきたことは、政府と市場の役割分担という秩序の根幹部分にまでアメリカ的秩序を押しつけようとしたと言えるだろう。

つまり、大きく民主主義、自由主義経済と言っても、実際の政治経済、社会における秩序のあり方には大きなバリエーションがあり、アメリカ的秩序の実体はより細部に宿っているのである。本書で述べてきたフォード財団が助成を通して、アジア各国で社会をアメリカに似せて作り変えるという作業は秩序の細部で起きる出来事であり、異なる価値観や既存秩序との葛藤も個別の現場で起きていたのである。異なる秩序との葛藤は、共産主義勢力が目指した革命的な秩序変更との競争だけではなかった。旧宗主国のイギリスや

---

[591] 鈴木一敏『日米構造協議の政治過程——相互依存下の通商交渉と国内対立の構図』ミネルヴァ書房、2013年。

オランダが植民地に作っていた秩序との闘争でもあり、それは共産主義勢力の変革意図と比べればはるかに細部の秩序変更であった。

そうした秩序変更の働きかけには方法論があった。方法論を戦争に例えれば、そこには戦略、戦術があり、そして局地戦があった。教育省、保健省などの特定の省庁や特定の大学で起きていたことは共産主義勢力や保守的な勢力との局地戦であるが、その背景にはフォード財団の戦略も戦術もあったのである。単に助成金という資金を投入すればよいわけではなく、方法論が重要であり、戦略、戦術、また局地戦のそれぞれのレベルでの成功も失敗もあったのは、本書でこれまで見てきたところである。

以上のことを再びアメリカ帝国論に戻って、別の角度から確認したい。アメリカ帝国論の特徴を山本は以下の5点にまとめている[592]。

(1) アメリカの圧倒的な軍事力をもってアメリカの望む国際秩序形成が可能であり、かつ国際システムを安定させることが出来る。
(2) アメリカは圧倒的な経済力を持っていて、軍事力を行使する財政的資源を持っている。
(3) アメリカはリベラルな価値（民主主義や人権）を対外的に拡張する責務を持っている。
(4) リベラルな価値に基づく政治体制はアメリカの利益であり、かつ国際平和に貢献する。
(5) アメリカは必要であれば、単独でも行動を起こさなければならない。

本書が特に扱おうとしたのは、(3)のリベラルな価値を対外的に拡張する責務を持っているとアメリカの政治指導者、また社会的エリートたちが考えがちであることと、その背景にある、それが(4)アメリカの利益と国際平和に貢献するという信条である。問題なのは、「リベラルな価値」とは具体的に何なのか、またどのように「リベラルな価値を拡張」しようとしたのか、それはどこまで可能なのか、という点である。上述のように「リベラルな価値」は実際には多義的であり、アメリカ国内でも多様性を持ち、時には葛藤状態になることもあり、また民主主義国家である欧州や日本に対しても「アメリカ的な価値」に基づく政治経済、社会秩序を押しつけることがある。

---

592 山本前掲書、39頁。

また、どのようにという点においては、山本がまとめているアメリカ帝国論では主として軍事力を用いた方法に焦点が当たっているが、本書で述べてきたように、手段は軍事力だけではないし、軍事力が常に有効であるというわけではない。貿易交渉のような経済分野での圧力もあるし、また本書が焦点を当てている「社会的な力」を用いた秩序変更の働きかけも有効な手段であった。特に、友好国や中立国などの軍事力を用いることが出来ない国に対しては、非軍事的な手段しか用いることは出来ず、中でも「社会的な力」が非常に有効である場合もあったのである。

1−2 「アメリカ」とは何か

リベラルな帝国であるアメリカにおいては、国際関係の主体が政府にほぼ限られている国々とは異なり、権力は連邦政府に集中しておらず、議会や連邦最高裁などの他の国家機関に権力が分散しているだけでなく、さらにさまざまな社会的アクターに力が分散しており、それらが国際関係においてアメリカを代表するような主体になることが生じる。本書で扱ってきたフォード財団やロックフェラー財団等の大型のフィランソロピーは国際関係においてアメリカを代表するような独立した主体になる場合がある。

連邦政府とフィランソロピーをあたかも一つの「アメリカ」という主体であるかのように認識するのは間違いである。リベラルな帝国であるという特徴を持つアメリカ帝国システムでは、社会に変化をもたらす力は分散しており、さまざまな社会的アクターもまた大きな国内的、また国境を越えた力を持つことがあるのである。

本書で述べてきたように、アメリカ政府とフォード財団は別の意思決定を行う独立した主体であり、時に協力するが、場合によっては互いに無関心であったり、あるいは相反する意思決定や行動をとることもありうる。ビルマやインドネシアにおけるアメリカ政府の秘密の軍事作戦は明らかにフォード財団の開発努力を裏切るものであったし、インドにおけるフォード財団はインド政府の開発計画についての情報をアメリカ政府には渡していない。もしそうしたらインド政府の信頼を失い、フォード財団のインドの開発における優越的な地位を失うからで、フォード財団は自らの職務上の利益を優先したからである。フォード財団なりのアメリカの国益判断があり、時のアメリカ政府の情勢判断や政策は間違っていると考え、自らの判断や政策がよりアメリカの国益に適うと考えたからでもある。つまりは別の主体であり、そこに

は上下関係はない。大型のフィランソロピーは国内での知名度が高く、敬意を受ける存在であり、政府の指示を受けるというメンタリティは持っていない。それらを運営する社会エリートは個人的にも政府要人と同じレベルの人たちなのであり、実際に政府高官から異動することもあるし、逆に政府高官になることもある。フォード財団の理事長、副理事長、理事などの要職にある人は、政府高官の経歴を持った人が多いのはすでに述べた通りである。これはアメリカ政府の長官等の要職はほぼ政治任用であり、国会議員が大臣等となる日本とは異なり、議員であることは少なく企業や大学等の民間人からの登用が多いこととも関係している。

　フィランソロピーが政府とは別にアメリカを代表した例として、国際連盟とロックフェラー財団の事例がある。国際連盟設立はアメリカ大統領ウッドロー・ウィルソンが提唱したにもかかわらず、国内の孤立主義の高まりで議会が批准をせず、アメリカは国際連盟に加盟しなかった。アメリカ外交の一貫性のなさである。このときにはロックフェラー財団が資金を提供して、連盟のさまざまな会議などにアメリカの政府の人間などが参加していたことはあまり知られていない。加盟していないにもかかわらず、オブザーバー参加し、実質的には国際連盟の国際協力に参加していた。議会に代わって、ロックフェラー財団が連盟に関連する活動経費を負担したのである。このときには、国際連盟でアメリカ国家を代表していたのはアメリカ政府・議会ではなくロックフェラー財団であったとも言えるかもしれない。

1－3　冷戦下の西側諸国におけるインフォーマル帝国システムはどのように作られたのか

　山本は冷戦期には開発途上国のほとんどを含む西側圏内に、アメリカはインフォーマルな帝国システムを形成していたと述べている[593]。対抗するソ連もまたインフォーマルな帝国システムとすると、ソ連を中心とする東側圏内との対比で言えば、確かにアメリカのインフォーマル帝国に属するとされた国々の秩序のあり方には共通性があったと言える。それは主として自由な選挙に基づく民主主義体制であった。しかし、経済秩序に関して言えば民主主義のインドは自由貿易ではなく、輸入代替戦略をとり、むしろ保護貿易体制であった。日本はすでに述べたように政府主導の輸出戦略をとり、日米経済

593　同上、272頁。

摩擦をさまざまな製品で繰り広げてきた。政治の分野ではほぼ一貫して自由民主党政権であり、二大政党制による政権交代が常態であるアメリカとは相当に異なる民主主義の実態である。つまり、アメリカのインフォーマル帝国内の政治経済秩序には多様性があり、秩序選択の自由はある程度まで許容されていたと言えるであろう。それは自由を標榜するリベラルな帝国の特徴でもある。

他方、アメリカの覇権的地位を脅かすような場合には、日米構造協議に見られるような高圧的な秩序変更の圧力がかけられることもあった。アメリカのこのような柔軟であり、状況に応じて戦略的に動く、別の言葉で言えば、ダブルスタンダードを許容し、首尾一貫性が欠如する外部への働きかけのあり方は、アメリカ国内でのリベラリズムの範囲内でのイデオロギーや政策嗜好性の葛藤状況の反映であり、しばしば反対勢力の意見も取り入れる折衷型の政策をとることにもよく現れている。しかし、最も典型的にアメリカ政府の首尾一貫性のなさが明白になるのは、政権交代に伴う大きな政策変化が生じたときである。

こうしたアメリカのインフォーマル帝国の形成過程について、山本は帝国のデザインは元々なく、さまざまな要因が絡み合って現在ある結果となったとし、象徴的には「意図せざる帝国」であり、形成は「経路依存的」であるとしている[594]。山本はカミングスを引用して[595]、帝国のデザインとしては戦後秩序がリベラルでなければならないという合意はあったものの、リベラルの意味は明確ではなく、ウィルソン的な世界を民主主義にとって安全にするという指針、あるいはコーデル・ハルの自由貿易が最大多数に最も多くの生産を生み、それが代表制民主主義の基盤となり世界平和につながるという指針、さらにはフランクリン・ルーズヴェルトの規律ある門戸開放を求めるニューディール的な指針、そしてロバート・タフトの市場の最大限の拡大と最小限の政府を求めるリバタリアニズムといった異なるリベラルの意味の解釈が、ある種雑然として存在していたとしている[596]。

つまり、それぞれ時代が異なりまた政治的立場も異なる時々のリーダーに

---

[594] 同上、225–226頁。
[595] Cumings, Bruce, "Still the American Century," in Cox, Michael, Ken Booth, and Tim Dunne, *The Interregunum: Controversies on World Politics, 1898–1999*, Cambridge: Cambridge University Press, 1999, p. 286.
[596] 山本前掲書、271頁。

象徴される異なるアメリカのリベラリズムが、単純に世代交代や政権交代できれいに変化してくのではなく、最盛期を過ぎたイデオロギーが影響力を残すことで、アメリカ国内に葛藤を残しながら重層的に変化していくアメリカのリベラリズムをめぐるイデオロギーの実像がある。本書で取り上げたフォード財団の主要人物たちの多くは戦前にはニューディーラーであった人々であるが、その中にも時代認識やアメリカの国益に関しては意見の多様性があった。また、第一世代から次の世代に交代する中でニューディーラー的要素は次第に薄れていくのが分かる。第一世代は第2次世界大戦の経験者であり、日本やドイツの占領政策、あるいはマーシャル・プランによる欧州復興やポイント・フォーによる途上国の開発支援の設計や実施にも何らかの形で関わり、世界の秩序形成に対して野望と自信を持っていた世代であると言えるだろう。それに対して第二世代は第一世代の仕事を冷静に評価し、フォード財団の秩序形成能力の限界を意識した世代だと思われる。

　もう一つ考えなければならないのは、外国の国内秩序を変更すると言っても、相手があることだという点である。インフォーマル帝国が形成されるにはアメリカと相手国が関係することから、アメリカの一方的な意図だけで帝国の秩序が形成出来るわけではない。複雑な国際関係の中で形成される秩序であるから、いかにアメリカの軍事、経済における力が強くとも相手国の社会、文化、価値観などを思うように変えることは不可能である。相手国ごとに政治勢力の構成、文化や宗教の違い、諸外国、特にアメリカと対立する国家（特にソ連や中国）や勢力（例えばイスラム主義勢力）の影響の度合いがまったく異なっている。相手国の国内諸勢力が、アメリカを含む外国勢力の支援や影響を受けつつ、どのように権力闘争を行って政府を構成するのか、アメリカ政府は好むと好まざるとにかからず、政権の座にある勢力と交渉せざるを得ず、相手を選ぶことは出来ない。どうしても気に入らなければ無視するか、あるいは転覆を企てるしかない。後者の場合には、軍事介入やCIAなどによる秘密工作という手段が用いられることになる。

　植民地から独立したインド、ビルマ、インドネシアは非同盟中立運動の中心的な国々であり、米ソが勢力争いを行っている政治経済秩序をめぐる闘争の最前線であった。これらの国では、旧宗主国であるイギリスやオランダ国内の自由主義勢力は植民地独立に否定的な保守派であり、民主的な社会主義勢力が独立を支持した改革勢力であった。したがって、これらの3カ国では必然的に民主的な社会主義のイデオロギーに影響を受けた政治勢力が存在

し、彼らはアメリカでは左派であるリベラル派とイデオロギー的親和性があった。3カ国では、彼らより右の保守的な政治勢力としては民族主義や宗教的な伝統主義の勢力があり、左には革命を志向する共産主義勢力があるという状況であった。非同盟中立主義を覆そうとアメリカ政府は外交的説得や開発援助で影響力を行使しようとし、またインドネシアでは秘密裏の軍事作戦で外島の分離独立を画策したが失敗した。アイゼンハワー政権では冷戦外交を優先し、中立主義を覆すことが主たる外交目標となり、前政権から始まっていた開発援助は外交政策を転換させる手段と化し、相手側に中立主義の放棄どころか援助受け入れを拒否されることが起きていた。これら3カ国との外交は、アメリカ側から見てうまくいっていなかったのである。

一方、フィランソロピーという「社会的な力」は、相手国のカウンター・パートとなる特定の人々や勢力と「同盟」を結ぶことによって、相手国内で代理人と呼べるような勢力に資金や人材、技術などの資源を提供することで支援し、それによって「内側から」国内秩序に影響を与えることが出来た。アメリカ政府のように時の政権と対峙しなければならないという制約はなく、アメリカのリベラル派と比較的近いイデオロギーの勢力を選んで、その勢力とだけ協力することで秩序変更を後押しすることが出来るのである。次節で述べるが、アメリカ政府が行使する力は分配的な力であって、相手をコントロールしようとする力であるのに対して、フィランソロピーの力は協働を促す集合的な力であり、また拡大包括的な力という別の形態の力である。集合的・拡大包括的な力は特定のイデオロギーなどをより多くの人々、異なる文化背景や社会秩序の中に広げて拡大する力なのである。

インドではフォード財団はネルー首相やその側近と親密な関係を作り、開発計画の分野でインド政府のインサイダーとなることに成功し、開発を通じて、まさに「内側から」インドの経済、社会秩序を変えようとした。保守的なインド植民地政庁の伝統、教育省や保健省の硬直した官僚制、家族計画に反対するガンディ主義者、さらには共産党勢力などとの局地戦を繰り広げたことはこれまでの章で述べてきたことである。その大前提には、そもそも独自の社会主義を掲げるネルー政権と手を組むという大戦略の上に、農村開発、工業開発、家族計画などのテーマをいつ選択するのかという戦略があった。選んだテーマごとにどのような方向性を目指すのか、どのような専門家をアドバイザーとして入れるのか、どのような組織をインド側に作るのか、などの戦術があった。戦略、戦術の下に個別の組織や現場で、各アドバイ

ザーや技術者、またフォード財団スタッフが、説得や技術指導を通して、既存秩序を変革する局地戦を闘ったのである。莫大な資金と人間を投入し、長い時間をかけたが、当初楽観的に考えていたようにはインドの開発、近代化は進まなかったと言うべきであろう。しかし、非常にゆっくりではあるが近代化が始まったことは事実であり、その全てをフォード財団の功績とすることは出来ないけれども、巨大なインドのさまざまな場所にフォード財団の爪痕が残り、作った組織のいくつかは生き残って機能し続けてきたことも確かである。フォード財団はインドの開発と近代化と伴走し、ともにあったのである。アメリカ政府の政策には、国内の異なる勢力の主張の折衷的傾向が強く、政権交代があって政策が簡単に覆り、それまでの成果を壊してしまうようなことがしばしば生じた。このような一貫性のない国際関係のあり方ではなく、フィランソロピーにはイデオロギー的に継続性があり、10年、20年という長期にわたって不変の目的を追求出来るという特徴がある。

　インドネシアでは独立当初、政権を握っていたインドネシア社会党は次第に民族主義の国民党、保守的なイスラム系諸政党、インドネシア共産党などとの権力闘争に敗れ、共産党との連携に走るスカルノ大統領から弾圧を受けるまでに弱体化してしまう。しかし、フォード財団は社会党系の知識人や一部の政府要人との関係を重視し、他の政党系の知識人とは没交渉を貫いた。イデオロギー的な姿勢の首尾一貫であった。スカルノを何とか共産党から切り離そうとし、スカルノにおもねったアメリカ政府とは明確に異なっていた。一時期はインドネシア事務所の閉鎖に追い込まれるなど、ビルマと同様の完全な失敗かと思われたが、9月30日事件で共産党が壊滅し、スハルト率いる国軍による軍事政権が樹立されると、形勢は180度逆転した。フォード財団が助成したインドネシア大学経済学部からカリフォルニア大学バークレイ校に留学した経済学者たちが帰国し、スハルト政権における開発政策運営を独占するようになるのである。彼らに対して、フォード財団はハーヴァード大学の支援を投入し、その後長期にわたるインドネシアの経済政策の運営はアメリカ留学組（バークレイ・マフィア）が牛耳ったのである。

　3カ国で唯一失敗したのがビルマである。ビルマでもウ・ヌ首相のビルマ社会党政権と協力して開発を進めようとしていた。ビルマでは共産党やそれに引っ張られた左派グループと穏健な社会党が競っており、さらに少数民族の反乱が頻発していた。アメリカ政府は、ビルマ北方の中国国境周辺に中国から撤退してきた国民党の残党を秘密裏に軍事的、経済的に支援して、中国

共産党政権への脅威を作り出そうとしていた。しかし、国民党残党の活動はビルマの治安の著しい悪化を招き、治安維持にあたったビルマ国軍に正当性を与えることとなり、ネ・ウィンによる軍事クーデターが起こり、ウ・ヌらの民主的勢力は弾圧されることとなる。その後は最近まで続く、ビルマ式社会主義を標榜する国軍の軍事政権によってほぼ鎖国状態が続いてしまった。

第2節　マイケル・マンのソーシャル・パワー論から見たフォード財団

　第1節では、第2次世界大戦後から徐々に形成されてきたリベラルなアメリカ帝国システムとその「世界をアメリカに似せて作り変える」という帝国の秩序形成の過程において、フォード財団を含むアメリカの巨大なフィランソロピーという「社会的な力」の存在とアメリカ政府とは異なるその特徴について論じてきた。その歴史的な存在とアジアの国々の政治経済、社会秩序に与えた影響が実際にあったことは立証出来たと考えるが、一般論として社会的な力とは何なのか、それはいわゆる国家権力とはどのように異なるものなのか、また社会的な力とは20世紀後半のアメリカに特徴的な現象なのか、あるいは人類社会に一般的な現象の特殊な現れ方なのか、そうした疑問について、社会的なパワーの一般論を展開しているマイケル・マンの理論に依拠して、整理してみたい。

2−1　軍事的、政治的、経済的、イデオロギー的な「社会的な力」の供給源

　マンは、「ソーシャル・パワーの諸供給源（*The Sources of Social Power*）」（邦題『ソーシャルパワー――社会的な〈力〉の世界歴史』）と題する大著で、先史時代から現代に至るまでの人類史において、社会を動かす力がどこからもたらされるのかを論述している。マルクスとウェーバーの諸命題を用いつつ、基本的な社会観において彼らとは異なると主張している。それは、「社会とは互いに重なり合い交差しあう複合的な『〈力〉のネットワーク群』によって構成される社会空間のことである」[597]とし、「社会的な力」は4つの力の供給源からもたらされるとしている。4つとは、イデオロギー的な諸関係、

---

[597] マン、マイケル『ソーシャルパワー――社会的な〈力〉の世界歴史　1』森本醇・君塚直隆訳、NTT出版、2002年、4頁。

経済的な諸関係、軍事的な諸関係、そして政治的な諸関係という力の供給源であり、社会の構造と歴史についての叙述はこの4つの相互関係として最もうまく記述出来ると述べている[598]。彼は、ウェーバー支持者は特に4つのうちのイデオロギー的な力を重視し、マルクス派は経済的な諸関係こそが究極的な要因だと考えるが、一つの要因で社会全体を統一的に理解すること自体が間違いであり、社会は一元的なものではなく、まとまった全体であるという全体性もないと彼の社会観を述べている。つまり、4つの供給源から社会に表出してくる「社会的な力」は「互いに重なり合い交差し合って」複合的な力のネットワーク群を構成し、歴史のある場面でどの力が社会変化の主たる要因となるかは分からないし、それ以外の力は影響がなかったとも言えない、複雑面倒なものだと述べている。

インド、ビルマ、インドネシアの戦後から1960年代までの脱植民地化の歴史においても、イデオロギー的な諸関係（民族主義、共産主義、民主的な社会主義、宗教勢力など）、経済的な諸関係（開発とはそもそも植民地経済から脱し、経済開発を遂げることが第一義的な目的）、軍事的な諸関係（歴史の決定的な場面では軍事力が行使されることで局面が劇的に転換した）、政治的な諸関係（各政党の権力闘争、軍の政治関与、さらにはアメリカやソ連、中国の介入や外交）が、まさに「互いに重なり合い交差し合って」複合的な力のネットワーク群を構成していたことは、本書で叙述してきた通りである。4つのどれが実際に起きた歴史の主要因とも言えないし、したがって歴史的必然であったとも言えず、またフォード財団が投影した力が、歴史変化のどの程度の要因となったのかも、単純化しては言えないだろう。

2－2　歴史的変動と「社会的な力」──既存諸制度の間隙、または小穴

この4つの「社会的な力」の供給源がどのように相互作用して、歴史的変動を起こすのかについて、マンは次のように説明している。4つの「社会的な力」はそれぞれがある程度の制度化、組織化を行っているが、どの制度も組織も完ぺきではなく「間隙」があるとする。ある「社会的な力」が何らかの新しい制度化、組織化を遂げると、既存の制度の間隙をついて興起するのである。マルクスがブルジョアジーの興起を、生産諸力における革命のパラダイムとして記述した時に、それは封建社会に穿たれた「小穴」から現れた

---

[598]　同上、6頁。

と表現しているとマンは述べている。ブルジョアジーは都市に集結して地主、自営農民などと連携して彼らの経済資源を商品として扱うことで経済的相互行為の新しいネットワーク、すなわち資本主義のネットワークを創造したとする。つまり、ブルジョア革命は既存社会の性格を変えたのではなく、新しい社会を創造したのだと述べている[599]。

　本書の事例を当てはめてみると、インドネシアでは独立当初からイデオロギー的にはスカルノに代表される民族主義の国民党、当初はソ連、後に中国の支援を受ける共産党、欧米寄りの合理的な社会党、比較的に進歩的なイスラム政党であるマシュミ党と保守的なナフダトゥール・ウラマなどが政治闘争を繰り広げており、社会党とマシュミ党の欧米寄りと思われた政党が退潮し、国民党と共産党がジャワ島を中心に勢力を伸ばす展開となっていた。政治的には当初は社会党などの政権が成立してオランダとの独立交渉を担ったが、やがてジャワ島で人気のスカルノ大統領と外島出身のハッタ副大統領に亀裂が入るようになり、最後にはスカルノの独裁的な体制になっていった。経済は混乱し、欧米との経済的関係は脆弱化していき、イリアンジャヤ主権問題やマレーシア問題などで対外強硬策をとるスカルノの継続革命路線の中で、当初社会党などが目指していた国家主導の開発体制は混迷を極めることとなっていった。軍事的な関係では外島の勢力がジャカルタへ反旗を翻し、外島の分離を目指すアメリカが秘密裏に軍事援助を行ったが、国軍が早期に鎮圧し、国軍が軍事力を独占することとなった。

　混乱の中で、共産党と国軍の対立が主旋律となっていき、共産党による国軍将軍暗殺のクーデター事件である9月30日事件が起こり、これを鎮圧したスハルト将軍が国軍内の支配力を持ち、国軍とナフダトゥール・ウラマを中心とする勢力によるジャワ全島での凄惨な共産党支持者の大量虐殺事件が起きて、情勢は一変した。そこからスハルト将軍はスカルノ大統領を退陣させて、その後の約40年のスハルト軍事独裁体制が成立することになった。この政治的には反共軍事国家の体制は、フォード財団などが支援した経済学者たちと手を組むことで、「開発独裁」と言われる軍事独裁と国家中心の開発が組み合わさった独自の政治経済体制となったのである。開発を国家が推進することで、国軍が政治を支配する正統性を確保するという、開発と独裁が切り離せない強固な体制が出来上がった。この過程におけるフォード財団

---

[599]　同上、21頁。

の役割を見ると、マンが言うスカルノと共産党が共闘して政治闘争に勝ちつつあった体制の「間隙」あるいは「小穴」を突くような小さなイデオロギー（自由主義的な経済学）の注入を行ったのであった。しかし、この小さなイデオロギーの注入は、スハルト独裁体制の軍事的、政治的、経済的、イデオロギー的な「社会的な力」のネットワークが作る盤石な諸制度にとって必要不可欠な要素であったと思われる。アメリカの大学等からの手厚いサポートを受けた揺るぎない経済政策は、それが唯一の正しい経済政策であったかどうかは別にして、スハルト体制の安定にとって非常に重要であったことは間違いない。

　ビルマの場合、当初の政治状況はインドネシアに似た部分があり、社会党が政権を担い、共産党と少数民族による反乱が頻発していた。ウ・ヌの社会党政権は持続したが、開発政策は失敗し、次第に政治的な力を弱体化させていった。ソ連や中国の支援を受ける共産党の諸勢力が力を伸ばす中で、共産党と少数民族反乱を抑え込んだビルマ国軍が次第に政治勢力を伸ばしていった。しかし、アメリカ政府がビルマの政治的安定よりも、中国への牽制を優先してビルマ北部の国民党残党に軍事を含む支援を行ったことによって、国軍は反米に転じていき、インドネシアと同様な反共軍事政権と開発の組み合わせとはならず、軍事独裁と独自の社会主義という政治、経済、軍事を国軍が独占するもののイデオロギー的には反米の社会主義を掲げる独自の体制（ほぼ鎖国に近い体制）が興起したのである。アメリカ政府の軍事力（国民党軍への軍事、兵站支援）を含むさまざまな「社会的な力」が干渉し合い、道をふさがれた状態となったフォード財団はほとんどなすすべもなく撤退を余儀なくされた。

　インドと日本の場合には、どちらも大国であり内戦が起きるような内政の混乱はなく、イデオロギーの闘争は大学や政府機関などの公的な組織の内部にとどまっていた。中央の政権はインドでは国民会議派、日本では自由民主党がほぼ独占的に政権を担っており、その意味では政治的な力とそれを支える諸制度は安定していたと言えるだろう。

　インドにおいてはネルーの掲げる社会主義と共産党、さらにはガンディ主義などがイデオロギーの闘争を行っており、社会主義と国家主導の開発を掲げるネルー政権に対して、フォード財団は農村開発、農村の近代化を中心とする開発政策というイデオロギーを注入していった。ここでは開発路線はほぼ安定していたが、どのような開発を優先するのかをめぐってイデオロギー

の対立があり、アメリカ政府とフォード財団は農村開発中心、ソ連は工業開発中心、ガンディ主義者は自給自足型の開発という異なる方法論をめぐってのイデオロギー闘争が行われていた。アメリカのアイゼンハワー政権の外交政策の失敗のため、ネルーは第2次5カ年計画ではソ連寄りの工業化路線に転じ、第1次5カ年計画で行った農村開発は頓挫してしまった。フォード財団はネルーの社会主義に寄り添いながらも、なるべくそこにマーケット志向の要素を織り込むようにしており、これらは後の経済自由化時代への伏線となった。

インドの国家イデオロギーや国家開発に大きな影響を与えたのは中国の軍事侵攻であり、アメリカに軍事支援を求めざるを得ないこととなり、非同盟中立路線を掲げてきたネルーが政治的な力を低下させることとなり、次第に社会主義イデオロギーも色あせていくことになる。社会主義的な要素は残しつつも、70年代には経済自由化が進むことになるのである。

日本はアメリカ軍の占領統治を受けて、アメリカのイデオロギー、政治、経済、軍事的な「社会的な力」の諸制度はかなり大きな影響力を持っていたと思われる。独自の軍事力を持つことには大きな制約が課され、全国にアメリカ軍基地と駐留する米軍が残り、経済的にはアメリカ市場に強く依存する輸出型の経済制度が構築されており、政治的には55年体制移行後はほぼ自由民主党が政権を掌握し、共産党の勢力は小さく封じ込められており、イデオロギー的には社会党の非武装中立路線が憲法体制とともに自民党に対抗するのみという状況であったと言えよう。つまり、比較的に自由であったのはイデオロギーの分野であり、それもほぼ言論のレベルに留まっていた。言論的イデオロギーはしかし、潜在的には大きな「社会的な力」の供給源になりうるのであり、アメリカ政府やフィランソロピーはそれを警戒し、マルクス主義史観に基づく諸学問に対抗するアメリカ的な学問の注入を行ってきたと言えるであろう。

日本の独立回復に向けて、当初ロックフェラー財団が行ったのはアメリカとの文化交流の基盤作りであり、それを通してアメリカや西側の学問や芸術などが日本に流入するチャネルや人的ネットワークを構築したのである。ソ連、中国とは国交が回復しておらず、日本共産党のラインを除けば、ほぼ国際交流はアメリカが独占するような形であった。フォード財団はその基礎の上にマルクス主義史観を相対化するために、アメリカと日本の大学の提携を進め、アメリカ流の学問の提示を行う機会を作っていった。こうして言論や

学術の分野でも次第にマルクス主義は傍流化し、アメリカで流行の学問が日本でも主流化するという制度化が起きていった。これは小泉政権以降の新自由主義の思想の流入にまでつながるものである。しかし同時に、こうした反共思想への支援は保守的論壇の形成を促し、戦前回帰を唱えるような保守思想まで現れるような、アメリカの思わぬ方向への日本的な言論の保守化が生まれたと言えるだろう。

2-3 「社会的な力」とは組織的、あるいは制度的な手段である

マンは「社会的な力」の4つの供給源とは、人間が目標を達成するための組織、すなわち制度的手段のことでもあると述べる[600]。タルコット・パーソンズの表現を借りて、力とは何であれ人が成就したいと欲する目標に達成するための「手段一般」のことだとしている。そこで、マンは力に関する議論の中で人間が力を求める本源的な動機や目標（ウェーバー派は世界の意味を見出したいという人間的必要を、マルクス派は人間の生存を可能にする物質的必要を本源的動機や目的とする）が何であるかという問いは無視して、供給源から「組織された力」の発現に着目すると述べている。つまり動機や目的ではなく、制度的手段に着目するということである。マンの上記の議論を基に、フォード財団は「アメリカのある特定のリベラリズム」というイデオロギーの力を発現させるための組織、制度的手段であったと筆者は考える。フォード財団がイデオロギー的な力の供給源であったということについての分析は後に行うこととして、マンのイデオロギー的な力についての一般的な議論をフォローしたい。

マンは、歴史を通じてイデオロギーは国家や軍隊や経済的生産様式より広範な社会空間を覆ってきたとし、キリスト教、イスラム教、仏教などの世界宗教だけでなく自由主義、社会主義などの世俗イデオロギーも他の力のネットワーク（政治的、軍事的、経済的力）の境界を越えて広がったと述べている。宗教的中心を持つ文化は、広範な地域の類似した諸条件で暮らす人々に対して、集合的・規範的なアイデンティティ意識と協同する能力を供給し、軍的、政治的、経済的な力よりはるかに拡大包括的で伝播型の社会的力であるという。ある一つのイデオロギーが自律的な運動として現れるのは、それまで優勢な力の諸制度に対して周辺的で隙間的に過ぎなかった生存の諸相を

---

[600] 同上、6頁。

そのイデオロギーがただ一つの説明と組織の下に結集することが出来る時である、とも述べている。諸制度の間隙は常に多く存在するため、こうした潜在的発展の可能性はどんな社会にもあるとし、それは周辺的な人々の間にも外部との接触という伝播の機会が数多く存在するからだとしている。宗教で言えば、神殿や祭司、書記といった力の組織が諸制度を再編成して、長期の経済的・政治的統制の形態を作り上げてきたとしている[601]。

　マンは、パーソンズのウェーバーへの批判に賛意を示して、ウェーバーが言う力の定義が他の人々に対して行使されるコントロールである力、二者間で力が分配されるようなゼロサムゲームとなる「分配的な力」だけが、「社会的な力」ではないと述べる。パーソンズは「集合的な力」、すなわち第三者や自然に対して合同の力を増強するという力の側面を指摘したとする。マンはたいていの社会関係においてはこの分配的と集合的な力の側面、言い換えれば搾取的と機能的という力の両面が同時に作用し、絡み合っていると述べている[602]。

　もう一つの「社会的な力」の異なる形として、拡大包括的な力と内向集中的な力、あるいは権威型と伝播型という異なる力の型があるとする。拡大包括的あるいは伝播型の力とは、広範な領域に分散している多くの人間を最小限度安定的な協同関係へと組織する能力であり、内向集中的あるいは権威型の力とは、対象となる地域や人数の大小に関わりなく、堅固な組織によって所属メンバーを高いレベルで動員したり献身させたりする力であるとする。軍事的な力は分配的で内向集中的な力の典型であるが、経済的な力である市場は人々が交換を通して目標を達成する分配的な力の側面と、特定の商品については特定の人々だけが所有権を行使するという分配的な側面の両方があると述べる[603]。上記のようにイデオロギー的な力は集合的であり、かつ拡大包括的な力の側面が強いが、カトリック教会のように中心部においては内向集中的かつ分配的な力の側面を持つ場合もある。

　イデオロギー的な力は社会学の伝統の中で、3つの議論から出てきていると述べる。第一に、人間は直接的な知覚だけでは世界を理解することが出来ず、知覚に押印された「意味」としての概念や範疇が必要であり、そのためには知識や意味をつかさどる社会組織が必要であり、この組織を通して「意

601　同上、21–22頁。
602　同上、10頁。
603　同上、11頁。

味」を独占する者たちが集合的な力や分配的な力を持つ者たちとなると述べる[604]。キリスト教で言えば教会が組織であり、教会組織を通して意味を独占する神父や牧師がイデオロギー的な力を持つ者たちなのである。

　第二に、イデオロギー的な力が拡大包括的になるためには、人々の協同を維持するための「規範」、すなわち道徳的な行動規範についての共通理解が必要である。多くの人々の行動規範の理解を独占することがイデオロギー的な力となるとしている[605]。イスラム教においてイスラム法学者が大きな力を持つのはコーランの規定を現実的諸問題に適用する際に、コーランの解釈への独占的な力を持つからであり、世俗的な国家においても裁判官は法の解釈の独占権を持つがゆえに大きな分配的な力を持っている。

　第三に、イデオロギー的な力の供給源の一つは美的・儀式的実践であり、歌や舞踊や視覚芸術の形式や儀式によって独特の力が伝播され、これらは第一、第二の力の供給源と重なり合うと強大な内向的かつ拡大包括的な力を持つこととなるとしている[606]。しばしば、宗教に関連する音楽や修飾芸術（讃美歌や教会建築や装飾）などが宗教の拡大に大きな力を発揮していることは明らかであろう。

　また、イデオロギー的な力の運動によって提供される知識は、必然的に経験によって全面的に検証することなど出来ないものであるが、単なる「まやかし」ではなく、その時代状況の中ではきわめて本当らしく思えるものであり、本心から信奉されると述べている[607]。そうした知識は拡大包括的な力を発揮して、非常に多くの人を特定の行動に向かわせるが、その行動の結果が約束された成果を生まない時に初めて、人々はその知識を疑い始め、やがては打ち捨てられるのである。共産主義イデオロギーが典型であるが、フォード財団がインドなどで大規模に実施した農村近代化のための近代的知識普及型の農村開発もまた特定のイデオロギーの具現化であり、予定された成果を生まないことが明らかとなると、放棄されたのは本書で述べた通りである。

　ここで、松田がロックフェラー財団をアメリカのソフト・パワーと述べていることから、本書で述べる「社会的な力」、ソーシャル・パワーの概念とソフト・パワーのそれについて、簡単に考察を加えたい。ソフト・パワーは

604　同上、28頁。
605　同上、28頁。
606　同上、28頁。
607　同上、29頁。

アメリカの国際政治学者ジョセフ・ナイが唱えた考え方で、アメリカ政府がその軍事力（ハード・パワー）に頼りすぎていることを批判して、アメリカのソフト・パワーを活用すべきだという文脈において用いた概念である。ナイによれば、ハード・パワーが相手をねじ伏せるような強制力や誘導であるのに対して、ソフト・パワーの資源はアメリカの魅力であり、相手国がアメリカに好意を抱くことでアメリカの意図通りに動いてくれるというパワーのあり方である。ソフト・パワーの資源としてナイが挙げているのは、制度、価値観、文化、政策である。日本では、文化に着目することが多いが、ナイは文化の具体例として、アメリカの大衆文化（ハリウッド映画、スポーツ、ファストフードなど）を述べているが、一方で民主主義、人権、自由、市民参加（ボランティア）などの価値観や社会制度、政策にも紙幅を割いている。また、大学、財団、教会などの非政府組織が独自のソフト・パワーを持っており、政府の外交政策を強化するときもあれば、対立することもある、とも述べている[608]。

　上記のようにソフト・パワーの概念は、ハード・パワーと対になって意味を持つものであり、後者はアメリカ政府が独占的に持っている以上、ソフト・パワーもまたパワーの行使主体として政府が考えられている。ソフト・パワーは上述のように民間の個人や組織が所有しているので、アメリカ政府はそれをうまく外交に活用すべきであるとナイは主張しているのである。しかし、筆者はナイが主張するように政府が民間の持つソフト・パワーをうまく利用出来るのであろうかと疑念を持つ。本書で述べてきたように、アメリカ政府は大型財団の代表であるフォード財団の行動をある程度抑制したり、活用したりすることは出来るが、思い通りに利用することは出来ない。むしろフォード財団の側が、アメリカ政府を利用していたのではないか、とさえ思われるような場合も存在する。すなわち、政府と社会エリートが支配する財団や大学、教会などの「社会的な力」のアクターが、協力と葛藤を重ねながらアメリカ国家が運営されているとする連合国家論のほうが実態に即しているように思われる。その傾向は時代を遡るほど強くなり、近年ではアメリカ政府が次第に相対的な力を増しているとは言われるが、本書で取り扱った1950～1960年代の国際開発の分野では連合国家の様相が強いと筆者は考える。

　ナイがソフト・パワーの資源とするアメリカの「文化」と「価値観・社会

608　ナイ、ジョセフ・S『ソフト・パワー――21世紀国際政治を制する見えざる力』山岡洋一訳、日本経済新聞社、2004年、43頁。

制度・政策」について考えると、後者はマイケル・マンの言うイデオロギーの社会的力の資源と同じものを指していると言えるだろう。すなわち、ナイの言う民主主義、人権、自由、市民参加などはまさにアメリカのリベラルな民主主義の価値観であり、アメリカ社会を特徴づけるイデオロギー的要素だからである。その背後には、マニフェストデスティニーを内包するアメリカ的プロテスタンティズムがあると筆者は考える。では、アメリカのソフト・パワーとなる「文化」とは何だろうか。移民国家であり多様な文化が入り混じっているアメリカの文化を一言で要約することは難しい。ナイが挙げている大衆文化は、大量生産、大量消費型の資本主義的消費文化であるとも批判されている。伝統のない国アメリカの文化は、ビジネス化された文化産業の商品であることが多い。演劇や歌謡ではなくエンターテインメント・ビジネスなのである。稼ぎ出す金額で文化の価値が決まるような、資本主義の文化であると言ってもよいであろう。海外に対するアメリカのソフト・パワーの資源が、ハリウッド映画や音楽、ファストフードなどの資本主義の文化の魅力であるならば、それはまた別の形をとったアメリカのイデオロギー表現であるとも言えるであろう。つまり筆者はナイの言うソフト・パワーの資源は、マイケル・マンのイデオロギーの「社会的な力」の資源と同じものではないかと考えるのである。

　両者の違いは、国際政治学者であるナイは政府を中心とする外交の観点から、アメリカのイデオロギーの「社会的な力」の資源を見ているのに対して、社会学者であるマンは政府もまた社会の一部であると見ているのである。社会的なアクターである大型財団を見ている筆者はマンの立場であり、アメリカのソフト・パワーとはイデオロギーの「社会的な力」のことであり、力の行使の主体はフォード財団などの社会的なアクターであると考える。そして、特定の時期と分野においてはアメリカの社会的アクターの力は、アメリカ政府と同程度に大きいこともあり、両者が緊密に協力する場合には二つが融合したようになる場合もあるのである。両者が逆方向に動けば、力を打ち消し合って、アメリカ国家として失敗することもある。本書では、特定の時代、国、分野におけるフォード財団とアメリカ政府の動きを見てきたが、両方の事例があったことが分かるのである。

2−4　アメリカのイデオロギー的な力

　アメリカの「社会的な力」の供給源、すなわち軍事的、政治的、経済的、

イデオロギー的な諸関係を考えたときに、軍事的、経済的な力については比較的理解しやすい。アメリカ帝国論でもアメリカが他を圧倒する軍事力と経済力を持つということが大前提とされていた。政治的な力について、マンはそれを社会的関係の多くの側面における中央集権的な、制度的な、領域的な規制の有用性であるとし、国家を中心としつつも国内的な力の関係と国際的な力の関係に分けて考えている。後者は、国家間関係の規制の問題であり、地政学的な外交が政治的な力の組織の二番目（国内的な力に次いで）に重要な形態だとする[609]。国家間関係の政治的な力では力の分配的な側面、すなわち相手の意思をコントロールするという力の形態が現れてくる。
　マンの定義に沿ってみると、アメリカの政治的な力というのは国内的には決して強くない、すなわち中央集権的ではなく分権的であることは明らかである。連邦制であって中央政府と州政府に分権化されていることもあり、また議会と行政府（大統領以下の行政権力）は別の選挙で選ばれ、しばしば対立、牽制し合う関係になることが起きる。議員の中から行政府のトップである首相が選ばれ、大臣等の要職もほぼ議員であるという日本のような議院内閣制では、首相の権限を議会が牽制する機能はそもそも弱い。アメリカについてさらに言えば、市民は銃を持つことが憲法で守られており、政府に対して武力で抵抗する権利まで認められている。民主的な選挙に基づく政治制度であるにもかかわらず、国家が市民に規制をかけることが、根本的なところで否定されているのである。
　外交をつかさどる行政府に与えられている国家権力の強度（常に反対派がいて、折衷的、妥協的な政策に成りがちであることや、世論の影響を受けやすいこと）、また持続性（政権交代が頻繁に起きる）の面においても、アメリカ国家の国家間政治における政治力が強いとは言いがたい。自由、人権、民主主義などのアメリカの価値観を体現しているにもかかわらず、アメリカが主導して作られた超国家機関である戦前の国際連盟、戦後の国際連合に対してのアメリカ政府の持続的な強い支持や関与は不確実、不安定であり、ここにもアメリカ外交の政治的な力の弱さが表れている。
　最後にアメリカのイデオロギー的な力の供給源について考察したい。アメリカのイデオロギーと言うと米ソ冷戦におけるイデオロギー対決の中で、ソ連が共産主義イデオロギーであったのに対して、アメリカは資本主義、ある

---

[609] 同上、33頁。

いは自由主義イデオロギーであったと私たちは単純に理解しがちである。アメリカ自身は自由主義と主張する。同じアメリカのイデオロギーが資本主義と自由主義というまったく異なる概念で語られるのは、単に反米か親米かという評価者の立場によるものだけではなく、実は両者が表裏一体であるという側面もある。それはマックス・ウェーバーの『プロテスタンティズムと資本主義の精神』が明らかにした通り、宗教的信念と資本主義を動かす原動力には密接な関係がある。つまり、アメリカの自由主義には宗教的イデオロギーの側面があるからである。

　自由主義の自由とは何からの自由であろうか。通常の理解では、国家権力からの自由であり、強制力を持つ国家を必要悪と認識し、なるべく国家権力を制限する思想が自由主義だと考えられる。アメリカという国家の形成過程において、重要な役割を果たしたのが「ピルグリム・ファーザース」の神話である。イギリス国王ジェームズ1世の弾圧を恐れて、メイフラワー号に乗ってアメリカに渡ったとされる清教徒たちが、アメリカ合衆国を建国したという物語である。神話とするのは、それ以前にも移住者はいたし、また現実のアメリカ合衆国にはさまざまな国からの移住者が次々にやってきたのであり、さらに先住民（ネイティブ・アメリカン）がすでに長く居住していたことがすっぽり抜け落ちるアメリカ物語だからである。それにもかかわらず、アメリカ建国史において国家権力の抑圧とは、第一に宗教的な弾圧であったことは重要であり、自由とは元々は信教の自由であったことは忘れてはならない。

　アメリカが宗教的な国家、すなわちプロテスタント思想を中心とする国家であることは見逃されがちである。しかしながら、「世界を自らに似せて作り変える」という途方もないプロジェクトに熱心に取り組む「動機」を考えるときに、宗教的な情熱を抜きに理解することは難しいと思われる。欧州ではキリスト教教会は衰弱の危機に瀕しているが、アフリカ等と並びアメリカにおいては、いまだにキリスト教は社会を動かす強い原動力である。宗教右派と言われる福音派のプロテスタント教会は大きな政治勢力であり、国内の分断の主役であり、またアメリカ外交への影響力から国際政治のかく乱要因でもある。トランプ元大統領が宗教右派を強い支持母体としていることもよく知られている。

　福音派とは、宣教を最も重要と考えるプロテスタント諸教派のことであり、この宣教への情熱が海外に宣教師を送り出し、中国やインド等での教育

や医療分野での援助活動を通しての宣教活動を突き動かしてきた。アメリカ政府の途上国への開発援助の最大の支持層はこうした宣教に熱心な教会勢力であり、彼らは自ら援助を行うだけでなく、アメリカ政府にも開発援助を拡大するように訴えてきたのである。彼らにとって、宣教活動として行う途上国での教育や医療、農業開発などの援助活動とアメリカ政府の政府開発援助は、実質的に同じものと見えているのかもしれない。すなわち、世界をアメリカに似せて作り変えるという点で両者は同じプロジェクトの異なる方法に過ぎないのである。

　アメリカの政府開発援助には複数の目的が挙げられているが、最大の目的はアメリカの安全保障であるとされる。アメリカ人の安全保障感覚は日本人から見ると理解出来ない部分がある。世界最強の強大な軍事力を持ち、GDPで長らく世界一であり、自らの安全保障を心配する必要があるとは、日本人には思えない。ましてやアメリカは日本以上に大西洋と太平洋という広大な海で敵国からは遠く隔てられている。確かに第2次世界大戦では日本に真珠湾を攻撃されたが、アメリカの歴史において唯一の経験であり、しかもアメリカ大陸の本土ではない。それにもかかわらず、朝鮮半島やベトナム、アフリカ地域、アフガニスタンやイラクにまで軍事介入し、アメリカが望む秩序を海外に構築しようとするのはなぜなのだろうか。

　それは、アメリカ国家の物語が、イギリスでの宗教弾圧を逃れて新大陸に渡ったある種の宗教的難民が新天地で宗教的自由の天地を創造したという物語であるために、外部世界が自由を奪いに来るというある種の強迫観念に基づいた安全保障観を持つからではないだろうか。つまり、外部世界をアメリカに似た自由の世界に変えない限り、いつまたアメリカの自由が奪われてしまうかもしれないという強迫観念である。この観念はアメリカのプロテスタンティズムという特殊な宗教的な世界観と密接に結びついたものである。フォード財団がアジア各国で、アメリカ的な秩序作りに巨額の資金と人員を投入して熱心に取り組む動機は何なのか、それを考えたときに、アメリカが持っているプロテスタント的な情熱がその背後にあることを考えざるを得ない。それはフォード財団固有のイデオロギー的情熱というよりは、この時代のアメリカが全体として持っていたプロテスタンティズムという意味での宗教的情熱であり、それがフォード財団の活動の表面からは見えにくい背景にあると筆者は考えるのである。そこで、以下にアメリカの宗教的イデオロギーについて考えてみたい。

先行研究を扱った章において、リベラル・コンセンサス論を唱えるルイス・ハーツらのアメリカ特殊論者の議論は、アメリカの政治イデオロギーには、その非常に特殊な歴史的経験のために表面化していない諸前提があるとするものである、と紹介した。それをハーツはロック主義的リベラリズムの伝統と呼んだ。ジョン・ロックの有名な『統治二元論』はまさに世俗的権力が人々の信仰に介入し、特定の形態のキリスト教信仰を保護し、それと異なる信仰を弾圧することの不合理性を論じたもので、政教分離の政治原則を打ち立てた。ハーツの言う「非常に特殊な歴史的経験のために表面化していない諸前提」とは、国王をトップとするイギリス国教会の圧迫を逃れて、国教会とは異なるプロテスタント諸派が信仰の自由を求めてアメリカ大陸に移住し、新天地を開拓し、カトリックのメキシコを圧迫し、西へ西へとプロテスタントの世界を広げていったアメリカ合衆国形成の歴史的経験である。アメリカの支配層をWASP（White Angro Saxon Protestant）と通称するが、まさにアメリカ合衆国形成の歴史とは、WASPの人々によるプロテスタント宣教を主たる動機とするイデオロギーの力によって創造されたのである。
　キューバ人のキリスト教史研究者のフスト・ゴンザレスは『キリスト教史　下巻――宗教改革から現代まで』において、以下のように述べている。

　　最初のピルグリムがメイフラワー号で到着して以来、新世界のイギリス植民地は、神の摂理による使命を成就するために神の助けによって建設されたという考えが広まっていった。独立の指導者たちは、この運動が人類を進歩と自由へと導く新しい実験だと説いた。そして後に、移民たちはアメリカ合衆国を、自由と豊かさを約束する土地と見なした。中略。1845年に生まれた造語「マニフェスト・デスティニー」は、イギリスとの間で領有権をめぐって争っていたオレゴンを獲得すること、アメリカ合衆国の西隣に位置するメキシコ領を獲得して、太平洋に至るまで合衆国の領土を拡大することを意味していた。[610]

　マニフェスト・デスティニーとは「明白な使命」「明白な運命」と訳されるが、アメリカ大陸に渡ったプロテスタント諸派（ルター派、カルヴァン派、改革派、会衆派、メソジスト、バプティスト、長老派など）が、宣教を進め、彼

---

[610] ゴンザレス、フスト『キリスト教史　下巻――宗教改革から現代まで』石田学・岩橋常久訳新教出版社、2020年、291頁。

らが理想とする社会を建設することを使命として北アメリカ大陸を席巻し、ついには西海岸にまで至る原動力となったアメリカ固有のイデオロギー的な力の供給源である。彼らはカリフォルニアまで合衆国に併合し、メキシコとの国境が定まると（カトリックとの境界線でもある）、さらに西へとマニフェスト・デスティニーの信念に従って、プロテスタント宣教を進めた。ちょうどこの直後にペリー提督が艦隊を率いて日本に到来し、開国を求めたのである。他の欧州列強と共同行動であったが、開国後にはプロテスタント諸派が日本に宣教団を送り宣教活動が始まったのは、アメリカのキリスト教史としては一連の出来事であった。さらに、アメリカからは日本以上の数の宣教団が中国にわたり布教活動を行っていった。

　本書において、しばしば「アメリカに似せて世界を作り変える」という表現を用いてきたが、この多難でほぼ不可能とさえ思える大事業、プロジェクトを、しばしば諦めたり、休んだりしながらも、継続してきているアメリカの力はマニフェスト・デスティニーと表現される、アメリカの特殊なプロテスタンティズムの持つイデオロギーの力の供給源によるものだと考えられるのである。

　マニフェスト・デスティニーは上記のようにプロテスタント宣教と密接に関係した概念として生まれたが、後には宗教的要素は後背に退き、アメリカが世界の秩序を作り、維持するという世俗的な概念に変わっていった。しかし、アメリカ人を突き動かす動機としてのプロテスタンティズムの力としては、現在も生きている。1980年代以降、アメリカのプロテスタントは科学的合理性を受け入れて信仰と共存させようとするリベラル派と科学的合理性を拒否するキリスト教原理主義者を含む福音派の分裂がよりはっきりとするようになり、後者が政治的に行動する宗教右派となることで、アメリカの分断の主要な要素となっている。福音派に支持されたトランプ政権は、国内ではイスラム教徒の移民制限、中絶禁止、家庭的価値などを進め、外交ではエルサレムに大使館を移転するなど福音派の求める政策を実行していったことは記憶に新しい。共和党、民主党にかかわらず歴代のアメリカ政権がイスラエル寄りの政策をとらざるを得ないのは、ユダヤロビーの力だけでなくキリスト教右派、すなわち福音派の強い影響力であるとされる[611]。

　アメリカにおける宗教のメインストリームはリベラル派の人々であり、福

611　ミアシャイマー、ジョン・J、スティーヴン・M・ウォルト『イスラエル・ロビーとアメリカの外交政策1、2』副島隆彦訳、講談社、2007年。

音派、中でも極端な原理主義者は多数派ではないが、しかし、宗教的保守派が結集すると非常に大きな国際政治のかく乱要因になることも事実であり、アメリカの宗教的なイデオロギーの社会的力は軽視出来ないのである。

2−5　フォード財団の力はイデオロギー的な力である

　アメリカのフィランソロピーとは、一言で言えば大金持ちたちが社会貢献のために資産を寄付して作った財団が行う慈善活動と言うことが出来るだろう。本書で扱ったフォード自動車のヘンリー・フォード2世、あるいは石油王のロックフェラー、鉄鋼王のカーネギーなどが古くからの巨大なフィランソロピストである。現代では、マイクロソフトのビル・ゲイツのビル＆メリンダ・ゲイツ財団が有名であり、アマゾンのジェフ・ベゾスも資産の多くを寄贈して財団を作る意向であると伝えられている。彼らはアメリカの資本主義、自由主義経済を象徴するような実業家であり、多くは新しい事業の創始者でもあり、彼らの事業によってアメリカだけでなく世界を変えるような仕事をした人々である。

　ヘンリー・フォードはベルトコンベアーを使った自動車の組み立て方式を編み出し、大量生産型の安価な自動車を生産して、アメリカのモータリゼーションを牽引し、モータリゼーションはアメリカから始まり世界へと広まった。この大量生産方式は自動車だけでなく他の工業製品の生産にも広がり、大量生産・大量消費型の現代社会を作り出していった。ロックフェラーは石油開発、精製、販売の巨大企業群を作り出し、化石燃料をエネルギーとする現代の全ての産業のエネルギーインフラを作り出した。これも世界を変えたと言っても過言ではない。ビル・ゲイツはアメリカから始まり世界に広がったIT革命のソフトウェアの基礎を作ることで、これもまさに世界を変えたと言える。ジェフ・ベゾスも然りである。このようにアメリカが生み出した大金持ちは、欧州の大地主である王族や貴族階級の人々のように先祖の威光によって、自らは何もしないでも生まれながらに大金持ちである人々とは明らかに異なり、社会を大きく変えていくイノベーションの主人公であり、現代資本主義の寵児である。彼らの私生活はしばしばシンプルであり、決して自分が贅沢をするために金を稼いでいるわけではなく、マックス・ウェーバーが描く、まるで修道士のようにストイックに仕事（天職）に生涯没頭するような「アメリカ的資本主義の精神」の権化のような人々である。

　彼らが仕事に没頭して得られた資産はどんな贅沢をしても一生に使いきれ

ないほど巨額であり、人生の晩年においてこの巨大な資金を使って何をするのかを考えたときに、クリスチャンである彼らが信仰に重きを置いて社会のために使うという選択をするのは、ある意味では当然だとも言えるだろう。聖書には「金持ちが天国の門をくぐるのは象が針の穴を通るのより難しい」と書かれているのだから。ただ、それをイギリスの貴族たちが好んでしたチャリティのように貧者にばらまくことは彼らの資本主義の精神が許さず、むしろ社会悪を根本から変えるようなイノベーションを好むのも当然であろうと考える。カーネギーのように、貧しかった自分が学んだ公共図書館で学ぶ人々のために、全米の図書館に図書を寄贈したり、あるいはビル・ゲイツのように本人が考えて巨額の資金を研究開発に投じることも出来るであろうし、自分では出来ない場合には、フォード2世がしたように当代の最も優秀な頭脳に任せることもあるし、ロックフェラーのように親しい牧師を顧問のようにしてアドバイスをもらうこともあった。フォード、カーネギー、ロックフェラーのような国際的なビジネスを手がけ、その資産額が巨大な財団となれば、アメリカ国内だけでなく国際平和や国際開発などの海外の問題にも関与したいと考えることも自然である。

　巨万の富を築いた初代が亡くなっても財団は存続し、その運営は理事となる社会エリートの人々と財団に雇用される専門家が担うことになる。財団設立の精神、つまり創始者の資本主義の精神は受け継がれ、単なる貧者救済のようなチャリティではなく社会問題の抜本的な改革につながるイノベーションを起こすことが目的として継続されていく。何が社会問題なのかの認識は時代を追って変化していくであろうが、社会改革を目指すという意味で、現状維持を良しとする保守ではなく、リベラルな財団として維持されていくのである。

　海外でフィランソロピーが活動する場合には、対象国の社会の改革という志向性を持つこととなり、そこにマニフェスト・デスティニーのイデオロギーが重なり合うことで、「アメリカに似せて世界を作り変える」というプロジェクトの一部となっていくのである。例えば、1920年代にはアメリカは数多くのミッションを中国に派遣し、プロテスタントの宣教活動と同時に教育や医療の分野での活動を数多く行っていた。ロックフェラー財団は宣教師からのアドバイスを受けて、中国の医学教育の刷新を目指してPeking Union Medical Collegeを設立している。これを研究したブロックの著書のタイトルが"An American Transplant"であることが示しているように、ロッ

クフェラーの意図はアメリカのジョーンズ・ホプキンス大学のような医学部を設立することであり、中国の医学教育をアメリカに似せて作る、つまり中国の医療分野の社会秩序をアメリカに似せるというプロジェクトなのである[612]。ロックフェラーはアメリカの宣教団の活動にも支援をしてきており、彼の頭の中では医学教育の刷新もプロテスタント宣教の一環であったと見ることも出来るだろう。宣教団による宣教活動は教育（特に英語教育）と進んだ西洋医療によって人々を惹きつけることを宣教の原動力としていたからである。彼の行動には、マニフェスト・デスティニーのイデオロギーに表象されるような、世界へのプロテスタント宣教と似たイデオロギーの力を見ることが出来るだろう。

こうした宣教団の海外活動では救貧活動、教育活動、医療活動が宣教活動の一部をなしており、今日のアメリカのNGOの中にも宣教団の活動に端を発しているキリスト教系NGOが数多くある。例えばノーベル平和賞を受賞しているNGO、アメリカフレンズ奉仕団（American Friends Service Committee）はクエーカー教徒の海外支援活動が宣教活動から独立したものである。国共内戦に国民党が破れたことで、中国で活動していたアメリカの数多くのプロテスタント宣教団は撤退を余儀なくされた。彼らが次に向かったのはインドであった。こうしたある種のインドへと向かうマニフェスト・デスティニーのイデオロギーに動かされるプロテスタント宣教熱の中でフォード財団やアメリカ政府がインドへの巨額の援助に動いていったことは、ソ連との開発をめぐる援助競争という戦略的思考だけではなく、アメリカのプロテスタンティズムの宗教的イデオロギーの力が底流にあったと考えられるのである。

本書で見てきたインド代表であったダグラス・エンスミンガー、ビルマ代表であったジョン・エヴァートン、インドネシア代表のミシェル・ハリスらのフォード財団のスタッフ、またフォード財団に雇用された数多くのアドバイザーのストイックな仕事ぶりは、まさにプロテスタント宣教師を彷彿とさせる。彼らが、それぞれ農業開発、英語教育、職業教育、教員養成教育、経済学や経営学などさまざまな分野で指導する姿は、明治時代に北海道にやってきたウィリアム・スミス・クラークらの農業技術者たちの日本人への指導の熱意や情熱と重なり合う。そして彼らの影響力の中から最初の日本人

---

612 Bullock, Mary Brown., *An American Transplant: Rockefeller Foundation & Peking Union Medical College*, University of California Press, 1980.

プロテスタント信者が生まれてきたことは、彼らは後ろ姿でプロテスタント宣教を行ったに等しいことを示しているように思われる。

2-6　フォード財団のイデオロギーとは何か

　フォード財団のイデオロギーを考えるときに、上記のような彼らを突き動かしていたアメリカ社会全体のイデオロギー的な力の供給源であるプロテスタンティズム、あるいはマニフェスト・デスティニーの表出とも言える世界変革の使命感と同時に、時代時代の歴史的なイデオロギーの表出形態を考察する必要がある。「アメリカに似せて世界を作り変える」と言っても、その強い社会改革意思がどのような分野で、どのような形で表出するかは、時代と状況、場所、それを担った人々の特徴によって変わってくるからである。

　歴史的表出形態としては、まず、第一にはインド、ビルマ、インドネシアに共通している「開発」イデオロギーを挙げるべきであろう。そして、初代理事長ホフマン時代のフォード財団の特徴的なイデオロギーが後の時代にも引き継がれたと考えると、インドにおいてネルーとホフマンの間の合意であった、「平和」と「開発」が連関するという合意が、特に特徴的なイデオロギーであったと言える。フォード財団設立時の文書的原則がゲイザー報告書であったことを考え、そこに書かれたプログラム領域の第一が平和であったことが出発点である。ホフマンは「平和」のためには「開発」が必要であると論理づけたのである。第2次世界大戦の記憶が生々しい時代のアメリカ人が第3次世界大戦を回避したいと考え、世界平和を自らの力で実現しようとしたときに、挑戦者として現れたソ連と共産主義とどう対峙するかが大きな課題であった。軍事的な封じ込めの選択肢と「開発」競争という選択肢があり、ホフマンらのリベラル派は後者を重視した。マルクス主義を貧困への一つの解決策と捉えれば、ソ連の土地の国有化や計画経済という貧困解消、すなわち開発の処方箋に対して、アメリカ流の解決策を提示することで、対抗出来ると考えたのである。すなわちアメリカ的手法による「開発」が、世界平和を実現する使命を果たす方法論として財団の中に制度化されていったと言えるだろう。

　「開発」イデオロギーの「社会的な力」が爆発的に社会の転換をもたらしたのはインドネシアの事例であろう。上述のようにマンは、「ある一つのイデオロギーが自律的な運動として現れるのは、それまで優勢な〈力〉の諸制度に対してマージナルですき間的に過ぎなかった生存の諸相をそのイデオロ

ギーがただ一つの説明と組織の下に結集することが出来る時である」[613]と述べている。30年以上も盤石な体制となったスハルト政権は、軍事独裁と国家開発の二本柱でスカルノ政権時代から一変する社会を作り上げた。軍事独裁が軍事的・政治的な力であるとすれば、「開発」は社会の諸相をその名の下に組織化し、政府や政党のあり方を含めて社会制度は隅々まで「開発」イデオロギーの中に組み込まれていったと言っても過言ではないだろう。

　ここで、開発とは何かを考えると、フォード財団がインド、ビルマ、インドネシア、日本に巨額の助成金を使って持ち込もうとしたものはアメリカ人が信奉する「豊かさ」に至る方法論としての開発であった。アメリカ人が信奉するのは第一に金銭で測れる「豊かさ」、すなわち一人あたりGDPが示す物質的な個人の豊かさである。彼らの考える「開発」とは、第一にGDP成長であり、究極的にアメリカのような豊かな国になることであった。「アメリカに似せて世界を作り変える」という意味は、国際開発の文脈においては、そうすれば世界の全ての国がアメリカのように豊かな国になれるという意味でもあった。「開発」をGDP成長と置き換え、そのためにはアメリカのようにすれば良いとロジックが展開するのである。「開発」にはさまざまな解釈があり、例えばガンディ主義のように自給自足の清貧の生活こそ良き開発とする思想もあったが、フォード財団を含むアメリカの組織が持っていた開発イデオロギーはよりシンプルなGDP成長であったのである。

　生活の豊かさを意味する開発をどう進めるのか、ソ連が提示したものはマルクス主義イデオロギーに基づく土地の国有化と農業の共同化、また計画経済に基づく工業化であった。アメリカの処方箋は、農業の近代化、すなわち品種改良、育成技術、農業経営などのアメリカ農業を発展させた技術や知識の普及であった。工業開発についてはあまり積極的ではなかった。彼らにとっては農村の貧困を低減し、飢餓の危機を避け、都市への人口流入を防ぐことが優先順位であり、鉄鋼産業がインドへの製鉄所支援に後ろ向きであったことが示すように、援助して競争相手を作り出すことには乗り気ではなかった。工業技術の所有者が民間企業であるアメリカをはじめとする西側諸国の工業技術移転には難しさがあった。事実、日本は韓国や中国の製鉄所建設に官民を上げて協力したが、後には協力した韓国の補項製鉄、中国の宝山鋼鉄に追い抜かれてしまい、日本の鉄鋼業が危機に陥る事態になったことも

---

[613] マン前掲書、27頁。

ある。農業重視か工業重視かの選択が、開発イデオロギーの第一の選択肢であった。

次に、農業開発を進めるにあたって上記のような農業技術や知識の普及という手段を用いることは、より一般的な表現をすれば農村の近代化というイデオロギーに行きつくことになる。その土地に適した品種、育成技術、農家経営などの適用には科学的知識が必要であり、それ以前に識字教育が不可欠であった。近代化は品種、灌漑設備、化学肥料・農薬などの物質的な近代化が必須ではあるが、近代的な知識や技術を使いこなせる人間作りが先行しなければならない。どのような人間が期待されたのかを、インドの章で述べたボパールの村落レベルワーカーの訓練センターのカリキュラムから想像してみたい。

(1) 訓練生の考え方を変えて、進歩的な農村生活を指導出来るよう訓練する。
(2) 村人と上手くやれるように、村人の意見に耳を傾けるように、人間らしく、高慢さを完全になくすように、訓練生の人柄と能力を発達させるよう援助する。
(3) 農業と関連分野の知識を訓練生に導入する。
(4) 最新の農業普及の方法と技術を習得させる。
(5) 訓練生を多目的の人間、人格に変える。
(6) 訓練生に労働の尊厳を教え込む。
(7) 訓練生に民主的に協力して生活するよう訓練する。

抽象的な表現ではあるが、勤勉、冷静、合理的な近代人が描かれている。しかし一方では、マニュアル人間的な勤勉で疑うことを知らない労働者であり、効率的に近代化を進めていく農村開発ワーカーである。彼らにこのような人間であって欲しいということは、彼らを通してインドの農民たちにも似たような合理的な近代人になって欲しいという意味が込められていたと想像出来る。ここでは人間の個性や多様性、創造性などは問題にされていない。つまり、彼らは農村開発を現場で進めていく開発ワーカー、「開発」の労働者なのである。そこで求められるのは、規律や効率、ストイックなまでの勤勉さであり、悩める人間、考える人間ではないのである。

他方で、開発の方法論や国家レベルでの運営、組織化、評価や改善策の研

究などの、いわば「開発の頭脳」にあたる部分については、インドの知識人の活用が必要であり、インドの知識生産システムの近代化、あるいはアメリカ化をフォード財団は進めようとした。インドではイギリス流の大学システムがすでに確立しており、哲学的な傾向の純粋学術の伝統があった。フォード財団が求めたのは実践的で社会に直接的に有用な知識の生産と普及であり、大学外にそうした知識生産の装置を作ろうとした。こうしたアメリカ的学問のあり方については、1920年代のロックフェラー財団が行った学術への介入が先例としてあり、すでにアメリカの大学はそうした影響を強く受けていた。いわば、それが常識化していたとも言えるだろう。

　具体的には、序章で述べたように、ニューレフトのフィッシャーは、ロックフェラー財団は全米の10の大学をセンター・オブ・エクセレンスに指定して、大規模なブロック・グラント（包括的な助成）を行い、従来の哲学的、理論志向の社会科学を自然科学をモデルとする「科学的」、実際的、応用志向の実証的学問に革新した、と述べている。また、この頃のロックフェラー財団の社会科学関与で重要であったのは社会科学研究評議会（Social Science Research Council）であり、文化的ヘゲモニーを構築する装置として重要であったと考えている。さらに、同財団は一連の社会科学関係の助成を通じてprofessionalism、science、academyを信奉する支配的イデオロギーの再生産を行ったと同時にefficiency、planning、practicalityという新しいアイディアの生産を行い、これが資本主義体制と支配階級の維持の新たな文化的ヘゲモニーとしてニューディール政策の基本イデオロギーとなったとも述べている、のである。

　インドにおけるフォード財団も1920年代のロックフェラー財団と類似した助成政策をとっている。すなわち、農村開発に必要な「科学的」、実際的、応用志向の実証的学問に革新することを目指して、哲学的、理論志向の学問が強いインドの大学を避けて、大学の外に知識の生産、普及を行う組織を作ろうとし、専門家協会（professional association）をいろいろな分野で作ろうとした。日本では日本地域開発センターへの大きな助成を行っているが、これももう一つの事例と言うことが出来る。同センターもまたある種の専門家協会であり、地域開発研究は以下に述べるインター・ディシプリナリー（学際的）な新たな領域として当時の日本社会のニーズに応えるために作られている。これらはロックフェラー財団が効果的に用いた社会科学研究評議会に類似する、社会的ニーズと大学などの学術機関をつなぐために組織的に

は民間でありながら、政府の政策にも関与する意味で公共でもあるグレイエリアの組織である。ここには、フィッシャーが指摘するprofessionalism、science、academyというイデオロギーが垣間見えるし、また村落レベルワーカーの訓練内容には、efficiency、planning、practicalityというイデオロギーを感じることが出来るだろう。

「哲学、理論志向」で「実証的ではない」として批判されている学問のあり方には、相当程度マルクス主義の影響下にある学術伝統が関わっている。したがって、この批判には学術における冷戦という側面も大いに関係する。この点は、日本においてフォード財団がマルクス主義の影響で左翼の強い学術、言論界に対して、アメリカ流の近代化論を持ち込んで、それを相対化し、やがて傍流化しようとしたことと重なっている。インドにおいてもマルクス主義の影響は見られたし、インドネシアのガジャマダ大学で起きた事件はまさに学術分野、高等教育での東西冷戦の闘い、陣地戦であった。

学術の内容としてのイデオロギーのあり方としては、ソ連を筆頭とする東側諸国がマルクスの理論を唯一の正しい理論とするのに対して、アメリカの自由主義に基づく学術のあり方は実証研究を重んじて変化しており、また多様な議論を重んじるところから、多様性があり、唯一の正しい理論は存在しないという学問観、イデオロギーだと言えるだろう。マルクスの視点を間違いだとするのではなく、一つの見方としては認めつつも、それを唯一の正解とはしない、というマルクス主義の相対化である。1960年代には、マルクス主義に対抗する開発理論として近代化論が喧伝されたが、近代化論は開発論にとどまらず広く社会科学全体に広がった一つの流行であったと考えられる。近代化論と言っても一つの理論があるわけではなく、ある種の傾向を共有しているさまざまな理論や学説である。こうした学問の多様性を生み出す自由主義イデオロギーは、宗教改革以降、唯一のキリスト教理解を主張するカトリックに反発して、プロテスタントが次々に分派を重ねていき、特に信仰の自由を掲げたアメリカにおいて爆発的にさまざまな教派が生まれていったあり方に似ている。

学術の内容としては多様ではあるが、共通的傾向としては前述の通り、社会に対する有用性、実用性が重んじられる点が挙げられる。アメリカの社会の第一の特徴が、豊かさを示す「マネー」を徹底的に追求する資本主義であることから、社会に対する有用性、実用性と言っても、物質的な豊かさ、あるいはそれの尺度である金銭的な収入向上の追求への有用性、実用性、すな

わちビジネスとの関係が重んじられる。企業との連携も行われるし、フィランソロピーの影響力も強い。学術の組織的形態である大学の多くは私立大学であり、ある種のビジネス経営体としての側面を持っている。ディシプリンは存在するが、時代や社会の要請に応じてインター・ディシプリナリー（学際）な学問が登場しては、廃れていくのを繰り返してきた。一つの例が地域研究（area studies）であり、戦後にフィランソロピーのイニシアティブで作られた学際的学術分野である。フォード財団も地域研究の確立には大きく貢献してきた。しかし、元々は世界各地の共産党の動きを研究するところから始まった研究領域であるため、冷戦崩壊後にはアメリカでは急速に衰えていった。このような社会との関わりを重んじる実用的で柔軟な学術のあり方はアメリカの自由主義イデオロギーの表出であり、特に学術に関わることの多いフィランソロピーには典型的に表れるイデオロギーの形であると言えるだろう。フォード財団は、まさにこうした学術と高等教育のあり方をめぐるアメリカ的イデオロギーの投影装置でもあると言える。

2-7 イデオロギー的な力の組織化、制度化

　マンは、「社会的な力」の分析で重要なのは、それがどのように組織化、制度化されるかであり、その成否が「社会的な力」が社会を大きく変化させるかどうかを決めるとする。例えば、フランス革命という巨大な社会変化をもたらした力の供給源は革命イデオロギーの爆発的な流行であり、そこではさまざまな雑誌がイデオロギーの流布に大きな役割を果たした制度であったとしている。つまり、イデオロギー的、政治的、軍事的、経済的な諸関係は組織化・制度化されない限りは「社会的な力」としては大きくはならないのである。

　フォード財団は、国内においては特定の、すなわちリベラル派の人々や大学等の学術機関や専門家協会が行う研究と教育活動への助成（資金提供）、それらの力を借りた社会的な政策実験などによって、彼らのリベラルなイデオロギーに基づく改革をアメリカ社会全体に導入しようとした。あるいは、彼らと対立する保守的なイデオロギー（例えば、マッカーシズム）と闘争を繰り広げたのである。本書が扱うアジア諸国においては、アメリカ的な「開発」イデオロギーをインド、ビルマ、インドネシアに注入し、各国をアメリカに似た社会秩序に変えていく改革を行おうとした。日本ではマルクス主義の強い学術言論界にアメリカ的な社会科学を注入して、マルクス主義を相対

化しようとした。鍵となるのは、フォード財団がどのようにしてアメリカ的なイデオロギーを組織化、制度化しようとしたのか、という点である。組織化、制度化に成功しなければ、フォード財団という「社会的な力」の組織としては失敗であり、アメリカに似た社会秩序に向けての変化は持続されないのである。

　本書では、このイデオロギーの生み出す知識の組織化、制度化に対して、フォード財団がどのような戦略、戦術、陣地戦を行ってきたのかを述べてきた。ここでは、この点についてまとめてみたい。

2−8　イデオロギーの同盟構築

　これまでも何度も述べてきたように、フォード財団を動かしていたのは初代理事長のホフマン以下のアメリカ国内における社会エリートである。当初は幅広い社会エリートであったが、ホフマンによるインド等への国際開発援助へののめり込みを見て意見の異なる冷戦推進派の人々は離れていき、前述の平和と開発の連関を支持するリベラル派の人々が残っていった。国内ではロバート・ハッチンズ副理事長らのリベラル派が人権擁護や反マッカーシズムなどのリベラル改革路線を突き進んでいた。ホフマンはフォード3世やその他の理事との意見対立でフォード財団を去ったが、彼が敷いた国際開発の路線は彼が雇用したスタッフらによって継続されていったのである。ホフマン離任後に国際開発の路線を牽引したのはインド代表であったダグラス・エンスミンガーらの現場に近いスタッフであったが、本部にもそれに呼応するような部長や副理事長クラスの国際開発路線の人々がいた。

　以上のように理事やスタッフ間の考え方の多様性はありつつも、フォード財団のイデオロギー的な統一性はかなり高く、また持続されていった。政権交代があり、議会の反対派の牽制によって妥協的な政策をとるアメリカ政府とは異なって、アメリカのリベラル勢力のイデオロギーという範囲内での多様性であり、より純度が高くまた持続的であった。フォード財団の「社会的な力」をイデオロギー的な力であるとするのは、多大な資金を助成金としてアメリカ国内外の特定の人々や組織に投入しているが、それらの多くが知識の生産、再生産（教育）、組織作り、あるいは社会実験などが目的であるからである。助成対象はリベラル派であり、リベラルな社会改革を目指す知識生産、再生産、組織作り、社会実験を支援しているのである。

　当然、海外においても同様に、ある程度までイデオロギー的に一致する個

人や組織に対して、国内と同様の知識生産・再生産、組織作り、社会実験の活動への資金投入を行っている。日本においてはアメリカ留学組などの親米派の大学教員などを協力者として、フォード財団が国内で行っているような知識生産・再生産、組織作りを行ったのである。助成の相手が大学等の組織の場合には、内部にマルクス主義派の教員や学生も存在するため日本側の大学内でフォード財団の助成をめぐって対立が生じた。本書で用いてきた用語で言えば、イデオロギーの陣地戦が行われた。例えば、激しい対立が起きた事例としては、京都大学に東南アジア研究センターを設立する際に、大きな助成金をフォード財団は提供して日本における地域研究の組織作りを行った。この際には左派の教員だけでなく左派の学生からも激しい反対運動が起きている。当時、日本の東南アジア研究などのアジア地域研究においてはマルクス主義の家産国家論が主流であったが、そこにアメリカでフォード財団等が支援して作ってきた、フィールドワーク等に基づく実証的な地域研究を導入しようとしたのである。こうしたイデオロギーの闘争において、陣地戦を闘ったのは立場を異にする大学教員らであったが、フォード財団は巨額の研究教育資金、組織作りのための資金を提供することで強く後押しをしていった。その後、東南アジア研究は京都大学東南アジア研究センターが一つの中心となったことはフォード財団の介入が成功したと言えるであろう。その基礎をなしていたのは、アメリカのリベラル派と日本の学術界の親米リベラル派のイデオロギーの同盟であった。

　インド、ビルマ、インドネシアにおいては、日本とは異なってアメリカ留学組等の親米リベラル派と呼べる知識人はほとんど存在せず、協力相手として可能性があったのはイギリスとオランダ留学の知識人であり、彼らはほぼ各国一致して穏健で民主的な社会主義者であった。合理主義的な開発路線を志向する彼ら以外には、協力相手は存在しなかった。独立したばかりの非同盟主義を掲げるこれらの国々の政治思想的なスペクトラムは、右は民族主義者か、あるいは宗教的な勢力であり、どちらも開発を推進しようとする改革派ではなく保守的な勢力であった。社会主義者より左寄りであったのは、どこでも社会主義革命を目指す共産主義者であり、ソ連か中国の指示と支援を受けていた。フォード財団は不安定な政治状況の中で、開発路線を国家政策として進めようとしていた民主的な社会主義者とイデオロギーの同盟を組んだのである。

　リベラルすなわち自由主義者と社会主義者のイデオロギーの同盟はいささ

か奇異に感じられるかもしれない。共産主義者がソ連か中国の共産党と連携して、強固な一体性を持っていたのに対して、同盟の弱さが見えるのではないかとも思われるが、現実の歴史においてはフォード財団に関して言えばこの同盟はかなり強固であったと感じる。それはフォード財団の主要な地位にあった人々がニューディールを主導してきた人々であり、アメリカのリベラルの歴史の中でも最も社会主義に近い立場であったからだと思われる。社会主義者ではなかったが、社会主義を受け入れる許容度は高かったのである。

　共通の目的、すなわち国家による開発のために、異なるイデオロギーのグループが協力したということは、リベラルなキリスト教プロテスタント教派のエキュメニズムをも連想させる。第2世界大戦後、世界平和などの共通の目的のために多くの教派が協力して合同教会を作ろうとする運動である。1980年代以降のアメリカでは、むしろ保守派のプロテスタントの福音派などの諸派やカトリック、ユダヤ教保守派などが、人工中絶反対などの共通の目的のために保守派エキュメニズムを行って、いわゆる宗教保守の政治勢力を作っている。アメリカの同時代のキリスト教会のエキュメニズムの運動を見れば、世界平和、そして国際開発という目的のために修正主義的な自由主義者が民主的な社会主義者と協力することは、当時の状況を考えれば、ごく自然なことであったのではないかと思われる。すでに述べたように、フォード財団を離れて見ても、アメリカの労働組合の左派と欧州の民主的な社会主義者との交流が行われていたことも当時の当事者たちの認識を示す傍証となるだろう。

　すでに述べたように、外国勢力が介入することは当該政府によって主権侵害ととられかねず、アメリカ政府が外交や援助を使ってインドやインドネシア政府の非同盟中立主義外交を変えさせようとしたことに対して、両国政府は激しく反発し、援助受け取り拒否にまで発展していた。それに対してフォード財団がインド、インドネシア両国政府から援助プロジェクトの許可を得られたのは、インドの場合は社会主義を掲げていたネルー首相との関係、インドネシアの場合はインドネシア社会党系の閣僚や高位の官僚との関係があったからである。つまり、政府間関係ではなくイデオロギーの同盟に基づく「同志的」関係の構築に成功したからである。イデオロギーの同盟はやすやすと国家間の壁を乗り越えることが出来る。マンの言う、イデオロギー的な力が持つ拡大包括的な力の特徴によるものである。軍事的、政治的な「社会的力」は一方が他方を支配するようなゼロサムゲームの力の関係

になるが、イデオロギー的な「社会的な力」はむしろ協力を促進する伝播的な力なのである。

2−9　行政府との融合

　アメリカ国内において、シカゴ学派の理論をもとに都市貧困層の問題についてフォード財団が始めたグレイエリアのプログラムは、ジョンソン政権の貧困との闘いの政策と融合し、あたかもフォード財団とアメリカ政府が融合したような状況が生まれたことはすでに述べた。フォード財団が政府の政策の司令塔のようになったのである。これはフォード財団が始めた社会実験が、政府によって取り込まれて国家レベルに拡大した事例である。フィランソロピーが試行し、成功すれば政府によってプロジェクトのコピーが国家規模で拡散していくことは、最も効率的な社会改革の手段である。連合国家論で論じたが、アメリカの社会政策は、フィランソロピーによる試行、実験の後に政府による国家規模への拡大が度々行われてきた歴史を持っている。むしろこれが、アメリカのリベラルな社会秩序形成のあり方なのである。

　この行政府との融合が典型的に見られたのはインドの開発の事例である。インドの開発5カ年計画作成という最も根幹的な場所に、フォード財団は多くのアメリカ人コンサルタントを送り込み、また自らに相応しい分野においては、別途専門家をコンサルタントとして派遣し、巨大なプロジェクトを数多く実施した。ビルマにおいては、ビルマ政府がすでにアメリカのコンサルタント会社に開発計画作成を依頼していたため、フォード財団はそこには関わる必要がなく、農村開発や技術教育などの個別プロジェクトに関わった。しかし、ウ・ヌ首相とはいい関係を作っており、彼の個人的に思い入れの深い仏教関係のプロジェクトにやや異例な形で助成している。ウ・ヌ政権が倒れ、ビルマ国軍によるクーデター政権になるとフォード財団は完全に足がかりを失って、撤退を余儀なくされている。イデオロギーの同盟者が政治的な力を失うと、まったく関係性を持てなくなるのもイデオロギー的な力の特徴であろう。

　インドネシアにおいては、当初政府を確保していたインドネシア社会党がスカルノや共産党との権力闘争に敗れて、徐々にフォード財団はインドネシア政府部内にイデオロギーの同盟者を失い、足がかりをなくしていった。最終的にはスカルノ大統領から名指しでフォード財団のガジャマダ大学経済学部支援の中止を求められるまでに関係が悪化し、ビルマ同様に退場を余儀な

くされたのである。しかしその後、9月30日事件を契機にインドネシア共産党の壊滅とスカルノの失脚、その後のスハルト軍事政権の誕生とともに、フォード財団がインドネシア大学経済学部支援でアメリカ留学させていた経済学者が戻ると、彼らがスハルト政権の経済閣僚に入り込むことで、開発独裁と呼ばれる強固な体制に一気に転換した。経済学というある意味では小さな部分でのイデオロギーの注入が、一気に「開発」の体制化を点火し、「開発」は次の時代の国家イデオロギーの主流に躍り出たのである。まさに、スハルト政権の経済政策において、フォード財団はインドネシア政府と「融合」していたとさえ言えるであろう。それほど、バークレイ・マフィアと呼ばれた経済閣僚たちの政府内での影響力は強く、また彼らとフォード財団との関係はまさに「同志的な」イデオロギーの同盟であった。

　以上の事例が示すように、イデオロギーの同盟者が行政府において政治権力を握ると、フォード財団は外国政府であるにもかかわらず、アメリカ政府と同じように「融合」し、連合国家のごとく公共政策に大きな影響力を与えることが出来る。それによって、当該国の経済、社会秩序に影響力を振るうことが出来る。そこでは、アメリカ人専門家、コンサルタントなどが、アメリカ的な秩序の基礎となるリベラルなイデオロギーを注入し、それに基づく制度、組織を形成しようとし、まさに「アメリカに似せて世界を作り変える」ための足がかりを得ることになるのである。それが完全に成功することはないとしても、「アメリカに似る」という部分は残るのである。巨大な島しょ国であるインドネシアは急速な経済成長こそ達成出来なかったが、安定的なマクロ経済政策の下で着実に開発を進め、東南アジアの大国としてASEANの中核をなしている。さらに言えば、中東で過激なイスラム急進派が影響力を持った時代にも、世界最大のイスラム教国であるインドネシアはイスラム・リベラルと呼ばれる穏健派が主導権を握っていた。リベラルと称されることから分かるように、アメリカの影響力は社会のさまざまな分野で想像以上に強いのである。

　なぜ、アメリカ政府にしろ外国政府にしろフィランソロピーと融合するのだろうか。それは、何といっても議会を経ずに得られる資金の魅力である。政府が何らかの事業を実施しようとするときに必要な予算は必ず議会を経ねばならず、議会は常に反対派を抱える交渉が容易ではない関門である。アメリカ大統領が議会に予算を認められずに政策が実行出来ない事態に陥ることは稀ではない。アイディアと人材、そして資金を持つ大型のフィランソロ

ピーは、議会に比べればはるかに容易に資金を使える便利なポケットである。徴税能力が低く政府予算が少ない途上国政府の運営者も同じ状況にある。自国政府資金は議会での議論や手続きで困難が多くあり、アメリカ政府資金は外交的な譲歩と引き換えを迫る政治的に困難な資金である。しかもアメリカ政府と合意しても、アメリカ議会が条件をつけてくるなど、金額は大きいが厄介な資金である。例えば、ネルー首相にとっては、フォード財団の巨額な助成金は非常に使いやすい資金であったことは間違いがない。エンスミンガーと合意が出来れば、簡単にしかも早く資金が出てくるからである。政府の中の特定の勢力とフィランソロピーの間でイデオロギーの同盟が成立し、また共通目標が立てられた場合には、融合状態になるのは両者にとって非常に都合の良い状態なのである。

2－10　アメリカの大学等の知識生産・教育組織との協力・連携

　フォード財団などのアメリカのフィランソロピーのイデオロギーの「社会的な力」を考えるときに、それが単体で機能しているわけではないことは重要である。フィランソロピーはアメリカの大学をはじめとする知識生産・教育組織との協力・連携があってこそ、イデオロギーの「社会的な力」の供給源となりうるのである。アメリカに限らず学術研究者、知識人はリベラルであることが多い。階級的な問題、すなわち中産階級であって学歴の割には収入が低いことや、学問の自由を重視することなどが、知識人にリベラル派が多い理由とされる。特にアメリカの大学教育では批判的分析が重要視されることも影響していると思われる。そもそもフィランソロピーを経営する理事などには、経営者、法曹界と並んで大学人が加わることが多い。フォード財団の初期の理事たちにも大学人がかなり多い。大学から一時的に財団の理事になり、任期を終えると大学に戻る人たちもいる。フォード財団から助成を受けて全米の地域研究の調査を行ったスペスは、その後財団のスタッフに雇用されるが、地域研究の仕事を立ち上げると大学に戻っている。さらに、マクジョージ・バンディ理事長のようにハーヴァード大学からケネディ政権の大統領補佐官になり、それからフォード財団の理事長というような大学、政府、フィランソロピーと移動する人も多いのである。

　大学人にとっては、フィランソロピーはもし関心が一致すれば潤沢な研究費を提供してくれるありがたいスポンサーであり、特定の企業の利益とはつながらない社会的課題にチャレンジするための資金源としては貴重である。

政府系の基金も存在するが、フィランソロピー資金のほうが豊かで使いやすいことが多いのである。また通常ではあり得ないような社会的貢献や研究の機会をフィランソロピーの側が提供することも重要である。例えば、インドの農村開発というようなテーマは通常の研究では出会う機会はなかなかない。そこで自分の専門が生かせて、しかも社会に貢献出来るとすれば魅力的な機会であると感じる大学人が見つかることは想像出来ることである。
　フォード財団にとって大学が好都合であったのは、幅広い専門家を一度にリクルート出来ることである。誰か一人リーダーとなる人材を特定出来れば、その人が必要な人材を自分の大学などからリクルートすることで、必要な専門の人材を集めることが出来る。さらに、60～70年代にフォード財団がとるようになった大学にプロジェクトの運営を含めて一括助成をすることで、プロジェクトの管理運営をアウトソース出来るという点もメリットである。インドやインドネシアのフォード財団の代表はこうした大学への運営委託には反対であったが、それは相手国が独立直後で政治的に安定していない中で、政府との良好な関係性の維持という政治的課題があったからである。後の時代になると政府は安定し、そうした必要性が低下すればニーズの発掘というフォード財団にしか出来ない仕事に特化するという分業体制がより効率的であり、プロジェクト・マネジメントの重複という混乱を起こしかねない非効率な方法が放棄されたのも当然である。

2－11　アメリカ人専門家の派遣と留学生受け入れ

　フォード財団の国際開発の方法論は、基本的にはアメリカ人専門家の派遣と現地からの留学生受け入れの組み合わせである。アメリカには明治の日本におけるお雇い外国人の派遣と日本人留学生の受け入れという経験があり、それは成功したと考えられていた。戦後の国際開発の教科書の最初に出てくるのは明治日本の開発の成功であり、それをアメリカの側から見た経験であった。明治日本が開発援助のモデルとして考えられていたのである。植民地経験のない明治日本と植民地から独立したばかりの途上国とでは、政府の能力という面でも、あるいは国民の識字率などの教育の普及や近代人的な意識の広がりの面でも大きな違いがあったが、当初アメリカ人たちは途上国も明治日本のようにすれば、成功出来ると考えていた。明治の日本政府は高給でお雇い外国人を雇って鉄道や港湾整備などの開発を進め、また日本人への技術移転を図ると同時に、多くの留学生を欧米各国に送り、数年間で欧米の

進んだ知識や技術を吸収させ、帰国後に高給取りのお雇い外国人と入れ替えるという政策をとって、短期間に技術移転を成功させた。この方法論で重要なのは、適切な派遣者の発掘と適切な留学生受け入れ先の特定であった。インドネシアのバークレイ・マフィアと呼ばれた経済学者の養成において、重要だったのはカリフォルニア大学バークレイ校が留学生の受け入れにとって適切な大学であったことである。専門家としてインドネシア大学に教員を派遣していれば、現地の事情についての情報も入るし、インドネシア大学とカリフォルニア大学という技術移転の両側を一つの大学が運営することで、適切な調整が出来たのである。

　もう一つフォード財団と大学との関係で重要なのは、多くの活動が未経験の新しい分野であったため、財団の活動が実験的な要素が多かったことである。大学の研究者たちは、この国際開発という新分野において技術移転という活動を担いながら、それを記録し、評価し、次の活動への重要な教訓を論文や本の形で書き残していった。こうしてアメリカの大学人が経験した活動は記録され、分析され、公表されることで広く関係者に共有されることになった。さらに、そうした活動経験は大学教育に還元されていき、次世代の育成にも生かされていったのである。結果的に、開発学（development studies）というような新しいパラダイムが登場し、開発の知識共同体が形成されていくことになる。この知識共同体は開発というイデオロギーを共有し、アメリカの大学だけではなく他の欧米諸国や途上国の側の大学や政府官僚、さらには国連機関なども含んだトランスナショナルな知識共同体となり、拡大包括的なイデオロギーの力となって20世紀の後半を「開発の世紀」とするような大きな「社会的な力」となったとも言えるだろう。

2−12　新しい政府機関、拠点大学、専門家協会の形成

　以上のようにアメリカの側での大学等の組織との協力連携関係を構築しながら、フォード財団は支援対象の国の中にも新しい政府機関や半官半民組織、拠点大学、専門家協会などを作ろうとしてきた。アメリカからのイデオロギーの注入にとどまらず、それを相手国内で広く社会に普及させるための制度や組織を作ることに資金を投入してきたのである。農村開発の場合には、インドやインドネシア政府の中に新たな委員会を作り、そこに有力な政治家がつくことで既存の省庁を超えた広範な国家的調整能力や予算獲得能力を持たせ、そこに対してフォード財団がコンサルタント等を派遣するという

ことで相手国政府の中にフォード財団と融合したような部局を作ろうとした。この方法はニューディール政策の時代にアメリカでもよく行われた方法であり、現在でも公正取引委員会、証券取引委員会、教育委員会など名称は委員会でありながら、政府の重要な機能を担う例は多くある。農村開発以外にも家族計画などの国家的委員会を設立しようとした。しかし、この手法は必ずしも成功したとは言えないであろう。独立直後で政府機能自体が脆弱な途上国に新しい省庁横断的な政府組織を作るというのは、人材面において特に困難があり、またトップとなる政治家の力量や思い入れ、あるいは任期などの問題で安定的な委員会運営は困難であった。

　特定の学術分野、例えば経済学、経営学、あるいは新しいディシプリンとしての地域研究や家族計画に関係する人口学などをアメリカから知識やイデオロギーを導入する場合には、特定の拠点大学を選んでそことアメリカのパートナーとなる大学を結びつけるというセンター・オブ・エクセレンスの方法をとった。インドネシアではインドネシア大学とカリフォルニア大学バークレイ校、インドネシア教員養成大学とニューヨーク市立大学などの事例がある。日本でアメリカ的な実証的地域研究を推進しようとしたときには京都大学と東京大学が選ばれている。インドではエンスミンガーが既存の大学との連携を好まなかったため、彼以降となるが、デリー大学などが拠点校となっている。ビルマではラングーン大学が選ばれるなど、基本的には最も高い社会的地位にある大学が選ばれる傾向があり、それはその大学の威光を借りて普及を容易にするという戦術がとられたのである。

　もう一つ特徴的なのは専門家協会の設立を支援したことである。ロックフェラー財団がアメリカでの社会科学の普及のために社会科学研究委員会（Social Science Research Committee）という専門家協会を活用したように、さまざまな大学、研究機関、官僚組織などに散らばっている関連分野の教員や研究者をネットワーク化し、さらに社会的ニーズと結びつけることで社会改革につなげるという取り組みである。これらが学会と異なるのは単に学術の振興だけではなく、社会のニーズに応えるという点であり、学術研究者だけでなく一部の実務家なども含むネットワークである点である。インドでは経営学や行政学などの専門家協会の設立を支援したし、日本の日本地域開発センターもまた地域開発のインターディシプリナリーな専門家協会であり、学術の振興だけではなく、政府の開発計画作成にも協力するなど社会的ニーズに応えようとした。ここには学術の実用性重視というアメリカの知識生産に

関するイデオロギーの投影があることは明らかである。

2−13　知識共同体の形成

　知識共同体（認知共同体とも言う）とは国境やイデオロギーの違いを超えて科学者や研究者が作るグローバルな共同体のことであり、狭い国益やイデオロギーを超えて地球規模課題に対して一致した見解を持つ共同体のことである。典型例として言われるのは、環境問題に関する自然科学者のコミュニティであり、地球温暖化が人間活動による二酸化炭素の排出によるものであり、地球環境と人類の生存にとって危険であるという一致した科学的見解を示すことで、各国政府の政治的な行動を動かす原動力となっている。開発もまた国連を巻き込んで、知識共同体を形成していると考えられる。研究者だけでなく、先進国の援助機関関係者、途上国の官僚の専門家などが国境を越えたネットワークを作っている。自然科学分野ではないので、この共同体には多様性があり、さまざまなテーマに分かれてはいるが、開発イデオロギーという点では共通している。この共同体の中心は必ずしも全てアメリカの大学とは言えないものの、保健衛生分野ではハーヴァード大学など、アメリカの大学が研究や教育などで中心的な役割を果たしている。

　上記のようにフォード財団は「開発研究」という新しいパラダイムを形成し、そこにアメリカの大学や援助機関の実務家などを横断するような知識共同体のネットワークを形成する後押しをしてきた。同時に、途上国側でも大学や特定の官僚組織、あるいは専門家協会を支援することで開発イデオロギーの知識生産と再生産（教育）の制度化を行ってきた。その究極的な形態が知識共同体であり、それは大学の教員や研究者と官僚組織に属する専門家のネットワークであるが、そのネットワークはアメリカの大学と教員の受け入れや留学によってつながっており、結果的には圧倒的にアメリカからの知識の流入という形になっていると言わざるを得ない。

　ほとんど接点がなかったインド、インドネシア、ビルマなどとアメリカの大学等の知識生産・再生産の組織を結びつけ、両側で開発イデオロギーの知識生産を支援することで、究極的にはグローバルな知識共同体を通じて開発イデオロギーの世界規模での制度化につなげていったと言えるであろう。同時に、開発イデオロギーの中核的な部分が物質的豊かさの増大、つまりはGDP成長であり、そのための方法論こそが開発論であるとするアメリカのイデオロギーと、それを実現するための社会の政治、経済秩序を途上国に移

転しようとすることで、「世界をアメリカに似せて作り変える」というマニフェスト・デスティニーのイデオロギーの現実化をも目指していたのである。

　リベラルな帝国アメリカの第2次世界大戦後の帝国秩序形成において、フォード財団というフィランソロピー組織は、アメリカのイデオロギー的な「社会的な力」の有力な供給源として、アジア諸国において歴史的な役割を果たしたのである。

参考文献

Abrar Yusra, *Biografi Komat-Kamit Selo Soemardjan*, PT. Gramedia Pustaka Utama, 1995

Agricultural Production Team, *Report on India's Food Crisis and Steps to Meet It*, New Delhi: Ministry of Food and Agriculture and Ministry of Community Development and Cooperation, April 1959

アジア経済研究所『インド開発と資金問題』丸善、1960年

Alcalde, Javier Gonzalo, *The Idea of Third World Development: Emerging Perspectives in the United States and Britain, 1900–1950*, University Press of America, Inc., 1987

安孫次男『アメリカ自由主義とニューディール——1940年代におけるリベラル派の分裂と再編』法律文化社、1990年

Arndt, H. W., *Economic Development: The History of an Idea*, The University of Chicago Press, 1987

Arnove, Robert F. ed., *Philanthropy and Cultural Imperialism: The Foundations at Home and Abroad*, Indiana University Press, 1980

Ashley, Walter Edward, "Philanthropy and Government: A Study of the Ford Foundation's Overseas Activities," New York City Ph.D. dissertation, University Microfilms, 1970

Ball, George W., *Diplomacy for a Crowded World: An American Foreign Policy*, Atlantic-Little, Brown, 1976

Banfield, E. C., "American Foreign Aid Doctrine," in Goldwin, Robert A., ed., *Why Foreign Aid: Two Messages by President Kennedy and Essays*, Rand McNally, 1962

ベイ、アリフィン『インドネシアのこころ』奥源造訳、めこん、1975年

Bissell, Richard M. Jr., *Reflections of a Cold Warrior: From Yalta to the Bay of Pigs*, Yale University Press, 1996

Bird, Kai, *The Chariman: John J. McCloy & The Making of the American Establishment*, Simon & Schuster, 1992

Bowles, Chester, *Ambassador's Report*, [New York]: Harper & Brothers, 1954

Brown, Dorris D., *Agricultural Development in India's Districts*, Harvard University Press, 1971

Bruckner, Pascal, *The Tears of the White Man: Compassion as Contempt*, The Free Press, 1983

Brunner, Edmund de S., Sanders, Irwin T., and Ensminger, Douglas, eds., *Farmers of the World: The Development of Agricultural Extension*, [Freeport New York]: Books for Libaries Press, 1945

Bullock, Mary Brown., *An American Transplant: The Rockefeller Foundation and Peking Union Medical College*, University of California Press, 1980

Butwell, Richard, *U Nu of Burma*, Stanford University Press, 1963

チャクラヴァルティー、S.『開発計画とインド——理論と現実』黒沢一晃・脇村孝平訳、世界思想社、1989年

『地域開発』2023年春号（Vol. 645）

「地域開発」編集部「フォード財団援助金による事業概要紹介」『地域開発』2023年夏号（Vol. 646）、56頁

Coale, Ashley J., and Hoover, Edgar M., *Population Growth and Economic Development in Low Income Countries: A Case Study of India's Prospects*, Princeton University Press, 1958

Compas, ed., *Apa dan Siapa 1985–86*, Jakarta: Compas, 1986

Cumings, Bruce, "Still the American Century," in Cox, Michael, Ken Booth, and Tim Dunne, *The Interregnum: Controversies on World Politics, 1898–1999*, Cambridge: Cambridge University Press, 1999

Dizard, Wilson P. Jr. *Inventing Public Diplomacy: The Story of the U.S. Information Agency*, Lynne Rienner Publishers, Inc., 2004

絵所秀紀『開発の政治経済学』日本評論社、1997年

―――「マハラノビスの遺産――『計画と市場』をめぐるネルー時代の経済思想」東京大学東洋文化研究所、2000年

Esping-Andersen, Gosta, *The Three Worlds of Welfare Capitalism*, Polity Press, 1990（岡沢憲芙・宮本太郎監訳『福祉資本主義の3つの世界――比較福祉国家の理論と動態』ミネルヴァ書房、2001年）

Feith, Herbert, *The Decline of Constitutional Democracy in Indonesia*, Ithaca: Cornell University Press, 1962

Fisher, Donald, "The Role of Philanthropic Foundations in the Reproduction and Production of Hegemony: Rockefeller Foundation and the Social Sciences," *Sociology,* Vol. 17, No.2, 1983

―――――――, *Fundamental Development of the Social Sciences: Rockefeller Philanthropy and the United States Social Science Research Council*, The University of Michigan Press, 1993

Ford Foundation, *Report of the Study for the Ford Foundation on Policy and Program*, The Ford Foundation November 1949

Fowler, Robert Booth, *Enduring Liberalism: American Political Thought Since the 1960s*, University Press of Kansas, 1999

Fulbright, William J., *The Arrogance of Power*, Random House, 1966

Gaddis, John Lewis, *The United States and the Origins of the Cold War, 1941–1947*, Columbia University Press, 1972

Gallagher, John and Robinson, Ronald, "The Imperialism of Free Trade", *The Economic History Review*, Second series, Vol. VI, No. 1, 1953. An online version of this seminal article is available at: http://www.mtholyoke.edu/acad/intrel/ipe/gallagher.htm（最終アクセス日：2023年11月3日）

Gardner, Paul, *Shared Hopes, Separate Fears: Fifty Years of U.S.-Indonesian Relations*, Westview Press, 1997

Goldstein, Judith and Keohane, Robert, *Ideas and Foreign Policy: Beliefs, Institutions, and Political Change*, Cornell University Press, 1993

ゴンザレス、フスト『キリスト教史 下巻――宗教改革から現代まで』石田学・岩橋常久訳、新教出版社、2020年

Gopal, Sarvepalli, *Jawaharlal Nehru, A Biography, Vol. 2: 1947–1956*, [London]: Jonathan Cape Ltd., 1979

_____, *Jawaharlal Nehru, A Biography, Vol. 3: 1956–1964*, Harvard University Press, 1984

Government of India Planning Commission, *The First Five Year Plan: A Summary*, [New Delhi], 1952

Gremion, Perre, "The Partnership between the Ford Foundation and the Congress for Cultural Freedom," in Gemelli, Giuliana, ed., *The Ford Foundation and Europe (1950's–1970s): Corss-fertilization of Learning in Social Sciences and Management*, European Interuniversity Press, 1998

Haass, Richard, *The Reluctant Sherriff: The United States After the Cold War*, New York: Council on Foreign Relations Book, 1997

Hall, Peter Dobkin, *"Inventing the Nonprofit Sector" and Other Essays on Philanthropy, Voluntarism, and Nonprofit Organizations*, The Johns Hopkins University Press, 1992

Hammarskjöld Dag, *What Now: The 1975 Dag Hammarskjöld Report: Prepared on the Occasion of the Seventh Special Session of the United Nations General Assembly*, 1975, published as a special issue of the Hammarskjold Foundation journal, *Development Dialogue*, 1975

Hartmann, Susan M., *The Other Feminists: Activities in the Liberal Establishment*, Yale University Press, 1998

Hartz, Louis, *The Liberal Tradition in America: An Interpretation of American Political Thought Since the Revolution*, Harcourt, Brace and World, 1955（有賀貞訳『アメリカ自由主義の伝統——独立革命以来のアメリカ政治思想の一解釈』講談社学術文庫、1994年）

Hayford, Charles W., *To the People: James Yen and Village China*, New York: Columbia University Press, 1990

Hoffman, Paul, *World Without Want*, Harper & Row, Publishers, 1962

Hogan, Michael J., *The Marshal Plan: America, Britain, and the Reconstruction of Western Europe, 1947–1952*, Cambridge University Press, 1987

Huntington, Samuel, *American Politics: The Promise of Disharmony*, Harvard University Press, 1981

五十嵐武「戦後日米文化交流計画の開始」井門富二夫編『占領と日本宗教』未來社、1993年、119–142頁

飯田経夫『援助する国される国』日本経済新聞社、1974年

Isaacson, Walter, and Thomas, Evan, *The Wise Men: Six Friends and the World They Made*, Simon & Schuster, 1986

伊藤滋「戦後日本の『地域開発シンクタンク』」『地域開発』2023年春号（Vol. 645）

イワ・クスマ・スマントリ『インドネシア民族主義の源流——イワ・クスマ・スマントリ自伝』後藤乾一訳、早稲田大学出版部、1975年

上丸洋一『『諸君！』「正論」の研究——保守言論はどのように変容してきたか』岩波書店、2011年

Kahin, Audrey and McTurnan, *Subversion as Foreign Policy: The Secret Eisenhower and Dulles Debacle in Indonesia*, University of Washington Press, 1995

Kahin, George McTurnan, *Nationalism and Revolution in Indonesia*, Cornell University Press, 1952

Kaku, Kagehide and Hirano, Kenichiro eds., *Commemorating 50 Years of the Japan-U. S. Fulbright Program: Japan and International Intellectual Exchanges in the 21ˢᵗ Century*, The Japan Times, 2003

Karl, Barry D., "Philanthropy, Policy Planning, and the Bureaucratization of the Democratic Ideal," *Daedalus*, Vol. 105, No. 4

Karl, Barry D. and Katz, Stanley N., "Foundations and Ruling Class Elites," *Daedalus* 116: 1–40, Winter 1987

川口融『アメリカの対外援助政策――その理念と政策形成』アジア経済研究所、1980年

Kelly, Frank K., *Court of Reason: Robert Hutchins and the Fund for the Republic*, The Free Press, 1981

Kolko, Gabriel, *Confronting the Third World: United States Foreign Policy, 1945–1980*, Pantheon Books, 1988 (岡崎維徳訳『第三世界との対決――アメリカ対外戦略の論理と行動』筑摩書房、1992年)

Kunz, Diane B., *Butter and Guns: America's Cold War Economic Diplomacy*, The Free Press, 1997

栗本弘編『インドの経済開発計画と実績の検討』アジア経済研究所、1962年

Lagemann, Ellen Condliffe, *The Politics of Knowledge: The Carnegie Corporation, Philanthropy, and Public Policy*, The University of Chicago Press, 1989

Lagemann, Ellen Condliffe, ed., *Philanthropic Foundation: New Scholarship, New Possibilities*, Indiana University Press, 1999

Legge, J. D., *Intellectuals and Nationalism in Indonesia- A Study of the Following Recruited by Sutan Sjahrir in Occupation Jakarta*, Cornell Modern Indonesia Project Monograph Series, 1988

Leifer, Michael, *Indonesia's Foreign Policy*, The Royal Institute of International Affairs, 1983 (首藤もと子訳『インドネシアの外交――変化と連続性』勁草書房、1985年)

Levine, Alan J., *The United States and the Struggle for Southeast Asia, 1945–1975*, Praeger, 1995

Lewis, John P., *Quiet Crisis in India: Economic Development and American Policy*, Brookings Institution, 1962

Lumsdaine, David Halloran, *Moral Vision in International Politics: The Foreign Aid Regime, 1949–1989*, Princeton University Press, 1993

Macdonald, Dwight, *The Ford Foundation: The Men and the Millions*, New Brunswick, N. J.: Transaction Publishers, 1989 (originally published in 1955 by Reynal & Company, Inc.)

Maget, Richard, *The Ford Foundation at Work: Philanthropic Choices, Methods, and Style*, New York and London: Plenum Press, 1979

Mahajani, Usha, "Soviet and American Aid to Indonesia, 1949–1968," Ohio State University Center for International Studies, 1970

牧田東一「フォード財団と戦後国際開発知識人ネットワークの形成――1950年代－1960年代のインドネシア関係の活動を事例として」東京大学修士論文、1999年

―――「第22章 帝国の文化的支配装置としての財団――冷戦期日本における

フォード財団の活動」平野健一郎・古田和子・土田哲夫・川村陶子編『国際文化関係史研究』東京大学出版会、2013年

Malik, Adam, *Mengabdi Republik*, Jakarta: Genung Agung, 1978（尾村敬二訳『共和国に仕える――インドネシア副大統領アダム・マリク回想録』秀英書房、1981年

マン、マイケル『ソーシャルパワー――社会的な〈力〉の世界歴史 1』森本醇・君塚直隆訳、NTT出版、2002年

Mason, Edward, *The Harvard Institute for International Development and Its Antecedents*, Harvard Institute for International Development, 1986

Mason, Edward and Asher, Robert, *The World Bank Since Bretton Woods*, The Brookings Institution, 1973

増田与『インドネシア現代史』中央公論社、1971年

松田武『対米依存の起源――アメリカのソフト・パワー戦略』岩波現代全書、2015年

Mayer, Albert, and associates, *Pilot Project, India: The Story of Rural Development at Etawah, Uttar Pradesh*, University of California Press, 1958

McDonald, Hamish, *Suharto's Indonesia*, Fontana Books, 1980（増子義孝・北村正之訳『スハルトのインドネシア――伝統と近代化のジレンマ』サイマル出版会、1982年）

McMahon, Robert J., *The Cold War on the Periphery: The United States, India, and Pakistan*, Columbia University Press, 1994

McNeill, William H., *Hutchins' University: A Memoir of the University of Chicago, 1929–1950*, The University of Chicago Press, 1991

ミアシャイマー、ジョン・J、スティーヴン・M・ウォルト『イスラエル・ロビーとアメリカの外交政策1、2』副島隆彦訳、講談社、2007年

Merrill, Dennis, *Bread and the Ballot: The United States and India's Economic Development, 1947–1963*, The University of North Carolina Press, 1990

Morgenthau, Hans Joachim, *The Restoration of American Politics*, University Chicago Press, 1962

Mrazek, Rudolf, *Sjahrir: Politics and Exile in Indonesia*, Ithaca: Cornell University Southeast Asia Program, 1994

Myrdal, Gunnar, *The Challenge of World Poverty: World Anti-Povery Program in Outline*, Vintage Books, 1971

――――, *Asian Drama: An Inquiry into the Poverty of Nations*, Panteon, 1968.

ナイ、ジョセフ・S『ソフト・パワー――21世紀国際政治を制する見えざる力』山岡洋一訳、日本経済新聞社、2004年

根本敬「1930年代ビルマ・ナショナリズムにおける社会主義受容の特質――タキン党の思想形成を中心に」『東南アジア研究』27巻4号、1990年

ニールセン、ワルデマー・A『アメリカの大型財団――企業と社会』林雄二郎訳、河出書房新社、1984年

Ninkovich, Frank A. *The Diplomacy of Ideas: US Foreign Policy and Cultural Relations 1938–1950*, Cambridge University Press, 1981

OECD開発援助委員会『開発援助25年の歩み――OECD開発援助委員会（DAC）1985年議長報告』外務省経済協力局監訳、国際協力推進協会、1985年

Packenham, Robert A., *Liberal America and the Third World: Political Development Ideas in Foreign Aid and Social Sciences*, Princeton University Press, 1973

Pearce, Kimber Charles, *Rostow, Kennedy, and the Rhetoric of Foreign Aid*, Michigan State University Press: East Lansing, 2001

Perkins, Dwight H., et.al, eds., *Assisting Development in a Changing World: The Harvard Institute for International Development, 1980–1995*, Harvard Institute for International Development, 1997

Pisani, Sallie, *The CIA and the Marshall Plan*, University Press of Kansas, 1991

Polany, Karl, *The Great Transformation: The Political and Economic rigins of Our Time*, 1944（吉沢英成ほか訳『大転換――市場社会の形成と崩壊』東洋経済新報社、1975年）

Raucher, Alan R., *Paul G. Hoffman: Architect of Foreign Aid*, The University Press of Kentucky, 1985

Ricklefs, M. C., *A History of Modern Indonesia c.1300 to the Present*, Mcmillan, 1981

Rist, Gilbert, *The History of Development: From Western Origins to Global Faith*, Zed Books, 1997

Rosen, George, *Western Economists and Eastern Societies: Agents of Change in South Asia, 1950–1970*, [Baltimore and London]: The John Hopkins University Press, 1985

Rostow, Walt W., *The Stages of Economic Growth: A Non-Communist Manifesto*, Cambridge University Press, 1960

――――――, *Eisenhower, Kennedy, and Foreign Aid*, University of Texas Press, 1985

Ruggie, John Gerard, "International Regimes, Transactions, and Change: Embedded Liberalism in the Postwar Economic Order," *International Organization*, Vol. 36, No. 2, Spring, 1982

Ruttan, Vernon W., *United States Development Assistance Policy: The Domestic Politics of Foreign Economic Aid*, The Johns Hopkins University, 1996

斉藤千宏編著『NGO大国インド――悠久の国の市民ネットワーク事情』明石書店、1997年

斎藤吉史「変容する経済開発の理念――インド5カ年計画のもたらしたもの」朝日新聞社調査研究室、1968年

Sandel, Michael, *Democracy's Discontent: America in Search of a Public Philosophy*, Harvard University Press, 1996

佐藤郁哉「非営利型芸術生産システムの形成――『レジデント劇場革命』とフォード財団」『一橋大学研究年報 商学研究』42巻、2001年

佐藤葉「日本が受けた援助の足跡――農村青壮年アメリカ派遣事業」『国際協力』1999年3月号、国際協力事業団

Saunders, Frances Stonor, *Who Paid the Piper?: The CIA and the Cultural Cold War*, Granta Books, 1999

Selo Soemardjan, *Social Changes in Yogyakarta*, Cornell University Press, 1962

Sen, S. R., *Modernizing India's Agriculture: Report on the IADP (1960–1968)*, Expert Committee on Assessment and Evaluation of the Ministry of Food and Agriculture, [New Delhi], 1970

新川健三郎『ニューディール』近藤出版社、1973年
Sjahrir, Sutan, translated by Benedict Anderson, *Our Straggle*, Ithaca: Cornell University Modern Indonesia Project, 1968
Smith, Brian H., *More Than Altruism: The Politics of Private Foreign Aid*, Princeton University Press, 1990
宋恩栄編著『晏陽初——その平民教育と郷村建設』鎌田文彦訳、農文協、2000年
Staley, Eugene, *World Economy in Transition: Technology vs. Politics, Laissez Faire vs. Planning, Power vs. Welfare*, Council on Foreign Relations, 1939
Stanislaus, M. Sebastian, *Soviet Economic Aid to India: An Analysis and Evaluation*, N. V. Publications, [New Delhi], 1975
Staple, Eugene S., *Forty Years, A Learning Curve: The Ford Foundation Programs in India, 1952–1992*, [New Delhi], The Ford Foundation, 1992
Steinberg, David I., *Burma: A Socialist Nation of Southeast Asia*, Westview Press, Inc., 1982
Sullivan, John Henry, "The United States and the 'New Order' in Indonesia," The American University Ph.D. dissertation, University Microfilms, 1969
Sutton, Francis X., "The Ford Foundation: The Early Years", *Daedalus*, Winter 1987, Vol. 116, No. 1, pp. 41–91
――――, "The Ford Foundation and Europe: Ambitions and Ambivalences," in Gemelli, Giuliana, ed., *The Ford Foundation and Europe (1950's–1970's): Corss-fertilization of Learning in Social Sciences and Management*, European Interuniversity Press, 1998
鈴木一敏『日米構造協議の政治過程——相互依存下の通商交渉と国内対立の構図』ミネルヴァ書房、2013年
トムリンソン、ジョン『文化帝国主義』片岡信訳、青土社、1993年
テインペーミン『東より日出ずるが如く』南田みどり訳、井村文化事業社、1988～1989年
Trager, Frank N., compiled and edited, *Furnivall of Burma: An Annotated Bibliography of the Works of John S. Furnivall*, Yale University Southeast Asia Studies, 1963
Trager, Frank N., *Burma: From Kingdom to Republic: A Historical and Political Analysis*, Pall Mall Press, 1966
Tucker, Robert, *The Inequality of Nations*, Basic Books, 1977
U Nu, *Forward with the People: Translation of Selected Speeches of U Nu*, Ministry of Information, Government of the Union of Burma, 1955
Urrutia, Miguel in panel discussion, "A World to Make: Development in Perspective", *Daedalus*, winter 1989, Vol. 18, No. 1, p. 65
Waltz, Kenneth, *Man, the State, and War: A Theoretical Analysis*, Columbia University Press, 1959
Wadia, P. A., and Merchant, K. T., *The Five-Year Plan: A Criticism*, [Bombay]: The Popular Book Depot, 1951
Walinsky, Louis, J., *Economic Development in Burma, 1951–1960*, the Twentieth Century Fund: New York, 1962
――――, *Agrarian Reform as Unfinished Business: The Selected Papers of Wolf Ladejinsky*, Oxford University Press, 1977

渡辺利夫・佐々木郷里編『開発経済学事典』弘文堂、2004年

渡辺靖『アメリカン・センター——アメリカの国際文化戦略』岩波書店、2008年

山本吉宣『「帝国」の国際政治学——冷戦後の国際システムとアメリカ』東信堂、2007年

World Commission on Environment and Development, *Our Common Future*, Fontana Books, 1988

Yergin, Daniel and Stanislaw, Joseph, *The Commanding Heights: The Battle between Governments and the Marketplace That Is Remaking the Modern World*, 1998（山岡洋一訳『市場対国家——世界を作り変える歴史的攻防 上・下』日本経済新聞社、1998年）

油井大三郎『戦後世界秩序の形成——アメリカ資本主義と東地中海地域1944–1947』東京大学出版会、1985年

あとがき

　本書のテーマは、アメリカの巨大民間財団（フィランソロピー）であるフォード財団のインド、ビルマ、インドネシア、日本での活動の目的とその結果を理解することである。さまざまな意味で国際関係論の研究としてはユニークであろうと考える。国際関係論の多くは対象が国家、政府であり、民間のしかも企業ではない財団という特殊な存在を研究対象としていることが、本書の一つの特異な点である。第二に、日米関係ではなく、また日本とインド等との国際関係でもなく、アメリカとインド等という、日本人にとって関係性が薄い第三国間の問題を対象としている点である。なぜ、このテーマなのかは筆者の個人的な体験が特殊なものだったからである。筆者は1980年代にはインドネシアで、1990年代はベトナムを中心に財団のスタッフとして仕事をしていた。その時に筆者がインドネシアとベトナムで見た現地の知的世界の「風景」が本書の出発点である。そのような「風景」を見た日本人は他にいないだろうと思う。そこで、まず筆者の個人的経験について説明したい。なぜ、そのような「風景」を見ることになったのか。

　序論で書いたように、筆者は1980年にトヨタ財団にプログラム・スタッフとして入社した。助成財団で働くこと自体が滅多にないことであるし、筆者は国際部門の所属だったので東南アジア諸国への助成事業に従事していたが、日本でもアメリカでも国際的に活動する財団はさらに少数である。財団で働くとはどういうことだろうか、そもそも財団って何なのだろうか。無償で資金援助をすること自体が一般的な経済活動の枠を外れており、何のために資金を援助するのか、財団のスタッフが何を考えているのか、なかなか理解してもらうことは難しい。助成を受ける側の人々も財団がどんな意図を持っているのか、おそらくは理解できず、善意の支援という受け止めが一般的であろう。財団で働く人々はどんな人で、何を考えているのか、まずそこから説明したい。

　筆者が働いていたトヨタ財団とは、1974年に100億円の基金をトヨタ自動車が拠出して作った、研究や事業に助成することを主たる業務とする財団（今日的に言うと公益財団法人）である。主導したのはトヨタ自動車会長であった豊田英二であり、長く財団の理事長を務めた。財団を作るにあたり、トヨ

タ自動車は財団先進国アメリカの調査を行い、フォード財団をモデルとしてトヨタ財団を作ったとされる。フォード財団は本書で述べたようにフォード家の財団であり、フォード自動車が作った財団は別にある。したがって、ファミリー財団であるフォード財団をモデルにするのは、企業財団であるトヨタ財団にとっては少しずれていたが、当時世界一の財団であったフォード財団を目指すという意味であったのであろう。

　そのせいかもしれないが、財団の実務的運営は専務理事であった林雄二郎に全面的に委ねられており、財団のスタッフもほとんどがプロパーのスタッフで、トヨタ自動車からの人材はごく限られていた。フォード財団と同じである。林は経済企画庁から東京工業大学教授を務め、社会工学が専門で、未来学会の中心的人物でもあった。「フィランソロピー論」や「第三セクター論」を掲げ、全くトヨタ自動車とは無関係の方向にトヨタ財団を進めていた。国内部門のトップは山岡義典で、後にはNPO法の成立にも深く関わってNPO論の中心的論者となり、現在でもNPO界隈ではレジェンダリーな人物である。国際部門のトップは岩本一恵であり、東南アジアでの助成活動のパイオニアであった。このように出捐者であるトヨタ自動車とはほぼ無関係に助成事業が行われていた。これもフォード財団とよく似た状況であった。林の唱える「フィランソロピー論」や「第三セクター論」は、簡単に言うと民間財団は社会変革の触媒であるという論である。いわば大局に立って、資金を適切な時に適切なところに投入することで、社会変革を促すという考え方である。政府も同様の意図をもって資金を投入することがあるが、長年中央官庁に勤務した林は政府の限界を強く意識しており、前例のない社会課題により早く資金を投入して、社会変革をリードできるのが民間財団だと考えていた。この考え方も、本書で述べてきたようにフォード財団などのリベラルな財団の考え方に非常に近いと思われる。

　さて、このように抽象的なレベルで社会変革を促すと言っても、実際に財団のスタッフとして誰のどのようなプロジェクトに資金を出すべきなのか、どのようなプロジェクトが望ましい社会変革を促すのか、それを見極めるのは容易ではない。財団には毎日何通もの資金援助要請の手紙がいろいろな国から届いており、筆者の仕事の一つは断り状を書くことであった。手紙一本で助成の意義の有無を判断するのは無理である。そこで、東南アジア地域を対象に定めて、現地に出向いてプロジェクト発掘を行うという手法がとられた。その場合、まずは日本人の専門家に相談し、現地の人を紹介してもらう

という手順をとった。信頼できる協力相手を探すことであり、これは必ずしも援助の対象者とは限らず、むしろアドバイザー的な役割を求めることが多い。これらの手順は、本書で述べたフォード財団と基本的に同じである。

こうして何人かの日本人のインドネシア専門家のアドバイスを受けて、筆者はインドネシアに赴き、紹介されたインドネシア人の人々から話を聞き、プロジェクト発掘を行うことになったのである。このようにして筆者のインドネシアでのプロジェクト発掘のアドバイザーとなった人々の一人は、本書に登場するLEKNAS-LIPIのタウフィック・アブドラー博士であり、また社会科学財団のセロ・スマルジャン博士である。つまり、フォード財団によってアメリカで学位を得た知識人の何人かに筆者はアドバイスを受けて仕事をしていたわけである。ある意味では、1960～70年代のフォード財団の仕事の結果の上で筆者は動いていたのであり、「お釈迦様の掌の上」という印象は免れない。また、ジャカルタにあったフォード財団の事務所を訪ねて情報交換をしていた。フォード財団のスタッフと話をしていて感じたのは、基本的な考え方においてよく似ているということであった。それは、林雄二郎がフォード財団を中心とするアメリカの財団を正しく理解していたことを示しているのかもしれない。

しかしながら、筆者を絶望的な気持ちにさせたのは、インドネシアの知的世界は圧倒的にフォード財団が象徴するアメリカ留学組に支配されており、その築き上げたネットワークの厚みと広がりは盤石であり、はるかに小さな日本の財団に出来ることは限られているという事実であった。当時はスハルト軍事独裁体制もまた盤石であり、同時に開発を意味するpembagunanという単語がインドネシア中に溢れかえっていた。そこに筆者は恐ろしくなるほどの圧倒的なフォード財団の「力」を感じたのである。一時は事務所を閉鎖したくらいに追い込まれていたフォード財団は、何をしたのだろうか、どのようにしてこのような盤石な体制を作り上げたのだろうか。筆者がインドネシアで仕事をした時期の一つ前の時代に何が行われたのかを知りたいと思ったのである。

1990年代はベトナムの担当となり、主として国家社会科学院の属するさまざまな研究所の研究プロジェクトへの支援の仕事をした。ベトナム戦争の傷跡はハノイにもダナンにも、ホーチミンにも残っていた。ハノイの一番良いというホテルの部屋には砲弾で出来た穴が残っていた。国家社会科学院はベトナム政府直轄の研究所群であり、政府の政策に直結する研究機関であ

る。しかし、研究費は枯渇していた。アメリカが国交を断絶している影響で西側諸国の財団はおろか、政府系の援助機関はスウェーデンのSIDAが小規模に活動しているだけであった。日本のJICAもまだ活動していなかった。フォード財団もベトナム戦争終結後に撤退したまま、復帰していなかった。そこにあった知的世界の「風景」はアメリカの秩序の中にあったインドネシアとは別世界であった。研究所の高位の研究者の多くはソ連留学組、または東欧留学組、あるいは一部が中国留学組であった。研究所のトップの専門は哲学と言われることが多かったが、実質的にはマルクス主義研究の専門家であった。

　フォード財団はインドネシアでも、インドでも、また日本でも大学等の学術機関において、マルクス主義の知識人との知識の闘争に参加し、ある意味ではそれに勝利することに貢献した。ベトナムで筆者が見た「風景」は、逆にマルクス主義側が勝利した知的世界の風景であった。なぜ、ベトナム側が日本の財団の助成活動を許可したのかは分からないが、当時のベトナムはドイモイ政策（中国の改革開放政策に相当）が始まっていた時期であり、西側世界に門戸を開こうとする人々がいたためであろうと考える。最も積極的にトヨタ財団の受け入れを進めたのは、社会科学院の世界経済研究所であった。彼らはドイモイ政策の推進派と見られていた。彼らは日本経済に関する著作のベトナム語への翻訳事業をトヨタ財団の助成で行った。これらの著作は多くのベトナム政府関係者に読まれたと言う。筆者は当時のベトナム共産党書記長と面談する機会があったが、書記長自身がそのように述べていた。意図していたわけではないが、トヨタ財団の翻訳助成はベトナム国内における改革派と保守派のイデオロギー闘争にある意味では関与し、改革派の後押しをすることにつながったのかもしれない。本書で述べたように、トヨタ財団もまたイデオロギーの力の役割を果たしたとも考えられる。

　このようにアメリカのいない学術世界、あるいはアメリカ帝国の外側の知的世界を目の当たりにしたことは、筆者にとって異世界に迷い込んだような錯覚をさえ感じさせる出来事であった。その後、ベトナムはアメリカと国交を回復し、フォード財団もベトナムに復帰し、日本ではJICAも事務所を開くなど、ベトナムはある意味で「普通の国」になっていった。その過程も筆者は目の当たりにした。それ以前のベトナムの知的世界を知っている日本人はわずかしかいないだろうと思われる。さらに、インドネシアとベトナムという冷戦で引き裂かれた東南アジアの国の両方の知的世界と関わった日本人

は、筆者以外にいるのだろうかと思う。アメリカのいない知的世界、あるいはフォード財団のいない知的世界を知ったことで、ますますフォード財団はインドネシアでどのように圧倒的な地位を築いたのか、ますます知りたくなったのである。

　こうしてインドネシアにおけるフォード財団の活動を出発点として、財団の歴史を調べていくことになった。調べていくと、実はインドネシアは活動の中心ではなく、はるかに大きな資金を投入したインドがあることを知った。こうしてインドと、活動中止に追い込まれたビルマについても調べることになったのである。こうして、アメリカと日本以外のアジアという日本にとっては第三国間の国際関係、しかも民間財団研究という本書のユニークなテーマ設定となったわけである。本書の出版に当たって、日本についての章を書き加えたが、これは日本人の読者が当然日本のことも知りたいだろうと考えた結果である。

　博士論文から本書の出版までに時間がかかったことについても一言言い訳をしたい。フォード財団あるいはフィランソロピーがアメリカの一つの「社会的な力」のセンターであることは博士論文で明らかにしたと考えたが、それがどのような意味を持つのか、それを見出すのに苦労した。アメリカ帝国論とマイケル・マンのソーシャル・パワー論と結びつけてフォード財団を見ることによって、フォード財団の1950～60年代のアジア各国での活動が、インフォーマルな帝国アメリカによる帝国秩序の形成の一部をなしていたこと、またフォード財団の「社会的な力」とはマイケル・マンの言う「イデオロギー的な力」であるという視点を得ることが出来た。そして、フォード財団が進めようとした開発が、アメリカ帝国のイデオロギー的支柱の一つなのだと理解できるようになった。このあたりの議論の展開はまだ不十分であるが、今後さらに研究が進むことを期待したい。

＊

　筆者が本論文を書き上げるまでに多くの先生方に多大なお世話になった。なかでも、大学院への入学にあたって指導教官を引き受けて下さり、その後も今日まで恩師として導いてくださっている平野健一郎先生、また平野先生が退官された後、指導教員・主査として最後までご指導を頂いた古田元夫先生には特に長年にわたる学恩に深く感謝を捧げたい。また、博士論文の審査委員を務めて下さった酒井哲哉先生、中西徹先生、遠藤貢先生、竹中千春先

生には、長い論文をお読み頂いて、目を見開かれるようなコメントを頂いたことに改めて深謝したい。また先生方には、出版までに長時間を要したことをお詫びしなければならない。

　博士論文の作成にあたっては、3回にわたってニューヨークのフォード財団の文書館での資料収集を行わなければならなかった。当時まだトヨタ財団に在職中であったが、財団幹部が筆者の出張を許可してくれなければ、論文の作成は出来なかった。トヨタ財団関係者の寛容さにも深くお礼を申し上げたい。フォード財団文書館のスタッフには毎回2週間ほどの間、ずっとマイクロフィルムのコピーをしていた筆者にさまざまなサポートを頂いた。ようやく、形にすることが出来て少しは恩返しが出来たかもしれないと思う。日本語なので、彼らには読めないのが申し訳ない。

　本書の第4章第2節は、平野健一郎・古田和子・土田哲夫・川村陶子編『国際文化関係史研究』に寄せた拙稿「第22章　帝国の文化的支配装置としての財団――冷戦期日本におけるフォード財団の活動」をほぼ転載したものである。これを許可して下さった東京大学出版会にも感謝を申し上げたい。

　本書の出版にあたっては筆者の勤務先である桜美林大学の「学内学術研究振興費」出版助成を頂いた。学術出版が困難な今日にあって、大変に有難い支援である。

　最後に、この長い博士論文の出版を引き受けて下さった明石書店の大江道雅社長と長すぎる論文の編集をして下さった伊得陽子さんに深く感謝を申し上げたい。少しでも多くの読者の方に読んで頂くことで、お二人に恩返しが出来たらと願っている。

　2024年10月

牧田　東一

索引

事項索引

【数字】

1945年憲法（45年憲法）　392, 408, 458, 468
1950年憲法　408
9月30日事件　461, 462, 465, 491, 498, 522, 580, 583, 609

【A–Z】

A
Alliance for Progress　20

B
BHN（Basic Human Needs）　163, 164, 218

C
CIA　90, 91, 256–258, 270, 312, 327, 342, 344, 347, 357, 403, 405, 406, 448, 450, 518, 539, 545, 549, 553, 555, 566, 578

E
embedded liberalism（論）　17, 20, 22, 23, 24, 29

I
Indian Civil Service（ICS）　189, 196, 219, 202
Institute of International Education（IIE）　544
International Affairs（IA）　540

K
KTA　363, 376, 377, 383

L
liberal causes　123, 124

M
Manipol-USDEK　459, 469, 471

N
NGO　218

O
OECD-DAC　38

P
PL480　230, 232, 233, 275

【かな】

あ
アジア財団　312, 498, 518
アメリカ経済協力庁（Economic Cooperation Agency: ECA）　14, 29, 84, 87, 89, 93, 115, 133, 174, 355, 356, 404, 477, 478, 547
アメリカ広報庁（USIA）　536, 537
アメリカ情報サービス（United States

631

Information Service: USIS) 537
アメリカ帝国　571, 572
──論　570, 574, 575, 591
アメリカフレンズ奉仕団　109, 110, 152, 544, 598
アメリカ労働総同盟（AFL）　555

い

イギリス労働党　166
インド社会科学評議会　257, 267
インドネシア科学院国立経済社会研究所（LEKNAS-LIPI）　489, 498, 499, 502, 503, 505, 522, 525, 526, 531
インドネシア共産党　393, 395–398, 408, 447, 452–454, 457–460, 469, 471, 475, 494, 505, 511, 516, 525, 580, 583, 608
インドネシア共和国革命政府（PRRI）　457, 488
インドネシア国民党　394, 396–399, 408, 451, 452, 457, 458, 471–473, 511, 523, 580
インドネシア社会党　344, 353, 375, 391, 392, 395, 396–399, 408, 437, 451–454, 456, 457, 459, 468, 471, 473, 480, 487, 488, 493–495, 511, 513, 515–517, 521, 522, 527, 539, 580, 583, 584, 607, 608
──系知識人　493, 521, 526
インドネシア大学経済学部　417, 455, 462, 463, 477, 479, 480, 481, 489, 491, 522, 525, 526, 531, 580, 609

う

ウィルソン主義　37

え

エタワー　157, 158, 168, 170–172, 174, 175, 211–213
エンポリウム（農村産業品市場）　252, 253, 263–265

お

オーラル・ヒストリー・プロジェクト　14, 69, 73, 145

か

カーネギー（財団）　32, 47, 50, 57, 83, 110, 116, 125, 267, 540
海外開発（Overseas Development）プログラム　13, 100, 129, 130, 150, 352, 358, 372, 378, 379, 540, 544, 563
外国地域訓練フェローシップ　92
ガジャマダ大学経済学部　462, 464, 465, 470, 473, 476, 477, 523, 525, 526
家族計画　162, 163
カリフォルニア大学バークレイ校　417, 454, 461, 463, 477, 479, 580, 612, 613
カレン族　354, 356
ガンディグラム研究所　190, 191, 210, 306
ガンディ主義　151, 163, 190, 202, 207, 210, 228, 243, 249, 262, 264
──者　191, 244, 261, 268, 302, 308, 333, 334, 347

き

機会理論　120
技術教員養成学校　418, 420, 421
技術協力庁（TCA）　176, 184, 185, 356, 358, 376, 413, 414, 418, 421
教育振興基金　85, 116, 120, 204
教員養成教育学部（FKIP）　441, 442, 444, 445
教員養成教育大学（IKIP）　445, 482
教員養成高等師範学校（PTPG）　438, 439, 525
行政クリアリングハウス　55, 99
行政研究所　197–200
行政サービス（PAS）　363, 364, 382
京都大学東南アジア研究センター　11, 546, 565, 606

共和国基金　85, 97, 108, 113–115
共和党リベラル　26, 70, 71, 84, 124
近代化論　274, 528, 550, 551, 564

く

グレイエリア　116, 119–123, 216, 217, 267, 333, 334, 559, 566, 602, 608
グレイゾーン　57

け

ゲイザー報告（書）　70, 73–75, 84, 87, 94, 98, 100–102, 108, 116, 332, 358
経済社会科学研究所　479, 481, 488
経済文化事情委員会（CECA）　432–435
ケインズ主義　26, 27, 36, 43, 377, 470
ケインズ理論　164
ケネディ政権　258
原則　21

こ

コーポラティズム　22
ゴカール政治経済研究所　256, 266, 267
国際稲研究所　287
国際開発サービス（IDS）　375
国際開発庁（USAID）　295, 298
国際教育研究所　95, 413
国際訓練と研究（International Training and Research: ITR）　13, 100, 129, 130, 563, 564
国際主義　35, 84
国際文化会館　12, 538, 548
国際問題（International Affairs）プログラム　13, 95, 100, 129, 131
国民会議派　162, 165, 194, 273, 407, 584
── アワディ年次大会　232, 273
国民党軍（中国）　357
国立デザイン学校　250
国立デザイン研究所　252, 254, 264, 265
国家開発計画庁（BAPPENAS）　489, 490, 506, 508, 522
国家開発8カ年計画（ビルマ）　362

国家計画委員会（インド）　155, 156, 158, 161, 164, 166, 176, 184, 194, 199, 201, 217, 230, 231, 234, 236, 237, 244, 245, 255–258, 267, 278, 281–283, 289, 296, 301, 302, 314, 332
国家コミュニティ開発　168
ゴトンロヨン　459, 525
コミュニティ開発庁　176, 186, 193
孤立主義　77
コロンボ会議　227
コロンボ・プラン　138, 252
コンセンサス理論　30, 31, 33

し

指導される民主主義　353, 389, 399, 456, 468
社会エリート　51, 52, 56, 87, 605
社会科学研究委員会　613
社会科学研究評議会（Social Science Research Council）　49, 546, 602
社会的な力　529, 552, 558, 572, 581, 584, 585, 599, 607, 608, 615
ジャクソン主義　56, 59
修正資本主義　166
修正リベラリズム　23
集約的農業郡プログラム（IADP）　268, 277, 284, 288–300, 331, 332, 334
新自由主義　62
新制度主義　57
陣地戦　521, 522, 606
新秩序体制　459, 505
人的資源開発　234

す

スウェーデン国際開発庁（SIDA）　11
スハルト体制　506
スミス・レーバー法　184

せ

成人教育基金　85
製鉄所労働者訓練　14

全米図書館協会　385, 386

そ

相互安全保障援助　92
相互防衛援助法　355
ソフト・パワー　529, 538, 539
村落レベルワーカー（VLW）　176–180, 186, 188, 189, 192, 291, 601

た

第1次5カ年計画　163, 165–168, 174, 193, 243, 258, 272, 319
第2次5カ年計画　150, 172, 193, 198, 221, 222, 227, 230–234, 237, 241, 262, 264, 271, 272, 277, 283, 319, 339, 361, 585
第3次5カ年計画　150, 172, 268, 269, 271, 272, 281
第4次5カ年計画　256
第5次5カ年計画　194
ダレス外交　269
ダンウッディー工業専門学校　363, 364, 373, 385, 418–420, 525

ち

知識共同体　565

て

定県　212, 213

と

東欧基金　88
東京大学（付属）の東洋文庫　546, 565
土地改革　159, 162, 163, 193, 194
トルーマン政権　14
ドルガプール製鉄所　233, 238

な

ナフダトゥール・ウラマ　393, 396–399, 452, 454, 457, 460, 461, 583

に

日米構造協議　17
新渡戸フェローシップ　12, 562
日本地域開発センター　558, 559, 562, 566, 567, 602, 613
ニューディーラー　37, 124, 153, 214, 275, 348, 381, 383, 443, 523, 578
ニューディール　22, 23, 25, 26, 29, 30, 37, 38, 42, 43, 49, 54, 55, 59, 60, 62, 84, 85, 98, 131, 150, 157, 164, 166, 175, 196, 203, 213, 219, 220, 348, 363, 375, 381–383, 400, 517, 577, 602, 607, 612
　――複合　18, 24, 26–29, 78
ニューヨーク州立大学（SUNY）　436, 439, 441–444, 482
ニューヨーク市立大学　613
ニューレフト　28, 47, 48, 51, 106
認知共同体　614

ね

ネオ・リベラリズム　41

の

農業調整庁　85, 157

は

（ハーヴァード大学）開発アドヴァイザリー・サービス（DAS）　489, 499, 502, 503, 508–510, 526, 527
ハーヴァード大学公衆衛生学部　187
バークレイ・マフィア　454, 456, 462, 481, 489–491, 493, 501, 503, 506, 508–510, 519–522, 524, 525, 527, 580, 609, 612
箱根会議　549, 550, 564
パラダイム形成　83
パンチャヤット　192, 195, 216, 218
バンドゥン会議　227, 228, 272, 453
反ファシスト人民自由連合（Anti-Fascist People's Freedom League: AFPFL）　354,

355, 369, 370, 375, 407

ひ

ピダウンス内閣　369, 371
ピドウタ会議　360, 363, 518
非同盟中立　14, 151, 230, 261, 271, 272, 338, 355, 379, 388, 390, 564
ビライ製鉄所　137, 228, 233, 238
ビルマ式社会主義　369
ビルマ社会党　362, 380
ビルマ法律研究所　386, 387
貧困との戦争　116, 122, 217, 333
貧困の文化　266, 528
ピンマナ国立農業専門学校　364, 367, 390

ふ

フィランソロピー　10
フィランソロピスト　52–54
フェビアン主義　55, 166, 375, 555
フォード財団チーム　280–284
武器貸与局　92
福祉国家　35
ブルッキングス研究所　61
プルメスタ反乱　399, 457
ブレーン・トラスト　83
ブレトンウッズ機関　36
プログラム・オフィサー　83, 101, 102, 103, 217
文化自由会議　91, 553–556, 566
文化的ヘゲモニー　21, 23, 39, 48, 50, 51, 62

へ

ヘゲモン安定論　20

ほ

ポイント・フォー・プログラム　92, 138, 157, 173, 215, 252, 578
法律研究所（ビルマ）　373, 374
保守財団　62

ポスト・モダン　32

ま

マーシャル・プラン　14, 24–30, 36, 41, 70, 84, 87, 89, 92, 102, 142, 155, 156, 376, 378, 395, 402, 403, 410, 553, 578
マサチューセッツ工科大学（MIT）国際研究センター　258
マシュミ党　393, 396–399, 405, 408, 437, 451–454, 456, 457, 459, 471, 473, 494, 511, 515, 516, 583
マッカーシズム　76, 108, 109, 118, 124, 228, 523, 605
マニフェスト・デスティニー　594, 595, 597, 598, 599, 614

み

緑の革命　159, 287, 450, 521
民主的行動のためのアメリカ人協会（Americans for Democratic Action）　91, 109, 555
民主的社会主義　150

む

ムハマディア　393
ムルバ党　396, 397, 456, 460, 475, 502

ら

ラダクリシュナン報告　322
ランド・コーポレーション　74

り

リベラル・コンセンサス論　17–20, 30, 32, 593
リベラル（派）の主張　46, 77

る

ルールケラ製鉄所　233, 238

れ

レッセフェール　25, 28, 36, 39, 42

連合国家論　24, 25, 51, 133, 343, 362

ろ

ロック・ヴィドゥヤピート　209, 210
ロックフェラー（財団）　32, 47, 49, 55, 57, 73, 79, 83, 102, 109, 110, 125, 266, 267, 286–288, 294, 295, 298, 304, 480, 492, 497, 498, 538–540, 549, 562, 575, 576, 585, 597, 602, 613

人名

あ

アイゼンハワー（大統領）　56, 96, 102, 109, 110, 124, 135, 151, 173, 223, 225, 226, 228–230, 273, 304, 305, 334, 338, 342, 344, 352, 357, 381, 387, 392, 400, 403, 404, 447, 537, 539, 579, 585
アイディット，D. N.　395–397, 459–461
アグス・サリム　395
アシュモア，ハリー　117, 118
アチソン国務次官　92
アップルビー，ポール　195–198, 219, 335, 340
アデナウアー，コンラート　42
アトリー　39, 40, 44, 353
アミル・サラフディン　393, 394, 402
アミン　394
アリ　399, 400
アリシャバナ，タクディール　512, 515
晏陽初　212, 213, 215
アンワル，ロシハン　512, 515

い

イームズ　254, 263
イルヴィサカ，ポール　120–123, 216, 117, 119, 559
イワ・クスマスマント　474–473

う

ウィルヨサンジョヨ，スキマン　393, 397
ウィロポ　397, 407, 451, 453
ウォード，チャンピオン　201, 203, 205, 206, 321, 335, 373
ウォーレス，ヘンリー　37
ウォルツ，ケネス　34
ウ・ヌ　352, 354, 356, 359–363, 369, 370, 375, 376, 379, 384, 388, 407, 409, 515, 518, 580, 581, 584, 608

え

エヴァートン，ジョン　379, 410, 598
エンスミンガー，ダグラス　93, 145–147, 160, 161, 163, 170, 172, 173, 175–178, 181, 182, 184–186, 188, 190, 193–195, 199, 200–203, 210, 214–218, 221, 229–231, 234–236, 239, 243–246, 255, 256, 259, 261–263, 265, 266, 268, 277–280, 282–290, 293, 295–297, 300–308, 310, 313–316, 327–336, 340, 342, 347, 348, 410, 429, 443, 598, 605, 610, 613

か

カーネギー　52, 53, 58, 348, 596, 597
カッツ，ミルトン　86–88, 90, 98, 547
ガドギル，D. R.　256
カビール，フマユン　203, 204, 206, 207, 314, 321
カルタウィジャヤ，ジュアンダ　404, 456, 513
ガルブレイス，ケネス　275
ガンディ　43, 46, 177, 189, 215, 243, 579, 584, 585, 600
ガンディ，インディラ　186, 276
ガント　443, 469, 500

き

ギアーツ，クリフォード　505, 528

キスティアコウスキー, ジョージ 501, 502
キャロル, トーマス 74, 98

く

クラーク, ウィリアム・スミス 446, 598
グラムシ 21, 23, 47, 48, 50, 51, 521
クリシュナマチャリ, T. T. 273, 313, 319, 339
クリシュナマチャリ, V. T. 156, 182, 183, 217, 234, 237, 238, 258, 259, 302–304, 313, 314, 319, 339

け

ゲイザー, ローワン 68, 70, 73, 74, 92, 97, 98, 101, 118, 239, 497
ケイヒン, ジョージ 408, 480, 493–495, 497, 522, 523
ケインズ 37, 43
ケナン, ジョージ 86–90, 95
ケネディ, ロバート 54, 102, 110, 120–122, 135, 151, 173, 271, 273–276, 460, 447, 551

こ

コタリ 323
コンプトン, カール 70, 73, 74

さ

サイイダイン 203–206, 321
サストロアミジョヨ, アリ 398, 407, 427, 429, 452, 453, 475, 480, 494
サストロサソモ, スパディオ 512, 515
サドリ, モハマッド 483, 489, 503, 507, 509
サリム, エミール 503, 507, 509
サレー, ハエルル 433, 434, 456, 460
サントソ, マリア・ウルファ 410, 426, 440, 441, 473, 474, 512, 514, 523

し

ジェファーソン 60
シトルス 512, 515
シマトゥパン, T. B. 394, 397, 512, 513, 515
シャフリル 392–398, 402, 408, 426, 447, 451, 459, 493–495, 511, 513, 515, 517, 522–524
ジュアンダ 410, 411, 423, 425, 426, 433, 434, 437, 440, 441, 458, 459, 472,–476, 487, 502, 514, 523
シュリマリ, K. L. 208–210
ジョヨハディクスモ, スミトロ 404, 407, 408, 454–457, 467, 477–481, 483, 487–489, 495, 512, 513, 519, 522, 523, 526
ジョンソン（大統領） 87, 102, 121, 122, 135, 151, 276, 277, 608
シン, M. B. 424, 425, 431

す

スカルノ（大統領） 353, 389, 390, 392–397, 399, 403, 405–407, 409, 429, 433, 447–453, 456–461, 469, 470, 472–474, 491, 494, 495, 499, 500, 502, 509, 511, 523, 526, 527, 539, 580, 583, 600, 608
スキマン 396, 448, 451
スジャトモコ 163, 467, 512, 514, 515, 523, 527, 528
スターチ, エルマー 407, 409, 411, 423, 424, 436, 437, 452, 453, 479, 495
スタニスロー, ジョゼフ 18, 39, 40
スティアコウスキー 502
スティムソン, ヘンリー 87
ステイリー 335
スディルマン（将軍） 394
ストーン, シェパード 95, 99, 553
スハルト（大統領） 389, 447, 448, 461, 462, 489, 491, 503, 505, 509, 519, 521, 522, 524, 530, 580, 583, 584, 600, 609

スブロト　489, 509
スペス，カール　91, 92, 99, 342, 358, 610
スマルジャン，セロ　434, 493–498, 503, 505, 514, 523
スマルディ　483
スリニヴァサン　163

た

タキン・タン・トゥン　354
タタ　159, 165, 302
ダレス，アレン　90, 342
ダレス，ジョン・フォスター　154, 163, 224–230, 260, 261, 273, 331, 337, 342, 343, 352, 388, 405, 406, 447, 458, 537, 562

て

デイ，S. K.　175, 176, 181–183, 192, 193, 213, 215, 217, 423, 425, 427, 428
デイヴィス，チェスター　85, 86, 91, 92, 98, 157, 158, 160
デシュムク，C. D.　152, 156, 231, 259, 313, 319, 328–330, 339

と

トーマス，フランクリン　101, 102, 107
ドゴール　41
トルーマン（大統領）　37, 87, 124, 135, 151, 173, 223, 274, 343, 344, 357, 392, 400, 401, 403

な

ナイール　246, 250
ナイク，J. P.　205
ナスティオン，A. H.　394, 395, 397, 399, 400, 457, 458, 513
ナタラヤン，S.　205
ナッシール　393, 396, 397, 403, 451, 457, 494, 495, 513

に

ニクソン　109, 110, 225, 277
ニティサストロ，ウィジョヨ　483, 488–490, 495, 501–504, 506, 508, 509, 519, 522–524, 526

ね

ネ・ウィン　352, 354, 359, 369–373, 581
ネヘミアー　289, 290
ネルー，ジャワハルラル　38, 43–45, 93, 151–156, 163, 168, 172–175, 182, 183, 193, 195–198, 205, 211, 213–215, 217–219, 221, 222, 224–230, 232, 236, 243, 244, 254, 259, 260, 264, 269–276, 278, 279, 296, 302, 312, 325, 334, 337–339, 345–348, 359, 379, 388, 390, 407, 409, 515, 579, 584, 585, 610

は

ハーツ，ルイス　17–19, 30, 593
パーティル，S. K.　156
ハエルル・サレー　459
パターソン，マーガレット　324, 325
パッケンハム，ロバート　17–20, 32
パッシン，ハーバート　556
ハッタ（副大統領）　392, 393, 395, 399, 405, 407, 451, 452, 458, 459, 493, 495, 511, 513, 583
ハッチンズ，ロバート　85, 86, 89, 96, 97, 110–113, 115–117, 203, 206, 605
ハメンクブウォノ9世（スルタン）　353, 397, 458, 462, 467, 493, 495–498, 509, 510, 513, 514
ハリス，ミシェル　409, 410, 422–431, 433–435, 437, 441–445, 450, 454–456, 463–465, 467, 469, 470, 472–475, 479, 480, 482, 487, 490, 492, 493, 495–497, 499–501, 519, 523, 526, 598
ハル，コーデル　37
ハワード，ジョン　91, 93, 98, 99, 157,

172, 302, 342, 358, 482, 494
バンチェ，ラルフ　116
バンディ，マクジョージ　71, 72, 101, 102, 106, 123, 124, 275, 276, 610
ハンティントン，サミュエル　19, 32

ひ

ヒールド，ヘンリー　101, 122, 240, 292, 293, 297, 433, 497
ビヴァレッジ，ウィリアム　40, 43
ビッセル，リチャード　87, 90
ヒリアード　236–238, 241
ヒル　239, 286–288, 292, 293, 296, 297, 299, 374, 428, 464, 465, 496, 497
ビルラ　159, 165

ふ

ファーニヴァル　360, 375, 380
ファウラー，ロバート　30–32
フーヴァー（大統領）　54, 55, 61
フェアバンク，ジョン　541, 542
フォード，エドセル　70, 67, 125, 277
フォード2世，ヘンリー　66, 69–75, 84, 93, 96, 103, 108, 113, 305, 478, 596, 597
フォード，ヘンリー　66, 67, 125
フサイン，ザキール　321, 322
フタソイト，マルニシウス　436, 437, 440, 445, 487, 489, 515, 523
ブディアルジョ，アリ　440, 441, 487, 490, 495, 512, 513, 523
プライス，ドン　74, 83, 90, 98, 99, 101
ブラウン，ダイク　74, 98
プラサート　283
プリヨノ　440, 469–472, 474, 475
ブルーム，ベンジャミン　324
ブルハヌディン・ハラハップ　398, 399, 454, 457, 480, 488

へ

ベヴェリッジ　35
ベル，デイヴィッド　106, 124, 275, 297

ベレスフォード，スーザン　102, 107

ほ

ボウルズ，チェスター　93, 110, 153, 173–178, 211, 222, 224, 225, 230, 274, 348
ホーガン，ミシェル　17, 18, 24–29
ホームズ，ホレイス　157, 158
ホール，ジョン　550, 551
ボカロ　137
ボクスラー，ポール　74
ホフマン，ポール　14, 26, 29, 70, 72, 73, 84–89, 92, 94–96, 101, 102, 109, 116, 117, 124, 131, 150–157, 160, 161, 173, 174, 211, 213, 222, 287, 301, 304, 312, 337, 342, 343, 357, 378, 403, 410, 477, 478, 553, 554, 599, 605
ポランニー，カール　22

ま

マクピーク，ウィリアム　74, 98
マダム・グレ　253
マックロイ，ジョン　87, 90, 95, 98, 99, 297, 342, 553, 554
マハラノビス，P. C.　45, 231
マラカ，タン　394, 396, 456, 512
マリク，アダム　394, 460
丸山眞男　550

み

ミュルダール，グンナー　35, 38, 39, 116
ミリカン，マックス　258, 528, 546

む

ムソ　395

め

メイヤー，アルバート　168–172, 211, 212
メータ　156

も

モシャー，アート　432, 433
モネ，ジャン　41

や

ヤーギン，ダニエル　18, 39–45

ら

ライシャワー，エドウィン　541, 542, 551, 556
ラギー，ジョン・ジェラルド　17, 20–23, 28
ラジクマリ　302–304, 334
ラダクリシュナン　207, 208, 321, 322, 325
ラデジンスキー，ウォルフ　162, 194
ラムズデイン，デイヴィッド・ハロラン　18, 30, 33–37

り

リース，キャロル　109
リップマン，ウォルター　274

る

ルイス，オスカー　185, 255, 265, 266, 528
ルーズヴェルト，エレノア　54, 152, 304
ルーズヴェルト，セオドア　53, 55, 83
ルーズヴェルト，フランクリン　37, 42, 54, 55, 67, 196, 343, 383, 400, 577
ルート，エリフ　53
ルクマン，M. H.　395, 396
ルビス，モフタル　512, 515, 556

れ

レーガン（大統領）　62, 116

ろ

ロストウ，W. W.　258, 274, 275, 528, 546, 552
ロックフェラー3世，ジョン D.　348, 432, 497, 538, 541, 562
ロックフェラー，ジョン　47–50, 52, 53, 54, 348, 536, 596, 597, 598
ロックフェラー，ネルソン　92, 157, 375

わ

ワルダナ，アリ　503, 507, 509

■著者紹介

牧田 東一（まきた・とういち）

桜美林大学リベラルアーツ学群教授、および同大学サービスラーニングセンター長。東京大学総合文化研究科博士課程修了、学術博士。東京大学教養学部文化人類学分科卒業後、財団法人トヨタ財団に勤務。プログラム・オフィサーとしてインドネシア、ベトナム、カンボジア等への助成業務を担当。桜美林大学国際学部に転職し、国際文化交流と国際協力を教える。専門は国際関係論とくに国際文化交流と国際協力、NGO論など。

【主な著書】
『国際協力のレッスン──地球市民の国際協力論入門』学陽書房、2013年（編著）、『プログラム・オフィサー──助成金配分と社会的価値の創出』学陽書房、2007年（編著）。

リベラルな帝国アメリカのソーシャル・パワー
フォード財団と戦後国際開発レジーム形成

2024年12月15日　初版第1刷発行

著　者　　　牧　田　東　一
発行者　　　大　江　道　雅
発行所　　　株式会社明石書店
　　　　　〒101-0021 東京都千代田区外神田6-9-5
　　　　　　電話 03（5818）1171
　　　　　　FAX 03（5818）1174
　　　　　　振替　00100-7-24505
　　　　　　https://www.akashi.co.jp/
装　丁　　　明石書店デザイン室
印刷・製本　モリモト印刷株式会社

ISBN978-4-7503-5842-0
（定価はカバーに表示してあります）

JCOPY 〈出版者著作権管理機構　委託出版物〉
本書の無断複製は著作権法上での例外を除き禁じられています。複製される場合は、そのつど事前に、出版者著作権管理機構（電話 03-5244-5088、FAX 03-5244-5089、e-mail: info@jcopy.or.jp）の許諾を得てください。

正義のアイデア

アマルティア・セン 著
池本幸生 訳

■四六判／上製／684頁 ◎3800円

経済の分配・公正と貧困・飢餓の研究でノーベル経済学賞を受賞した著者が、不公正・不平等が蔓延する時代に、どうすれば正義を促進し、不正義をおさえられるかという問いを追究する。ロールズの正義論を踏まえ、センの正義に関する議論を網羅した集大成。

●内容構成●

序章　正義へのアプローチ
推論と正義／啓蒙運動と基本的な相違／出発点／唯一の先験的な合意の実現可能性／三人の子供と一本の笛──例証／比較に基づく枠組みか、それとも先験的枠組みか／達成、生活、ケイパビリティ／インド法における古典的区別／過程と責任の重要性／先験的制度尊重主義とグローバルな無視

第1部　正義の要求
理性と客観性／ロールズとその後／制度と個人／声と社会的選択／不偏性と客観性／閉鎖的不偏性と開放的不偏性

第2部　推論の形
立場、妥当性、幻想／合理性と他者／不偏的理由の複数性／実現、帰結として主体性

第3部　正義の材料
暮らし、自由、ケイパビリティ／ケイパビリティと資源／幸福、福祉、ケイパビリティ／平等と自由

第4部　公共的推論と民主主義
公共的理性としての民主主義／民主主義の実践／人権とグローバルな義務／正義と世界

開発なき成長の限界
現代インドの貧困・格差・社会的分断

アマルティア・セン、ジャン・ドレーズ 著
湊一樹 訳

■四六判／上製／554頁 ◎4600円

ノーベル賞受賞者のアマルティア・センが共著者ドレーズとともに、急速な経済成長の一方で教育・保健医療・栄養・公共設備といった点で大きな格差・不平等が存在するインド社会について分析し、「人間の潜在能力」の開発こそが必要であると訴える。

●内容構成●

第1章　新しいインド？
第2章　成長と開発をつなげる
第3章　比較から見えるインドの現状
第4章　説明責任と汚職
第5章　なぜ教育は重要なのか
第6章　保健医療の危機
第7章　貧困と社会的支援
第8章　不平等の呪縛
第9章　民主主義、不平等、公共的推論
第10章　忍耐はもういらない

〈価格は本体価格です〉

社会調査からみる途上国開発
アジア6カ国の社会変容の実像
稲田十一著
◎2500円

「一帯一路」を検証する
国際開発援助体制への中国のインパクト
稲田十一著
◎2800円

国連開発計画(UNDP)の歴史
国連は世界の不平等にどう立ち向かってきたか
クレイグ・N・マーフィー著
峯陽一・小山田英治監訳
世界歴史叢書
◎8800円

開発と汚職
開発途上国の汚職・腐敗との闘いにおける新たな挑戦
小山田英治著
◎4800円

サバンナのジェンダー
西アフリカ農村経済の民族誌
友松夕香著
◎5000円

持続可能な暮らしと農村開発
アプローチの展開と新たな挑戦
イアン・スクーンズ著
西川芳昭監訳
◎2400円

ボルネオ島における持続可能な社会の構築
グローバル時代の食と農 1
自然資本を活かした里山保全奮闘記
鈴木和信著
◎2500円

開発政治学を学ぶための61冊
開発途上国のガバナンス理解のために
木村宏恒監修
稲田十一、小山田英治、金丸裕志、杉浦功一編著
◎2800円

開発社会学を学ぶための60冊
援助と発展を根本から考えよう
佐藤寛、浜本篤史、佐野麻由子、滝村卓司編著
◎2800円

国際開発援助の変貌と新興国の台頭
被援助国から援助国への転換
エマ・モーズリー著
佐藤眞理子・加藤佳代訳
◎4800円

国際開発と協働
NGOの役割とジェンダーの視点
みんぱく実践人類学シリーズ 8
鈴木紀・滝村卓司編著
◎5000円

タイの経済と社会
OECD多角的国家分析
OECD開発センター編著
門田清訳
◎4500円

ミャンマーの多角的分析
OECD第一次診断評価報告書
OECD開発センター編著
門田清訳
◎4500円

開発調査手法の革命と再生
貧しい人々のリアリティを求め続けて
ロバート・チェンバース著
野田直人監訳
◎3800円

戦後日本の開発経験
高度成長の礎となった「炭鉱・農村・公衆衛生」
佐藤寛編著
◎2800円

東アジア都市の社会開発
貧困・分断・排除に立ち向かう包摂型政策と実践
全泓奎・志賀信夫編著
◎3000円

〈価格は本体価格です〉

グローバル時代の「開発」を考える
世界と関わり、共に生きるための7つのヒント
西あい、湯本浩之編著 ◎2300円

ベトナムにおける「共同体」の存在と役割
現代ベトナム農村開発論
竹内郁雄編著 ◎5400円

ポスト資本主義時代の地域主義
草の根の価値創造の実践
真崎克彦・藍澤淑雄編著 ◎3200円

地域主義政党の国政戦略
現代ベルギーにおける政党間競合の展開
宮内悠輔著 ◎4800円

戦後英国の都市計画理論
計画技術論から総合的まちづくり論へ
ナイジェル・テイラー著
佐藤洋平、井原満明、吉川夏樹訳 ◎3600円

「非伝統的安全保障」によるアジアの平和構築
共通の危機・脅威に向けた国際協力は可能か
山田満・本多美樹編著 ◎3600円

平和構築のトリロジー 民主化・発展・平和を再考する
山田満著 ◎2500円

新しい国際協力論【第3版】
グローバル・イシューに立ち向かう
山田満、堀江正伸編著 ◎2600円

ASEANを知るための50章【第2版】
エリア・スタディーズ 139
黒柳米司、金子芳樹、吉野文雄、山田満編著 ◎2000円

国際関係論の新しい学び
英語を用いた学習者主体の授業実践
上杉勇司、大森愛編著 ◎2800円

途上国の学びを拓く 対話で生み出す教育開発の可能性
久保田賢一編著 ◎2600円

ソーシャルビジネスで拓く多文化社会
多言語センターFACIL・24年の挑戦
吉富志津代監修 多言語センターFACIL編 ◎2500円

フェアトレードビジネスモデルの新たな展開【第2版】
長坂寿久編著 ◎2700円

全国データ SDGsと日本
SDGs時代に向けて
NPO法人「人間の安全保障」フォーラム編
高須幸雄編著 ◎3000円

SDGsと地域社会 あなたのまちで人間の安全保障指標をつくろう！ 誰も取り残されないための人間の安全保障指標宮城モデルから全国へ
高須幸雄、峯陽一編著 ◎3200円

SDGs時代のグローバル開発協力論
開発援助・パートナーシップの再考
重田康博、真崎克彦、阪本公美子編著 ◎2300円

〈価格は本体価格です〉